# 考古通史

Archaeology

The Whole Story

[英]保罗·巴恩 编著
杨佳慧 译

General Editor
Paul Bahn

天津出版传媒集团
天津人民出版社

**图书在版编目（C I P）数据**

考古通史 / (英) 保罗 · 巴恩编著 ; 杨佳慧译. --
天津 : 天津人民出版社, 2021.5（2022.6重印）
书名原文: Archaeology: The Whole Story
ISBN 978-7-201-16415-1

Ⅰ. ①考… Ⅱ. ①保… ②杨… Ⅲ. ①考古学史—通俗读物 Ⅳ. ①K851-49

中国版本图书馆CIP数据核字(2020)第164778号



图字：02-2020-253号
审图号：GS（2020）6927号

**考古通史**
KAOGU TONGSHI

出　　版　天津人民出版社
出 版 人　刘　庆
地　　址　天津市和平区西康路 35 号康岳大厦
邮政编码　300051
邮购电话　022-23332469
电子信箱　reader@tjrmcbs.com

选题策划　联合天际 · 王微
责任编辑　伍绍东　霍小青
美术编辑　梁全新
封面设计　刘彭新

制版印刷　鹤山雅图仕印刷有限公司
经　　销　新华书店
发　　行　未读（天津）文化传媒有限公司
开　　本　787 毫米 ×1092 毫米　1/16
印　　张　36.25
字　　数　910 千字
版次印次　2021 年 5 月第 1 版　2022 年 6 月第 3 次印刷
定　　价　299.00 元

关注未读好书

未读 CLUB
会员服务平台

本书若有质量问题，请与本公司图书销售中心联系调换
电话：(010) 52435752

# 目录

# 前言

考古学的发展是一项关于历史的伟大科学成就。其初衷不过是寻宝，却在历史的长河中逐渐发展为一项极其复杂且涵盖广泛学科的事业，包括人类学、气候学、历史学和诸多帮助人们理解超过四百万年前人类故事的科学。光阴荏苒，在人类发展出的大量本领中，考古学家那种研究人类社会的才能始终是独一无二的，就连政治领袖创造伟大事迹的才能或是引发世纪性事件的一点儿细枝末节都未能获此殊荣。考古的最大魅力在于其巨大的年代跨度，从人类的起源开始，跨越几百万年，到工业革命的方方面面，到第一次世界大战的堑壕战，甚至到 20 世纪 20 年代兴起的好莱坞电影。

如今，考古是一项内容广泛且复杂的工作，这一点也使得门外汉更难以加入或研究我们的发现。对此，本书通过介绍在最新研究下得以重见天日的种种复杂的历史遗迹，为大众读者开辟了一条通俗易懂且生动形象的走近考古学的道路。不能否认，市面上有各种介绍古代方方面面的图书，关于考古学的百科全书也琳琅满目，但没有一本书向大众介绍了究竟什么是考古学，我们又能从考古学家的研究中掌握古代的何种信息。而本书采用无缝叙事手法，因而适合所有读者，现存的学术权威者们在本卷书中向我们讲述了一个又一个精彩的故事。

本书以记叙探险的方式向读者讲述了一个个复杂的故事。生动的文字及丰富的插图带领我们从人类起源出发，一路穿越史前时期，再纵览古代文明及种种历史时期；最终，我们将探索一些更近代的发展问题，包括全球范围的冲突考古学、文化旅游业、原住民问题、奴隶制度和其他种种现代问题。专家作者们通过各式特色遗迹来描述探险，涵盖的地点与话题更是广泛得令人讶异，这样的描写方式给我留下了深刻的印象。别的有关考古学的指南图书又针对早期人类、拉斯科岩洞壁画、图坦卡蒙（古埃及的法老）、中国的兵马俑、英国大铁桥（工业革命的象征）做出了怎样的描写，有何独到之处呢？除本书外，读者又可以去何处查找有关大津巴布韦遗址（Great Zimbabwe）、拉伯努伊岛（复活节岛，Rapa Nui）、巨石阵（Stonehenge）和塔克西拉古城（Taxila）的文章呢？自然，此种广泛的探险描述会在读者心中引发疑问。而书中某些精心强调的关键点，例如这些国家兴起的原因，便可回答些许疑问。

在带领读者领略了世界上最宏伟、最有趣的考古遗迹后，本书以一系列考古领域的基本概念与主题作为结尾，这些主题轻松活泼且层层铺垫，包括考古的基本理论、追溯过往和在考古过程中，我们究竟是如何进行勘测及挖掘的。不仅如此，书的最后还谈论到许多当今最前沿的科技发展话题，例如在考古过程中对 DNA 技术的运用，和对诸如查理三世等历史人物尸体的研究方法。自然，上述做法和一些人推崇的非侵入式考古观念相悖，事实上，人们对这一概念也尚未达成统一。美国考古学家肯特・弗兰纳里（Kent Flannery）曾说，在大量的社会科学家中，考古学家是唯一对其消息供给者痛下杀手之人。严格来说，他的说法毫无过错，因为考古挖掘确实会对历史的保存造成永久性的破坏。近年来，不到迫不得已时，考古学家们不会轻易选择挖掘之法。现如今，人们逐渐更多地依赖遥感技术，而非传统的人为挖掘；探地雷达、激光成像、人造卫星，这些现代科技使得人们可以深入地下探测，也使得古地貌的调查得以实现，例如一些寺庙遗迹，如柬埔寨的吴哥窟等。同时，现代科技还可以检测遗传密码、帮助对探索古人的日常饮食进行同位素研究，还可以分析史前人类的非凡游历，例如来自英格兰南部的阿姆斯伯利弓箭手（Amesbury Archer）和发现于阿尔卑斯山的冰人奥兹（Ötzi the Iceman，他的生存年代可追溯至青铜器时期）。在本书的最后，还简单地将一些古代文字同现代文字进行了对照翻译。

书页纷纷，本书作为一部关于考古的综合性的指南，不仅讲述了历史本身，还概述了全球诸多考古学家的研究方法，历史与考古方法相穿插，编织成一块繁复的织锦。本书的重要性除了体现在它的轻松易懂上，还体现在它是一本真正全球范围的考古指南。要知道，考古工作初现于欧洲及地中海地区，直到 20 世纪晚期才真正成为一项全球性事业。现如今，大众读者可以仅凭这几百页纸张，便了解全球范围的古今故事，垒叠着的一方页片，铺展开来便是考古学的发展历程，记录了考古学是如何从奥斯丁・亨利・莱亚德（Austen Henry Layard）时期、阿瑟・埃文斯（Arthur Evans）时期、霍华德・卡特（Howard Carter）时期，一步步发展成今天模样的。可以说，今天的考古学家是站在巨人的肩膀上工作，因为前人研究时所缺少的工具，我们如今已一应俱全。考古不再是一项探寻过去的浪漫冒险，考古参与者也不会遭到印第安那·琼斯（Indiana Jones）那样的经历。诚然，考古仍然带有一种冒险的味道，但其内涵却有天壤之别，考古学家要像侦探一般谨慎工作，努力找出有说服力的细节。考古作为引领人们深入历史的一扇大门，代表着宏伟壮观的发现和不辞劳苦的调查研究，始终引人入胜。本书字字珠玑，扣人心弦，我十分喜欢。

布莱恩·费根

美国加州大学圣塔芭芭拉分校人类学荣誉教授

# 序

就目前所知，人类的独特之处在于其对自身起源的兴趣，也就是英国古文物研究者威廉·卡姆登（William Camden，1551—1623 年）所称的“博古好奇”心理。对于绝大部分过往，尤其是史前时期，古物即为我们认知的最重要依据，通常情况下也是唯一依据。

考古学是一门包罗万象的学科。不仅考查内容十分丰富，从距今三百多万年前的简易石器到人们昨天随手扔掉的某种材料；而且涵盖范围十分广阔，从海底到山巅，从丛林到沙漠，囊括整个世界。因此，很明显，尽管各位投稿人可以轻易地用自己领域的专业知识写成一本书，但没有任何一本书可以详述考古这一伟大人类活动的方方面面，所以本书只能试着向大家展示考古活动的一个大概状况。书中全面概括了考古领域的重要文化及遗址，同时介绍了现代考古学科下包含的更基础的课程。本书希望可以借此鼓励更多读者参与考古研究，深入钻研自身感兴趣的方向。

▼ 1610 年年代记中的一幅插图，展现了位于英格兰威尔特郡的新石器时代遗迹巨石阵。可以看到，研究人员正在指挥调查，助手们从土堆中挖出骨头

“考古学”这一专有名词，源于希腊词“arkhaiologia”（论述古物），而到了今天，这一词已经转而指代通过人类留下的物质遗迹而对人类过往进行的研究。这一学科面临一个最大挑战：发生在过去的绝大部分事物很少会留下明显的痕迹，在这些痕迹中又只有极少一部分能被考古学家发现，而这些被发现的痕迹，人们又很难判断自己对其中哪一部分的解释或认知是正确的。但是，仍有无数的考古学家迎难而上，坚定乐观地认为他们可以确实重现人类历史的某些方面。

考古学最先兴起于欧洲。中世纪时，有农民在翻耕时无意间挖出类似骨灰瓮的神秘“魔罐”，这些神秘出土物引起了人们的兴趣。随后农民们又陆续从土地里挖出人造燧石和打磨光滑的石斧。当时普遍的看法是，这些都是“精灵石镞”（民间传说中小精灵用来射牛的箭形燧石）或雷霆弩箭。慢慢地，头脑更开明的人意识到，这些实际上都是古人类的人造遗物。大约在同一时期，富人们开始收集并展览从古希腊和古罗马发现的雕塑。

16 世纪时，欧洲西北部国家的一些学者意识到，人们可以通过研究野外遗迹来获取研究历史的信息。因此，大批来自不列颠的文物学者、来自斯堪的纳维亚的学者、来自其他地区的学者开始蜂拥探访和记录这些远古遗迹。在接下来的二百年，这项活动逐渐系统化，发掘量更是与日俱增。尽管大多数的发掘仅仅是为了重新获得掩埋在地下的物品，但还是有少数的开拓者将这项工作当成了细致的解剖，注意到这些史前器物与不同土壤层之间的关系，并最终意识到，总体来说，来自浅层土壤中的文物必定比来自深层土壤中的年代更近。此外，挖掘古冢的狂热浪潮曾在欧洲西北部甚至南美洲风靡一时。但多数情况下，这一活动主要是那些能雇用劳工用镐锹挖掘遗迹者的闲暇消遣，发动者主要是乡绅、牧师、医生、律师、教师等。

▲1913年，英国考古学家伦纳德·伍利（Leonard Woolley，1880—1960年）和英国学者、考古学家、军官兼外交官托马斯·爱德华·劳伦斯（T. E. Lawrence，1888—1935年）与一块赫梯人的浅浮雕品。该雕品由玄武岩雕刻而成，出土于土耳其卡赫美什的预言墙

的确，仅仅19世纪早期至中期，人们对系统且科学地了解古代遗迹的渴望愈演愈烈，考古学才真正取代了古物研究。也正是在这一时期，人们在欧洲西部发现了一些掺杂着某些灭绝动物骸骨的石器，这才逐渐意识到并接受人类远古的辉煌。19世纪末，真正的考古学事业已然蓬勃发展，其中离不开诸多“伟人”的辛勤努力，例如皮特里（Petrie）在埃及的发现，考德威（Koldewey）在巴比伦的努力，施里曼在爱琴海的研究和皮特·利弗斯（Pitt-Rivers）在不列颠的考察。现如今，对于绝大部分考古爱好者来说，考古早已不仅仅只是寻找宝藏，而更多是一种解答特定问题的手段。

经过20世纪，在此领域诸多重要人物的一番努力下——惠勒（Wheeler）在不列颠及印度，赖斯纳（Reisner）和伍利（Woolley）在中东，乌勒（Uhle）和基德（Kidder）在美洲，博尔德（Bordes）和勒鲁瓦·高汉（Leroi Gourhan）在法国——考古学已成为一项基础雄厚、涉猎学科广泛的事业。当然，其中少不了无数领域诸多专家的专业知识，包括地球物理学家、航空摄影师、动物学家、植物学家、化学家、遗传学家和大批鉴定物质年代的科学家。如今的考古学依托科学，与过去截然不同；今天，大量考古学家投身于我们时代中的最热门、最突出的争议问题，例如，气候变化（这需要考古学家们检测海平面上升的影响及其与全球变暖之间的因果关系）。

总的来说，自考古活动出现至今，尤其在近几十年中，考古研究体现出几大主要趋势。第一，考古工作的进度逐渐放缓，人们在挖掘过程中更谨慎，也更辛苦，由此而产生的花费也就更多。在过去，人们直接用十字镐挖掘地层，而在当今的挖掘过程中，考古学家需要小心翼翼地铲开土壤层，再轻轻拂去尘土，按顺序记录下每一个步骤；不仅如此，挖掘出的每样东西都要过筛，以防遗漏土壤中的任何信息与线索。

第二，我们现今获得的各种文物，其数量正急剧增长。这一趋势也在一定程度上引发了严峻的文物储藏问题。由于令人忧虑的储藏条件，有时更明智的做法是让这些文物继续待在土壤下面，而不是把它们挖出来致使其逐渐腐坏。有人认为，挖掘结束后几年内就能完成对发现品的分析，可事实并非如此，发掘者对这些文物的研究与分析可能会持续数十年，事实上，这一分析可能就是一辈子。因此，长时间的刻度就可以对从地下挖掘出的物品种类作出限制。不仅如此，一场大型挖掘工作需要巨大的资金和人力支撑，正是因此，近年来少有大型开采活动。举例来说，1958—1964 年，哈勒姆·莫维斯（Hallam Movius）率领团队对帕托岩洞（Pataud Shelte）内旧石器时代晚期岩棚进行发掘，其间出土 200 万件文物，而研究分析这些文物的博士论文至今还没有写完。从那以后，几乎再也没有如此大规模的针对法国旧石器时代遗迹的发掘工作，只有少数几处遗迹获得了充足的资金支持以保证每年的发掘，比如位于西班牙卡斯蒂利亚－莱昂省，临近布尔戈斯市（Burgos）的阿塔普尔卡山洞穴遗迹（贮藏了大量近百万年前的化石）。

▼ 帕托的维纳斯像，高 7 英寸、宽 5.5 英寸（约 18 厘米 × 14 厘米）。美国考古学家哈勒姆·莫维斯（1907—1987 年）在对法国西南部的莱埃济－德泰雅克西勒伊市的一个村庄进行考察时，发现了一处旧石器时代晚期遗址，即阿布里·帕托遗址（L' Abri Pataud）。莫维斯在此遗迹中挖掘出数百万件文物，该石像只是其中之一

第三，许多事物及现象的出现时间被不断延后，并很有可能会继续推延，例如，开始农耕及制作陶器的时间，人类首次踏上欧洲、美洲新大陆及澳大利亚的时间。

第四，由于新技术的发展，如今，考古学家们可以以较少的样品获得较多的信息。举个例子，在使用放射性碳年代测定法时，有机物样品过小会导致测定无法顺利进行，然而如今同样大小的样品可以通过色素分析进行测定，在当下便携式光谱仪的帮助下，甚至可以完全不接触样品便完成测定。不仅如此，卫星影像、先进的计算机、全球定位系统，以及遗传学和化学分析，更革新了我们以往研究的诸多方面。各种技术手段的迅猛发展，使人们难以想象距今五十年、一百年后，人们又将掌握何种技术。一百年前，人们对一块陶罐碎片的研究仅仅局限于它的制造、形状、装饰花纹还有可能的制造时间；而在今天，我们可以仅根据一块碎片就准确地测定出其陶土中包含的物质、原材料的来源、烧制时的温度和烧制时间；如果罐中还留有先前的残留物，我们甚至能判断出它之前究竟装了些什么。

如今，全球旅游业的最大推动力之一就是我们这种“博古好奇”的心理。的确，许多国家的经济收入来源在很大程度上都依靠这种考古旅游（或称遗产旅游），最著名的国家包括希腊、秘鲁和埃及。不过，另一些国家就没那么幸运了，它们丰富的历史遗迹或因战争、或因恐怖主义活动而遭受毁灭性的破坏，旅游业也因此而暂停。众所周知，在阿富汗、伊拉克和叙利亚等国家，考古旅游业实际上从许多年前就已经不存在了。然而，不仅如此，历史记载过比这更糟糕的事情，即极端主义者曾大肆破坏历史遗迹，损坏博物馆珍藏。相比其他国家，埃及受此影响最少，不过，仅仅是恐怖袭击就已对其旅游业造成了巨大冲击。具体而言，2010 年，即“阿拉伯之春”事件发生的前一年，埃及的全年游客量为 1470 万人次，旅游业的收入占国民生产总值的 11.3%，养活了 130 万埃及人。但到了 2016 年上半年，到访埃及的游客仅剩 300 万人，只有 2015 年上半年的一半。

极端主义者摧毁了大量历史遗迹，如阿富汗境内的巴米扬大佛和叙利亚的帕尔米拉神庙，但他们并未就此罢休。他们经常猖狂地在连接各处古迹的交通要道上打劫，将遗迹和博物馆内的藏品洗劫一空，同西方的无良买家进行交易。这种现象绝非偶然，除中东地区外，一些看起来更稳定的地区也同样在劫难逃，比如拉丁美洲。就连中国这个严惩违法偷卖国家文物的国家，也有许多古董流失海外。在许多国家，农民常常通过向有钱的收藏家出卖其祖辈挖出的

▲2015 年 9 月，恐怖组织伊斯兰国（ISIS）摧毁了叙利亚帕尔米拉古城的贝尔神庙（Temple of Bel），该神庙被联合国教科文组织列为文化遗产。图片将一张摄于 2014 年相对完好状态下的神庙照片与其 2016 年的模样进行了对比

史前古器物，以赚取相当丰厚的财富；又或者，他们会将这些古物卖给中间人，而这些中间人则负责挑选卖家及走私货物。

许多在以往无法实现的事情，如今变得十分平常。同祖辈相比，现代人在廉价航运的帮助下，能更随心所欲地出游、看到更远的世界，因此探访各处伟迹也相对容易。不过，蜂拥而至的游客，也给多地的名胜古迹带来隐患，让它们直面“因爱而亡”的危险。我们应谨记，我们的首要目的是为子孙后代护好这些历史的遗迹。这也就意味着，某些遗址景区须严格控制到访游客量，某些受损严重的地方甚至须全面闭门谢客，正因如此，西班牙及法国才会仅向公众开放半数形成于冰期的洞穴古迹，同时严密管控每日的参观人数及参观时间。除此以外，为防止每年成千上万的游客对遗址造成损坏，英国的巨石阵和法国的卡纳克巨石林（Carnac stones）也同样严格控制游客量。不过，另一些重要的遗迹中游人依旧如织如梭，例如意大利的庞贝古城（Pompeii）、秘鲁的马丘比丘（Machu Picchu）和柬埔寨的吴哥窟（Angkor Wat）。就连远在太平洋上的复活节岛（Easter Island）也未能幸免，越来越多的游客促使该岛颁布一系列游览限定，包括岛内的通行道路及参观范围。

一面是公众对参观文化遗迹的需求，另一面是自身保护遗迹的重要职责，考古学家不得不在双方之间慢慢权衡，试图找出满足双方的平衡点，不过这一点依然很难把握。他们常常不得已做出某些艰难的抉择，例如禁止游客参观某片区域，这些抉择时常引起公愤，因为游人们总觉得不公，认为考古学家们只愿自己研究古迹，不愿游客一览。随着大众旅游业的不断繁荣，这一问题只会愈演愈烈。对此，人们想出了一个可靠的办法，即按照那些受损严重遗址的原貌建造精准的仿真模型，例如法国的拉斯科洞窟壁画（Lascaux Cave）及肖维岩洞（Chauvet-Pont-d’ Arc），还有西班牙的阿尔塔米拉

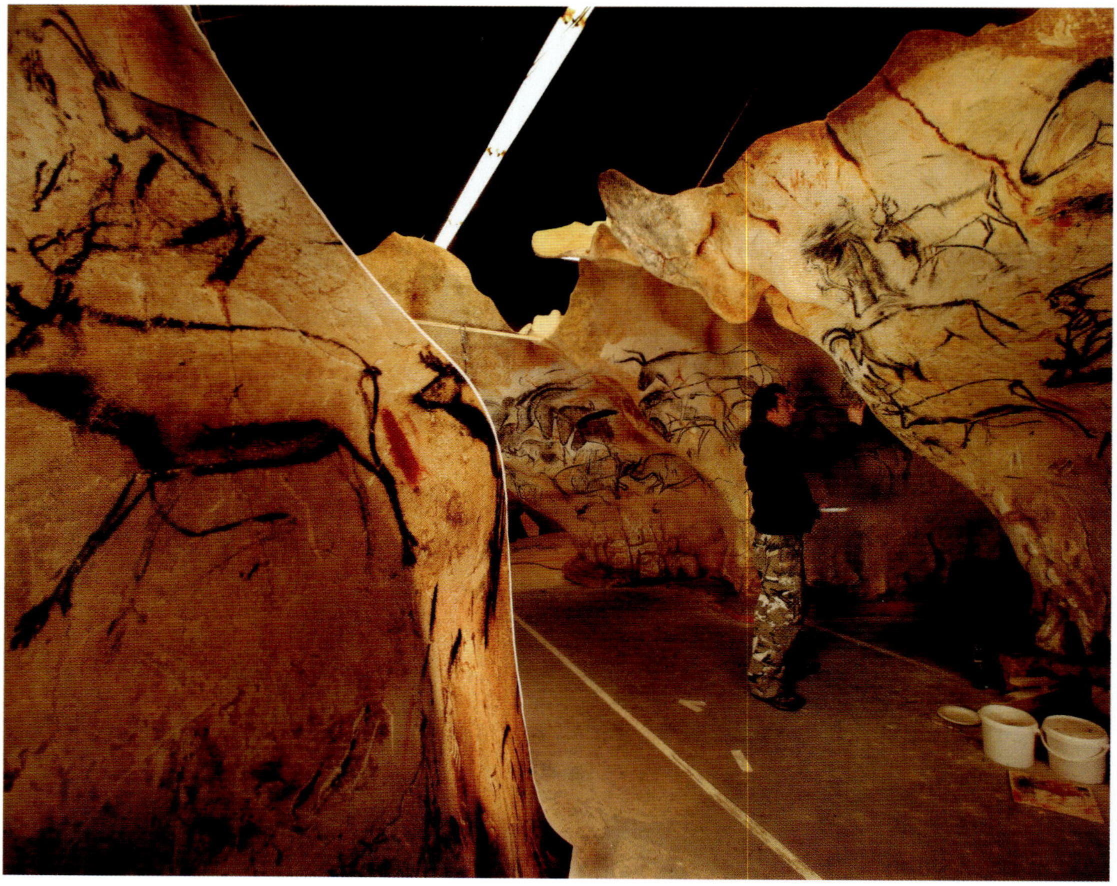

▲ 在法国图卢兹的一间工作室内，一位画家正在人造洞穴内临摹洞穴壁画，该幅作品 1∶1 全尺寸再现了法国阿尔代什省的肖维岩洞。这座人工复制的洞穴人称阿尔克桥洞穴（Caverne du Pont-d' Arc），在 2015 年向公众开放，其规模超过拉斯科洞窟的复制洞穴，是迄今为止世界上最大的复制洞穴

洞（Cave of Altamira）。虚拟现实技术（VR）能给人们带来身临其境的非凡体验，而随着全息成像等其他效果的引入，此项技术在不久的将来也会更完善。

新技术在许多方面给考古研究带来了史无前例的帮助，全新的数字化考古方式，正描绘着令人惊叹的未来图景。举例来说，人们可以利用数字成像和 3D 打印技术精准地修复受损的帕尔米拉凯旋门，还有任何其他地方的古迹，比如那些因人为原因或自然灾害而遭到破坏的遗址。只要掌握这些珍贵古代遗物的照片或影像，它们就有可能被“复原”。

最近，考古领域又取得一项激动人心的突破——利用现代科技复原受损古籍并进行阅读。例如，出土于以色列恩戈地（Ein-Gedi）的犹太卷轴已有 1500 年历史，曾在一场大火中被焚毁，文字已难以辨识；但是通过 X 光扫描和精密的电脑识别程序后，该卷轴可以以虚拟成像的方式“展开”，文字也清晰可辨。如今，这项技术有望被应用于复原一批发现于意大利赫库兰尼姆古城（Herculaneum）的遭焚毁的罗马古卷轴。

在许多地区，当今的古迹发掘过程仿佛一场与时间的赛跑，鳞次栉比的高楼及不断扩张的城市化进程，使得大量遗址在未被勘测前就面临被破坏的威胁。在斯堪的纳维亚半岛、阿拉斯加和其他许多地区，由于海冰及冰川的消融，许多之前无法企及的区域慢慢初露容颜，无数古文物被置于阳光的曝晒下。考古学家常常发现，一些原本保存完好的有机物质，明明应该在更高的气候条件下才会分解，现如今却正在逐渐解冻，面临着受损风险，这些发现着实令人震惊。总之，这些独一无二的无价痕迹从古代流传至今，正遭受侵蚀，而其受损速度远比考古定位遗址再修复遗迹的速度要快得多。

在过去，考古工作主要由该领域的一众专家完成，而在未来，这项活动将变得更大众化。近几十年内，在针对某一地区人种起源的研究中，考古人员通常采取咨询、调动当地人的办法，这一方法在今后还将进一步完善。在过去，男权主义思想盛行，而当今时代则强调男女老幼在角色分配和社会活动中的平等地位。不仅如此，人们逐渐意识到，过去的考古学家在向大众传递古迹资料信息时总会带有各种各样的偏好与倾向，即大部分古迹信息反映的是符合其自身社会、宗教、政治或世界观的偏好及信仰。的确，考古学家们所提出的种种历史观点会不可避免地受到各种因素的影响，包括其自身背景、成长环境、教育程度、社会地位、兴趣爱好及其老师、朋友，甚至竞争对手。但如今，在认识到自己所肩负的责任后，考古学家们尝试有意识地去避免这种因素的影响，努力保持其研究的客观性。

考古学无疑是一门“奢侈的”学科，因为其对人类生存并无任何决定性影响。不过，正如我们所见，仍有数量可观的人对考古兴趣浓厚，而考古也仍是许多国家经济产业的重要一环。只要考古可以继续激励人们探索、给人们带来欢乐，对其的公共资助便会不断增加，因为考古学是一门独一无二的学科，99% 的人类历史都由其展现。它促使人类去关注自身发展中的重大问题，包括人类起源的时间、地点、方式；人类对地球的开发；科技、艺术、文学上的进步，还包括农业、复杂的社会形态和城市化在内的现代产物的起源及发展。只有考古学会从一种长期的视角来探查人类的发展轨迹，与此同时，一些惊人的发现常常能吸引全世界的目光，例如“冰人奥兹”和秦始皇兵马俑的发现。很少有其他学科的研究能像考古发现一样引起全球轰动。

▼ 1970 年，在死海旁的恩戈地，考古学家从一间犹太教堂的藏经柜中发掘出了一卷烧焦的《妥拉古卷》（*Torah*），该卷轴仅长 2.75 英寸（约 7 厘米），其历史可追溯至公元前 600 年。在微型电子计算机高分辨率的 3D 断层扫描技术及数字成像软件的帮助下，考古学家们确定该卷轴的内容是《利未记》（*Book of Leviticus*）的部分章节

# 1 | 遥远的史前时代

## 公元前 400 万—前 1 万年

从在非洲发现的早期人类祖先的锯齿状残骸，到已进化完全的现代人所刻出的精美岩画，本章探寻了人类逐渐进化为现代人（也称“智人”）的系谱。针对公元前 400 万—前 1 万年的考古发现，帮助人们解决了如下重要问题：人类源于何处？早期的人类从何时开始进化？人类的独特之处又是什么？

注：书中地图系原文插附地图

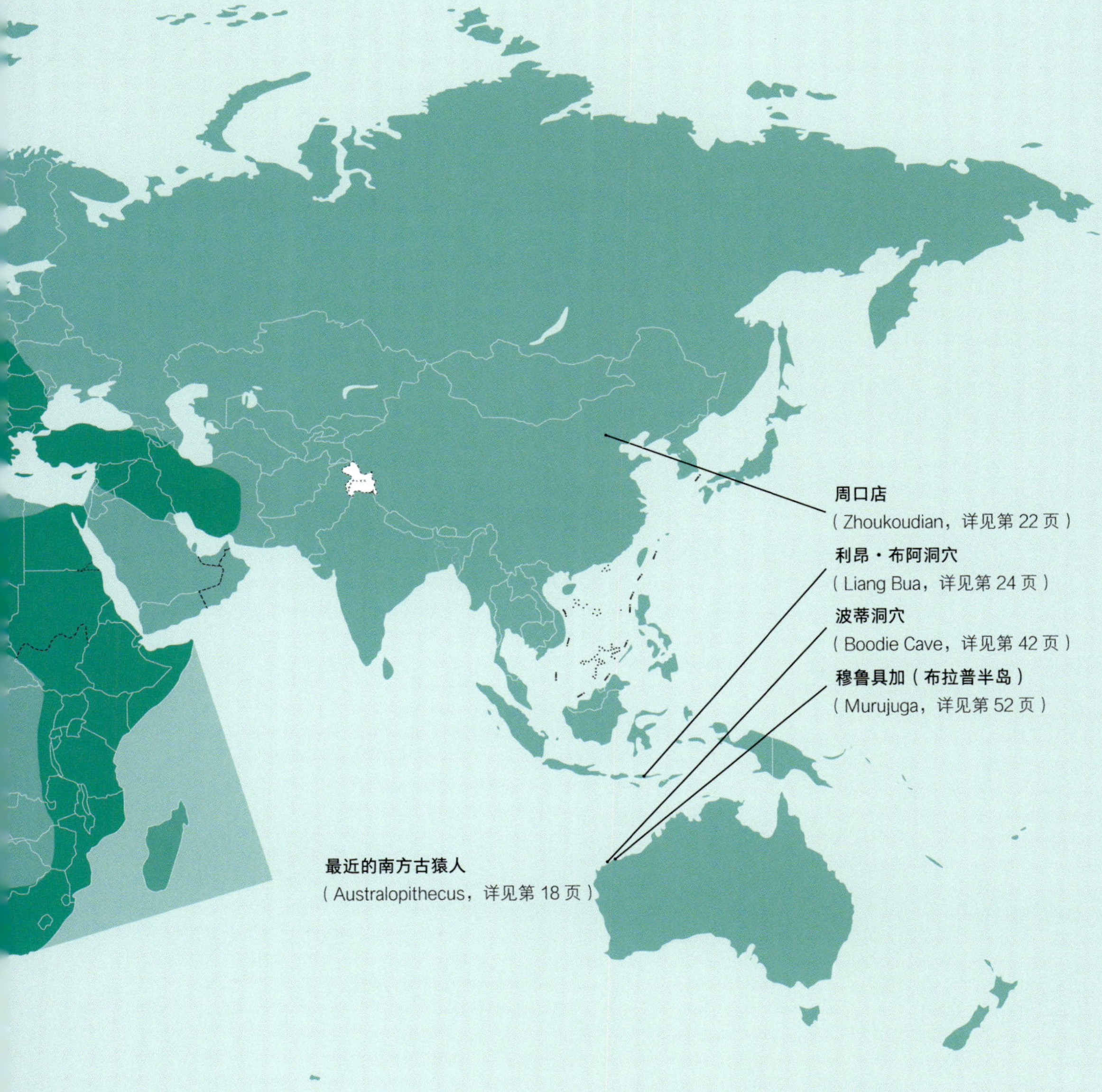


此地图的虚线为未定国界

# 在人类出现以前

1. 这一模型重现了南方古猿可能的模样，其骨骼结构依托露西（Lucy）的人形骨架。该模型现于西班牙布尔戈斯的人类进化博物馆中展出

2. 研究人员在坦桑尼亚的莱托里（Laetoli）的一处火山灰中发现的脚印化石。足迹共长 230 英尺（约 70 米），由类人动物的脚印构成。通过钾－氩年代测定法及地层学相关分析对地层进行研究后，人们推断该脚印可追溯至 370 万年前

3. 塔翁幼儿颅骨的发现，即南方古猿颅骨的发现，证明了一种全新的种属：南方古猿属，为现代人类的祖先

1924 年，工人们在南非塔翁镇（Taung）的一处石灰岩采石场内，发现了一例小型的颅骨化石（见图 3）。负责检查的解剖学家雷蒙德·达特（Raymond Dart，1893—1988 年）称，该颅骨属于一个孩童，其结构类似猿的颅骨，却又包含某些人类颅骨的特征。该颅骨化石的发现揭示了人类祖先的种类。雷蒙德给这个塔翁古童定名为“非洲南方古猿”（Australopithecus africanus），不过在当时人们并不认为它是人类的祖先，直到 20 多年后，人们才普遍接受它在人类进化中的地位。当今考古学家们认为，这个孩童生活在距今约 330 万—280 万年前。

至今，人们共发现 7 种不同类型的南方古猿，几乎全部来自东非及南非。这些古猿的头颅通常很小，只有 18—37 立方英寸（约 300—600 立方厘米），约是现代人头颅大小的三分之一，可以直立行走。但要说第一种可以用两足行走的人属（hominins），可能并非这种南方古猿。总的来说，相比于其他猿类，南方古猿的犬齿更小，其主要以植物为食，为了更好地嚼碎粗糙的食物，南方古猿的臼齿会相对较大。对于不同种类的南方古猿，其种间差异相当大，就连同种古猿，有时也会存在种内差异。也正是其与众不同的种属，使得南方古猿表现出似猿又似人的特征。

对于不同种类的古猿（纤弱型古猿和粗壮型古猿），在早期的古猿研究中，专家们会着重将其区别开来。如今，来自南非、肯尼亚和埃塞俄比亚的那些粗壮型古猿属傍人属（Paranthropus），研究学者有时依旧称其为“南方古猿”，不过，如今该名称涵盖的物种范围更宽，还包括了其他一些来自非洲东部及东北部的早期类人的灵长目动物，比如乍得沙赫人（Sahelanthropus

## 重要事件

| 700 万—600 万年前 | 420 万—390 万年前 | 380 万—290 万年前 | 370 万年前 | 367 万年前 | 350 万—300 万年前 |
|---|---|---|---|---|---|
| 最早的人属：乍得沙赫人和土根原初人出现，人类和黑猩猩也大约在这时走上了不同演化道路。 | 南方古猿中最古老的一支——南方古猿湖畔种——出现于肯尼亚及埃塞俄比亚北部。 | 南方古猿阿法种，即古猿化石“露西”的种类，生活于非洲东北部。 | 几个阿法南方古猿在坦桑尼亚莱托里的一处淤泥上留下了脚印。其中有两个成年古猿，另一个可能是个孩子。 | “小脚”古猿生活时期（南方古猿中尚未明确的一支），后考古学家于南非斯泰克方丹岩洞的石碓之中发现其化石。 | 南方古猿羚羊河种（Australopithecus bahrelghazali）生活时期，考古学家于 1995 年在乍得共和国境内发现其化石；为唯一一种生活于南非东部或东北部之外的南方古猿。 |

tchadensis)、土根原初人(Orrorin tugenensis)、两种地猿(Ardipithecus)和肯尼亚平脸人(Kenyanthropus platyops)(排列顺序按照其由古至今的出现时间)。

最早的南方古猿属生物出现于肯尼亚及埃塞俄比亚。在距今 420 万—390 万年前，南方古猿湖畔种(或称湖畔南方古猿，Australopithecus anamensis)约生活在一片与世隔绝的林地中，在时间长河中慢慢演化为第二古老的南方古猿属生物——南方古猿阿法种(或称阿法南方古猿，Australopithecus afarensis，距今 390 万—290 万年前)。人们熟知的著名埃塞俄比亚古猿化石露西(图 1)正是南方古猿阿法种。1974 年，唐·约翰逊(1943 年—　)和他的同事发现了露西全身骨骼的 40%，推断她刚成年不久，生前约高 3 英尺 7 英寸(约 1.1 米)，重约 66 磅(约 30 千克)。如果是男性古猿，其身形大小约是女性的 1.5 倍。这种两性异形现象在人类中已大大减少。阿法南方古猿也类似猿，但有更多似人的特征，尤其体现在它们已完全适应直立行走这一点上。直立行走的能力是古猿进化为人类的一次飞跃，其后的另一次发展是脑容量变大。不仅如此，阿法南方古猿的其他多种特征，包括牙齿减小和手臂缩短，都表明了它们相比于自己的灵长类祖先已进化很多。

除此之外，非洲更南部的一些地区还有一些重要的南方古猿，例如南方古猿惊奇种(Australopithecus garhi)，生活于距今 250 万年前。这种古猿很像阿法南方古猿，不过其类猿特征更明显，比如臼齿很大。尽管如此，研究人员在这种古猿的发现地中找到了一些有划痕的动物碎骨和一些简易的石具。这一发现使得它的地位猛增，一跃成为标志人类进化的几种南方古猿之一。然而，一些研究人员认为在人类进化的这棵大树上，南方古猿所代表的只是一根没有延伸的侧枝，它们并不是人类的直系祖先。

自塔翁古童被发现后，人们在约翰内斯堡北部的遗址群又陆续发现了不同的古人属生物化石，包括上百个非洲南方古猿的化石。其中，最古老的古猿化石可以追溯到 330 万年前，其他大部分也约有 210 万—300 万年的历史。较之于历史更久远的阿法南方古猿，二者在诸多方面都很类似，不过非洲南方古猿更具人的特点，比如脑壳更大、咬合面更平。然而，类猿特征并没有完全从它们身上消失，例如上肢长度几乎和下肢一样。除非洲南方古猿外，南方古猿惊奇种，连同最新发现“源泉种”(Australopithecus sediba)，也被认定为人类的祖先。

就生活方式而言，相比于树栖，南方古猿更偏向于陆栖，这一特点也在一定程度上影响了南方古猿的形态发展。随着时间推移，南方古猿身上多种为了适应树栖和攀爬生活的骨骼特征不断退化，例如扁平的双脚、灵活的脚踝、长而弯曲的脚趾等。在坦桑尼亚的莱托里，考古学家在一层新沉积的火山灰上发现一串脚印(见图 2)，并推测这串脚印很有可能是阿法南方古猿留下的。这一发现为研究足弓演变等足部解剖问题提供了重要线索。南方古猿的骨骼变化与其栖息地及气候变化之间的关系尚不明朗，不过人们推测，草林混杂的环境使得南方古猿活动更灵活，同时为其带来了更多样的饮食，这使得古猿能应对环境的急剧变化。

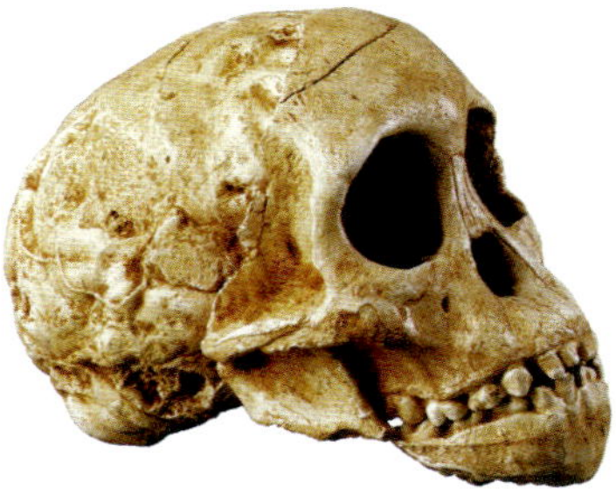

| 330 万年前 | 330 万—210 万年前 | 约 280 万—275 万年前 | 约 250 万年前 | 约 200 万年前 | 1924 年 |
|---|---|---|---|---|---|
| 出现了史上最古老的石器，制作者极有可能是南方古猿或是肯尼亚平脸人。 | 非洲南方古猿出现的大致时期。相比于发现于东非的古猿生活时期，考古学家对非洲南方古猿的生活时期稍显犹豫，因为这种属的化石发现于石灰岩堆中。 | 最古老的人属生物(种族未知)出现。考古学家在埃塞俄比亚发现了其部分下颚骨，进而发现了这种最古老的人属生物，他们认为这种人属生物与南方古猿并存于同一时期。 | 南方古猿惊奇种出现于埃塞俄比亚的阿法尔洼地(Afar Depresion)，这种古猿为人类的可能祖先之一。 | 南方古猿源泉种的生活时期。这种南猿为考古人员发现的新种属，于 2005 年在南非的“人类的摇篮”遗址中发现其化石。 | 考古学家于南非首次发现一具南方古猿化石，即塔翁古童。雷蒙德·达特认为南方古猿极有可能为人类的祖先。 |

# 近期针对南方古猿的发现 360万—200万年前

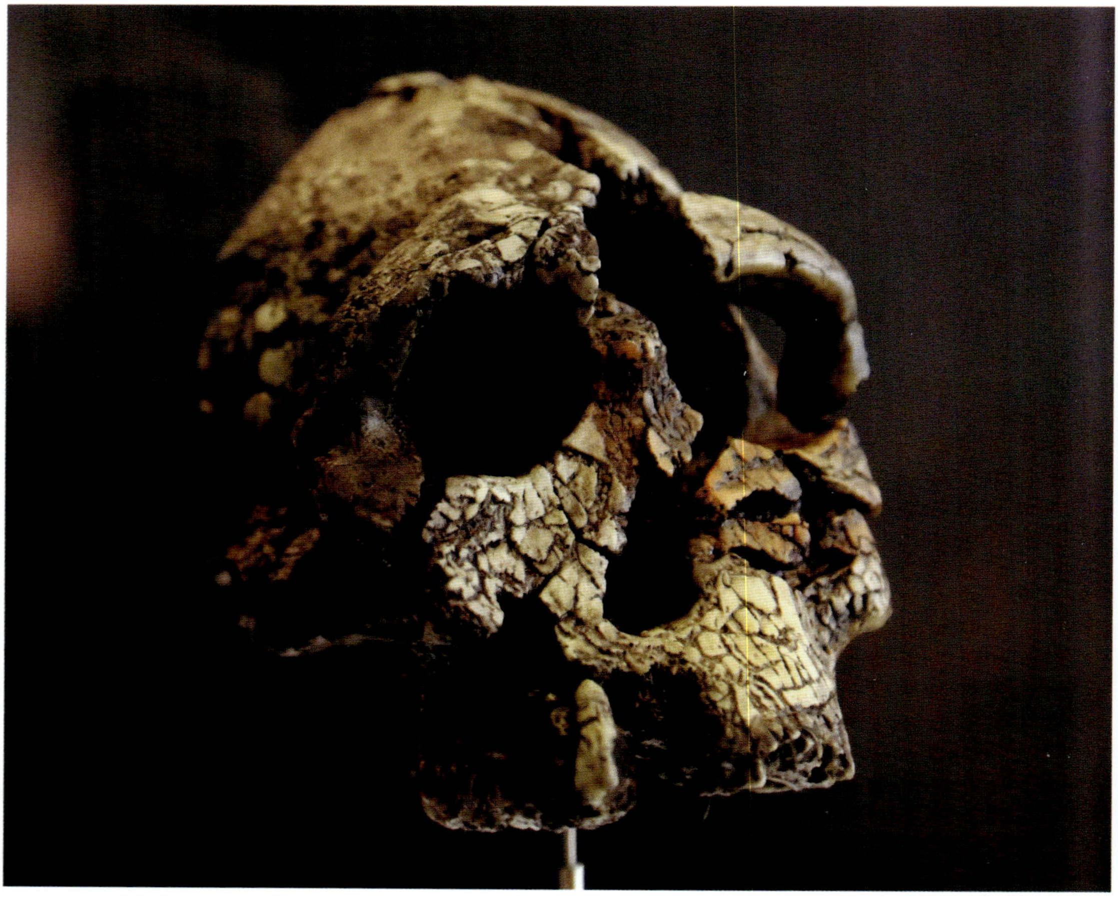

1999年发现于肯尼亚的肯尼亚平脸人，生活于距今350万—330万年前。这种人属生物的脸部相对较平，但由于在化石作用的过程中，颅骨变形，导致难以确定其种属，因此人们对其充满疑问。一些研究人员认为，肯尼亚平脸人是南方古猿属，或其实是同样生活于这段时期的阿法南方古猿的演化体

南方古猿对研究人类的演进具有重要意义，其中主要的原因就是，非洲南方古猿的发现使得人们首次将非洲大陆与人类起源地联系起来。随着化石丰富的地区不断被发现，保存化石的岩层被细致勘察，新的发现层出不穷。在南非豪登省“人类摇篮”（Cradle of Humankind）遗址中发现的两具南猿化石一度轰动了世界。2008年，考古学家在马拉帕洞穴（Malapa Cave）附近发现了两具南猿化石，一具为成年女性，另一具为男性孩童；研究发现，这种南方古猿属全新种属，即南方古猿源泉种，生活于距今约200万年前，兼具现代与原始人类的特征。该发现意义重大，因为它证实了南方古猿源泉种已具备更高级的直立行走能力，比其他任何时期的南猿都更接近人类。此外，其手骨显现出的某些现代特点，即四指稍短、拇指更长，表明它们很可能已经会使用工具，可能是直立人（Homo erectus）的祖先。一些研究人员认为，这种古猿是从非洲南方古猿演化而来的新种属。考古人员曾在斯泰克方丹岩洞（Sterkfontein Caves）附近发现四个小型脚踝骨，随后被收进博物馆中；1994年，在重新经过结构研究后，古人类学家罗纳德·J. 克拉克（Ronald J. Clarke，1944年— ）认为这些脚踝骨的主人能直立行走，这一观点的提出使得这些“小脚”声名大噪。由于这副骨架的剩余遗骸嵌在角砾岩中，克拉克只得将其连石切下，随后移出洞穴。迄今为止，人们对其的描述尚不完全，其物种也未确定。根据它们的种种独特性状，克拉克认为它们属于一种全新的南方古猿，并命名为南方古猿普罗米修斯种（Australopithecus prometheus），不过其他学者认为它们依旧属于非洲南方古猿。

**洞穴复合结构**

从约翰内斯堡向北31英里（约50千米），便是世界遗产“人类的摇篮”。该遗址占地116139英亩（约47000公顷），内含超过30处大小遗迹，包括收容了数百件人属及其他种生物化石的石灰石复合洞穴——斯泰克方丹岩洞。东非的化石大多出土于火山沉积物，考古学家能根据当地的火山喷发时间较容易地推算出化石年代，而这里的地质情况及地层情况复杂，相较于东非，考古学家更难以估算这里化石的年代

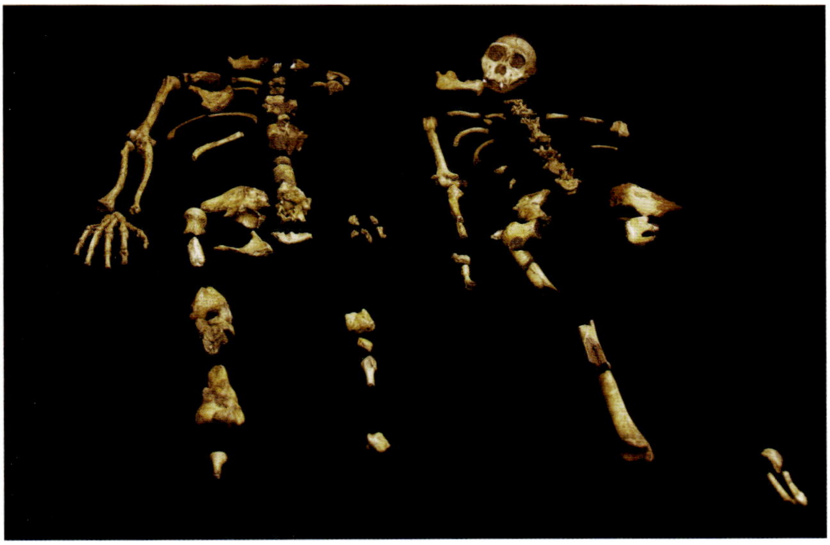

**已知的进化体**

大量化石样本帮助人们了解某些南方古猿，其中一些化石相对完整，使得人们得以研究其由年龄、性别造成的骨骼差异。图中是两个南方古猿源泉种的骨骼化石，其中一个是少年，另一个是成年女性。但是，另有许多种属的古猿，在被考古学家发现骨骼化石时，仅存一具且支离破碎，例如，考古学家就是仅从一个下颌碎骨和另一具化石上的一颗牙齿发现了南方古猿羚羊河种。这种南方古猿与阿法南方古猿关系紧密，但其选择的聚居地却与众不同，在乍得共和国北部，距其他已知种类南猿化石的出土地点向西超过1243英里（约2000千米）

## 早期石具

石具的使用和制造，在相当长的一段时间里是公认的人类特性，是文化行为的最早标志。事实上，追溯类人猿甚至黑猩猩时期，它们就已经会使用工具。之前，人们认为最早的石器是由奥尔德沃人（属于能人，Homo habilis）制造的。考古学家在坦桑尼亚的奥杜威峡谷（Olduvai Gorge）首次发现了奥尔德沃人的手工制品，随后又在非洲的东部、中部及西部的几个地区陆续发现了一些。其中，在埃塞俄比亚戈纳发现的人造石器有约250万年历史。不过，目前有证据显示在奥尔德沃人之前就已有人类懂得使用工具。

在发现“迪奇卡孩童”（Dikika Baby）的遗址附近，研究人员发现了一些已经变为化石的动物骸骨，上面似乎有用石器留下的划痕及敲打痕迹，然而，考古学家没有在周边发现任何器具实物。在肯尼亚的洛迈奎3号遗址（Lomekwi 3），考古学家发现了约150个做工粗糙的大型人造器物，相较而言，这些发现物引起的争议稍小。这些人造器物距今约330万年，比在戈纳发现的人造石器还要早70万年；不过，尚有部分人对这些器物的年代及与此有关的堆积物年代存疑。人们相信，或许是阿法南方古猿或是肯尼亚平脸人制造了这些石器。在埃塞俄比亚的波里（Bouri）地区，研究人员发现距今约250万年的带划痕的骸骨，并推测划痕很有可能是南方古猿惊奇种的手笔。这一发现引起了巨大的争议，因为这意味着南方古猿极有可能没有人们以为的那么古老。同时，这一发现彻底刷新了我们对于技术演变的理解，并且对我们的固有观念（制造石器是人类典型特性之一）造成了巨大的冲击。

# 演化为人

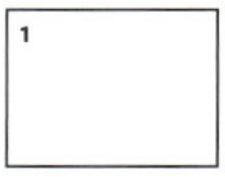

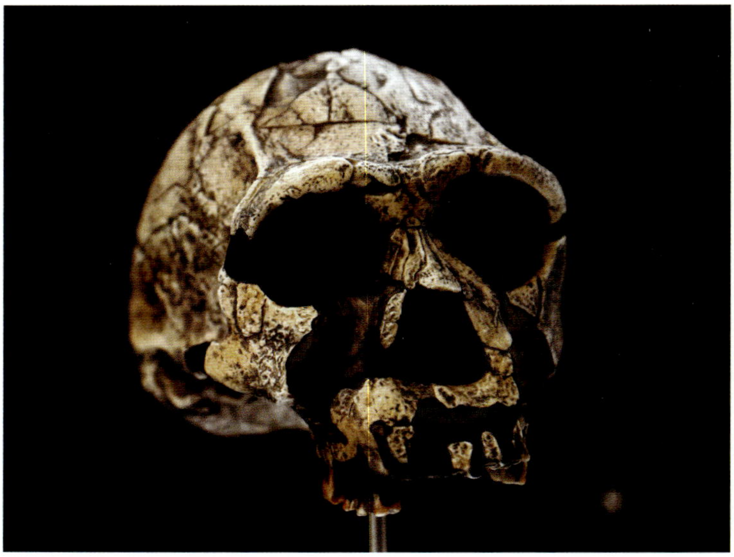

1. 190 万—140 万年前，直立人 / 匠人生活于非洲的东部及南部地区
2. 1907 年，考古学家在德国发现了一块下颌化石，并将其命名为“毛厄 1 号”。研究发现，该下颌主人属海德堡人，生活在距今 60.9 万年前

接下来，我们将进一步深入研究世界范围内的化石记录与人属生物演化过程及其人属物种间的关系。关于人类化石的分类，考古学界素来争论不休。由于早期的人口迁徙，直立人遍布全球，所以成为争论的焦点。约 200 万年前，直立人出现在东非，但如今，考古学家在欧洲及亚洲的大量古迹中都发现了其骸骨化石。一些古人类学家认为非洲直立人是亚洲人的直系祖先，因此他们认为非洲直立人是独立的一支，而不是某片区域内的古猿演化体。相应地，对于某些非洲古猿，他们也常常称其为“匠人”（Homo ergaster）。

研究人员普遍认为，180 万年前，直立人 / 匠人（见图 1）极有可能穿过了西奈半岛（Sinai Peninsula）这座大陆桥，首次迁徙到了亚洲，人们将这次人口迁徙称为“第一次走出非洲”（Out of Africa I）。考古学家在格鲁吉亚的德马尼西（Dmanisi）古人类遗址中发现了距今约 180 万年的直立人亚种化石，而在东亚及印度尼西亚的一些遗址中更是出土了更多的直立人种化石，距今约 170 万—100 万年不等。

在人类演化史上，另一个关键的人属生物是海德堡人（Homo heidelbergensis，见图 2）。约 70 万年前，海德堡人出现在非洲。专家们认为海德堡人是由匠人演化而来的，脑壳变得更大，能制作更复杂精密的工具。不过，仍有一部分科学家认为海德堡人不是一支独立的人种，仍属于匠人。有一种说法是，海德堡人在约 40 万—30 万年前来到欧洲，后分为两支，一支演变成后来的尼安德特人（Neanderthal），另一支演变成丹尼索瓦人（Denisovan）。不久前，考古学家

## 重要事件

| 约 200 万年前 | 180 万年前 | 约 180 万年前 | 约 170 万年前 | 约 75 万—68 万年前 | 约 70 万年前 |
| --- | --- | --- | --- | --- | --- |
| 直立人与智人出现于非洲。 | 首次走出非洲：第一批人类（直立人 / 匠人）走出非洲，到达欧洲和亚洲。 | 直立人种生物，即如今被称为欧亚亚种人，落脚于格鲁吉亚的德马尼西。 | 直立人开始向非洲以外地区扩散。1965 年，考古学家在中国的元谋人遗址处发现了早期证据。 | 直立人种出现于北京周口店地区。20 世纪 20 年代，考古学家在周口店发现其化石，并首次将其命名为北京人。 | 早期人类海德堡人出现。人们普遍认为海德堡人是一种介于直立人及智人之间的过渡体。 |

在西伯利亚发现了丹尼索瓦人的骸骨化石，从两颗牙齿及一截指骨中提取出了基因信息，并提出丹尼索瓦人与尼安德特人之间存在某种亲缘关系，不过，丹尼索瓦人是一种全新的人种，即早期智人（Archaic humans）。

大部分研究者认为，智人（Homo sapiens）为年代较近的迁徙的产物。从解剖学的角度来看，现代人类起源于非洲，由距今约20万年前的海德堡人演化而来。10万—5万年前，这批海德堡人走出非洲，到达了欧洲和亚洲。它们很快便取代了当时欧洲和亚洲的本地人种，最终演化为体现在行为上的现代人，或称为智人。

为了与其竞争假说“多地起源说”区分开，“第二次走出非洲”的猜想，也称为“晚近非洲起源模型”（African origin model）。这一猜想认为，所有的人类都是由约180万年前那批来自非洲的直立人演化而来的，而不同人种间体现出的地区差异，只是受当地条件影响自然选择后的结果。

为了探索人类的起源，科学家查找了各方的证据，包括解剖学（骨骼特征）、考古学（相关古器物及器物所蕴含的行为方式）和基因遗传学方面的。相关基因分析似乎证实了“晚近非洲起源模型”的理论，因为就基因组合来看，现代人之间的差异不大，这意味着现代人没有经历太长的基因变化过程，因此可以推断现代人起源于较晚的时期。相比于基因分析，骨骼结构分析稍显含糊和主观，例如，两种生物间要具备怎样的差异，才能证明它们是不同种类？研究人员会着重分析两者间的骨骼特征，如眉弓凸出眼窝内陷，下巴颏不明显的即是较古老的种属；相反，脑壳较大且牙齿较小的即是较现代的种属。之前提到的海德堡人，兼具古人猿与现代人的特征，它们常常被认作直立人到智人（在解剖学上稍显现代）的过渡体。

不过，新发现总会不断地质疑原有的解释。最近，在研究中国古人类化石的过程中，研究人员就发现了一些令人费解的异常现象。他们在中国的多处遗址中找到了古人类化石，其中一些可以追溯到90万年前，按照传统解释，这些人属于直立人与智人之间的过渡体。不过这种过渡体应出现于较近的年代，90万年前这么早的年代，意味着这种过渡体出现的这种兼具古今的特征，很可能有别的解释。

一些学者认为，中国的这批化石发现支持了“多地起源说”假设，甚至可能证明亚洲人是由发源于亚洲的直立人（就像亚洲人的祖先）演化而来的，与非洲的直立人种无关，比如“北京人”（发现于北京附近的周口店）。但一些基因研究认为，中国人的DNA基因信息主要来源于非洲的现代人类，这与前面的假设完全相反。

当前，人们对于“人类源于非洲”这一假说，即所有现代人类其实都是非洲人这一说法依旧各执一词。一些专家认为，争论本身就可能存在不足，因为很可能双方观点并不是完全对立的，因此，新兴的研究将重点放在了调查争论本身的不足之上。在未来，基因研究，将会是进一步解答这些关键问题的研究手段之一。

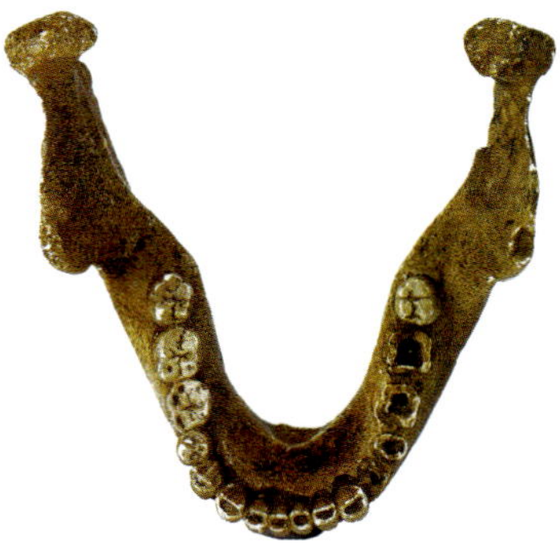

| 20万—10万年前 | 10万—5万年前 | 约5万年前 | 1891年 | 2003年 | 2010年 |
|---|---|---|---|---|---|
| 解剖学意义上的现代人——智人出现于非洲，这种人同早期智人有明显区别。 | 第二次走出非洲：发源于非洲的智人开始走出非洲，走向世界，并取代了所到之处的原住民。 | 在考古学家于西伯利亚发现的三具丹尼索瓦人化石骸骨中，有两具的年龄为5万岁，第三具的年龄可能更大。 | 考古学家在爪哇发现一具早期直立人骸骨，最初将其命名为爪哇直立猿人，不过大众普遍称其为“爪哇人”。 | 研究人员在印度尼西亚的利昂·布阿洞穴发现一具异常娇小的女性骸骨，他们认为这具骸骨揭示了一个全新的人种，即佛罗勒斯人（Homo floresiensis）。 | 一批考古学家发布全球公告，称其在西伯利亚发现的丹尼索瓦人骸骨中获得突破性发现，他们认为丹尼索瓦人在基因上不同于其他人种。 |

# 周口店遗址 更新世

2011年，考古学家勘察周口店遗址时的情景。1929年，考古学家在北京人洞穴内发现了燃烧后的灰烬、烧焦的树籽和兽骨，还有一些石头，根据这一发现，考古学家猜测北京人已经会用火。2015年，考古学家在发掘过程中发现一处用火区，里面有灰色的散土与燃烧过的石头和兽骨，这一发现证明，北京人已经能用火

自1918年初次调查起，周口店遗址就是中国最重要的考古发掘项目之一。1921年，考古学家在北京市西南约42千米的房山区发现了更新世时期的遗址。该处水资源充足且遍布天然石灰岩洞，这为早期人类营造了绝佳的生存环境。考古学家在周口店遗址内发掘出了已知最大量的北京人化石（北京人出现于更新世中期，即70万—20万年前）。

在一处沉积岩（具体为石灰岩）的峭壁上，瑞典地质学家及考古学家冈纳尔·安特森（Gunnar Anderson，1874—1960年）在充满了石屑及黄土的缝隙中找到了北京人残骸。1921年，由于听说当地人在悬崖缝隙中发现了所谓的龙骨，安特森好奇前往，结果在缝隙中发现了一些在早期被当作切割工具的石英碎片。这一发现验证了他的猜想，即所谓的龙骨其实是人类骸骨化石。1927年，加拿大人类学家戴维森·布莱克（Davidson Black，1884—1934年）利用科技复原了一颗在周口店遗址中发现的人类臼齿，使得该发现成为亚洲首例。在对这颗发现于1921年的上颌磨牙进行研究后，布莱克推断，这是一颗人种生物的牙齿，即北京直立人（Homo erectus pekinensis）。美国地质学家葛利普（Amadeus William Grabau，1870—1946年）将其命名为“北京人”。

自1927年起，更多的科学家加入周口店的发掘项目，他们的加入使得各项机构的联合得以实现。中国地质学家裴文中（1904—1982年）便是其中之一，1929年，他在一处分支洞穴内的红色沙质黏土里找到了周口店遗址中最重大的发现——第一个近乎完整的北京人头盖骨。这一发现最终使得国内外学者相信：北京人的确存在过。

**颅骨**

从侧面看，北京人的颅骨较平，额头较小，一块主骨沿着头顶一直延伸至下颚，连接颚肌；同时，它们的颅骨较厚，眉弓突出，颌部较大却并不凸出。北京人的颅容量平均为 61 立方英寸（约 1000 立方厘米），但有一些也可以达到 79 立方英寸（约 1300 立方厘米），几乎与现代人的颅容量相当

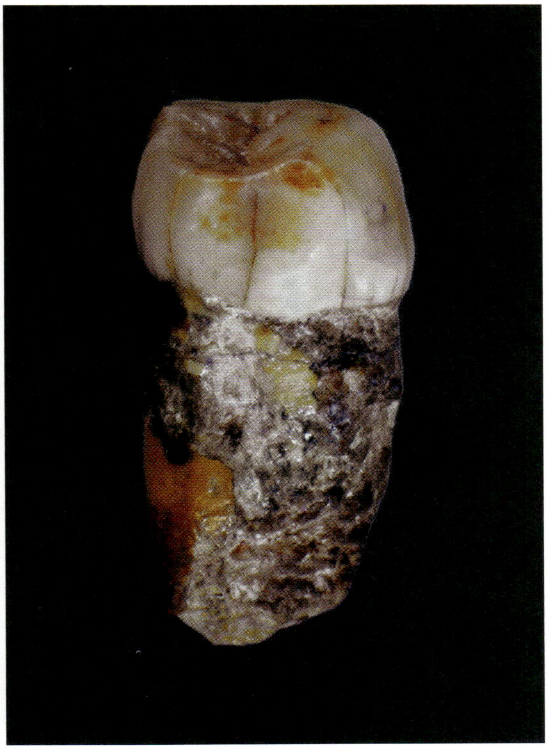

**牙齿**

第二次世界大战期间，关于北京人的大半资料不知去向，而在此之前，北京人是世界上资料最齐全的已灭绝人种。最初的出土物件中，只有几颗牙齿被瑞士的乌普萨拉大学当作古生物收藏而得以幸存，而这几颗牙齿，也就是最初发现的那四具北京人的全部证据了

## 龙骨山

自 1927 年对北京人遗址展开系统发掘后，考古学家共发现了 20 多处北京人的聚居地，其中最重要的一处是北京人最初的定居点：位于龙骨山的北京人洞穴。该处遗址原本是一个天然石灰岩洞穴，谁料洞顶崩塌，使洞内文物上散落了一层角砾岩及碎石。发掘工作从 1927 年持续到 1937 年，其间发现大量人类居住的痕迹，出土了 200 件人类化石，超过 10000 件石具和 200 种不同动物化石。

山顶洞人居住的洞穴，在龙骨山山腰上部。1930 年，考古学家发现了该洞穴，不过三年后才进行发掘。洞穴分为上、下两层，上层为生活区，下层用来埋葬动物骸骨。考古学家在洞内发现了三个保存完好的颅骨、一块头盖骨、一些骨盆骨和股骨。人类学家认为这些山顶洞人属于晚期智人。

# 利昂·布阿洞穴的“霍比特人” 公元前19万—前5万年

考古学家在利昂·布阿洞穴内发现的弗洛雷斯人和在马塔门格地区发现的更古老的古人类震惊了世人，因为弗洛雷斯岛完全独立于东南亚大陆之外，即便古时海平面较低，两地之间也相距至少 15 英里（约 24 千米）。那么，古人类究竟是如何跨越海峡，成功到达彼岸的？我们不得而知

利昂·布阿洞穴位于印度尼西亚的弗洛雷斯岛，洞穴由石灰岩构成。2003 年，人们在洞穴内发现了一具近乎完整却异常娇小的成年女性骸骨，这一发现引起了巨大争议。研究发现，这具骸骨有 1.8 万年历史，考古学家认为，这是一种新的人科生物，即弗洛雷斯人，人们昵称其为“霍比特人”。被发现的弗洛雷斯人身高 3 英尺 6 英寸（约 1.1 米），头颅大小只有现代人的三分之一。除此之外，人们还在洞中发现了一些手工石器和多种动物的骸骨及牙齿，包括剑齿象和婆罗洲侏儒象。研究人员在洞中发现了多达 12 具弗洛雷斯人的骸骨和牙齿，他们最初的分析表明，在公元前 1 万年前，弗洛雷斯人一直生活在利昂·布阿洞穴。

不过人们对这一分析结果仍有疑问，因为这一年代太近，这表明在现代人走出非洲后很久，这些脑袋小小的矮人才出现在弗洛雷斯岛上。因此，有些学者认为，考古学家发现的这些矮小骸骨不过是发育不健全的现代人类，而不是什么新的人种。但是，持续的发掘和新的年代判定法，帮助人们更好地了解利昂·布阿洞穴的地层情况、年代历史。由此，人们认为利昂·布阿洞内的文物和弗洛雷斯人的骸骨，实际应该追溯至公元前 19 万—前 5 万年。考古学家通过钍－铀法测年（Uranium-thorium dating）技术直接对三个手臂骨骼进行年份测定，结果发现这些臂骨的年代是距今 8.7 万—6.6 万年，进而最终确定霍比特人生活的年代实际较远，很可能在现代人登陆弗洛雷斯岛之前就已绝迹。

2014 年，在对弗洛雷斯岛中部的马塔门格地区（Mata Menge）进行发掘时，考古学家发现了一块人类的颌骨碎片及几颗牙齿。研究发现，这些化石有 70 万年历史，远比在利昂·布阿洞穴发现的化石古老。考古学家发现，这些牙齿和颌骨碎片依旧很小，因此认为马塔门格地区的古人类骸骨极有可能是弗洛雷斯人的祖先。

**石器**

与弗洛雷斯人遗骸一同被发现的人工石器包括简易的石片和一些石核，这些石器都是由火山凝灰岩卵石制成的，而这些卵石都来自距离洞穴数百米外的河床。河水冲刷河床，每一颗留下的小石子，都经过了仔细筛选。石器的形状大多没有经过刻意打磨，个别有打孔。用痕分析表明，石片被弗洛雷斯人用来砍伐木头或其他植物材料。研究人员将这些石器与马塔门格地区发现的更古老的人工器具进行了对比，结果发现大致相同

**岛屿侏儒化**

对弗洛雷斯人体形娇小这一现象，研究人员给出的一种可能解释为岛屿侏儒化，即在自然选择下，当地（例如一座岛）大型动物的种群规模受到严格制约，为生存下来，其体形不断变小。众所周知，这种现象在演化史上曾出现多次。这种选择能影响生物感觉器官的发展，例如大脑（弗洛雷斯人的脑容量就是受自然选择的影响变小）。另一个例子也侧面说明了弗洛雷斯岛出现岛屿侏儒化：研究人员在岛上发现了侏儒象类

## 争议不休

弗洛雷斯人的存在令人吃惊，这一发现随即引发了人们的争论及怀疑。其不同寻常的结构特征和较低的年龄，无法用任何已知的人类进化原则或东南亚大陆的考古现象来解释。

一些人类学家认为，所谓的霍比特人，其实根本不是新人种，只不过是残疾的或先天畸形的现代人，为此还提出了一系列可以解释其身形的病症，包括小头畸形、各种侏儒症、唐氏综合征、甲状腺功能低下等。与之相对，另一部分人认为这些骸骨恰恰证明了弗洛雷斯人属于全新人种，他们分析了其骨骼特征，将之与其他早期人类骸骨进行了比较。举例来说，支持者分析了弗洛雷斯人的胸带构成，并发现其与匠人的胸带构成十分类似，而在对弗洛雷斯人的脚骨进行研究后，发现它们的脚骨兼具现代和原始的特征。

在对利昂·布阿洞穴的年代进行修正后，考古学家认为弗洛雷斯人的确是全新人种。但是如何将这种新人种纳入人类的演化树，考古学家尚未找到答案。一种可能性是，弗洛雷斯岛上的矮人其实是直立人的祖先，但岛屿侏儒化使得它们的体形缩小。不过，将弗洛雷斯人同亚洲的直立人化石骸骨和非洲的古人类化石骸骨进行综合对比，结果显示弗洛雷斯人与更古老的非洲能人之间的关系更紧密。这一发现支持了另一种假设，即最初走出非洲的古人类很有可能包含多个人种。

# 最早的欧洲人

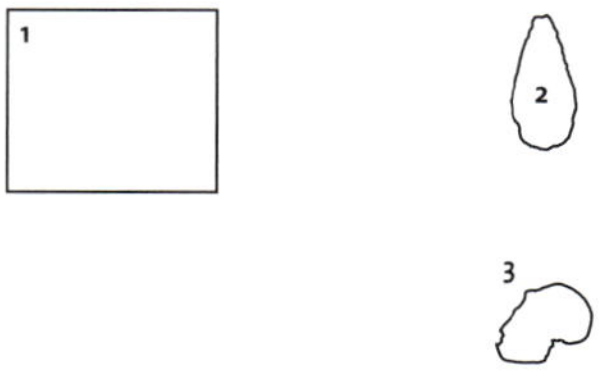

1. 该幅插图以1994年考古学家在英国西萨塞克斯郡的博克斯格罗夫（Boxgrove）内的一处采石场挖出的化石为依托，描绘了海德堡人的日常行为。在博克斯格罗夫发现的骸骨（人们称其为博克斯格罗夫人）距今有50万年历史，其中包括一些胫骨和门齿
2. 1919年，考古学家在英国伯克郡的福泽普拉特（Furze Platt）地区发现了一把体现了阿舍利文化的大型手斧。这把手斧有约40万年的历史，长度超过1英尺（约30厘米），重量超过6磅（约2.7千克），且斧身两面都曾被细致地打磨过
3. 在格鲁吉亚德马尼西地区发现的一个老年人的颅骨。德马尼西人是考古学家发现的非洲地区以外最原始的古人类，其历史约有180万年。研究发现，这种人类经常在德马尼西的一处湖边用石器宰割动物尸身，他们使用的石器做工粗糙，颇具奥尔德沃风格

约180万年前，人类第一次踏上欧洲的土地。在此之前，这批与最早的非洲古人类有诸多相似的直立人生活在格鲁吉亚的德马尼西地区，它们在那里便已适应了类似地中海的森林环境。迄今为止，考古学家发现了至少四块保存完好的格鲁吉亚人颅骨（见图3）。在对其牙齿进行观察后，考古学家发现格鲁吉亚人的牙齿有轻微的磨损痕迹，这表明它们与其非洲表亲的饮食习惯一样，杂食水果和坚果；但考古学家还发现，当地一些大型哺乳动物的骸骨上有刻痕，这表明这些直立人也食肉。

约140万年前，另一批演化程度更高的人类首次踏入欧洲南部，这批人极有可能来自非洲。这就意味着，从这时起欧洲大陆上生活着两种人类，直到100万年后，其中一支演化为尼安德特人。在西班牙的阿塔普埃尔卡（Atapuerca）地区，考古学家从距今约80万年的沉积物中发现了前人（Homo antecessor）的骸骨化石，这种化石仅存于这段时期沉积物中。另一种更年轻的人类化石更广为人知，从英国到希腊无人不晓——海德堡人。这些化石仿佛展现了人类进化的各个阶段，从前人到海德堡人，再到尼安德特人。考古学家在研究了部分化石后发现，当时的欧洲人依然保留了非洲及亚洲直立人的原始特征。例如一个在意大利切普拉诺（Ceprano）出土的距今35万年的头盖

## 重要事件

| 180万年前 | 140万年前 | 100万年前 | 100万年前 | 90万年前 | 80万年前 |
| --- | --- | --- | --- | --- | --- |
| 原始人类格鲁吉亚人（H. georgicus）出现在欧洲附近的格鲁吉亚德马尼西地区。 | 最早的人类（极有可能是前人）出现于欧洲南部。 | 伊比利亚南部地区零星地发展出阿舍利文化（由手斧为代表）。 | 德国翁特尔马斯费尔德地区的人类猎到了野牛。 | 英国极北之地发现人烟，后来考古学家在诺福克郡的黑斯堡地区发现了人类的足印及一些石器。 | 下更新统至中更新统时代。气候多变且极不稳定，冰期循环出现。 |

骨。这一现象令人疑惑，仿佛是在表明，在下更新统至中更新统这一气候适宜的时代，欧洲大陆见证了多种古人类的繁衍迁徙。

更新世的气候极其不稳定，而最早进入欧洲的人类极其幸运，当时的气候相对温和，他们极有可能是在类地中海的森林环境形成之后来到欧洲，后因气候再次恶化而灭绝。在开阔的草原上，可食性植物很少，而大型食草动物却很多。在高纬度地区，植物生长季节短而冬季寒冷，所以肉和脂肪成为生存关键。与植物的稀缺不同，食草动物在一年四季都很常见，所以也开始逐渐成为欧洲人的盘中餐。为了捕食，他们必须与强劲的肉食动物相争，比如硕鬣狗。最初，人们可能依靠这些肉食动物猎杀后剩下的残羹得以生存，不过，在对早期考古遗址进行发掘后，考古学家发现，当时狩猎已经成为人类用以获取食物的一种生存手段。在前人属群里，同类相食现象屡见不鲜，追其根源，可能是因为他们为争夺生存资源而与其他部族自相残杀。

考古学家在西班牙北部的布尔戈斯附近，发现了距今 120 万年的石器与带有刻痕的动物骸骨，该发现表明，120 万年前，人们曾生活于这片土地。他们将粗糙的小石片作为工具，并将其中一些石片打磨尖锐用以切割肉类、加工木材。考古发现，德马尼西的格鲁吉亚人也曾使用相似的石器。而 100 万年前，在德国图林根州的翁特尔马斯费尔德（Untermassfeld）地区，人们就用这种石器在河漫滩上宰割野牛了。

约 80 万年前，大型的独居肉食动物数量开始减少，人与动物之间的食物竞争逐渐减弱；而随着天敌的减少，诸如野牛之类的食草动物数量剧增，这使得人类捕猎更方便。也正是从这时起，初来这块土地的海德堡人开始分散，人口数量越来越多。有证据显示，在 100 万—60 万年前，欧洲的海德堡人尝试诸多办法来改善自己的生存状况。约 65 万年前，欧洲多地便已出现手斧，例如意大利的诺塔奇里科（Notarchirico）。这种大型的砍伐工具多呈泪滴状或杏仁状，约 150 万年前出现于黎凡特和非洲，是阿舍利文化（见图 2）的象征。相比于重型砍刀，这些早期的手斧用起来相对便利。

公元前 60 万年后，阿舍利文明在比利牛斯山脉的北部传播开来，10 万年后，它便从英国博克斯格罗夫地区（见图 1）传播至德国及远东国家。这种文明很容易使人联想到一种更高级、头脑更发达的人类，他们具备了更好的狩猎能力，配备了更好的工具。优质燧石是当时人们制作手斧的首选，由这种材料做出的手斧相对较小也更精良，尽管人们已经懂得使用燧石制造石器，但是利用燧石生火（用以取暖、自卫、烹饪）并未普及，考古学家只在极个别遗址中发现了用火痕迹。在英国萨克福郡的山毛榉盆地（Beeches Pit）遗址和德国的舍宁根（Schöningen）地区，考古学家发现，欧洲人在 40 万年前学会用火。海德堡人似乎变成了能干的猎人，甚至猎到体形最大的动物，如欧洲南部的大象和北部的犀牛。

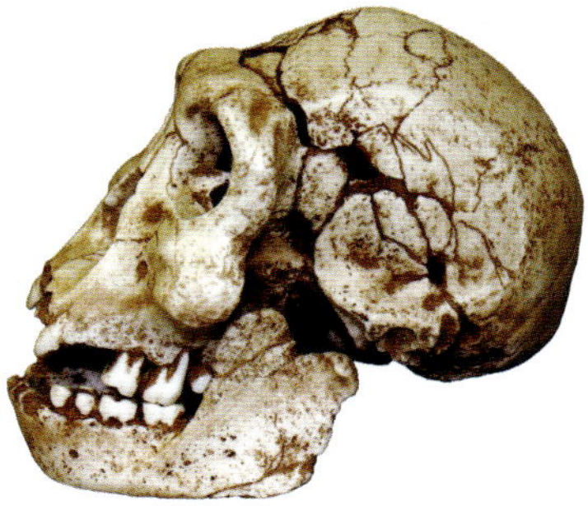

| 60 万年前 | 50 万年前 | 40 万年前 | 40 万年前 | 38 万年前 | 30 万年前 |
|---|---|---|---|---|---|
| 随着海德堡人逐渐适应北纬地区气候，阿舍利文化在阿尔卑斯山北麓一带广为兴起。 | 在英国萨塞克斯郡博克斯格罗夫地区的一处漫滩上，一批海德堡人捕获了大量体积较大的动物，包括犀牛和野马。 | 西班牙阿塔普埃尔卡地区的胡瑟裂谷（Sima de los Huesos，又称“白骨之坑”，Pit of the Bones）内生活着 20 多个海德堡人。考古学家后在原址内发现其骸骨化石。 | 在英国萨克福郡的山毛榉盆地内的一处户外聚集地中，欧洲人留下了控制使用火的痕迹。 | 海德堡人开始在阿里多斯（Aridos）、西班牙及其他地区狩猎大象获取肉类。 | 在德国舍宁根地区的一处湖边，古人类用木枪捕获了最少 20 匹野马。 |

# 阿塔普埃尔卡遗址 更新世

位于阿塔普埃尔卡山的加莱拉洞穴（Galeria cave）就像一座天然的陷阱，包括马、犀牛、鹿等无数动物都曾跌落其中。50万年前，它们在这里不但要面临肉食动物的威胁，还可能惨遭古人类的毒手。洞中留存的除古人类制作的手斧外，便只剩下这些动物的骨架

作为全球最重要的考古遗址之一，位于西班牙北部的阿塔普埃尔卡山在过去四十年里一直处于发掘状态，考虑到其中埋藏着巨量的化石财富，考古学家对其的发掘可能还要持续好几个世纪。谈到该处遗址的渊源，还要追溯至很久之前，当时，一条铁路轨渠恰巧经过阿塔普埃尔卡山，在开凿中工人们挖到几个石灰岩岩洞，因而揭开遗址的面纱。如今，考古学家已经证实，最受人们关注的储存遗址内的古人类化石都源于更新世中期。

考察后发现，格兰·多利纳洞穴岩层厚达59英尺（约18米），约100万—120万年前形成。考古学家在洞内发现五件原始石器，最初他们认为，至少70万年前的古人类制作了这些石器，不过有部分学者怀疑50万年前欧洲是否有古人类，对这一说法予以反驳。因此，只有真正发现古人类的骸骨，才能确切证实古人类的存在。终于，1994年，考古学家在洞中发现了大量人类牙齿及骨骼的碎片，统计后发现洞内曾至少居住过四个古人类；除此之外，考古学家还发现了上百件由石英岩河卵石及燧石制作的石器，种类繁多，包括石锤、石片、石核。经过古地磁学研究，学者认为该处岩层（理论密度为6）在80万—100万年前形成，发现的人类遗骸也属古人类，其牙齿尚保留了非洲南方古猿的原始特征，考古学家称其为“前人”。不仅如此，考古学家在一些遗骸上发现了刻痕，这表明前人中曾出现过原始的同类相食现象。随后，考古学家又陆续从更深的岩层（理论密度为4）中发现了部分石器和动物骸骨，他们认为这些发现物也约有100万年历史。

2016年，考古学家发现一处巨大的全新洞穴遗址，名为“魔鬼洞”，他们在洞穴内发掘出一块距今至少20万年的人类头盖骨碎片。考古学家认为该处遗址内曾生活过大量尼安德特人，而洞穴的岩层深度也可能与格兰·多利纳洞穴深度相当。

**胡瑟裂谷**

考古学家证实，胡瑟裂谷（又称“白骨之坑”）中有至少20具海德堡人骸骨，这些海德堡人生活于距今约43万年前。人们在洞中发现了超过6700件骸骨碎片，其中约90%的骸骨都属欧洲早期尼安德特人。坑中发现的骸骨包括：保存完好的颅骨（眉弓较大且明显）、一块完整的盆骨（人们昵称为“埃尔维斯”）、一些手骨和脚骨，还有内耳中的一些小骨头

**王者之剑**

考古学家在白骨之坑中挖掘出了大量骸骨，不仅如此，他们还在骨堆中发现了一把做工精良、毫无使用痕迹的石英手斧。考古学家昵称为“王者之剑”，这也极有可能是世界上最早的陪葬品。关于白骨之坑中为何有如此多的尸体，有关学者众说纷纭。这些人不是被肉食动物拖拽至此，反倒像是被囚禁的。不过，从坑内痕迹来看，这里并不是古人类聚居地的遗址，所以考古学家们认为这里其实是早期的乱葬岗

## 海德堡人

尽管人们如今尚不清楚应该将前人放在人类演化树的什么阶段，不过白骨之坑中超过6700件的海德堡人骸骨已向我们展现了这种早期尼安德特人的特征。将骸骨碎片重新拼合后，考古学家拼凑出至少17具完整的颅骨，这便是已知最古老的带有明显尼安德特人特征的颅骨化石。然而，考古学家对骸骨中的两根股骨进行DNA分析后发现，这种人与尼安德特人存在基因差异。考古学家认为，他们确是尼安德特人的直系祖先，不过尚未确定其具体名称。

白骨之坑中出土了大量骸骨，它是第一个研究某一人种而非某群人的考古遗址。海德堡人相比于现代人更壮实：男性一般身高在5英尺7英寸—6英尺（约1.7—1.8米），平均体重达140磅（约63千克）。由于要咀嚼植物，他们的牙齿磨损严重，却没有任何蛀牙，其骸骨大体上也没有疾病或外伤痕迹。研究发现，这种人似乎惯用右手，且男女体形差异与现代人相当。他们大多是青少年和青年，年龄在13—22岁。老年人极有可能被安置在别处。

研究发现，对于残疾人及老者，该族群会进行优待：考古学家发现了一个12岁女孩的颅骨，严重变形，但观察后发现她曾接受精心照料。此外，考古学家还发现另一具老者的骸骨，研究发现他患有严重背疾，无法自卫，同样地，该族群也曾对他予以保护。相反，考古学家也曾发现一个受过两次钝器攻击的颅骨，极可能是手斧或木枪导致的致命伤。如果猜测正确，他将是人类历史上第一个因斗殴而死的受害者。

# 尼安德特人

1. 尼安德特人首先掌握了勒瓦娄哇技术（Levallois technique），这种技术能在捕猎时对猎物造成致命伤害。在长矛上装上手柄，尼安德特人握住手柄利用锋利的枪头刺伤猎物，造成致命伤
2. 尼安德特人的上下颌骨突出，因而看起来脸部突出，但其脑容量大小与现代人并无差异。此外，他们会使用颜料和羽毛进行装饰，颜料通常来自红色赭石和锰矿，而羽毛来自猛禽
3. 考古学家对法国拉沙佩勒（La Chapelle）地区的一处坑址进行了复原，并首次提出尼安德特人会将死者墓葬的猜想，他们认为这处坑址就是其墓地。但发现的墓穴数量稀少，表明安葬死者并不是尼安德特人的常见习俗

为适应北纬地区寒冷且多变的气候环境，海德堡人慢慢演化成尼安德特人，尼安德特人也就是真正最早的欧洲人类。当然，他们并不是北方大陆上唯一为适应北方气候而进化的哺乳动物。北方冬季寒冷而干燥，荒垠的草原肉类缺乏，为了生存，猛犸、犀牛等大型动物的生理机能也随着时间不断增强。例如在西班牙阿塔普埃尔卡地区的胡瑟裂谷等地，考古学家发现了40万年前的欧洲海德堡人化石。研究发现，尼安德特人继承了海德堡人的诸多特征，而他们自身典型的外貌特征，约25万年前才逐渐形成。尼安德特人分布广泛，从欧洲腹地至西伯利亚西南部，中东地区人数更多，即使是远东地区的乌兹别克斯坦也有零星的几支。

在研究尼安德特人的基因组序列后，有关专家证实，尼安德特人与现代人类确有某种亲缘关系。在40多万年时间里，尼安德特人逐渐演变区分为两支：一支生活在北纬地区，为适应寒冷且季节性极强的生活环境，他们不断进化；而另一部分生活在更南地区的尼安德特人也在同时进化。有学者认为，尼安德特人极有可能是一部分现代人的祖先：尽管尼安德特人与智人几乎不曾有过交集，但仍有证据显示，这两者曾互通繁衍，其后人逐渐演变为现代人。由于基因构造简单，他们的繁衍数量少，多以小部落聚居且族群间相对独立，少有联系，但通过考古活动，考古学家仍发现了一些人数相对较多的定居点遗址，例如在法国西南部和中东地区。

## 重要事件

| 40万年前 | 30万年前 | 25万年前 | 12.5万年前 | 8万年前 | 7.5万年前 |
|---|---|---|---|---|---|
| 据发现于阿塔普埃尔卡地区的胡瑟裂谷中的海德堡人化石来看，海德堡人的身上已显现出尼安德特人特有的结构特征。 | 开始出现旧石器时代中期的片状石器，如石制刀刃，考古学家在多处遗址发现其身影，如法国奥尔涅克水洞（Aven d'Orgnac）的奥尔涅克3号遗址。 | 尼安德特人懂得充分安排捕猎人手，能捕获特定猎物并进行宰杀，例如其在泽西岛的圣布雷拉德地区的表现。 | 在某个和煦春日里，尼安德特人在德国陶巴赫（Taubach）地区捕获了大量犀牛幼崽。 | 尼安德特人蜂拥聚集在中东地区，例如以色列和叙利亚。 | 在法国费拉西（La Ferrassie）地区，几个尼安德特人被其同类埋葬于一块岩石下。 |

25万年前，尼安德特人的典型体貌特征演变完成。他们的眉弓明显，上下颌骨向前突出、牙齿较厚，体格健壮、胸肌发达，身体较长，四肢较短。这一发现表明，尼安德特人的体貌兼具古时及现代特征。一方面，为适应北方寒冷干燥的气候环境，他们继承了古人类的身体特征。另一方面，地域的多样化要求他们提高自身灵活性，顺应自然选择。尼安德特人通常被认为是具有攻击性的肉食动物。考古学家对其骸骨及牙齿进行同位素测量后发现，尼安德特人获得的80%—90%的膳食蛋白质都来自肉类。考古学家在大量尼安德特人遗址中发现，他们能高效捕获多种大型群居动物，例如马、野牛和驯鹿，还有独居动物，如犀牛和鹿。在对野外遗址的部分动物骸骨进行分析后，研究人员发现尼安德特人通常将肉切片，并喜欢敲碎骨头吸食骨髓。考古学家在泽西岛的圣布雷拉德（La Cotte de St. Brélade）研究发现，早在25万年前尼安德特人就曾在此处宰杀猛犸象及犀牛。

除大型动物外，诸如乌龟、鸟类、野兔等小型动物，还有鳟鱼、鲑鱼等河鱼也是尼安德特人的食物。一些聚居在地中海沿岸的部落甚至会以扇贝、海豹、海豚为食。研究人员在部分动物骸骨上发现了石器留下的刻痕，这表明尼安德特人无论动物大小都会剥下毛皮。但由于工具简陋，这些毛皮裁剪得不够精致。在德国诺伊马尔克（Neumark Nord）地区一处距今24万年的遗迹中，考古学家在出土的石具上发现了鞣酸，这一发现表明，尼安德特人懂得利用鞣酸替皮毛做防水处理。在出土的尼安德特人牙齿上，研究人员在其表面发现了一些花粉、植物残渣及淀粉，可见尼安德特人还会采集当季的莓子、坚果和野草。

尼安德特人曾利用动物骸骨和燧石之类的岩石制作一系列便利的工具。30万年前，在从预制石核上剥取石片时，他们便懂得利用勒瓦娄哇技术（Levallois technique）来掌握石片的大小、形状；根据切、削、刺等不同用途，尼安德特人制作了边缘形状不同的器具。为方便使用，他们用桦树焦油和沥青将木质手柄固定在部分石器上，这一发明标志着其捕猎器具的重大进步。

虽然尼安德特人的大脑与现代人类差不多，但人们对其大脑如何运作和其大脑构造与现代人的相似程度还不清楚。在对意大利北部的弗马尼洞穴进行挖掘时，考古学家发现尼安德特人会利用颜料（用赭石染红色、锰矿染黑色）、黑鹰与乌鸦之类的羽毛、鹰爪和贝壳（见图2）来进行装饰。这一发现展现了尼安德特人的象征行为，证实其在行为方式上，甚至在智力水平上与智人相差无几。一些尼安德特人还会把死者埋葬在简易墓穴（见图3）中。但是，同类相食的现象也会偶尔发生，不过不是什么宗教行为，多是为了在饥荒时期里活命。研究发现，尼安德特人极有可能会艺术创作：在直布罗陀的戈勒姆岩洞内，考古学家发现了刻在岩床上的简单线条。很明显，这些线条毫无实用价值，因此考古学家认为这一行为和他们用颜料、羽毛作装饰一样，属于追求艺术美感的行为。

**5万年前**

尼安德特人在叙利亚的乌姆特勒尔（Umm-el-Tlel）地区用长矛捕获一头野驴，结果不小心燧石刀刃碎裂，一部分嵌在了野驴的脖颈中。

**5万年前**

西班牙艾维纳斯（Aviones）及安东洞穴（Antón caves）内的一些贝壳被人用赭石染成了红色。这一发现表明尼安德特人能运送东西及使用红色颜料。

**4.3万年前**

8个尼安德特人永远地留在了西班牙的埃尔西德隆洞穴（El Sidrón cave）内。这8具尸体的皮肤破损、四肢残缺，其中一具的脑子被野兽啃食。

**4.1万年前**

至少两具尼安德特人的尸体被埋葬在德国尼安德河谷中的费尔德霍费尔洞穴（Feldhofer cave）里。

**4万年前**

各地的尼安德特人开始陆续灭绝。考古学家在后来考察法国勃艮第的“驯鹿洞穴”后，证实了这一说法。

**1856年**

考古学家在尼安德河谷中的费尔德霍费尔洞穴内挖掘出某种古人类的骸骨化石，并将这种人命名为“尼安德特人”。

# 聪明的尼安德特人 旧石器时代中期

考古学家在西班牙东南部的艾维纳斯洞穴及安东岩棚内，发现了大量距今约5万—3.7万年前的海洋贝壳。它们大多被穿孔或染色，考古学家认为尼安德特人曾用其制作项链或当作装盛颜料的容器。考古学家在安东洞穴里发现了一块残损的橙色贝壳，研究发现，这种橙色燃料由3英里（约5千米）外的黄色针铁矿石及红色赤铁矿石制成。此外，考古学家还在艾维纳斯洞穴内发现了两块被打孔的海贝壳，上面也染上了赤铁矿的红色

在长达几十年的时间里，考古学家都将尼安德特人看作一种智力低下、毫无美感的动物，认为其缺乏文明与艺术创造。然而，越来越多的证据显示，尼安德特人确实曾以多种方式进行艺术创作，或至少可以说是艺术装饰。考古学家曾在法国多尔多涅省费拉西地区的一处岩棚下发现了一座孩童墓穴，他们在墓碑上发现了一块石灰石，上面刻有一系列小小的杯纹标记。他们发现这些标记大多是成对出现，而且雕刻位置毫无规律。这块石灰石便是证实尼安德特人确实进行过艺术活动的最早证据。最近，考古学家又在部分遗址中发现了许多刻有图案的小石块，例如，其在中东库奈特拉地区发现的一批刻有层层弧线的燧石，研究发现，这些燧石有约5.4万年的历史。同时，考古学家还发现了大量刻有图案的兽骨，其历史也可追溯至同一时期，如其在克里米亚普洛姆二号洞穴中的发现物。此外，考古学家曾在保加利亚的马超基罗洞穴内发现一块距今3.7万年的骸骨碎片，上面刻有锯齿形图案。

有证据显示，尼安德特人曾大量使用红色赭石。考古学家曾在荷兰马斯特里赫特市内发掘出一处考古遗址，并在其中约25万—20万年前的沉积层中发现了富含赤铁矿的液体。由于该地区不是赤铁矿产区，考古学家推测，这些赭石是由尼安德特人从几十公里外的地区运送至此。在约公元前3万—前2万年，古人类开始在其住所和墓穴中首次大量使用此类颜料。考古学家共在70处尼安德特人的遗址中发现了颜料物质，其中，在距今约6万—5万年的法国佩钦·德·阿泽一号洞穴（Le Pech de l' Azé I）中发现的颜料数量最多。考古学家在洞中发现了大量二氧化锰（黑色、蓝色）及氧化铁（红色）矿石，共超过500块。其中一些矿石的一端被磨圆，类似"粉笔"，似乎尼安德特人曾用其在一些柔软的表皮（可能是人类或动物表皮）上涂色。在法国屈尔河畔的阿尔西遗址内，考古学家挖掘出41磅（约18.5千克）赭石原料，其中一些有明显的磨损痕迹。此外，在遗址中的一座灶台边也发现了赭石，这表明尼安德特人会加热赭石以改变颜色。

洞穴艺术

最近，考古学家在西班牙北部的部分洞穴中发现了一些刻有图案的方解石沉淀物，在进行方解石测年后发现尼安德特人很有可能曾创造过一些简单的洞穴艺术，例如，在洞穴墙壁上涂绘红点或手掌印。在直布罗陀的戈勒姆岩洞，考古学家在岩床上发现了一些刻痕极深的抽象图案，经过分析，他们认为这些图案可能追溯至3.9万多年前。考古学家认为，这块岩床之所以能保存得如此完好，是因为其被掩埋于一层土壤之下，土壤中还保存着大量尼安德特人的手工制品。研究这些图案的专家认为，要想刻下痕迹如此深的作品，最少用石器敲打两三百下

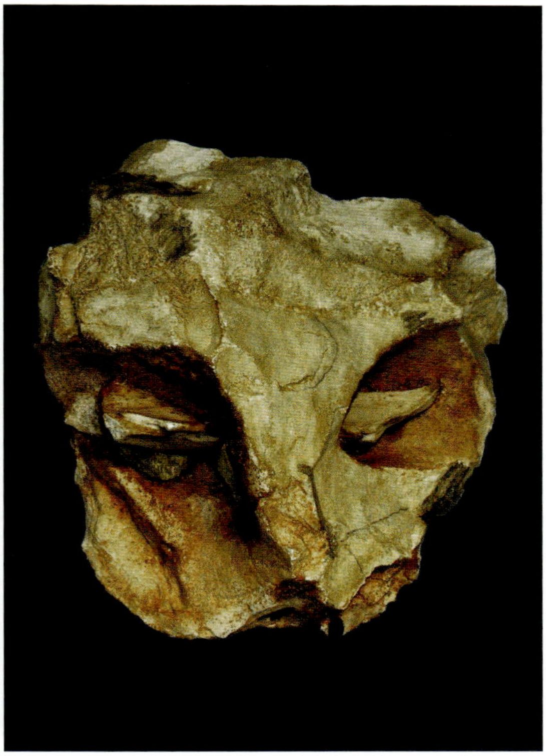

拉罗什的面具

位于法国卢瓦尔河谷内的拉罗什洞穴（La Roche Cave）是一处尼安德特人遗址。所谓“拉罗什的面具”，其实是于遗址内发现的一大块经过打磨的燧石，燧石上有一个天然形成的穿石孔洞。尼安德特人将一根驯鹿骨小心地插入其中，并用小碎石填满孔洞，这样燧石便像一张人脸，而插入其中只露出两端的鹿骨就像两只眼睛。考古学家在经过土层测年后发现，该面具有超过7.5万年的历史。此外，在发现该面具的洞穴中，考古学家还在穴内岩壁上发现了一些手印、手绘圆点及赭色的画痕，他们认为这些作品都出自尼安德特人之手

## 饰品：羽毛和兽骨

根据挖掘出的鸟类骸骨，考古学家发现，尼安德特人曾使用鸟羽作为装饰品。在直布罗陀的几处洞穴中，考古学家发现了大量带有划痕的鸟类翼骨，其上的肉被完全剔除；考古学家认为尼安德特人就是通过此种方法以获取大型飞禽的羽毛。不仅如此，他们对鸟类也有明显的喜好，更偏爱长有深色或黑色羽毛的鸦科鸟类及肉食猛禽。此外，考古学家在克拉皮纳的克罗地亚人遗址内发现了8只白尾海雕的鹰爪，他们认为尼安德特人曾用其制作首饰。同时，考古学家在欧洲境内的大量遗址中发现了大批带孔物件，多是一些兽骨和牙齿。

不过，饰品发现量最丰富的遗迹，是位于法国勃艮第省屈尔河畔阿尔西地区的“驯鹿洞穴”。考古学家在其中发现了大量饰品，包括由狼牙和狐牙制成的多枚坠饰，坠饰顶端都有刻槽。还有被凿出一个大洞的兽骨碎片和一块海洋动物化石，还有一个顶部带一圈刻痕的贝壳化石。此外，洞内至少还有一颗驯鹿门齿。这些饰品被埋在洞内的一处土壤层中，测年后发现，土壤层形成于公元前3.4万年。考古学家还在洞中发现了一块尼安德特人的颞骨，因此他们推断这些饰品也都出自尼安德特人之手。尼安德特人使用自己创造的工艺技术进行饰品雕刻及打磨，对于其新邻居现代人的工艺技巧，他们坚持“三不原则”：不偷、不商、不学。与此同时，考古学家在同时期的几处遗址中也发现了类似的饰品，这些发现改变了考古界的传统看法，因此，最近一些博物馆展览出的尼安德特人肖像画中，他们的身上是有彩绘的。

# 驯鹿洞穴 旧石器时代晚期

图片为驯鹿洞穴的入口，考古学家在洞内发现了晚期尼安德特人及早期现代人类的生活痕迹。通过对洞内残留的骨制品和牙齿制品进行年代测定后，考古学家发现其中 X 核素含量丰富，因而断定沙泰尔佩尔龙人曾生活于此。同时也表明尼安德特人确实会制作饰品

法国勃艮第省屈尔河畔的阿尔西地区有多处尼安德特人的遗址，驯鹿洞穴就是为其中之一，它对研究尼安德特人的灭绝至关重要。考古学家在洞内距今 5 万—3.5 万年的沉积物中发现了晚期尼安德特人和早期现代人（智人）的生活痕迹。此外，对于洞内出土的大量沙泰尔佩尔龙文化（Châtelperronian）风格的石器，考古学家们争论不休。就制作工艺来说，这些石器的制作难度不高，和旧石器时代中期的石器差不多。不过，另一方面，这些石器制作标准体现出一定的规范化，而这一现象属旧石器时代晚期的特点。正因如此，有关学者将法国各地的沙泰尔佩尔龙文化和同一时期的其他古人类文明 [ 如意大利的乌卢齐文化（Uluzzian）] 认作过渡期的文化。因为相较于更典型的旧石器时代中期的工艺技术，这些文化中的器具制作技术有了显著提升。此外，考古学家还在驯鹿洞穴中发现了大量由动物牙齿制作的坠饰、做工精良的骨球，还有用扁平兽骨制作盘子时留下的痕迹，而这些物品展现出的更多是旧石器时代晚期的特征。不过，洞内出土的人类牙齿和颅骨碎片明显是尼安德特人，而其他的“过渡期式样的物品”也显示这些石器皆是出自尼安德特人之手。这些发现物很有可能是研究尼安德特人灭绝原因的关键。

4 万年前，尼安德特人逐渐在地球上灭绝，而究其灭绝原因，科学家至今未找到答案。有学者认为，严峻且反复无常的气候很有可能导致其灭绝，因为许多动物就是因为不能适应恶劣的气候而最终灭绝。不过，尼安德特人的演化史极长，此前都能在多变的气候中生存下来，因此这一观点也不能服众。也有学者认为，尼安德特人的人口规模较小，因此其极易受天气变化或其食物变化的影响。

**坠饰**

考古学家在驯鹿洞穴中发现的饰品，这些坠饰由狐牙和雕刻过的兽骨制作，多用于悬挂装饰，带有浓厚的沙泰尔佩尔龙文化风格。尼安德特人曾用坠饰装扮和展现自己，不过，如今发现的坠饰十分稀少。1948—1966 年，考古学家在驯鹿洞穴中进行发掘，半个世纪后，洞中的出土物成为现在最重要的文物。虽然专家们曾在非洲和中东的智人遗迹中发现过相似的饰品，不过驯鹿洞穴中的饰品显然要早许多

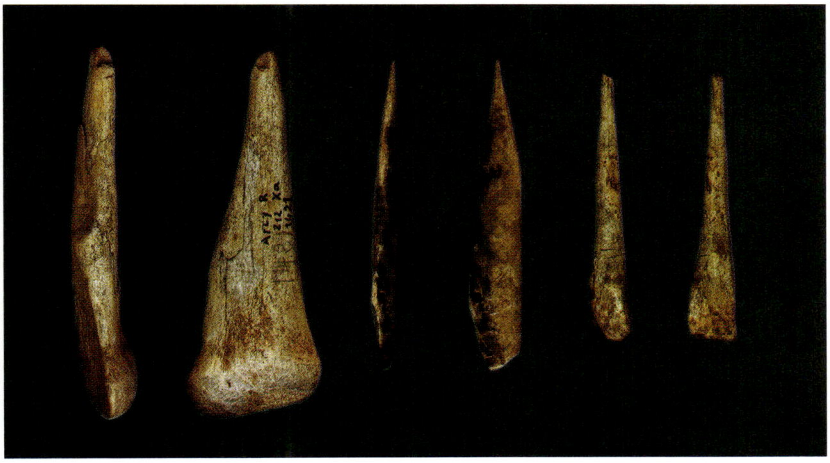

**工具**

考古学家在驯鹿洞穴中发现的尖角工具，这些工具由兽骨制成，充满沙泰尔佩尔龙文化风格。考古学家们认为，尼安德特人极有可能使用这些锥子处理一些柔软的材质，例如各种毛皮。在更早发现的旧石器时代中期遗址中，这类工具难得一见；而驯鹿洞穴中的发现表明，在尼安德特人历史的最后几千年里，其处理兽皮、制作衣物的方法已得到极大发展。这一发现在复杂的尼安德特人历史长图中，添上了浓墨重彩的一笔

## 放射性碳定年法及尼安德特人的灭亡

重现尼安德特人的灭绝过程，主要依靠放射性碳定年法，这种测年法是所有可测定该段时间范围的方法中最精确的一种。放射性碳定年法依靠测量有机物样本（如骨骼及木炭）中残留的放射性碳含量，来推断有机物样本的年份，这种测年法被广泛应用于旧石器时代的考古活动中。在对欧洲旧石器时代中期及过渡时期遗址中发现的尼安德特人化石及兽骨进行测年后，考古学家发现，6 万年前，尼安德特人就已经逐渐消失于欧洲大陆的某些地区。从那时起，灭亡便如阴影般在其生存的土地上逐渐扩散，一处接着一处。最终，在其最初硕大的分布板块中仅居一隅之地的部分尼安德特人生存了下来，如生活于伊比利亚南部及巴尔干山脉北部的尼安德特人，而这些人也仅仅多繁衍了 2 万年便灭绝于此。

考古学家在欧洲的旧石器时代晚期遗址中发现了一些古人类化石，他们认为其属于最早的智人。将其骨骼中的放射性碳含量与最后的尼安德特人骨骼中的放射性碳含量进行对比后，他们发现数值在大体上存在差异。这一发现表明，早期智人与尼安德特人共处一段时间或曾有接触的现象，都是极为罕见的，极有可能除中亚外别地从未出现。在大部分地区，现代人类还未到达，尼安德特人便已开始灭绝。那种认为尼安德特人灭绝于和智人争夺、暴力冲突的说法，更是无稽之谈。除此之外，遗传学的发现也证实了这一点：尼安德特人与智人之间只有极少的互通繁衍，具体而言，现代人类只拥有尼安德特人约2% 的基因。假如两者之间的接触与互通真的更频繁、普遍，这一数值应当更高。与此同时，无论是在工具、化石或其他行为方面，都没有更多确凿证据指出两种人类曾互相接触和相互学习。

# 智人：逐渐走向现代人

1

2

1. 早在 10 万年前，古人类便在南非的布隆伯斯洞窟（Blombos cave）中留下了赭石作品；自 8 万年前起，赭石作品的出现范围逐渐扩大，这表明这项技术逐渐传播

2. 考古学家在坦桑尼亚的恩加洛巴地区发现的 18 例恩加洛巴人（Laetoli Hominid）颅骨化石。研究发现，这些颅骨拥有某些智人颅骨的特点，例如较大的脑容量及较窄的眉弓

大量的古迹、骨质及基因证据显示，智人起源于非洲，并在约 20 万年前进化完全。与北方的尼安德特人一样，智人也是由中更新世的海德堡人［在非洲也称为赫尔梅人（H. helmei）］逐渐演化而来的。考古学家发现，25 万年前的古人类化石便开始显现部分解剖学上的现代人特点，不过，他们也同时保留了一些其中更新世祖先的特点。在埃塞俄比亚的奥莫（Omo）低谷，考古学家发现了两块距今约 20 万年的颅骨化石，研究发现，这两例颅骨具有部分智人的颅骨特征，例如，颏部形状及脑容量大小类似智人，眉弓较小，其脸的面积和形状也已与现代人无异。从摩洛哥的杰贝尔伊罗（Jebel Irhoud）到坦桑尼亚的恩加洛巴（Ngaloba，见图 2），再到南非的克拉西斯河口的洞穴遗址（Klasies River Mouth cave），考古学家在非洲大陆发现了大量距今 16 万—10 万年前的古人类化石，从解剖学角度来看，这些古人类都已演化成了现代人，不过由于地域差异，他们演化为不同的亚种，并各自体现出当地特征。考古学家在埃塞俄比亚的赫托（Herto）营地发掘出两块颅骨，一例是成年人，另一例是未成年人。经研究，考古学家将其归类为长者智人（Homo sapiens idaltu）。他们认为，这两块颅骨很有可能是在早期某种仪式中被人用工具剔过肉。

作为物种，现代人与尼安德特人的头部大小与身体大小是不成比例的：他们的头部相对其他动物较大，新陈代谢消耗的能量也多。考古学家们认为，极有可能由于他们频繁运用语言及符号的行为，头部才会越来越大，这也体现了

## 重要事件

| 30 万年前 | 25 万年前 | 20 万年前 | 16 万年前 | 13 万年前 | 10 万年前 |
|---|---|---|---|---|---|
| 中石器时代，非洲南部及中部的卢彭巴文化（Lupemban culture）中出现了钝型工具，这种工具的出现极有可能是为了便于安装手柄。 | 非洲海德堡人化石便发源于这一时期，考古学家发现这种人身上包含部分后来的智人身体特征。 | 两例智人颅骨被遗落至埃塞俄比亚的奥莫低谷中，随着后世考古学家的发现，智人的特征逐渐展露人前。 | 一批古人在埃塞俄比亚的赫托地区死去。考古学家后来发现，这些遗骸属智人，并在其身上发现了经石具切割的痕迹，这一发现表明他们曾经历过剔肉处理。 | 南非古人的饮食种类多样，包含大量海产品，如鱼类、非洲毛皮海狮为代表的海洋哺乳动物和各种贝类。 | 在南非海岸角的布隆伯斯洞窟内，智人正在制作颜料，他们用海贝及石制磨杵细细研磨红色赭石。 |

认知演化的重要性。此外，现代人的四肢和身体较长，这反映了其在亚热带地区的适应性进化，因为这种适应可以增强其皮肤表面的对流传热，使身体保持凉爽；同时，他们的四肢骨骼较纤细，表明现代人开始利用工具完成劳动，以此减轻肢体负担。从这个角度来看，尽管现代人与尼安德特人的演化部位相同，但相比于前者，尼安德特人的四肢更粗短。

早在 50 万年前，非洲智人便出现在南非地区；如今，提起非洲智人化石，考古学家们便会联想到非洲中石器时代。30 万年前，非洲智人学会在石器上装手柄。同一时期，中石器时代的石制品传至东非，之后最多花了 20 万年，这种石器制作方法便传遍整个非洲大陆。中石器时代的一些出土石器表明，当时的智人已经掌握了更高超的石器制作工艺。同时，考古学家发现，地域差异所反映的文化偏向也造成了石器风格的不同，例如矛尖的形状各异。不仅如此，考古学家发现一些出土石器的石料并非当地所有，这表明当时的智人通过物物交换的方法，从极远的地区运来了易于打磨成型的高质量石料。考古学家在南非的西布度洞穴（Sibudu Cave）发现了 7 万年前的沉积物，其中留有一些植物胶、植脂和赭石的使用痕迹，表明古人类曾用这些物质将手柄牢牢粘在石器之上。6.5 万年前，古人类学会了制作微型石器，这是有柄石器技术的一次革新。他们将石料细细打磨至小块，并将这种小型石器置于武器尖端。通过这种方式，他们最大限度地节约了优质原材料，同时在武器尖端磨损消耗后，也能轻易地修复。

中石器时代的人类以捕猎动物为生，包括斑马、角马、大角斑羚、小叉角羚等大型动物，还有像乌龟等小型爬行动物。对生活在南部海岸地区的人而言，海洋资源十分重要。当地的鱼类、贝类（如贻贝、河豚）还有偶尔露面的海洋哺乳动物富含大量的营养，其中的欧米伽 -3 油（Omega-3 oils）对现代人类大脑的进化大有裨益。而生活在内陆的人则通过捕食河鱼获得额外营养。考古学家在刚果共和国的卡坦达（Katanda）发现了一块距今 9 万年的大鲇鱼化石，上面清晰可见尖骨武器的划痕。出土的大量研磨石器及植物残渣表明，现代人类的非洲祖先自中石器时代早期开始就是杂食性生物。

至少在 10 万年前，智人逐渐开始大量使用颜料（如红色的赭石）和某些有象征意义的宝石。很可能就是自那时起出现了象征主义。通过在南非沿海布隆伯斯洞窟的一系列发掘，考古学家了解到智人用贝壳制和石制磨杵将赭石磨成粉的过程，并发现了大量刻有花纹的有色赭石（见图 1）。到 7.5 万前的中石器时代，用赭石染色在南非更是司空见惯。考古学家发现了一个距今约 6 万年前的鸵鸟蛋容器，其上也刻有与赭石相似的花纹。10 万年前，北方阿尔及利亚和以色列的古人类便懂得在贝壳上钻孔，作为饰物。这一发现表明，在这一时期，第一批走出非洲的现代人已将珠宝作为自身的一部分带出非洲，而珠饰细工则很可能是现代人类的最早工艺之一。

| 10 万年前 | 7.7 万年前 | 7 万年前 | 7 万年前 | 6.5 万年前 | 6 万年前 |
|---|---|---|---|---|---|
| 带孔的贝壳挂饰自南非风靡至阿尔及利亚，这表明此时，整片非洲大陆的居民都在仔细研究珠饰细工。 | 经过远距离运输，古人类将一些制作精良的尖石运至斯特尔拜（Stillbay）石器遗址，这表明他们已适应了新居处干燥的草原环境。 | 发现于南非贺维臣山口遗址（Howieson's Poort）的石器工艺传统显示了当时的古人类已经会使用综合武器系统。 | 古人类在南非西布度洞穴内制作出带手柄石器。 | 坦桑尼亚的木巴（Mumba）地区出现小型的微石石器。 | 考古学家在南非狄普克洛夫岩洞内，发现距今 6 万年的刻有线条的鸵鸟蛋容器碎片。 |

# 走出非洲

1. 这幅地图以发现智人化石的遗迹点为基础，向我们展示了复杂的人类迁徙状况

2. 考古学家在以色列的卡夫泽洞穴（Qafzeh cave）遗址内发现的距今有 9 万年历史的两具智人女性及智人孩童骸骨化石

早期的探险家们常常到世界各地探险，如詹姆斯·库克船长（James Cook，1728 —1779 年），他们也因此意外地成为古人类化石的发现者。10 万年前，非洲的几支古猿进行了几次早期迁徙，逐渐分散至世界各地，而他们的分布也奠定了现代人类在全球范围内的分布基础。有基因证据显示，这场至关重要的迁徙大潮起起伏伏，规模较小的智人群落花了几千年时间才从非洲和毗邻地区迁移出来，分散至世界各地。碰巧，其间遇上全球气候极不稳定的时期，原本寒冷干燥的地区忽然变得温暖潮湿，一些原本宜居的生活环境急剧恶化，而另一些原本糟糕的生活环境突然改善。待到时机合适，人类便迎来了第一次东迁。他们一路依靠自制的石器披荆斩棘、斗擒野兽，终于到达东方。途中，一些曾经轻松的坦途在当时变成了难越的屏障，如印度河（Indus River）和塔尔沙漠（Thar desert），这一情况使得人们不得不放弃原本耗时短暂、轻松易达的路途，转身踏上更遥远的漫漫征途。最终，6 万年前，人类遍布整个旧世界（非洲—欧亚大陆）。不过，这些早期开拓者的迁徙路线尚不清楚。由于智人的脑容量较大，需要从贝类生物中获取足够的脂肪酸以维持脑力活动，因而贝类资源多样且营养丰富的海滩便成为迁徙的首选路途，不过海岸边的古人类遗迹倒是很少见。不仅如此，生态多样的内陆地区在古人类的迁徙途中也同样重要。

约 11 万年前，智人人口繁多，遍布非洲大陆（见图 1），但这一情况并非一成不变，由于气候不稳定，其人口数量很有可能随之波动。不仅如此，当时越发严重的干旱不断侵袭非洲，西非、东非和北非的大部分地区寸草不生。随

## 重要事件

| 11 万年前 | 8 万年前 | 6.5 万年前 | 6 万年前 | 5 万年前 | 5 万年前 |
|---|---|---|---|---|---|
| 最早的智人出现于近东地区（地中海东部沿岸地区）的卡夫泽洞穴内。洞中还有石料源自阿拉伯地区的石器。 | 随着气候逐渐恶化，黎凡特地区的现代人（智人）逐渐被尼安德特人取代，最终慢慢消失于当地。 | 就像非洲古人使用的某些特色石器一般，印度的古人类发明了微石石器。这种石器标志着武器制造技术的地区性创造。 | 通过后世发现的相关遗传及考古证据，考古学家证实智人在 6 万年前第二次走出非洲，向东迁移。 | 智人出现于印度、中国、澳大利亚、西伯利亚西南部及巴尔干山脉地区。 | 澳大利亚北部及西部地区的智人使用钝刃斧，例如生活在巴罗岛（Barrow Island）的波蒂洞穴和金伯利的木匠峡谷（Carpenter's Gap）中的智人。 |

着撒哈拉沙漠面积不断扩大，北非的原住民迫不得已离开非洲大陆，向东迁入气候温和的中东草原地区。11万—9万年前，解剖学上的现代人开始从最佳迁徙路线离开非洲，即沿尼罗河谷迁徙。当族人去世，他们便将其尸体埋在中东的迦密山（Mount Carmel）山洞中和下加利利（Lower Galilee）地区（见图2）。在这里，他们用赭石染色、猎杀瞪羚，还会将鹿角和野猪的獠牙作为陪葬品埋入墓穴。但是，这次迁徙持续的时间并不长。由于气候恶化，他们逐渐在当地灭绝，而从北方迁入此处的尼安德特人，最终取代了他们。不过，幸存下来的人并没有直接返回非洲，剩余的人口数量与同时期阿拉伯地区的中石器时代非洲人数量相当，不过这种人类在气候恶化时也灭亡了。

5万年前，甚至更早之前，现代人便已东迁至印度及中国等远东国家，但由于这些国家及周边地区公布的化石记录较少，因而有些学者并不赞同这一说法。然而，考古学家们在中国的周口店田园洞（Tianyuan cave）中发现一具距今4.1万年的骸骨化石，研究发现，该具骸骨具有多项古人类的特征，这表明田园洞人继承了早期迁徙者的部分特征，同时再次证实古人类曾迁徙至这片远东地区。4.1万年前，古人类已迁徙至婆罗洲（Borneo），该地区在海平面较低时期里，曾是巽他古陆（Sundaland）的一部分。考古学家在位于婆罗洲北部的沙捞越州内的尼亚洞中，发现了一块人类的头盖骨及许多散落的肢骨；此外，洞中还留有用骸骨制作的工具及种种利用复杂器械进行觅食的痕迹。同一时期里，这些古人还在印度尼西亚的一些岩石表面绘制手印，这表明追求艺术已成为人类行为的一部分。即使在海平面最低的时期，人类也需要制作简易的出海船舶，跨越12—18海里（约22—33千米）才能抵达莎湖大陆（Sahul，包括现在的澳大利亚、新几内亚岛和塔斯马尼亚岛）；而5万年前，人类便已成功实现这一跨越，当时有一部分人到达了位于澳大利亚东南部的蒙哥湖，却不知为何被埋入了当地的沙丘之下。这一时期里，人类懂得利用赭石获得红色颜料，会在岩石表面作画，这一艺术文化比澳大利亚的原住民文化还要早许久。

5万年前的人类古迹与更早的古迹完全不同，这表明，人类的行为、组织已有新的突破。考古学家不断发现这些新兴的旧石器时代晚期的考古遗址，其广泛的地理分布向考古学家提供了现代人曾居住于北纬地区的最早证据。5万年前，人类便已远涉西伯利亚西南部及巴尔干地区。4.2万年前，他们的足迹已遍及欧洲。

尽管基因表明现代美国人在后续几次迁徙的影响下血统来源十分复杂，但在至少1.6万年前人类就已到达美洲大陆，他们很可能穿过了当时尚存的大陆块，即今天的白令海峡，从西伯利亚到达美洲。在公元前最后的几千年里，人类才迁徙至地球上最后一个宜居的栖息地，即太平洋群岛（库克等探险家就是在太平洋群岛上发现了人类的远亲后代）。关于智人在全球范围内的分布情况，我们还需深入挖掘了解。随着全新遗迹的发现，智人的分布图也将变得更复杂。

| 4.1万年前 | 4万年前 | 1.6万年前 | 1.5万年前 | 2000年前 | 1500年前 |
|---|---|---|---|---|---|
| 巽他古陆上出现智人踪迹。后来，考古学家在婆罗洲的沙捞越州内的尼亚洞穴中发现的智人颅骨，最终证实了这一点。 | 智人已分布至欧洲西北部和西伯利亚北部的最北处。旧石器时代晚期持续3万年。 | 人类极有可能初次踏入美洲大陆。 | 在智利的蒙特沃德（Monte Verde）地区，古人类搭建了诸多棚屋结构，并在屋内存放石器及草药。该发现证明生活于南美地区的那些依靠狩猎和采集为生者，已发展成相当复杂的群居生活。 | 斐济和汤加的岛屿出现人类踪迹，这表明岛上居民需习得航海技能。 | 夏威夷、新西兰初现人类踪迹。另外，人类也极有可能已踏上复活节岛。 |

# 最早的美洲人 公元前2万年

由于保存欠妥，有关早期美洲人的大量考古证据仅局限于一些石器，例如矛尖枪头或一些用于切割食物的工具。考古学家只在极少数遗址中发现了有机物残留

20世纪的大半时间里，考古学家对人类移居新大陆保持一致观点，认为在约1.3万年前，早期的美洲原住民便已四散于北美大陆大部分地区，而克洛维斯矛尖（Clovis point）的发现也确实证实了这一观点。在海平面尚未淹没亚洲东北部与北美大陆之间的大陆块时，最早的美洲人跨越今天的白令海峡到达美洲边境。随后他们继续向南进入大陆腹地，沿途经过两大冰盖间的无冰走廊（麦肯锡走廊），一部分人向北进入北极圈，另一部分人向西进入落基山脉。继克洛维斯人之后是佛森人，他们独创了一种"佛森矛尖"，因此而得名，其形态特征与克洛维斯矛尖十分相似。克洛维斯人主要以狩猎猛犸为生，而佛森人则大多猎杀一种现已灭绝的野牛。由于现今发现的考古证据大多关于狩猎活动，因此对于其饮食习惯或生活方式等其他方面，人们所知甚少。

然而，自1970年起，遗传学领域的多项技术被运用于考古学家在美洲大陆的诸多发现中，人们开始怀疑之前达成共识的方方面面。1973年，考古学家们开始发掘位于美国东部的梅多克罗夫特岩棚（Meadowcroft Rockshelter）。在该处遗迹的土层厚实，考古学家发现了或许可以追溯至1.9万年前的人类骸骨。这一发现使得考古学家对美洲出现人类的时间产生怀疑。一部分人认为，由于地下水中有煤块，所以用于年代测定的放射性碳元素被污染的。随着一系列相关的岩棚户外遗址的发现[其中最著名的是巴西皮奥伊州的佩德拉富拉达遗址（Pedra Furada），考古学家在该处遗址的土层中发现了距今超过2万年的石器工具]，年份的争议也愈演愈烈。1997年，考古学家在智利南部的蒙特港附近发现了蒙特贝尔德遗址（Monte Verde），并找到了极有可能追溯至18500年前的人类生活痕迹，而这一发现再次将年份的争议推向高潮。考古学家在遗址中找到了保存完好的有机物残余，例如一些木质品、莓子和其他水果。不过，哪怕这些遗址的文物受损，造成对人类出现最早时间的认知稍有偏颇，遗址中的其他发现物也能准确地展现克洛维斯人到达之前的新大陆图景。

**冰川消退**

关于北美大陆冰冻区的消融时间，冰川地质学给考古学家们提供了一个时间框架。冰川消退是人类入主大陆腹地的必需条件，与此同时，冰川末期的海平面上升，同样对沿海迁徙及定居的可能性产生深远影响。图中为位于宾夕法尼亚州华盛顿郡的梅多克罗夫特岩棚，该处遗址为北美已知最古老的人类居处遗址；图片中展示的是考古学家做的一些地层标记

**克洛维斯矛尖**

考古学家在北卡罗来纳州发现了距今1.3万年的克洛维斯矛尖，这些枪头是美洲已出土石器中最精美的文物。这些矛尖形枪头由双面敲打压片技术制作，即枪头两面都需经过敲打与压片工序，以使枪头薄化（不是使用锤子敲打，而是用石片来回削磨、打薄）。每个枪头表面都有凹槽（打磨过程中表层整块薄片被削磨），不过，考古学家至今没明白这些凹槽的作用

## 沿海迁徙

关于最早的美洲原住民由北南迁的路线，考古学家尚无定论。一种假设是内陆迁徙；而自20世纪80年代起，人们又提出了一种沿海迁徙的假设。不过这种假设遭到了质疑，因为在冰期末期，海平面上升，最终超过该时期的最大值，高度达到328英尺（约99米），古人类的沿海居处将会因此被淹没。不过，随着蒙特贝尔德遗址和西岸沿线其他一些假定为克洛维斯人到达前的人类遗址的发现，包括发现于加利福尼亚海域圣罗莎岛（Santa Rosa Island）上的人类遗址，考古学家开始重新思考人类移居新大陆的路线，如今看来沿海的南迁路线也大有可能。与此同时，考古学家还在日本沿海的一些遗址中发现了造船技术的痕迹，这些痕迹极有可能追溯至3万年前。此外，遗址中发现的石器表明，亚洲东海岸的石器类型与北美西北部十分相似。

# 波蒂洞穴 公元前5万—前5000年

波蒂洞穴遗址里处处散落着海洋生物化石，考古学家认为，这些海洋生物距今约有4.2万年。这反映了第一批登澳居民发达的海洋经济。富含贝壳的地层揭示了当时海平面逐渐上升，海岸线逐渐逼近波蒂洞穴的现象。考古学家还在洞内发现了动物骸骨、贝类残骸、石器和用作灶石的鹅卵石

波蒂洞穴位于澳大利亚西北沿海海岛巴罗岛，是一处大型石灰岩洞穴。考古学家在该遗址内发现了约5万年前的沉积物，沉积层厚度超过6英尺（约2米），它记录了洞内居民的日常生活。沉积物中保存了数千件石器，由于该遗迹保护得当，洞内大多动物骸骨及贝壳得以保存完好。

如今，巴罗岛与澳大利亚之间相距超过31英里（约50千米）。7000年前，最后一次冰期末期，似乎是海平面上升，淹没了部分陆地，使巴罗岛与大陆间距扩大。然而，在2万年前的冰期最盛期，沿海平原广阔无垠、山丘连绵，凸起的巴罗岛也不过是平原中的一座小山。当时的海岸线在波蒂洞穴向西超过31英里（约50千米）的地方。

波蒂洞穴中的残留食物被保存得相当完好，考古学家能从中清楚了解当时居民的饮食习惯。他们发现当时居民饮食种类丰富，不仅包括在附近洞穴中猎到的沙袋鼠、袋鼠之类的陆生动物，还有较远海岸出产的海洋动物，如海龟、鳄鱼、鼠海豚、海胆和贝类。近期研究显示，波蒂洞穴遗址内囊括了有史以来数量最多的贝类，直接展现了巴罗岛和澳大利亚隔离前的时代图景。

挖掘人员在洞内发现了数万件古人类打磨石器时残留的废石片，并一一记录下来。他们在一处距今约1.5万年前的沉积层中发现了磨制石斧上的两块碎片。波蒂洞穴内的大部分石器都是由当地硅酸化的石灰岩制成的，不过也有少部分石器由火山岩和变质岩制成，考古学家认为，极有可能是当时的人从几百英里外的澳大利亚带回了这些原材料。此外，他们还带回了许多大块石英鹅卵石，用来垒灶台。

**磨制石斧**

考古学家在北澳多地的遗址中发现了磨制石斧，他们认为这种石器是新石器时代的一大发明。这种新型石器是走出非洲、在东迁尽头落脚的现代智人的技术创新。最早的磨制石器出土于西澳的木匠峡谷（一处石灰岩洞穴及岩棚的复合地带），距今超过 4 万年。波蒂洞穴中的石器，是这项技术在北澳地区出现的最早的证据

**贝壳工具**

考古学家在波蒂洞穴内约 1.2 万年前的沉积层中发现了大量贝壳制的圆珠。研究发现，这些圆珠由角贝制成，与考古学家此前在 310 英里（约 500 千米）外的旧海岸线地带——金伯利地区的里维洞穴（Riwi Cave）遗址内发现的圆珠十分相似，而那里的圆珠有超过 3 万年的历史。此外，考古学家还在波蒂洞穴内发现了其他一些经过加工的贝壳，例如经过打磨用作汤匙的椰子涡螺碎片，这些工具体现出遗址内居民的智慧。而且，他们还发现了一块刻有条纹的椰子涡螺碎片

## 开拓莎湖地区

在上一段冰川期，海平面曾数度较低，当时的澳大利亚大陆、新几内亚岛与塔斯马尼亚岛相连，构成了人们熟知的莎湖地区。公元前 5 万年，现代人类踏上莎湖地区。不过，考古学家已证实该地区的几处考古遗址可追溯至公元前 4.5 万年甚至更久以前，因此，人类的首次登陆必定在此之前，极有可能是在 6 万年前或更早。但是，这一时间已超过放射性碳定年法的测量极限，因此还无法确切证实。考古学家相信，最早的古人类遗址必定靠近如今已沉入海中的大陆架边缘地带。

毫无疑问，人类开拓莎湖地区包含海上活动，因为即便在海平面最低的年代，莎湖地区与东南亚之间也无任何大陆桥相连。要想完成这一目标，人类必须经过数座海岛、横渡至少十处海域，而有些海岛是完全在视野之外的。这表明，最初的开拓者是一些熟练的水手，而他们的航海也是计划周密，而非临时起意的。这种早期的海洋生活留下的痕迹极少，幸运的是，波蒂洞穴中留存了一些莎湖地区早期居民珍贵的生活痕迹。不过，关于早期开拓者使用的造船材料和他们的目的，现在仍然争议纷纷。

从新几内亚岛到塔斯马尼亚岛，莎湖大陆上遍布距今 3.5 万年或更早以前的遗址，包括大陆中央的沙漠中心区。因此，人们认为最早的澳大利亚居民一定能迅速适应新的环境。

# 文化大爆炸

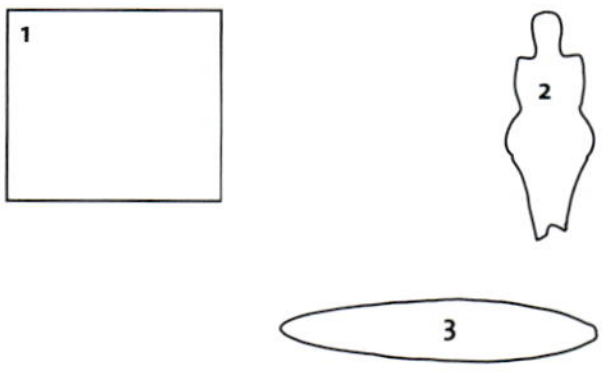


1. 考古学家在法国维埃纳省吕萨勒沙托地区的拉马尔什洞穴（Cave of La Marche）内发现的人物头像雕版画。考古学家在洞穴内发现了几十幅刻有人类形象的石灰岩雕版画，画中还刻有很多动物形象。考古学家认为，当时的人类在洞外寻找到这些石灰岩石板后，搬进洞穴内再进行雕刻

2. 约 2.7 万年前，捷克共和国的下维斯特尼采村村民学会了陶工艺技术。而冰期的雕刻家常常将女性身体作为题材。因此，为人所知的“下维斯特尼采的维纳斯”（刻画了成熟的女性胴体）就是世界上最古老的陶人物像

3. 考古学家在法国多尔多涅省拉兰德市的拉罗什洞穴内发现的一块旧石器时代的牛吼器。该块牛吼器表面刻有图案且包有颜料层外壳（赭色）。这种乐器由鹿角制成，固定在一根长绳末端。持有者将其甩向空中不断旋转，发出响亮的声音

尽管旧石器时代早期的艺术活动便已丰富多彩，不过，直至约 4 万年前，随着解剖学意义上的现代人出现，大量真正包含艺术的作品才悄然面世，除了著名的洞穴壁画，还有便于搬运的器物艺术品、一些饰物和各种乐器。然而，现今保存下来的艺术痕迹明显只是冰山一角，因为像音乐、舞蹈、发型、文身、刺青、身体彩绘等艺术形式，考古学家早已无从考察，而种种由木材、树皮、植物纤维或羽毛等易腐材料制成的艺术品，也早已湮灭于历史之中。

相比起来，关于冰期的艺术研究者显得特别幸运，因为尽管其中仍有许多绘画创作于岩石、穴壁上，但是也有大量便于搬运的绘画作品。它们多被刻于岩石、兽骨、鹿角、象牙上，或埋于地下土壕之中，而这些往往分布的土层分明，很容易确定其年份。从 4 万年前到 1.1 万年前，创作材料的变化体现了这一时期绘画技艺、题材、风格的变化。最常见的一种作画方式就是在动物的某一部位刻上它们的肖像，例如，在鹿的肩胛骨上刻画一头红色的小鹿，或是在鲸鱼的牙齿上刻画一头小鲸鱼。最早的洞穴壁画艺术在 19 世纪 20 年代进入大众视野，而在更早之前就有人发现了这种雕刻的器物艺术品。1864 年，人们在位于法国多尔多涅省的马德莱娜教堂（La Madeleine）里发现一枚雕刻着猛犸图案的象牙，这一发现，首次证明人类不仅曾和现已灭绝的动物共同生活，还曾以它们的形象进行雕刻创作。

## 重要事件

| 公元前4万一前1万年 | 公元 1833 年 | 1852 年 | 1864 年 | 1864 年 | 1908 年 |
|---|---|---|---|---|---|
| 冰期的居民制造出易于搬运的器物艺术品和珠宝。 | 考古学家在法国上萨瓦省的维里尔岩洞（Grotte Veyrier）内发现了一根鱼叉，其上雕刻着一只鸟，形状类似一根枝杈，也像鹿角杖。 | 考古学家在法国维埃纳省的夏法德洞穴（Chaffaud Cave）内发现了一块驯鹿脚骨，其上刻有雌鹿图案。 | 考古学家在法国多尔多涅省马德莱娜教堂内发现了一处显眼的沉积物堆，于物堆岩棚中发现一枚雕刻着猛犸图案的象牙。 | 考古学家在法国多尔多涅省的拉吉瑞巴塞遗址（Laugerie Basse）内发现了一座用猛犸象牙雕刻而成的小女孩雕像。这座雕像是考古学家发现的第一座制作于冰期的小型雕塑。 | 考古学家在奥地利沃尔道夫附近的地区进行考古发掘，其间发现一种由石灰岩雕刻而成的女性雕像，他们将其命名为“沃尔道夫的维纳斯”（Venus of Willendorf）。 |

在大量易于搬运的艺术品中，最有名的是一尊女性雕像，即人们熟知的维纳斯女神像。从法国到俄罗斯，维纳斯的雕像比比皆是，而为凸显其尊贵，人们常用猛犸象牙进行雕刻。大多数的维纳斯雕像诞生于 2.7 万年前的格拉维特文化时期（旧石器时代晚期）。而此前于捷克共和国多处遗址中发现的大量小型陶俑，包括已知最早的陶俑——下维斯特尼采的维纳斯（Venus of Dolní Věstonice，见图 2），大概也创作于同一时期。

另一种易于搬运的艺术品是浮雕，常常雕刻于平整的石板上。考古学家曾在几处遗址内发掘出数百件浮雕版画，其中几件的图案还被上了色。在西班牙帕帕罗洞穴（Cove Del Parpalló），考古学家从地下发掘出超过 5000 件未上色浮雕和超过 6000 件表面上色的浮雕，内容描述了整个旧石器时代晚期的生活。不过奇特的是，西班牙出土的艺术作品多为 1.4 万年前的肖像画和人物涂鸦，而法国拉马尔什遗址中出土的浮雕作品多描绘冰期的动物，如驯鹿、野牛等。

冰期的人类对饰品也情有独钟，考古学家发现了大量这一时期的珠宝。他们多使用兽齿、兽骨、象牙、贝壳和化石为原材料，精心雕琢打磨穿孔后才能完成一件饰品。此外，考古学家在多处墓穴中也发现了许多这样的手工饰品。大量饰品中最珍贵的是一种雄性鹿犬饰品，由于十分罕见，被当作名望与财富的象征。另一种极珍贵的饰品是贝壳，也正是因为珍贵，贝壳常常被用于货物交易；考古学家曾在距地中海 621 英里（约 994 千米）外的德国发现产自地中海的贝壳。当时的人类用猛犸的象牙制作了大量象牙珠，考古学家曾在俄罗斯的索米尔遗址内（Site of Sungir）发现了三具古人类骸骨，一具成人、两具儿童，每个人的头部和身体上都整齐地覆盖着近 3500 颗象牙珠。研究发现，这些象牙珠极有可能是被穿成链佩戴在身上或直接缝在衣服上的。

最后一种代表艺术的作品为乐器，数量虽少但确实存在。考古学家在一些洞穴中发现了由许多空心的钟乳石排列成的石板琴，其表面留下了弹奏时的敲打痕迹。此外，考古学家还发现了一些牛吼器（见图 3）、骨哨及大量骨笛，这些骨笛看起来更像现在的哨笛或竖笛。有些笛子的制作过程十分复杂，考古学家曾在德国的盖森科略斯特勒岩洞（GeissenklÖsterle）内发现一把象牙笛，是由上下两半拼合而成的。

| 1922 年 | 1922 年 | 1924 年 | 1937 年 | 1968 年 | 2002 年 |
|---|---|---|---|---|---|
| 考古学家在法国上加龙省的里度洞穴（Rideaux Cave）内发现了一座由猛犸象牙制成的裸体女性雕像，他们称其为“莱斯皮盖的维纳斯”（Venus of Lespugue）。 | 考古学家在西班牙瓦伦西亚市的帕帕罗洞穴内发现了数百件雕刻精良、绘图形象的金属浮雕雕塑品。其中雕刻图案多为动物和抽象符号。 | 考古学家在捷克共和国的下维斯特尼采遗址内，首次发现了小型的赤陶雕塑。 | 考古学家在法国维埃纳省的拉马尔什岩洞内，发现了大量雕刻精良的石制浮雕作品，其中一些是人物肖像雕刻。 | 考古学家在德国新维德市的格内尔斯多尔夫户外遗址中，发现了刻有女性及动物形象的石制浮雕作品。 | 考古学家在俄罗斯莫斯科州的扎赖斯克遗址内，发现了一尊由猛犸象牙雕成的野牛雕塑和一尊女性雕塑。 |

# 洞穴艺术

1. 人们在位于葡萄牙东北部的科阿峡谷（Côa Valley）中发现了诸多岩雕原牛。当时，工人们正在建造水坝时无意间挖出了这些艺术品

2. 发现于法国南部佩赫莫尔洞穴（Cave of Pech-Merle）中的两只斑点马壁画，马的四周布满小点与黑色的手掌印

目前在西欧发现的创作于最后一次冰期（约4万—1.1万年前）的彩绘洞穴及岩棚超过了400座。1879年，考古学家首次在西班牙的阿尔塔米拉洞内取得重大发现——洞顶岩壁上惊人地绘满了壁画。然而，当时没有人相信这群原始石器时代的野蛮人能创造如此惊艳的艺术品。随后，考古学家在法国南部再次发现了一些彩绘洞穴，研究发现其可以追溯至古老的石器时代，但直到1902年学术界才正式承认这一奇迹。自那以后，数百座彩绘洞穴被陆续发现，而主要发现地区位于法国和西班牙。

洞穴内岩壁与洞顶（彩绘洞顶相对较少）展现出的艺术形式各异，最简单的一种便是在柔软的岩表印上手印。另一种常见的装饰艺术是雕刻艺术，包括常见的浅浮雕作品。迄今为止，考古学家只在法国比利牛斯山的洞穴遗址内发现了一些黏土作品，包括各种浅浮雕和高浮雕作品；此外，他们甚至还在洞内发现了一座黏土雕塑，即“蒙特斯庞的斜倚熊”。

当时的人类多用手指或矿石作笔蘸取颜料上色。有时，他们也会使用一些画笔，可惜这些画笔均未能保存下来。人们通过吹画或吹开液体涂料来给部分画作上色，尤其是一些手印画。可供选择的颜色有两种：红和黑。

## 重要事件

| 公元前约4万—前1.1万年 | 公元1879年 | 1895年 | 1902年 | 1912年 | 1922年 |
|---|---|---|---|---|---|
| 大部分冰期的艺术作品陆续出现。 | 考古爱好者马塞利诺·桑斯·德·桑图奥拉（Marcelino Sanz de Sautuola，1831—1888年）在位于西班牙坎塔布里亚自治区的阿尔塔米拉洞内发现大量洞顶壁画。 | 考古学家在位于法国多尔多涅省的拉穆梯洞穴（Cave of La Mouthe）内发现了大量雕刻艺术品，这一发现最终证实冰期确实存在洞穴艺术。 | 考古学家在位于法国多尔多涅省的康巴里勒斯洞窟（Cave of Les Combarelles）及丰登戈姆岩洞（Cave of Font-de-Gaume）内发现大量艺术品，此后，学术界正式承认洞穴艺术有据可循。 | 考古学家在位于法国阿列日省的勒迪克多杜贝尔特洞穴（Cave of Le Tuc d'Audoubert）内首次发现黏土作品：两尊野牛雕塑。 | 考古学家在位于法国洛特省的佩赫莫尔洞穴内发现大量壁画。 |

冰期的洞穴艺术有一个显著特征：通过结合周围形状各异的岩石营造出的一种三维立体效果。在照明方面，当时的人类已经发明灯具，他们多用中空的甚至扁平的石头作为灯罩。不过，考古学家也曾在法国多尔多涅省的拉斯科岩洞发现一座雕刻精美的砂岩灯罩。至于其他材料，动物的脂肪或骨髓是常见的灯油，而刺柏与苔藓则是灯芯的不二选择。当时，古老的艺术家们常常在洞内高举火把或点燃篝火，火光摇曳，光怪陆离，岩壁上的动物栩栩如生，时隐时现。

壁画大多展现了不同的动物形象，多是一小群成年动物，主要有马（见图2）、野牛和原牛（欧洲野牛）；此外，一些壁画也会记录诸如鹿、羱羊与猛犸象等动物，而另一些更稀有的动物也偶尔被绘于其中，包括一些犀牛之类的草食动物。壁画中极少出现人类，当然也有例外。与此同时，各种符号，如点、线和一些几何图案更是常常出现于壁画艺术中。由于时代的限制，有关学者尚未对这些艺术形象做出更详尽的说明，但目前来看，他们认为这是一些部落或种族的象征。

针对洞穴艺术现象，有关专家提出了大量解释理论：有人认为，这是“为艺术而艺术”；而另一些人认为，由于图腾崇拜和萨满信仰，当时人类借此进行巫术以祈求狩猎成功。不过，无论哪种解释都经不起推敲，都无法解释为何这些形式多变的艺术作品能跨越时空，经久不息。此外，自20世纪90年代以来，大量发现（尤其是葡萄牙的一些发现，见图1）表明冰期的古人大多是在露天岩石上绘制壁画，比如河边的岩石。而长期以来被认作当时时代象征的洞穴艺术，反而更像是这些艺术中的少数派。由于这些艺术作品在稳定的地下环境，才能完好地留存下来，被人发现，因此人们便将其当作所谓的时代象征。

| 1923年 | 1940年 | 1968年 | 20世纪90年代 | 1994—1995年 | 2003年 |
|---|---|---|---|---|---|
| 考古学家在位于法国上加龙省的蒙泰斯庞－冈蒂耶洞穴（Cave of Montespan-Ganties）内发现一尊无头熊的黏土雕塑，熊头发现在其脚边。 | 9月，四个法国男孩带着一条狗无意中发现了冰期最宏伟的洞穴艺术，即位于多尔多涅省的拉斯科洞窟。 | 考古学家在西班牙的阿斯图里亚斯自治区内发现了蒂托布斯蒂洛洞穴（Tito Bustillo Cave）。洞穴中留存了少见的紫色壁画。 | 考古学家在葡萄牙的科阿峡谷中发现了留存于露天环境下的岩画。 | 考古学家在法国阿尔代什省发现了肖维岩洞，在西班牙坎塔布里亚自治区发现了拉伽马洞穴（Cave of La Garma）。 | 考古学家在英国诺丁汉郡的克里斯威尔峭壁（Creswell Crags）上的洞穴中发现了洞穴艺术的存在。 |

# 拉斯科洞窟 旧石器时代晚期

考古学家在拉斯科洞窟内多处发现了矿物碎片，至少有 158 块。此外，他们还发现了做工粗糙但上色的杵、臼和一些仍装有少量颜料的天然空心石头。在发现的矿物碎片中，有 31 块表面带有微痕

1940 年，考古学家在法国多尔多涅省蒙提尼亚克市的一座村庄附近发现了一座冰期的洞穴。穴内岩壁上布满装饰壁画，其精美宏伟程度堪称冰期壁画之最，这座洞穴便是拉斯科洞窟。尽管绘有壁画的洞窟主厅面积不大，不过其岩壁上绘有约 1500 个动物形象；此外，岩壁上刻有大量浅刻画，数量远超壁画。考古学家还在洞内岩壁上发现许多形态各异、令人费解的抽象图案与几何图案，他们认为这些都是某种符号。有关学者发现，当时人类在作画时，使用了一种极其巧妙的技巧，即在动物的腿与身体之间的转接处留有空间，这种方式能给人一种三维距离感，认为四肢是立体的。除此之外，艺术专家在洞顶一块岩石边发现一匹高大骏马的绘像，马匹画得四肢匀称，但由于绘于洞顶，专家们无法一下看清全貌。

尽管拉斯科洞窟遗址意义非凡，其内部却受损严重，其主要原因是：1948 年人们在未经过考古调查的情况下擅自毁坏了部分壁画。过去，人们仅将洞内墙壁上的画作当作一系列涂鸦，只不过这些涂鸦的绘制时间较久，最高达到 500 年；但是，后来有关专家意识到，这不仅是单纯的涂鸦，而且是各式各样的装饰画。经研究，洞中的一些壁画风格迥异，且经过大量后期叠加创作。考古学家在洞穴过道的墙壁上发现了 17190 年前用木炭绘制而成的壁画；在沿洞井下行后，又在岩壁上发现了稍晚一些的木炭画，具体可追溯至 1.6 万—15516 年前。此外，在一次发掘中，考古学家挖出了一块矛头的碎片，研究发现，该碎片具有 18600 年历史。尽管人们可以用传统方法，探测出拉斯科洞窟内部分艺术品的合理年份，但这并不能表明洞内的这册作品集仅耗费数百年时间。考古学家发现，洞中岩壁上出现大量原牛形象，而他们并未在法国西南部地区发现任何符合壁画绘制时期的原牛骸骨；这一发现表明，拉斯科洞窟内的壁画极有可能并非一次性完成，而是经历了多段时期的多次绘制。

## 定位

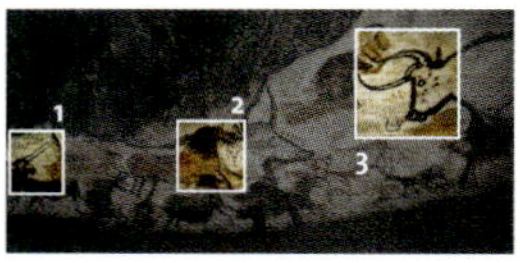

# 焦点

1. **双角兽**

相较于独角兽，“双角兽”听起来有些怪异，是一种头长双角的动物。它们的身体各部显现出不同动物的特征，甚至还有人类特征，因此人们认为这种动物极有可能是想象产物。冰期的洞穴中极少出现这种动物形象，也极少出现风景画。拉斯科洞窟壁画中没有任何风景描绘或植物描绘

2. **马**

拉斯科洞窟中出现最多的动物形象是马，从壁画到雕刻共有上百匹。“野牛大厅”别出心裁地绘了大量动物形象，包括马、牡鹿、野牛，还有一头熊。这些壁画多为黑色，还有部分黄色、红色及白色

3. **原牛**

“野牛大厅”得名于自厅内岩壁上的大量大型原牛。最初，人类常常在原有壁画上进行再创作，叠加绘画了这些原牛。在冰期的所有洞穴绘画形象中，原牛的画幅最大，有些能达到5米宽。不过，自17世纪起，这种动物逐渐灭绝，考古学家认为原牛是家牛的祖先

## 拉斯科洞窟中的颜料

拉斯科洞窟壁画中共出现了15种颜色，研究发现，这些颜色基于四种主要颜色，而这四种主色是由赭石加热至不同温度后所得。当黄色赭石被加热至超过约250℃后，在氧化作用下变为赤铁矿，因而呈现出深浅不同的红色。此外，当时人类在颜料制备上还有另一大突破（至少拉斯科洞窟中用的颜料如此），他们会将不同的颜料混合使用，拉斯科洞窟内几乎没有纯净的单色颜料。很明显，当时的艺术家们不断尝试，并试图以不同方式组合已有的颜料原石。考古学家在一些颜料粉中发现了一些驯鹿角的细小碎片，他们认为这些碎片是无心之失，很有可能是用鹿角搅拌颜料和水时不小心掉落其中的，或是当时人类雕刻鹿角饰品时，身边正好是颜料原石，无意中混进去了。

# 澳大利亚的早期居民

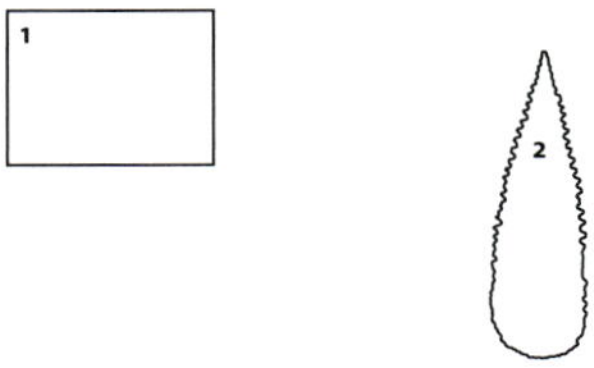

1. 一处由石头堆积而成的复杂鱼梁设施，发现于布雷沃里纳巴旺河浅滩地区，该处发现为澳大利亚已知鱼梁设施中最大的一处。当游鱼逆流而上时，这种鱼梁设施能有效拦截捕鱼

2. 澳大利亚原住民用玻璃瓶制成了边缘呈锯齿状的武器。从图中可以看出，矛尖的底部还有一些树胶残余，这表明当时人类曾用树胶黏着矛与柄（出土于20世纪60年代）

今天，澳大利亚的原住民社群繁多，不过所有原住民的精神生活都十分富足且极具创造性。18世纪末，欧洲殖民者踏上澳大利亚大陆；当时的原住民用语至少有250种，方言更甚。在大量发现的基础上，人类学家与历史学家证实，从北部的热带地区穿过中部的沙漠中心地带，再到南部位于温带的塔斯马尼亚岛，澳大利亚的气候与环境复杂多变，原住民也因此发展出针对性适应。欧洲殖民者在18世纪末、19世纪初与原住民的接触中，体会到了这一社群的活力与创造力，而有关的考古发现也证明，这两种精神正是澳大利亚居民5万多年来的典型特征。

最早的澳大利亚居民具有极强的适应能力，他们迅速繁衍至整块大陆，甚至包括干旱的中部。时光流逝，到了公元前2万年的最后一次冰期，澳大利亚的干旱恶劣至极，导致各地逐渐发展出不同的经济形式。考古发现显示，在过去的几千年，尤其自约公元前5000年起，这片大陆上的经济、科技和社会都发生了巨大的变化；而这些变化究竟如何解释，澳大利亚的考古学家众说纷纭。有些人认为，人口激增和居民适应了环境变化导致了上述巨变。诚然，由于海平面在最后一次冰期里不断上升，大片原大陆架地区被淹没为一片汪洋，塔斯马尼亚岛与新几内亚岛之间相连的大陆桥也因此中断，当地居民逐渐适应

## 重要事件

| 公元前5万年前 | 公元前4.5万年 | 公元前4万年 | 公元前2万年 | 公元前1.1万年 | 公元前9000年 |
| --- | --- | --- | --- | --- | --- |
| 东南亚航海家远渡重洋，殖民扩张莎湖大陆（包括新几内亚岛、澳大利亚和塔斯马尼亚岛）。 | 磨制石斧出现。考古学家后来在金伯利地区的木匠峡谷一号区内发现一块磨制石斧碎片，这一发现成为此种技术的最早证据。 | 蒙哥湖先生（Mungo Man）与蒙哥湖夫人（Mungo Lady）相继死亡；不同的是，蒙哥湖先生被土葬，而蒙哥湖夫人被火化，这也使得蒙哥湖夫人成为史上最早的火葬者。 | 澳大利亚南部库纳达洞穴中的居民在柔软的石灰岩岩壁上深深印下了自己的手指痕。 | 位于澳大利亚西部的切达布洞穴（Cheetup cave）内首次出现古人类。同时，此处遗址保留了古人类处理有毒苏铁种子的最初证据。 | 澳大利亚南部的怀里湿地中留下了木质器物的使用痕迹，包括飞去来器和装有倒刺的长矛。 |

生存空间减少的现状。在一些沿海地区，当地部落曾清楚地目睹这一过程，许多部落为记住这一变化，甚至将其编为神话。另一些考古学家将澳大利亚过去几千年的巨变归因为社会与经济的复杂程度的提高。不过，正如一些有关艺术、装饰和远程交易的早期考古发现所示，早期的澳大利亚移民本身就很可能表现出复杂的社会行为特征。

公元前 4000—前 2000 年，澳大利亚原住民的聚居地出现了新特征。在南部，原住民开始广泛使用一种由新技术打磨而成的小型锯齿边工具。这些工具看起来十分像带刺长矛，而且其一侧刃口被故意磨钝。考古学家曾在悉尼纳拉宾地区的一处遗址中，发现了一具公元前 2000 年的人类骸骨和一些边缘呈锯齿形的工具。研究发现，这些工具就是刺矛，而该男子很有可能是在某场仪式中被这种矛刺中身亡。在南纬 20 度附近的澳大利亚中部地区，考古学家发现形状各异的大量矛尖，他们还在金伯利地区发现了一些压制考究的石片矛尖。过去，当地的原住民常常用玻璃（见图 2）或瓷片制成矛尖。在沙漠地区，为了做木工，当地居民开始更普遍地使用一种经过打磨的石锛，并对其形状进行不断改良，变得更专业。与此同时，澳大利亚许多地区居民开始广泛使同一种磨制石斧。

依靠采集打猎为生的原住民并没有屈服于环境，大量证据显示，他们十分懂得利用环境。其中，最有名的证据大概就是，当时的人能熟练地将火作为管理土地的工具，他们也因此被考古学家称为“火棒农夫”。除此之外，他们还懂得对食物进行细加工，除去例如苏铁等有毒植物中的毒素。在许多地区，当地居民还创造出复杂的鱼获方式（见图 1），其中最著名的发现是康达湖畔的布吉必姆（Budj Bim）。考古学家发现，当地居民在 6500 年前或更早就懂得用鱼梁、水渠和蓄水池来捕捉、养殖鳗鱼。

交换，是原住民生活中的一大重要特征，通常发生于居民为达成社交和仪式进行等重要目的时。人们交换的内容多样，包括各类材料物品、仪式情节、歌曲和故事等，而交换常需经过长途跋涉。许多考古文献中详细记录了关于石器（尤其是石斧）、贝珠、赭石等物的远途交易。

然而，澳大利亚缺少盛行于世界各地的主流生活方式。冰期结束后，许多地区的自然环境发生极大改变，农业耕种开始出现，城市群体开始发展。但澳大利亚不同，在欧洲殖民者登陆以前，这块大陆上的居民一直以原始的狩猎采集方式生活着。也因此，在研究原始的狩猎采集社会的时空多样性时，澳大利亚提供了一个独特的视角。这种原始社会在大部分地区早已成为边缘社会，而澳大利亚的原住民始终坚守这种生活方式，这不禁让人思考：社会、经济的日趋复杂化真是一种必然的“进步”吗？

| 公元前 6000—前 4000 年 | 公元前 4600 年 | 公元前 2500 年 | 公元前 2000 年 | 公元 1606 年 | 1700 年 |
|---|---|---|---|---|---|
| 连年增长的海平面趋于稳定，连接澳大利亚、新几内亚岛与塔斯马尼亚岛的大陆桥最终被完全淹没。 | 康达湖居民在湖边制作了复杂的鱼梁鱼获设施，不过这一设施也有可能是其祖辈留下的，他们只不过在继续沿用。 | 居住于澳大利亚各处的古人类开始广泛使用一些小型片状工具，包括一种由新技术打磨而成的小型锯齿边工具和一种双刃矛尖。 | 澳大利亚野犬出现在澳大利亚，这种狗极有可能是由来自亚洲航海家们带至澳大利亚的。 | 威廉·扬松（Willem Janszoon，1570—1630 年）记录下欧洲殖民者与澳大利亚原住民的约克角的初次相遇。 | 来自印度尼西亚的望加锡商人们为寻得中国人爱吃的美食海参（又名海黄瓜）而开始频繁往来于澳大利亚。 |

# 穆鲁具加（布拉普半岛） 约公元前2万—前1800年

穆鲁具加对如今该地区的看护人阿达阿里人（Ngarda Ngarli People）来说，具有重要精神意义。他们相信这些岩画是玛迦（一种古老的幻想生物）所作，为提醒他们遵从规律和照顾玛迦的义务。今天的穆鲁具加人仍会举办一系列纪念活动，就像岩画中所记载的一样

穆鲁具加（又称布拉普半岛）地处澳大利亚西北海岸，属丹皮尔群岛（Dampier Archipelago），其丰富的岩画储量为澳大利亚之最，更有甚者为全球之最。其陡峭的岩壁上布满雕刻岩画，考古学家预计数量可达上百万幅。这些岩画的种类丰富多样，包括人像画、动物画和一些线条与几何图案。而其中描绘的动物繁多，包括陆生动物（如袋鼠、矮袋鼠）、爬行动物（如蜥蜴、蛇）、鸟类和水生动物（如海龟、鱼、螃蟹等）。这些动物大多描绘细致，人们可以根据岩画判断其物种级。

如今，穆鲁具加是丹皮尔群岛中最大的岛屿。末次冰期时，海平面极低，穆鲁具加地区尚是远居内陆的一片山地。考古勘测后发现，人类正是在这一时期内定居于该地区。岩画本身难以被测年，不过，考古学家根据部分针对穆鲁具加地区风化作用及其方式与作用对象的研究，推断出了一个大致时间段。在年份最新、风化程度最轻的岩画中，描绘海洋生物的岩画占多数，可追溯至丹皮尔群岛形成时期。而同样绘于这一时期内的一些人物画，多与同一时期的一些歌谣及故事有关。相对而言，图案形状的岩画受风化较严重，明显可以追溯至海平面上升以前。其中包括部分描绘袋鼠及鸸鹋的著名大型岩画，还有一些在风格上与近代大相径庭的人形图案。其中最有趣的是风化严重却极其独特的“古老的脸”（Archaic faces），这些岩刻也可能是当今世界最古老的面部特写。此外，考古学家在澳大利亚中部地区的岩壁上也发现了部分相似的图案，这一发现表明，极有可能在公元前 3 万年，现代人类在穿越澳大利亚的早期迁徙过程中，便已出现远距离文化关联现象。除岩画外，考古学家还发现了其他一些人造遗迹，包括北冢、鱼梁、人工制品散落区、采石场、剥石区、置石区与立石建筑。大多数立石建筑被发现于塔鲁遗址（Thalu sites），人们认为它与为庆祝生活资源增多的仪式活动有关。

**灭绝动物**

岩画中出现的一些灭绝动物形象可以为考古学家估测年份提供部分线索。穆鲁具加岩画中出现大量袋狼（Thylacines）与袋獾（Tasmanian devils）形象，而这两种生物在至少3000年前便已消失在澳大利亚本土。此外，有一些岩画描绘了已灭绝的部分袋鼠类生物。不仅如此，穆鲁具加地区如今并无鸸鹋，而这里曾经是鸸鹋的乐土，因此考古学家认为部分岩画的年代可追溯至穆鲁具加尚未与澳大利亚分离时

**雕刻技术**

穆鲁具加人通过轻凿、刮磨的方式一点点除去花斑岩遭受风化的岩石表层，从而绘制岩画，这样显露于未经风化的底层岩石上的图案便与周围风化严重的岩石形成鲜明对比。由于部分刻痕过深，一些岩画展现出凹雕效果，而另一些则是浅刻画。随着时间流逝，曾被雕琢过的岩石表层会逐渐被再次风化，变回岩石最初的颜色，考古学家可以借此推断雕刻艺术的大致年份

## 澳大利亚的岩画艺术

澳大利亚岩石表层保存尚且完整的大部分地区，都可见壁画与岩画的踪影。不过，不同的地域在艺术风格、图案形状和绘画技巧上体现出大量差异。举例来说，考古学家在澳大利亚西部的皮尔布拉地区（Pilbara）中发现大量岩画，不过，不同地方的岩画在绘画风格与图案形状上大相径庭。穆鲁具加地区中的岩画绘画风格与图案形状差异惊人，皮尔布拉不同区域和远至西部沙漠地区中也可以找出大量例子。因此，考古学家认为穆鲁具加是古时不同族群人类会面的一个重要场所。

考古学家在地处北地的马德杰贝（Madjedbebe）发现了一些可追溯至约公元前5万年的赭石笔，又在澳大利亚西部的木匠峡谷一号地区发现了一块可追溯至约公元前4万年的赭色冒顶碎片，这些发现无一不表明，最早的澳大利亚居民便已懂得绘制艺术。然而，确定岩画的具体年份仍是极难之事。考古学家在北地的纳瓦拉加巴曼格（Nawarla Gabarnmang）地区发现了一块绘有图案的岩石碎片，测出其可追溯至约公元前2.6万年。在澳大利亚南部的库纳达洞穴（Koonalda cave）中，考古学家在洞内的石灰岩壁上发现了隐藏极深的手指型记号。通过对洞内照明用火把上的木炭进行放射性碳定年，考古学家推断这些图案绘制于约公元前2万年。

考古学家可以通过研究一些图案的重叠，来了解众地区中绘画风格的历时变化。部分地区的绘画中展现了外来人与物，例如轮船、引进而来的动物和身着欧洲服饰的人类，这一发现表明，在欧洲人抵达澳大利亚后的很多年，澳大利亚本土绘制岩画的传统在许多地区得到良好发展。例如，在澳大利亚北部的阿纳姆地（Arnhem Land），这里的大部分岩画绘制于20世纪晚期，而几十年后的今天，人们仍可以在大树树皮上或其他地方发现类似风格的艺术图案。

## 2 | 从猎人到耕者

### 公元前 1 万—前 3000 年

中石器时代，人类的生活方式发生改变，开始逐渐择地定居，而东方更是开始出现农耕文明。根据不同地区，这一经济变革出现的时间不同，遵循的发展轨迹也不尽相同。不过，农耕经济的出现总是伴有某些相似特征，例如竞争加剧、划地需求和社会分化之势——为随后兴起的文明大国奠定了基础。

注：书中地图系原文插附地图

此地图的虚线为未定国界

# 远古时代的气候变化

1

2

3

约2万年前，随着气候逐渐变暖，北美大陆和欧洲大陆表面的冰川开始融化。在随后1万年里，曾经严重阻碍尼安德特人和现代人类生存的严寒气候逐渐转暖。他们离开了较温暖的南欧，随着北归的驯鹿群深入北欧；而对于同一时期抵达北美的人类而言，由于气候变暖，北美大陆也变得宜居。在冰期极寒的条件下，人类的技术水平及认知能力得到了极大提高，并最终引发了人类有史以来最重要的生存方式革命：由游猎捕食转为农耕聚食。

覆盖在北美及欧洲大陆的大量冰盖融化，如北美的科迪勒拉冰盖、劳伦太德冰盖和欧洲的斯堪的纳维亚冰盖，丰富的冰盖融水汇入大洋，使得全球海平面上升、海岸线长度发生变化（见图1）。与此同时，在巨大地壳压力的作用下，掩埋于冰层之下的土地冲破封锁，互相挤压形成高山。这一现象使得后冰期生活于北美及欧亚大陆的居民，在狩猎采集时常常会遇见全新的地貌区。根据以往的经验，当时的居民对苔原地区相对熟悉，他们能跟踪驯鹿群，并在途中埋伏狩猎。然而，随着时间的推移，全球气候渐趋温和，曾经的冻土区如今

1. 位于希腊南部的弗朗克提洞穴，冰期里，该洞穴远在内陆腹地，由于海岸线变化，如今已处于海岸边缘
2. 一把雕刻精美的骨梳，发现于瑞典最大的岛屿哥得兰岛
3. 丹麦韦兹拜克镇一处埃泰博勒文化时期的旧石器时代中期墓穴。墓穴中埋葬着一个女人和一个婴儿，骸骨上撒满了红色的赭石粉末。研究人员认为，这个女人极有可能死于难产

## 重要事件

| 约公元前1.8万年 | 约公元前1.4万—前1万年 | 约公元前10900—前9800年 | 约公元前9800年 | 约公元前7000—前3000年 | 约公元前6200年 |
| --- | --- | --- | --- | --- | --- |
| 北半球冰川开始消融。 | 以狩猎采集为生的古人类因逐猎驯鹿来到了北欧，自此定居；之前的冻土带逐渐葱茏茂密。 | 新仙女木期，全球逐渐变暖的气候突然遭遇反转，气温暂时下降。 | 冰后期，地球进入全新世。 | 全球气温达到冰期晚期最高值，平均温度比当今温度高2℃。 | 由于北美哈德孙湾突然涌出大量淡水，欧亚大陆气温下降。 |

遍布灌木树丛，地形也随之变得更复杂，人类得以在其中找到生存所需的各类资源：除一些大型食草动物外，例如赤鹿（麋鹿），人们能轻易地捕食小型动物；头顶是成群飞过的水禽，河湖中遍布游鱼；海岸边、内河里贝类丰富；森林中，各类坚果与浆果任人采撷。

对于这些生存资源，人类以全新的方式加以利用。如同其冰期的祖先一样，他们依旧频繁迁徙，不过会在某些地方停留更久；与此同时，洞穴和岩棚依旧是其首选住所。不过，他们逐渐开始在户外旷野地区中搭建住所。在一些资源极佳的地区，例如鱼类丰富的急滩边，人类开始搭建一些季节性营地；他们在收获的季节里群聚至此，诉说自己的故事，开采制作工具所需的石料，寻找自己的另一半。

为适应变化的气候，全新的工艺技术应运而生。为了捕获小型猎物和鱼类，人们制作了渔网、捕兽夹、套索等物品。在美洲和欧洲地区，弓箭已成为重要的狩猎工具。在制作工具方面，人们在制作过程中加入了木头、兽骨、鹿角等全新材料。该时期在艺术表达方面也取得重大突破，例如出现了一些骨雕作品（见图2）。此外，人们开始更留意安葬死者的方式，他们确定了举行葬礼的固定地点，并设定了一套复杂的安葬仪式，例如往死者身上抖撒红色的赭石粉末（见图3）、用石块堆砌墓碑，将贝壳、珍珠等饰品置于死者身上，同时要在墓穴中放入部分动物的肢体和石器等物件。尸体的摆放姿势也大有讲究：有些上身平躺，腿部却被抬起，紧贴胸膛；还有些甚至是以坐姿埋葬的。

北欧的考古学家称这一时期为中石器时代，而南欧、中东及北非的考古学家称其为旧石器时代，在美洲则被称为远古时代。实际上，这些不同术语描绘的都是后冰期人类生活的时代特征：他们依靠捕猎与采集为生，根据自然资源（包括哺乳动物、鱼类、鸟类、贝类和植物）的分布范围变化，追随着食物不断迁徙，但最终总会回到某些特定的地区。这样的局面一直持续到农耕文明出现。人类在长期实验后终于了解到不同动植物的特性，随即在各地开展农业活动，农业文明的大幕就此拉开。

多年来，考古学家对这一时期研究甚少，而如今他们意识到，后冰期的狩猎、采集其实是一种过渡的生活方式，处于由冰期的打猎游居向后史前时代的农业聚居的过渡期。今天，考古学家认为这一社会时期意义重大，因为它能更好地帮助我们理解由农业发展引起的社会巨变。为了达成由狩猎、采集转为农耕的目标，人们进行了多项社会和技术改革，包括培养财产意识和所有权意识，发展食物储存技术，还有细致描述亲缘关系。

| 约公元前6000年 | 约公元前4000年 | 约公元前3900年 | 约公元前3500年 | 约公元前1800年 | 约公元前200年 |
|---|---|---|---|---|---|
| 位于北海流域的多格兰地区最终淹没海底。 | 欧洲北部与西部地区完成农业变革，流浪者变为耕种者。 | 被称为“5.9千年事件”的全球干旱事件触发全球范围内人口迁居河谷地区。 | 人类史上最早的坟墩群沃森布雷克土墩群竣工于路易斯安那州。 | 北美东南部河流沿岸的古代游居者开始培植部分野生植物，例如藜、向日葵和一年生假苍耳。 | 北美东部居民开始种植玉米。 |

# 世界各地的农业活动

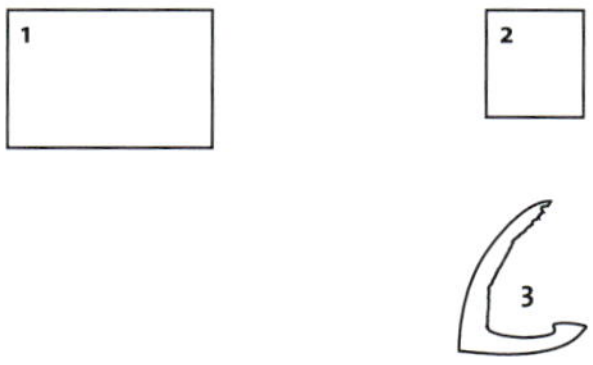

1. 考古学家在瑞典布胡斯省发现了起源于北欧铜器时代（公元前 2000—前 600 年）的岩刻，画中包括数头公牛和一位犁耕人

2. 一幅岩画复制品，画中描绘了大量牛畜和人类；考古学家在坐落于撒哈拉沙漠东部（先为利比亚地区）的乌为奈特山（Jebel Uweinat）中的艾因杜阿地区（Ain Dua）发现该幅画原作。在两次降雨期中，沙漠生活得到极大改善，第一次降雨期出现在 1.2 万—8000 年前，第二次则出现在 7000—5000 年前

3. 约 6000 年前，埃及前王朝时期（Pre-dynastic period）的一把木质镰刀。对这种木质收割工具进行研究后，考古学家发现其“刀刃”部分由大量插入木中的小石片组成，每片石边缘锋利且呈锯齿状

几百万年来，人们始终通过打猎、捕鱼、采摘野植的方式满足饮食需求。而如今，大部分人食用的多数动物蔬菜都是人工养殖或种植，可能仅有少数为野生。这样看来，人类以迅雷不及掩耳之势彻底完成了获取食物方式的转变。然而，这种转变并非全球同时发生，最初仅出现于极个别地区，因为只涉及了某些特定地区的多种动植物。

关于人类做出这一改变的原因和方式，考古学家始终争论不休。在很长一段时间里，他们认为捕猎采集的方式完美地满足了原始人类的食物需求，因为除非遇到某种极强的外力，如气候变化或人口剧增，他们根本没有必要开展农业活动。一些考古学家认为，之所以会做出这一改变，是因为人类在不知不觉间对某些野菜上瘾，但由于其自然产量有限，不得不人工种植。另一些考古学家提出了人类开展农业活动的部分社会原因，如为了一些典礼和宗教节日，需要某种非应季蔬菜。不过最终，他们也无法解释清楚人类的食物获取方式究竟为何会从狩猎采集转变为农业耕种。近年来，这个问题的研究重心已经转移，考古学家通过精确度极高的放射性碳定年法、详细的动植物考古研究和古遗传学研究，收集、记录下了种种农业种植化的证据。

全球的早期种植分布区可分为两类：一类是面积较小的地区，在这些地区，人们分别养殖、种植部分野生动植物，当地居民对这些动植物的食用量也因此增加。另一类是面积较大的地区，在这些地区，由于某些原因，例如种植人口迁移或是传统依靠狩猎、采集为生的居民逐渐开始养殖动物、种植植物，农业耕种的方式广为传播。而最早的原始种植区到今天已成为世界主

## 重要事件

| 约公元前 1.1 万年 | 约公元前 9000 年 | 约公元前 8000 年 | 约公元前 7000—前 6000 年 | 约公元前 6700 年 | 约公元前 6000—前 5000 年 |
|---|---|---|---|---|---|
| 叙利亚阿布胡赖拉遗址居民种植裸麦，这一现象标志着种植行为出现。 | 亚洲西南部地区居民开始种植小麦。 | 亚洲西南部地区居民开始养殖绵羊、山羊，种植大麦、小扁豆和豌豆。 | 耕种技术从“新月沃土”传至欧洲和非洲。 | 墨西哥西南部居民试种植玉米及南瓜。 | 中国人开始种植粟与大稻，养殖家猪。 |

要种植区的核心区域。在号称“新月沃土”(Fertile Crescent)的亚洲西南部，以狩猎、采集为生的纳图芬人部落甚至在冰期结束以前便开始发展耕种。考古学家在叙利亚的泰尔阿布休莱拉地区发现了距今约1.3万年前的裸麦粒，这一发现证实了当时人类曾种植裸麦。约1.1万年前，古人类开始种植小麦；在随后1000年里，他们陆续开始种植大麦、扁豆、豌豆，开始养殖山羊与绵羊。最终，到了约1万年前，人类开始养殖家牛(见图2)与家猪。为发展养殖、种植业，依靠捕猎采集为生的纳图芬族人进行了数度尝试，在对大量动植物进行实验养殖种植后，剔除了部分难以存活的动植物。约1万年前，中国人开始尝试大面积种植粟和大稻；约7000—8000年前，粟与大稻最终培育成功。约8000年前，南亚地区居民独自养殖瘤牛。而在新几内亚地区，当地居民在经过几千年的谨慎分配食用自然产物后，在6000年前人工种植出香蕉、芋艿和番薯。约4000年前，非洲居民种植出最早的高粱。

在美洲大陆，约9000年前，墨西哥中部地区居民首先种植出玉米及南瓜两种主要农作物。而这两种植物在进化几千年后，才最终展现出如今的显著特征。随后，人们又培育出豆类。约5000年前，南美地区居民开始种植植物，例如马铃薯等；约1000年后，当地居民开始养殖牲畜，如大羊驼。公元前5000—前4000年，居住于北美东部内陆河谷中的居民开始种植一些种子植物，包括南瓜、向日葵、一年生假苍耳和一些藜属植物。考古学家后来发现，由于人工种植，这些种子植物与其以往的模样有些差异。

最初的试验区里种植出的作物与养殖出的牲畜逐渐被运往外地。许多地区迅速获取了新的食物来源。不到2000年时间，亚洲西南部的谷类植物、牛、绵羊、山羊已遍布欧洲、北非和中亚地区。约4000年前，产于墨西哥中部的玉米随着人们北迁，很快传至如今的美国西南部地区。然而，约1000年前，传至北美东部地区的玉米最终达到需求饱和，迫近增长极限。此外，早期开拓殖民澳洲群岛及波利尼西亚群岛的航海家们远渡重洋，将番薯、芋艿和家猪带到太平洋彼岸。

时光荏苒，人们对牲畜的需求逐渐不只局限于肉食，慢慢增加至奶、皮毛和劳动力。另外，为了种植作物，人们还引水灌溉旱地，使用犁具(见图1)开垦硬土、使用镰刀(见图3)收割作物。随后，人们学会如何根据自身所需性状选择育种，这一技巧的习得使得作物产量较于初期得到极大提升。此后，越来越多性状符合人类需求的动植物开始被人工养殖与种植，例如约5000年前，中亚地区居民为乘骑出行大量养马；约4500年前，亚洲与阿拉伯地区居民开始养骆驼。

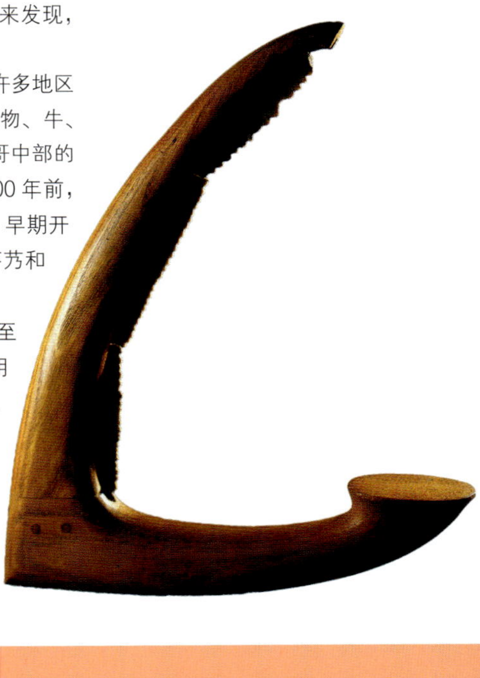

| 约公元前5500—前5000年 | 约公元前5000—前4000年 | 约公元前3400—前2500年 | 约公元前3000—前2000年 | 约公元前2600—前2000年 | 约公元前2100年 |
|---|---|---|---|---|---|
| 耕种技术传遍中欧。 | 在经过数千年的食物分配管理后，新几内亚地区居民培育出香蕉、芋艿和番薯。 | 南美安第斯山区居民开始种植马铃薯。 | 居住于北美东部河流地区的居民培育出南瓜、向日葵、一年生假苍耳和一些藜属植物。 | 南美高地地区居民开始养殖羊驼。 | 美国西南部地区居民开始种植玉米。约公元1000年，玉米已遍布北美大陆东北部地区。 |

# 人类走向农耕与定居

1. 一把复刻的凯巴拉刀（公元前1.6万年），刀体由木头制成，由石片制成的刀刃插入其中，这种刀用于砍伐野生植物

2. 一把骨制镰刀手柄，如今由微石片制成的刀刃已脱落，空余雕刻成瞪羚形状的手柄（纳图芬人以狩猎瞪羚为多）。考古学家在位于以色列迦密山的哈纳尔洞穴（Hanahal cave）中发现该手柄，经研究该手柄可追溯至公元前1万年

3. 一块由石灰岩制作而成的纳图芬磨石（公元前9800年）

公元前1.8万年，气温开始回升，干旱趋于缓和，末次冰盛期最终结束。从冰期中幸存下来的植物（多生长于条件较温和的残遗种保护区中）开始蓬勃繁殖，食植动物与人类得以获取食物。残遗种保护区数量繁多，包括黎凡特地区，而位于该地区的约旦河谷尤佳，那里的草本植物葱茏，谷类植物蓬勃，毗邻山中栎林郁郁。多样的环境为以打猎采集为生的人类创造了极佳的繁衍迁徙条件，昌盛于约公元前1.8万—前12500年的凯巴拉文化便是这块沃土生机勃勃的最佳证明。渐渐地，人类开始依赖各种植物食品，包括诸如小麦和大麦等谷物、豆类、水果、坚果、植物种子和根茎，还有多叶植物，等等。为了处理食材，他们发明了一系列新型工具，例如磨石。进行狩猎时，当时人类曾仅仅依靠细石器（一种细小打制石片），也曾利用细石器做刃部，装上手柄后制成小刀（见图1）、刮器、镰刀、弓、长矛和鱼叉。他们捕食的动物数量很多，常常诱捕绵羊、山羊、野禽及一些小型生物，尤其善捕瞪羚。此外，他们还常常在河湖中捕捞鱼类及贝类。由于以狩猎、采集为生，凯巴拉人多是游居，他们一般应季搬迁至不同的资源丰富地区，并在当地建立营地，然后在下一年的同一季节里再次回到营地，如此往复利用住所。在少数一些环境极其宜人的地区，如以色列加利利海附近的奥哈罗地区，他们有可能在当地营地待至大半年至一年。

公元前约12500年，人类定居生活更加普遍。在纳图芬文明下，当时人类开始整年定居于一处，比如以色列的恩·马拉哈地区，只有当为寻找诸如石料之类的额外材料时才会出远门。随处茂盛生长的野生谷物成为当时人类的一项主要食物来源，每当谷物成熟，人们除了收割需要量外，还会额外囤积以作备粮。这些谷物被贮藏于地窖中，地窖的出现，便是定居生活的一大新特征。

## 重要事件

| 公元前1.8万年 | 公元前1.8万年 | 公元前1.6万—前13500年 | 公元前1.4万年 | 约公元前1.3万年 | 公元前12700—前10700年 |
|---|---|---|---|---|---|
| 古人类定居以色列奥哈罗二号遗址（Ohalo II）。该处遗址为极早的人类定居地，考古学家在遗址中发现了由红荆、栎树和柳枝建成的棚屋。 | 末次冰盛期顶峰。此后气温开始上升，降雨增加，海平面上升，淹没部分沿海地区。 | 黎凡特地区的凯巴拉人持续寻找植物性食物，处理植物食材的工具使用更广泛，例如磨石。 | 考古学家在黎凡特遗址内发现少数公元前1.4万年产于安纳托利亚中部的黑曜石，这一发现表明人类当时已经建立远距离贸易网。 | 以色列北部的内维尔戴维定居地（Neve David）中，以打猎采集为生的居民埋葬了一位成年男性，其墓穴前竖着一块墓碑，墓穴顶部用石屑砂浆封实。 | 气温与降雨量上升迅速，接近现代水平；适宜的环境条件促进植物及动物生长繁衍。 |

从获取所需食物到预先储存食物，人类的这项转变标志着一场重要的经济变革，同时也预示着农业的发展。狗，作为最早被人类驯化家养的动物，对当时狩猎起到了重要作用。有关学者在研究了以狩猎采集为生的纳图芬人骸骨后，发现纳图芬人的饮食多样、身体健康，但由于其日常饮食中的碳水化合物含量过高，因此被蛀牙所困扰。

定居的方式极大地改变了人类生活。曾经漂泊不定的生活限制了人类能随身携带的财产，他们只能选择一些轻小的必需品或贵重物品携带。通常情况下，他们都是待安营扎寨后再制作其他生活用品；当需要离开时，这些用品便被抛弃。尽管他们每年再次回到营地仍可继续使用这些物品，但还是会选择重新制作。相较而言，定居的生活方式使得人们可以积累财富，包括一些大型物件，像是磨石（见图3）等创意物件（见图2）。流浪的觅食者拖家带口，生活窘迫，极大制约了家庭的发展；反之，全年定居的生活方式则毫无约束，人们耕种粮食，自然资源充足，人口得以增长。末次冰盛期时，人们在黎凡特地区发现多处环境宜人之所，并逐渐建立定居地：凯巴拉人仍旧以小部族方式聚居，四散于约旦河谷及其附近的山麓，从北部的叙利亚平原到内盖夫及西奈半岛，随处可见其踪影；而纳图芬人更甚，整片黎凡特地区都可见其族人，他们的居所一直延伸到更远的幼发拉底河流域北部。

但这些惬意的场景，仅仅是西亚生活的少数派，实际上，在末次冰盛期，大部分西亚地区的人口都遭到锐减。公元前 1.4 万年，生活于安纳托利亚的人类首次向沿海及托鲁斯山区扩张，人们搬迁至部分内陆地区。考古学家在黎凡特地区发现了少许产自安纳托利亚中部的黑曜石，这一发现表明曾有人类生活于此，且已建立珍贵商品的交易网，交易品例如产自地中海和红海的贝壳。晚期冰盛期时，人们离开了东部的扎格罗斯地区，气温回升后又再次迁回此处。狩猎－采集者觅食种类丰富，主要集中于狩猎野生绵羊、采集鱼类贝类、捕捉小型哺乳动物，或是采摘诸如谷物及豆类等植物。

约公元前 10900 年，气候条件突然恶化，气温急剧下降，旱情越发严峻，宜人环境不复存在。针对这一突然的气候反转期（新仙女木期），研究人员认为其原因应归于北美冰原大面积融化，大量冰雪融水注入大西洋，影响了其中水流。其后约 1100 年，西亚大陆再次被冰雪覆盖。人类被迫离开家园，再次回到季节性搬迁游移的生活模式，这也导致人口数量再次减少。不过，位于叙利亚的阿布胡赖拉遗址是个例外，其中的居民无论气候如何寒冷都未曾搬离。由于当地的植物性食品数量剧减，采集日益困难，人们蜂拥转向采食在极端天气下尚存的食物，裸麦便是其中之一。这种植物尤为耐寒、耐旱，有关专家通过研究其基因后发现，其中存在经过人工种植培育的迹象，这一发现揭露了最早的农业生产。

| 公元前 12500—前 9500 年 | 公元前 11500—前 9600 年 | 公元前 1.1 万年 | 公元前 10900—前 9800 年 | 公元前 1 万年 | 公元前 1 万年 |
|---|---|---|---|---|---|
| 黎凡特地区纳图芬定居文化盛行，在该文化背景下，食物种类丰富，人们制作出越来越多的手工制品。 | 幼发拉底河流域的阿布胡赖拉村庄内有居民 100 至 300 人，他们全年居住于半地穴式的房屋内。 | 全球进入新仙女木期，气候条件日益恶化，为应对气候变化，阿布胡赖拉居民集约种植裸麦，结果导致裸麦基因发生改变。 | 新仙女木期，全球气温突遇暂时性逆转，气温日益下降，许多人类的生活方式退回过去，即漂泊的游居方式。 | 以狩猎采集为生的人类定居于伊拉克扎格罗斯山脉沙尼达尔洞穴（Shanidar cave）与扎维凯米村落（Zawi Chemi），主要以捕猎绵羊为生。 | 一位女性被埋葬于以色列塔希蒂特洞穴（Hilazon Tachtit Cave）内，其尸体周围还摆放着一些动物肢体。这一特殊的墓葬表明主人身份为萨满巫师。 |

# 恩·马哈拉遗址 公元前1.2万—前9600年

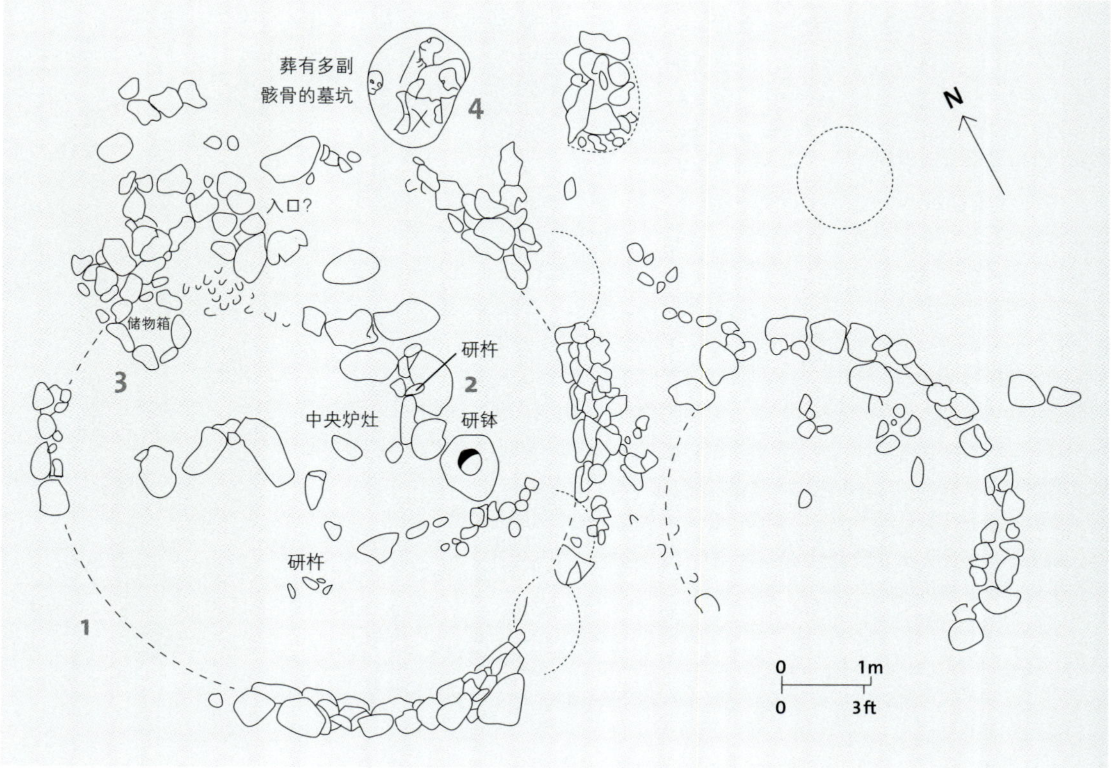


该示意图展示了恩·马哈拉遗址第二建造期中的两所房屋内部。可以发现，在较大的一间房屋中，正中是一垒大型炉灶，屋内散落着不同的研磨工具，包括几件石杵及一方巨大的研钵。尽管这一时期的房屋面积远小于恩·马哈拉遗址中的初期建物，但两阶段的屋内布置与外观相差无几

恩·马哈拉遗址（又称艾南、伊南）坐落于以色列北部的呼勒湖盆地，毗邻一汪淡水，是一处重要的纳图芬人定居点。1955 年，一队法国考古学家对其进行初次发掘，借此，纳图芬时期的重要建筑风格初露容颜。该遗址占地约 2150 平方英尺（约 200 平方米），约公元前 1.2 万—前 9600 年作为定居点，其间遗址布局几经变动。恩·马哈拉聚落位于山腰，屋舍呈阶梯状分布，约有 50—100 人生活于此。该遗址充分利用了附近丰富的生态位资源：呼勒湖及其周边滩涂、湖盆中的干草原、周围连绵的山丘。纳图芬人可以在这里捕鱼、捉龟、狩猎各种爬行动物及两栖动物；此外，一些野禽与小型动物也是他们的猎物，包括野兔、野鹿（如马鹿、狍、黇鹿）和野猪，瞪羚最多。除各种动物外，种类丰富的植物也是其重要食物，如阿月浑子、扁桃和野大麦之类的野生谷物。考古学家发现，当地居民牙齿的蛀牙情况严峻，这一发现表明其日常食物中碳水化合物含量丰富，即植物性食物已成为其日常饮食中的重要部分。此外，研究人员还在恩·马哈拉遗址内发现了种类丰富的石器，例如用燧石制成的镰刀刃、半月形燧石箭镞、磨石和挂在渔网之上的石坠。与此同时，他们在遗址中发现了人与狗合葬的遗骸，这也是该地区发现的最早的家犬遗骸。

纳图芬人在其定居于恩·马哈拉的最初两个阶段中建造了许多大型屋舍，房屋的直径一般是 10—26 英尺（约 3—8 米）。其中部分建筑的位置按照几何原理精密设置，屋舍排列，或构成一个完美的圆弧或形成圆润的环形，无疑可以称为最早的建筑设计。然而，在最后的居住阶段里，定居点面积大幅缩小，房屋质量越发不佳。这一现象必然与当时极端的气候变化有关：新仙女木时期，气候寒冷干燥，人类生活越发艰难。到约公元前 9600 年，气候条件终于好转，然而纳图芬人已离开恩·马哈拉聚点。

1. 半地穴式房屋

恩·马哈拉遗址中最典型的建筑即为半地穴式房屋。建筑时，人们需先挖一个约1英尺6英寸（约0.5米）深的大坑，随后在大坑周围垒起清水石墙，或是将周围泥土凿为斜坡状。这些房屋屋顶平整，大多用木材、枯枝及茅草搭盖，下方的必要承重点则多是粗大的木桩。通常情况下，他们会在房屋门前搭建两三级台阶

2. 烹饪工具

以采集与打猎为生的纳图芬人常在家中准备食材，并用中央炉灶进行烹饪。他们利用研杵及研钵碾碎植物，帮助消化。有关学者在研究中发现，纳图芬聚落建成之时，一些共生生物开始出现，例如老鼠和麻雀，这两种生物都是以人们储存在厨房或仓库中的食物为生

3. 储物室

恩·马哈拉遗址中的一大特征是其储物室，这一特征在其他纳图芬遗址中也颇为重要。通过两座房屋的示意图，我们可以发现，其中较大的一间房屋内部有一个由石砌的储物箱。不仅如此，恩·马哈拉遗址中的许多房屋外围挖有大量的圆形坑洞，坑周围是一圈石墙或泥灰墙。考古学家认为，这些坑洞或许也是储物用的

4. 墓坑

考古学家在恩·马哈拉遗址中发现大量坑穴，其中一些是独葬墓穴，而另一部分则是残骸储藏坑（通常情况下是独葬墓穴中埋葬的尸骨腐烂，人们将其剩余的完整骸骨聚集，统一埋进一处坑洞中）。这一有趣的行为不仅为后世发展丧葬习俗奠定基础，还逐渐演化为后来的祭祖仪式。考古学家猜测，这些巨坑的最初作用还是储藏，只是后来将其作为墓坑

▲ 末次冰期，随着植物逐渐成为重要的日常食物来源，磨石、研钵和杵臼开始出现。人们将坚果放入很深的研钵（如图中发现于恩·马哈拉遗址中的纳图芬时期研钵，在公元前1万年由玄武岩制成）中，利用研杵捣磨。与此同时，人们利用一块平坦的石板、一块椭圆的平石做成磨石，将谷物研磨成粉。在位于加利利的奥哈罗二号遗址，考古学家发现一块玄武岩碎片，这一发现证实大麦的研磨行为可以追溯至更早的时代，约公元前2.1万年

## 纳图芬人的葬礼

虽然很早以前，古人类便已有葬礼习俗，但正规的公墓一直到纳图芬时期才最终成型。考古学家曾在加利利的塔希蒂特洞穴中发现一座公墓，其中埋葬约28人；其中一座墓较特殊，埋葬了一具年龄约45岁的残疾女性骸骨，考古学家推测其或可能是一个萨满巫师。其石刻墓穴两旁堆满石头、贝壳、瞪羚角和龟壳，上面铺满灰烬；而其尸体之上除了安放大量象征性的动物肢体，例如一只金雕的翅膀、两具貂鼠的头骨、原牛（一种野生奶牛）的尾巴、一只野猪前腿之外，还有一只人类的断足。大量龟壳（作为这场丧宴的最后一种布置）满满地覆盖在人的尸骨上。

# 欧洲的中石器时代

1. 考古学家依照在瑞典奈索克（Näsåker）兰姆弗森地区（Nämforsen）中石器时代遗址中发现的一处鱼梁所做的复刻结构。该设施由木栏制成，五面密实，底部成锥形，一旦鱼游入其中，便极难掉转方向或逆流逃脱

2. 鱼叉由一根木质手柄与三座矛尖组成。捉鱼时，矛侧的木刺或者说角状物可以牢牢固定住鱼，而中间的叉状物则可以将鱼钉在河底。这种工具是“生铜因纽特人”（Copper Inuit）发明的

由于斯堪的纳维亚冰盖及阿尔卑斯冰川的融化，北欧地理环境发生了极大改变。数千年里，气候逐渐变暖，海平面不断上升，冰川质量持续下降，阿尔卑斯山北麓地貌由原先的冰缘区冻原带最终变为森林湖泊。至公元前 7000 年，欧洲大陆大部地区密林葱茏，诸如赤鹿、野猪、野牛等森林动物在这片大陆上繁衍生息；江河湖海中同样游鱼遍布。与此同时，位于阿尔卑斯山南麓的地中海气候区同样受到气候变暖影响，当地海岸线长度发生变化。

波罗的海的形成过程有力地解释了海平面上升（海面升降）与地壳上升（地壳均衡说）之间的相互作用。起初，波罗的海只不过是一片由冰雪融水不断聚积而成的冰川湖。约 11500 年前，冰雪融水即将溢出湖面，汇至瑞典中部地区；海水汇入冰川湖，湖水变咸，冰川湖变为刀蚌海（Yoldia Sea），成为大西洋中的一处海湾。不过，10700 年前，由于等静压反弹，冰盖质量上升，导致地壳上升切断了海水入口，刀蚌海转而变为曲螺湖（Ancylus Lake）。几世纪后，该水域经丹麦海峡重新与大洋相连，咸海水再次汇入其中，曲螺湖再次变为玉黍螺海（Littorina Sea）。经时间流转，该海域最终演变成为如今的波罗的海。

在欧洲北部及中部的落叶林带，中石器时代的狩猎－采集者们为尽可能地利用丰富的自然资源，发明了多种工具及技术。一个著名例子就是一种名为“鱼叉”（见图 2）的捕鱼长枪，这种长枪由两部分组合固定而成，当地居

## 重要事件

| 约公元前 9800 年 | 约公元前 8700 年 | 约公元前 8500—前 7000 年 | 约公元前 8000—前 7500 年 | 约公元前 8000—前 7500 年 | 约公元前 7400—前 6200 年 |
|---|---|---|---|---|---|
| 全新世或称为后冰期结束，中石器时代开始。 | 由于瑞典中部等静压回升，波罗的海盆地形成曲螺湖。 | 中石器时代的部分族群搬迁至一些湖边遗址，例如位于英格兰的斯塔卡遗址遗迹和位于德国的弗里萨克遗址遗迹。 | 荷兰居民制造出世界上遗址最古老的船只——独木舟。 | 中石器时代的部分族群在英格兰东北部的霍威克地区和爱尔兰森黛尔山地区安营扎寨。 | 多瑙河峡谷中复杂的中石器时代社群欣欣向荣。 |

民握住枪体将其用力插入水中扎鱼。在丹麦浅潮湾彼岸，当地居民还发明了一种捕鱼用木栏（鱼梁）。涨潮时，鱼儿们可以从间隙中游至栏内区域；而落潮时，木栏便成为困住鱼儿的帮手，渔民们取出木栏结构便可以轻易捉鱼。考古学家在位于都柏林中部的利菲河沿岸和瑞典河畔遗址（见图1）发现了多处鱼梁设施。

中石器时代，由于河流、湖带、海峡逐渐成为欧洲的交通干线，欧洲居民制造了大量水运工具，尤其是独木舟。北欧海底发现的沉积物中，包含了数条独木舟和诸如桨等其他船部件的残骸。水运工具的发明使人们得以在同一个地方停留更久的时间，不必再为寻找资源频繁迁徙。与过去不同，他们可以搭乘独木舟沿海岸或缓流河道悠然漂行寻找物资，再载着居落所需的物品悠悠返航。在地中海沿岸，中石器时代的航海家们甚至可以渡过宽广的海域，到达米洛斯等岛屿，开采制作工具所需的黑曜石。

墓地的出现反映了中石器时代居民对特定区域的依恋，每当身边亲人离去，远游的猎人们总是不远万里将其遗体带回心中依恋的故土安葬。遗体入土时，需经过一套独特的安葬仪式。在瑞典的斯凯特霍尔姆（Skateholm）和法国的泰维耶克（Téviec）地区，坟墓填埋前，人们会在死者身上摆放鹿角。其他一些陪葬物品还包括珍珠、燧石枪尖等。俄罗斯奥列尼·奥斯特罗夫墓地（Oleni Ostrov cemetery）中，出土了四百余件中石器时代埋葬品，其中包括带有动物图案的木雕作品及骨雕作品。

约公元前6000年以后，由于北欧海洋资源丰富，大量居民选择将居落建在当地海岸及河口地区，导致遗址中残留大量贝壳及垃圾，包括出土于丹麦、象征埃尔特布勒文化（Ertebølle culture）的典型遗址“厨余坟墓”，和与之相类似的、发现于大不列颠群岛至葡萄牙一侧的大西洋沿岸的贝冢。其中最大的一处贝冢沿海岸线平行堆砌，由好几段构成。其厚度达到6.5英尺（约2米），其中堆满贝壳、兽骨和炉膛垃圾。

在波罗的海周围的中石器时代遗址中，考古学家发现了极早期陶器，这些陶器的制作年份不同，最早可追溯至约公元前5500年。陶器多呈两种基本样式：一种是壁厚底尖的袋状容器，另一种是被称作“灯碗”的椭圆形小碗。尽管波罗的海地区居民制作陶器的穿凿技艺和方式，明显与南边农耕居民的技巧不同，但多年来，考古学家始终认为前者从后者那里习得了制陶技巧。近年来，有证据表明，陶器的制作工艺由东亚经欧亚大陆北部传至波罗的海，数千年前又以一种至今成谜的制陶传统方式再次传回东亚。

多年来，考古学家都不曾着重研究欧洲的中石器时代，然而该阶段对了解由采猎转变为农耕的生活方式有极其重大的意义，尤其是对于北欧的中石器时代。如今，我们可清楚得知，在斯堪的纳维亚和大不列颠群岛等地，最后一批狩猎者变成最早的农耕者。

| 约公元前6900年 | 约公元前6000年 | 约公元前5500—前4500年 | 约公元前5000年 | 约公元前5000—前4300年 | 约公元前4000年 |
| --- | --- | --- | --- | --- | --- |
| 希腊南部弗朗克提洞穴（Franchthi cave）内居民首次种植作物、养殖家畜。 | 伏尔加河上游沿岸居民开始制作陶器。 | 英国西南部塞文河口沿岸留下中石器时代人类的脚印。 | 陶器制作工艺传至波罗的海地区。 | 猎人、渔民和采集者在丹麦曲布林湾（Tybrind Vig）建立定居点。 | 北欧和西欧的中石器时代居民不再沿袭四处采集的生活方式，转而开始种植作物、养殖家畜。 |

# 不列颠群岛的狩猎-采集者 公元前8000—前5000年

斯塔卡（Star Carr）遗址位于英国约克郡，是一处中石器时代的部落遗址，可追溯至公元前9000—前8500年。20世纪40年代，考古学家初次对该遗址进行发掘，并于2006年对其进行再次发掘，其间考古学家发现了一系列新的沟渠。该处部落遗址沿着湖边的沼泽地延伸，直到沼泽尽头；由于遗址周围水量丰富，地表潮湿，因此大量木质品和骨制品保存完好

欧洲大西洋极其邻近海域的沿岸土壤肥沃，中石器时代的狩猎－采集者在这片土地上繁衍生息。直到约公元前6500年，如今的英国依然与欧洲大陆相连，因而不列颠地区就像是俄罗斯的平原区延伸进入大西洋的一部分，成群的觅食队伍于此流连。沿海地区极其宜居，而后海平面上升，淹没了这些沿海遗迹。1999年，潜水员在英格兰南部海岸深36英尺（约11米）的水下，发现一只龙虾从其洞穴中翻出部分打火石碎片，因此发现了被淹没的“鲍得罗悬崖”遗址，该遗址中留有中石器时代人类的生活痕迹。

不列颠群岛的中石器时代遗址形式多样。其中最著名的一处是约克郡的斯塔卡（Star Carr）湿地遗址（考古学家于1948—1951年对其进行了初次发掘），该处遗址的最大特点是，其在古湖滨畔有一处由原木和加工木材垫筑的木质平台，这一建筑在当时堪称独一无二。此外，考古学家还发现了一些中石器时代遗址，包括一些短期的暂居营地和房屋牢固的长期住所，他们还在海边发现了许多贝类和海产品的垃圾堆。在萨默塞特郡的阿维林洞穴（Aveline’s Hole cave）中，考古学家发现了几十具公元前8000年前的尸体，这些尸体仅安置于洞穴内，并未入土。除此以外，考古学家还在不列颠的其他诸多洞穴中也发现中石器时代的人类墓葬。

后冰期，欧洲西北部居民特有的打制石器被称为细石器，这种工具由一系列极小的燧石石片制成，且同其他部件组合后，能拼装成另外的某种工具：长矛便是其中之一。其手柄由木材或兽骨制成，顶端常嵌有一小块尖锐的微石器，两侧也各嵌进部分微石器，作倒钩用。

冰川消融后，海平面迅速上升，爱尔兰与不列颠最终分离。一些人们时常捕猎的动物，例如马鹿，未能在衔接地区被淹没前进行迁徙，这对爱尔兰人的食物造成部分影响。不过，中石器时代的爱尔兰居民多以狩猎采集为生，居无定所，部族飘摇，依靠当地的河流与海岸提供其所需的食物量，因此人口密度较低。在爱尔兰人的日常饮食中，洄游鱼类如鲑鱼是极其重要的组成部分。考古学家在位于都柏林的利菲河（River Liffey）沿岸和爱尔兰其他湖泊、河口沿岸都发现了榛木质鱼梁。

## 焦点

### 中石器时代的住所

考古学家发现，不列颠群岛中的诸多中石器时代遗址，并非单由零碎的燧石建成，还有一些居所相当坚固稳定。群岛上有两块地区留有明显的房屋痕迹，一处为爱尔兰北部的森黛尔山，具体为山中一处断崖之上，该地能眺望班恩河；另一处是位于诺森伯兰郡北海海岸的霍威克地区。考古学家发现，两处遗址中的房屋外形皆为圆形，房屋的框架部分为大量木桩或是树苗，屋顶多为兽皮或芦苇。他们还在房屋内的灶台里发现了烤焦的榛子及兽骨

### 脚印

考古学家在英国海岸沿线的多处河口淤泥滩涂中发现了中石器时代居民留下的脚印。在蒙茅斯郡塞文河河口的戈德克利夫东部，考古学家发现了一些成年人和儿童的脚印，经研究，这些脚印可追溯至公元前6000—前4700年。他们相信，当时的人类曾在潮汐池和海滩上捡拾甲壳类生物，因而留下了这些脚印。研究发现，脚印中很大一部分属于儿童，这表明儿童经常在寻找食物的队伍中扮演重要的角色

## 多格兰地区

1931年，一艘名为“科琳达号”的拖网渔船行驶在北海中央，船员们从海底收网时，发现捕捞到一块海床上的泥煤块。这一现象在当时时有发生，因此并没有太多人关注。人们知道，泥煤仅仅在露天环境下形成，所以认定该区域曾是一片陆地。正当船员准备将泥煤块扔回大海中时，泥煤块突然裂开，从中掉落出一个布满倒刺的鹿角鱼叉。很明显，这是一件人造的手工制品，于是这件鱼叉被送至英格兰东部的一座博物馆中。一个剑桥大学的博士生格雷厄姆·克拉克（Grahame Clark，1907—1995年）在参观过程中被这件手工制品吸引，他发现这件鱼叉同考古学家在丹麦发现的鱼叉十分相似。过去人们认为，在约公元前8000年时英格兰与丹麦是相连的，人们只需蹚过几条浅溪便可步行来回，而格雷厄姆的发现为这一看法提供了更多的证据。在后冰期，全球海平面较低，这说明当时北大西洋的尽头远比今天靠南，而当时的英吉利海峡不过是一条自东向西的小河。

近年来，由于在其附近的多格浅滩发现了著名的深海（海底）地貌，该地如今是被北海淹没的古代大陆，也因此被称为“多格兰地区”。考古学家认为，该地区同斯塔卡遗址及其他英国遗迹一样，是中石器时代居民建造的聚落。后来，考古学家又陆续从海底挖出大量兽骨和人类骸骨，进一步证明了这一看法。当时的大片河流和沼泽地区是狩猎-采集者的理想栖息地。通过石油探测和砾石疏浚，有关专家得到大量数据，在此基础上，他们建立了相关计算机模型，以期复原广袤的低地景象。

公元前7000—前6000年，海平面逐渐上升，最终淹没了多格兰地区。而约公元前6200年前发生的一场海啸（由挪威的海底滑坡造成），更是加速了这片地区的消亡。

# 多瑙河峡谷 公元前7400—前5900年

在后期建造阶段，多瑙河峡谷内多处遗址中的小型房屋都呈梯形结构。每栋房屋中间是一座由石头排列垒起的炉灶，周围铺满石块。在位于塞尔维亚的莱潘斯基维尔考古遗址内，房屋屋顶齐全，且围绕遗址中心的空地依次而建，这种设计方式体现了当时非凡的房屋设计及结构的先进程度

多瑙河一路向南蜿蜒，浩浩荡荡穿过了匈牙利与塞尔维亚北部，在进入罗马尼亚并最终汇入黑海之前，需要先挤进喀尔巴阡山脉中的一系列峡谷，这就是人们所称的"铁门峡谷"。"铁门峡谷"作为一道国界线，一侧是塞尔维亚，另一侧是罗马尼亚；考古学家在峡谷两侧都发现了大量引人注目的石器时代住所。考古学家认为，这些居所最初由猎人与渔民建立，直到8000年后多瑙河岸出现农业文明，沿岸居民才最终搬入此处。

多瑙河峡谷中最著名的遗址是莱潘斯基维尔遗址。20世纪60年代末，当地政府欲在此修建水电站坝，为防止该处遗址被淹没，考古学家对其进行了仓促的挖掘。挖掘后，考古学家发现了几处连续相邻的居处，他们认为，湍急的多瑙河流经此处时形成了一个漩涡，河水带来丰富的游鱼，因此采猎好手们在这里定居下来。在"铁门峡谷"属塞尔维亚的一侧，考古学家还发现了另外几处遗址，分别为帕迪纳遗址、哈杜克沃达乃卡遗址和弗拉萨克遗址；而在罗马尼亚一侧的下游，考古学家们发现了更多的居所遗址，其中最著名的是斯凯拉克拉多威遗址。不过，他们发现每个遗址间都有些许差别，因此难以将其归为同一部族。

测定"铁门峡谷"的年份是一项挑战性极强的工作，因为此处岩层复杂且极易被破坏。不仅如此，考古界惯用的放射性碳定年法具有一项特性，即所谓的"淡水储层"效应，具体指储存在淡水层中部分年代久远的碳元素会被一些生物体吸收，导致测定出的年份比当地实际的岩层年份要早。不过，近年的勘测活动对地层进行了严格的范围限制，考古学家才得以构建了一个可信的年代框架：公元前7400—前6200年，狩猎－采集者们定居于"铁门峡谷"内部；公元前6000—前5900年，狩猎－采集者们逐渐接触到农业社会族群，进入了转折期。

**公墓遗址**

考古学家在多瑙河峡谷内中石器时代的定居点中，发现了一片堪称欧洲最大墓葬区之一的采猎人公墓；而其中最重要的墓葬遗址是塞尔维亚的弗拉萨克遗址，当地人将去世之人的骸骨平铺，沿着河岸埋葬。同时，当时也存在火葬现象，堆堆白骨间偶有几处火葬墓穴

**巨型石雕**

考古学家在莱潘斯基维尔遗址内的房屋中发现了大量巨型砂岩石雕。这些石雕高约 2 英尺（约 60 厘米），大多数的表面刻有由锯齿状线条组成的简单几何图形；另有一部分石雕上刻有类人形象，包括人鱼，还有传说中的海妖塞壬（公元前 5600—前 4300 年）

## 采集 - 狩猎与耕种并存

由于欧洲东南部的其他地区中稀缺中石器时代的狩猎 - 采集者记录，因此位于多瑙河峡谷内的莱潘斯基维尔考古遗址及其邻近的采猎人遗址显得尤为重要。遗址展现出的人口密度及复杂程度和岩表中留存的耕作物及家畜痕迹都表明，当时的狩猎 - 采集者们发现了一片土壤相当富饶的栖息地，他们在这里定居，并逐渐演化出定居农业社会的特性，例如建造使用年限长久的房屋建筑与雕刻品。不过，他们仍旧保留了狩猎、采集生活的基本方式。

一个重要的问题是，公元前 6200—前 5900 年究竟发生了什么？当时，多瑙河流域的其他地区中已经出现了新石器时代的农耕群体，而那些地区中没有这些人口昌盛的狩猎 - 采集者。农耕作物和家养动物的出现，发现于弗拉萨克遗址中的更早证据（当地人的牙结石中留有咀嚼耕种植物的痕迹）都表明，在这一时期内，采猎者与耕种者曾有所往来，极有可能是在进行贸易往来。然而，考古学家在多瑙河峡谷内的墓葬区中发现了该时期内连续的墓葬活动，这表明该地区的居民未曾搬迁或被取代。但是，考古学家在莱潘斯基维尔遗址内的大量房屋周围，发现了同时期的婴儿墓穴，而这种布置在居于巴尔干半岛与安纳托利亚地区的农耕群体中极为常见，不禁令人浮想联翩。

最终，生活于多瑙河峡谷中的狩猎 - 采集者们，就如同欧洲东南部其他地区中的居民一样，逐渐融入农耕群体之中（自公元前 6000 年开始，农耕群体广泛分布至巴尔干半岛）。由于峡谷内多斜坡地形，不适合农业活动，人们逐渐搬迁至易于农作物生长的广阔河滩区。公元前 5900 年，大部分梯形建筑都已被人们废弃；而且在埋葬尸骨时，耕种者不再将尸体摆放成平躺状，而是以蜷缩的姿势进行埋葬。

# 古代的美洲

1

1. 考古学家在俄亥俄州奇利科西市附近的一处美洲原住民墓穴中发掘出的代表霍普韦尔文化的猎鹰铜像（公元前200—公元1世纪）

2. 考古学家在美洲西南部沙漠古文化地区中，发现的一个由燧石制成且带有凹槽梭镖镖尖

太古文化是美洲大陆上传播最广、持续最久的文化现象之一。自公元前8000—前2000年，这一文化席卷了大部分北美大陆。然而，在部分地区，直到欧洲殖民者踏上美洲，这种古老的生活方式才逐渐消失，这片大陆上所有的原住民文化才发生根本的改变。人们常将此与欧洲中石器时期作比较，因为二者都出现在更新世末期与人工种植初期。

末次冰期晚期，气候突变，气温激增，干旱愈烈，古代文化由此孕育而生。随着更新世晚期及全新世早期的大型猎物逐渐灭绝，人们开始转而狩猎诸如兔、象、鹿、鸟、鱼等小型动物，并采食部分植物的根茎、种子与坚果。一项重要发明即投枪器应运而生，这种投掷工具可以增加投矛初速度，进而提高杀伤力。通常，投射器一端刻有指槽，或分布于两侧，或刻于末端角上（见图2）。除了传统的石刻技术，古代文化还创造出打磨及抛光石器。这些工具作用广泛，不仅可以研磨种子，还能砍树伐木。

到了太古时代末期，美洲人开始尝试制陶。除此之外，由于人口规模及密

## 重要事件

| 公元前1万年 | 公元前7000年 | 公元前7000年 | 公元前5000年 | 公元前5000年 | 公元前4500年 |
|---|---|---|---|---|---|
| 更新世末期气候不断变化，气温不断升高，气候越发干燥，这一情况迫使人类为适应环境作出重要转变。 | 美洲人开始在科斯特与伊利诺伊地区建立住所，直到公元1200年密西西比文化发展起来。 | 狩猎－采集者开始居住于伊利诺伊州的莫多克岩棚。 | 发源于智利北部及秘鲁南部的新克罗文化发展出最早的木乃伊制作技术。 | 墨西哥人开始种植玉米，当时的玉米是从一种野生类蜀黍植物演化而来的。 | 乌鲁克古城建立（位于今伊拉克境内，是世界上最古老的人类定居点之一）。 |

度上涨，越来越多的古美洲人选择定地而居，他们建立了更稳定的村落，建筑物规模也逐渐扩大。位于路易斯安那州的沃森布雷克（Watson Brake）大型土墩遗址，就是以狩猎采集为生的美洲人所建立的村落证明。晚期的古代美洲人在粮食种植技术上同样得到极大提升，例如玉米、大豆、南瓜及苋菜，他们已成为成熟的耕种者。不过，上述转变并未普及全美各地，发生转变的地区也并非同时。一些拥有上千年人类居住历史的多元遗址，例如伊利诺伊州的科斯特遗址（Koster Site）和莫多克岩棚（Modoc Rock Shelter），有力展示了包括种植适应及种植传播的发展过程。

美洲大陆幅员辽阔，因而孕育出了不同的多彩古代文化。举例来说，考古学家在广袤的美洲西南部地区（自墨西哥西南部至科罗拉多和犹他州南部）发现了古代沙漠文化；而由于当地地理环境干燥，遗址中出土的大量手工制品大多保存完好。经过努力，考古学家成功复原了部分制品，包括用于挖掘植物地下根茎的掘土棒、捕获小型猎物的猎网、由丝兰编织而成的草鞋、竹篮、鞣皮和一些小型枝编雕像；雕像多由折断的枝条（通常是柳枝）编制而成，常见形象多为大角羊或鹿。

考古学家在苏必利尔湖南岸发现了古铜文化（Old Copper culture，也可称为古铜合金）的痕迹。自公元前 4000 年起，古代美洲人开始打造各种铜制品。铜制品的出现最初只是为满足实用需求，因而用品多为刀具、尖头器物、鱼钩和凿孔器等；后来，部分人开始利用冶铜技术锻造饰品，考古学家认为这一现象暗示了当时的社会地位及社会不平等。古铜文化时期，为开采大量铜矿，矿工们需钻入岩床，人工挖掘出一个深约 30 英尺（约 9 米）的矿坑。现如今，考古学家们在许多矿坑遗址周围发现了成千上万件散落着的采矿锤石。有部分人认为，当时的矿工极有可能是先加热矿脉，再向其中注入冷水，在冷热作用下，岩床开裂，继而方便开采。开采出铜矿后，古代美洲人也多选择将铜冷锻成型，而非热铸。此外，当时人类已懂得利用退火技术（将铜持续加热再进行冷却的交替过程），恢复金属在冷加工后的可塑性。随后，冶铜技术出现在美洲大陆的多地文化之中，包括俄亥俄州的霍普韦尔文化（Hopewell culture，见图 1）。

最后，我们应当注意，“古代”这一词的使用存在问题。它既可以被用来描述一种特定的文化（或称为特定的生活方式），又可以用来界定一段具体时期。倘若不同地域的古式生活持续时间不同，那么我们最好还是将其使用范围限定至一段特定的文化融合阶段。可是，现如今“古代”一词仍然常作为时间单位出现在我们眼前。

| 公元前 4000 年 | 公元前 3600 年 | 公元前 3500 年 | 公元前 3000 年 | 公元前 2000 年 | 约公元前 1500 年 |
|---|---|---|---|---|---|
| 古铜文化时代，当时人类开始使用铜制作大量日常用品。 | 乌鲁克人发明楔形文字，这种文字如今为全球最古老的文字形式。 | 美洲人开始在路易斯安那州北部的沃森布雷克地区建造土墩，该处是北美最古老的土墩群。 | 上下埃及统一后，最古老的埃及金字塔开始出现。 | 北美部分地区居民不断尝试耕种植物及试验制陶技术。 | 人们利用冶铜技术制作个人装饰。 |

# 远古时代的社会复杂性 公元前7000年以后

科斯特考古遗址位于伊利诺伊州埃尔德雷德附近，于20世纪70年代进行发掘，其发掘过程引起了公众的极大兴趣。挖掘的最初地点处于一农场，而农场主夫妻西奥多（1907—1992年）与玛丽·科斯特（1908—2001年）允许大量公众观看挖掘过程

远古时代，人类依靠狩猎、采集为生；而由于当时可获得的生存资源依季节不断变化，因此人们只得不停搬迁，无法择一地长年定居。以狩猎、采集为生的人也无法随身携带过多的物质财产。基于这两个原因，远古时期狩猎－采集者选择的居所位置远比建立一处普通的永久定居点要困难得多。不过，许多时候，大自然的力量在无意间掩埋这些遗址，它们静待时机，直至人类将其挖掘现身。

一个很好的例子便是伊利诺伊河下游的科斯特遗址。该遗址位于伊利诺伊河与密西西比河汇流处以北约30英里（约48千米）处，掩埋于农田之下约30英尺（约9米）深，并因此得以完好保存。河流冲积物将不同时期的遗址封印于地下，直至考古学家斯图尔特·斯特夫（1931年—　）的到来，这些遗址才重见天日，人们才能了解到远古文化是如何经世变化的。

斯特夫共发掘出25处不同时期的古人类居处遗址，涵盖了从公元前6700年前的远古时期到约公元1200年的密西西比时期的漫长岁月。其中，约公元前6400年建造的早期古代遗址——“地平11号”遗址尤为重要，因为考古学家们在遗址中发现了相关证据，证明了当时人类在一处定居的时间比待在捕猎营地中的时间要长。在该处遗址中，考古学家还发现了垃圾堆、储物坑、灶台和墓葬群。此外，在一处可以眺望科斯特遗址的悬崖上发现了一些近古时期的墓穴，这些墓穴展现了古人类死后不同的墓葬方式，暗示了当时社会的不平等。斯特夫团队还在墓穴内发掘出5具被安葬于其中的家犬骸骨。

科斯特遗址的挖掘工作在许多方面意义非凡。该处遗址岩层繁多且保存完好，为有关专家了解古代文化上千年的发展过程提供了大量信息。斯特夫同时运用跨学科方法进行遗址及其出土物的研究，发掘团队尽力帮助公众了解遗址。20世纪70年代，在遗址发掘时期，他们便已每天接待1万多名游客。

## 焦点

**莫多克岩棚**

莫多克岩棚考古遗址位于伊利诺伊州南部。最初，更新世晚期的洪水切开了位于密西西比河谷一侧的悬崖底部，形成了一处天然岩棚，为古代的狩猎－采集者提供了庇护所。而随着密西西比河经久不断地拍打悬崖，岩棚内堆积了大量河水带来的冲积土，也正因这些冲积土，大量短期与长期的聚落遗址得到完好保存。最早的聚落遗址可追溯至约公元前7000年，而最近的原住民遗址则形成于公元前2000年

**沃森·布雷克遗址**

沃森·布雷克古代遗址位于路易斯安那州北部，囊括了美洲大陆上迄今发现的最早的土墩群。约6000年前，此处首次作为定居点；从约公元前3.5万—前3000年，当地居民不断垒高土层，最终建起一种椭圆形、高达25英尺（约8米）的11层土墩。这些建筑表明当时的狩猎－采集者已经有了公共组织形式，而这种形式一般存在于定居的农业群体中

## 考古学家名片

1931—1964年

斯图尔特·斯特夫（Stuart Struever），生于美国伊利诺伊州。1953年毕业于达特茅斯学院，五年后进入芝加哥大学攻读博士学位，研究方向为疏林时代（Woodland Period）的美洲中西部地区，博士生导师为路易斯·宾福德（Lewis Binford，1931—2011年）。宾福德提倡发扬"新考古学"（后来的过程主义考古学），鼓励使用以科学为基础的、跨学科的方法对过去进行研究。

1965—1983年

斯特夫入职美国西北大学，继续进行有关疏林时代、定居模式和农业起源的研究。自1969年起，他带领团队开始挖掘科斯特遗址。其间，斯特夫得出重要发现，即鼓励公众亲身参与挖掘，能帮助其理解为何考古学对社会、对理解历史至关重要。不仅如此，斯特夫还建立了美国考古研究中心普斯维尔分部，该组织在科斯特遗址的发掘过程中起到了引领作用。

1984—1994年

斯特夫从西北大学退休，搬至科罗拉多州西南部，并在此继续坚持倡导大众考古。在他的引领下，当地政府建立了克劳大峡谷考古中心，该中心至今仍是美国最重要的考古研究及公众宣传组织之一。1992年，斯特夫从该机构正式退休，不过，其依旧以不同的形式从事各种考古工作，如为克劳大峡谷考古中心募集资金等。斯特夫曾担任西北大学考古系主任、《考古学与回忆录研究》一书编辑和国家人文科学委员会董事，还曾出任伊利诺伊州考古调查所和美国考古协会主席。

1995年至今

1995年，美国考古协会授予斯特夫杰出贡献奖。2003年，该协会再次授予其主席表彰奖。

# 新克罗人 约公元前5000—前1200年

作为世界最干燥的地区，阿塔卡玛沙漠是人类最难以生存的地形区之一。发源于安第斯山脉后流经此处的部分季节性河流与当地一些泉水、雾气和附近海洋，为此处提供了仅有的生存资源。当时的新克罗人所体验的气候状况与今时并无二般

绵延长达4000余年的新克罗文化，最早出现于约公元前5000年，该群体是发现于阿塔卡玛沙漠（纵跨秘鲁南部与智利北部海岸）边缘地带的最重要也最古老的前西班牙社会群体之一。新克罗人以狩猎、采集、捕鱼为生，因其复杂的墓葬习俗——木乃伊制作而闻名于世；考古学家在美洲多地发现木乃伊，从秘鲁南部的伊洛地区到智利的安托法加斯塔地区，这些发现不仅考古意义非凡，同时为考古学家带来盛誉。德国考古学家麦克斯·乌勒（Max Uhle，1856—1944年）便是其中之一，他在智利北部，尤其是在阿里卡－卡马罗内斯地区内发现了最大的木乃伊集中区。

新克罗人的墓葬传统有一特征，即多数尸体都是在干燥的沙漠环境中以自然脱水的方式变为木乃伊。他们将3—9具尸体在地上并排仰躺放置，四肢舒展，接着小心谨慎地处理尸体。传统的木乃伊制作方式有两种：公元前5000—前2800年，他们先制作出了黑色木乃伊；公元前2000—前1500年，另一种红色木乃伊开始出现。除了这两种外，还有三种常见的木乃伊：绷带木乃伊、泥裹木乃伊、芦苇绳捆木乃伊。我们几乎可以肯定，仪式化的木乃伊制作是当时人类敬奉先祖的一项重要体现。

除墓葬外，新克罗人的物质文化非常稀缺。他们以狩猎、采集、捕鱼为生，定居于一处，住在半地穴式的圆形房屋中，其生活方式、物质文化和墓葬行为无一不暗示新克罗社会为一个相对平等的社会。不过，在那样古老的年代，几乎没有任何自然资源与技术，新克罗人却不同寻常地对死亡抱有一种复杂的观念，并在尸体处理方面发展出一套精妙、复杂的想法。

**黑色木乃伊**

要制作一具黑色木乃伊，必须待埋于地下的尸体软组织腐烂后，将其再次挖出，重新拼凑肢体。人们需清除尸体内脏，用植物材料或黏土填满其胸腔，并保持皮肤完好，有时，人们还会在木乃伊身侧放一些动物皮毛。之后，他们需要重新拼排头骨和四肢骨骼，并用绳子将所有骸骨固定在木棍上，再将灰色的含锰泥土涂满死者面部

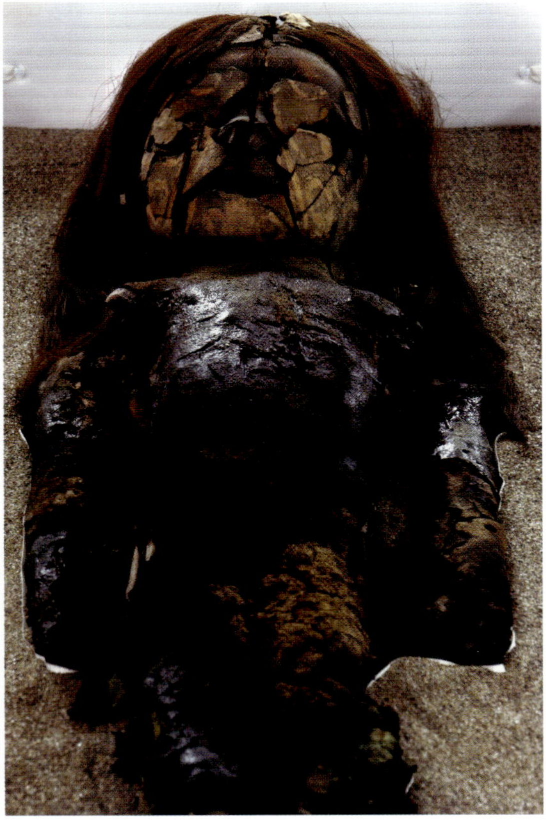

**红色木乃伊**

红色木乃伊的制作过程不像黑色木乃伊那样精细，因当时的新克罗人以切开皮层的方式清除脏器、肌肉和骨骼，经处理的尸体面临更直接的物理损坏。人们按照尸体体形大小制作木质撑架，将其放入皮下，撑起皮肤，并用各式材料填满皮下空间。随后，他们换掉尸体的头部，并套上人类的假发。最后，在尸体（除了面部和头发以外）上涂满赭石颜料

## 考古学家名片

**1856—1891 年**

麦克斯 · 乌勒，1856 年生于德国德累斯顿市；1880 年获莱比锡大学语言学博士学位，随后就职于德累斯顿皇家动物、人类与民俗博物馆。1888 年搬至柏林，进入阿道夫 · 巴斯蒂安（Adolf Bastian，1826—1905 年）领导的柏林皇家民俗博物馆工作。1892 年，被委派至南美为博物馆收集藏品。

**1892—1916 年**

1892 年，乌勒抵达布宜诺斯艾利斯。起初，他前往阿根廷西北部进行研究收集；1893 年，为调查蒂瓦纳库遗址（The site of Tiwanaku，该遗址曾是前哥伦比亚蒂瓦纳库文化的核心地），前往玻利维亚。1895 年，乌勒入职于宾夕法尼亚大学。1896 年，他搬至利马，并参与帕查卡马克遗址（Pachacamac）发掘。1899 年，乌勒参观莫切遗址（Huacas de Moche），随后加入发掘队伍。1905—1911 年，乌勒担任利马市国家历史博物馆的考古学主任；随后于 1912 年在智利政府邀请下搬往圣地亚哥，并于当地建立和指导民族学和人类学博物馆。

**1917—1944 年**

1917 年，乌勒在智利北部城市阿里卡进行系统的发掘活动，并于当地发现数百具新克罗木乃伊，他对此进行了科学记录。随后，1920 年，他在贾金托 · 吉约翁 · 卡马尼奥（Jacinto Jijón y Caamaño，1890—1950 年）的邀请下搬至厄瓜多尔。他在那里参与发掘了一些重要遗址，包括图米班巴遗址（Tomebamba，1921—1922 年）、科恰斯基遗址（Cochasquí，1933 年）。1933 年，乌勒回到德国，并于 1944 年与世长辞。

# 日本的中石器时代

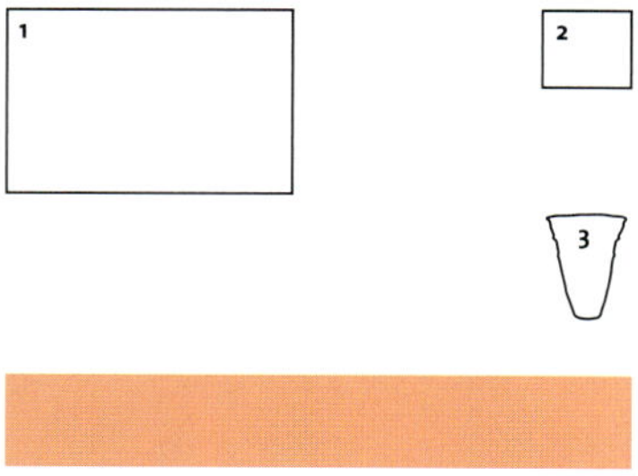


1. 日本青森县三内丸博物馆中收藏的绳纹时代骨针

2. 绳纹时代前期至中期，青森县三内丸山遗迹中的竖穴式住居复原物

3. 绳纹时代前期的圆锥形赤陶深钵

旧石器时代后，中石器时代文化逐渐形成，并针对不同的特殊环境，发展成为当地的适应性文化。以日本为例，这两段考古时期在时间上存在重叠，考古学家们需对日本列岛上的这些文化进行不同的界定。

公元前 10500—前 7500 年，日本列岛经历了短暂却异常的气温下降。海平面骤降，比今天要低 65—131 英尺（约 20—39 米），这带来了一段骤暖期。高山森林面积减少，野生动物都退回山林中。天气变化揭示了日本中石器时代到来的原因，当时日本列岛上人口不断增长，大量旧石器时代的动物群逐渐灭亡。人类开始寻找洞穴作生活之所，食物来源依然依靠狩猎采集。而面对可食的猎物逐渐减少的情况，当地人开始使用弓箭等狩猎工具。

由于没有解释这一现象的任何文字记录，所以只有通过考古研究，人们才能得知日本史前时期的不同文化间差异。为此，考古学家们研究了大量陶器、石器、竖穴式住居（见图 2）、人类遗骸和墓葬系统。划分历史时

## 重要事件

| 约公元前 10500—前 8000 年 | 约公元前 8000—前 5000 年 | 约公元前 7500 年 | 约公元前 5000—前 3500 年 | 约公元前 5000—前 3500 年 | 约公元前 5000—前 4000 年 |
|---|---|---|---|---|---|
| 绳纹时代草创期，史前部族时代，生活着石器时代的狩猎－采集者。 | 大量海产品垃圾堆积成为贝冢。 | 日本陶器逐渐出现，人们将软质黏土制成线圈状层层垒叠，以这种盘绕法手工制造陶罐。 | 日本人开始居住于竖穴式住居之中。不同群岛居民间的文化差异开始明显。 | 人们开始使用工具、石锥、刮刀和斧头。储物处出现。 | 关东地区的制陶匠人制出火焰式陶器，得名于盘绕的黏土形似摇曳的火焰。 |

期的形式术语大多由西方考古界命名，而这之中并不是所有术语都能适用于日本的史前时期。有些时代的术语最好还是保留其日文名称，例如：绳纹时代（Jōmon period），考古学家因在日本列岛多地发现的一种陶器式样（见图 3），而使用该名。1877 年，美国动物学家爱德华・施・摩斯（Edward S. Morse，1838—1925 年）第一次使用此日文术语形容刻有绳纹的陶器。绳纹时代可分为六个阶段：草创期（公元前 10500—前 8000 年）、早期（公元前 8000—前 5000 年）、前期（公元前 5000—前 2500 年）、中期（公元前 2500—前 1500 年）、后期（公元前 1500—前 1000 年）和晚期（公元前 1000—前 300 年）。

绳纹时代的草创期涵盖了旧石器时代和新石器时代之间的过渡时期，当时的狩猎 - 采集者住于简易的地表棚屋中，并已开始烧制陶器。绳纹时代早期，海平面上升，日本南部诸岛、四国和九州与主岛间的连接大陆被切断，形成分离状态。食物供给上升，人们开始使用诸如斧、刀之类的石器加工食材。多数人了解绳纹时代前期是因为贝冢（一种堆满可食用的软体动物壳和其他人类生活垃圾的堆积物），不过，考古学家发现，绳纹时代前期的陶器式样与朝鲜出土的部分陶器式样十分相似，这一发现有可能证明绳纹时代前期东亚诸岛间存在接触交流。当时的人类以小型部落分居，考古学家在其居住的村庄内发掘出一些轻细的骨针（见图 1）和陶器。绳纹时代中期，部落逐渐壮大，人口增加。他们以捕鱼、狩猎（主要是熊、野兔、野鸭等）、采集果植（包括坚果、浆果、蘑菇等）为生，但没有大面积种植作物，早期种植业发展缓慢。贝冢文化层中包含当时居民的墓葬，考古学家还在一些洞穴（如爱媛县的上黑岩岩阴遗迹）中发现了一些早期女性雕塑。在绳纹时代的后期和晚期，人们依海而居，采用新的捕鱼技术，在生活中也会举办某些仪式。这一时期，地区间的差异逐渐显露，水稻种植开始推广。

大量的考古发现表明，绳纹时代没有纤维织品。不过，绳纹时代前期，人们似乎就已开始编织藤篮。考古学家在多处遗址中都发现了骨针与顶针。当时的居民通常将桑树树皮编织成装，到后期，人们开始用贝壳、石头、黏土和兽角作为装饰。整个绳纹时代，陶器制作几经变革，由最初仅刻有简单绳纹的瓮状与柱状容器，发展成为式样更复杂的容器，包括一些带有凸起线条的容器和边缘或手柄上带有装饰性凸起的容器。

绳纹时代后期，竖穴式住居成为当时的典型住宅，一户平均居住 5 人。建造这种建筑时，需先在地面定一处中央生火点，之后在其周围用 5—6 根原木搭建起上部结构。一些村庄中的竖穴式住居内还有石制平台，可能是为了举行仪式，也可能是为了储藏食物。

| 约公元前 5000—前 2500 年 | 约公元前 2500 年 | 约公元前 2500—前 1500 年 | 约公元前 1500—前 1000 年 | 约公元前 1000—前 300 年 | 约公元前 300 年 |
|---|---|---|---|---|---|
| 日本与朝鲜半岛进行首次接触，导致两地产出的陶器有相似性。 | 随着人口增长，手工制品产量增长。 | 人们开始种植作物并长期定居于一处。 | 在多处遗址中，居民为一些重要仪式收集石头并排列成圆。 | 气候变化造成人口数量锐减。 | 绳纹时代结束，处于弥生时代过渡期。公元后 3 世纪，弥生时代结束，该时代以一种新型陶器式样为特点。 |

# 上黑岩岩阴遗迹 公元前1.4万—前300年

发现于日本西部上黑岩岩阴遗迹中的所谓"维纳斯像"。这些石像约有1.5万年历史，仅与手掌一般大

上黑岩岩阴遗迹位于日本西部四国岛爱媛县久万高原町，是一处石灰岩岩棚。球磨川（Kuma River）右岸有一处含煤岩坡，由于不断遭受侵蚀，最终形成该岩棚遗址，因而遗址规模并不算大。该处岩棚面朝西南，内宽29英尺（约9米）、高13英尺（约4米）、深6英尺6英寸（约2米）。

1961年，当地的土地所有者发现了该处遗址。至1970年，该处遗址经历五家挖掘公司发掘，至今依然是考古学家的重要研究对象。在对出土物质进行研究后，考古学家证实，该遗址可追溯至绳纹时代草创期至前期，即欧洲考古界所称的旧石器时代晚期至中石器时代。该处岩棚久经人居，直至古坟时代（公元250—552年）被废弃。考古学家认为，当时居民极有可能在春、夏、秋三季时居住于此，因为山间地区降温幅度过大。

经过发掘，大量古器物得以重见天日，包括大量陶器、石器、女性石像（极有可能作为生育庇护神器）和一些动物残骸。考古学家在洞内发掘出28具人体遗骸，数量之多，是任何一座绳纹时代前期遗址都比不上的。遗骸包括3具成年男性、8具成年女性与17具儿童和青少年骨架。考古学家在岩棚内极深之处发现了这些骸骨。由于该处岩棚是作为当时居民的日常生活之所，所以考古学家认为在这附近应该有其墓地。

## 焦点

**发掘过程**

上黑岩岩阴遗迹的发掘始于1961年，一经发掘便受到警方严密保护，同时受到好奇大众围观。至1970年，该处遗址共经五次发掘。岩棚规模不大，处在海拔约420米的高地，每天下午阳光都能直射进岩棚。岩棚里堆满的古物高达6英尺6英寸（约2米）。上黑岩岩阴遗迹被认作绳纹时代的重要考古遗址，被列为日本国家历史遗址

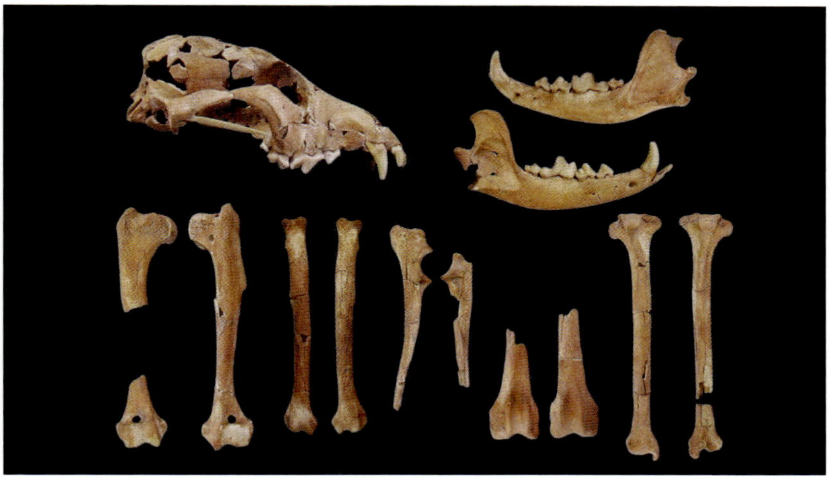

**犬类骸骨**

1962年，考古人员在上黑岩岩阴遗迹内发掘出两具犬类骸骨。近半个世纪里，考古人员都认为图片所示部分骸骨遭遗失，直至2011年，有考古学家再次发现。两只犬的大部分遗骸被埋在一个拐角，关节部分保存完好。这是真正发现于上黑岩岩阴遗迹中的犬类骸骨。研究人员推测该骸骨历史为绳纹时代草创期末期至绳纹时代前期、初期，使得该处发现成为日本最古老的犬墓

# 陶器、饰品、石像

考古学家在上黑岩岩阴遗迹中发掘出数十件刻有线性图纹的陶器、五件毫无装饰的陶器和四种类型的绳纹物品。绳纹时代各时期的出土器物总和不到20件，因此，源于绳纹时代草创期的物品件数更是稀少。考古学家对这些古老的器物进行碳测定，发现这些容器曾是炖煮容器。

在一堆人类骸骨旁，考古学家发现了一个绳纹式样陶器，盛装了多种饰品，考古学家认为这些饰品应该是死者生前所有。饰品种类多样，有贝壳制成的圆珠、杆状的耳环、小珠穿成的项链和由鹿角或野猪獠牙磨成的手环，大多饰品制于绳纹时代前期。还有些圆珠由鱼骨制成。考古学家在遗址中仅发现了几颗小型石珠和三角形石坠。所有制作饰品的原料贝壳皆是海贝壳，多来自海螺、宝螺和芋螺。

考古学家在岩棚内发现13尊刻有人形图案的石像，人物有男有女，他们称其为“上黑岩岩阴的维纳斯”。这些石块不大，呈圆柱形，其上布满细密的线条刻纹。石像描绘内容多样，一些刻画了秀发飘逸的人物，一些描绘了上半身胸膛，还有一些刻有格纹及锯齿状图案的下半身，研究人员认为这些图案极有可能代表一种裙子。有些石像人物的上身十分雄壮，有些又较纤细，考古学家并不能分清其性别。尽管人们也发现了其他一些同时期刻有图案的遗物，但别处皆未发现相似的石像。

# 新几内亚岛的作物种植

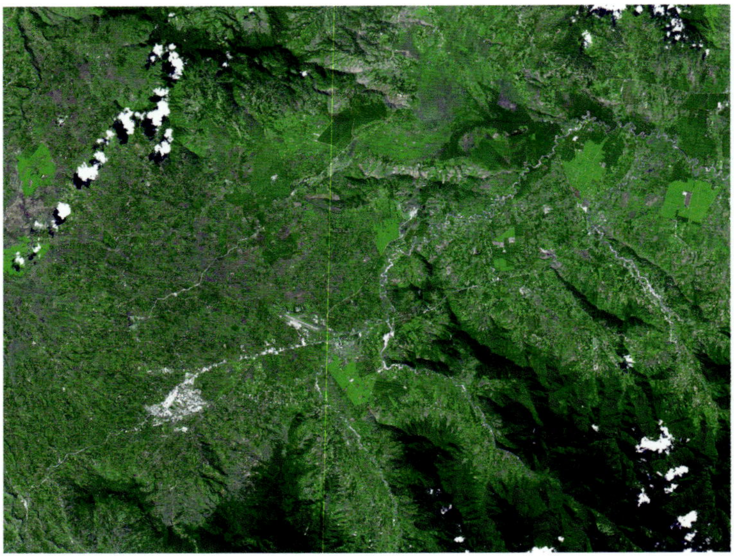

1. 位于新几内亚高地的库克早期农业遗址卫星图像。该遗址包含了 287 英亩（约 116 公顷）的沼泽地
2. 库克早期农业遗址中的排水与调控系统并非独一无二。考古学家在该地区其他的几处遗址中，例如沃拉沃遗址（Warrawau）、坦布尔遗址（Tambul）和木瓜马遗址（Mugumamp），也发现了相似的系统特点，如沟渠网密布等

新几内亚岛高地早期农业系统的鉴定调查中，着重强调了农业定义的复杂性与记录采猎活动缓慢转变为农业活动的困难性。早在几千年前，上升的海平面还未切断新几内亚地区与澳大利亚之间的土地，新几内亚不是孤悬的外岛，当地有关作物资源管理的复杂体系便一直受环境影响。诚然，考古学家也在澳大利亚的部分地区发现此类资源管理的复杂活动，其中最著名的一种活动便是“火种”的使用。

语言学、植物遗传学、考古学和过去环境的复现等种种研究都表明，新几内亚岛是一片独立的作物种植中心。不过，能直接证实这一点的考古学证据委实稀缺，因为当时种植的多数作物并非由种子繁殖，而是通过营养繁殖。即便针对含淀粉谷物的显微分析不断进步，植硅体的发现也开始直接证实这些关键物种的存在，也很少有这类作物残留的考古发现。

考古学家们认为，东南亚及太平洋沿岸种植的多种作物都来自新几内亚岛，比如芋艿、番薯、香蕉、面包果和西米。不过，其中多种植物准确的种植时间至今尚无人清楚。然而，语言学家研究发现，在全新世早期至中期阶段，香蕉与甘蔗这两种作物便已经传播至东南亚的部分岛屿。多数有关作物种植的考古发现出自杰克·高尔森（Jack Golson，1926 年—　），他带领团队首次发掘了位于上瓦吉谷地（Wahgi Valley）的库克早期农业遗址（Kuk Swamp，见图 1），并收获此重大发现。库克地区最早的种植时间可追溯至约 1 万年前。

## 重要事件

| 公元前 5 万年前 | 约公元前 4 万年 | 公元前 1 万年前 | 公元前 1 万一前 9500 年 | 约公元前 7000 年 | 公元前 5000—前 4490 年 |
|---|---|---|---|---|---|
| 莎湖地区被殖民攻陷，澳大利亚及新几内亚岛多地留有人类居住痕迹。 | 位于新几内亚高地、俾斯麦群岛和科西佩地区的邦·美拉巴遗址出现人类居住痕迹。 | 新几内亚高地居民放火烧毁大片植物用以狩猎，同时进行多种植物开发。 | 西亚居民首次种植作物、养殖牲畜。 | 库克第一期农业遗址中出现侵蚀及湿地调控现象。 | 可能为种植不同种类作物，库克第一期农业遗址居民挖掘排水渠，垒高陆床。 |

挖掘后发现，该地区出现土壤侵蚀的原因是由于当地的森林砍伐，发掘同时表明，当时人类曾在沼泽边缘地区尝试进行环境管理。考古学家在当地地表发现了一些有奇怪特征的桩洞，他们认为，部分桩洞极有可能是当时人类采摘块茎状作物后留下的。与此同时，考古学家还在一些石器上发现了淀粉残留，这一发现表明，当时人类曾用石器装盛诸如芋艿、番薯等淀粉植物。不过，他们至今不能确认这些作物究竟是野生还是人工栽培。因此，这一发现并不能证明当时人类懂得人工种植作物。然而，考古学家在新几内亚高地其他部分遗址中发现的土壤及花粉证据表明，约在同一时期，当时居民大量砍伐森林。他们认为，当时人类持续砍伐森林以扩大作物种植面积的做法，极有可能持续了相当长一段时间。

有关作物种植最早的确切证据出土于库克第二期农业遗址，该处遗址距今历史不超过 7000 年。这里短渠密布，纵横交错，土地被渠道分割，就像一座座小岛，又像凸出的陆床（见图 2）。枯水期里，这些渠道作蓄水之用；丰水期里，它们又转而负责向较大的河道中排放多余的储水。这一特点可以解释为沼泽的调控系统，在这一系统下，需水量不同的作物可以在同一片土地上共同成长。人们可以在渠道中种植芋艿，在渠道网中凸起的陆岛上种植甘蔗、香蕉及其他旱地作物。不仅如此，在这一期遗址中，考古学家发现了数量相对较多的磨制石斧。这一发现极有可能表明，当地居民的伐木面积更广阔，而这一猜想在花粉分布图中得到证实。在库克第一期农业遗址中，在对石器上的部分残留作显微分析后，考古学家断定，当地居民曾在第一期遗址内种植芋艿和番薯。库克第三期农业遗址兴盛于约 435 年前，该处遗址标志了一个全新时期，即当时居民挖掘了一个沟渠网以增强湿地管理及排水。

目前尚未有证据证明，新几内亚岛居民曾独立养殖动物。该地区如今的主要家畜家禽（猪、狗、鸡）都来自东南亚地区，考古学家认为，在约公元前 1500 年，极有可能是一些说南岛语的拉皮塔人将这些动物带到了新几内亚岛。在此之前，新几内亚人依靠一系列复杂的活动维持生计，例如严控各种植物数量和打猎。在新几内亚岛东北面的俾斯麦群岛上，考古学家发现了不同种类动物曾被运送至此的证据。公元前 1.8 万年，新爱尔兰岛上几处遗址中出现了袋貂的踪迹，当地人开始运送袋貂到别处，这便是动物运输活动的最早记录。大量证据显示，公元前 5000 年左右，新几内亚高地上的居民砍伐森林、调控沼泽，而在当时便已有多种动物（包括小型沙袋鼠）被运到这里的多个岛屿，甚至远达所罗门群岛。当时居民这一行为的目的尚未可知，但有关学者认为，人们有可能将这些动物作为食物，或因其身上某些实用价值（如皮毛）而被运送至各地。

| 约公元前 4500 年 | 公元前 2400—前 2030 年 | 约公元前 1350 年 | 公元 50—750 年 | 1550—1700 年 | 20 世纪 30 年代 |
|---|---|---|---|---|---|
| 曼尼姆 2 号高地地区居民开始使用磨制手斧。 | 库克第三期农业遗址居民挖掘更多线型排水渠，排水渠网不断扩大。 | 使用南岛语的拉皮塔人登上美拉尼西亚群岛，并带来大量家畜。 | 库克第四期农业遗址居民挖掘更多排水渠，这表明当时作物种植更盛行，人们懂得更专门地种植作物。 | 库克第五期农业遗址居民种植出源自南美的甘薯。 | 澳大利亚探险家迈克尔·莱希（Michael Leahy，1902—1979 年）带领的一支考察队首次遇见了新几内亚高地原住民。 |

# 新石器时代革命

农耕最早发源于旧石器时代末期中石器时代初期的西亚，随着黎凡特及毗邻地区的纳图芬人选择于此定居，他们逐渐发展起一种全新的生活方式，包括大量食用野生植物、懂得储存食物、全年依赖当地资源生存。在寒冷干燥的新仙女木时期（公元前 10900—前 9800 年），许多社群试图种植能在此种环境下生存的粮食，例如生活于当今叙利亚阿布胡赖拉遗址的居民，这一现象使得植物基因发生改变。公元前 9600 年后，地球气候条件改善，粮食数量增加，不同种类的野生谷物在西亚各地茂盛蓬勃。每到收获季节，往往要出动好些人，花上好几天工夫才能收割完这些作物，但这收成往往能为一个家庭提供一整年的主食。

虽然人们常常认为农业发展是一种“进步”，不过事实上，农业发展并不是一件必然之事，也不是人类必得之物。农耕确实能在相同面积里养活更多居民，不过相较于曾经的采集方式，农耕也需要更密集的劳动力，这意味着人类不再像以前一般悠闲。早期，人类耕种的作物种类较单一，他们因此营养不均，健康受损：考古学家发现，相比于同时期的狩猎－采集者，早期的农耕者体形更娇小，且饱受蛀牙和牙缺失之苦。后来，随着人口规模和密集程度逐渐

1. 位于约旦贝达（Beidha）的前陶新石器时代村落，村落中的房屋总是在原屋被推倒后，在原址上进行重建（公元前 7200—前 6500 年）。当地居民种植大麦及小麦，养殖山羊，也会狩猎部分野生动物

2. 发现于贝达遗址的一件改造石臼，新石器时代的农民常用此种工具研磨诸如小麦、大麦类的作物

## 重要事件

| 公元前 1.1 万年 | 公元前 9600—前 7000 年 | 公元前 9400 年 | 公元前 9150—前 8950 年 | 约公元前 9000 年 | 约公元前 9000 年 |
|---|---|---|---|---|---|
| 幼发拉底河流域的阿布胡赖拉遗址中，可能由于人工种植缘故，部分裸麦及类小麦作物展现出家种植物基因特征。 | 黎凡特地区处于前陶新石器时代；该段时期又分为两部分，前陶新石器时代前期（约公元前 9600—前 8500 年）与前陶新石器时代后期（约公元前 8500—前 7000 年）。 | 阿布胡赖拉村落内居民以种植谷类作物及狩猎瞪羚为生；公元前 8300 年后，他们开始饲养绵羊。 | 当时人类首次定居于位于如今叙利亚境内的阿斯瓦得遗址（Tell Aswad），他们于此处种植二粒小麦；不过考古学家认为，人们此前一定在别处种植过这种作物。 | 当时的居民定居于大马士革附近的阿斯瓦得遗址，他们在定居点内种植小麦；到公元前 7500 年，村落不断壮大，占地约 12 英亩（约 5 公顷）。 | 耶利哥古城居民重返其在新仙女木期寒冰期里被荒废的家园，定居点面积扩大至 10 英亩（约 4 公顷），且聚落外围设有一圈围墙。 |

增加，有些地方甚至出现地方病。

既然如此，农耕方式又为何会出现？许多学者认为，人口的增长是耕种活动的催化剂：定地而居的生活方式（见图 1）使人口数量不断增多，导致居民对当地粮食产量的需求逐渐增大，人类继而开始种植粮食（见图 2）和其他一些非当地产却极适合耕种于此的主食。当聚落过大，一部分居民会搬出定居地，重新寻找新的居住地，而其最终的落脚地其所需的生存资源时常稀缺，例如粮食谷物，这一情况也会促进人类自发耕种。显而易见，一旦人们开始种植，必然逐渐占领所有适合旱作农业发展的地区，并不断发展农耕技术，以期扩张其耕种的版图。尽管大部分聚落规模依旧较小，仍有部分定居点规模不断增大，从公元前约 1 万年的几百人，到公元前 7000 年的上千人。这种人口增长论确有可信之处，不过除此之外，其他部分原因或许也可解释食物盈余的产生，例如人类或可能是为了举办更豪华的宴席，也或可能是为了供奉部落内或不同部落间的祭祀神庙。

约公元前 1.1 万年，人类开始种植自然界中天然生长的谷类作物，不过大部分作物在公元前 9500 年后才成功培育，例如叙利亚及约旦河谷中的大麦和二粒小麦，土耳其东南部卡拉卡代（Karacadag）地区的一粒小麦。西亚各地居民同时培育了其他不同作物，而地区间的交易网又快速将这些培育出的作物运送至可种植地区。到公元前 8000 年，人们栽培的作物已经包括了诸如豌豆、鹰嘴豆、兵豆和野豌豆之类的豆类，以及无花果、用作榨油和制作纤维的亚麻。

许多地区居民也开始养殖家畜，发展畜牧业。早在公元前 9000 年，扎格罗斯山区居民便开始养殖绵羊，到公元前 8000 年，他们已学会养殖山羊；约公元前 8500 年，安纳托利亚居民开始养殖家猪，而到了公元前 6000 年，家牛也已出现。迈入种植生活不是一蹴而就，而是循序渐进的。可以储存的谷物及豆类，可以说是人类赖以生存的必需品，消耗量巨大，因而人们开始人为种植、灌溉和培育这些作物。为提高作物产量，他们甚至会铲除种植区域内与作物争夺养分的其他植物，而这在无意之中改变了这些植物的特性。一旦农耕生活确立，人们便很难再退回到之前的采集式生活中。比起四处觅食，务农能满足人类更多的需求，不仅如此，由于人类为耕种作物人为地砍伐了部分天然植物，因此采集者能获得的野生资源数量大大减少。由于人类持续地繁殖干预，各种农作物逐渐发展形成，而农耕群体逐渐与其赖以生存的耕作土地密不可分。农业发展对人类造成的另一项重大改变，便是产生了领土意识。

驯化行为及后来的农业发展促使了全球人口数量持续增长，不过部分区域内不当的资源管理及过度开发，反而常常造成当地人口数量减少。例如，艾因·格扎尔遗址（Ain Ghazal）内居民由于过度伐树及放牧，造成土壤侵蚀，以致农耕面积缩小、农业减产，其家园最终衰败。

| 公元前 8500 年 | 公元前 8500 年 | 约公元前 8000 年 | 约公元前 8000 年 | 公元前 7500 年 | 公元前 6000 年 |
|---|---|---|---|---|---|
| 农民拓荒至塞浦路斯地区（Cyprus），他们用船运送了大量家种作物及家养动物于此，还带来了一些野生黇鹿。他们在此处建立了多座村落，例如希露诺坎博斯（Shillourokambos）聚点。 | 希露诺坎博斯遗址内的一处墓穴中埋葬了一只猫，这表明，一些捕食害兽的野猫被人类存粮诱惑而被抓获，而当时人类已开始养猫。 | 黎凡特和土耳其东部地区农民开始扩大二粒小麦、一粒小麦、大麦、豆类和用于榨油和制纤维的亚麻的种植面积。 | 在扎格罗斯地区（现伊朗和伊拉克）及托鲁斯地区（土耳其）的部分聚落内，如甘兹达列赫村（Ganj Dareh），当地居民已经懂得养殖绵羊及山羊。 | 西亚旱作地区的混合农业经济盛行，当地居民种植谷类作物、豆类及其他种类作物，同时饲养家畜。 | 土耳其梅尔辛地区（Mersin）内居民大面积集约种植橄榄，稍后一段时期，这一风气流传至卡法尔萨米尔地区（Kfar Samir），不过该处遗址如今已淹没在以色列的卡梅尔海岸下。 |

# 阿布胡赖拉遗址 公元前11500—前7000年

考古学家发现，每当房屋翻新时，阿布胡赖拉遗址中的矩形泥砖房总是一遍遍被重建于原址之上，因此考古学家推测，这一现象暗含了一种家族世代相传的所有意识。当地居民将旧屋推倒只余底部几层砖块，继而用黏土填平各房间，此后通常再在其上铺制一层石层平台，这样新房屋便可建在石层表面上

## 定位

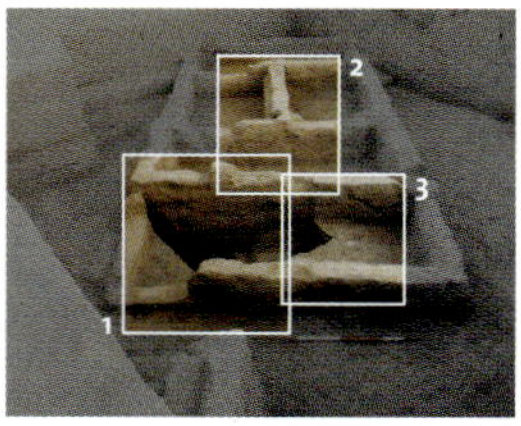


阿布胡赖拉遗址形成于约公元前 11500 年的纳图芬时期，优越的地理位置使得当地居民得以开发周边的丰富资源，包括幼发拉底河及其漫滩沼泽、林木葱茏的冲积平原、高山草原和阔地山林。由于动植物种类丰富、数量繁多，当地全年驻扎着以狩猎、采集为生的部族。早期的定居者们在此建造了一种圆形的半地穴式坑屋；后来，他们学会在地面建造圆形房屋。此地居民以狩猎瞪羚为多，以及多种植物为食，包括 30 余种谷类植物和其他植物种子。约公元前 1.1 万年的仙女木期，全球气候干冷，可能是由于因气候而逐渐减少的食物资源，他们开始种植裸麦，可能还有大麦。

自公元前 9400 年起，随着全球气候重回温暖湿润状态，阿布胡赖拉定居点规模迅速扩张，成为当时西亚地区规模最大的村庄之一。各种家种谷物，包括裸麦、三种小麦和两种大麦，成为当时村民的主要植物性食品。而各种豆类作物，如小扁豆、豌豆、野豌豆等，也成为其日常饮食中的重要部分。不过他们依旧会采集一些野生阔叶植物、根菜和水果。虽然野绵羊也会偶尔作为猎物，但当地居民还是以狩猎瞪羚为主。到公元前 8300 年，像许多现代农场一样，家养的绵羊和山羊成为主要的肉类来源。此时，他们学会使用泥土砖建造矩形房屋，而房屋之间空间狭窄，多是一些狭小巷弄和小型天井。房屋中央是一座主厅，厅堂正中设有一座灶炉，墙边是一面砖台，上面有一个独立的炉子。到公元前 7300 年，当地居民已增至 5000—6000 人；不过，没过多久当地人口便开始减少，到公元前 7000 年左右，阿布胡赖拉遗址已空无一人。

1. 灰泥

灰泥是前陶新石器时代的一项重大发明。灰泥由石灰石煅烧出的石灰与水混合后脱水凝结而成，凝结后的灰泥坚固非常。当时居民多用灰泥铺制地板，不过有时也会用其制作当地陶器的前身，一种“白陶”器皿

2. 墙壁

矩形的泥砖房内部被墙壁分割成数间房间，图中所示例房中有五间。虽有些外墙墙体厚度达到三块泥土砖厚，但总体来说每面墙墙体厚度都是两块砖厚。房间由高高的门槛划分，考古学家认为这些地方原来极有可能有门

3. 灰泥地板

石灰泥经常被用作铺设住宅地板的材料。由灰泥铺制而成的地板，坚固且易保持洁净，原色呈白色，亦可以使用已有燃料轻易染成彩色，例如由煤烟制成的黑色燃料和红色的赭石燃料。一般来说，居民需时不时翻新地面，而在铺设新地板时，他们会先将黏土铺散在旧地板上

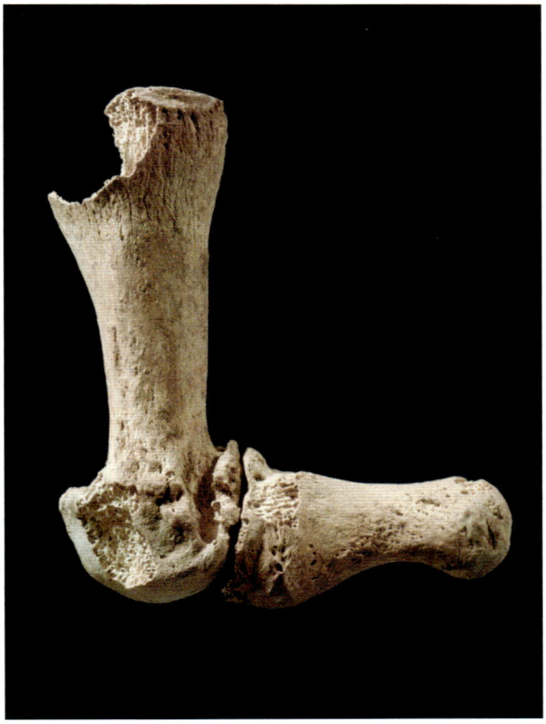

▲ 阿布胡赖拉遗址居民通常将其过世亲友埋葬于自家房屋地板下，或某些被废弃的房屋中。通过研究其骸骨，考古学家发现大部分遗址居民的饮食尚佳，不过，较好的饮食意味着女性需付出努力，她们需每日花大量时间压制谷物，包括跪压、用脚趾踩压和用手臂、背部挤压。由于辛勤劳动，她们的手臂肌肉发达，膝关节、椎骨和脚趾都已变形

## 浮游选矿机

20世纪60年代、70年代，以埃里克·希格斯（Eric Higgs，1908—1976年）为主导的科学家们主要将研究点聚焦于农业的起源。由于传统的挖掘方法很难找回部分细碎的骨头或植物材料，因此在阿布胡赖拉遗址，研究员们试图用一种新技术解决这一问题，并对此进行了诸多实验。

为回收挖掘者遗漏的细小遗骸，研究人员对挖掘出的土壤进行浮选。为二次筛选遗漏的植物资源，他们使用泡沫浮选机对每一堆沉积层中多达四辆手推车量的土壤进行筛选。他们先将泥土倒入筛格中，后浸入水中，如此一来，便可区分出密度较大的物质和已经碳化的植物种子及其他植物残渣。泡沫剂及石蜡的使用，能帮助较轻物质浮于水面；而将空气通入水中形成气泡后，某些矿粒会选择性地固着于气泡上，进而达到分离目的。随即，人们使用网格较粗、间隙较小的筛网湿筛出密度较大的物质进行回收，例如体积较小的骨头和碎片、一些小珠及微石器（或破损的石器）。通过干筛、湿筛和浮选，研究人员二次回收了大量遗漏下的物质材料，而这些材料极大丰富了人们对早期农业的认知。

# 耶利哥古城 公元前1万—前7000年

在前陶新石器时代前期，耶利哥居民建造了一种更坚固的房屋，依旧呈圆形的半地穴式，不过他们用泥土块搭建了地基。房屋周围是一圈结实的围墙，围墙外有一条又宽又深的壕沟，一直挖到了岩基层

坐落于巴勒斯坦的耶利哥古城，即现今的泰勒苏丹遗址（Tell es-Sultan），是《圣经》记载的著名古城，也因此在早些时候引起了考古学家的注意。1936 年，约翰·加斯唐（John Garstang，1876—1956 年）证实，这片繁荣于青铜和铁器时代的古城之下曾是一处早期农业定居点。不过，直到 20 世纪 50 年代，凯瑟琳·凯尼恩（Kathleen Kenyon，1906—1978 年）在此处发掘时才意外揭露了耶利哥古城早期历史的惊人细节。

约公元前 1 万年的纳图芬时期，当地泉水丰富，滋养了大片植被，因而吸引了大量动物和人类来此。最初定居于此的居民都住在圆形的半地穴式房屋中，不过，在前陶新石器时代前期，一些后来迁徙来的部族占领了该地区。他们在这里种植小麦、大麦、豆类，还会狩猎瞪羚。值得注意的是，他们在定居点周围建造了坚固的围墙，还建了一座高塔。但在这一时期他们不用抵御外敌，所以考古学家猜测这些围墙极有可能是为了防范洪水；还有一个目的可能是增强部落内居民的身份意识和团结精神；又或者，他们只是为了划定一个居住范围，将废弃物堆在围墙之外，避免污染。

前陶新石器时代进入尾声，高塔和围墙年久失修，居民们使用坚固的矩形泥土砖搭建房屋，房屋内部有三堵由泥土砖垒成的支墙用以支撑屋顶。支墙将房屋隔成三间，居民会在其中一间挖一个凹陷的地灶。约公元前 7000 年，耶利哥沦为废墟，不过等到陶器时代（公元前 6400—前 4500 年）及其后期时代，这一地区再次成为人类定居点。

## 定位

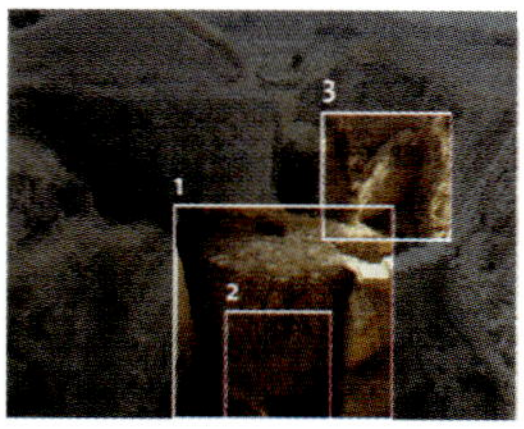

1. 高塔

围墙西侧内部支撑着一座由巨砾及泥土制成的高塔。从这里，人们可以看到远方的来者和成群的动物，这可能也是当时居民建造这座高塔的目的，或者，这座俯视定居点的塔楼可能是某些庆典活动的重要场所

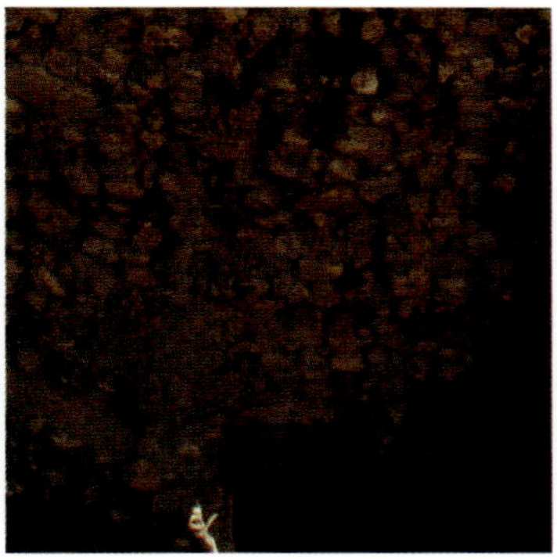

2. 门与楼梯

高塔的东侧有一扇门，门内一条小径通向塔内楼梯；楼梯共有22级石阶，每一块石阶都由至少宽3英尺（约1米）的平板制成。拾级而上便可到达塔顶，塔顶距地面27英尺（约8米）。自前陶新石器时代后期高塔被废置后，这扇门便被锁上了

3. 围墙

前陶新石器时代前期，当地居民在定居点周围铺涂泥浆，并在其上堆放巨石，借此建造围墙。附近高山距此有1英里（约1.6千米），想从山间搬来原石需要极强的团体组织及协作。当地居民不断加高围墙，最终围墙高度达到16英尺（约5米）

◀ 当时，由于地理位置优越，耶利哥城在贸易往来中占据重要地位。考古学家在这里发现了来自不远处死海的海盐及沥青、红海的宝螺和奇夫特利克（Çiftlik）的安纳托利亚黑曜石

## 考古学家名片

### 1906—1930 年

凯瑟琳·玛丽·凯尼恩（1906—1978年），是前大英博物馆馆长弗雷德里克·凯尼恩（1863—1952年）的女儿。在完成牛津大学历史系的学业后，凯瑟琳于1929年前往大津巴布韦遗址参与发掘。

### 1930—1951 年

同莫蒂默·惠勒（Mortimer Wheeler，1890—1976年）与泰萨·弗尼·惠勒（Tessa Verney Wheeler，1893—1936年）一道，在英格兰圣奥尔本斯参加工作。凯瑟琳相信系统发掘方法、地层学和考古记录，后来，她将这些记入《西亚考古学》一书中。第二次世界大战期间，凯瑟琳担任伦敦考古研究所代理所长。

### 1951—1958 年

1952年，凯尼恩被任命为英国耶路撒冷学院荣誉院长，并开始进行对耶利哥古城的系统发掘。她在此发现了早期的农业定居点，包括瞩目的围墙及高塔。在对此遗址所处地层进行分析研究后，她得出了一个清晰记录由最初至农业前居民再到铁器时代的发展时间表。

### 1958—1978 年

1961—1967年，凯尼恩在耶路撒冷参加发掘大卫城。1962年，被任命为牛津大学圣休学院院长。1973年退休后，凯尼恩投身于写作。

# 农业：文化的基础

1. 考古学家在位于土耳其尚勒乌尔法省（Şanliurfa province）幼发拉底河中部一处早期新石器时代“内瓦利克里”（Nevalı Çori）中发现的石灰岩版，其中刻画了两个人与一只动物共舞的景象

2. 考古学家在以色列莫茨神庙（Tel Motza）地区一处早期新石器时代村庄中发现的公羊石像，石像雕刻于约公元前 7500 年。村中房屋牢固，这座石像与另一座动物石像一起，被置于一座大型建筑物中。考古学家认为，这一安排极有可能是因为某种仪式需要

农业发展对人类生活的影响不仅仅局限于食物及其获取方式，它改变了人类生活的诸多方面。同样，定居生活造成的影响，也绝非简单抛弃游居的生活方式。农业环境下的居民，以种植的作物及家养牲畜为食，出生率提高，因而人口规模及密度都得到了显著提高。与此同时，由于适合可种植作物生长的地形有限（这与狩猎采集恰恰相反，其可得范围广阔），因而大量人口集中聚集至部分适宜耕种的特定环境空间。

通常情况下，以狩猎、采集为生的族群规模较小，多以家庭单位管理社会关系。亲属关系及其他社会联系使得族群间往来频繁密切，因而可以减少社会矛盾，增加流动的社群构建。与之相反，定地而居的农耕群体与其耕种的土地紧密相连，这些人与社会内社员互动合作较多，即便出现个人问题，也难以轻易搬迁。在这种生活方式下，亲属关系依然至关重要，不过此类社会需建立全新的社会机制，以管理社会成员间关系。有关此论述的考古证据难以得实，但有关学者依旧可以找到有关线索。考古学家认为，定居点遗址中的部分独特建筑极有可能是社会成员讨论部族内事务或某些庆祝活动时的场所。遗址内其他建筑中有一些神殿，在某些需全员参加的仪式中，族内成员群聚于此。若社群内某人死后享有特殊待遇，那意味着这个人对该群体有特殊意义，例如部族领袖、萨满巫师或是祖先。

## 重要事件

| 公元前 9600 年 | 公元前 9000—前 8700 年 | 公元前 9000 年 | 约公元前 8350 年 | 公元前 8000 年 | 公元前 8000 年 |
|---|---|---|---|---|---|
| 土耳其居民在哥贝克力石阵（Göbekli Tepe）建造起一座石制神殿，也同时曾建造了木质神殿（不过已经腐朽）。 | 当时人类在叙利亚杰夫阿玛村（Jerf al-Ahmar village）中建造了三座不同寻常且呈圆形的地穴式房屋。他们对房屋进行的装饰暗含了一种仪式作用。 | 生活于安纳托利亚东南部卡勇怒台佩斯（Çayönü Tepesi）地区的居民，以冷锻自然铜（在自然环境下凝结的纯铜）的方式制造了圆珠、顶针和锥子。 | 巴勒斯坦耶利哥地区居民建造了巨大的石墙及塔楼，这表明当时居民已经懂得共同协作，完成大型社群工程。 | 以色列那哈尔·海玛尔洞穴（Nahal Hemar Cave）内居民已懂得缠绕麻线制作衣物。如今，考古学家在伊拉克耶莫（Jarmo）地区发现大量平纹纺织物残留。 | 叙利亚达贾德·埃尔·穆加拉村（Dja'de al-Mughara）居民将去世者骸骨安置于“亡灵之家”，这是新石器时代西亚地区居民处理祖先遗骸的一种方式。 |

农耕及定居的生活方式，促进了有关领土主权及继承的意识形成；而人们为了铭记、发扬这种意识，常常在生活中将其祖先与其生活相联系，例如将去世的长辈埋在屋下、精心对待其遗骸（例如保存颅骨或制成木乃伊）或为其竖立墓碑。无论在维护土地所有权还是在管理社会关系时，亲属关系都是一项重要组成部分，因而确定自身生存之道与多种社会关系同样重要。定地而居的生活方式使得居民得以积累财富，发展手工艺品制作活动；大量象征个人身份及亲属关系的工艺品诞生，例如圆珠一类的个人饰品。

当时居民曾使用一些材料制作首饰，其他也有部分物品是通过地域贸易网络长途跋涉被运送至此。黑曜石，作为一种可以辨识的原材料，记录了其千里迢迢的运输过程。即便是在纳图芬时期，黎凡特地区的部分遗址中也出现了产自安纳托利亚中部地区的黑曜石；随着时间的推移，至新石器时代，从多地传至西亚的黑曜石数量逐渐增多，运送距离也越来越远。此外，许多别种材料也被运送至其他地区，例如宝石、贝类等。

旧石器时代晚期，当时居民利用植物纤维编造绳索、制作简单衣物；而农业发展后，植物纤维种类增加，人类可以使用耕种植物中的纤维，同时全新的纺织品制造业和服饰装饰技术得到发展。在这一时期，食物储存十分重要，人们利用多种方式进行储存，例如利用建于家中的地窖及厢房，利用诸如竹篮、纺织袋一类的独立容器或石雕或木雕的容器和一些人造材料容器，其中又以陶器为最。旧石器时代，人类懂得利用或烧制黏土器物；公元前 1.8 万年，东亚居民制造出陶器，此后全球多地陆续出现陶器，不过西亚地区居民直至公元前 7000 年才成功烧制出陶器。陶器的出现改变了食物的烹饪方式，在过去，人类只能将食物放置于火上或热石上炙烤，而如今，人类会利用陶器炖煮食物，肉汤、糊、粥等菜肴也随之出现。

定地而居的生活方式同时推动了建筑学的发展，人类建造了大量能长久居住的房屋。在这一过程中，他们不仅试验了诸如泥土砖、灰泥等新型建筑材料，同时培养了艺术创造力：当时多地文化推崇粉刷、绘制外墙。后冰期早期，人类通过不懈努力，建造了大量神殿及纪念碑，且多地居民都以各种方式对其进行装饰（见图 1）；不过，这些艺术的创造者多为农业社群中成员，有时也有部分族人大量却依靠别种资源生存的定居群体。考古学家同样在一些较小物件上发现了古人的艺术创造力，如一些雕像和其他便于搬动的物件，这些物件通常可能与仪式（见图 2）或其他理性活动有关，或者纯粹是装饰物，例如凯巴拉镰刀上的雕像。对旧石器时代中日常物件上的艺术创造及装饰，人们似乎司空见惯，不过人们未曾料到，这些装饰物种类、数量和多样性增长如此迅速，发明速度如此之快。

| 公元前 8000 年 | 公元前 8000 年 | 公元前 7000—前 6500 年 | 公元前 6500 年 | 公元前 6000 年 | 公元前 5000 年 |
|---|---|---|---|---|---|
| 西亚地区，人类懂得使用灰泥、水泥，有时也会使用一些绘图工具，来装饰地面和制造“白色容器”。 | 或是为了纪念某位重要祖先，当时人类利用灰泥复制其先人颅骨，利用贝壳作眼，进行展示纪念。 | 一些西亚地区的农耕定居社群将其社群面积扩大至超过 25—50 英亩（约 10—20 公顷），其社群内成员有数千人。 | 土耳其加泰土丘一处庞大的定居点中，当地居民绘制牛首和牛角进行屋内装饰。 | 巴基斯坦梅赫尔格尔（Mehrgarh）村内居民将铜珠穿于棉线上做成手镯，这表明，当地居民已经开始种植棉花。 | 定居于秘鲁、智利的新克罗人（包括猎人、渔民和采集者）通过复杂的工序将死者重新拼组制成木乃伊。 |

# 哥贝克力石阵 公元前9600—前8200年

哥贝克力遗址由一系列无顶的圆形石阵组成，石阵直径长35—100英尺（约10—30米）。通过勘探地球物理学，有关专家于此发现了至少20座这样的圆形石阵，其中6座经考古学家发掘。每座石阵外墙都为清水石墙，其中矗立着多根“T”形石柱，而石阵中矗立着两根较大的“T”形石柱

近年来，人们逐渐对位于土耳其乌尔法省附近的大型土丘发生兴趣，因为该处土丘内随处可见散落的大石块。不过，直到1995年，考古学家才对该遗址进行了正式发掘，随后便发现了一座艺术精美、建筑绝伦的早期惊人圣地。

由克劳斯·施密特（Klaus Schmidt，1953—2014年）带队的土德联合发掘团队在较新的土层中发现了由庞大石柱构成的矩形小建筑，据测定，其年份可追溯至约公元前8200年。然而，随着考古学家不断加深挖掘，他们又发现了一座结构更复杂的神殿，其中矗立的纪念石柱大小更惊人，研究发现，该处神殿可追溯至公元前9600年甚至更早以前，是全球已知最古老的神殿。考古学家共在遗址中发现了200多根完好的石柱，当时的居民能将石柱搬运至此，可以说是了不起的壮举了。这些石柱原本位于约0.4千米外的一处高地上，大家齐心合力才将石柱运至此。搬运每根石柱都需要约500个居民合力，以当时较低的人口密度来看，这一壮举展现了当时整个社群的共同努力。遗址中散落着经屠宰后的动物骸骨，主要是瞪羚，也有马鹿、野猪、牛、绵羊、山羊和多种鸟类的残骨，例如秃鹫、鹤、山鹑和鸭等，这些骸骨极有可能是当时的人类进食后留下的食物残渣。

除了大量兽骨残骸外，这里没有其他人类居住的痕迹。考古学家认为，当时这里的居民应以狩猎和采集为生。这里的一粒小麦长势茂盛，考古学家认为，这里是这种小麦最早进行人工种植的地区。有一种新奇的说法是，每年大批狩猎－采集者都会在一粒小麦成熟时重聚在这里。对于那些以此种小麦为食的动物竞争者，他们想方设法进行猎杀，同心协力建立神殿，举行某些仪式。小麦收获后，这些狩猎－采集者便带着收获的粮食分散离去，回到各自的住地。

## 定位

1. **中央石柱**

考古学家发现，每座石阵正中都矗立着两根巨大的“T”形石柱，他们认为这些石柱也许象征人类（或是天神）形象，“T”形则代表头部及挺直的躯干。得出此猜想是因为考古学家在部分石柱上，发现了一些手臂、头部及类似衣服的装饰。而两根中央石柱相向矗立，这一景象或许加强了考古学家的猜想

2. **同轴外墙**

数百年来，遗址外围都是一圈圆形的清水石墙；后来，也许耗费了一两代人的努力，他们才将原有的石墙填埋，在其内部竖立了一圈较小的新石墙。最终，整座圆形石阵被填满，人们在土丘其他地区重新建立一个全新的石阵。后来，他们又在原先被填满的石阵旧址上竖立起矩形的小圈

3. **边柱**

每座圆形石墙间，每隔一段距离，都会有一块“T”形石灰岩石柱插入其中。这些石柱庞大，举例来说，考古学家发现了一块未被完全开采的石柱，其高 23 英尺（约 7 米），重达 50 吨，可能就是由于开采这块石柱需耗费太多精力，当时居民才半途而废；不过，其他大部分的石柱都高达 16 英尺（约 5 米），重 10 至 20 吨

▲ 所有的“T”形石柱上都刻有图案，大部分图案采用浮雕手法，偶尔也有部分图案是全景刻画。图案种类丰富，包括瞪羚、猴子、鸭子和鹤群；浮雕通常刻画了危险动物的恐吓姿态和一些雄性动物，例如嚎叫的狮子、豹子和狐狸；凶狠的公牛和抬起前蹄的野猪、蛇与蝎子，还有张开双翼、准备啄食的秃鹫

## 其他早期神殿

在此区域内人类建造的大量圣地遗址中，哥贝克力石阵遗址是最古老且令人瞩目的一处。后来，当地居民在 20 英里（约 32 千米）外的内瓦利克里建立村落，并在村落中挖出一块方形广场，其中搭建了一座灰泥平台，平台边缘处有一处清水石台，石台由多根石柱支撑，石柱间留有同等间隙，石台上部垒放多片石板。平台中央是一根由整石制成的“T”形石柱，石柱本有两根，此为其中一根，其上刻画着手臂形图案。位于安纳托利亚极北的哥贝克力石阵之中有一座下陷的方形广场，其中就矗立着多根石柱。与哥贝克力石阵的建造时期相同，位于叙利亚的杰夫阿玛村中，也有一处圆形的下陷圈地，圈地边缘也有一座石台，只不过支撑石台的多根圆柱由木质制成，且安置于其上的石板上有雕刻花纹。哥贝克力石阵中的石板上雕有多种动物图像，尤其是公牛及鸟类，而在千年之后的加泰土丘中，考古学家再次发现了这些动物装饰，这表明早期人类的信仰系统传承了数千年。

# 祖先崇拜 公元前8800—前6500年

在耶利哥，一些极有可能被选中为祖先代表的颅骨，需经过某些特殊处理。当其肉身腐烂后，当地居民会将其尸体挖出，用灰泥包裹其头部，对其头部及面部进行重整。人们在灰泥上画上头发及面部毛发，并将宝螺或双壳螺塞入眼眶充当双眼。他们将这些灰泥颅骨放置于家中地上，或社群居民的公共建筑内进行展览，又或者，将其重新葬于另外的墓坑里

1952—1958 年，凯瑟琳・凯尼恩带领团队在巴勒斯坦，对著名的前陶新石器时代（约公元前 9000—前 7000 年）村落——耶利哥古城进行发掘。在大量前陶新石器时代后期的惊人发现中，考古学家找到了大量特殊的颅骨。考古学家认为，当时某些人死去，待尸体完全分解后，其后人便将颅骨取下，用灰泥对其面部进行修整，并用宝螺替代双眼置于颅骨中，然后向众人展示。后来，考古学家在其他一些遗址中也发现了相似的颅骨，这些发现证实，在前陶新石器时代后期，这种修整祖先颅骨的做法十分常见。公元前 1 万年，当时的人类也有类似行为，有时在某些特殊场合，他们也会取下前人的颅骨，不过处理方法更简单。

1974 年，工人在位于约旦首都安曼市的艾因・格扎尔遗址附近筑路时，挖掘出了大量前陶新石器时代的房屋建材遗迹。自 1982 年起，有关专家正式对这片地区进行发掘。1983 年，考古学家发现一处坑洞，其中有多座半人高的灰泥像，眼部都由宝螺装饰，同前陶新石器时代的灰泥颅骨一样，考古学家认为这些灰泥像也明显是某种相同仪式传统的产物。这些灰泥像被小心翼翼地安放在一处人为挖出的坑洞中，随后对坑洞进行填埋。这些灰泥像十分破旧，有些甚至四肢残缺，这表明当时的人经常使用这些雕像，极有可能是在一些仪式中。仪式结束后，他们也没有直接丢弃雕像，而是像某种仪式一般将这些灰泥像仔细埋起来。在艾因・格扎尔遗址内另一处坑洞中，考古学家共找到 28 座雕像，其中仅部分雕像四肢健全，还有一些仅有头部及躯干。经测量，这些雕像制作于公元前 7200—前 6500 年。此处定居点内的墓葬方式多有不同：有些尸体被直接丢弃至垃圾场，有些则被埋地下。通常情况下，待尸体分解后，其头颅都会被取下，有些颅骨被涂上灰泥后进行展示，而另一些则被重新埋于另一座单独的墓坑，与尸身的墓坑分开。这些发现表明，前陶新石器时代居民会以这种祖先崇拜（或祭祀）的方式，巩固和确认他们与故乡之间的联系，或者是享受权利。

**半人高的雕像**

发现于艾因·格扎尔遗址中的雕像有一大特点：外部有一圈由芦苇绳盘绕而成的外衣框架，框架外再次涂满灰泥。有些灰泥表面光洁平滑，而有些则被画上了面容和躯干，还有一些装饰可能代表衣服。一些雕像四肢健全，高约36英寸（约90厘米）；另一些上肢残缺，仅剩躯干。大多数雕像没有明显的生殖器官，是中性的，不过也有一部分明显是女性雕像

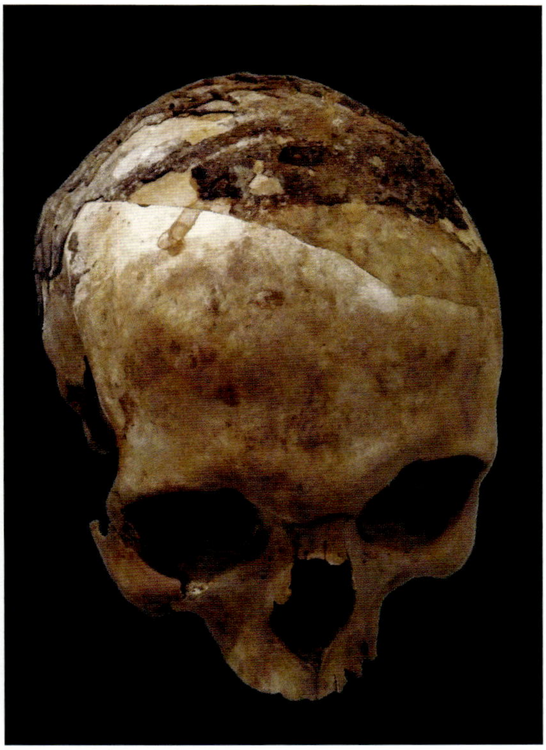

**经装饰的颅骨**

在以色列干燥的那哈尔·海玛尔洞穴遗址中，考古学家发现，存放于家中的颅骨并没有经灰泥包裹，不过其头盖骨后部有沥青画的网状图形。考古学家还发现了一些用于展示的木质雕像、一些用麻绳或缠绕或编织的织品、竹篮、垫子、一些由绘石制成的面具（式样很夸张，脸特别长）

## 雕像修复过程

艾因·格扎尔遗址中的雕像发现于1983年，由于雕像外有机的芦苇裹制结构腐坏，雕像长时间直接裸露其坚硬却易碎的空心灰泥体。时间流逝，泥土不断积压于雕像之上，使其受压产生裂纹，有些较薄部件甚至破损或位移，但一些化学反应又将它们牢牢粘在一起。在修复过程中，考古学家发现一个重要问题：如果要修复这些支离破碎的雕像，必须将所有碎片置于平地，如果中途受到打扰，这些碎片就真的变成没用的灰泥片了。英国的文物保护者凯瑟琳·沃克·图布（Kathryn Walker Tubb）尝试解决这个问题，不过当时的她并没有意识到，这项工作会耗费几十年时间。

由于无法在原址修复雕像，考古学家将蕴含雕像碎片的整块土地切割，运送至位于伦敦的考古研究所。修复重组工作需谨小慎微，因此，在开始重组这些碎片前，有关人员研究了详尽的摄影与图片记录。最开始，修复人员需先清理雕像易碎的灰泥表面和极易剥落的装饰颜料。他们将土块置于显微镜下，一毫米一毫米地拉近，使用手术刀、针、牙探针、软刷、激光清洗设备和其他精控工具进行清理。他们先将塑胶杆插入雕像中，制作一个硬挺的框架，然后在其外部用棉布包裹一圈，代替原先腐烂的芦苇，继而小心翼翼地将缺失的灰泥碎片放回其原先的位置。整项工作就像拼组一套复杂的3D拼图。填补至雕像中的碎片是由现代材料制成的，与原件有些许不同，却也不太突兀。

当雕像的所有修复工作完成后，人们再次小心翼翼地将其抬离地面，安放在合适的地方进行研究展示。这种修复工作极其缓慢、艰辛，工作人员煞费苦心，不过其结果十分伟大，修复物重现其瑰丽原貌，并向人们展示其非常权威的信息价值。

# 西亚

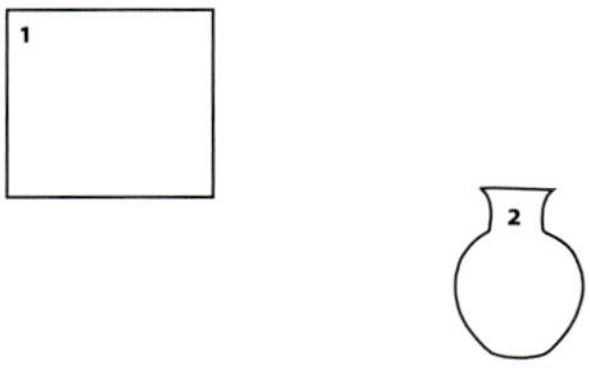


1. 源于哈苏纳文化（Hassuna culture）的陶制装饰瓶，其上刻有装饰花纹，制作于公元前6500年
2. 考古学家在伊拉克哈桑遗址（Tell Hassan）发现的一个陶制装饰瓶，瓶身刻有大量几何图形与动物形象。研究发现，这个装饰品制于公元前5000年后期，为哈拉夫文化（Halaf culture）产物

公元前7000年，农耕作为一种生活方式，从黎凡特地区穿过美索不达米亚北部，传至扎格罗斯山麓、伊朗、伊拉克东部及土耳其西部，并在这些地区得以最终确立。人类最初种植的谷物，如二粒小麦、一粒小麦、有稃大麦等，今天全都通过自然进化提高了产量，或通过人工杂交的方式，培育出高产量品种，比如裸大麦、普通小麦等。此外，种植作物种类也大幅增加。

当时人类开始养殖绵羊、山羊、家猪、家牛等。在多数地区，养殖牲畜的数量取决于当地环境，而在多种家畜中，绵羊和山羊占比最大。人们依然狩猎，但并不以此为生，猎物只占其食物中的一小部分。人类最初饲养动物的目的是宰杀吃肉，不过到了公元前6500年，他们学会取动物奶来饮用。当时的大部分人在婴儿期后就无法消化乳蛋白（缺少乳糖酶），不过考古学家在研究遗址内罐中残留物后发现，他们为解决这一问题，将牛奶制成了酸奶和奶酪。随着时间流逝，食用奶制品地区的居民（包括西亚及欧洲居民）体内基因产生某种突变，他们的身体能终生产生乳糖酶，他们因此可以无所顾忌地畅饮牛奶。

自公元前7000年起，人们开始制作陶器。最初的陶器十分粗糙，不过到了公元前6500年，陶器制作技术已得到极大发展：美索不达米亚北部的哈苏

## 重要事件

| 公元前7400—前5500年 | 公元前7000年 | 公元前6500年 | 公元前6200年 | 公元前6000年 | 公元前5600年 |
|---|---|---|---|---|---|
| 在土耳其加泰土丘地区，当地农耕者建立定居点。其建造的房屋内绘有壁画，且门开在顶部。定居点不断扩大，最终占地33英亩（约13.5公顷）。 | 为制造所需物品，当时人类熔炼铜矿石，从中提炼金属，进行锻造及淬火处理。约公元前5700年，人类学会使用明浇铸型模具熔炼、打造器具。 | 人类开始饮用动物奶类。根据安纳托利亚遗址中的陶器内残留物，考古学家发现当时的奶类经过后期加工，极有可能被制成酸奶或奶酪。 | 阿维利高地（Tell el'Oueili）定居点，是美索不达米亚南部地区第一处农耕群体居地。 | 横跨美索不达米亚整片北部地区的哈拉夫人民制作出绘满几何图形的多彩陶器。 | 人们在位于美索不达米亚中部的乔加·玛米（Choga Mami）地区建立村落，由于当地降雨不足，他们挖掘沟渠以进行耕种。 |

纳居民已懂得制作绘图精美、雕刻优良的陶器（见图 1），其他地区的居民也学会制作不同式样的陶器。公元前 7000 年，当时人类已懂得熔炼金属矿石，尤其是铜矿。到公元前 5700 年，人类学会在熔化金属矿石后，将液体金属置于明浇铸型模具里，锻造成简单的形状。到公元前 5500 年左右，人类开始使用两片型模具，它可以帮助打造出更复杂的形状。制陶技术及冶金工艺的出现反映了高温技术的发展，窑能提供前所未有的高温。公元前 6000 年后，美索不达米亚北部地区居民皆学会制作精美异常的哈拉夫陶器（见图 2），他们曾建造出屋顶呈弧状的圆形房屋，有时候也会将房屋建成矩形。不过，大多数房屋依旧是矩形，建筑材料是泥土砖或夯土。内部有一个大房间和多个用于储存的小房间。美索不达米亚北部地区内多数定居点规模不大，不过在农业最先发展起来的黎凡特及安纳托利亚东部地区，定居于此的部落规模极大，如巴斯塔（Basta）和艾因·格扎尔遗址（约旦）、阿布胡赖拉遗址（叙利亚）、贝萨蒙遗址（Beisamoun，以色列）和最著名的加泰土丘遗址（土耳其）。在这些特别适合耕种及地区间贸易的地方，数以千计的人类定居下来。不过，出于各种原因，人们最终还是离开了这片地区，部分原因可能是大量居民群聚于此，但村落中没有权力组织，导致居民间滋生矛盾、局势紧张时，缺少合适的调解机制。

约公元前 6200 年，全球气温急剧下降，干旱情况愈演愈烈，甚至持续 400 年。农耕群体的规模缩减，但群体数量不断增多；在部分地区，畜牧业的地位日益提高，人们开始移牧（夏季将牧群赶至高地牧场或内陆牧场，冬季再将其带回低地牧场或海滨牧场）。可能是为了应对日益干旱的情况，人类开始建造简易的节水装置，如挖一些小沟渠灌溉作物，使其在雨养农业地区外得以存活。在美索不达米亚南部地区，灌溉系统带来极高农业发展潜力促使当地人口数量迅速增长。

早些时候，社群间的交易网便已兴盛。到了公元前 7000—前 3000 年，交易网络更得到极大发展。交易物品种类丰富，包括橄榄类的食物、铜矿石之类的原材料，还有黑曜石、松绿石、贝类和一些手工艺品。多种技术和思潮得到广泛传播。美索不达米亚南部居民创造性发明了慢速陶轮，正是因为这项发明，公元前 5000 年后期的人们才能大量制作欧贝德（Ubaid）陶器。随后，这项发明传至美索不达米亚北部，经波斯湾西部，一路向南传播。与此同时，冶金技术得到极大发展。考古学家在以色列纳哈尔·米什马尔溪谷（Nahal Mishmar）内发现了大量铜制品，这表明，当时能制作形状复杂器物的"失蜡法"获得极大发展。考古学家认为，纳哈尔·米什马尔溪谷内发现的金属器物与当地的神殿有关，当时人类锻造了大量形状多样的宗教用品。在一些地区，如美索不达米亚南部地区，神殿的出现引领了历史的发展。

| 公元前 5400—前 5000 年 | 公元前 5400 年 | 公元前 5000 年 | 公元前 4900 年 | 公元前 5000 年 | 公元前 5000 年后期 |
|---|---|---|---|---|---|
| 考古学家在伊朗的哈吉·菲鲁兹·泰佩遗址（Hajji Firuz Tepe）中发现了一个陶罐，在对罐中残留物进行分析后，他们发现当时居民已懂得酿造树脂风味酒。 | 伊拉克埃里都（Eridu）城邦内居民在建造大量精美的寺庙后，第一次建造了一座小型的一室神殿。 | 叙利亚马什纳卡遗址（Tell Mashnaqa）内居民制作了一个黏土船模，外形类似美索不达米亚南部的芦苇船，这表明当时幼发拉底河流域有水上交通。 | 叙利亚科萨克·沙玛利遗址（Tell Kosak Shamali）内，一幢大型建筑内的几间房被当作工作室，也可能是几个制陶工人的作坊。 | 1000 年前人们集中研究种植的橄榄，如今在黎凡特南部地区实现了完全人工种植。本地居民能大量食用橄榄和橄榄油。 | 考古学家发现了含芦苇的船底沥青痕迹，附着甲壳动物，还有一幅描绘科威特小船的彩绘，这两样发现都证实，当时居民利用芦苇制船进行远洋航行。 |

# 加泰土丘 公元前7400—前5500年

加泰土丘里的房屋多由泥土砖制成，且每栋房屋紧密相连，没有空隙街道，如果想去别的地方只能走屋顶。每幢房屋的门开在屋顶，一节梯子连接门与屋内，一户至多可供 10 人居住。一幢房屋可使用长达 100 年，然后住户自行拆毁，原址重建

## 定位

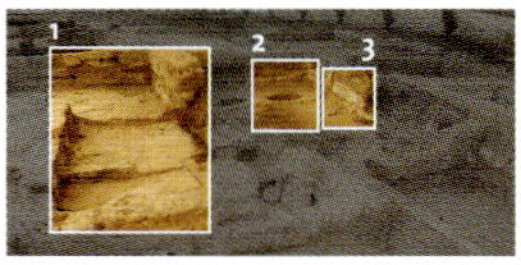


1958 年，詹姆斯·梅拉尔特（James Mellaart，1925—2012 年）和其他几位考古学家在安纳托利亚地区共同发现了一处新石器时代土丘——加泰土丘。在此之前，考古学界一直认为安纳托利亚地区直到新石器时代后才有人居住。自 1961 年起，考古学家们开始对此处遗址进行发掘。梅拉尔特发掘出几间堆满精美艺术装饰的房屋，屋内一些材料也帮助考古学家对新石器时代的早期生活有了进一步了解。1965 年后，发掘工作停止，不过该处遗址的声名依旧。1993 年，伊恩·霍德（Ian Hodder，1948 年— ）重启对加泰土丘的考古发掘。自此，大量现代技术的运用披露了更多当时居民生活的概况。

公元前 7400 年，已经掌握农耕技术的一部分人首先定居于加泰土丘。他们在这里种植小麦，在附近的高地上牧羊（绵羊和山羊），在周围的湿地中捕鱼和水鸟。他们也会狩猎原牛（一种野牛），也可能是为了某些公共仪式或庆典盛宴，他们需食用原牛肉。村民们用燧石和黑曜石制作工具，学会烧制家用陶器及装饰用陶像。至公元前 6500 年，当地居民始终保持养牛传统，家牛为他们提供了牛肉和牛奶，他们也会将牛奶加工成酸奶和奶酪。加泰土丘居民同样参与了当时的贸易网，通过远途贸易，他们可以用远产自红海的贝壳制作首饰。在卡帕多西亚格尔吕山和涅涅兹山的大量天然资源中，他们选择了黑曜石这种材料，既实用又美观。新石器时代居民十分喜爱用黑曜石制作工具、珠串和其他物品。

随后，定居点规模逐渐扩大，直至 335 英亩（约 135 公顷），一些居民从此处搬离，在科尼亚平原上的其他地区建立了新的村落，如加泰土丘西新丘。不过，这些居民依旧选择将其去世亲人埋葬在加泰土丘的主丘区，有时也会回到这里参加群体活动。当加泰土丘主丘区的居民陆续搬离后，西新丘依旧人口稠密。

## 焦点

**1. 平台**

房屋内部的大半空间被一些低矮平台所占，当地居民先用砖块垒起平台，再用灰泥涂抹围砌平台。其中一处平台上堆砌着日常烹饪所用的炉灶，另一些平台是住户白天活动和夜间休息的场所，他们也会在部分平台上堆放储存物品用的竹筐

**2. 坟墓**

平台有时也作坟墓用。人们先在房屋地板下挖出一个坑，将尸体埋入其中后，于上方重新建造一座平台，并重新用灰泥围砌。尸体下葬前，人们会用一些材料将其紧紧裹住，考古学家推测极有可能是用草席。墓穴分单人和多人，多人墓穴里能合葬 60 余人

**3. 灰泥墙**

房屋内墙壁经灰泥粉刷呈白色，且当地居民每年都会重新粉刷墙壁。通常，屋内墙壁装饰精致，有复杂的几何图形，也有含象征意义的壁画。在一些房间的内墙上，人们会悬挂公牛角或带角的公牛颅骨用作装饰

## 早期私人开发土地

作为一处定居点，加泰土丘的建筑面积似乎太过巨大；人口鼎盛时期，此处容纳聚集了 3500—8000 名居民。一般情况下，人们普遍认为，当某处定居点面积逐渐增大时，其内部复杂性也会随之增加。如果想建立管理大量居民与调节居民之间互动的机制，该群体必须先推选出一些领袖。同时，还有一些原因也会导致不同工艺的专门化，不同社会、经济与职业的区别也会逐渐显现。当社群人数达到一定规模，这种复杂的居落（村庄）便会出现。如果居民数量继续增长，需求增加，机会增多，此时便会形成城市（一种更复杂的群落）。就规模大小而言，加泰土丘可称得上是村庄，不过，如果从组织机构及功能上来看，它仅仅是一个人口过密的群落，群落里的家庭规模不大、自给自足。除加泰土丘外，考古学家还在西亚的其他地区，发现了几处类似的大型新石器时代早期人类定居点。对此，考古学家提出疑问：当时人类到底是依靠哪一种机制，使群落内居民生活紧密却比较和谐？有一种答案可能是相同的宗教信仰。

# 乔加·玛米遗址 公元前6300—前5000年

考古学家可以根据不同的陶器式样判断出不同的文化部群。萨迈拉陶器的典型之处在于图案，其上绘制了大量黑色的动物、人物和鸟类，美索不达米亚中部地区居民建造了部分简易的灌溉设施，并烧制了这种陶器；另一方面，北部地区农民的作物收成依雨而定，他们制作出的陶器完全是另一种风格

乔加·玛米村庄位于伊拉克中部，占地15英亩（约6公顷）。1967—1968年，考古学家琼·奥茨（Joan Oates，约1930年—　）和大卫·奥茨（David Oates，1927—2004年）在此进行发掘。研究发现，该村庄建于萨迈拉时期（Samarran period），具体为公元前6300年，选址于艾斯萨宛丘（Tell es-Sawwan）遗址附近，艾斯萨宛丘是一处大型群落，群落外围围有由泥土砖垒成的防护墙及沟渠，群落里的房屋样式和所用建材十分接近乔加·玛米村庄。

考古学家在乔加·玛米及该地区内的其他遗址中发掘出大量萨迈拉陶器，这种陶器是这片降雨量极少的美索不达米亚中部农耕区的产物。随着时间流逝，乔加·玛米地区居民制作了更多的燧石镰刀等工具，这表明当时农业对其生活的重要性逐渐增强。乔加·玛米地区、萨宛地区和其他诸多遗址中，当地居民开始种植作物，包括二粒小麦、一粒小麦、普通小麦、三种不同种类的大麦、豆类和亚麻（一种耐旱作物）。通过研究，考古学家复原了萨迈拉遗址中大面积谷物耕种的原貌，他们发现，当时居民会利用灌溉系统种植作物，这一创举使农民收成大大提高。乔加·玛米地区就留有当时农民曾使用灌溉系统的直接痕迹。另外，村民们养殖的主要牲畜是绵羊和山羊，但也会养一些猪，偶尔会狩猎瞪羚。直到萨迈拉时期后期，乔加·玛米地区才出现家牛的踪影。

灌溉系统及节水技术的发展，打破了雨养农业的局限性，促使当地居民向毗邻地区扩张定居，例如美索不达米亚南部地区和位于伊朗的德鲁兰平原。考古学家在乔加·玛米地区发现了多件蜥蜴头雕像，这一发现揭示了当地在萨迈拉文化后期（乔加·玛米的过渡期）与同时期美索不达米亚南部地区之间的联系，如欧贝德文化的发源地埃里都。

由于侵蚀作用，乔加·玛米地区后期掩埋的土层受消磨严重。因此，考古学家获取的后萨迈拉时期居民生活痕迹，或来自发现陶器的稍早期土层，或来自部分深至萨迈拉时期土层（如今已不存在）的深井。

**雪花灰泥像**

考古学家在萨迈拉遗址中发现了大量精美动人的雕像。在乔加·玛米地区，考古学家挖掘出一座又高又瘦的赤陶女性雕像，他们发现，雕像人物佩戴的饰品与其在定居点遗址中发现的饰品极其类似。考古学家在伊拉克艾斯萨宛丘同时代遗址中，也发现了大量精美的雪花灰泥像，不过这些雕像人物的眼睛及眉毛经沥青勾勒

**房屋**

乔加·玛米地区的房屋呈矩形，外部设有扶壁，内部通过隔墙将房屋划分为两至三排，共三四个房间。当地居民用修长的雪茄状砖块，横面与竖面交替平铺，层层垒砌成屋。他们通常将房屋最底层砖块的外部涂上灰泥以防天气的影响

## 水利技术

乔加·玛米并非建立在降雨量足够耕种的地区，因此当地居民需在种植季里想方设法引水灌溉作物。对当地进行发掘时，考古学家发现了多道小型水渠，其源头位于纲吉河（Gangir river）由高山地区流入广袤平原的转折口，水渠载着河水一直延伸至乔加·玛米地区。萨迈拉时期的大半时间里，这些水渠为作物提供了简易的扇形灌溉；不过，至萨迈拉后期，这些小型沟渠逐渐被废弃，当时居民开凿了一条更宽更长的人工河渠，其宽 20—26 英尺（约 6—8 米），长 3—5 英里（约 5—8 千米）；其轮廓依旧沿袭之前小沟渠轮廓，不过灌溉面积明显增大。在接下来的 2000 年，这条灌溉系统一直流水丰沛，随着当地定居点土层上升，人们将河渠位置也进行了轻微抬高。考古学家同样也在艾斯萨宛丘发现了灌溉痕迹，当地居民利用底格里斯河（Tigris river）水进行灌溉。同时期里，定居于更远西北方曼代利平原（Mandali plain）上的居民也挖掘了一些简易的灌溉沟渠；后来，伊朗偏东部的德鲁兰平原居民也建造了类似设施。

水利技术是人类一项重要发明，因为这种技术使得农民不再局限于雨养或泛洪农耕区，他们得以开拓耕种其他土地。除浇灌作物外，这项简单的技术逐渐分散人群，如果运用得当，它甚至可以帮助人类储存原本极具破坏性的丰沛洪水。在美索不达米亚南部（巴比伦王国），底格里斯河与幼发拉底河年年泛滥，洪水淹没土地，进而带来肥沃的淤积层；可是，由于洪水泛滥总是发生在粮食作物成熟之时，这导致作物需水生长时水源不够，需旱收获时却险被淹死。掌握水利技术，便是开发这片极其肥沃农耕区的前提条件。公元前 3000 年，巴比伦王国的治水技术不断提高，从最初的简易沟渠到足以治洪的复杂水利系统，包括一系列渠道、蓄水池、大坝、水闸和能调节渠道内水流速度的调节器。

# 埃里都聚落 公元前5400—前2000年

考古学家在埃里都城发现了少量房屋痕迹。今天，定居于这片沼地的伊拉克居民用成捆的芦苇在此处建造了大量壮丽的建筑，而这种建筑方式可能也源于古老的习俗，考古学家曾在后世的苏美尔艺术中发现其用芦苇制成的农居。这些建筑用的芦苇束是女神伊南娜的象征，同时暗示了这些建筑物的重要性

埃里都（今天伊拉克人称其为 Tell Abu Shahrein）作为世界上最古老的传奇聚落，19 世纪时首次引起古文物研究者注意。不过，直到 1945—1949 年，由塞顿·劳埃德（Seton Lloyd，1902—1996 年）和法德·萨法尔（Fuad Safar，1911—1978 年）共同率领的考古团队才正式对此进行发掘。约公元前 2050 年，乌尔第三王朝国王下令在埃里都中心位置建立一座金字塔形神塔，不过这也意味着，当时的埃里都城仅为一座空城，居民敬仰这座圣城，却未在此定居。很久以前，埃里都城曾喧闹一时，公元前 6000 年后期此处便已人声鼎沸。不过，到公元前 4000 年，埃里都城逐渐衰退，成为一处宗教中心。

考古学家在城中发现约 1000 座墓穴，不过仅发掘了其中 200 座，这些墓穴直接证明这里曾有人定居。其中有单人墓穴，也有家庭合葬墓穴，每种墓穴中都埋葬了陶罐、陶盘和陶杯。一些尸体戴着首饰，如黑曜石串珠。在诸多墓穴中有一个颇为奇特：墓穴主人是个年轻人，有一只狗穿透了他的胸腔，狗嘴中叼着一块骨头。考古学家在埃里都城中发现了大量精美的陶器，包括大量绘制精美的容器。此外，由于该地区几乎没有石料，当时居民创造性地利用黏土制作了各种工具，包括十分坚硬且极其实用的烧制镰刀和“弯曲的钉状物”（可能是杵）。

公元前 6000—前 5000 年，美索不达米亚南部地区河流小溪纵横交错，位于其南部的苏美尔地区可能仅是一片沼泽。考古学家在此处发现了一条航行船模，表明水运对当时居民的重要性。绵羊与山羊常见于埃里都城及其他欧贝德时期遗址，它们是农民的重要家畜，不过，在苏美尔的这片湿地中，家牛才是受欢迎的家养动物——后期的一些艺术品描绘了当时居民挤牛奶和将牛奶加工制造成奶油、奶酪的场景。捕鱼、狩猎野禽、采集沼生植物、采摘野生椰枣，到最后种植椰枣，种种生产方式都是埃里都城经济生活的重要组成部分。

**黏土雕像**

或许是出于宗教原因，埃里都城墓穴中发现的黏土雕塑大多又长又细，常常显现出胸部或其他明显的女性特征。头部是细长的蜥蜴头，眼部是两个宝螺。雕塑上的沥青、黏土块和刻画的条纹象征着服饰、首饰和刺青文身

**埃里都神殿**

埃里都城中最古老的神殿是一处单室方形神殿，殿中有一座依墙而筑的壁龛就是圣坛，殿门正对一个架起的祭坛。后来，人们在设计神殿时，在主殿两侧增添偏殿，整座神殿呈矩形，进而展现出美索不达米亚神庙标准的三室形式

# 圣城埃里都和城中神殿

埃里都城在古代苏美尔宗教信仰中享有特殊位置。人们认为，创世之始，原水存在普通海洋与智慧之海之分，而所谓的地球便是经原水冲撞汇集而成的淤泥堆。在时间洗礼下，神最终泯灭成人。水神恩基掌控了地球上所有水源，他将水汇入荒凉的大地，使万物各司其职。后来，诸神创造人类，人的作用即为服务众神，而埃里都城便是人的住所。在古代，埃里都城位于沙漠、冲积平原与沼地三者之间的一处高地上，城中有一个活水湖，深约 6 米，苏美尔人认为，这汪湖水便是“智慧之海”。为此他们在埃里都城里建立了神殿。

巴比伦王国境内自然资源丰沛，其环境却时常变幻莫测，当地居民因此而依赖宗教政权，因为他们相信其当权者能调停人类与诸神的矛盾。神殿成为其群体活动的主要开展地，附近居民一方面需努力耕种，向神殿缴纳各类生产物以作祭礼；另一方面还要充当劳力，修建一座座更加华丽的神庙。对埃里都城进行发掘时，考古学家发现一系列此种例子。约公元前 5400 年，当地居民建立一座面积不大的单室方形神殿，长、宽、高都为 10 英尺（约 3 米）。后来，人们将其拆毁，并在原址上重建了一座更大、更华丽的神殿。每当某些特殊的纪念活动，这片区域内的居民都会不远千里奔赴于此。后世的记录中写道，神殿中发现大量鱼骨，这说明当时居民曾献祭鱼类，或者鱼类曾作为仪式盛宴。

到公元前 3500 年，人们将神殿移建至一处平台之上，并在其周围建立了一系列附属建筑（考古学家认为这些房屋极有可能是祭司的住所、行政办公场所、工作室、储藏室和金库），而建筑群外是一圈石墙。不过后来，不论石墙还是这些建筑群，全部被夷为平地，因为当时的居民想要一座华丽至极的终极神庙。埃里都城依旧是人们朝拜的圣地，在整个美索不达米亚时期受万人敬仰。

# 非洲的牧民

1. 塞缪尔·丹尼尔（Samuel Daniell）于1805年绘制的版画，刻画了南非的科伊科伊牧人欲迁徙至新的牧场的场景

2. 发现于索马里拉斯·吉尔地区的母牛岩画，该幅画表明在约5500—4500年前，母牛在新石器时代艺术经济中的重要地位。画中母牛的身体皆按照一定样式绘制，着重凸显其乳房及里拉琴状的牛角。母牛的颈部常常绘有多彩的条纹

3. 当时人类在利比亚梅萨克瓦迪蒂卡辛地区的安营场景，该幅画为极少数描述挤牛奶场面的绘画之一

在许多方面，相比于非洲的采猎者及农民，人们对牧民知之甚少；但在几千年历史中，他们确是非常重要的存在。“畜牧业”这个术语的含义颇受争议，不过它通常指一种主要以放牧家畜为基础的经济模式，且常常隐约出现于牧民的文化及宗教生活中（而有些人虽属于牧民，放牧却不是其主业）。从传统角度来看，史前畜牧业与新石器时代之间存在紧密联系。新石器时代，最初指欧洲石器时代末期，即向农耕转变的过渡期，也有说指其他地区物质材料的发展期，不过这种说法尚且存疑。史前畜牧业形成初期，人们常常也将制作、使用打磨石器与陶器作为其组成部分，因而史前畜牧业曾被划作新石器时代文化的一部分。然而，非洲的发展情况多有不同，最明显的地方在于：不同于中东地区，早在农业种植时代以前，非洲地区便已存在放牧与陶器了。

由于早期牧民属流动人群，于地表留下的生存痕迹相对短暂，因此针对他们的具体研究阻碍重重。举例来说，在南非，尽管大量史料曾记载科伊科伊人牧牛成群，不过已知的科伊科伊遗址却少之又少。此外，其他一些证据，例如乳糖酶续存性（婴儿期以后人体对乳糖的耐受能力）逐步增强所展现出的基因信息，为当时人类食用家畜奶水的起始时间提供了线索。同时，语言记录和出

## 重要事件

| 约公元前10200—前4500年 | 约公元前9000年 | 约公元前8000年 | 约公元前7000—前6000年 | 约公元前5000年 | 约公元前3500—前2500年 |
|---|---|---|---|---|---|
| 在农耕生活到来之前，以中东地区为发源地的新石器时代标志着作物培植和家畜养殖的出现。 | 该时期内空气中湿度持续上升，撒哈拉沙漠地区一片绿意盎然，草木葱茏，湖泊密布。 | 埃及地区依然留有早期牛类，不过其究竟是野生还是家养，人们至今尚不得知。 | 早期绵羊不远万里从黎凡特地区来到非洲，约同一时间，大量亚洲牛也被带至此。 | 在对陶器内的乳脂进行分析及年代测定后，考古学家发现约公元前5000年利比亚地区居民开始制造并食用乳制品。 | 全新世早期的多雨潮湿阶段告一段落，撒哈拉地区重新开始沙漠化。 |

现在岩画上的家畜形象也为证实早期牧民生活提供了额外线索。

非洲畜牧业的出现，必然离不开家畜驯养的发展。不过，在当地牧民放牧的主要家畜中，没有一种属非洲本地物种（然而有证据显示，约公元前 9000 年，利比亚地区居民曾圈养管理野生的巴巴里绵羊）。家牛、绵羊、山羊和骆驼都属被引进的物种，不过关于这些动物究竟在何时从何地被引进，有关专家仍争论不休。考古学家在埃及发现了 1 万年前的牛骨，他们研究后认为这些牛并未经家养驯化；有部分学者坚持家牛约在 8000—9000 年前，从黎凡特地区被初次引进至非洲，而绵羊与山羊则是在同一时间沿着同一条运送路线被带至非洲。此外，有基因证据显示，约 1 万年前，北非地区曾有一种经过驯化的牛。不过，公元 1000 年左右出现在北非地区的骆驼，其实是后世的引进品种。

非洲牧民留下考古痕迹的主要区域集中在撒哈拉地区、东非及南非地区。而对这些遗址进行研究后，考古学家发现：在不同的时间、不同的地点，当时牧民放牧的动物种类、迁徙方法、生活方式和物质文化都有极大不同。在东非地区，考古学家通常将约公元前 2500 年以后制作的早期牧民艺术品，包括一些经打磨的石碗和种类多样的陶器及石器，统称为“牧民新石器时代艺术品”。尤其是撒哈拉地区部分岩画上所绘的家畜形象，图案清晰，含义丰富，表明了家畜在当时文化、宗教和经济生活中的重要地位。岩画上同时绘有绵羊和家牛的形象（见图 2）。一些家牛壁画中着重突出了牛的乳房部位，也有一些写实描绘了挤牛奶的场景（见图 3）。这些岩画对牛羊的着重描绘，证实了家畜在经济和其他方面的重要性。

近年来，南非地区的牧人始终是有关专家深入研究的主要对象，从中也引出了一系列有趣且重要的问题。直到最近，人们依然认为科伊科伊人（曾被称为“霍屯督人”，见图 1）发源于博茨瓦纳北部，他们在过去 2000 年里不断南迁，并将羊群及陶器传至远方。不过，也有学者提出了另一种猜想，即约在 2000 年前，石器时代末期的狩猎—采集者才初次捕获羊这种生物。诚然，这种猜想并没有否认科伊科伊人南迁这一情况，不过这种猜想为现存科伊科伊牧人遗址稀缺的现象提供了另一种解释。不过，即便牧人出现后，依旧有居民仍以狩猎采集为生。有学者对此反驳，说这是当时居民对个人财产的观念阻碍了其畜牧业的发展。

人们对非洲畜牧业及其起源等多个方面都知之甚少，不过有关学者清楚地了解这种生活方式几千年来的重要意义：由于畜牧业极其适宜边缘地环境及难以预测的气候变化，因此说它是一种灵活的经济发展策略。

| 约公元前 3000—前 2000 年 | 约 2200 年前 | 约 2000 年前 | 公元 300—400 年 | 2—5 世纪 | 15—19 世纪 |
|---|---|---|---|---|---|
| 在东非地区发现的早期牧民痕迹极有可能是由于当时撒哈拉地区旱情持续严峻，当地居民不得已背井离乡。 | 纳米比亚的豹穴（一处石器时代晚期洞穴遗址）中出现家养羊亚科动物（绵羊或山羊）。 | 根据于南非海边石器时代晚期洞穴遗址中发现的动物骸骨，考古学家推断当时家养绵羊分布至非洲最南端地区。 | 骆驼被带至北非地区，当地有证据显示，至公元 1 世纪中期，柏柏尔游牧者开始驯化骆驼。 | 已学会种植作物、养殖家畜的早期铁器时代非洲居民，开始迅速从东非地区向南非地区扩散。 | 游历过南非的旅客都说科伊科伊人牧畜成群，不过当时的放牧规模尚且较小，且多为绵羊。 |

# 东亚地区的农业

1

2

1. 出土于朝鲜的新石器时代篦纹陶器，陶器上刻有歪斜短线，底部呈典型的尖形
2. 公元前2000年制于日本的一件平底卵型赤陶罐，罐身饰有各种几何图形

在东亚地区（中、日、韩三国），新石器时代的到来主要伴随着陶器的出现。约在同一时间（1.3万年前），东亚地区的制陶技术在三处不同的区域内得到发展，分别为：中国南方、日本列岛和位于俄罗斯境内的阿穆尔河盆地。而在这些地区内出土的黏土容器，堪称当今世上最古老的实用器皿。

在中国，进入新石器时代后（约公元前8500—前2070年），当时社会出现一大特征，即居民开始逐渐沿主要河流水系定居，如黄河（中国的中北部地区）、长江（中国东南部地区）。在这些社群里，成员不再以狩猎采集为生，而是依靠农业耕作和家畜养殖来维持生计。近期，有关早期农业探索的研究归纳出了耕种作为一种生产型经济出现的时间脉络。不过，北方粟作文化与南方稻作文化、旱地耕种系统与湿地耕种系统之间仍存在差异。在中国，粟米种植最早出现于河北省磁山遗址地区。考古学家在当地半地穴式建筑的发掘过程中发现了大量陶器和工具，这说明早在公元前6000年，中国已发展出成熟的农耕村落。

中国第一处经科学发掘的新石器时代遗址是河南省境内的仰韶文化遗址。

## 重要事件

| 约公元前1万—前7000年 | 约公元前8000—前5000年 | 约公元前7500年 | 约公元前7000—前5000年 | 约公元前6000—前5000年 | 约公元前5200年 |
|---|---|---|---|---|---|
| 农耕活动的出现促使人类选择更长久的定居生活，考古学家于中国广西壮族自治区和浙江省的多处岩棚内发现了相关陶器证据。 | 持续的气候变暖情况使得海平面不断上升。在日本，四国岛与九州岛因此与主岛本州岛分离。 | 日本绳纹时代，当时居民利用泥条盘筑法手工制作烹饪用陶器，并将植物纤维用力压进湿润的黏土中以作装饰。 | 中国部分地区出现小型农耕村落，例如磁山村和裴李岗。 | 朝鲜首次出现了与以往不同的制陶风格，例如隆起纹土器（Yunggimun）。 | 中国长江流域居民开始种植家稻。 |

仰韶时期（约公元前 5000—前 3000 年），经济模式不断发展，创新层出不穷。采集渔猎的重要地位日益衰落，不过，仍有一些地区居民以此为生。在半坡遗址出土的陶器表面上，鱼、鹿、蛙、鸟、人面、网状等绘制图案颇为常见。竹加工、木加工、篮筐编织技艺、纺织编织工艺和陶器制作都得到极大发展，冶金、制玉、制漆等工业也陆续出现。人类定居点逐渐发展成村落，他们开始细致规划家园中的居住方位、沟渠排布、陶窑安置和公墓建立。

朝鲜的新石器时代是约公元前 6000—前 1500 年。以渔猎采集为生的朝鲜人在沿河沿海地区建立小规模定居点，如北方的鸭绿江畔和南方的洛东江岸。这些定居点中，近一半房屋是半地穴式，其中出土了大量石器、捕鱼工具和一些手工陶器。约公元前 5000 年，北方的清川江谷地和南方的汉江地区出现篦纹陶器（又称栉纹陶器，见图 1）。考古学家在首尔东南部发掘出一处重要的典型栉纹时代定居点，其中储藏了大量新石器时代残留物，包括篦纹陶器和石斧、石制箭头等石器。人们还在遗址中发现了一些橡果、碎石、手持犁和石镰。这些发现表明，当时的人类一方面进行狩猎采集，一方面开始农耕活动。

在日本，许多考古学家对“绳纹时期”（约公元前 10500—前 300 年）诞生的地点和时间各执一词。绳纹时代的陶器以一种绳结标记为特色，到绳纹时代末期，这类绳结图案更是越发精致（见图 2）。最古老的绳纹陶器出土于大平山一号遗址（Odai Yamamoto I site）中，该遗址位于本州岛北部的青森县。这一遗迹的发现，对东亚及东北亚地区的研究、对理解人与环境相互影响的变化有重要意义。当时的人类生活在中部的开阔地上，多数居民建造了某种地穴式房屋并居住，不过，他们不是完全定居，而是一种半定居的状态。自公元前 6000 年起，大规模的定居点才开始形成，有时，一些定居点内可以涵盖 100 多座地穴式房屋。渔猎采集依然是人们获取食物的主要方式，不过，考古学家在遗址中发现了一些处理植物与食物的工具，如石锄。至今，关于绳纹时代到底有没有农业活动这样的问题，考古学界依然争论不休。自公元前 7000—前 4000 年，部分地区居民开始种植植物，例如稗子与葫芦。三丸山遗址（Sannai-Maruyama site，形成于公元前 3500—前 2000 年）的发现证实了当时人类的确已经懂得食物规划和森林管理。绳纹时代末期，气温下降，食物减少，日本正处于向弥生时代（公元前 300—公元 300 年）的过渡阶段。人们认为，当时的日本居民引进了一种生长于干涸河床或沼泽地中的家种水稻。新型农业体系中的作物类型多样，包括大麦、小麦、粟等，此外，其他干旱作物也是其重要组成部分。

| 公元前 5000—前 4500 年 | 约公元前 5000—前 4000 年 | 约公元前 5000—前 3000 年 | 约公元前 5000—前 1000 年 | 约公元前 4500—前 3750 年 | 公元前 3500—前 2000 年 |
|---|---|---|---|---|---|
| 农耕及作物种植方法传至朝鲜及日本群岛。 | 日本关东及中部地区的制陶人开始制作一种边缘呈火焰形的圆罐，而这一特征成为绳纹时代中期陶器的典型特征。 | 仰韶文化（得名于河南省仰韶村）传至黄河流域，并蓬勃发展。 | 篦纹陶器成为朝鲜新石器时代最具代表性的陶器类型。 | 当时人类于今陕西省西安市东郊地区建起一座新石器时代定居点：半坡村。 | 长江河口附近出现良渚文化。良渚文化下的农耕社会成为新石器时代末期的代表。 |

# 河姆渡遗址 约公元前5500—前3300年

位于中国东部浙江省余姚市的发掘遗址，从图中可以看出河姆渡居民生活在由木桩筑起的房屋里

河姆渡遗址坐落于中国浙江省余姚市境内，属长江下游地区，海拔高度约为3英尺（约1米）。人们将其孕育而生的文化称为河姆渡文化，它繁荣于杭州湾南岸的宁波绍兴平原。1973年，河姆渡遗址的发现震惊世界，因为考古学家在该遗址中发现了世界上最早的稻作文化痕迹。通过研究最上层的文化遗址层，考古学家发现其历史可追溯至5000年前，而最下层文化遗址甚至可追溯到7000年前。河姆渡遗址的建立，标志着中国新石器时代中期的到来。

由于河姆渡地区遭水浸没，遗址中的部分有机材料得以完好保存。河姆渡居民生活于一种复合的干栏式结构中，这种建筑建于地表，由土堆、木桩及木梁构成。考古学家在遗址中发现了4000余件用作筑房或筑仓的木料残骸，包括圆形木桩、方形木桩、木梁、木柱、木板等等。遗址中最宏伟的一座建筑由220根极长的圆木桩排列而筑成，总面积超过1722平方英尺（约160平方米）。与此同时，考古学家还在遗址内发现了一口带木质框架的浅井，这是中国已知最古老的垂直水井。

河姆渡陶器的式样繁多，多为日常用品。考古学家在遗址中挖掘出陶锅、陶鼎、便于携带的烹饪或加热用陶器、陶制蒸锅、陶杯、陶碗、陶罐、陶盆、陶盘、高脚盘、陶罐支架等，所有物品都由掺入炭末的黑陶制成。陶器的腹部刻有绳纹，这种花纹不仅能加固陶身，还能增加保温功效。

考古学家在部分墓穴中发现了一些首饰和装饰物，包括耳环、管状容器、圆珠和由诸如玉等石料制成的坠饰。此外，他们还发现了雕刻精美的骨夹、打磨光滑的虎牙、熊牙、野猪牙、獐牙等以及一些由鹿角、象牙和野猪獠牙制成的手工艺品。

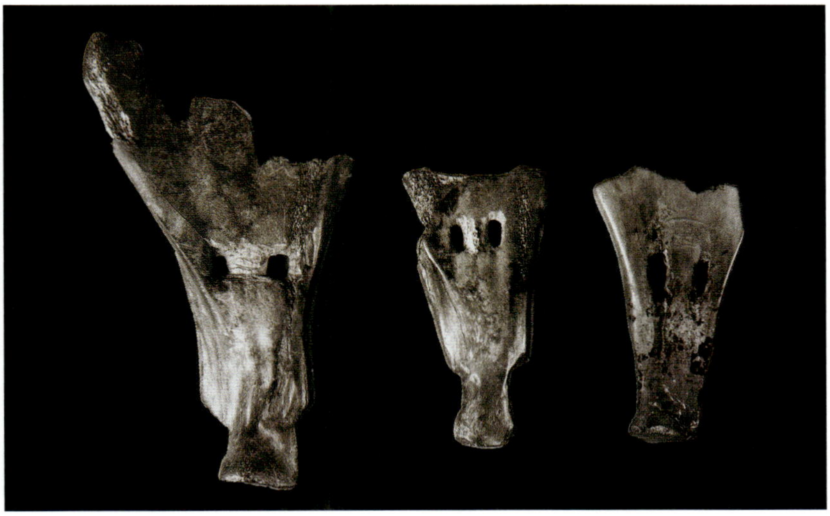

### 工具

考古学家在河姆渡遗址中发现了大量不同的工具，其中一些由兽骨制成。一些形状像铲子的工具由大型哺乳动物的肩胛骨制成，考古学家对此类工具的用途各执一词。遗址中并未出土任何纺织品残骸，不过，考古学家发现了一些与编织相关的器物，如骨针、带螺纹纺锤和一些可能是织布机零件的小型木质或骨制工具，这一发现表明，当地居民曾进行复杂的纺织品制作。考古学家认为，当时的手工艺人曾用大麻或其他植物编织草绳或草席

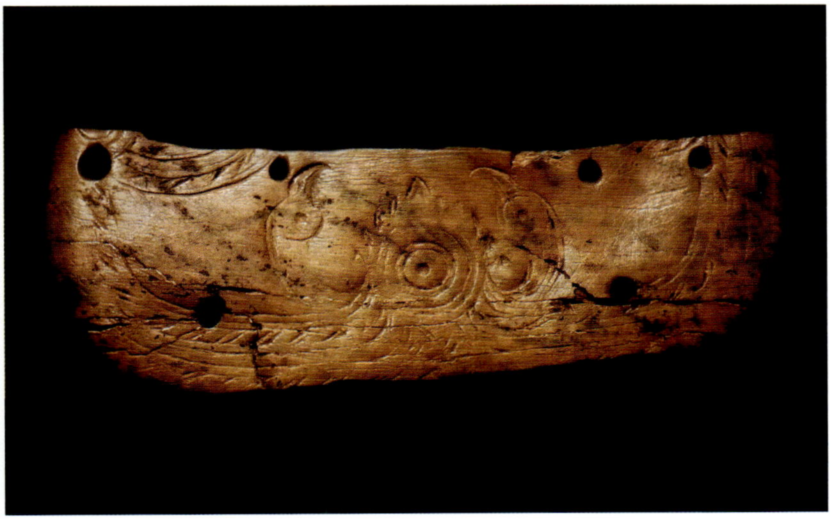

### 雕刻品

通过一些精致的骨雕及象牙雕刻艺术，例如图最后的蝴蝶形象牙工艺品，我们可以发现，河姆渡居民似乎拥有丰富的精神生活。这件艺术品长 6 英寸、高 2 英寸、宽 0.5 英寸（约 16 厘米 × 6 厘米 × 1 厘米），其上刻有两只向太阳（由 5 个同心圆构成）而飞的蝴蝶。有学者猜测，此雕刻品是先民生活的象征性代表。此外，其他一些物品（如骨匕首）上刻有一种长尾鸟的图案，展现了当时工匠的高超技艺，并将人们的思想引向神话世界

## 河姆渡的食物资源

河姆渡遗址周围是大片湿地，其位于湿地中央，周围环境温暖且湿润，因此聚集了大量动植物在此生活，这也为河姆渡居民提供了更多采集狩猎的食物资源。考古学家在河姆渡遗址中发现了大量植物残余，包括菱角、橡子、葫芦、芡实、枣和草籽等，当时的居民将大部分草籽贮藏在一种椭圆坑中。此外，人们还在遗址中发现了 61 种动物的痕迹，不过狗、猪、水牛依旧是主要家养动物。

然而，河姆渡居民的独特之处不在于此，而是他们食用稻米。通过发掘，包括水筛和浮选，考古学家于此发现了世上最早的水稻种植痕迹。而且，河姆渡人对稻米的消耗极大，中国其他任何考古遗址都难以企及。由于遗址遭水浸没，大量有机材料得以保存。厚实的稻粒堆、稻壳堆、稻草堆积累成层，厚达 8—39 英寸（约 20—100 厘米）。研究发现，河姆渡居民种植的水稻是一种长粒籼稻。根据已发现的有机物残余、稻谷和耕种工具，考古学家证实，当时的稻米种植技术已相当先进，此外河姆渡人还会在陶坯中掺杂稻壳和稻草。

# 半坡遗址 约公元前4500—前3750年

位于中国中西部地区的半坡新石器时代村落中的典型房屋建筑，其地板由坚硬的黏土烤制而成，房屋设有门廊，门廊屋顶高耸且铺满茅草以荫蔽

半坡考古遗址位于黄河流域的陕西省西安市东部，是全球最重要的新石器时代考古遗址之一，属仰韶文化。约公元前4500—前3750年，古人类在此生活，遗址占地12—15英亩（5—6公顷）。半坡遗址内出土了超过1万件石器和人工制品，考古学者还在遗址内发现6座大型陶窑、250座坟墓、大量储藏地窖和约100座宅基。

中国科学院考古研究所的考古学家们在半坡遗址内首次采集到新石器时代村落布局的具体数据。遗址中居住区周围被一圈沟渠环抱，这道沟渠既是排水渠，也是一道防线。在居住区的中央广场附近矗立着大量形状各异（或圆或方）、面积不同的地穴式建筑，这些建筑的地板皆低于地平面。居住区又分成五块，每块区域布置类似：区域中央是一座大型建筑，周围则是较小房屋；总共约100座房屋。房屋地面低于地平线3英尺（约1米），挖掘坑洞时铲出的泥土被用来垒砌外墙地基。居民小心翼翼地用原木围成外墙，在屋顶上铺满茅草，并将黏土及藤条粘于墙壁上用以隔热。这种房屋的空间规划表明了当时村落和亲缘群体的计划发展，同时标志着社会组织逐渐转化为氏族群体。

黄河流域的主要农作物是粟米，不过半坡文化的居民也会种植其他蔬菜，例如芥菜、甘蓝。在畜牧业方面，当时社会也有显著发展，居民开始饲养家猪、家狗、家牛和家鸡，不过，捕鱼和狩猎依然是半坡居民日常生活的重要组成部分。考古学家在半坡墓葬中发现了一些陪葬品，其中有骨制零件，如箭头、鱼叉。半坡居民已制作出多种农业用具，包括铲子、石斧、锄头和石刀等。

**工艺品**

半坡文化时期，竹加工、木加工、石加工、陶器制作、篮筐编织技艺和纺织编织工艺得到极大发展。尽管大部分陶器经由热加工制造，不过我们依然可以在一些陶器底部发现陶钧使用后留下的痕迹，这一发现意味着当时的居民曾用线牵引旋转的陶钧，将容器切割塑形。陶器上的装饰刻纹多样，有动物、几何图案和疑似神明的人物面部。图为发现于半坡遗址内的陶盆，可追溯至公元前5000—前4000年，外壁刻有人脸和鱼类图案

**墓穴**

半地穴式的居住圈外，是陶窑区及成群建造的墓葬区。通常，死去的成年人被安葬至村外的公墓中，而儿童则直接安葬在村内的大型瓮棺中。陪葬品种类繁多，包括兽骨打磨成的圆珠和发夹、贝壳制刀具以及多种陶器。考古学家还在墓穴中的人体遗骸上发现了手工纺织品碎片，不过由于早已腐烂，人们无法还原服装的全貌。一些陶器上刻有线形图案或纺织印花，这些印花就是当时部分织物上的印花

## 仰韶文化

半坡村的周围环绕着一道沟渠，它是仰韶文化（约公元前5000—前3000年）中最著名的定居点之一。作为中国新石器时代最重要的文化，仰韶文化广泛分布于黄河和渭河流域的数百个定居点中，从陕西省传播至更西北的甘肃省。盛行于中国中西部的仰韶文化可分成两个主要阶段：半坡时期（约公元前4800—前4300年）和庙底沟时期（约公元前4000—前3500年）。1921年，瑞典考古学家安特生（Johan Gunnar Andersson，1874—1960年）率领团队首次在河南省仰韶村进行发掘，随后将发现于此村落中的文化命名为仰韶文化。安特生曾接受种种专业训练，懂得利用地质学知识观察地层样式，并通过细究地形寻找仰韶文化遗存。

后来，中国地质调查局和瑞典地质调查局期刊首次刊登了安特生的考古结果及研究论述，这些结论对中国史前考古的发展影响深远。仰韶村也因此在相当长的一段时间内被认作中国文明的中心发源地。

# 欧洲的新石器时代

1

继中东之后，作物种植技术和家畜养殖技术传入安纳托利亚西部，接着跨越爱琴海，传至欧洲东南部地区。公元前 7000 年开始，塞萨利漫滩平原及克里特岛地区出现了新石器时代社群；公元前 6500 年前后，希腊东北部地区也出现了此类社群。过了 3000 年，除气候极端不适合种植的区域外，农业耕种几乎遍及整个欧洲。而作物耕种与家畜养殖之所以能被如此广泛地接受，是由于在公元前 7000—前 6000 年的绝大部分时间里，欧洲气候整体偏暖（除公元前 6200 年席卷欧洲的一场寒流）。

农业活动在欧洲的发源地在希腊，随后沿两条主要路线迅速向其他地区传播：一条自希腊以西出发，沿地中海海岸进入意大利和法国南部，最终抵达西班牙和葡萄牙，到公元前 5000 年，又传入大西洋沿岸。另一条路线主要沿着欧洲的内陆河，尤其是多瑙河，传到欧洲北部和西北部地区。最终，到公元前 5300 年前后，农业活动传入波兰北部和法国东部。此后的 1000 多年里，农业传播始终处于停滞状态，直到后来才继续传入斯堪的纳维亚半岛南部和不列颠群岛。

今天，欧洲农业的发展过程在考古界仍存争议。考古学家发现，部分农耕社群定居点过去罕有狩猎－采集者的踪迹，因此很明显，这些定居点是由迁徙至此的农耕人口建立的。他们历经几代人最终迁移至此，动机却仍未可知。在其他部分地区，尤其是北欧、西欧和诸如多瑙河峡谷等中欧地区，当地的狩猎－采集者学会了培育作物、养殖牲畜，他们将这些食物获取方式纳入原本的采集经济中，并逐步定居于此。在地中海沿岸，由于长距离航行，船只与岸边

1. 这幅蚀刻版画是法国考古学家加布里埃尔・德・莫尔蒂耶（Gabriel de Mortillet，1821—1898 年）于 1858 年前后对瑞士湖泊居住区遗址进行研究后刻制的

2. 简单的“线纹陶器”制作于公元前 5300—前 4900 年，其表面刻有典型的线纹

## 重要事件

| 约公元前 6800 年 | 约公元前 6400 年 | 约公元前 5500 年 | 约公元前 5400 年 | 约公元前 5000 年 | 约公元前 4300 年 |
|---|---|---|---|---|---|
| 人类在爱琴海靠希腊和克里特岛地区的海岸边建立了第一个农耕社群。 | 当时的农耕群体开始走出希腊，一部分向西走入大西洋沿岸，另一部分一路向北进入多瑙河流域。 | 在匈牙利巴拉顿湖附近，“线纹陶器”文化出现，随后这种文化向欧洲北部和西部传播。 | 使用刻有贝壳纹饰的新石器时代社群抵达西班牙和葡萄牙。 | 欧洲中部农业传播忽然中断，并持续了好几百年。 | 第一处新石器时代聚落定居于阿尔卑斯山山麓地区。 |

地区接触频繁，农耕文明借此传入各狩猎－采集者社群，地中海沿岸继而出现大面积耕地。

虽然希腊最早的农人没有使用陶器，不过陶器后来的确成为新石器时代的重要标志，并证明了早期农业的存在。在亚得里亚海盆地、意大利海岸、法国和西班牙，陶器促进了作物种植及家畜驯养方式的传播。其上刻画的装饰更是令人印象深刻，大部分陶器上的装饰图案为贝壳，偶有篦纹图案或对比强烈的线条。在欧洲中部，最早的农人曾制作过一种薄壁容器，并刻画了锯齿状的装饰线条（见图2），因而考古学家将这种容器命名为“线纹陶器”。考古学家在许多地区发现了存有此类“线纹陶器”的遗址，如奥地利、捷克、德国、波兰、荷兰和法国东部，而这些遗址大多位于自山中流出的溪水边。他们在这些定居点内发现了俗称“长屋”的木建筑群，还发现部分定居点周围环有排水渠。“线纹陶器”的制作者们懂得种植小麦、豌豆及扁豆，也学会了饲养牲畜，大部分农人饲养家牛，也有饲养绵羊、山羊及家猪。考古学家在遗址内的部分陶器碎片上发现了脂质残留物，表明当时居民既喝牛奶也吃牛肉。

随后的近 1000 年内，农业传播始终处于停滞状态，直到公元前 4000 年前后，不列颠群岛和斯堪的纳维亚半岛南部地区的狩猎－采集者才掌握农业种植。同样，劈波斩浪的船只将家畜和谷物从原产地运至四面八方。尽管在当时也有部分欧洲大陆居民向其他地区进行小规模迁徙的现象，但这些地区从事农耕的主要群体仍是狩猎－采集者。通过对人类骸骨进行同位素研究后，有关专家发现，当时人类的食物资源极其迅速地从海洋生物转向陆地生物；与此同时，在对不列颠群岛陶器内残留的脂质进行分析后，研究人员发现，当地最早的农人迅速接受了传来的乳制品。大约在同一时间，阿尔卑斯山山脚下的狩猎－采集者也开始进行农耕活动，并逐渐定居于瑞士的一些湖滨河周边地区。图 1 是瑞士著名的湖泊居住区遗址。人们曾一度认为当时居民是通过将木桩打入水中进而在湖面建造房屋，不过现在公认这些住所其实建于湖岸边，后来湖水上涨，建筑才一点点没入水中。考古学家在这些遗址中发现大量保存完好的有机物，这些发现促进有关学者深入研究公元前 4000 年，阿尔卑斯山早期农人耕种的作物、养殖的家畜和使用的工具。

公元前 3000 年，在欧洲及其西北之地，处在史前农业环境巅峰的苏格兰奥克尼群岛，也出现了农耕定居点，如斯卡拉布雷遗址。随后相对较短的时间里，一些仅生长于中东极少数地区的野生动植物，开始被远在其产地千里外的欧洲居民养殖耕种。新石器时代的欧洲农耕社群，不仅为随后的铜器时代和铁器时代催生的技术革命与社会创新打下了基础，而且为希腊和罗马成就伟大的地中海文明提供了经济支撑。

| 约公元前 4100 年 | 约公元前 3900 年 | 约公元前 3600 年 | 约公元前 3300 年 | 约公元前 3100 年 | 约公元前 3000 年 |
|---|---|---|---|---|---|
| 德国北部与荷兰莱茵河、默兹河交汇的三角洲地带出现农耕社群。 | 农耕方式传至丹麦及瑞典南部，随后几百年传至达尔河流域。 | 马耳他居民建造了最早的石碑建筑。 | “冰人奥兹”被谋杀在阿尔卑斯山区。1991 年，人们在一道冰川中发现了他木乃伊化的遗体。 | 新石器时代居民在奥克尼群岛的斯卡拉布雷岛建立了定居点。 | 圆形的单人墓穴取代曾经的多人公共墓穴。通常一户家庭中的某位“重要成员”去世后，其家属死后的也会陪葬。 |

# 艾瑟拉遗址 约公元前5300—前4800年

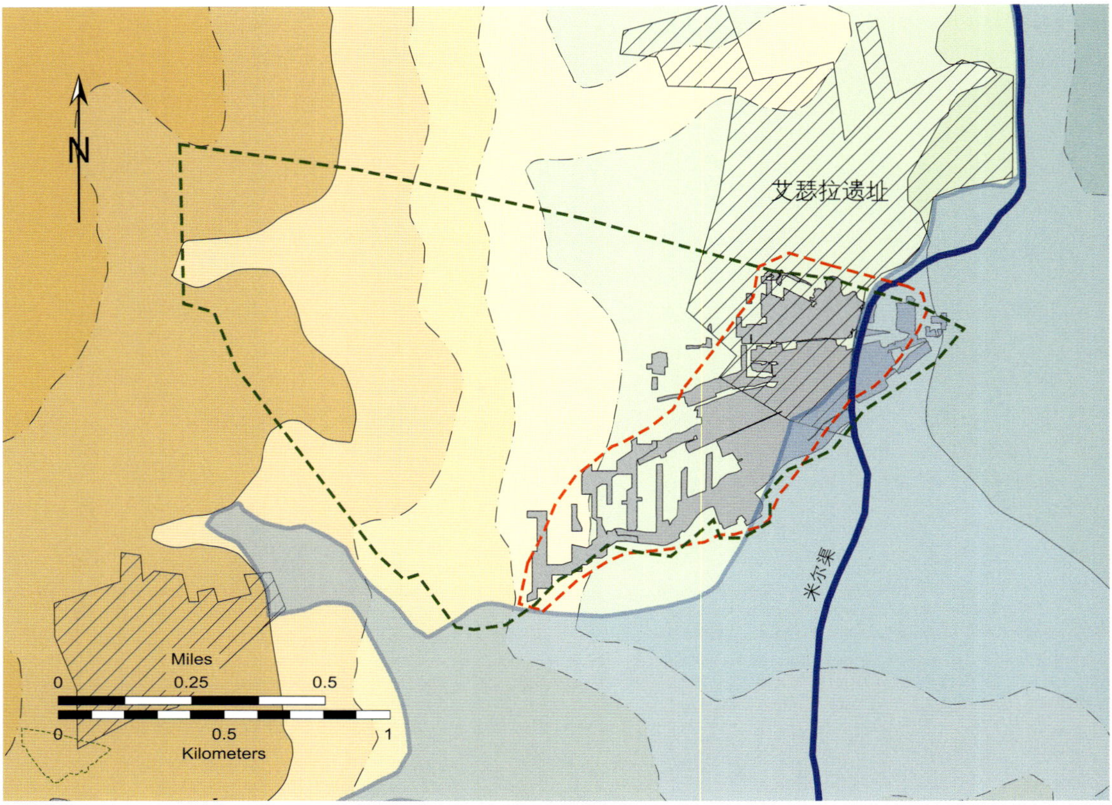


在广阔的艾瑟拉新石器时代定居点中已发掘的区域里（红线标出），考古学家在两处主要的土方工程及水井附近发现了几十间新石器时代的房屋。不过其中仅几间留下了居住过的痕迹。对于年久失修的房屋，当时居民一般选择废弃、推倒，一段时间后再在原址上重建

中欧首批农人定居的主要地区之一，位于今天的德国中部，距莱比锡不远。由于当地褐煤（一种棕色煤炭）储藏丰富，当地政府直接进行露天开采，导致大片表土层被破坏。考古学家只得在这些公元前 5300—前 4800 年的早期农人定居点被破坏前抓紧发掘工作。其中一个定居群落便位于白鹊河沿岸、莱比锡以南的艾瑟拉小镇。

在艾瑟拉小镇，考古学家发现了占地约 75 英亩（30 公顷）新石器时代居住区痕迹，不过发掘者称，居住区面积尚远不止于此。到目前，他们已发掘出约 300 件完整或残缺的房屋构架。线纹陶器的制造者们最初在艾瑟拉遗址的东北部建立了居所，随后逐渐向西和西南部扩张。即便只选该遗址内的部分区域，便与中欧其他地区已知的最大线纹陶器遗址面积不相上下。此外，考古学家还在遗址外发现了公元前 6 世纪末开凿的大型沟渠，还有一系列开凿于公元前 5000 年早期、俗称“圆环”（Rondel）的同轴沟渠。

艾瑟拉遗址内最有趣的建筑可能是两口带木栅栏的水井。在 20 世纪 90 年代之前，考古学家从未在线纹陶器遗址内发现过水井，不过自那之后，他们陆续发现十多口水井。由于周围是水涝地，且水井足够深，井底的木材和其他有机物保存完好。起初考古学家无法相信这些井竟然如此古老，因为井底的木材带有极其复杂的细木工艺。那么，明明有河流经过，为何早期农人要在其定居地挖水井？也许他们希望能在离家更近的地方直接取水，以防途中遭到野兽攻击？也许流经此段的河流已被人类和动物的排泄物污染？也有可能是因为当地生产需要大量用水，例如用谷物酿造啤酒，而他们不想费力从河边抬水。

**陶器**

图为发现于艾瑟拉遗址内井底的一件陶器，上面依旧缠有粗绳，并刻有弯曲的线纹，考古学家将其命名为“线纹陶器文化”。在欧洲中部，从乌克兰到法国，从匈牙利到波兰，皆可找到此类陶器。随着时间流逝，一种类似的短刻装饰逐渐取代雕刻线纹。不过，这两种式样的陶器皆可在艾瑟拉遗址内找到

**水井**

艾瑟拉遗址内俗称“黄土”的宜耕土地上也有极深的水井。水井的下半部淹没在水中，因此木材得以完好保存。当时居民可能是用石器或骨楔将橡树桩劈成木板，再由石器时代的木匠们完成收尾工作，他们要么在橡木板上刻下槽口，将木板两两卡住锁扣，要么用榫卯接头来固定

## 世界上最大的建筑群

中欧最早的农民曾大量建造一种木屋，其长度远远超过其宽度，因而得名“长屋”。线纹陶器文化下的长屋的长度可达 100 英尺（约 30 米），屋宽 20 英尺（约 6 米）。因而这些长屋是公元前 6000 年后期全世界最大的独立式建筑，远早于埃及、中东和爱琴海地区的金字塔和神庙。这些长屋仅由木材搭建，未曾使用黏土和石料，因为木材是欧洲地区最丰富的建筑材料。考古学家在较浅色的底土中发现了某些深色痕迹，因此推断，当时人类曾用石斧砍倒大树，一般是橡树或松树，然后将其竖插进挖好的柱穴中。除了由木材围建的外墙后，长屋内通常有三排木柱。木柱由编织的嫩条连接，其上涂满水泥，因此被称为“枝编篱笆”。房屋附近地面有许多大坑，人们就是从这些坑中挖取黏土的。如今，人们对长屋屋顶结构的认知依然极少，考古学家猜测，当时居民是沿房屋长长的顶轴线铺设屋顶，不过对铺设屋顶的材料则一无所知。大部分重建长屋的屋顶由茅草铺成的，但在艾瑟拉和其他地区遗址中发现的水井表明，当时人类已掌握我们今天无法想象的制造木板的技巧，或许，正是因为掌握了这种技术，长屋里才会存在大量的木柱。一间长屋的使用年限究竟是多少？从 20 年到 50 年，不同专家预测的年限相距甚远。除了不断修复腐坏的建筑材料外，居民还需解决房屋内外猖獗的啮齿动物及各种昆虫。年久失修的长屋，通常逃不过被废弃和推倒的命运，居民往往在原址附近重建。一间间重建的长屋拔地而起，鳞次栉比，形成新的聚落，就像考古学家在艾瑟拉遗址发现的长屋群那样，哪怕之后仅有少数几间长屋有人居住。

# 马耳他岛、戈佐岛的巨石神庙 公元前5000年

这座雕像发现于位于马耳他岛瓦莱塔市附近塔尔欣地区的一座神庙建筑群中。这座神庙建于公元前3000年前后，由四个主要区域组成。南殿中，椭圆形的后殿墙壁上布满浮雕，一些浮雕刻画了动物形象。此图中的雕像描绘了一位女性的下半部身体，考古学家估计这座雕像的原始高度高达6英尺6英寸（约2米）

马耳他群岛坐落于地中海，具体在西西里岛与突尼斯之间。群岛中仅三大主岛——马耳他岛、戈佐岛、科米诺岛——上的人口较多。公元前5000年前后，新石器时代的农耕者从西西里岛出发，一路前进约50英里（约80千米），到达马耳他岛斯寇尔柏（Skorba）地区。他们很快砍伐了当地稀疏的植被，建立农耕经济。不过，他们也因此缺乏木材造船，不得不往返于西西里岛获取。

约公元前3600年，马耳他岛及戈佐岛的居民开始建造一些意义重大的建筑，他们利用当地出产的大块珊瑚灰岩（Coralline limestone）建造建筑物的主体和外墙，而更柔软的小块抱球虫灰岩（Globigerina limestone）作为装饰或镶嵌物。这些“意义重大”的建筑就是我们熟悉的神庙，自19世纪起便不断有学者为此奋不顾身地探险。马耳他岛和戈佐岛上已知的神庙群有30多座。神庙最明显的特征是对称的树叶状外观，最外围是一扇门楣巨大的石门，穿过石门来到一处宽阔的前庭，通过走廊便进入了半圆形的后殿（有一处穹形壁凹）。通常神殿内部直径长16—26英尺（约5—8米）。后殿和长廊的墙壁上刻有多种精美的浮雕，包括几何图形、螺旋线条、动物图案和人类形象。冗长的神庙建筑史中，有三段时期意义重大：詹蒂亚时期（Ġgantija），因为戈佐岛上的大型神庙建筑群詹蒂亚神庙而得名，时间跨度是公元前3600—前3200年；萨夫列尼时期（Saflieni），得名于一处宏伟的墓穴地宫，时间跨度是公元前3300—前3000年；最后一段时期是塔尔欣时期（Tarxien），时间跨度是公元前3150—前2500年，此后再未出现神庙建筑。

**哈加尔石庙**

哈加尔石庙位于马耳他岛南部海岸边的一处小山丘上，它是马耳他大量神庙中保存最完好的一座。神庙建于塔尔欣时期之前，约为公元前3600—前3200年。神庙有一间主室和四间拱室，拱室附近另有几间房间，沿着这些房间前行，最终通向一条主廊。神庙的石灰岩墙壁上刻有两张大型座椅图案。相比于其他神庙，游客进入哈加尔石庙的过程要困难得多。他们得先从石灰岩板中的矩形空洞中穿过。重重围墙掩蔽了一部分后殿，后殿顶部有一个椭圆形小洞，夏至当天，阳光会从照耀中洒落整个殿内

**詹蒂亚神庙**

詹蒂亚神庙位于戈佐岛上，由南、北两部分构成：南殿，可能是马耳他众神庙中最古老的，可追溯于公元前3600年。穿过由抱球虫灰岩搭建而成的中央长廊，可以看见五间大型后殿。部分后殿中设有如同壁橱一般的壁龛，高达26英尺（约8米）的后殿墙壁上被涂满灰泥和石灰膏。北殿稍小一些，建于约公元前3000年；殿中也有五间内室，不过面积也稍小一些。南、北殿外都建有一圈由竖直的大块石灰岩板构成的围墙。不远处即是布罗托夫石圈（Brochtorff Circle），该遗址是一座由天然地穴建成的墓葬群，周围也建有一圈石墙

## 哈尔·萨夫列尼地下宫殿

新石器时代，马耳他岛及戈佐岛的神庙建造者常将死者葬在巨大的地下墓穴或宫殿中。哈尔·萨夫列尼地宫距塔尔欣神庙330英尺（约100米），是世上最大的地宫之一。地宫中包含多达70间墓室，每间都是石灰岩结构，安葬着超过7000具尸体。此处似乎原本是一处天然洞穴，当时居民为扩大空间安葬更多死者，不断向下挖掘，形成多层墓室。

当时居民先将死者停置于哈尔·萨夫列尼地下宫殿外的平地上，待其尸身腐烂后，他们收敛其骸骨，带入地宫，安放至其中一间墓室。他们还会在尸骨上撒上大量红色赭石（氧化铁）粉末。除墓室外，地宫内还有多间用于某种仪式的较大房间。这些房间内的墙壁上通常配有与地上神殿相似的装饰成分，如进入附近房间入口之上的石梁，与地上神庙入口处的石梁遥相呼应，墙壁上雕刻的螺旋线纹也与塔尔欣神庙墙壁上的装饰如出一辙。当时的人类已懂得用红色赭石颜料绘制墙饰。考古学家在地宫中最大的一间内室里发现了一尊女性雕像，身形丰满，斜斜而倚，使人不禁想起地上神殿中矗立的女神像。

毫无疑问，哈尔·萨夫列尼地下宫殿是塔尔欣神庙的配套建筑。与之类似，位于戈佐岛夏拉（Xaghra）地区的布罗托夫石圈地宫，也与詹蒂亚神庙存在某种联系。考古学家在布罗托夫石圈地宫里发现一个有趣的现象——这里共埋葬约800具遗骨，其中不同时期的死者死时的健康状况会随着年代不断恶化，这表明当时居民面临着长期缺粮的情况，这也许能解释他们为何停止神庙建设。

# 新石器时代的奥克尼群岛 公元前4000—前3000年

梅肖韦古墓是一座通道式坟墓，在奥克尼群岛新石器时代遗址中意义重大。古墓建于公元前3250年，据说耗费10万人力。古墓主室由一条长36英尺（约11米）的通道连向外界。通道及主室上方是一座土丘，直径115英尺（约35米）、高24英尺（约7.3米）

暴风肆虐的奥克尼群岛距离苏格兰北境10英里（约16千米）。如今，可能是历史遗留原因，曾是主要牧场的奥克尼群岛，岩石林立，树木稀少。奥克尼群岛四周环海，海洋生物资源丰富。不过由于海面的狂风与巨浪，即便在今天，人们依旧难以平安渡海。尽管条件严苛，新石器时代的居民仍在公元前4000—前3000年，找到了进入奥克尼群岛的道路。公元前3000年，他们在此建立定居点，并利用巨石建造了大量遗迹。当地主要经济依靠放牧及渔猎，而有关农耕种植的痕迹则比较模糊。综合了这些特点，奥克尼遗址正是新石器时代欧洲边境一处集居住区、仪式活动区、墓葬区为一体的复合建筑群。

由于奥克尼群岛树木稀缺，因此该地区新石器时代的主要建筑材料为石料；当时居民将干燥的石块平放垒砌成外墙及屋室，用石板铺制地面及内墙。此外，人们还会利用石料搭建房屋内部设置。

1999年，奥克尼群岛中最大的岛——梅恩兰岛上的重要新石器时代遗址群被联合国教科文组织列为世界遗产，该遗址群也被称为“奥克尼群岛新石器时代遗迹的核心地带”。此外，该组织还同时记录了在其他诸岛中发现的大量遗迹。“奥克尼群岛新石器时代遗迹的核心地带”包含四大主要遗址：梅肖韦古墓，是一处通道式坟墓；斯丹尼斯立石，是一处圆形石结构；布罗德盖石圈（Ring of Brodgar），是一处石圈遗迹；斯卡拉布雷遗址（Skara Brae），是一处包含8幢石头房屋的定居点遗址。其附近还有布罗德盖海角（Ness of Brodgar）和巴恩豪斯聚落遗址（Barnhouse），虽然这两处遗址还未正式属于联合国教科文组织的世界遗产，但仍是重要的新石器时代居住和仪式遗址。

### 布罗德盖石圈与斯丹尼斯立石

不列颠群岛错综分布着大量史前石碑遗迹，而这些遗迹多是相似的圆形石结构和立石结构。奥克尼岛上共有两处这类石碑遗址，都是当地有关仪式的景观遗址中不可或缺的部分。考古学家认为，位于梅恩兰岛的斯丹尼斯立石是奥克尼岛上最古老的石碑遗址，建于公元前3000年后一些。立石圈呈椭圆形，由12根巨石组成，不过如今只剩下4根。在斯丹尼斯立石不远处是布罗德盖石圈，其直径可达341英尺（约104米），据估计最初的石圈由60根石柱构成，不过如今仅剩下27根。考古学家认为，布罗德盖石圈是新石器时代奥克尼岛中最晚的一处石碑遗址，约建于公元前第3个千年的后半段

### 布罗德盖海角

布罗德盖海角位于梅恩兰岛，在斯丹尼斯立石与布罗德盖石圈之间。与其他遗址相比，这一海角遗址占地极广，超过6英亩（约2.5公顷）。公元前3300年前后，当地出现最早的居民；又过了大约1000年，历经好几个时期，人口也不断增多。约在公元前2900年，当地居民建造了一座史无前例的大型建筑，长82英尺（约25米）、宽65英尺（约20米）。它是当时举行日常仪式的场所，竣工后，居民们宰杀数百头牛来庆贺。2010年，考古学家的发掘成果表明当地新石器时代居民曾用颜料装饰建筑

## 斯卡拉布雷遗址

斯卡拉布雷遗址坐落于梅恩兰岛斯凯勒湾（Bay of Skaill），是奥克尼群岛上的一处新石器时代定居点遗址。自当地居民搬离此处后，斯卡拉布雷定居点逐渐被流沙及杂草掩盖，直到19世纪，一场大风暴让该遗址重露容颜。1927—1930年，戈登·柴尔德（V. Gordon Childe，1892—1957年）率队对此地进行发掘。此后，无数考古学家前赴后继，纷纷探索、研究这一遗址。

今天展现于我们眼前的斯卡拉布雷遗址，仅剩一部分地穴式建筑，建筑周围是一圈杂草丛生的有机物残骸堆。市面上有很多描述斯卡拉布雷遗址的报道，说早期的新石器时代居民曾在某处建立定居点（地点还未发现），后来又慢慢搬离，来到这些“垃圾堆”附近，在严峻的气候条件下，由于其中包含的有机物残骸能起到很好的保护作用，他们因此在圈里面开始建造住所。不过，最近的研究显示这种说法还是太过简单了。这里的建筑似乎都是独立的，在建成后的几代人时间里是一点点逐渐扎根于残骸堆的，直到最终被废弃。

今天，斯卡拉布雷遗址剩余的8幢矩形房屋，每间长15—20英尺（约4.5—6米），彼此之间由一系列窄长廊相连。每幢房屋内部中央都有一处取暖用的石制火塘，部分火塘周边还有一些小凹室。当时的人究竟是如何建造屋顶的？学者至今没有得出结论。他们可能是先用鲸鱼骨架搭在屋顶，再在上面铺兽皮作为遮挡。

考古学家在斯卡拉布雷遗址里中央房屋的墙壁周围发现了大量精致的石制家具，也是奥克尼遗址中的首例发现。每间房屋入口处的正对面是一个类似梳妆台的石架，不过没有小抽屉。考古学家认为这些石架其实是储物柜，用来摆放装食物和牛奶的容器。屋内中间火塘的另一边是一种石制厢式家具，有专家认为，这些其实就是床，不过它们的作用至今尚不清楚。屋内地面还有一些石坑，当时居民用黏土铺底，以保持干燥、防水。有学者认为，这些石坑极有可能是用来储存甲壳类食物的。

# 美洲最早的农耕活动

农耕活动不是一种地域性现象，曾同时出现或者个别出现在世界上多个地方。有早期的学者据此认为，动植物家养驯化现象的地区最初较少，不过后来这种行为通过人类迅速传播至世界各地。然而，如今有证据证明，多地区中的驯化现象及过程是自行发生的，并未受到外界影响，例如美洲地区。由于家养驯化活动，社群能够稳定地向成员提供食物，因而人们开始长期定居于一处，最终部分地区发展出最早的文明。考古学家将美洲大陆上最早出现农业活动的地区划分为主要的三块：中美洲（中亚美利加洲）、南部美洲和美国东部。三片区域共有的一大特点是栽培作物。在世界上很多地方，动物驯养从未达到与栽培作物同等的地位，欧洲就是如此。

美洲中部的生态多样性丰富，有高山也有洼地，这里生长着温带森林，也孕育着热带森林，沙漠绵延起伏。人类曾在此培育驯化了多种植物，不过，其中最重要的植物或许只有三种：玉米、南瓜和豆类（相较于前两者，豆类的驯化稍晚）。植物的培育驯化现象发生于多片地区，而每片地区的具体过程又存在差异。举个例子，可能一个地区的居民培育驯化出某种特定作物，例如玉米，然后，这种作物通过各种方式被传到美洲中部各地区；而其他某些作物，如豆类，可能是在不同地区经多地居民独立培育种植的。

1. 今天，人们仍可通过几处螺旋形的入口（西班牙人叫它们“渠眼”）进入位于秘鲁纳斯卡城（Nazca）附近的史前哥伦比亚遗址——堪塔约克沟渠（Cantayoc Aqueducts）
2. 19 世纪的一幅图描绘了“筑丘人”在收获时节收割其种植的玉米、南瓜等作物时的场景
3. 考古学家于亚利桑那州贝什巴古瓦考古公园（Besh-Ba-Gowah Archaeological Park）内发现的研磨玉米用石具，萨拉多人曾在约 1225—1400 年在此居住

## 重要事件

| 公元前 1 万年 | 公元前 8000 年 | 公元前 6700 年 | 公元前 5300 年 | 公元前 4700 年 | 公元前 4300 年 |
|---|---|---|---|---|---|
| 更新世末期，全球气候变暖，农耕业逐渐发展。 | 美洲中部高地的居民开始培育种植南瓜及葫芦。 | 培育驯化后的玉米、南瓜和豆类，成为新大陆的三大种植作物。 | 美洲中部低地地区，以刀耕火种为主要方式的农业活动增加了当地的作物收获量。 | 秘鲁北地出现最早的灌溉沟渠，表明当时居民曾进行有组织计划的开掘活动。 | 培育后的玉米被引进至美洲中部高地，此趟旅程是玉米成为与众不同的全球作物的第一步。 |

在美洲中部低地地区，当地居民将8700年前的野生玉米和南瓜，培育成多产作物。有学者认为，最早的农耕活动仅发生在小农户耕种的小块土地上（见图2）。到了7300年前（也有学者认为还要更晚），农民掌握了刀耕火种，砍伐森林开辟耕地，焚烧地表植被，留下的灰烬能短期内提高土壤肥力，然后进行播种。通常经过几轮更替，农民便会迁耕到新地区，再重复之前的耕种过程。

在美洲中部高地地区，早在公元前8000年，当地居民或许便已成功培育驯化了南瓜与葫芦（当时居民仅将葫芦用作器皿，并未开始食用）。公元前4300年，经培育的玉米传至高地地区；又过了2000年，当地居民将野生火鸡的祖辈驯化成今天的模样。与美洲中部一样，美洲南部的居民也培育、驯化了多种植物，这从侧面反映出美洲南部生态的多样性。在南美，早在1万年前，当地居民便已开始培育南瓜。不过，公元前3000—前2000年的这段时期，似乎才是当地植物种植发展的关键时期，而大部分种植行为出现在安第斯山脉。秘鲁和玻利维亚的高地居民最早种植了马铃薯（4500年前左右），约在同一时期内，人类培育出藜麦（主要为获取这种作物的种子）。最近，考古学家在秘鲁北部、太平洋沿岸地区发现了一些灌溉水渠的痕迹（见图1），其历史或许可追溯至公元前4700年。一些身处热带低地的居民也曾培育出多种南瓜和辣椒，还有红薯、菠萝和鳄梨，等等。南美居民驯化养殖了两种动物：第一种动物是豚鼠，这种动物如今依旧是安第斯山区居民的食物；第二种动物为大羊驼与羊驼，约4500年前，当地居民将其驯化为群居动物。

如今美国境内东部地区的居民也曾培育驯化植物，由于当地居民长期独立研究作物和种子储存，最早的家养植物逐渐形成一系列互相关联的作物。公元前3000年左右，南瓜最先被当地居民培育而出；随后当地人又种了向日葵（约公元前2800年）与假苍耳（约公元前2400年）。直到约2000年前，玉米被引进到该地区，由于它在经济上的重要性，玉米最终逐渐取代了这些作物。

尽管位于美国西南部的普韦布洛社群并不是作物耕种的主要中心地带，但研究人员发现，普韦布洛人主要以三种作物为生：玉米、豆类和南瓜。有关美洲西南部地区种植玉米的最早痕迹（见图3）可追溯到约公元前2000年。玉米发源于墨西哥，可能通过人类传播被带到了美洲地区，不过，研究人员至今尚未明确具体的运输路线。当时，为应对全新的气候状况，帮助作物存活，当地居民开始种植杂交玉米。

| 公元前4000年 | 公元前3400年 | 公元前3000年 | 公元前2500年 | 公元前2000年 | 2000年前 |
| --- | --- | --- | --- | --- | --- |
| 美洲中部（巴拿马）和美洲南部（厄瓜多尔）的居民开始种植辣椒。 | 美洲南部居民开始集约种植新种作物。 | 美国东部居民开始培育南瓜，随后紧接着培育了向日葵和假苍耳。 | 美洲南部居民培育种植马铃薯，随后此种作物风靡全球，成为重要的膳食组成部分。 | 培育后的玉米传至美洲西南部，随即成为该地区日益增多的社群内成员的膳食基础。 | 作为美洲北部和中部地区的本地动物，火鸡开始被美洲中部地区驯养。 |

# 瑞尔阿尔托 约公元前3800—前1800年

在瓦尔迪维亚物质文化中，最独特的文物是黏土烧制的人形雕塑。大多数雕塑被发现时已经残缺不全，不过考古学家也曾发掘出完好的雕塑。这些雕塑通常是直立的女性形象，双臂垂至腹部或放在胸口。它们的发型十分复杂，考古学家认为这与瓦尔迪维亚村庄中的某些仪式行为有关

瑞尔阿尔托考古遗址位于厄瓜多尔南部沿海地区的圣埃伦娜半岛，是最著名的瓦尔迪维亚文化（Valdivia culture）遗址之一。20 世纪 70 年代，该处遗址吸引了大量考古学家的关注，尤其是美国学者唐纳德·莱斯罗普（Donald Lathrap，1927—1990年）和厄瓜多尔研究员豪尔赫·马科斯（Jorge Marcos，生于 1932 年）。遗址占地超过 40 英亩（约 16 公顷），位于半岛一处高地上比较平坦的地区，考古学家在其中发现了大量陶器碎片和动物残骸，尤其是软体动物的残骸。

瑞尔阿尔托其实是一座村庄，其中包括大量圆形房屋和部分建在空旷地或露天广场之中的主要公共建筑，建筑物的主要材料是泥土和植物材料。考古学家在遗址屋内和一些贝冢中发现了大量用来处理食材的工具（一些研钵和磨石工具），还有部分工具残骸。像其他瓦尔迪维亚遗址一样，瑞尔阿尔托是太平洋沿岸地区最早制作陶器的地区之一。除陶器外，该遗址中最重要的标志性物件为由黏土烧制而成的拟人雕像，而且大多为女性雕像。

不仅如此，考古学家在遗址中发现了一系列公共建筑区域，他们认为，这些区域极有可能是当时进行社群内部议会的场所，或者是社群领袖的宅邸。此外，瑞尔阿尔托遗址内有一个常见习俗，即村民会将死者埋葬在定居点内的某些角落，但不放置或极少放置陪葬品。考古学家甚至发现人祭的存在。尽管瑞尔阿尔托遗址是瓦尔迪维亚文化下最大的村庄之一，该社群里的政治组织机构却异常简单，其领导者不是经济或政治方面有卓越才能，远超常人的人。

## 焦点

**群落空间组织**

考古学家对瑞尔阿尔托遗址等早期社群内的空间管理十分感兴趣。社群空间分配不是简单地将社会划分为经济与政治两部分，而是一种协调居民的重要能力。最初，定居点内的房屋是呈U形分布的。不过随着社群内人口增长，房屋排列逐渐演变为矩形。此外，有学者指出村落的朝向与太阳运动轨迹也有一定的关联

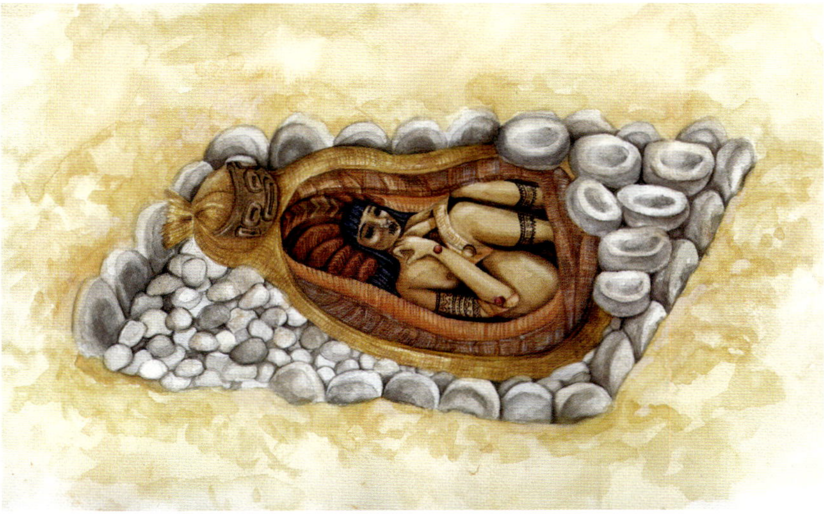

**非同寻常的墓穴**

“B15”号墓穴埋葬了一个35岁女性，墓穴在一个地洞内，外形呈子宫状，周围填满了磨石和大量破损的研钵。墓穴内放有一块刻有装饰的大片陶器碎片、红色的卵石和完整的磨石。厄瓜多尔地区的瓦尔迪维亚文化颇负盛名，其中又以发展了最早的陶器为最。考古学家发现，这名女性被埋葬在一所奉安堂（市内藏骸所）里，他们在其中发现了其他人类遗骸，其中一些是人祭遗骸

## 考古学家名片

### 1932—1971年

豪尔赫·马科斯，生于厄瓜多尔瓜亚基尔市。尽管自幼年起便对考古颇感兴趣，但就读哈佛大学期间，他却选择学习英语文学。1967年，马科斯加入一支考古发掘队，并与考古学家卡洛斯·萨瓦拉斯·梅内德斯（Carlos Zevallos Menéndez，1909—1981年）一起完成了首次野外发掘。几年后，马科斯参加了在秘鲁利马举行的美洲文化学者国际会议，并在会上遇见恩师唐纳德·莱斯罗普。

### 1972—1989年

1972年，马科斯师从莱斯罗普在伊利诺伊大学攻读人类学博士学位；1974—1976年，他与导师一起发掘了瑞尔阿尔托遗址。随后，马科斯于1978年获得其人类学博士学位。两年后，他受邀加入滨海高等理工学院（简称ESPOL），创建考古学科。

### 1990—1999年

1991—1993年，马科斯对欧洲瓦尔迪维亚文化下的物品进行了一系列研究。直至1997年，他前往西班牙，于巴塞罗那自治大学及马德里康普顿斯大学任教。随后的几年内，他成为位于美国华盛顿哥伦比亚特区内的敦巴顿橡树园（Dumbarton Oaks）中的高级研究员。

### 2000年至今

2000年，马科斯回到厄瓜多尔，并带领考古人员研究西班牙人到来之前的水利技术。2007—2009年，他于厄瓜多尔文化部内担任文化遗产部副部长。2009—2013年，他于马纳比省指导塞罗·霍贾斯·贾彭西洛地区（Cerro Hojas-Jaboncillo）的考古项目。马科斯目前担任滨海高等理工学院考古系主任。

# 冶金与炼铜

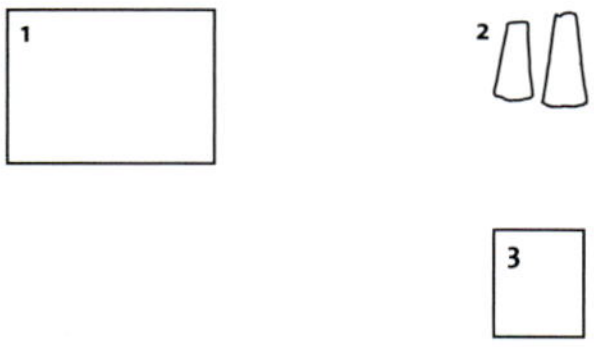

1. 一把制于铜器时代的金梳，发现于西班牙加利西亚省卡尔达斯德雷斯（Caldas de Reyes）市内，因为较重，只能作为收藏品
2. 铜器时代，发源于意大利西部的里纳多尼文化以各种金属制品闻名，包括类似铜斧的工具
3. 考古学家说他们将复原位于西班牙阿尔梅里亚的铜器时代洛斯米利亚雷斯定居点（Los Millares settlement）

虽然早在约 1 万年前，生活在现今土耳其的安纳托利亚东部的居民就掌握了锤炼纯铜或自然铜成型的技术，但直到公元前 6000 年，欧洲东南部的人类才开始懂得提炼矿石，使用冶炼的金属铜。在冶炼过程中，为分离金属铜与各种杂质，人们需将铜矿（通常是孔雀石）加热到约 1100℃。随后，经熔炼的铜或被锻造锤炼至薄片或条状，以备后续成型，或被再次熔化、灌模。

铜的质地较为柔软，因此人类最早作装饰用，或制作斧类的笨重工具（见图 2），此类工具多用来砍伐、切割，但铜斧也会迅速钝化。不过铜也有个优点，可以熔化重铸，因此就能不断循环利用。而铜最吸引人的地方是它鲜亮的橙黄色外表。尽管时间会在它的表面留下斑驳的绿锈，不过重炼后焕然一新的金属铜依旧光芒璀璨，令人向往。因此人类还是更多用铜做装饰物。

铜矿在成为最终的完成品前，需经过开采、冶炼和一系列加工，在某些步骤里，人们还需费力将其从上一步的加工处运至下一步的加工处，炼铜极其耗费劳力。也正是因此，即便在某些铜矿藏量相对较丰富的地区，铜的价值依旧不高；真正赋予其价值的往往是远处加工铜的地方。古人对铜有着异常渴望，他们不遗余力地寻找、开采、展示铜。公元前 5000—前 4000 年，广大东欧居民便对铜抱有如此的热情，这片土地就是考古学家所说的“铜器

## 重要事件

| 约公元前 8000 年 | 约公元前 6800 年 | 约公元前 5500—前 5000 年 | 约公元前 4560—前 4450 年 | 约公元前 4400—前 4200 年 | 约公元前 3900—前 3800 年 |
|---|---|---|---|---|---|
| 土耳其安纳托利亚东部的居民首次对天然铜进行冷锻。 | 希腊居民首次尝试农耕活动。 | 农耕方式迅速扩散至整片欧洲中部地区。 | 黑海沿岸的瓦尔纳公墓投入使用。 | 在波兰北部的库亚维地区布热希奇和奥斯隆基地区，当地居民将铜饰品埋进死者墓穴。 | 不列颠群岛及斯堪的纳维亚南部地区开始进入农业社会的过渡期。 |

时代的发源地”。铜器时代开始于公元前 4500 年，500 年后达到鼎盛期。当时居民曾在巴尔干半岛的矿藏中（如保加利亚的艾伊布纳尔矿区和塞尔维亚的鲁德纳格拉瓦矿区）开采出储量可观的铜矿。考古学家在部分地区的墓穴中，如瓦尔纳地区，发现了大量铜制品。除墓穴外，一些堆积遗址中也发现了铜器，当时的居民出于安全考虑或当作祭品将其藏在其中。那时，大量的铜制品在不同地区间广为流通，而其中最大、最重的铜制品是一把铸有柄孔的铜斧。

公元前 5000—前 4000 年，北欧和西欧地区居民开始扩大对铜的需求。考古学家在波兰北部的库亚维地区布热希奇（Brześć Kujawski）和奥斯隆基（Osłonki）地区中的大量墓穴中，发现了一些铜制装饰品，而这些铜原料来自 500 英里（约 800 千米）外的喀尔巴阡山以南地区。1000 年后，“冰人奥兹”死于阿尔卑斯山时，手里还握有一把由纯铜铸成的斧头。

到公元前 3000 年，铜矿的开采和冶炼在伊比利亚半岛也成为一项重要的日常活动。考古学家曾在许多设防的大型定居点内发现铜矿冶炼的痕迹，例如洛斯米利亚雷斯（见图 3）遗址，也在定居点的墓穴中发现了大量铜制品。最终，在公元前 3000 年下半叶，铜器的使用被传至不列颠群岛。考古学家认为，阿姆斯伯利弓箭手身边放置的铜制小刀实际产自西班牙或者法国西部。除铜器外，阿姆斯伯利弓箭手的陪葬物中还包括部分金饰。在史前欧洲，黄金是另一种极其受欢迎的金属；尽管相较于铜，针对黄金的考古记录少之又少。与需开采的铜矿不同，黄金一般以金片和金块的形式散落在河流沉积物中，人们不断淘金，聚少成多后交至专业的金匠手中（见图 1）。公元前 5000 年，黄金也是十分珍贵的，因此在当时居民于瓦尔纳发现大量黄金后，引起轰动；不过，在其后的 1000 年中，黄金发现逐渐增多，也不再引起什么轰动。此外，考古学家们偶尔会发现含各种饰物的金器堆，比如，在保加利亚霍特尼察（Hotnitsa），考古学家曾发现一座金器堆，包括 4 件金制护身符、39 件呈螺旋形的指环和一件重约 310 克的螺旋形手镯。处理黄金不一定要高温，当时居民主要靠锻造锤打成金箔或其他较小的形状，用来装饰衣物或嵌在木器、陶器表面。

最后，在丧葬中展示铜、金饰品和一些铜器，其实是人们在向社群的其他成员传达某种信息，能告诉大家如何获取这些金属，反之也说明了冶炼金属时要做哪些准备。若一户人家为去世的亲人戴上这种珍贵的、令人艳羡的饰品，这对外人而言也是一种强烈暗示，表明这家人运气也好，技术也罢，都有能力获取并掌控自己的财产，毕竟一旦入土，金饰便永远消失在人前了。葬礼中展示铜与金，可以说已成为丧葬活动的一部分。其作用不在于炫耀死者的荣光，而是那些在世的亲属向社群成员传达一些信息。

| 约公元前 3300 年 | 约公元前 3200 年 | 约公元前 3200—前 2300 年 | 约公元前 2900 年 | 约公元前 2400 年 | 约公元前 2380—前 2290 年 |
|---|---|---|---|---|---|
| “冰人奥兹”手握一把铜斧死于阿尔卑斯山。 | 爱尔兰居民建造了纽格莱奇通道式坟墓。 | 西班牙南部的铜器时代发展至鼎盛时期，出现大量诸如洛斯米利亚雷斯定居点等遗址。 | 在英格兰南部地区，史前巨石柱进入建造初期阶段。 | 爱尔兰凯里郡罗斯岛（Ross Island）上的居民开始开采铜矿。 | “阿姆斯伯利弓箭手”抵达英格兰南部。 |

# 瓦尔纳黄金 公元前5000年

惊人而且神秘的“43号墓穴”是瓦尔纳墓穴中的标志性发现，它在瓦尔纳考古博物馆里的复制品也是游人参观的重点

黑海沿岸保加利亚境内的瓦尔纳市，是一座著名度假小镇，随着内陆地区工业化发展，当地人在此发现了一座公元前5000年的、堪称欧洲最惊人的墓地。1972年，建筑工人无意中挖掘出许多史前墓穴，一些墓穴埋有黄金制品及其他有趣的陪葬品。1974年，考古学家又发现埋藏大量黄金制品的“36号墓穴”；随后，他们又陆续发现的“41号墓穴”“43号墓穴”，黄金制品数量依旧可观。这些发现将瓦尔纳墓地成为重要的铜器时代遗址。到1991年发掘工作结束，瓦尔纳地区共发掘出294座铜器时代墓穴。通过近年高精确度的年代测量工具，研究人员推断墓地的使用时间是公元前4560—前4450年。

在大量墓穴中，藏品最丰富的是“43号墓穴”，其中还埋有一具40—55岁的仰卧男子骸骨，身长5英尺9英寸（约1.75米），周身埋有990件金器，总重量超过1磅（约0.45千克），包括圆珠、指环、贴花、匾牌、耳塞、臂环和口中填充物等。除此之外，考古学家还在墓穴中发现一柄权杖，顶端是一块石制杖头，手柄是木质的，外部包裹着多片金箔，给人一种由纯金打造的错觉。考古学家还发现了一串由裹着金箔的海菊蛤穿成的手链。同时，他们在死者臀部附近发现了一件特殊的金制管状物，有人认为，这其实是墓主人的阴茎护鞘，不过部分考古学家反对这一说法。“43号墓穴”中埋藏的其他陪葬品，包括陶器、铜斧、铜錾、铜锥和大量刀片，其中一个刀片长达15英寸（约39厘米）。

考古学家认为“43号墓穴”中埋葬的是社会地位很高的男性，极有可能是族长或国王。在对瓦尔纳墓穴中的大量骸骨进行了氮-15及碳-13同位素分析后，学者发现在大量死者中，“43号墓穴”主人不仅陪葬品最为丰富，其生前饮食种类亦十分多样，他体内的海洋蛋白含量比其他死者的总和还高。这一发现引发了考古学家的一系列问题：身处瓦尔纳这样一个沿海社群，这个男人是否掌握了获取海产的特殊方式？或者，他是否曾沿黑岩而下抵达更远的地区，捕到了更多鱼类？

## 定位

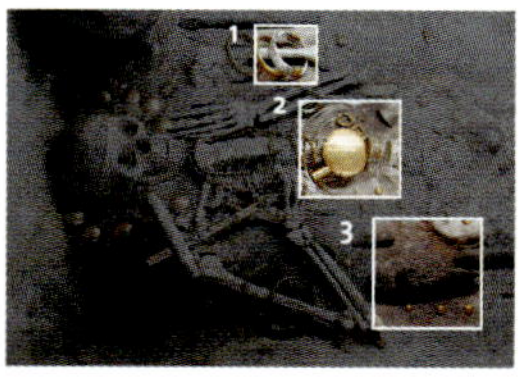

1. 贝壳

考古学家在瓦尔纳地区发现了超过 1000 件由异棘海菊蛤（一种海生贻贝）贝壳制成的臂镯、圆珠和坠饰。研究发现，这些异棘海菊蛤来自爱琴海。除海菊蛤外，考古学家还在瓦尔纳地区发现 12000 件来自爱琴海的角贝壳（一种更小的海生软体动物）

2. 黄金

考古学家共在 62 座瓦尔纳墓穴中发现了超过 3000 件金器，总重量达 13 磅（约 6 千克）。其中仅仅 4 座墓中发现的黄金重量便占这批黄金总重量的 80% 以上。有关学者认为，瓦尔纳地区的黄金极有可能来自土耳其和保加利亚交界处附近的一处漂砂沉积区

3. 工具

无疑，金制品是瓦尔纳地区最重大的发现，尽管如此，考古学家同样也在瓦尔纳墓穴中找到了大量铜制、燧石制及贝制器物。他们发现，大多数铜器被铸成锤斧式样，而燧石刀具通常由细长的高质量石料制成

▲ 令人惊讶的是，瓦尔纳墓葬中大量墓穴（约占总量的15%）仅有一座石碑，并无遗骸。这种象征性墓穴的含义至今尚不明确，不过有人认为，这些象征性的墓穴属于那些客死异乡、无法魂归故里的瓦尔纳人。考古学家在三座石碑墓穴中发现了大量黄金："1号墓穴"中发现216件金器，"4号墓穴"中发现339件金器，"36号墓穴"中发现875件金器。考古学家在这三座墓穴中发现一个有趣现象，即每座墓穴中都有一柄权杖（图为发现于"36号墓穴"的权杖），这是一种权力的象征。此外，他们在另外三座石碑墓穴中发现了带有金饰的黏土面具，这些面具就放在原本是死者头部的位置

## 金制陪葬品

通常，瓦尔纳地区的墓坑呈长方形，坑深 1—8 英尺（约 30—250 厘米）。其中约 85% 的墓穴中埋有遗骸，且这些墓穴要么在边缘地区，要么在划定的墓区内，剩余的 15% 仅仅是象征性墓穴。在大量墓穴中，只有 5 座没有陪葬品，其他部分墓穴内的陪葬器物多达上百件。瓦尔纳墓群中的黄金是人类最早发现的大批量黄金，其他遗址中的黄金储量都无法与其相比，直到考古学家在美索不达米亚地区发现了距瓦尔纳墓群 1000 年历史的乌尔王朝皇家墓地。

目前，考古学家仍然在试图理解瓦尔纳墓穴的含义。尽管欧洲东南部地区的其他墓穴中也出土了大量陪葬品，不过瓦尔纳墓穴中陪葬品的华丽程度仍然独树一帜。除墓穴的象征性意义（死者后人需为其举行下葬仪式）外，瓦尔纳社群是第一个以如此精确的方式区分死者生前地位、权力、名望和财富的人类群体。

不同于其他遗址，瓦尔纳墓群和附近已知的定居点没有直接关联。有学者认为，该墓地其实出自黑海（如今已是一片内陆湖）入海口沿岸的一些同时期定居点的居民，不过这些定居点如今已被淹没，无从研究。

# 欧洲的巨石文化

1 考古学家在博纳布罗恩墓穴的墓室中发现了近33具遗骸的残骨，研究发现，这些尸体先被停置于别处，待肉体腐败后，人们再收敛骸骨，下葬至此

2 卡纳克巨石林是位于布列塔尼半岛南部莫尔比昂湾巨石建筑群的中心

3 巴尔内茨墓穴为一处由诸多小石块堆砌而成的巨型石冢，内含诸多墓室与通道。石冢长236英尺（约72米）、高26英尺（约8米）

欧洲西北部诸多景观中最令人印象深刻的一处，是大量由巨石建成的远古遗迹，统称为“巨石文化”。约公元前4500年，建造巨石建筑的传统出现于布列塔尼半岛，直至公元前3000年，英格兰南部地区居民建立了史前巨石阵，随后该传统在几百年里逐渐没落。因此，有关学者认为，巨石文化主要是与新石器时代早期的农耕社会息息相关。

巨石文化包括两种建筑：一种是墓碑建筑，另一种是立石建筑，两种建筑都与宗教和其他仪式活动有关。此类建筑与欧洲西部、北部的地质情况不无关系：这些地区地表岩石裸露，巨石散落在田间，为人们提供了主要建材。当时居民需要先选择形状、大小合适的巨石，将其运至计划建造的地点，随后想办法将每块巨石运至精确的位置。建造巨石建筑需要耗费大量劳力，在建造的过程中还可能需要役畜、各种滚轮、杠杆、绳索和坡道。在那些著名的巨石建筑中，有部分其实是墓穴，而墓穴建筑又有一套复杂的分类方法。一些极其简易的墓穴建筑称为“支石墓”（Dolmen），这种墓葬的墓室仅由几块竖立的巨石围成一圈，顶部搭有一块巨型顶石。爱尔兰西部克莱尔郡的博纳布罗恩墓穴（Poulnabrone tomb，见图1），便是一处著名的支石墓。最近，有学者对其进行放射性碳定年检测，结果发现该支石墓在公元前3800年左右投入使用。

## 重要事件

| 约公元前4400年 | 约公元前4000—前3800年 | 约公元前3800年 | 约公元前3500年 | 约公元前3200年 | 约公元前3100—前2600年 |
|---|---|---|---|---|---|
| 布列塔尼半岛居民开始建造巴尔内茨通道式墓穴。 | 不列颠群岛和斯堪的纳维亚半岛地区开始向农业社会转变。 | 爱尔兰居民开始建造博纳布罗恩墓穴，并开始举行最早的葬礼。 | 斯堪的纳维亚半岛居民开始建造巨石墓穴。 | 爱尔兰居民开始建造纽格莱奇通道式墓穴。 | 当时居民在苏格兰奥克尼郡的斯卡拉布雷地区建立居落。 |

更精致的巨石墓穴称为“通道式墓穴”。法国布列塔尼半岛沿岸地区的巴尔内茨（Barnenez）墓穴建于公元前5000年，是世界上最古老的通道式墓穴之一。该墓穴由11个独立的墓室组成，每间墓室都有一条通向外界的通道。另一种重要的巨石建筑是立石建筑，又称为“长石”。立石建筑时而单独耸立，时而多块成群，有时呈环状分布，有时呈线型排列。虽然有学者认为这些立石、环状石阵、线型石阵极有可能是某些仪式的中心，不过至今也无法全面理解这些建筑的意义。

约公元前3300年，在布列塔尼半岛南部的卡尔纳克，新石器时代的社群居民开始将立石排成长列（见图2），名为卡尔纳克石林（Carnac alignment）。相比于近1000年建造用的大型立石，这些石块稍小，不过数量远超前者。其中的梅乃克石列（le Méneca lignment）的立石建筑大致由10列组成，彼此平行，绵延约1200米，包含上千块巨石。科马里奥石列（Kermario alignment）在立石数量上也不输前者，使用了近千块立石，石列包含7条主列，其中3条约长1000米，其他立石也大致按此排列。卡尔纳克石林的作用至今尚不明确，不过有学者认为，它们其实是举行仪式活动时队伍行进的通道，通向举行仪式活动的环形石阵。

当然，最著名的巨石遗迹还是巨石阵，其建造的历史相当漫长。当人们将其与欧洲西部、北部地区的其他巨石建筑进行对比时，会发现许多相似点。若考虑到巨石阵周围的地形条件，人们可以发现，卡纳克巨石林的建造方案也适用于其他已发现的巨石建筑。至今，巨石建筑仍是一种极为神秘的考古建筑，不过，随着考古技术不断进步，新发现不断出现，这一谜团最终将被解开。

| 约公元前2900年 | 约公元前2900年 | 约公元前2800年 | 约公元前2600年 | 公元前2500—前2000年 | 约公元前2200年 |
|---|---|---|---|---|---|
| 奥克尼群岛居民建立起斯丹尼斯立石。 | 巨石阵初期建造阶段。 | 奥克尼群岛居民开始建造梅肖韦古墓。 | 巨石阵的建造进入收尾阶段。 | 爱尔兰西南部居民挖掘一种“楔形墓穴”。 | 奥克尼群岛居民开始建造布罗德盖石圈。 |

# 爱尔兰通道墓 公元前4000—前3000年

爱尔兰的通道式墓穴常坐落于某些风水宝地，例如博因峡谷内的纽格莱奇墓，由于需进行各种仪式，这些墓穴对地形颇具要求。出于仪式活动要求，墓穴建筑和偶尔的改动将宇宙、建造者、其祖先及后人紧密相连

尽管考古学家曾在欧洲西部及北部多地发现巨石构成的墓穴，不过，位于爱尔兰的新石器时代墓穴还是因其多样外形、特色建筑、地理分布和艺术形式成为众多墓穴中的翘楚。公元前 4000 年下半叶，爱尔兰巨石墓穴的建筑工艺到达顶峰，当时的居民集中建造了几处通道式墓穴群，墓穴的主体建筑埋藏于石碓和土丘下，经一条狭窄的墓道与外界相连。

其中，四处主要的通道式墓穴群规则排列，仿佛一条腰带，从大西洋沿岸延伸至爱尔兰海，横跨爱尔兰地区。每处墓地中包含近 30 座通道式墓穴。自爱尔兰西岸开始，头一个墓穴群是卡洛莫尔墓区，该墓区地处库里·伊拉半岛，属斯莱戈郡，从墓区可望见远处高耸的诺克尔纳伊山和山上名为“梅芙女王墓”的巨型石冢（有学者认为它是一座建于新石器时代、未经发掘的通道式墓穴）。自卡洛莫尔墓区向东南内陆深入 19 英里（约 30 千米），便来到了布里克利夫山脉（Bricklieve Mountains），卡罗基尔（Carrowkeel）通道式墓群就坐落于山顶。向东前进 47 英里（约 75 千米），来到米斯郡，就能看到通道式的拉夫克鲁（Loughcrew）墓穴，还有几处山顶上的堆石界标。最后的一个墓群是在爱尔兰岛东岸博因河（River Boyne）转弯处，有三座代表性墓丘：那奥思墓（Knowth）、道思墓（Dowth）和纽格莱奇墓（Newgrange）。在附近的塔拉山上还有另外几处独立的通道式墓穴，如弗耐克斯（Fourknocks）墓和“俘虏墓”。

这些通道式墓穴汇聚了过去、现在与未来，被火化的人类骸骨、各式各样的陪葬品、石器上独特的设计、墓室的排列和等待日出日落的墓道，仿佛都在诉说着什么。无论对其建造者，还是这些居民的后人而言，这些遗迹都意义非凡。

**通道式墓穴**

图为拉夫克鲁通道式墓穴，入口通道两侧墙壁由竖直的石板支撑构成。顶石横置于支柱石板之上，层层垒为墓穴屋顶。通道一端的宽度逐渐扩大，最终形成一间圆形墓室；墓室两侧延伸出大量面积稍小的侧室。主墓室屋顶采用枕梁技术，石板水平铺制，层层垒叠缩小，最终汇于一处

**巨石艺术**

爱尔兰的通道式墓穴见证了一种独特艺术风格的发展，此类艺术通常是在石头上雕刻进行设计，长久以来，人们可能只把它当成爱尔兰建筑的一种，或爱尔兰石冢的外围标记。传统的符号是一种圆滑的双螺纹图案，就像图中的与纽格莱奇墓中发现的图案一样。此外还有两种传统图案：放射状的线条与锯齿形的线条

## 纽格莱奇墓与冬至日

尽管式样与其他通道式墓穴截然不同，博因峡谷中纽格莱奇墓依然是爱尔兰最著名的巨石墓穴。该墓穴位于都柏林市，每年成千上万的到此的游客不绝如缕。由于坐落在山巅，巨大的墓丘大老远就能吸引目光。不过，游客所见到的纽格莱奇墓的建筑外观，其实是 20 世纪 80 年代当地政府建造的复制品，人们可以在墓穴入口发现散落的白石英和花岗岩，是最早的墓穴外围石料碎裂后掉落的。针对当地政府重修纽格莱奇墓的行为，各界争论不休，许多考古学家认为这简直是瞎胡闹，或者更糟。

不过，这座巨石建筑的内部空间依然保有原貌：墓道长 62 英尺（约 19 米），从入口一直延伸至中央墓室，主墓室旁有三间侧室。中央墓室顶部的枕梁距地面 12 英尺（约 3.6 米）。入口处有一块巨石，刻满了大量螺旋形图案和其他几何图案。

纽格莱奇墓有一项独特之处，即每年 12 月 18 日—23 日这六天日出时，阳光可以直射进墓室通道，随着太阳东升，阳光最终可以充满墓室。而这一现象其实来自墓穴入口的一处独特的设计。很明显，冬至日对纽格莱奇墓的建造者们来说有某种非凡的意义，无论当天旭日是否会被云层遮蔽。试想当时居民的建造计划：动工前，他们需先明确标记太阳升起的方位及角度，因此可能需提前一年做规划。等建造时，他们又要时时留意标记，按设想与计算堆砌石块。在竣工后的几年里，他们极有可能为改善阳光投射效果而不断调整。如今，每到 12 月 18 日—23 日，每天都有超过 3 万名游客预约参观，希望能亲眼见证阳光照亮墓道与墓室的奇景。

# 英国巨石阵 公元前2900年以后

公元前2620—前2480年，巨石阵经大面积改造。首先，当时的居民将三巨石结构（由两块竖立的巨石和一块砂岩横石构成）排成“马蹄铁形”，再在其周围环置一圈砂岩立石和横石。最后，他们从奥布里坑（Aubrey Holes）里挖掘出大量青石，并将这些青石放在石阵中央，围绕成又一个环形阵列。此外，他们还在石阵入口处，沿着巨石与巨石之间的空隙竖起更多的青石

巨石阵（Stonehenge）位于英格兰南部的索尔兹伯里平原（Salisbury Plain），毫无疑问，该遗址是除吉萨金字塔群外辨识度最高的考古遗迹。几乎每位考古学家一生中都曾至少造访过这里一次。无论艺术、文学还是大众媒体，巨石阵都是其话题的宠儿。同时，对于某些渴望探寻精神力量的现代人来说，巨石阵也是一个重要的场所。

在过去的400年，无论是古文收集者还是考古学家都对巨石阵情有独钟。可能是为了保持该遗址的神秘感，针对该遗址的研究始终进展不大，不过即使各种调查研究慢慢掀开了巨石阵的层层面纱，考古学家们对它的热情依旧不减。巨石阵是不列颠群岛大量环绕沟渠的巨石遗迹之一，这些遗迹被通称为“圆形石结构”。“Stonehenge”一词本是古英语中表示绞刑的词语，因为其外观很像绞刑架。经过多年不懈的努力，考古学家已经搞清楚了巨石阵的建造过程，他们认为巨石阵建于约公元前2900年，几百年后竣工。而且，考古学家们还努力找出了建造主要建筑的石料来源。后来，巨石阵内部的部分新发现，让人们对在这里举行的古老仪式有了新的认识。接着，巨石阵展现的种种与天文学相关的排列，成为考古学家进一步探寻和推测的课题。最终，考古学家对巨石阵周围地形进行调查，并利用测磁法和透地雷达对其周围进行地球物理勘测，发现了大量与巨石阵建于同时期的其他遗迹。不过，这些新的发现又伴随着越来越多新的问题。

**最早的巨石阵**

约公元前2900年，英格兰居民开始挖掘沟渠建造石碓，最初的石阵直径长330英尺（约100米）。初期工作完成后，他们在石碓里圈挖出了56个坑洞，这些坑洞后被约翰·奥布里（John Aubrey，1626—1697年）发现并命名为“奥布里坑”。最初人们认为这些坑洞是木桩的嵌孔，不过最近有研究显示，这些坑洞其实是某种短小竖立的青石组成的石窝，不过青石后来被当地的居民搬走了，当时的居民也是在巨石阵里举行各种仪式

**建造巨石阵**

通过巨大的石块（包括三巨石结构和砾岩石环）和立石顶端恰好可以嵌入横石内测的凹陷，我们可以了解巨石阵建造者所掌握的建造技巧。当时居民利用杠杆将立石抬起，并缓缓滑入坑洞之中；随后，他们需将横石抬升至高于立石顶端榫结构的位置，并水平移动横石，直到横石上的榫眼恰好位于榫结构正上方，随后缓缓落下横石

## 青石及砾岩的来源

巨石阵最伟大的一点便体现在当时居民为获得建造用石所付出的艰辛努力。考古学家经研究发现，石阵中心的青石来源于威尔士南部的普雷塞利丘陵（Prescelly Hills），而该处距巨石阵约150英里（约240千米）。当时居民先在威尔士挖出青石，然后可能将其装上木筏，一路沿布里斯托尔湾航行，直至水路尽头；最终，再将其拖拉上岸，陆运至索尔兹伯里平原。而用于建造巨石阵的青石，单单一块便可重达4吨。若当时居民运输的为同重量的现代汽车会困难得多，好在其运输的是石料，在之前耗时几百年的支石墓及通道式墓穴建造过程中，人们已熟练掌握石料的挖掘及运输技巧。

虽然青石的体积已然不小，不过相比于建造三巨石结构和由立石横石搭建而成的石环所用的大块砾岩，其尺寸不过是小巫见大巫：砾岩的长度可达30英尺（约9米），而其重量可达22.7吨。考古学家发现，这些砾岩产自北威塞克斯丘陵地区（Marlborough Downs），位于巨石阵以北约32千米处。这些石块究竟如何被运输至巨石阵？考古学家提出了大量假设。他们认为仅凭简易的滚轮无法有效实现此项工作，而若是修建了一条平整道路，那么冬天时道路必定冰封，因而此猜想似乎也不大可信。有人提出，当时居民可能在起伏地区铺设木轨，并在木轨上涂抹润滑油，这样他们就能用某种重型吊架沿木轨将石料运输到远方。石料虽然运输成功，不过投入其中的人力、牲畜数量惊人。考古学家认为，由硬木制成的杠杆，以及由树皮制成的粗绳是重要的运输工具。当时的部族领袖们需要耗费多年甚至几代人的时间才能组织整个管理运输过程。

# 3 | 文明的曙光

## 公元前 3000—前 1000 年

青铜时代，原有技术不断发展，新兴技术不断出现，社会成员的生活方式更复杂。统治者居于人口中心地区，社会控制、宗教权威、工艺生产和其他非农业生产活动开始集中到这些地区，接着城市逐渐出现，伟大的城市文明初露锋芒。约公元前 3000 年，尤其在美索不达米亚、埃及、巴基斯坦、中国等地肥沃的河谷中，早期形式完善、阶级分明、以城市为基础的社会逐渐形成。

注：书中地图系原文插附地图

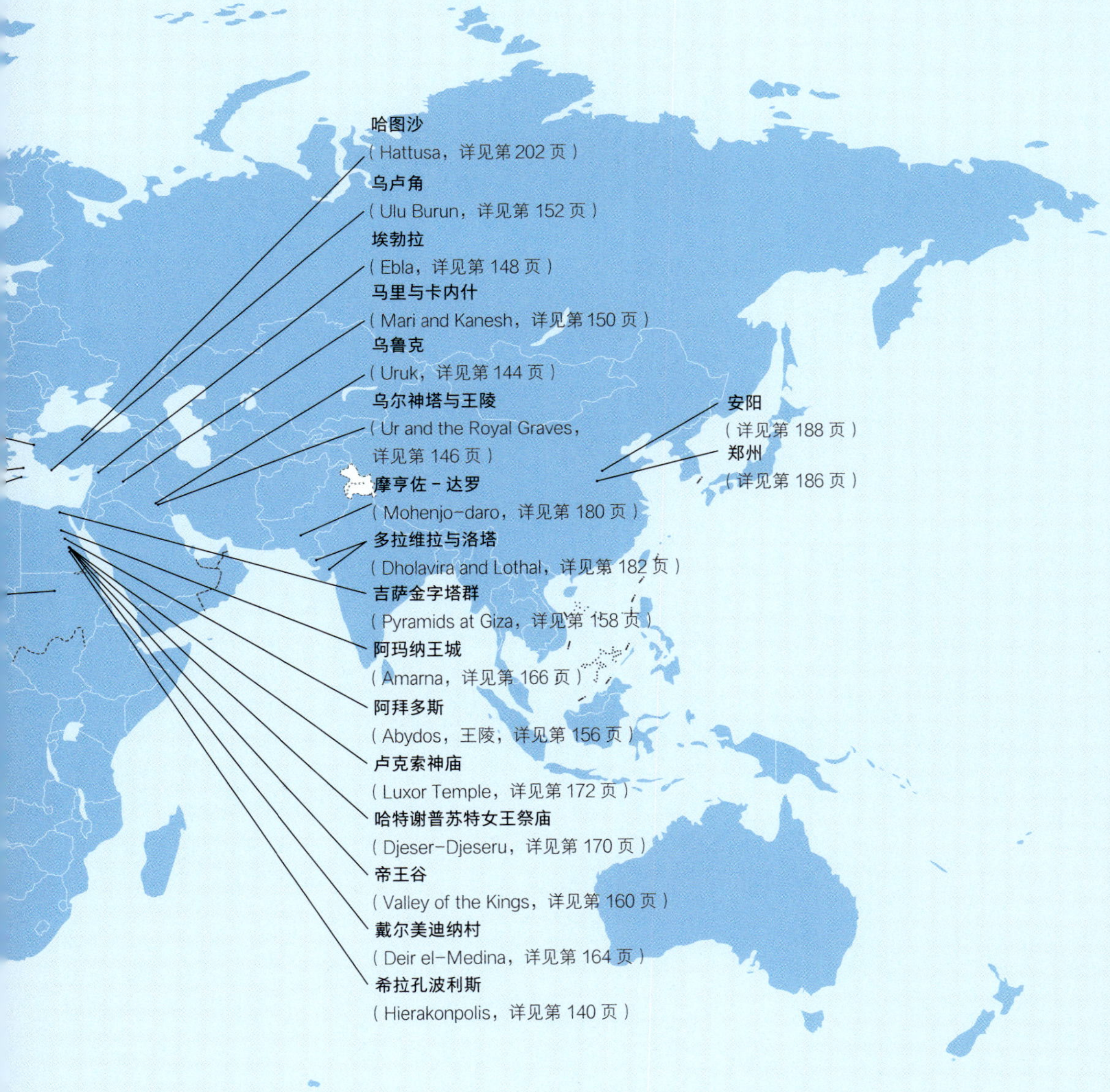


此地图的虚线为未定国界

# 青铜：社会转型的载体

1. 一件象鼻高举的象形青铜酒樽，源自商朝（约公元前 1600—前 1046 年）。象鼻顶端卧有一只猛虎和一个鸟首，酒樽表面刻有祥云雷电、夔（龙）和妖魔面具

2. 1987 年，考古学家首次在威尔士北部兰迪德诺地区大欧姆半岛（Great Orme）上发现了青铜时代的铜矿坑，他们认为，这是有史以来发现的最大史前金属矿

3. 1902 年，考古学家在丹麦西兰岛西北部海边特朗德霍尔姆沼泽中的一处泥沼地里发现了由青铜与黄金制成的雷鸣太阳战车（公元前 1400 年）。他们认为战车圆盘的两侧用于纪年

公元前 3000—前 2000 年，青铜这种铜锡合金，成为整片欧洲大陆最重要的工业金属。在自然界中，铜矿和锡矿通常不会产于一处，所以当时居民需分别在两者矿源地进行开采、提炼，再运至一处炼成合金，合成后的青铜经过浇铸、锤炼，最终成为工艺品。一部分工艺品是仿照物，是前人曾用石料、兽骨及木材制作成粗糙的成品；另一部分无论在外形还是在复杂性上都是创新，其中青铜制装饰物与兵器最能体现这一点。同样的物品，青铜器物比其他任何陶制、石制、骨制或铜制的器物更耐用。青铜制的工具和武器通常有锋利的边缘，结实，也不易变形；如果最终依旧没有逃过废旧破损的命运，它们还可以回炉重造，浇铸成时新的模样。

为了合成青铜，人们不断搜寻可供长期开采的矿山，发现的铜矿资源也不断增加，例如发现于喀尔巴阡山和阿尔卑斯山铜矿。此外，人们在威尔士（见图 2）及爱尔兰地区也发现了新资源；在爱尔兰西南部的米森半岛上，人们发现了加布里埃尔山铜矿遗址，有证据显示当时人类曾开采洞中资源，如今造访游客还有可能在洞中找到矿工曾使用过的石锤。不仅如此，塞浦路斯（该名字源于希腊文中的“铜”）、土耳其、黎凡特、伊朗等多地也是铜矿的开采地。相较于铜，金属锡更稀有，主要来源仅为锡矿石。在欧洲，锡矿供应地主要包括英国康沃尔、西班牙、安纳托利亚等地；除此之外，亚洲中部地区也有少量锡矿资源。在中国，商代的青铜器（见图 1）赫赫有名，究其缘由，正是由于该朝代发源于黄河沿岸，河岸丰富的矿产资源满足了其对锡石的需求。

## 重要事件

| 约公元前 3500 年 | 约公元前 3300 年 | 约公元前 3200 年 | 约公元前 2580 年 | 约公元前 2300 年 | 约公元前 2000 年 |
|---|---|---|---|---|---|
| 地中海东部地区居民初次人为地将铜与锡制成合金。 | “冰人奥兹”死于阿尔卑斯山，死时手内还握有一把铜斧。 | 青铜时代出现于爱琴海地区。 | 埃及地区居民修建胡夫金字塔（Great Pyramid of Giza）。 | 英格兰居民埋葬了阿姆斯伯利弓箭手及他的铜刀。 | 青铜时代的新产物传至欧洲北部地区。 |

研究史前冶金的专家表示：当合金中锡含量为 10% 时，青铜质地最坚硬且最适宜制造兵器；当合金中锡含量为 6% 时，青铜合金较柔软，可锤打成薄片或用于制作盔甲；而当锡含量超过 10% 时，青铜的质地变得极脆，极易破损。

长久以来，人们总以一个人拥有金属制品的数量来衡量他的社会地位，后来，随着对青铜需求量的增加，人们渴求更专业的技术与知识，需要更高效地开采、运输原材料，这些需求为史前社会带来转变性的影响，同时改变了个人获取权力与财富的方式。矿源地附近的社群掌握着关键的金属铜与锡，囤积居奇，要求别处居民用商品货物交换矿物原料。随后，铸块（锭）的运输和可回收的废旧金属品变得越发重要。举例来说，考古学家在土耳其乌卢角发现了一艘载有 10 吨铜锭及 1 吨锡锭的沉船（约公元前 1300 年）。此外，他们还在英格兰兰登湾的水底发现了 400 多件青铜制品，他们认为，这些青铜制品其中一批是从法国运往英国的回收金属货物。

在整个古代社会，青铜制品的价值都居高不下，因而人们极度渴望占有，这种内驱力刺激了其他可供交换产品的生产。例如，丹麦地区的铜锡矿石资源相对匮乏，然而有学者曾在该国发现一批数量庞大且制作精良的青铜工艺品（见图 3）。随后，研究人员发现，公元前 2000 年，当地农产品、羊毛、兽皮及鱼干的产量远超以往，当时的居民甚至将被俘的敌人作为奴隶贩卖，以换取铜、锡和青铜制品。

| 约公元前 1800 年 | 约公元前 1600 年 | 约公元前 1500 年 | 约公元前 1300 年 | 约公元前 1200 年 | 约公元前 500 年 |
|---|---|---|---|---|---|
| 德国东部蒂宾根（Leubingen）地区居民在部分墓穴中埋入大量陪葬品，这一行为表明当时欧洲中部地区存在居民的社会地位差异。 | 锡拉岛（圣托里尼岛）火山喷发。 | 中国商朝出现了大量青铜器。 | 一艘轮船于土耳其乌鲁布伦海峡沉没，上面装载了大量铜锭与锡锭。 | 在欧洲及中东地区，人们在日常工具制作过程中逐渐用铁取代青铜。 | 法国勃艮第省北部维市（Vix）的一处墓穴中埋藏了大量来自意大利南部的手工青铜容器。 |

# 阿姆斯伯利弓箭手　约公元前2380—前2290年

阿姆斯伯利弓箭手墓穴中出土的大量种类各异的陪葬品表示，其在当时社会中地位较高。而石砧和垫石的发现，为其获得社会地位的方式提供了线索。尽管其埋葬地点并不靠近任何一处金属矿区，不过考古学家认为，他实际是一名制作铜器及金器的能人

2002 年，位于巨石阵以南 3 英里（约 5 千米）处的英格兰南部城镇阿姆斯伯利市正在大兴土木，当地政府欲新建一所学校。动工前，考古学家曾对该区域进行调查，偶然发现了一座埋有大量藏品的成年男子墓穴。墓穴中埋葬的男子呈蜷曲状，向左侧躺，头部正对东北方。后续研究分析表明，该男子的年龄在 35—45 岁，高约 5 英尺 9 英寸（约 1.8 米）。他曾膝盖受伤，可能长久以来行动不便。在利用放射性碳测年法对其骸骨进行测定后，考古学家发现，他生活的年代刚好处于石器时代和铜器时代的交接点。

在阿姆斯伯利弓箭手生活的年代里，欧洲西北部居民刚刚学会冶炼金属，而东南部居民已懂得利用铜和锡制作青铜合金；而此项技术在三百年后才传入不列颠群岛。考古学家在弓箭手的墓穴中发现了由铜制成的陪葬刀具，而这些金属铜则似乎产自西班牙，这表明欧洲西部各地间社群联系紧密，而阿姆斯伯利弓箭手为这些社群网络中的一员。公元前 3000 年末期，地区间往来不断发展，青铜冶炼技术最终传入欧洲西北部地区，随即青铜制品迅速被当地群众当作地位的象征。

考古学家在墓穴中还发现了其他一些陪葬品，包括一对护腕、一块疑似石砧、四颗野猪獠牙和两件小巧金器（考古学家认为这两件金器实际为发饰）。此外，考古学家在尸体周围发现了五樽无柄酒杯，因其形状类似倒置的钟罩，故将其称为钟形陶器（贝尔陶器）。与此同时，阿姆斯伯利弓箭手的尸身之上置有 17 个带有倒钩的燧石箭头，一座墓穴中有数量如此多的箭头，着实令人意外。

**护腕**

死者的一只手腕上戴有一块经打磨的、平滑的穿孔石环，另一个石环则摆在一边。这些石环在传统上称为护腕，用于保护持弓的手免受弓弦的伤害。不过，另有一些考古学家对其作用表示怀疑，他们认为，这些护腕并不实用，而是一种地位的象征。无论这一说法是否正确，人们根据在墓穴中发现的大量射箭装备，将墓穴中埋葬的该名主人称为“阿姆斯伯利弓箭手”

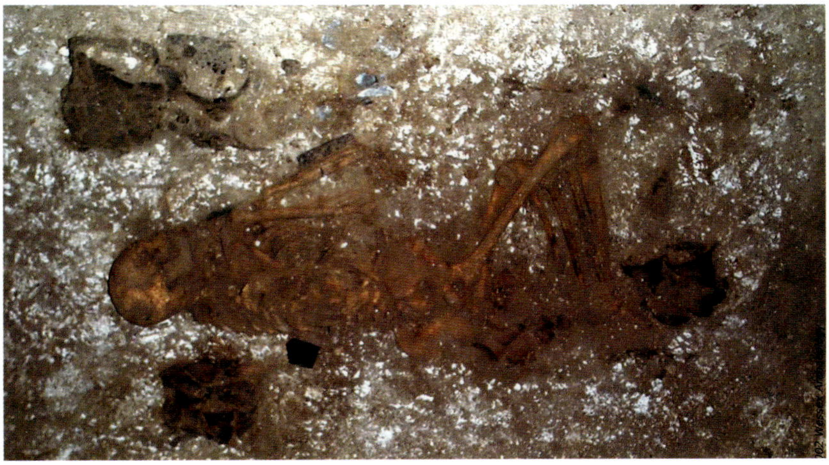

**遗体和陪葬品**

阿姆斯伯利弓箭手的身躯呈蜷曲状，周围散落着 100 多件陪葬品。其背部附近的黑色物件是当时打磨金属制品时用的垫石；其头部及双脚两侧各有一些黑色区域，放着钟形陶器；头部两侧陶器堆放区附近有一些燧石箭头，藏在缝隙里；尸体一臂边放着一只护腕。除这些外，考古学家还在墓穴中发现了若干金属制品

## 牙齿中的奥秘

近年来，考古学家通过对部分史前墓穴中死者的牙齿进行分析，大量了解到古时人类的迁徙分布。而分析的关键在于牙齿中氧和锶的同位素含量：在牙齿中，牙釉质形成于幼年时期，通过对其中氧和锶的同位素比例进行检测，可以得知牙齿主人幼时的成长地点。牙釉质中的氧元素来自饮用水，居住于较温暖地区的居民，其牙釉质中所含的氧－18 及氧－16 比例明显高于居住于寒冷地区的居民。另一方面，牙釉质中的锶元素初占比例由个体生活的地区地质决定，随后受其饮食食物链影响。测量可知，不同地区居民牙釉质中同位素锶－87 及锶－86 的含量大不相同。

通过对阿姆斯伯利弓箭手的牙齿进行同位素氧的测量，考古学家发现他少年时曾生活于寒冷的地区。虽然符合这一条件的地区从斯堪的纳维亚地区至阿尔卑斯山附近，十分广阔，不过在对其牙齿中的同位素锶进行测量后，北部地区被有关研究人员排除在外。将同位素氧及同位素锶的比例综合分析后，考古学家发现，阿姆斯伯利弓箭手青年时住在欧洲中部，极有可能是阿尔卑斯山山麓，成年后才前往英格兰。

2003 年，继发掘阿姆斯伯利弓箭手的一年后，考古学家又在位于其发掘地附近的博斯坎普发现了一组墓群，并发现了 8 件钟形陶器。墓穴中葬有多人：五个成年男性、一个青少年和一两个儿童，研究发现，他们之间有某种亲缘关系。通过研究博斯坎普死者们的牙齿，考古学家了解到一个不同于阿姆斯伯利弓箭手的成长故事。他们牙齿中的同位素锶含量表明，他们住在英国西部地区，在进一步研究其牙齿中同位素氧的含量后，学者将地点缩小到威尔士西北部的湖区。不仅如此，考古学家还发现，这些人的前臼齿与第三臼齿之间的化学指纹图谱存在差异，这表明，他们都曾在 6 岁前住在某地，随后搬至另一地住到 13 岁，而这两地又远离他们被埋葬的巨石阵附近。

# 如何定义文明

最早的原始文明并非仅有一种，各文明互相独立，在不同时间相继出现：公元前 4000 年末期出现的美索不达米亚文明和埃及文明；公元前 2600 年孕育的印度河流域文明；公元前 2000 年早期诞生的中国文明（见图 1）；公元前 2000 年末期的中美洲文明和安第斯南美洲文明。与此同时，受周边已开化的邻居影响，各大文明附近逐渐衍生出次级文明。每一种文明都是独一无二的，不过彼此也存在某种共性。

在各种共性中，最重要的是社会复杂性。通常情况下，一种文明能清晰地标明内部社会各阶层，已获取的资源掌握在少数精英群体手中，受其分配。奢侈品就属于这类资源，精英群体利用奢侈品彰显其社会地位；此外，带有宗教色彩的物品也是精英们掌控的资源，这些物品帮助精英阶层充当神与其他社会成员之间的联络人；最后，各种生活必需品也被其垄断，例如食物，精英阶层可以通过占有食物获得更高的生活水平和更长的平均寿命。同时，精英阶层也垄断了权力，在一定程度上，他们利用武力、宗教信仰或社会规范控制社会其他阶层的活动。除此之外，社会复杂性的另一种表现形式是职业分工，许多社会成员不再主要以耕种粮食为工作，而是分化出工匠、商人、牧师、行政人员、士兵和其他工作者，各种职业纷纷出现。

不过，此种社会复杂性只有在经济生产力达到极高水平的情况下才有可能实现。在这种情况下，部分初级生产者便足以承担庞大而密集的人口生存压

1. 发现于中国西北青海省喇家村的史前遗址，该遗址记录了夏朝建立时（约公元前 2070—前 1600 年）发生的一场可怕的洪水和中华文明的开端
2. 一把奥尔梅克文化时期的仪式用斧头，这把斧头通身由外来的蓝绿翡翠制成，上面刻画了原始的浮雕。考古学家是在 19 世纪发现的这把斧头

## 重要事件

| 公元前 3400 年 | 公元前 3200 年 | 公元前 3000 年 | 公元前 3100 年 | 公元前 3000 年 | 公元前 2800 年 |
|---|---|---|---|---|---|
| 苏美尔地区出现最早的城市乌鲁克。随后，或许是为了控制贸易，苏美尔人在西亚其他地区也建立了大量边远的定居点。 | 乌鲁克地区出现了写有简易文字的石板。这种文字包括数字、商品图形和定额支出量。 | 在位于阿拜多斯地区的乌姆加卜陵墓中，当时居民刻下了类似城市名称的符号，这些符号是埃及前王朝时期最早的文字记录。 | 苏美尔地区出现大量城市。记有更复杂文字的石板反映了当时复杂的庙宇管理及产品分配。 | 传说中的美尼斯王（King Menes）统一了上、下埃及。早期的埃及君主被埋葬在阿拜多斯的多处陵墓中。 | 位于秘鲁卡拉尔地区的一处大型定居点（该定居点内有一座建于公元前 2600 年的纪念性建筑），与周边地区开展经济、宗教仪式的交流。 |

力，还同时创造经济盈余。然而，只有在环境潜力与社会的创造力相辅相融，且二者足以推动生产力发展时，才能达到这种高水平的生产力。在多数时候，灌溉农业获得的大丰收，仅出现于大河河谷地带。除此之外，在其他情况下，水资源的有效利用也能显著提高生产力。举个例子，中美洲和南美洲地区均有利用沼泽排水来建立高出地面的农田的现象。同时，在某些地区，融合不同环境下的家养或野生资源的混合经济也能提高生产力。当地的高水平生产力可以促进初级文明的发展，然而，次级文明的出现则是通过该地区与现存文明进行贸易，掌握珍惜资源来实现的。

除社会复杂性外，贸易管理是大量文明的另一项共同特征。在多数情况下，新兴国家确实对外来商品有需求，包括部分实用资源，如制造工具用的硬质石料。还有其他的需求，多是为了宗教目的（见图2）、建造纪念性建筑、区分精英或普通居民。尽管当时的居民可以贩卖多余的农产品或采摘品，但大部分的商品还是手工制品，如精美的陶器、纺织品、橄榄油、葡萄酒、香水或从其他地方购得的材料——随着距离原产地越来越远，这些商品的价值不断上升。在许多地区，对外贸易被精英阶层掌握，为增加贸易商品数量，他们组织了国内工艺品生产，这些组织活动是精英阶层不断扩大权力的法宝。

在一些早期文明中，精英阶层获得的权力主要来自宗教上的权威。人们认为，国王或祭司拥有调和人类与神明关系的能力，他们所做的一切都是按照神的旨意领导社会，本身就是人类供奉神明的代理人。这种思想产生了大量纪念神明的遗迹，例如庙宇和其他规模宏大、结构复杂、装饰精美的建筑。不过，也有些地区，权力属于人民，精英阶层仅仅被授予军事领导权，负责保家卫国，开拓疆土。在这时，这些地区需要投入大量劳力修建巨大的军事防御工程，还要运送战争后缴获的外来物品。然而，古代文明几乎没有形成分权，因此统治者的神权和君权是集于一身的。

在管理复杂的国家经济的过程中，为记录货物流通及劳动力调配情况，人类逐渐发明文字。在部分文明中，财务管理活动并未促进书面记录的出现，不过由于其他种种原因，例如欲流传皇室伟绩或进行占卜，文字依旧产生于此类文明中。一经创造，文字便发展成为一种多用途工具，包括记录历史、创造文学、进行宣传、宣扬主权和往来通信。

从考古学角度来讲，文明最显著的一个特点是城市化，即城市的出现。城市的形式并不固定，或是城墙紧紧包裹的几方土地，或是零星的公共建筑，或是大片园林景观中的几处稀疏房屋，抑或是进行公共活动的中心（周围常围绕承担其他城市功能的卫星定居点，如制作工艺品的作坊区）。不过，城市的功能大体类似，包括行政功能、宗教功能、仪式功能、皇室功能、工业功能、住宅功能、文化功能，以及作为其地区或国家的服务中心。

**公元前2600年**

印度河流域定居点的转变时期，大量新兴城市或重建城市出现，该时期标志着印度河流域文明的开始。

**约公元前2500年**

乌尔地区一处苏美尔王族的墓穴中埋有印度河流域制造的圆珠，这证实了两地间存在贸易往来。

**公元前2100年**

夏朝开始，它是商的前朝。

**公元前2000年**

克诺索斯宫殿、玛利亚王宫与斐斯托斯宫殿的建立，标志着爱琴海地区在青铜时代出现了国家。

**公元前1500年**

圣洛伦索城出现，成为奥尔梅克文化的第一处仪式场所和城市中心。如今，在美洲中部地区依然可见奥尔梅克文化的影响。

**公元前1200年**

考古学家在秘鲁境内发现了查文德万塔尔遗迹。出于共同的宗教信仰，该遗迹曾是重要的宗教仪式中心，聚集了大量南美安第斯山地区居民。

# 希拉孔波利斯 公元前3700—前3500年

希拉孔波利斯城，古时称为尼肯城（Nekhen），如今称为库姆埃尔哈马尔（Kom el-Ahmar），意思是“红丘”，位于尼罗河西岸，底比斯城（今卢克索）以南50英里（约80千米），是埃及最大、现存最完好的前王朝后期定居点遗址。该定居点南北宽度超过1.5英里（约2.5千米），东西长度超过1.75英里（约3千米）

最早从公元前4500年开始，埃及的希拉孔波利斯地区陆续成为人类定居点。公元前3700—前3500年，该地区达到发展高峰，希拉孔波利斯城占地广阔，不仅富庶繁华，而且是行政和宗教中心。城中房屋林立，错落分布神庙、陶器作坊和垃圾场；有证据显示，城中甚至有一大片区域是专门的啤酒酿造生产区，每天能产出约1140升啤酒。工业生产为希拉孔波利斯地区带来了巨大财富。在工业生产区中，人们进口大量昂贵的原材料，通过细致加工将其制为手工艺品，再进行售卖，以此赚取差价获益。希拉孔波利斯地区内现存的埃及境内最古老的一座房屋是一座建于约公元前3600年的陶匠住所，它有维修过的痕迹，是因为一个手艺人曾无意间引发了一场火灾。

希拉孔波利斯遗址最早的系统发掘是由詹姆斯·奎贝尔（James Quibell，1867—1935年）与弗雷德里克·格林（Frederick Green，1869—1949年）主持的。他们在此发现了一座供奉荷鲁斯神（Horus）的神庙，并发现了著名的“大宝藏”（Main Deposit），其中储藏了前王朝时期和早王朝时期（具体时间未知）的大量贡品，包括数百件象牙制品、石器和彩陶工艺品，许多工艺品尺寸是实物原型的10倍。

自1967年开始遗址发掘，过程中大量出土文物展示了埃及前王朝时期的早期城市化规模。公元前3100年前后，希拉孔波利斯城统治者一举统一上、下埃及，成为埃及国王，有证据显示，希拉孔波利斯似乎就是这位国王的故乡，因此它成为埃及最早的王都。不过，在上、下埃及统一后，位于今阿布西尔附近的尼罗河三角洲出现了一个新的行政中心——白城。这座城市依尼罗河而建，随着河水流向转南，城市也逐渐向南搬迁，一直发展至萨卡拉墓地对岸。白城又名门尼弗，不过更熟悉的称呼来自希腊人，即孟斐斯。尽管埃及皇室依旧对“荷鲁斯崇拜”兴趣不减，不过随着孟斐斯城逐渐发展，希拉孔波利斯城日渐衰落，不过，在后世的埃及，人们仍将希拉孔波利斯城看作最重要的古城。

**那尔迈调色板**

那尔迈调色板发现于希拉孔波利斯神庙，出土于“大宝藏”附近，考古学家认为该块石板作宗教仪式用。调色板双面雕刻了埃及统一后第一任国王——那尔迈的统治场景，描绘了法老处决敌军和率军行伍的盛况。在俘获的敌军领头位置，是一位隼形神祇，据说是早期荷鲁斯神的肖像

**希拉孔波利斯堡垒**

约公元前 2690 年，埃及第二王朝法老卡塞凯姆威（King Khasek-hemwy）在希拉孔波利斯城建造了庞大的矩形建筑，即现在埃及人所说的“大堡垒”，它是全球最古老的独立式泥砖建筑。不过，这座建筑似乎并不承担任何军事功能，在某种程度上似乎仅仅是法老的墓葬

## 墓地和“100 号墓穴”

作为理想定居点，希拉孔波利斯城居民于此生活的历史悠久，因此城市周围存有大量不同时期的墓地。考古学家在前王朝时期的墓地中发现了最早的木乃伊痕迹，而该木乃伊约制作于公元前 3600 年。当时居民将亚麻布料填入死者的头部及手臂，后用亚麻制绷带缠绕尸身。考古学家发现，墓地中的部分墓穴中埋葬的尸体是动物，包括狒狒、家犬，以及公牛、奶牛与牛犊的三合墓，甚至还有一座建于约公元前 3600 年的独一无二的象墓。约公元前 3100 年，希拉孔波利斯城居民切割石料，建造了历史上第一座石砌墓穴。

在大量墓穴中，埋有埃及上层精英阶级的墓穴被称为“100 号墓穴”；该墓穴的墓壁上涂有灰泥，其上绘满装饰图画，这在前王朝时期大量墓穴里可谓是独一无二。如今，“100 号墓穴”中的陪葬品已尽数被盗，不过其墓壁之上的绘画经现代人工临摹得以保存，部分装饰碎片现保存于开罗博物馆。埃及古物学者认为，“100 号墓穴”为当地国王墓穴，墓壁上虽绘有图画，但文字尚未出现，因此无法确切解释。壁画中绘有 6 艘大型船只，船上搭有数间舱房和船员，奇怪的是没有船桨。其中 5 艘船通体雪白，只有一艘是黑的。考虑到绘画地点，考古学家认为，画中描绘的是丧葬船队，因为在整段王朝时期，船一直与葬礼密切相关。尽管画中河流看起来风平浪静，河岸边景象却混乱危险：有野兽，有猎人，有各类族群的争斗，也有捆绑与死亡的场面。在描绘河岸诸多争斗者的壁画中，一个场景堪称史无前例，刻画了当时的一词“鞭刑”：一个孔武有力的男人举起棍棒（或权杖），鞭打匍匐在脚下的俘虏。该场景后来成为埃及法老王权地位的象征，被描绘在墓室外墙的“纳尔迈调色板”（同样发现于希拉孔波利斯）上，见证了整个王朝时期。

# 美索不达米亚

1

2

3

1. 绘制于公元前 3000 年中叶的“乌尔旗”（Standard of Ur），发现于乌尔皇家公墓之中。（和平）画板上的图案呈马赛克状，描绘了当地居民为一场盛宴的准备工作，该场盛宴则是为庆祝背面（战争）画板上刻画的一场胜利

2. 一块复原后的石版画，雕刻了约公元前 2500 年拉格什第一王国国王乌尔南塞（King Ur-Nanshe），画中的国王出席庆贺神殿落成的盛会，象征性地举起建造神殿用的第一筐砖石

3. 乌尔金字塔形神塔（现位于伊拉克阿勒-穆卡亚地区），约公元前 2100 年由乌尔那木国王（King Ur-Nammu）下令建造

公元前 4000—前 3000 年，西亚地区（尤其是巴比伦尼亚以南的苏美尔地区）出现了多项重大进步，对后世影响深远。陶轮的发明，大幅提升了大量精美陶器的生产效率，表明了工艺生产日益趋向专门化，劳动力分配日益趋向规模化。与此同时，交通工具中也出现了轮类工具，如手推车。人们开始用牲畜（家牛和后来的家驴）拉车驮物。上述种种创造在多个领域解放了当时的生产力，举例来说，在农业上，人们利用牲畜拖拉经改良后的全新犁具，使得耕地面积大幅增加。通过选择育种，当时还出现了一种羊毛产量极高的绵羊（见图 1）。在此基础上，公元前 4000 年晚期，苏美尔地区逐步建立由政府管控的纺织业，国民的穿衣需求得到满足，国家的对外贸易得到发展，因而该产业的出现在美索不达米亚整段历史中都起着关键的作用。

这一时期，西亚的部分地区出现了乡镇。在巴比伦尼亚，由于两河定期泛滥，水资源管理亟待加强，不过丰沛的水量也大大提高了生产力，当地人口日益增多，社会变得更加复杂，到公元前 4000 年末期，城市初具规模。约公元前 3200 年，乌鲁克地区居民对有效管理劳力和贡品（税收）的需求达至顶点，为寻求解决方法，当地居民发明了文字。苏美尔人的政府收购了居民的盈余产品，并雇用多余的劳动力修建纪念性建筑与灌溉工程，同时发展出工艺制造与贸易往来。

最初，建造寺庙是由宗教权威主导的，不过，至公元前 3000 年早期，这项权力逐渐转至国王（见图 2）手中，国王成为最高统治者，统领巴比伦尼亚河流域由诸多小城构建而成的城邦，如乌尔城邦。公元前 2500 年后，强大的

## 重要事件

| 约公元前 3800 年 | 约公元前 3400 年 | 约公元前 3200 年 | 约公元前 3100 年 | 约公元前 2900—前 2600 年 | 约公元前 2600—前 2450 年 |
|---|---|---|---|---|---|
| 出现了部分行政管理措施，如一些记账工具，包括黏土小球、圆筒图章（公元前 3600 年）和写有记号的账册（公元前 3500 年）。 | 苏美尔人在幼发拉底河上游地区建立定居点，将其贸易地区拓展至美索不达米亚北部地区。 | 史上第一座城邦乌鲁克诞生。城中的埃安那（Eanna）区的建筑精美复杂且多几经翻修，考古学家在其中发现了最早刻有文字的黏土石册。 | 苏美尔地区城镇越来越多，该时期的文字日渐复杂，贸易锐减，战争悄悄探头。 | 兴盛于美索不达米亚南部地区的早王朝第一、第二时期见证了国王统治下城邦的发展，传说中的英雄王吉尔伽美什（Gilgamesh）也出现在该时期。 | 早王朝第三时期早期，乌玛（Umma）和拉格什之间的边境冲突扩大（这是史上第一场有文字记录的战争），乌尔皇室墓穴中也出现了疆域之争。 |

统治者不再满足于固有城邦，开始不断向外扩张，并声称该项决议乃神之旨意。最终，来自阿卡德地区（位于巴比伦尼亚北部）的萨尔贡大帝（在位时期：约公元前2334—前2279年）打败了苏美尔城邦的最后一任君主卢加尔扎克西（在位时期：约公元前2340—前2316年），占领了巴比伦尼亚南部地区，并建立了美索不达米亚地区内第一个重要的领土国家——阿卡德帝国。在阿卡德帝国的统治下，国土被划为不同省份。随后，萨尔贡大帝及其后代不断对外发动战争，掠夺了大量战利品，而这一过程极有可能为其后来控制地区间的贸易打下了基础。巴比伦尼亚的经济有一大特点：材料资源相对匮乏，包括金属矿石、石料、硬木材、宝石等。在这种情况下，即使当地农业再发达，国家总体经济发展仍受一定限制。因此，发展与其他地区间的贸易，是巴比伦尼亚人的当务之急。阿卡德帝国与印度河流域文明之间的海上贸易十分频繁，在后来的乌尔第三王朝（Ur III Empire，约公元前2112—前2004年）时期达到顶峰。此外，也是在这一时期，大量宏伟的建筑与美妙的文学蓬勃发展（见图3）。

公元前2000年早期，苏美尔地区土壤肥力持续下降，当地人口选择北迁，权力中心也随之北移；此后，巴比伦尼亚北部成为该区域内的中心地带。在当地，与北部地区（包括地中海沿岸）的贸易网在经济发展中占重要地位。该时期内风起云涌，大国崛起，亚述帝国（Assyria，位于美索不达米亚北部地区），幼发拉底河中上游的城邦，还有黎凡特北部的城邦开始与巴比伦尼亚分庭抗礼，纷争不断，交替胜出，时而又失去其掌控领土。最终，公元前1792年执政的巴比伦国王汉谟拉比（Hammurabi），逐一征服四周邻国，将帝国的版图向北扩张至马里地区。不过，随着乌尔第三王朝倾覆，当地经济组织形式也发生巨变：原本受国家严控的经济组织逐渐分解成大量的小个体作坊。到公元前2000年中叶，美索不达米亚北部经米坦尼王国（Mitanni）完成统一，巴比伦尼亚被喀西特王朝（Kassite dynasty）统治，该地区的政治格局才逐渐趋于稳定。在喀西特王朝时期，当地统治者恢复了海湾贸易、大兴土木、发扬传统文化，并且兴修大量水利，这些举措为巴比伦尼亚的农业恢复繁荣打下了重要基础。

**约公元前2500年**

楔形文字系统发展日趋完善，财政记录、皇室碑文、词汇文书、各类文学应运而生。

**约公元前2450—前2334年**

早王朝第三时期晚期，领土冲突频发，乌玛和乌鲁克国王卢加尔扎克西统一了巴比伦尼亚。

**约公元前2334—前2193年**

凭借自定的管理标准和强大的军事实力，阿卡德的萨尔贡大帝占领了苏美尔地区，建立了阿卡德帝国，统一了巴比伦尼亚地区。

**约公元前2112—前2004年**

乌尔第三王朝重新统一巴比伦尼亚。在政府掌控的农业、工业及贸易环境下，官僚行政效率低下。

**公元前2004年起**

小型城邦间竞争不断，出现私有企业。苏美尔地区经济发展衰退，海湾贸易的数量锐减，最终消失。

**约公元前1792—前1750年**

汉谟拉比统治时期征服了周边大量城邦，建立巴比伦王国。在其死后，巴比伦王国逐渐衰落，最终于公元前1595年灭亡。

# 乌鲁克古城 公元前4800—前2900年

1934 年，考古学家在乌鲁克的神庙中发现了一批珍贵文物，其中包括著名的瓦尔卡花瓶（Warka Vase）。该花瓶上雕刻着精美图案，展示了当地居民向这座城市的守护女神伊南娜神供奉祭品的景象，而女神像身后堆放着种种祭品。公元前 4000 年末期，这座神庙实际成为苏美尔地区城镇乃至城市的权力中心，因此，无论是神庙中供奉用祭品，还是建造神庙所需劳力，皆由当地居民承担

乌鲁克（Uruk），今天伊拉克人称之为瓦尔卡，号称世界上第一座城市，兴建于公元前 4000 年末期。1912 年，一支德国考察队发现该遗址，此后持续进行发掘。乌鲁克城地理位置优越，周围沼泽、耕地资源丰富，地处沙漠边缘地区，沿幼发拉底河可横穿苏美尔地区，一路北上。公元前 4000 年，苏美尔地区也曾出现过其他繁荣市镇，不过乌鲁克城的发展最为迅猛，到公元前 2900 年，其城市规模已扩大至 1350 英亩（约 550 公顷）。而约公元前 4800 年，该地区还仅有两座小村庄，村中心都建有一座神庙。自早期农人初次踏上巴比伦尼亚大陆，神庙就始终是其社群中心，社群内众人同心协力搭建神庙，自发献上收获作为祭品。随着社群人口数量逐渐增多，社群中宗教领袖的权力及行政责任逐渐扩大：原本面积有限的宗教社群以神庙为发展中心，逐渐扩大成城市。在乌鲁克城中，安努神庙与埃安那是为伊南娜女神（Inanna）而建的，这两区经后代居民数次翻修重建，不断扩张，包括了神庙、举办公共庆典的场地、各类作坊、行政建筑、储藏室和教士居所，等等。统治者借口神庙祭品需求和生产需求，要求当地居民服徭役，承担建造神庙和农业灌溉的工作，或在神庙里做工，如织布用作对外出口，换取昂贵的原材料。考古学家在遗址中获得了诸多行政事务方面的发现，如印章、封印、记账代币等，还在公元前 3200 年后期的文物中，发现了写有文字的石板。

## 定位

1. 伊南娜女神

考古学家在一堆文物中发现了一樽高约1米的雪花石膏花瓶，研究发现，其可追溯至约公元前3000年甚至更早。在当时，乌鲁克人将伊南娜奉为守护女神。苏美尔人认为文明是由一种“宇宙法典”（Me）定义的。在当地神话中，众神将“宇宙法典”委托给了恩基神（Enki），但伊南娜用诡计从恩基那里骗来了法典并带回自己的领土，这样乌鲁克便有了文明。这一神话深深影响了苏美尔人对乌鲁克地区在当地文明发展中的地位

2. 祭品

花瓶底部的装饰图案，象征着乌鲁克城的财富资源，包括丰沛的河流资源，能根据一切需求（如农业）源源不断供水；还有各类植物资源，如用途多样的椰枣和作为苏美尔主要粮食作物的大麦。另外，还有各种动物资源：在花瓶上的条状图案中交替出现公山羊与母羊，表明当时的畜牧业发达。同时，花瓶上雕刻的搬运工人托举祭品（可能是谷物和某些水果），献祭给伊南娜女神及其带领的祭司、仆从、行政人员和劳工

## 文字起源

早期，西亚地区居民曾利用部分简易代币进行记录。公元前4000年内，随着地域内行政管理活动不断发展，记录账目工作需更系统地使用这些记录代币：在记录每项账目时，有关人员将代币用线穿起，或是用黏土球将其圈住，有时也会在代币表层印上某种印记。到公元前3500年，当地居民开始将此类记录印记印在部分由黏土制成的石板上，曾大有所为的代币此时失去其作用。公元前3200年前后，乌鲁克地区居民在记录方面取得进一步发展，他们利用一种尖笔，在黏土石板上篆刻书写具有代表意义的符号，而这些符号便是文字的起源。同一时期，大量形状各异的符号出现，不同符号代表不同事物，其中就包括数字符号。考古学家在最早刻有文字的石板上发现了一些简单的记录：一份或是多份商品数量的清单，例如谷物的计量和“按一定量支出”的符号（一个人头和一个碗）。到公元前3100年，各项记录逐渐复杂，乌鲁克以外地区也逐渐接触创造文字。

◄ 由于苏美尔的原材料稀缺，当地居民尽可能物尽其用，在建筑材料上进行创新，例如泥砖、杨柳枝和芦苇秆。公元前4000年，在乌鲁克和其他地区的神庙中，居民创造性地将一种锥形物镶嵌在墙面上，形成一种马赛克式的图案装饰；除神庙外，乌鲁克埃安那一处宫殿也采用此种装饰方式。而这种装饰在今天依旧存在，例如柏林的佩加蒙博物馆。当时居民先将黏土做成锥形，经过烧制，再在底部上色，最后将锥形插进灰泥制的圆柱和墙体中，仅留圆锥底部对外，既能装饰，又能巩固墙身

# 乌尔神塔与王陵 约公元前3000—前1750年

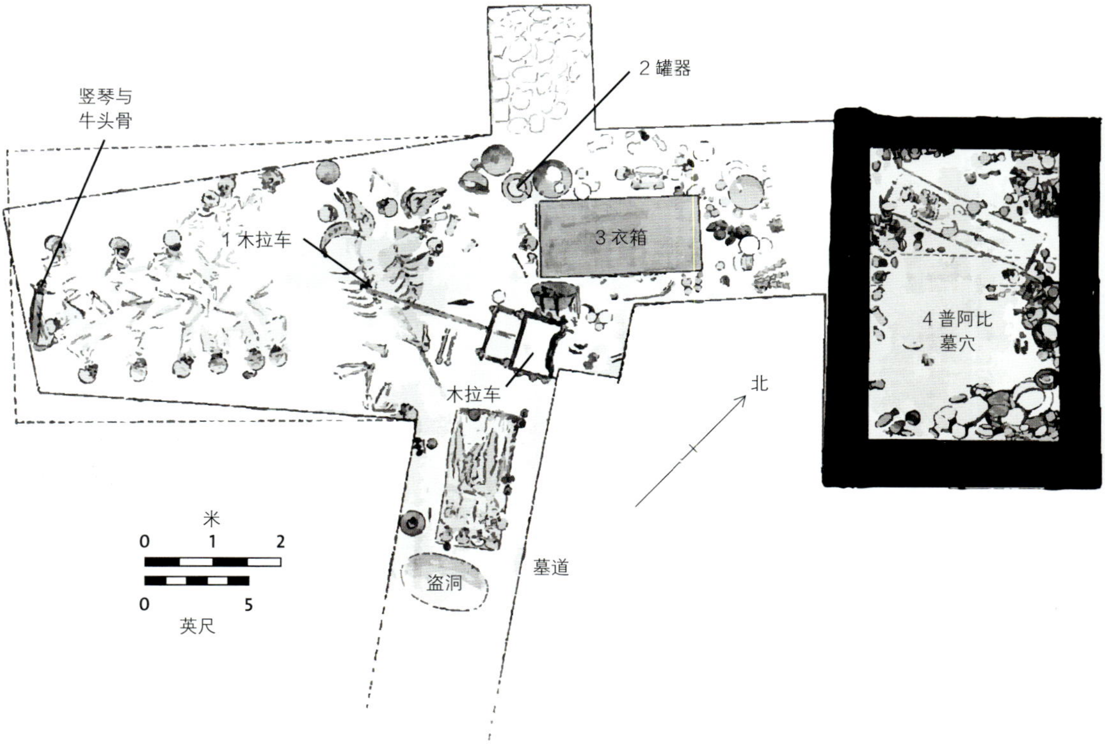


伦纳德·伍利曾公布乌尔第800号王陵的平面图。图中黑色的矩形即为埋葬普阿比女王（Queen Puabi）的穹顶石室，目前我们对这位女王一无所知。此外，墓穴中还有一处巨型“死亡地窖”，其中埋葬了大量陪葬品，包括金杯、乐器，还有73具仆从的尸体

乌尔的金字塔形神塔位于伊拉克巴比伦尼亚平原南部，是约公元前2100年由乌尔那木国王下令建造的。在周围平坦地形的衬托下，乌尔金字塔形神塔高耸挺立，因此引起了早期古文物研究者的注意。1922—1934年，伦纳德·伍利率领团队在此进行重要发掘。发掘一开始，他就发现了一处墓群，不过没有马上要求经验不足的团队冒险深入，而是带领其成员转向发掘遗址中的其他地区，这样就可以通过不断积累发掘经验，掌握足以挖掘墓群的专业技能。1927年，伦纳德重新带队发掘墓群，共发现2000余座墓穴，包括16座藏品丰富的王室墓穴，大部分建于前王朝时期中叶（约公元前2600—前2450年）。考古学家发现，这些王室墓穴中普遍设有一间穹顶石室，石室中安放主棺，有大量陪葬品；此外，石室中还有一处面积较大的墓坑，其中埋藏了其他祭品和殉葬仆人的尸体。在一座墓穴中，考古人员发现了一个巨型“死亡地窖”，其中埋葬了73具殉葬者遗体，还有大量的珠宝、武器、乐器等。在美索不达米亚其他地区的墓穴中，考古学家从没有发现如此大规模的殉葬，而这种殉葬的价值和其文化背景我们依旧无从得知。

在大量苏美尔城市之中，乌尔是发掘最深入的一座。伍利深入城中的神圣场所，包括金字塔形神塔和乌尔幽居地（Giparu，乌尔城中女祭司的住所）；公元前2300年左右，该职位由阿卡德公主安海杜亚娜担任，她因流传于世的大量赞美诗，成为史上第一位署名作者。同时，伍利还发现了令人震撼的乌尔第三王朝（公元前2112—前2004年）穹顶王陵，西部海港，大量住宅区尤其是旧巴比伦尼亚（公元前2000年早期）的房屋和足以证明此地在公元前5000年已有人定居的痕迹。公元前3000年早期的幼发拉底河畔，乌尔城诞生，根据当时的河流长度推测，海湾的尽头在乌尔城以北50英里（约80千米），因此乌尔城其实距海很近。考古学家还在乌尔王陵中发现了大量红玉髓珠、青金石和其他舶来品，这些发现表明，乌尔通过与海湾地区进行海上贸易获得了大量发展的必需品。在乌尔第三王朝时期，海上贸易达到其鼎盛时期，王朝统治着巴比伦尼亚全境，东临伊拉姆王国（Elam），西抵亚述，乌尔城也成为帝国的首府。

## 焦点

**1. 死亡地窖中的木拉车**

在墓中“死亡地窖”的正中央有一辆制作精美的木拉车，拉车四周的木板上镶有各类装饰，如金银狮子和牛头，还有一头毛驴和金银合金的缰绳。车的周围埋葬了四五个马夫的遗骨和拉车用的两头公牛的遗骨

**2. 死亡地窖中的罐器**

考古学家在“死亡地窖”中发现了三只特大容量的银罐，他们认为这些银罐极有可能曾用来盛啤酒。每只银罐都配有一根由芦苇秆制的吸管，芦苇秆表面镀银，还套有金环和青金石环作为装饰。在当时的宴会上，人们通常用这类罐器盛啤酒，每位宾客用自备的专用吸管畅饮

**3. 死亡地窖中的衣箱**

在普阿比女王墓穴中的“死亡地窖”下方，有一个隐藏得更深的尸坑，考古学家认为，这是某位更古老的国王的墓穴。不过，这座隐藏的墓穴早被洗劫一空，有关人员认为极有可能是挖掘普阿比墓穴的工人所为。工人们用一口衣箱遮住了盗洞，逃过了众人的视线。不过在当时，这种两墓室共享一批陪葬品的情况极为罕见

**4. 普阿比女王的墓穴**

普阿比女王的遗体安置在穴中的一座木棺中，身披一件由青金石珠、红玉髓珠、玛瑙珠和金银珠穿制而成的披肩。女王头戴一项制作精美的王冠，王冠上饰有锤成薄片的金叶、金花。木棺中放有大量陪葬品，还有一男两女三名殉葬的仆从

▲ 图中的山羊工艺品出土自“巨型死亡地窖”。羊毛由贝壳和青金石制成，面部的部分细节也由这两种材料制成，双眼是铜的，腹部裹着银。羊身的其他部位和支架由木材和石膏制成，表面镀着黄金

## 基桩

乌尔圣区内的大部分庙宇都是乌尔第三王朝统治者所建的。他们在置于神庙地基中的金属基桩上，铭刻记录下了其虔诚的行为：图中的基桩描绘了国王高举建造神庙时挖出的第一篮泥土。此外，乌尔第三王朝时期的多位国王在苏美尔其他大型城市也建立了大量金字塔形神塔，外观像一座三层的阶梯金字塔，塔顶是一座圣殿。

# 埃勃拉古城 公元前3000—前1600年

早期王宫建于高丘西侧土坡，现存的部分泥砖宫墙仅剩23英尺（约7米）高。国家内务和行政管理办公区旁，有一座用于公共活动的宽敞庭院。庭院南侧有一间大型储藏室，东侧有一段通向王宫上层的花岗岩台阶，不过，如今早已风化碎裂了

## 定位

公元前3100年前后，苏美尔人减少了与北部地区间贸易。尽管在巴比伦尼亚，城市依旧发展，但北部的城市化已中断多时。不过，至公元前2600年，北部开始陆续出现新的城邦，从东南部的安纳托利亚到叙利亚城和亚述城。1964年，意大利考古学家保罗・马蒂尔（Paolo Matthiae，1940年— ）率团队发掘了马尔迪赫丘，一处位于叙利亚西北部的大型土丘，并于其中发现了关于该地区公元前3000年中叶的政治、经济、文化状况的大量信息。很久以前，这里是一片与世隔绝的秘境，直到公元前2300年被阿卡德帝国攻占。阿卡德帝国的萨尔贡大帝及其孙纳拉姆辛试图焚毁埃勃拉宫殿，王宫档案处的黏土碑在大火中幸存，因此保存了大量公元前2400年埃勃拉地区居民的生活记录。

埃勃拉曾是一座强大城邦的都城，这座城邦疆域辽阔，拥有诸多附庸国，故而能得到其缴纳上供的银铜金属，而金属加工一直是埃勃拉王室掌控的重要工业。为争夺幼发拉底河上游的统治权，埃勃拉与马里之间始终纷争不断。城邦受国王统治，王后与公主负责协助，另外，长老会（由多个家族领袖组成）对国家决策也具有一定影响力，而长老会主席由一位王室成员世袭担任。马蒂尔团队发掘出公元前3000年时埃勃拉王宫的大部分建筑，发现王宫按照不同职责划分成多个区域，如公共事务区、行政管理区、城邦内务区，而王宫中央是一座开阔的庭院。王宫建在城中的土丘之上，周围地势较低，分布着各个村镇。城中大半居民是王宫中的侍从及其家眷。据一些文章分析，城中住有数千名办公官员、上百名纺织女工和其他工作者。在城邦的另一部分区域里，考古学家在坚固的城墙内部发现了神庙、墓穴和后世新建的宫殿——这里曾有一座同样华丽的宫殿，建于公元前2000年前。不过，约公元前1600年，那座宫殿惨遭入侵者焚毁，因此王室的后代在此重建了王宫。

### 1. 王座与阶梯

在王宫大殿或称主室的北角，有一处高于地面的基座，有关学者认为，国王的宝座曾安置在此基座上。在庭院的东北角有一座方形塔，塔内有四段阶梯。考古学家认为，阶梯通向可能是担任要职的王室成员的私人休息处。因此，这一区域其实是禁地

### 2. 行政办公区

大殿庭院内有一座小房间，附近几间侧室是王宫档案室，每间屋里存放着记录各种行政活动的档案，包括农业管理与王宫内仆从和工人的轮班分配。其中一间屋里发现了书写工具，如一块打磨黏土碑潮湿表层的石块和在碑上刻楔形文字用的尖笔

## 邻国与贸易

埃勃拉城地处战略位置，能有效掌控往来贸易，例如安纳托利亚的金属矿石、黎巴嫩的木材，以及埃及的各类商品。当埃勃拉的头号商业对手马里城不断扩大其军事影响力时，埃勃拉的统治者认为，对马里城进贡可能是明智之举。图为一块尖笔刻写的石碑，其实是马里国王恩娜·达干关于埃勃拉请求上贡的回信。当阿卡德的萨尔贡大帝一统美索不达米亚南部后，很快转向攻打马里、埃勃拉和其他贸易重地。后来，其孙纳拉姆辛再次攻打埃勃拉城，连续不断的攻占表明阿卡德帝国十分依赖这些贸易城邦来维系统治。面对同样的问题，乌尔第三王朝的统治者则想出了一个新办法：与埃勃拉城、马里城结为同盟，以保证贸易通道的顺畅。

◀ 图为庭院档案室的复原图，可以看到黏土碑存放在室内木架之上。如今，我们仍可以从档案室墙壁残骸上看见木架倚靠留下的痕迹。当时，阿卡德帝国的侵略者冲进王宫洗劫财宝，木架被焚毁，曾经排列有序、整洁的石碑也摔成了碎片。档案室存放了埃勃拉城中所有重要纺织业的记录，记录了当时大型宫殿群里使用的所有羊毛织品

# 马里城和卡内什城 约公元前2900—前1755年

叙利亚马里城中兹姆里·利姆宫殿中心的金銮殿，游客可进入参观，并进行公共交易。金銮殿北侧，拾级而上，是王室成员办公室，房间沿南排列，包括行政办公室、储藏室、厨房、小讲堂和各种手工业的作坊

1933年，一队法国考古队无意中在叙利亚特尔·哈利利（Tell Hariri）地区发现了一尊古代雕像，该发现鼓舞了对这一地区遗址的进一步深入发掘。随后，他们发现了重要古城——马里城。马里城位于幼发拉底河中游河段的狭窄河谷地带，因此耕地资源有限。不过，这座城市对于地区间贸易往来却具有战略性意义。一方面，在当时，幼发拉底河作为交通要道，将安纳托利亚的金属矿石、黎巴嫩山区的木材资源，源源不断地输入美索不达米亚南部，而幼发拉底河连接了黎凡特与埃及，成为美索不达米亚南部居民进入地中海的重要通道，早在公元前3000年，该河流便已是重要贸易通道。另一方面，为了进行贸易，常有地中海沿岸的商队途经重要的绿洲城市泰德穆尔（Tadmor，后称“帕尔米拉”），穿越恐怖的叙利亚沙漠，最终目的地便是马里城。公元前3000年早期，马里城中便出现人类定居点；到公元前2400年，当地居民在马里城中兴建庙宇、修建宫殿，马里城也因此成为整个王国的中心，随后开始与埃勃拉城争夺领土。公元前2000年早期，马里与掌控美索不达米亚西北大部的亚姆哈德王国结盟。公元前1796年，阿摩利国王沙姆希阿达德（Shamshi-Adad，在位时期：约公元前1813—前1781年）攻占马里，并建立横跨西亚北部的广阔帝国，而马里城下降为一座郡王府，由沙姆希阿达德之子雅苏玛阿杜（Yasmah-Addu）管辖。不过，翻阅马里的历史档案，他并不是什么称职的总督，其父曾在信中训斥这个年轻人懒惰成性、放纵无度。沙姆希阿达德死后，兹姆里利姆（Zimri-Lim）重新夺回马里，因其曾帮助汉谟拉比扩张巴比伦王国，故而与之结盟。然而，公元前1757年，汉谟拉比和兹姆里利姆反目成仇，最终汉谟拉比获胜，两年后马里宫殿沦为焦土，城邦灭亡。如今，人们只能从幸存的黏土碑文字记录一窥马里人昔日的生活。

**宫殿壁画**

马里宫殿中很多房间饰有壁画。在宫殿入口旁的伊丝塔（Ishtar，爱与战争之神）神殿中，墙壁上绘有献给伊丝塔和太阳神沙玛什（见上图）的各种贡品。王宫中庭内有一幅巨型壁画，描绘了花园中曾举行的一场重要宗教仪式，伊丝塔女神替国王加冕。在国王的居室墙壁上绘有一幅狩猎图

**马里文字**

考古学家在马里遗址内发现了约2.5万块楔形文字石板，大多来自兹姆里利姆国王统治时期，包括国王与其王后希拔都之间的私信和公函（兹姆里利姆在外征战期间，国内事务全权由王后代理）。另外，考古人员发现了一些来自兹姆里女儿们的信件，信中常常抱怨连天，因为公主们大多作为外交筹码被迫联姻。不过，多数石板记载的仍是行政工作，例如厨房采购和宗教供品的记录

## 卡内什和亚述的贸易

亚述城位于底格里斯河畔（今伊拉克境内），城邦虽耕地资源有限，却是贸易往来的绝佳之地。公元前1910年，来自亚述城的商人在安纳托利亚地区中的卡内什城（某个小国都城）内建立了一处重要贸易站点，亦称卡鲁姆（Karum）。历经三代人的努力后，商人家族以卡内什城为中心建立一张完备的贸易网，能在卡内什城中监督其他城镇贸易站点（如卡鲁姆）的运作情况。因此，各大家族都在卡内什城中建立贸易总部，并由德高望重的家族成员进行管理。与此同时，与贸易进行密切关联的女工人也住在总部。由于安纳托利亚地区的一大重要出口物为纺织品，女工人要纺织织物或征收织品，而贸易完成后，总部其他事务也需要她们处理。其间，她们的丈夫和兄弟会在卡内什或其他贸易站工作，而她们的儿子和甥侄，则多在初级岗位学商务知识，或者驾驴车将美索不达米亚的纺织品及阿富汗的锡矿运至安纳托利亚，随后带着换到的银条返程。

约公元前1830年，卡内什城遭强盗洗劫，商人住宅损毁严重，庆幸的是有关他们的活动记录都被保存了下来。考古学家在城中发掘了超过25000块黏土字碑，记录了卡内什商人贸易和生活的方方面面，包括罗列货物托运的单据、进出口税费记录、商品处置指示和借款与偿款合同。此外，考古学家还发现了大量家中来信，这类信件中通常言及家庭和当地新近发生的大小事件，或告知所需物品的运输进度；由于家中妇人们依靠银条维持家用与织品需要，因此时常在信中抱怨银条拖欠和少付的情况。不仅如此，还有些字碑出自其他贸易站点的商人之手，记录了完成的交易和当地贸易面临的困难。其中一块字碑按发展过程记录了一桩非法走私铁器的事件，根据记录，事态越发不可收拾，最终相关人员纷纷入狱。

# 乌卢角沉船 约公元前1300年

考古学家在迦南双耳瓶及迈锡尼水杯之间收获一项独特发现：一只金杯。不过，该金杯的年代及产地已无从查证。这艘货船上的部分物品待到岸后将被回炉熔化，金属将被再利用

1982 年，有关研究人员在名为乌卢角（今位于土耳其西南的卡什地区南部）的海角外侧发现了一处至关重要的沉船遗迹，该处遗迹展示了青铜时代末期，地中海东部地区间的贸易往来。1984—1994 年，由乔治·巴斯（George Bass，1932 年—　）最初带领的一批航海考古研究所成员，对该处遗迹进行了发掘。通过科学定年分析，研究人员认为货船沉于公元前 1300 年。

当时科考研究的重点在于保护船中货物，因为货船船身受损严重，仅存部分碎片。船中货物主要为金属铜与锡，考古学家共发现约 10 吨金属铜锭与 1 吨锡锭；此外，货物中还含有部分青铜。不仅如此，有关人员在其中还发现了大量东非黑黄檀木及有色玻璃，而这些有色玻璃最终会被制成诸如圆珠等工艺品。货船同时载有部分动物制品，如考古学家从一把鲁特琴中发现的龟壳、未经雕琢的象牙和多枚鸵鸟蛋。出乎众人意料，贸易带来的另一项商品需求是一种骨螺厣（螺壳外盖），考古学家认为应是紫色染料工业发展出的副产品。船中载有 150 只被称为“迦南瓶”的双耳瓶，制造原材料十分少见，为一种黄色雌黄矿石；船上载有的另一种不同寻常的原材料为松树树脂，重量超过 1 吨。考古学家在遗迹中发现了多种食物及香料，包括芫荽、孜然、红花、盐肤木核果、扁桃、橄榄、无花果、葡萄和石榴。

有关人员在遗迹中发现了大批加工完成的奢侈商品，包括青铜制碗、象牙制首饰盒、一对小钹、彩瓷制羊头水杯和贝壳制指环。船中还载有大量金属商品，包括各类工具、匕首、枪矛、长剑。考古学家在其中发现一柄断剑残片，样式类似意大利南部及西西里岛地区的长剑；虽然这柄断剑极有可能只是一件废弃品，并非船载货物，不过其存在便表明，此艘船与地中海西岸地区曾有过接触。

**陶器**

船上载有大量大型储藏箱，其中之一装有18件美索不达米亚地区的陶器，大部分来自塞浦路斯。储藏箱中罐器的种类多样，包括小壶、陶碗和陶灯罩。此外，考古学家在沉船附近也发现了其他的塞浦路斯陶器，他们认为，这些陶器极有可能是在船沉后掉出船舱流失在外的。考古学家在遗迹中还发现了一些来自爱琴海的陶器，包括盛放精油的迈锡尼马镫罐。船中一些低质量的陶器则有可能是卖给中下层市民的

**货船再现**

在位于土耳其圣约翰骑士团城堡中的博德鲁姆海底遗迹博物馆（The Bodrum Museum of Underwater Archaeology）中，有一座描绘乌卢角沉船的画廊。博物馆中展列出沉船遗迹中的发现物，并展示了一幅与沉船一样大的复绘船体图：船身长49英尺（约15米）。通过这幅图，人们能清楚了解该艘船如何装载货物，例如所谓形似牛皮的金属铜铸块被整齐堆积成四排。由于形似牛皮，呈扁平状，金属铸块能轻易地放在马背或骡背上运输

## 沉船与青铜时代末期的海上贸易

发现自地中海东岸的青铜时代末期沉船，向考古学家提供了大量关于此时期内贸易本质的信息。就乌卢角沉船而言，根据船内运载货物，有关学者了解到部分小规模商业交易和极有可能发生在精英群体间的礼物交换现象。此外，通过沉船遗迹，考古学家获得了大量有关金属铜与锡海上贸易的有用信息。

1960年、1987年、1988年，乔治·巴斯率领团队三次对乌卢角东岸的格里多亚角（Cape Gelidonya）沉船进行水下发掘。他们发现，该艘货船运载的主要货物为金属铜，铜铸块总数超过60件，还有大量的锡。为保护货物免遭冲撞，同时也为保护船体，当时船员在货物下方铺制一层由灌木枝丛编织的隔离舱垫。考古学家在一只保存完好的竹篮内发现了一些破损的金属铸块和青铜工具，他们认为这些极有可能是废弃物。根据发现于船上的米诺斯末期（Late Minoan）陶器，考古学家推测此艘船应制于约公元前1200—前1150年。船上的部分发现品表明，曾有一名铁匠在各地巡游，他随身携带着自己的工具和几套砝码。这样他便可以在地中海东岸随时随地做买卖。

1961年，考古学家在希腊伯罗奔尼撒半岛（Peloponnese）东北侧的伊利亚角（Point Iria）外发现了一艘同时期的沉船。1990—1994年，考古学家对这艘沉船进行发掘。不过，该沉船中搭载的货物与格里多亚角沉船中的货物大不相同，是一整船陶器，多数是装运货物用的双耳瓶和马镫罐，产自塞浦路斯、克里特岛和希腊本土。

乌卢角沉船中运载的大量金属和大量供上层阶级使用的手工制品表明，正如同时代的埃及新王国时期阿玛纳城中的阿玛纳文书（Amarna Letters）所言，各国统治者之间常会进行礼物交换。如果真是这样，这艘载满货物的船就曾肩负着与爱琴海地区某国的外交使命。

# 法老的诞生

1 2 3

1. 狮身人面像及卡夫拉金字塔坐落于开罗市郊的吉萨高原。人们认为由石灰岩制成的狮身人面像其实是卡夫拉法老的半身雕塑像

2. 位于吉萨的卡夫拉谷庙（Valley Temple of Khaefre）建于约公元前2558年，属法老陵墓群的一部分；庙宇由粉色花岗岩制成，外侧一条堤道直接通向卡夫拉金字塔

3. 坐落于萨卡拉（Saqqara）大墓地内的阶梯金字塔（Step Pyramid）是史上第一座石制纪念性建筑。这座金字塔为埃及第三王朝左塞尔法老的墓穴

约公元前5450年，农耕传到了埃及，从此埃及居民的生产方式从采集渔猎转变为农业耕种。农业的发展长期固定了当地居民的生活定居点，包括生时居住的村落和死后安息的墓穴。尽管在埃及王朝时期，普通房屋和宫殿多由泥砖建造，但当时居民的墓穴只能用石块堆积，深处炎热干燥的沙漠之中。

埃及第三王朝时期，左塞尔法老（King Djoser，在位时期：约公元前2667—前2648年）修建了他的陵墓群，著名的石制阶梯金字塔（见图3）便在其中。金字塔内部包含数条地下廊道和通向不同墓室的非封闭式迷宫。在其后的500年中，金字塔建筑逐渐成为埃及的典型特征。出于建造的需求，埃及人对石灰岩、花岗岩、木料、木炭、陪葬品和建筑工人供给品的需求不断增长，这刺激了当地的经济发展，激发了无数工匠磨炼手艺。同时，为完成浩大的金字塔工程，左塞尔法老从尼罗河谷和三角洲地带征集了大量劳力，工人们集聚在陵墓中通力合作，一般耗时三四个月。埃及第四王朝第一任法老斯尼夫鲁（Snefru，在位时期：约公元前2613—前2589年）建造了埃及第一座直边金字塔，他的儿子胡夫（Khufu，在位时期：约公元前2589—前2566年）在吉萨建造了自己的大型金字塔群。接着，胡夫之子卡夫拉（Khaefre，在位时期：约公元前2558—前2532年）命人建造了一座稍小的金字塔（见图2）和著名的狮身人面像（见图1）。可惜好景不长，到埃及第六王朝时，金字塔的规模便大不如前。当时，尾大不掉的官僚政治越发僵化，旱情加剧，严重影响作物生长。埃及人民对皇室的信任逐渐丧失，地方长官权力膨胀。继中央政

## 重要事件

**约公元前3050年**

埃及成为由国王或法老统治的国土。第一任法老在阿拜多斯墓地中用泥砖建造了马斯塔巴（Mastaba）墓室。

**约公元前2667年**

左塞尔法老命人在萨卡拉建造了他宏伟的墓陵，其中有一座六层的阶梯金字塔。这是世界上第一座结构稳定的石制建筑。

**约公元前2613—前2184年**

古王国时期的统治者们在埃及北部地区建立了多处大型金字塔群。

**约公元前2055—前1650年**

中王国时期的统治者们建造了不同以往的金字塔，从外表看似石筑，但其实里面都是泥砖。

**约公元前1525年**

法老阿蒙霍特普一世（King Amenhotep I，在位时期：约公元前1525—前1504年）极有可能是第一位在帝王谷中用石料建造陵墓的新王国时期君主。

**约公元前1504年**

法老图特摩斯一世（King Thutmose I，在位时期：约公元前1504—前1492年）开始攻打努比亚及黎凡特，为后世的埃及王朝形成打下基础。

权瓦解后，埃及最终分裂成若干个小国。

随后，尼罗河谷及三角洲地区的地方统治者开始联盟，直到两大主要王朝建立：位于赫拉克来俄波利斯（Herakleopolis）的北部王朝和坐落于底比斯（今卢克索）的南部王朝。两大王朝曾试图重新统一上、下埃及，不过北部王朝功败垂成；南方的底比斯人一举击溃所有敌对势力，开创了空前的基业。

中王国时期（约公元前2055—前1650年），埃及进入复兴时期。不过，对于地中海沿岸国家而言，这段时期则异常艰难。随着埃及逐渐繁荣，大批外国人涌入埃及，迫不及待地在尼罗河三角洲定居，而这一情况引起了地方统治者的不满。由于其后几任法老皆无所作为，埃及中央政权最终瓦解。

埃及再次分裂。南部王朝在底比斯建立政权，而曾居于巴勒斯坦的喜克索斯人则自三角洲东部的阿瓦里斯（Avaris，今达巴遗址）建立北部政权。底比斯的君王们再次不甘落后，不断北伐。随后，雅赫摩斯一世（Ahmose，在位时期：约公元前1550—前1525年）将喜克索斯人彻底逐出埃及，一路驱赶到西奈半岛另一侧的迦南。为纪念其丰功伟绩，人们将雅赫摩斯一世时期认作新王国时期（约公元前1550—前1069年）的开创者。新王国时期里，几任法老相继为埃及版图新增墨笔：努比亚、中东大部分归入其下，疆域从苏丹延展到叙利亚。

随后一段时期，埃及与周边各国冲突不断，直到拉米西斯二世统治时期（在位时期：约公元前1279—前1213年），国内逐渐转为安定繁荣。不过，拉米西斯二世死后，埃及再次陷入动荡。地中海沿岸有海盗侵袭，尼罗河三角洲遭利比亚人进犯，南部王朝和东部王朝逐渐倾颓。由于领土丧失，附庸国上缴税收锐减，加之国际贸易路线封锁，埃及国内经济凋敝。稀缺的作物收获导致通货高度膨胀，而官员腐败导致内乱频发，底比斯大墓（底比斯金字塔）的罢工现象接二连三。第二十王朝最终覆灭，埃及再次四分五裂。

**约公元前1390—前1352年**

阿蒙霍特普三世统治时期，在其治下，埃及成为非洲东北部及地中海东部沿岸的超级大国。

**约公元前1349年**

阿肯那顿法老（在位时期：约公元前1352—前1336年）致力于引入太阳神阿吞（Aten）的信仰，并在埃及中部的阿玛纳建造了一座新的王城。

**约公元前1327年**

图坦卡蒙法老（King Tutankhamun，在位时期：约公元前1336—前1327年）去世，被葬在帝王谷中的一座非皇室成员陵墓。

**约公元前1279年**

拉美西斯二世统治时期，他在位时间很长，见证了埃及和安纳托利亚中部的赫梯王国（Hittites）之间为争夺近东的争斗。

**约公元前1184年**

拉美西斯三世法老（King Ramesses III，在位时期：约公元前1184—前1153年）带领埃及民众抵御利比亚人和海上民族的侵犯，后被暗杀。

**约公元前1099年**

拉美西斯十一世法老（King Ramesses XI，在位时期：约公元前1099—前1069年）开始开凿他在帝王谷的陵墓，该计划后来被搁置。最终他被埋葬于埃及北部。

# 阿拜多斯王陵 约公元前3100—前2686年

占地广阔的阿拜多斯大墓地位于埃及南部尼罗河西岸的沙漠边缘，距下游的古城底比斯城80英里（约128千米）。从前王朝时期到罗马时期，该大墓地存在超过3000年，曾有无数遗体埋葬其中

最初的埃及法老选择了阿拜多斯的乌姆·卡伯（Umm el Qa'ab）地区作为自己的安灵之地，当时的墓穴名为“马斯塔巴”，砖石坚固，顶层平坦，是一座独立式建筑，远远望去就像个大土丘，土丘下面又藏着一座表面由砖石垒砌的低矮墓丘，墓室位于地下。两块墓碑记录下了埋葬在此的帝王。由于没有发现墓丘的实际大小，早期的考古学家将其认作某种慰灵碑，他们认为，早王朝时期的法老一般埋葬在萨卡拉以北的西部沙漠中，其陵墓应该靠近行政中心孟斐斯，或者赫里奥波里斯（Heliopolis）的拉神神庙附近。如今，考古学家们才恍然大悟——原来所谓的泥砖墓穴，仅仅是法老墓陵的一小部分，完整的阿拜多斯陵墓规模远大于此。同时，在乌姆·卡伯东北方的耕地附近，当时的法老下令用泥砖垒起围墙，划出大片的仪式场所用地。

埃及第一王朝的王陵墓群中建有埋葬其随员的附属墓穴，包括法老的仆从、妻妾和狗、狮子等爱宠。部分随员的尸体被制成木乃伊，外部涂有一层泡碱，安置在短小的木质棺材中，棺中放有自己的陪葬品，所有陪葬者的名字被刻在一块粗糙的花岗岩石碑上。考古学家在哲尔法老（King Djer）的墓葬中发现了318间陪葬者墓室，多数是女性。由于多数陪葬墓室里杂乱地堆满了陪葬品，因此考古人员难以准确判断这些死者死亡方式。不过，考虑到墓穴的建筑结构（所有出口同时被封闭），他们认为，这些人很有可能就是人殉：为了让法老死后仍能享受生活，有人伺候，他们生前的仆从要么被杀，要么被迫自杀。若这一猜测属实，那么举办法老下葬仪式的人必然面临死亡。不过，在埃及第二王朝伯里布森法老（King Peribsen）和卡塞凯姆威法老的陵墓（皆位于阿拜多斯）中，考古学家并未发现任何陪葬墓穴。

焦点

陶罐之乡

事实上，自1859年起，大量考古学家便对阿拜多斯大墓地进行地表发掘（并未破土深入）。在埃及第一王朝（约公元前3000—前2890年）及第二王朝（约公元前2890—前2686年）间，该处大墓地实为王室陵墓。至早王朝时期，随着王陵开始成为普通民众的朝圣之地，大量朝圣者携带装盛祭品的陶罐至此。如今，成千上万块破损的陶片散落陵墓，人们因此改称这里为乌姆·卡伯，意思是“陶罐之乡”

登恩法老陵墓

埃及最早的法老陵墓用泥砖建成，受环境影响损坏严重。举例来说，在埃及第一王朝法老登恩的陵墓中，令人瞩目的上层建筑已损坏殆尽，而下层建筑也早已被洗劫一空，付之一炬，原本青灰的泥砖被大火烧成红色。如今人们所见陵墓的大部分建筑是现代人重建的。法老登恩的陵墓中使用大量硬石，墓穴入口建有阶梯，在历史上实属首次。他的墓室中铺着红、黑两色的阿斯旺花岗岩

## 阿拜多斯的朝圣者

到埃及第十二王朝（约公元前1985—前1773年），人们认为，乌姆·卡伯是冥神俄西里斯肉身的埋葬地。为探寻冥神的坟墓，当时居民在埃及第一王朝墓地内展开挖掘和搜寻。最终，他们认为哲尔法老的墓穴就是俄西里斯的慰灵碑。

理想情况下，每位埃及人都渴望死后埋葬于俄西里斯墓穴附近，不过现实情况明显不允许；于是，阿拜多斯逐渐成为一处朝圣之所，无数埃及民众不远万里会聚于此，欲修建属于自己的马哈特（Mahat）——一种供奉石灰岩石碑或雕像、由泥砖垒成的小规模圣地，相当于小号慰灵碑。马哈特垂直耸立，与俄西里斯神殿和其墓室之间的通道遥相呼应；当俄西里斯神像被移走用作复活仪式时，马哈特便远远注视其背影；如此一来，马哈特的所有者便可以在来世获得庇佑。历经几千年的风霜依然完整的石碑是现代人了解当时埃及人民的丧葬信仰、工作职业和家庭联系的最重要依据。

除普通民众外，埃及大量国王也曾于阿拜多斯修建马哈特，不过法老们的马哈特石碑明显比一般人要豪华。埃及第十二王朝法老辛努塞尔特三世（King Senusret III，在位时期：约公元前1870—前1831年）在此修建了一座慰灵神庙。后来到埃及第十八王朝，雅赫摩斯一世沿袭传统，替他的祖母修建了一座慰灵碑，随后，新王国时期的另一位法老也效仿了他。在现存的大量马哈特中，最瞩目的两座是埃及第十九王朝早期法老塞提一世（King Seti I，在位时期：约公元前1294—前1279年）为其父拉美西斯一世（King Ramesses I）修建的小型马哈特和为他自己修建的大型马哈特。在两座马哈特下方的土层中，塞提一世还命人修建了一座酷似俄西里斯墓穴的地下宫殿。后来，塞提一世之子拉美西斯二世继承父亲的意志，完成了塞提神庙的修建，并为自己修建了另一座较小的神庙。

# 吉萨金字塔群 约公元前2589—前2503年

图为位于吉萨的卡夫拉金字塔。吉萨金字塔群位于埃及北部的吉萨高地之上，毗邻古王国时期的埃及都城孟斐斯。埃及第四王朝时期，胡夫法老选择于此地修建自身的金字塔群，此后该地区开始逐渐成为王室墓地。胡夫之子卡夫拉及其孙孟卡拉皆选择吉萨作为其金字塔归地

胡夫金字塔高 481 英尺（约 146.5 米），是一座直边金字塔，四条侧边几乎精准地指向正北方，基座也近乎水平。金字塔外围曾用上好的图拉（Tura）石灰岩包封，不过，随着时间流逝，主要是在中世纪，表面的岩石遭到破坏。最初，胡夫金字塔外建有一圈石灰岩石墙，将金字塔和周围空地圈入其中；而进入墙内的唯一途径是通过一条连接胡夫祭殿与低地处谷庙的通道。不过，这座谷庙已经化为乌有，遗址在纳兹利特埃尔西曼（Nazlet el Simman）郊区。

胡夫之子卡夫拉在父亲的金字塔南面修建了自己的陵墓群。相较于胡夫金字塔，卡夫拉金字塔的体积稍小，不过由于其基座更高，塔面倾斜角度稍大，因而看起来反而比前者更大。卡夫拉金字塔内部建有一座地下墓室：在金字塔塔尖安置前，人们先在塔内挖掘出开阔的大坑洞，随后在地穴中建造墓室，完成后封顶。卡夫拉陵墓群中包括金字塔、祭殿、堤道和谷庙，是吉萨陵墓群中建筑最齐全的一座。如今，卡夫拉金字塔的塔尖部位，仍保有部分最初建造时的石灰岩光石外封。卡夫拉谷庙旁，蜷伏着埃及最大的雕像——狮身人面像。雕像面朝太阳升起之方向，由一块天然露出地面的基岩雕成，完成后，建造者们又用石砖围砌其部分身体部位，形成一层保护面。这样，算上雕像内部岩石，斯芬克斯共由三层石灰岩构成，因此其身体表面留下了不同程度的风化痕迹。

此外，卡夫拉法老之子孟卡拉（Menkaure）法老也选择将其陵墓修建于吉萨高地。孟卡拉金字塔、卡夫拉金字塔和胡夫金字塔，三座金字塔连成一线。不过，由于孟卡拉修建陵墓时吉萨高地所剩的空间有限，因此他的金字塔远小于祖父和父亲的。为了弥补规模上的不足，孟卡拉金字塔底层岩石外镀嵌了一圈昂贵的红色花岗岩。考古学家在塔中墓室内发现了一口由玄武岩制成的石棺，石棺表面嵌刻有精巧的镶板。1838 年，“比阿特丽斯号”轮船将石棺运往大英博物馆，不过途经西班牙海域时失事沉没，石棺也因此永沉大海。

## 焦点

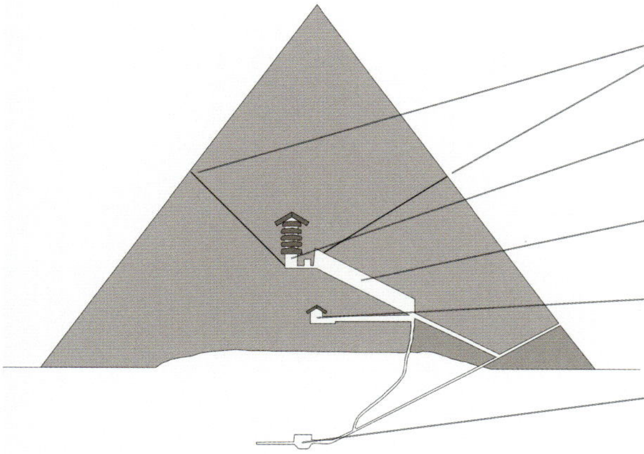


**胡夫金字塔**

胡夫金字塔中内含三间墓室。自北入口进入金字塔后，沿着一条下降通道可抵达地下墓室，墓室没有完全建成，只有象征性的功能。随后，通道转上，沿上升通道到达大走廊（一间用于未知仪式的房间）和王后墓室入口。大走廊直指国王墓室。有一条通风井（直指北极星的狭窄甬道）连接着国王墓室及王后墓室

**木船**

1954 年，考古学家在胡夫金字塔南侧发现两个狭长的矩形地窖，它们与金字塔平行，其中埋有两艘拆卸分解的木船。其中一艘今天依然尘封于墓穴中，而东侧的另一艘则经文物保护专家哈格·艾哈迈德·尤瑟夫（Hag Ahmed Youssef，1912—1999 年）重新组装，如今被保存陈列在金字塔旁的博物馆里。发掘时，有关人员还发现其他 5 处藏船地窖，但空无一物。考古学家猜测胡夫法老可能希望乘此船抵达来世

## 海特菲莉斯女王墓

在胡夫金字塔群中，主金字塔的东南方有一座小型的附属金字塔，在附属金字塔的东面，有三座体积更大的女王金字塔及配套的停灵礼拜堂。不过，三座女王金字塔均遭盗墓者洗劫，各类古文物不见踪影。

1925 年，美国埃及古物学者乔治·赖斯纳（George Reisner，1867—1942 年）率领团队在胡夫金字塔的东侧灰泥层下，发现了一支掩埋于其中的转轴。经测量，转轴长 89 英尺（约 27 米），内部填满石灰岩块。持续数周的发掘结束后，调查团队找到了位于金字塔基座层的入口，并通过该入口进入金字塔内部。令人惊奇的是，他们在金字塔内发现了胡夫之母海特菲莉斯女王（Queen Hetepheres）陪葬品的一些残留物，包括雪花石膏制的石棺和卡诺匹斯箱，呈密封状态。通过科学分析，考古学家发现其中盛满了防腐液，而用亚麻布包裹的内脏就浸泡于其中。调查团队耗时两年仔细探索了金字塔的各个角落，最终确定海特菲莉斯的石棺是空棺。海特菲莉斯女王墓中的陪葬品极为丰富，包括数千件陶器碎片和大量精美的木质家具，如拆卸后的华盖、木床、两张木椅和一张轿椅。其中两件木家具的内部已经腐朽，不过由于外部包裹了厚厚的黄金，依然保持了外形。此外，研究人员还在金字塔中发现了大量私人物品，包括黄金刮面刀和小刀、装有香料和眼影粉的雪花石膏制小罐，以及大量珠宝首饰（珠宝装在一只木盒中，木盒外面裹了一层金箔）。

赖斯纳认为，其团队发现的金字塔就是曾被盗挖的海特菲莉斯女王墓。近年来，有考古学家提出，这座墓可能就是海特菲莉斯女王原定的金字塔，只不过在金字塔的上层建筑未完工前便已投入使用。不过，这一说法无法解释墓中没有发现女王遗体的原因。

# 帝王谷 约公元前1550—前1099年

此图摄于卢克索的卡纳克阿蒙神庙（Karnak Temple of Amen）对面的尼罗河西岸，从高处俯瞰，远处干旱的山谷，就是今天所说的“帝王谷”，也称“国王大门”（Biban al-Moluk）。这里隐藏着很多新王朝时期埃及法老的石砌陵墓，神圣的底比斯山脉，宛如一座天然金字塔，静静守护着法老们的陵墓

尼罗河西岸的底比斯城中遍布修建于不同时期的陵墓，部分陵墓属王室所有，部分陵墓是个人修建的。自埃及第十八王朝开始，新王国时期的法老选择将墓址移至偏远的帝王谷。大部分陵墓中的陪葬品早已被盗取一空，各种文物四处流落。公元前 1 世纪，历史学家西西里的狄奥多罗斯发现这座山谷里有一处公墓。不过，直到 1707 年，克劳德·西卡德（Claude Sicard，1677—1726 年）才发现，这里其实就是法老们的王室墓地。1816 年，意大利考古学家乔凡尼·巴提史达·贝尔佐尼（Giovanni Battista Belzoni，1778—1823 年）首次在帝王谷展开重要发掘，并发现了埃及第十八王朝阿伊法老的陵墓。帝王谷中陵墓的发掘和探索工作持续至今。1989 年，美国考古学家肯特·阿·威克斯（Kent R. Weeks，1941 年— ）率队开展底比斯测绘项目，并在帝王谷获得一项惊人的发现：确定了为拉美西斯二世之子修建的大型陵墓，并命名为“KV5 号”（帝王谷第 5 号陵墓）。今天，针对“KV5 号”的发掘工作仍在继续，截至目前，考古学家共发掘出了 100 余间墓室。

1827 年，英国埃及古文物学者约翰·加德纳·威尔金森（John Gardner Wilkinson，1797—1875 年）深入帝王谷中调查已知的 21 座陵墓，他依据陵墓位置划分区域，将每座陵墓编号。威尔金森的划分系统一直沿用至今，考古学家根据陵墓的发现顺序，用数字进行编号，因此发现于 1922 年的图坦卡蒙法老陵墓的正式称呼是“KV62 号”（帝王谷第 62 号陵墓）。2005 年，美国埃及古文物学者奥托·施登（Otto Schaden，1937—2015 年）率队再次发现了新的陵墓，该陵墓因此称为“KV63 号”（帝王谷第 63 号陵墓）。在帝王谷发现的大量陵墓中，仅有 25 座属于王室，其他一些是埃及其他上层阶级所有，还有一些甚至不是陵墓，例如“KV54 号”只是一座石地窖。

**图坦卡蒙法老墓**

1922年11月，英国考古学家霍华德·卡特（Howard Carter，1874—1939年）在卡那封伯爵（Lord Carnarvon，1866—1923年）资助下，发现了近乎完好的埃及第十八王朝法老图坦卡蒙的陵墓。由于陵墓被掩埋在洪水沉积层下，因而幸免于盗墓者的觊觎。法老尸身依然躺在其中，周围的陪葬品原封不动。不过，大量埃及古文物学者对陵墓内部的发现感到不满，因为没找到任何讲述这位年轻国王统治历史的书面记录

**王后谷**

埃及第十九王朝时，人们称王后谷为“美人宫”，这里逐渐成为一些王室贵妇及其后代的上层墓地。1826年，苏格兰埃及古文物学者罗伯特·海伊（Robert Hay，1799—1863年）首次发现了王后谷墓地。后来到了1903年，意大利都灵博物馆馆长埃内斯托·斯基亚帕雷利（Ernesto Schiaparelli，1856—1928年）带队对此地开始正式发掘。1904年，斯基亚帕雷利发现了装饰精美的奈菲尔塔利王后（Queen Nefertari）陵墓，约建于公元前1259年

## 王室木乃伊们的命运

进入第十九王朝末期后，埃及经济发展走向衰落。上层墓地中盗墓猖獗，底比斯城不时遭到利比亚游牧民族的劫掠。到埃及第二十王朝末期，底比斯城深陷内战，帝王谷面临威胁。拉美西斯十四世（Ramesses XI）被迫中止陵墓（KV4号墓）的修建，向北逃离。而他未建完的陵墓就是帝王谷最后一座王室陵墓。

战乱平息后，阿蒙神的大祭司们（High Priests of Amen）重新履行责任，重修被破坏的王陵。不过，结果很明显，只要他们重新将陪葬品供奉在墓室中，盗墓者便会卷土重来。祭司们决定改变计划：因为盗贼公认陵墓里藏有珍宝，所以频繁光顾，那么只要转移珍宝便可化解该问题。而转移出的珍宝还可以填充国库。如此一来，统治者们决定打开王陵搬走所有陪葬品。历代法老的尸体被移出石棺，临时停放在帝王谷周边的殡仪场所中。人们解开木乃伊的绷带，除下珠宝，然后再重新给遗体缠上绷带，制作标记，再然后安放进光整的木质棺材中。最后再放回其他大墓的墓室里。而被除下的种种陪葬品经仔细检查，也集中运至一处收藏起来。直到19世纪末，人们发现了两间大型王室陪葬品宝库：一间藏在代尔埃尔巴哈里（Deir el-Bahri）地区的皮杜杰姆二世大祭司（High Priest Pinudjem II）的墓中（也称“DB320号”宝库），另一间则藏在阿蒙霍特普二世（在位时间：约公元前1426—前1400年）的墓穴（“KV35号”墓穴）之中。这两批被发现的珍宝，打消了此前人们对法老木乃伊失踪的猜测。

# 古埃及定居点

1

2

3

1. 作为自古王国时期以后埃及中部最重要的城市，赫拉克来俄波利斯（Herakleopolis Magna）古城遗址饱受偷石料盗贼与上升的地下水位的摧残

2. 布巴斯提斯城（Bubastis）中最显眼的遗迹是其中央神庙区倒塌的砖墙，该神庙主要由拉美西斯二世及其后世几位法老修建

3. 在对象岛（Elephantine）部分地区进行探查后，考古学家在其中发现了几座建立于中王国时期的泥砖制行政办公建筑

古埃及人大多会用自然风干的泥土建造房屋。无论定居点面积大小，是村镇还是城市，统统位于尼罗河的耕地附近。究其原因，不仅因为尼罗河里有取之不尽的水源和鱼类资源，还因为狭长的尼罗河蜿蜒流淌，无数的定居点可以沿河发展。古埃及人的主要交通工具是船而非敞篷马车，就连他们的太阳神拉（Ra）都是每日坐神船周游长空。

说到建材，泥砖是不二之选，因为它不仅丰富、免费，而且便于制作。第十八王朝法老阿肯那顿（Akhenaten，在位时期：约公元前 1352—前 1336 年）便特别钟爱这种建材，他曾率领人民耗时四五年，将原本荒凉的阿玛纳地区建成繁华的城镇。泥砖房（见图 3）里冬暖夏凉，墙壁或涂布灰泥，或饰有彩绘，偶尔一些屋内还铺上了瓷砖，看起来十分华丽。不过，埃及人认为房子不是永恒之物，死后居住的墓穴才是他们心中永恒的归属；因此，他们将墓地选址定在海拔高于尼罗河泛滥水位的沙漠当中，而且通常用天然石块或切割石料来建造墓穴。遗憾的是，经过几个世纪的风霜侵蚀，几乎所有的泥砖建筑都已消失。由于地下水位持续上升（见图 1），尼罗河常年泛滥，这些房屋要么被冲垮，要么被和为泥浆，还有些被后世居民夷为平地，把宅基地作他用。含有腐殖质的泥砖软烂后是一种肥沃的土壤，被当地人称为“塞贝克”（sebekh）。其实，今天埃及境内很多地区的地表就是大量化为尘土的古建筑（见图 2）堆积成的。不过我们现在已无法辨认，因为埃及政府颁布法律明令禁止私挖“塞贝克”。水量丰沛的尼罗河三角洲曾是许多繁荣定居点的发源地，包括拉美西斯二世（Ramesses II，在位时期：约公元前 1279—前 1213 年）

## 重要事件

**约公元前 3300 年**

埃及最早的城市出现，其中保存最完好的一座城市为埃及南部的赫拉克来俄波利斯城。

**约公元前 2667 年**

孟斐斯成为古王国时期（约公元前 2686—前 2160 年）的行政中心。国王及其侍臣死后，被葬入萨卡拉墓地之中。

**约公元前 2589 年**

胡夫法老在吉萨高原建立胡夫金字塔。当时负责建造的工人便住在金字塔遗迹附近。

**约公元前 2345 年**

古王国时期末期，达赫莱绿洲（Dakhla Oasis）中的艾恩阿希尔城（Ayn Asil）繁盛一时。

**约公元前 1985 年**

中王国时期的法老建立现已消亡的古城伊特托威城（Itj-tawy），这座城市距法尤姆绿洲（Fayyum）的入口极近。

**约公元前 1877 年**

辛努塞尔特二世（King Senwosret II，在位时期：约公元前 1877—前 1870 年）在拉罕地区建立一座金字塔。建造工人便居住于为此专门建立的拉罕城中。

建立的宏伟城市培尔拉美西斯（Per Ramesse，意为“拉美西斯之家”）。如今，该地区面临的最大问题就是这些定居点遗址的损坏。

有幸保存下来的定居点遗址通常并非典型的聚落：多是出于某些特殊目的，建在一些不同寻常的地方（通常在沙漠边缘地带）；在建造房屋的过程中，当时居民常常会使用超出常量的石料。其中最有名的几处非典型聚落包括：中王国时期（Middle Kingdom，约公元前 2055—前 1650 年）金字塔建造工人居住的拉罕聚落、新王国时期（New Kingdom，约公元前 1550—前 1069 年）劳工居住的戴尔美迪纳（Deir el-Medina）聚落和由阿肯那顿法老建立却仅在历史长河中闪现一瞬的阿玛纳城。

最初，初抵埃及的考古学家认为其并无发掘这些严重受损的遗址的必要，直到其后来发现了陪葬品丰富且精细刻画了埃及人日常生活的墓穴，这些墓穴似乎涵盖了有关真正埃及居民的一切可获得信息。而其之所以将重心转向发掘古墓的另一部分原因出自《联邦文物法案》，该项法律规定，凡出土古物，发掘者可获其价值的一定比例作为奖励金。因此，倘若能通过挖掘坟墓找到些金器陪葬品，又有谁还愿意在泥砖遗迹中苦寻残破的陶器呢？近年来，一项新出法律规定：禁止携带任何出土古物驶离埃及境内，该现象才有所好转；这一规定促使部分考古人员开始转向调查尚未为人所知的遗址。不过，由于早期考古学家们的偏好，在当时，他们仅在部分大型定居点遗址进行过为数不多的几次重要发掘；其中，最有意义的几处便数弗林德斯·皮特里（1853—1942 年）在拉罕的考古工作和伯纳德·布鲁耶（Bernard Bruyère，1879 —1971 年）在戴尔美迪纳村的发掘。相比之下，今天的考古学家对墓穴考古倒不甚在意，反而对各种日常遗迹颇感兴趣，从要塞城镇到采石营地，种类各异。

**约公元前 1650 年**

以三角洲东部的阿瓦里斯为界，北部埃及受希克索斯人统治；而埃及当地王朝则以底比斯为起点统治南部地区。

**约公元前 1525 年**

阿蒙霍特普一世及其母亲雅赫摩斯·奈菲尔塔利（Ahmose Nefertari）因建立戴尔美迪纳村而被广为赞扬。

**约公元前 1349 年**

阿肯那顿法老迁离底比斯城与孟斐斯城，并决心在埃及中部的阿玛纳地区建立新城，以供奉阿吞神。

**约公元前 1333 年**

图坦卡蒙法老搬离阿玛纳城，重新将行政及宗教中心迁回孟斐斯及底比斯城。

**约公元前 1279 年**

拉美西斯二世在三角洲东部地区建立了宏伟的新城培尔拉美西斯。

**约公元前 1099 年**

随着底比斯城内部政局日益动荡，帝王谷中的陵墓建造数量日益下降，戴尔美迪纳村遭废弃。

# 戴尔美迪纳村 约公元前1550—前1069年

为收容建造帝王谷及王后谷陵墓的重要工人，当时统治者建立戴尔美迪纳村。村庄位于底比斯城（今卢克索）尼罗河西岸的沙漠腹地，近5个世纪里的人口繁盛

在埃及的徭役体制下，法老常常临时征召上千名劳动力为其工作，金字塔便是埃及劳工的建筑成果。不过，帝王谷中由石块切割且饰绘精美的法老陵墓并非通过此种方式建造，其建造者为专修此道的建筑师，居住于为其特意修建的封闭式村落中。村落四周筑有厚厚的围墙，在人口极盛期，村内约有120户建筑师及其家眷定居其中。当时的建造者们仅将村落简易称为“小村庄”；很久之后，当科普特正教会于此建成，该地区才改为其如今的名称“戴尔美迪纳”，或称“城市寺庙”。

戴尔美迪纳村建在沙漠中，距离地下水位较远，而且远离周边聚落，这一情况也意味着这座村落无法自给自足，村民多方日常生活受限，因为所有的生活必需品——食物、衣物、原材料和水源——全然依靠别处供给。村中曾有人试图挖井，未果，只留下一口巨坑，如今这口失败的井被当地人直接称为“大洞”。

戴尔美迪纳村是多国考古学家的考察重心。1905—1909年，埃及古文物学家埃内斯托·斯基亚帕雷利首次对戴尔美迪纳遗址进行正式发掘，发掘重点为村落墓地。斯基亚帕雷利的发掘成果如今陈列于都灵博物馆中，博物馆中同时藏有从不同收藏者手中收购得来的多件出处不明的古文物。1922—1940年和五年后的1945—1951年，伯纳德·勃耶尔（Bernard Bruyère）受雇于开罗的法国东方考古学研究所（French Institute of Oriental Archeology）对此地进行发掘。不同于斯基亚帕雷利，伯纳德的考察重点为村落本身和周围建筑，如一些私人庙堂、墓地和垃圾场（考古学家在垃圾场发现了大量文字史料）。

**村中房屋**

村中的房屋由埃及统治者下令建造，本着对每位居住者负责的心理，房屋建造与原计划略有出入。最早的房屋由泥砖垒成，并无地基一说。后来，统治者下令使用碎石铺制地基，房屋下部用石块搭建，上部则再使用泥砖。屋顶由棕榈树干搭建，后用灰泥涂抹制成，坚固程度堪比地面，大大扩展了屋内可用空间。村庄内，房屋面积并非统一固定，有大有小

**私人墓穴**

不同于为帝王建造陵寝，戴尔美迪纳村村民也能尽己所能为自己谋利。一方面，他们在村落围墙外替自家人建造了结构精巧、装饰精美的家族墓穴；另一方面，他们利用自身的专业技能，为底比斯城中居民服务，售卖大量陪葬品。左图中展示的私人墓穴经部分修复重建，顶部形似金字塔，尖端为一块石灰岩制顶角锥

## 戴尔美迪纳石片

古埃及时期，国民识字率只有 1%—10%，因此，只有部分极其重要之事才会有文字记录。不过，戴尔美迪纳村是个例外：由于村民多数具备读写能力，他们常常习惯记录下日常生活。除纸莎草外，石片也是其日常书写刻画的载体，通常是当地产的一些表面平滑的石灰岩碎片，数量繁多，满地皆有，方便刻写，用完可随意丢弃。埃及第二十王朝末期，戴尔美迪纳村败落，村中遗留下大量原有村民的刻写、绘画石片。

根据遗址中发现的文字记录，考古学家发现当时旷工现象十分常见。几乎任何借口都能成为合理的由头，劳工们常常以酿造啤酒，或家中妇人身体不适为理由请假回家。不过也有部分工人尽心尽力，以 8 天为一个周期工作，工作周结束后会回到陵墓附近临时建起的村中休息两日。这也意味着，当男人们回到村庄，妻子们要承担各类琐事：照顾孩子，做饭、清洁和在露天市场做小买卖（其实是用家中盈余的物资做物物交易）。

戴尔美迪纳石片向人们展示了当地居民家庭生活的一角。举例来说，考古学家发现的戴尔美迪纳第 27 号纸莎草（Papyrus Deir el-Medina 27）上便记录了这样一个故事：一个老实的小伙与他的一个建筑工友之女订婚，但他的未婚妻竟然遭当地富人梅里·希什米特诱拐。小伙得知立刻上书法院以求审判。然而，或许因为希什米特的财力和强权，最后不了了之，小伙喊冤却被判杖责一百。后来，直到首席大法官接手此案，正义才姗姗来迟，希什米特不得不放回那个女孩。

# 阿玛纳王城 约公元前1347年

阿玛纳城北宫。埃及第十八王朝法老阿肯那顿为阿吞神规划修建此城，即古人所称的埃赫塔顿（Aktetaten）。城市位于埃及中部、尼罗河东岸，坐落于南部都城底比斯与北部都城孟斐斯的中间点，与两处的距离相等

阿玛纳城沿着今天人们熟知的“王家大道”而建，由于大道狭长笔直，因此城市也是呈狭长的带状。不远处与阿玛纳城平行的是一条河，自北向南连接了北宫（一座王室私人宫殿，如今大部分埋于地下）和玛鲁阿吞神庙（Maru-Aten cult center）。城市中央建有一座行政中心，也称“大宫殿”，沿行政中心外的泥砖桥而上，跨过王家大道，即可到达“大宫殿”对面的国王办公室，它的四周是各种文职办公室和档案室。1887年，考古学家就是在此发现了“阿玛纳文书”——一块用楔形文字记录阿肯那顿时期部分外交信函的黏土碑档案。城中有两座专为供奉太阳神阿吞的重要神庙，分别是“大神庙”和“小神庙”。“大神庙”是国王与王后为太阳神阿吞举办祭礼的场所，而“小神庙”极有可能只是一座王室祭庙。城市的南北两端属于郊区，是阿肯那顿法老侍臣居住的地方。

王室陵墓位于城东悬崖下一座干谷中。19世纪80年代初，当地居民发现了古老的王陵，将其中财宝洗劫一空，导致考古学家难以判断墓主人的身份。王室干谷里有两处阿玛纳贵族陵墓群，材料多是切割石料，北部陵墓群共有17座陵墓，而南部的更多，共有27座。不过，在大量的贵族墓穴中仅有24座刻有墓主生平，而且考古学家没有发现任何一具木乃伊，这表明这些陵墓或许未曾被盗挖。由于阿肯那顿法老废除了多神信仰，因此这些贵族墓中的壁画大多展示的是王族成员日常工作的画面。

**阿玛纳界石**

在新城及周围耕地边界，常设有大量巨型石碑作为边界，石碑所用石料来自尼罗河东西两岸的石灰岩峭壁。石碑上记录了阿肯那顿法老对其新城的规划与展望，还刻有王室成员供奉阿吞神的场景

**奈菲尔蒂蒂胸像**

雕刻家图特摩斯曾在阿玛纳开设一间雕刻作坊，专门雕刻王室成员石像及石膏像。阿肯那顿法老去世后，王室成员搬离阿玛纳城，图特摩斯也将部分的无用雕像丢弃在作坊里。1912 年，考古学家在阿玛纳遗址发现了阿肯那顿法老的王后奈菲尔蒂蒂（Queen Nefertiti，约公元前 1347 年）的胸像

## 阿肯那顿法老

埃及第十八王朝法老阿蒙霍特普三世（在位时期：约公元前 1390—前 1352 年）死后，将王位传于其子阿肯那顿（在位时期：约公元前 1352—前 1336 年）。阿肯那顿的原名是阿蒙霍特普（意为“阿蒙的仆人”），不过长大后，这位年轻的法老越来越笃信太阳神阿吞，自己也改名为“阿肯那顿”，意为“阿吞光辉的灵魂”。因为他信奉的阿吞神代表光辉，而非太阳本身。阿肯那顿不是一神论者，对其他几位太阳神，包括拉神，他也抱持包容态度。不过，如果拉和其他一系列神被尊为官方信仰，便会和埃及的国家神“底比斯的阿蒙”产生冲突。因此，为了推广阿吞神信仰，阿肯那顿采取了一系列措施，如关闭阿蒙神庙、在所有正式场合贬低阿蒙的形象等。

受阿吞神的启发，阿肯那顿法老决心在埃及中部的处女地选址营造新城，即埃赫塔顿城（意为“阿吞的目光”），如今称为阿玛纳。据考古学家推测，当时至少有 2 万子民随阿肯那顿法老搬迁至新城。尽管居民可以自由选择留在新城还是离开，但阿肯那顿本人宣称自己会永远住在这里。

在阿肯那顿法老的官方肖像上，考古学家发现了很多奇怪的身体特征——脸型瘦长，体态女性化，胸部饱满，丰臀纤腰。针对这一形象，人们众说纷纭：一部分考古学家认为这幅画是法老体弱多病的写实画，另一部分人认为这是希望通过艺术手法传达某种信仰。

阿肯那顿法老死后，阿玛纳便很快不复往日荣光。到了图坦卡蒙执政早期，阿玛纳城几乎沦为废城，埃及传统的多神信仰再次复兴。到埃及第十九王朝（约公元前 1295—前 1186 年）时，新王国时期的法老们将之前历代法老的姓名登记在册，却刻意忽略了阿肯那顿和他的继承者。因此，我们在正史中完全找不到阿玛纳时期的记录。

# 埃及神庙

1. 拉美西斯三世（Ramesses III）石祭庙的塔门，位于底比斯哈布城（Medinet Habu），门内可以看到一座开阔的庭院。塔门上饰有埃及法老战胜敌军的场景
2. 卡纳克神庙（Temple of Karnak）中的一块浮雕，刻画了法老向神明献祭贡品
3. 卡纳克神庙中的大列柱厅，是塞提一世（在位时期：约公元前1290—前1279年）和拉美西斯二世两位法老先后修建的

古埃及的居民至少信仰着1500位神明，其中好几位都有自己的神庙，接受民众的正式供奉。从理论上来讲，埃及国王是唯一能与神明交流的凡人，因此也是唯一可以进入神庙每日供奉的人。但是每当举行仪式时，埃及国王无法同时出现在所有神庙，因此经常指派副手或祭司代为执行。在神庙墙壁上镌刻的浮雕画面中，法老也常常被描绘成祭司的形象（见图2）。

人们认为，神庙是神明的住所，就好比陵墓是死者灵魂的住所。因此，无论神庙还是陵墓，其实都和普通的住宅一样，只是一个归处。因此神庙和陵墓中也一样配有卧室、待客厅和储藏室。就像私人住宅往往闲人免进，神庙建筑师也会用泥砖砌起厚厚的墙壁，保护神殿内部的环境，免遭喧嚣的外界侵扰。神庙最深处的圣殿更是极为私密，只有代表埃及的法老和大祭司才能进去祭拜。

埃及最早的神庙多是由一些极易损坏的材料制成，如芦苇秆搭成，所谓的神庙，也只是一座带有开阔广场的芦苇棚。随着时代不断发展，原先简易的神庙建筑开始改用泥砖建造，到中王国时期（约公元前2055—前1650年）又以石块筑成。新王国时期之初（约公元前1550年），建造石筑国庙（又称“永生殿”）变成了王室的惯例（见图1）。这些新建的石筑神庙，仍保留着旧

## 重要事件

| 约公元前3000年 | 约公元前2667年 | 约公元前2613—前2184年 | 约公元前1956年 | 约公元前1870年 | 约公元前1813年 |
| --- | --- | --- | --- | --- | --- |
| 当地居民在卡普托斯神庙群（Coptos temple complex）建起一座巨大的敏神神像。 | 左塞尔法老在萨卡拉地区修建其金字塔群，作为建筑的一部分，法老按照曾仿照芦苇秆、草席搭建的简易神庙，用石块建造了一间形式化的小神庙。 | 旧王国时期的法老们在金字塔群中使用石块建造自己的祭庙，而宗教神庙一般用作百姓祭拜。 | 辛努塞尔特一世（Senwosret I）在埃及大兴土木，新建或整修了大量神庙，其中保存最完好的神庙是卡纳的白色圣堂（White Chapel）。 | 辛努塞尔特三世重修了阿拜多斯的俄西里斯神庙，同时重新恢复了让民众沿神庙走向自己陵墓的游行活动。 | 阿蒙涅姆赫特三世（Amenemhat III）大力兴建法尤姆地区，建造了大量石制及泥砖制神庙供奉当地神明，其中部分神庙保存至今。 |

时神庙的元素，内部大面积石墙上刻有歌颂法老功绩的文字符号。虽然神庙各不相同，但人们依旧可以找出其共通的基本设计，即围石墙中建有一座塔门（或称门道），到访者可从此进入神庙内部。进门后首先发现的一定是开阔的庭院，穿过庭院，进入神庙内殿，经过走廊，便可到达圣殿，圣殿周围是贮藏祭祀圣物的配室。

根据埃及神话，每一座神庙即为一座生灵之岛，诞生于天地之始的一片混沌之中。这一传说体现在埃及的大量建筑及装饰图案之上，举例来说，人们可能会装饰天花板以代表天，也会在墙垣底部一圈进行装饰，以象征植物从泥土中发芽。在多柱大厅（见图3）中，数根石柱依次排列，占据整间大厅；这一设计并非为承重屋顶，而是重现岛中的参天巨树。石柱顶端刻有棕榈叶、睡莲或纸莎草等图形。

根据其实用功能，埃及神庙一般分为两类：一类是卢克索神庙等宗教性神庙，任何一座城邦或市镇都会在重要位置建一座神庙；另一类则是像哈特谢普苏特女王墓带有的祭庙或纪念性的神庙，通常在沙漠中的王室陵园或周边。法老的陵墓群并不等于传统意义上的坟墓，其首要作用是服务神明，以巩固人民的宗教信仰。这些神庙功能不同又相互联系。也正是因此，最近有学者提出，宗教神庙与祭庙之间的区别不大，祭庙里也常常供奉神明。

**约公元前1504年**

图特摩斯一世开始大规模扩建卡纳克的阿蒙神庙，这项工程耗时漫长，几乎覆盖整个新王国时期。

**约公元前1473年**

哈特谢普苏特女王在底比斯峭壁上的突出处修建了她自己的祭庙。为修建卡纳克到卢克索神庙之间的游行路线，她甚至改变了底比斯城的城市结构。

**约公元前1385年**

阿蒙霍特普三世开始修建一项重要的建筑工程，包括他在底比斯的祭庙和努比亚的双子庙。

**约公元前1349年**

阿肯那顿统治期间，关停了传统的阿蒙神庙，大力推行阿吞神信仰，尤其是在阿玛纳城。

**约公元前1279年**

拉美西斯二世开始着手在埃及及努比亚全境内的大型神庙修建工程，包括两座阿布辛贝勒神庙（Abu Simbel temples）。

**约公元前1164年**

拉美西斯三世在底比斯哈布城内修建自己的祭庙，这座祭庙也是新王国时期最后的大型神庙群。

# 哈特谢普苏特女王祭庙 约公元前1473年

哈特谢普苏特祭庙依峭壁而建，呈三层叠生的阶梯式结构。又长又宽的中央楼梯拔地而起，连接了每层柱廊，最终通向顶层的阿蒙神殿。最初，祭庙外围有一圈厚厚的石灰岩墙壁，进入祭庙之前要穿过一座庭院

哈特谢普苏特女王（在位时期：约公元前1473—前1458年）祭庙，又称“至圣庙”（Holiest of Holies），坐落于底比斯城的尼罗河西岸峭壁上的一处天然岩湾，是代尔埃尔巴哈里神庙群的中心建筑。公元前5世纪，当地居民在此建立了科普特泥砖神庙，又称“北地神庙”。不过，引人注目的祭庙不过是女王准备葬祭的一部分，她更希望能在这里永远供奉神明，直到末日降临。至于其他准备工作，例如安葬她遗体的石砌陵墓，则悄悄地在帝王谷中进行。

哈特谢普苏特女王祭庙功能多样，并非仅仅供奉单独的神明，而是供奉多位神明的神庙群。神庙内，除了哈特谢普苏特女王及其父图特摩斯一世的祭殿，还建有供奉哈索尔与阿努比斯的双子殿，以及一间供奉拉神的露天神殿。主殿开凿于峭壁中，是阿蒙神的祭殿。此外，哈特谢普苏特女王祭庙还是“山谷盛会”（埃及人每年迎接死亡与重生的节日）的重要举办地，在节日期间，底比斯城的居民将会齐聚于此，与祖先的灵魂共享佳肴。

哈特谢普苏特女王祭庙的墙壁上描绘了她的一生及统治期间的重要场景，如众人搬运方尖碑、打败敌军、出访蓬特（Punt）和最重要的事件——女王的受精及降世。祭庙最上层有一条柱廊，由24根方柱支撑，柱身上都装饰着打扮成冥神哈特谢普苏特女王的雕像。

**哈索尔头像石柱**

代尔埃尔巴哈里岩湾体现了当时居民对掌管西方的大地女神哈索尔的崇拜。哈索尔的形象多次出现在哈特谢普苏特祭庙装饰物中，连石柱也不例外，这表明身为女王的哈特谢普苏特或许与这位强大的女神有着某种亲密的关系

**阿蒙之女**

哈特谢普苏特女王是图特摩斯一世（在位时期：约公元前 1504—前 1492 年）之女，但女王祭庙中的壁画却向我们讲述了另一个故事：她称自己是阿蒙神之女。根据壁画，阿蒙神曾化身为图特摩斯一世，利用自身的异香引诱当时的女王与其发生关系，九个月后，女王生下一个女婴。阿蒙虽然心知这个心爱的孩子是女儿身，但仍然愿意让她统治埃及

## 女法老哈特谢普苏特

哈特谢普苏特为法老图特摩斯一世之女，丈夫是她的异母弟图特摩斯二世（在位时期：约公元前1492—前1479年）。在她的继子图特摩斯三世（在位时期：约公元前 1479—前 1425年）继位后，她成为史上第一个女摄政王。在很短一段时间里她曾试图穿戴男性法老的服饰，在留存至今的官方肖像中多以男性形象出现，身着男装，佩戴王冠，戴假胡子。她这样做不是为了女扮男装，而是为了成为真正的法老。

尽管在她实际执政的初期，曾取得一系列战争胜利，不过哈特谢普苏特的外交政策依旧集中在贸易方面。代尔埃尔巴哈里祭庙中绘饰的壁画，展示了女王辉煌出访蓬特（曾是东非沿海地区的贸易中心，今已不复存在）的细节；出访结束后，女王将黄金、乌木、狒狒和没药树带回埃及，并移栽在其位于代尔埃尔巴哈里祭庙的花园中。

哈特谢普苏特女王曾在埃及大面积大兴土木。在底比斯城里，兴建的重点建筑是阿蒙神庙，但她的集大成之作还是代尔埃尔巴哈里祭庙。然而，祭庙只不过是其丧葬建筑中的一部分，安放其尸身的陵墓位于祭庙附近的帝王谷中；女王尸身与其父图特摩斯一世合葬，她生前曾改动父亲的陵墓结构，以便于合葬。

哈特谢普苏特女王死后，继子图特摩斯三世得以独自统治埃及 33 年。在执政末期，他试图抹去一切有关继母摄政的痕迹。他下令破坏女王的雕像、摧毁纪念碑、抹去她在法老名册中的姓名。早期学者认为，这一行为只是图特摩斯三世对继母的报复，但现在的学者认为，这更可能是为了确保图特摩斯一世至三世统治的合法性，强行忽略了女性执政的时期。

# 卢克索神庙 约公元前1390—前1213年

塔门两侧置有两具呈坐姿的拉美西斯二世法老雕像，石像由花岗岩雕刻而成，高达50英尺（约15米）。最初，塔门外放置了四座法老雕像，但目前仅剩一座完好无损

卢克索神庙位于尼罗河东岸的底比斯城内，古称“Ipet-Resyt”，意为“南方后宫”，这一名称来自其地理位置——当地居民在举行游行时，常以阿蒙神的秘密住处卡纳克神庙（规模更大）为起点，经过规划好的路线行进1.8英里（约3千米）后，抵达位于卡纳克神庙南部的卢克索神庙。两座神庙共同祭奉阿蒙神，通过这两座神庙，我们可以更好地理解法老的神圣地位。

由于此地原先已有一座神庙，所以便将此前神庙纳为卢克索神庙群中，而其中的主神庙主要由第十八王朝法老阿蒙霍特普三世（在位时间：公元前1390—前1352年）及第十九王朝法老拉美西斯二世修建。阿蒙霍特普三世主要修建或改建了神庙的后殿，使之成为伟大的阿蒙神在卡纳克的绝佳行宫，每年的奥佩特节，阿蒙霍特普三世都要到卢克索神庙参加仪式。节日期间，游行队伍将阿蒙神像装在圣船上，沿两地间的神道或尼罗河的水道从卡纳克神庙运到卢克索神庙。由于神像被遮挡着，成群的信徒仅仅能在沿途一睹圣船的模样。圣船上除阿蒙神像外还有其妻穆特（Mut）及其子柯恩斯（Khons）的雕像。待圣船抵达卢克索神庙后，一系列祭祀仪式随之展开，其中的部分仪式据说能帮法老获取精神能量。

第十八王朝末期，包括图坦卡蒙、阿伊和霍朗赫布（Horemheb）在内的几任法老都曾小规模扩建卢克索神庙。不过，直至拉美西斯二世时期，卢克索神庙才迎来第二次大规模的扩建，包括新建的一座庭院、一道巨型塔门。塔门是新王国时期神庙建筑的典型特征，既宣扬法老权威，又表明不是所有人都有资格进入神庙。此外，拉美西斯二世还命人在塔门上绘刻浮雕以表彰他的军功，而塔门前方矗立着巨型法老雕像和一对花岗岩雕成的高大方尖碑，极其引人注目。1831年，其中一根方尖碑被运走，如今耸立在巴黎协和广场。直到希腊罗马时期之前，卢克索神庙内一直香火旺盛。

## 焦点

**巨型石像**

卢克索神庙内置有多尊由坚硬岩石雕刻的拉美西斯二世巨像。塔门前竖立了六尊，剩余几尊则置于神庙第一院的廊柱间。神庙内部的圣殿明令禁止公众进入，不过信徒可以进入第一庭院供奉这里的石像。卢克索神庙内部的阿蒙神宗教雕塑则由祭司专门供奉

**篡夺成果**

经常会有继任的法老试图篡夺前任的成果，宣称别人建造的纪念碑是自己所建。以卢克索神庙为例，殿中绘有法老献祭的场景，展现了浓郁的图坦卡蒙时期风格；然而，在图坦卡蒙死后，有后人将浮雕旁的记录文字（一个椭圆形题字框，刻有法老名字）改成了霍朗赫布法老（在位时期：公元前1323—前1295年）

## 竖立方尖碑

方尖碑是一种埃及宗教性建筑，通常成对矗立在神庙入口两侧，象征太阳的第一束光辉。这种建筑由坚硬的岩石雕成，多是细长的方锥体，由下而上逐渐缩小，顶端神似金字塔尖，常以金箔包裹，因此能反射阳光。方尖碑由法老建造，目的是献祭庙中之神。碑上刻有多排象形文字，记录方尖碑建造及献祭的具体信息。但事实不仅如此，除宗教建筑外，当地民众还将方尖碑本身视作神灵，他们会替方尖碑取名并献上祭品。

一座方尖碑的落成，需经雕刻、搬运和固定等多道工序，在当时依靠内河运输且仅凭人力搬运和手工制作的社会条件下，这项工程可谓了不起的壮举。有些成功立起的方尖碑高度超过98英尺（约30米），不过也有一些“失败品”：阿斯旺的花岗岩采石场中就有一座严重断裂后遭废弃的方尖碑，如果建成，其高度可超135英尺（约41米）。

哈特谢普苏特女王祭庙中有一幅壁画，详细描绘了一对方尖碑从埃及南部边境的阿斯旺采石场运至底比斯城的过程。人们先利用木材垫底滚动，将两根方尖碑运到榕木驳船上，驳船经小船队牵引沿尼罗河而下。方尖碑的护送是一项具有宗教意义的举国大事，驳船周围有三艘木船护航，其中载有多名祭司，在航行过程中，祭司需不断祈福祷告。待方尖碑最终抵达底比斯城后，各类庆祝活动才刚刚开始：人们宰杀公牛向神明献祭。在卡纳克阿蒙神庙群的东尽头，如今仍可看到这两座方尖碑的基座。据文字记载，这两座方尖碑的特殊之处在于其周身完整，覆有金箔。

# 努比亚，埃及以外的非洲

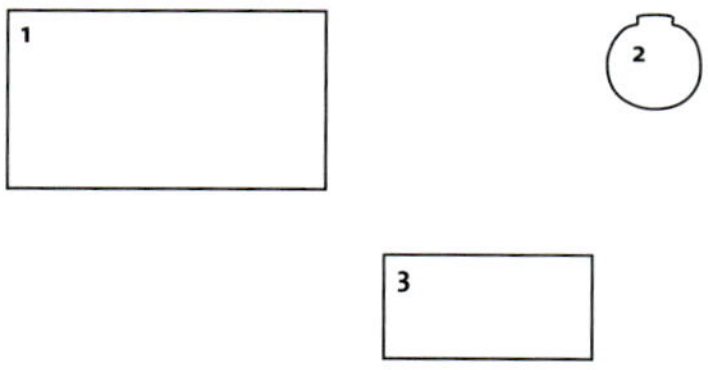


1. 下努比亚地区（今埃及南部）中拉美西斯二世（在位时期：约公元前 1279—前 1213 年）下令建造的阿布辛贝神庙
2. 考古学家在下努比亚地区（公元 100—200 年）法拉斯市（Faras）内第 1090 号墓穴中发现的一只陶罐，陶罐表面饰有狮面和荷花图案
3. 上努比亚地区（今苏丹）境内旧栋古拉（Old Dongola）地区中的一座传统墓穴，建于公元 5 世纪期间

“努比亚”一词泛指古埃及以南的一片紧邻的地区，而不仅仅指该地区内生活的种族和使用的语言。努北亚指尼罗河第一瀑布（传统的古埃及南部国界）至第六瀑布之间的地区，北可抵至今喀土穆市（Khartoum）。下努比亚地区位于尼罗河北段第一瀑布至第二瀑布之间，今属埃及。相较于其他努比亚区域，这一地区内的考古发现相对知名。不过，由于现在的埃及政府在下努比亚建造了纳赛尔湖（Lake Nasser）水库，导致该区域内的所有遗迹都被淹没在水底。上努比亚地区位于尼罗河南段第二瀑布至第六瀑布之间，今属苏丹。相较于前者，该地区内的考古遗址保存较完好，不过知名度较低。

通过调查研究，考古学家确认，从约公元前 2400—前 1550 年埃及攻克努比亚期间，该地区同时生活着三种文化群体。早在约公元前 2400 年，下努比亚地区便进入 C 文化期。三种文化群体与努比亚早期文化存在某些相似特征，不过这些文化群体可能源自非洲撒哈拉沙漠以南地区。尽管这些群体成员不过是一些临时牧民（对他们而言，牲畜有重要经济价值及象征意义），但逐渐开始定居生活。他们会将去世亲人埋入墓穴，填土后在墓穴上方位置铺满碎石，周围则用石块围起来（见图 3）。考古学家在埃及南部远达希拉孔波利斯地区都发现了 C 文化期的墓穴。

约公元前 1800 年，该地区出现盘状墓穴文化，具体特征为一种土堆较浅的圆形墓穴；考古学家认为这种墓穴的建造者为东部沙漠地区的游牧

## 重要事件

| 约公元前 2696 年 | 约公元前 2500 年 | 约公元前 2400 年 | 约公元前 2278 年 | 约公元前 2125 年 | 约公元前 1956 年 |
|---|---|---|---|---|---|
| 埃及第二王朝法老卡塞凯姆威（Khasekemwy）指挥对努比亚发起军事作战，不过战争持续时间较短。 | 上努比亚地区中的科尔玛城中开始有人居住，此后该城市一直人烟旺盛，直到公元前 1450 年。 | 下努比亚地区进入 C 文化期。 | 埃及外交总督哈尔胡夫（Harkhuf）前往努比亚地区，返程时携带大量舶来品献给当时的法老。 | 埃及旧王国时期末期，中央集权政府瓦解，埃及不得不舍弃其原先掌控的努比亚地区。 | 埃及第十二王朝法老辛努塞尔特一世掌控努比亚部分地区，并且在布亨（Buhen）建立一座大型泥砖堡垒。 |

民，而部分埃及古文物学家相信，这些人实际是埃及境内一些被称为“守卫”（Medjay）的雇佣兵。考古学家在努比亚北部地区及埃及内大量遗址中，都发现了此类盘状墓穴和大量陶器。在尼罗河第三瀑布流域，当地文化不断发展，形成后来的科尔玛文化。约公元前 1600 年，随着埃及最终分裂，一个人们至今了解甚少的国家库施王国（Kingdom of Kush，都城位于科尔玛）诞生，并对周边地区日益施加影响，甚至扩大到尼罗河第一瀑布至第五瀑布之间的整片区域。

自约公元前 1500 年起，新王国时期的法老们开始对努比亚地区发起渐进式的攻击。下努比亚地区，作为埃及的前附属地区，很快便在强大的力量下沦陷；不过，位于上努比亚地区的库施王国依旧在战火中支撑了极长时间。当埃及政府占领努比亚后，当地的建筑发展经历了三段不同时期。第一阶段，当地统治者将建筑的重点放在扩建当地的中王国时期留下的堡垒，维护上努比亚的稳定。第二阶段，与其说埃及对努比亚地区实行军事控制，倒不如说埃及对该地区采取了更明显的殖民措施。随着尼罗河第一瀑布以南和第四瀑布以北地区中大量城镇不断发展巩固，埃及法老决心在下努比亚原有的定居点周围建起神庙（见图 1），而上努比亚地区也同样新建了多座神庙。第三阶段，主要是巩固阶段，这一时期努比亚已成为埃及帝国的领土，随后出土的大量陪葬品也反映了这一点（见图 2）。

约公元前 1069 年，埃及新王国分裂，努比亚文化进入独立发展时期，上努比亚地区库施第二王国（Second Kingdom of Kush）不断壮大。库施第二王国又可划分为两个阶段：第一阶段是那帕塔帝国（Napatan Empire，约公元前 900—前 300 年）时期，该时期的统治者在尼罗河第四瀑布流域以南的博尔戈尔山（Gebel Barkel）、库鲁（Kurru）和努里（Nuri）修建陵墓；第二阶段是麦罗埃帝国（Meroitic Empire，约公元前 300—300 年）时期，该时期统治者则将墓址定在尼罗河第五瀑布流域外的麦罗埃（Meroë）地区。埃及第二十五王朝时期，埃及统治者其实就是库施国王，不过后来，阿克苏姆的埃扎纳（Ezana of Axum，约公元 320—360 年）最终攻克了麦罗埃城，使这座城市沦为废墟。

| 约公元前 1870 年 | 约公元前 1650 年 | 约公元前 1550 年 | 约公元前 1279 年 | 约公元前 1069 年 | 约公元前 747 年 |
|---|---|---|---|---|---|
| 法老辛努塞尔特三世（Senwosret III）对上努比亚地区发起一系列残酷军事攻击；努比亚地区的埃及民众将此位法老奉若神明。 | 埃及中王国政权瓦解。居于科尔玛的民众开始逐渐占领各大遭废弃的埃及堡垒。 | 埃及第十七王朝法老卡莫斯（Kamose）在库施王国与埃及交界处建立一个保护民众的军事缓冲区。 | 埃及第十九王朝法老拉美西斯二世在努比亚地区新建或扩建了 7 座神庙，包含两座阿布辛贝勒神庙。 | 埃及新王国政权瓦解，努比亚地区再次脱离埃及统治而独立。 | 埃及进入第二十五王朝时期，历任努比亚国王不断获得更大统治权。 |

# 科尔玛遗址 约公元前2500—前1450年

科尔玛城及西德弗法神庙位于上努比亚地区（今苏丹）尼罗河第三瀑布以南30英里（约50千米）外。它作为整个非洲除埃及外最早的城市化地区，自约公元前2500年起便有人类定居。约公元前1450年，新王国时期的埃及军队攻入城中，科尔玛城最终化为废墟

1913—1916年，乔治·赖斯纳对上努比亚的科尔玛遗址进行首次发掘。赖斯纳认为，该地区仅仅是埃及统治者掌控下的一座较大的要塞定居点，但是如今的学者才意识到，科尔玛城是努比亚最重要的库施王国里最重要的城市。科尔玛城的当地经济主要依赖农业及畜牧业，居民偶尔也会渔猎采集补贴家用。不过，作为连接埃及、红海与中非贸易通道的重要城市，科尔玛在先前往来的各类物品交易（包括黄金、乌木、象牙和牛畜）中积累了大量财富。科尔玛城的富饶与其同埃及之间的紧密关系，主要体现在城中墓地中出土的大量陪葬品上，考古学家在墓穴中发现了典型的努比亚手工艺品（陶器和铜器）、埃及的手工艺品（铜制匕首和石雕），还有一些带有浓郁埃及风味的当地器物（如家具和首饰）。

通过调查研究，学者将科尔玛城的人类居住历史划分为四个时期：早期科尔玛时期（约公元前2500—前2050年）、中期科尔玛时期（约公元前2050—前1750年）、典型科尔玛时期（约公元前1750—前1580年）及晚期科尔玛时期（约公元前1580—前1450年）。在早期，科尔玛城规模相对较小，定居点周围建有围墙，当地居民在围墙里用木材及芦苇秆建起一座座圆形棚屋和仓库。随着城市不断发展，科尔玛城的防御工程不断增强，居民在城市外建起一圈高达33英尺（约10米）的围墙。城中最惹眼的建筑是一座大型泥砖神庙，人称西德弗法神庙（Western Deffufa，“Deffufa”一词是当地方言，泛指用泥砖建造的坚固遗迹）。西德弗法神庙坐落于城市中心，由一系列建筑组成，包括矩形石屋、各类作坊和建成圆锥形屋顶的传统圆屋。城中其他重要建筑包括一座宫殿和王室大厅。

焦点

**科尔玛陶器**

科尔玛城中的制陶手工艺人技艺精湛，能利用复杂技艺，制作与众不同的各类陶器，这一情况表明当地陶匠的技术炉火纯青。传统的科尔玛陶器的顶部呈黑色，底部是红色，中间由一条彩色条带（从紫色到灰色都有）划分。图示的陶罐出土于科尔玛城中一座墓地，罐颈细长，下方连接罐肩，罐中是空的。在同一墓穴中，考古学家在附近又发现了其他带有埃及风格的陶器，研究发现，这些陶器制作于约公元前1650—前1550年

**森努威夫人像**

考古学家在科尔玛墓地中的一座墓穴中发现了两尊石像：一件保存完好，是充满埃及风情的森努威夫人（Lady Sennuwy）石像；另一件稍有破损，雕刻了其丈夫海德杰夫（Hepdjefa）。这对夫妇生活在辛努塞尔特一世统治时期（约公元前1956—前1911年），住在艾斯尤特（Asyut）。根据研究，这两尊石像极有可能是作为礼物，在埃及第二中间时期（约公元前1650—前1550年）被占据北部的喜克索斯人带到科尔玛城的

## 科尔玛墓地

科尔玛墓地占地极广，位于西德弗法神庙东北部约2.5英里（约4千米）外的一处低丘之上。从科尔玛城初建至陨落，墓地中埋葬了几代人遗骸：据估计，墓地中遗骸数量近40000具。大部分墓穴位于新土层中，墓室呈椭圆形或矩形，其上覆有低矮土堆或是立有坟冢。墓室中，尸体并未被制成木乃伊，其面朝北方，蜷缩着侧躺于木床之上。尸体通常穿戴皮衣，并盖有兽皮。考古学家在墓穴中发现了大量陪葬品，包括铜镜及鸵鸟羽扇；在男性墓穴中，考古学家还发现了大量弓箭。与此同时，部分墓穴中同时陪葬了大量家狗和绵羊；陪葬绵羊有时系有饰头巾，或犄角上挂有坠饰。中科尔玛时期的墓穴有一显著特征，即当地居民常在墓穴之上放置牛颅骨以作标记；考古学家曾发现一座巨大无比的坟冢，坟冢之上堆放了近4500件颅骨。有时，这些颅骨也象征着不同牲畜，坟冢前方堆放的颅骨代表奶牛及牛犊，而后方颅骨则代表公牛。

在墓地的南边尽头处，有8座巨大无比的坟冢，当地人称之为“王室坟冢”。据分析，这些坟冢建于典型科尔玛时期，是努比亚最典型的墓穴建筑。坟冢内部藏宝早已被洗劫一空，不过有证据显示，其中曾藏匿巨大财宝。墓穴中，一位死者依原始模样安躺于一张光滑的石英床上，其他人则躺在石板床上。考古学家在三座坟冢中的中央宽廊内发现了数百具遗体，他们认为这些男男女女是随主墓穴一道被活埋于此。此外，坟冢旁的其他附属墓穴内也可能有殉葬者。

# 印度河流域的文明

1. 19 世纪 50 年代，考古学家首次发掘了巴基斯坦旁遮普省的哈拉帕考古遗址，但直到 20 世纪 20 年代，有关专家才真正意识到其重要价值

2. 考古学家在巴基斯坦的摩亨佐－达罗遗址中发现一件银器，银器中装有一条由绿岩、滑石和黄金制成的项链，链上坠有玛瑙及碧玉

3. 出土于哈拉帕地区的赤陶雕像，雕像上配有耳饰、颈圈、项链、腰带和饰有花朵的精美头巾，这一形象或许展示了印度河流域妇女的打扮

公元前 7000 年，印度与伊朗接壤地带开始出现农耕定居点；至公元 4000 年，该地区内村庄如繁花盛开，一片欣荣：当地居民实行混合农耕，懂得利用陶轮制作陶器，同时掌握铜器铸造技术。印度河平原中，生活着以放牧为生的牧民；此外，一些来自高山地带的居民也迁徙至此，公元前 3200 年以后，这类人口数量大幅上涨。相较于平原地区，印度河流域自然资源更加富饶，当地渔猎－采集者常用平原农耕居民难以获取的野生资源与之交换，换取家禽和手工艺品，因此，一种互利关系就此建立，并随着时间推移不断加强。在早期农耕居民的推动下，印度河流域各部族的文化异彩纷呈。一部分居住区演变为城镇，如旁遮普（Punjab）的哈拉帕（Harappa，见图 1）、巴基斯坦、印度拉贾斯坦邦（Rajasthan）的卡里班根（Kalibangan）。同时，该流域内的工艺制作渐趋专门化。由于阿拉瓦利山脉（Aravalli Range）及其南部地区的青铜资源丰富，印度河流域的居民与当地居民建立了贸易关系，而其与阿曼（Oman）南部地区的往来，也从侧面反映了海上渔民在不断迁徙。

不过，到公元前 2600 年，该地区内情况发生了重大转变。西起古吉拉特邦（Gujarat）和马克兰（Makran），北至旁遮普邦，东抵哈里亚纳邦（Haryana），印度大部分地区建立了统一的文化，区域性文化逐渐消失。许多定居点遭到遗弃或毁坏，部分经过重建，同时也出现了一些新建的定居点。定居点内的布局经统一规划，主要街道方向固定，城中分为内城（卫城，通常建在高地上，包含官邸等办公建筑）与下城（普通住宅区），卫城外建有围墙。不过，各定居点之间依然存有大量差异，各具特色，例如卫城内建筑的格局。

印度河流域，城市生活高度发达。当时全球最大的城市摩亨佐－达罗

## 重要事件

| 公元前 3800—前 3200 年 | 公元前 3500 年 | 公元前 3200—前 2600 年 | 公元前 2600—前 2500 年 | 公元前 2600—前 2450 年 | 公元前 2500 年 |
|---|---|---|---|---|---|
| 巴基斯坦俾路支（Baluchistan）地区建起大量农耕定居点，而牧民则选择定居在环境迥异的印度河平原地区。 | 旁遮普省哈拉帕地区建起一定居点，随后人口持续增长，达到近 6 万人，该定居点也逐渐扩张成一座大型城市。 | 哈拉帕文明早期，农耕社群扩散至印度河流域平原及古吉拉特邦地区。部分市镇开始发展，如多拉维拉城。 | 许多定居地遭遇毁坏或废弃，不过也出现了一些新建定居点，如摩亨佐－达罗。 | 乌尔王陵中发现的印度河流域圆珠饰品表明当时的印度河流域地区曾与远方城邦保持贸易往来，而连接两处的枢纽地区就是今天的阿曼，至今仍是美索不达米亚与印度河流域的通商要塞。 | 经过与阿曼地区渔民世代贸易，印度河流域居民与当地定居者培养出更紧密的商业联系，经常用印度商品换取当地的铜矿。 |

位于信德文化区的核心地带。印度河流域的其他地区则由不同城市掌控，这些城市成为通向外部世界的咽喉区，如西部的多拉维、中部的达甘维瑞瓦拉（Ganweriwala）地带，后延伸至印度河南畔的萨拉斯瓦蒂河谷（Saraswati valley，现已干旱）、北部的哈拉帕和东部的拉奇加希（Rakhigarhi）。这些地区又细分为进行某种专门贸易或具有工业职能的城镇、工业村庄和乡郊农业区。

同时，该地区的工艺品生产有序发展：技艺高超的工匠先在原料产地或重要中心城市进行集中制作，再通过交易买卖，这些商品最终得以流通于印度全境。进口金属或其他材料亦是如此。无论彩陶、赤土陶器（见图3）、高品质陶还是其他手工制品，无不体现出印度河流域的烧制技术之纯熟。

在当地居民和外地市场的共同推动下，该区域的贸易呈现一片繁荣盛况。在印度北部，阿富汗地区金属储量（黄金、锡和青铜）丰富，而巴达克山（Badakhshan）更是盛产青金石。在矿石的吸引下，印度河流域居民向北建立了贸易路线，并在肖土盖（Shortugai）建立贸易据点，随后逐渐发展成一座典型的印度河流域城镇。由于掌控贸易路线，印度河流域居民实现了青金石的垄断，他们极少自己佩戴使用，而是转卖到美索不达米亚地区，因为当地的青金石价值更高。据美索不达米亚地区的文字记载和考古发现，印度河流域出口到美索不达米亚地区的商品种类繁多，包括木材、铜矿、黄金、锡矿、玛瑙和红玉髓（尤其是红玉髓珠，见图2）。尽管文献并未记载当地人用以交换的货物，不过人们猜测是羊毛织物或银器。当然，印度河流域商人的贸易对象并不局限于美索不达米亚人，还有阿曼（为获取铜矿）和巴林。当时，印度河流域已出现文字符号，文字的使用不仅有利于其内部工业管理和物品分配，也能帮助其向外发展贸易。

公元前2000年后，印度河流域文明显露出衰败之势。公元前1800年后，大多市镇城市逐渐荒芜。经过研究分析，考古学家发现罪魁祸首是某些流行病，如霍乱和疟疾——由于人口集中，这类疾病传播迅速，居民伤亡惨重。此外，另一原因可能是印度河南部地区的主要河流萨拉斯瓦蒂河，当时水位逐渐下降，耕地干旱。继新作物（中国的水稻和非洲的稷）传入印度后，当地居民开始进一步开拓德干高原和东部的土地，相较于冬季生长的印度河流域作物（例如小麦、大麦等），这些地区更宜种植夏季生长的作物；而同时适宜两类作物生长的古吉拉特邦则始终繁荣。此时，美索不达米亚地区由于政治剧变削减贸易开支，原本由国家资助的贸易变为小规模私人进行，这一现象对远在印度河流域的贸易伙伴也许造成了一定影响。正是由于上述诸多因素，印度河流域的文明一步步在挣扎中走向衰败。随后，大城市生活逐渐消失，文字记录、大规模生产和文化统一现象等城市衍生物一并消失，区域文化走上前台，在这片土地上继续繁盛。

| 公元前2500—前2000年 | 公元前2500年后 | 约公元前2300年 | 约公元前2100年 | 公元前2000—前1800年 | 公元前1800年 |
| --- | --- | --- | --- | --- | --- |
| 印度河文明的鼎盛时期。无论大城邦或小村镇，皆一片繁荣昌盛，生活水平极高，制作精良的工艺品在各地之间通过贸易传播。 | 为了发展海上贸易，苏特克根多尔（Sutkagen Dor）的马克兰地区建立多座贸易边镇，此外，阿富汗和肖土盖也建立了多座贸易枢纽，以获取珍贵的矿石。 | 阿卡德帝国的文献证实印度河流域国家的船只曾停靠在美索不达米亚港口，这表明印度河流域商人遍布整个印度洋沿岸。 | 印度河文明区及位于美索不达米亚南部的乌尔三世王朝之间的海湾贸易发展达到鼎盛，至今仍有部分印度人的后代生活在美索不达米亚地区。 | 由于疾病的不时影响，市镇和城市逐渐衰落。水源管理方式的改变和多种农耕活动的发展决定了当地的生活模式。 | 在古吉拉特邦、波伦平原（Kachi Plain）和亚穆纳河多巴地区（Ganges-Yamuna Doab），城市生活消失，区域文化出现并不断发展。 |

# 摩亨佐-达罗古城 公元前2600—前1900年

图为自摩亨佐－达罗地区卫城北部向西远眺的场景。印度河文明时期，印度河流经摩亨佐－达罗地区西侧，因而每当雨水泛滥，该地区都会面临洪水威胁，因此摩亨佐－达罗最初可能不是一个理想的居处。直到后来，当地居民用砖块垒起一座巨大广阔的地基平台，再将城市建在人造的地基上，情况才有所好转

1922年，考古学家对位于巴基斯坦信德省摩亨佐－达罗地区内一座类似佛教窣堵波的建筑进行调查，并于其中发现了属于极早时期的部分物品，包括数件由滑石雕刻而成的印章。1924年，考古团队在《伦敦新闻画报》上公布了他们在遗址中发现的文物及建筑，引起轩然大波。该发现动摇了约翰·马歇尔（John Marshall，1876—1958年）及其他学者在20世纪20—30年代，以及莫蒂默·惠勒在50年代确定的此类建筑的发源时间。近年来，考古学家将调查中心转向了解摩亨佐－达罗城的其他方面：第一是探究城市面积，研究发现，这座城市面积约600英亩（250公顷），远远大于最初学者划定的所谓卫城（Citadel）与下城（Lower Town）土丘的面积；第二是测算城市最低层面，但因地下水位高而受到了阻碍；第三是深入研究马歇尔时期的考古发掘，因为当今考古学家认为马歇尔时期所做的发掘与记录并不完全。经过深入调查，考古学家认为，约公元前2600年，当地统治者计划在印度河流域王国的中心腹地建造摩亨佐－达罗城。为确保城市免遭印度河泛滥的洪水侵扰，当地统治者在城市建造前下令堆填了极高的地基。在卫城西侧，统治者建造了一座“大浴池”（Great Bath），而南侧则建有带有柱厅的其他相关建筑，考古学家认为这些建筑极有可能是为公共集会所建。无论是在摩亨佐－达罗城，还是在其他印度河流域城市中，考古学家从未发现任何类似宫殿或神庙的建筑，这也是印度河文明的一大未解之谜。越过位于卫城东部的大型土丘，即可看见通向下城的宽街窄巷。下城房屋多正对小巷，如此一来即可免遭大路中的灰尘侵扰。主路的尽头是一座内廷，当地居民大多数时候在此度过。房屋种类多样，细探其中可以发现大多数房屋都建有浴室，地面由烧制瓷砖铺成，有时还带厕所。

## 定位

1. 谷仓

有关学者认为，图示的大型建筑是当地的谷仓，虽然后来发现的证据驳斥了这种说法，不过人们依然认为该建筑至少是某种仓库。建筑的北侧搭有一座带顶平台，主建筑如今仅剩平台，包括 9 个突起物

2. 大浴池

卫城中最显眼的建筑是“大浴池”，考古学家认为该浴池是某种宗教设施，与洗礼仪式相关。建造精巧的浴池呈矩形，先由烧制的砖块层层垒砌，再抹上沥青，这样可以防止渗水

3. 教会

考古学家认为图中的宗教建筑极有可能是祭司住所。其中包含许多房间，且每间的面积不大。建筑中还有多个庭院，至少有 7 条通道，其中 1 条是带窗户的走廊。走廊尽头是两级台阶，可以通往上层建筑

◄ 考古学家在摩亨佐–达罗城已发掘的地区中发现了近700座私人或公共水井，都已经干涸。这些水井形状都是楔形，由烧制的砖块垒砌而成。城中每户的浴室都有污水渠，同样由砖块垒成，埋在石板道路之下，沿着道路通向城外的荒地。污水池中有时会残留一些固体污物，需要定期清理

## 能工巧匠

印度河流域的能工巧匠懂得使用优质材料制作物品。例如，无论在其发展早期还是晚期，当地工匠所用的工具都由当地产的燧石制成，而在印度河流域文明发展时期，其使用的燧石是产自罗里山（Rohri Hills，位于信德省）的高品质燧石。由于各地区材料种类有限，多数定居点都会被分配生产不同的物品，不过摩亨佐－达罗城较特殊，城内有各种手工艺品的生产活动，包括一些被认为仅产自哈拉帕（Harappa）地区的工艺品，如刻纹饰的铜碑。在摩亨佐－达罗城中，多数工匠是在家里生产的，如篆刻印章、打磨银器、雕刻滑石物件和制作贝壳或珍珠镶嵌饰品。城中建有专门的工业区，有各种各样的手工业作坊，如制作彩瓷、圆珠、砝码和石镯，或打磨燧石、滑石、贝壳和铜块。部分有毒的工艺步骤要在城外郊区完成，例如在制作手镯前清理海螺的内脏。

# 多拉维拉和洛塔 约公元前3000—前1500年

在多拉维拉城内的两侧，当地居民修建了至少16座大型储水库，以便在旱季维持城内工业、农业生产和居民生活用水。储水库极深，一部分在土层中，一部分已深入庞大的城市地基岩层中，水库坑中四周发现了带石膏的砖块

随着我们对印度河文明的了解更加深入，之前认为该文明同时源于摩亨佐－达罗城和哈拉帕城的两地的说法逐渐被抛弃。现在，有关学者认为，两座城市可能都只是印度河文明发展过程中的重要城市。1967年，考古学家发现古吉拉特邦西南部重要城市多拉维拉，并在1989年开始发掘。多拉维拉遗址坐落于喀奇县（Kutch）以外东北海域中的小岛上，在印度河流域文明时期，该城市范围覆盖了整座岛。

古吉拉特邦中的许多定居地即为当时的工业生产中心，产出品种类多样，包括食盐、工具、镶嵌物和饰品，其中饰品的主要材料是各种海贝和圆珠，而圆珠多由当地宝石雕磨而成，如玛瑙和玉髓（通过热加工制成红玉髓）。农业和畜牧业是当地居民生存的主要保障。除此之外，此地还是印度河流域海运贸易的终点站，甚至继印度河流域统一王国政权瓦解后，该地区的贸易地位仍未动摇。而多拉维拉则为地区活动的统领城市，负责掌控社群活动、从本地集装货物运往海外和印度王国其他地区。

由于古吉拉特邦中岩石数量异乎寻常之多，因此多拉维拉城中建筑多由岩石建成，而非砖块。不过，对于卫城中的城堡建筑，有关学者所知依旧极少。城堡正前方有一片大型广场，北部是居住区中城，周围设有围墙，自中城东门而出，便可到达占地更广阔的下城地区。中城与下城并无排水沟渠，不过卫城中建有复杂的排污系统与精巧的积水处。多拉维拉城内西角与北角处，建有大量储水库，这也是这座城市的一大显著特征。后来，虽印度河流域文明逐渐衰落，多拉维拉城也日渐废弃。虽然城中部分地区被重新占领作居地，不过其定居点规模也不再能构成城市。新居民回收利用建筑材料，将生活垃圾倒入储水库。

# 焦点

**城堡入口**

多拉维拉城城堡的入口十分引人注目。入口通向一级台阶，且两侧建有保卫室；入口处建有石柱，石柱由大量圆形的小块柱状物叠加建成，固定于由木桩戳陷形成的柱桩孔中。北侧入口上方曾悬挂一块木牌，其中写有九个印度字符号：由石膏雕刻而成的符号如今保存完好，因为木牌曾被取下后正面朝下放置，如此一来正好保护了其上的文字

**居住区**

多拉维拉城之中，一条宽阔的主路横穿其中，其他传统街道大多呈网状排列。公元前 2200 年后，当地居民新建了下城地区，而该地区发展则较随意。城外围墙厚达 60 英尺（约 18 米），在下城建成后，当地居民决定延长围墙长度，将下城包进墙内，因此墙内区域面积扩大至近 250 英亩（100 公顷）。下城与中城间隔有一道关口，当地统治者可以控制两地间人口流动

## 洛塔：入口之城

洛塔城位于古吉拉特邦南部，萨巴尔马蒂河（Sabarmati river）的上游，占地面积极小，仅有 10.5 英亩（4.2 公顷）。与其他印度河流域城市一样，洛塔城也是印度重要的商业枢纽城市。城内部分地区为居住区，极有可能是城中工作者的住处，不过多数住房建于城墙外部，因为城内空间多用于建造工业建筑及设施，例如将当地宝石制成圆珠的工厂（配有仓库和工作庭院）、铜匠铺、雕刻滑石印章及制作贝类与象牙摆件的作坊和用途多元的窑厂（能烧制陶器、对宝石进行热加工使其可塑性增强，还可以重新熔炼金属铜）。

城中东南角一小处，为类似卫城地区，其中建有多座房屋，可能是城中管理者住处；除房屋外，此片区域内建有 12 座浴池，并排而列，还有一处大型高台。高台被窄道划分为多块方形区域，每块区域建有砖墙，共 64 块；考古学家认为这些方块区域原先可能建有木梁，设有屋顶。有学者认为这些房屋曾是仓库，因为他们曾在此发现大量黏土印章，上面刻有储物罐字样及部分材料名称，例如细绳、编织衣物和灯芯草。洛塔城边有一处大型经翻新的砖块盆地，有学者认为该处曾是船坞；不过由于此处地理位置不佳，出入困难，因此该说法遭到许多人反对。

洛塔城，地处印度河流域王国境内西南尽头处，是一座通向外界（尤其是古吉拉特平原北部）的关隘城市。此地聚集了大量狩猎－采集者，据时节奔赴各地，因此常能获取各类资源。在与这些狩猎－采集者交往过程中，印度河流域居民使用自制的商品及一些谷物粮食，与他们交换到了大量珍贵材料，例如象牙、蜡、蜂蜜和松香。贸易网由洛塔城管理，货物贸易往来双向进行。

# 中国早期文明

1. 一尊青铜制半身像，制作于公元前 12—前 11 世纪，刻画了一个耳朵硕大、面部瘦削的人物形象。考古学家在四川省三星堆遗址中发现了数千件此类工艺品，该发现便属其中之一

2. 甲骨文出现于商朝时期，是一种刻于兽骨中的表意文字。文字记录了商王室欲通过占卜寻求解决方法的问题

3. 一件盛酒器或者叫樽，出自商朝晚期，其形制及装饰体现了当时青铜制品的发展程度，是商朝工匠技艺的代表之作

商朝（约公元前 1600—前 1046 年），是中国历史上第一个有确凿考古证据及文字记录的朝代。据研究，商朝建立于约公元前 1760—前 1520 年，考古证据也证实其建立时间早于公元前 1600 年。商朝居民定居于黄河沿岸，今属中国东部腹地河南省境内。该地区是当时历史上最先进的政治及军事权力中心地，被誉为全球第四大最伟大的早期文明地。

1899 年，考古学家第一次发现商朝甲骨文（见图 2），从此商朝历史研究进入新的阶段。甲骨文是一种表意文字，通常雕刻于大型动物的肩胛骨之上或龟壳之上，是古时人类占卜未来的一种方式。骨上的刻字即为中国早期文字，向人们展示了商朝的社会状况。1917 年，有关专家最终破译甲骨文，随后投身于搜寻地理上的商朝中心发源地，他们认为发源地毗邻安阳城，位于如今一座名为小屯的村庄之中，1928—1937 年，考古学家在小屯村中进行了大量发掘工作，并于其中发现了段墟遗址中的殷都遗迹和著名的“商朝考古证据”。

考古学家认为，商王朝曾迁都数次，其中一座都城为如今的郑州；公元前 14 世纪后，商王朝迁都至安阳。经发掘的大多商朝城市及陵墓保存完好，展示了当时的宗教及仪式习俗，表明在这一社会框架下，当地政治及王室生活井然有序。在安阳及小屯的发掘过程中，考古学家发现了一些建筑地基，表明了当时城市面积的扩张过程：由一个面积中等的居地逐渐变成内含宫殿建筑的王

## 重要事件

| 约公元前 2000 年 | 约公元前 1700—前 1500 年 | 约公元前 1600 年 | 公元前 1600 年 | 约公元前 1600 年 | 公元前 1400—前 1200 年 |
|---|---|---|---|---|---|
| 人们利用金属制作刀具、锥器、钟具和一些小型容器。 | 今河南省偃师出现了二里头文化，该考古遗址极有可能是夏朝（约公元前 2070—前 1600 年）的中心地区。 | 商朝掌控中国西北方大部分地区，流传八世，最终灭于第十二位商王手中。 | 商朝居民开始在墓葬过程中先进行大规模殉葬仪式，同时在墓穴中埋入大量珍贵器物。 | 商王开始在郑州附近建造其都城。商都面积广阔，占地约 6178 英亩（2500 公顷），周围建有城墙。 | 商朝甲骨文主要记录一些宗教舞蹈和乐器，例如青铜制编钟和各类鼓类乐器。 |

朝都城。商朝房屋建于夯土层上，为栋梁建筑。此外，当地居民利用枝条和灰泥筑墙，且会在屋顶上铺制茅草。

若想统治管理商朝偌大的疆域领土，没有严谨复杂的政治系统绝不可能完成。商朝社会阶级划分细致非凡，商王指派地方官分管部分领土地区，并任命当地农业发展的首席负责人。在商朝，给予死者尊荣同样也是一件极其重要之事：根据祖先生前的职业、地位和所属阶层，当时社会在其死后予以相等尊崇。目前考古学家尚未发现有关商朝如何祭祖的细节性文献记录，不过，他们确实曾在部分墓穴中发现了铸造精良的铜制仪式用容器（盛装食物和酒水），这一发现表明，当时居民特别重视及关心向祖先献祭食物。

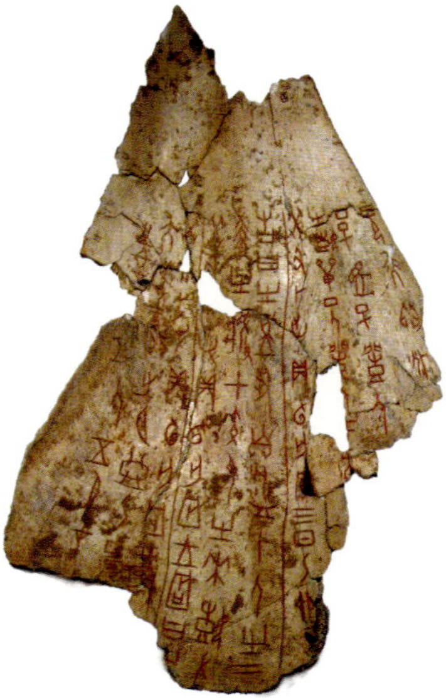

考古学家现已发掘大量商朝陵墓，并在其中发现了藏量丰富的陪葬品。墓穴大多坐北朝南，虽种类多样，但不乏几处共同特征。通常，这些陵墓呈竖井结构，内有四条小径通向地面；陵墓中的墓室由大型原木建成，其中安放棺椁。考古学家在墓室中发现大量殉葬者及牲畜和诸如玉石、青铜一类的陪葬品。商朝时期，青铜铸造及玉石雕刻水平高超，因而极负盛名。墓穴中大量保存完好的陪葬品表明，商朝的手工艺者已经掌握精良的工艺品制作方式，且很有可能曾开设大型制作作坊。每位手工艺人都拥有自己的专门任务，例如熔炼铜矿及锡矿以合成青铜、制作陶器模具、铸造青铜工艺品，或是负责物品最终的打磨成型工作。在古代社会，这种使用件状模具铸造物品的方式十分独特，这种方式意味着匠人可以将装饰图案事先雕刻或印刻在模具内部表面，之后再将模具放入窑中烧制，最后成品即可展现出清晰复杂的图案设计。

在殷墟文化中，由硬质灰陶烧制而成的陶器（见图3）地位非凡。考古学家发现，灰陶容器数量极多且用途广泛，无论在家中、殿中或是墓穴中，都可见其身影。这种陶器的制作依赖一种混合技巧：先用灰陶土条盘卷瓶身，再利用模具或是手工揉捏的方式做出容器的支腿及把手，最后转动陶轮，调整陶器底部及边缘形状，成为完美的圆形。与此同时，考古学家在一些富人墓穴中发现了由硬质白陶制作而成的陶器陪葬和一些上过釉的陶器陪葬品。

在商文化中，兽骨和象牙的意义重大。兽骨来自多种动物，尤其是公牛骨，公牛骨在商朝人的生活中十分重要。人们常常屠宰公牛用作祭祀，而肩胛骨则用作卜筮。

1986年，考古学家在四川省三星堆中发现了大量精致的工艺品，研究后证实，这些工艺品年份可追溯至约公元前1200—前1000年。他们发现了大量由黄金、玉石、象牙及纯良青铜制作而成的人形雕像和头像，这表明，在商朝的同一时期，中国西部也曾发展出了金属加工文化，即今天广为人知的三星堆文化。

| 公元前1300—前1050年 | 约公元前1300—前1050年 | 约公元前1200年 | 约公元前1200—前1045年 | 约公元前1200—前1000年 | 约公元前1046年 |
| --- | --- | --- | --- | --- | --- |
| 殷都（今河南安阳）成为商朝的新都。 | 上帝（天神）是商朝最权威的神明和最伟大的先祖，掌管收成、天气和战争胜利。 | 殷都定为新都后的第一任商王武丁（在位时间：公元前1250—前1192年）为其妻，即王后修建妇好墓。 | 当时一种重要的占卜方式为加热兽骨或龟壳，将受热后形成的热压裂痕翻译成为占卜结果（其有一套裂痕的对应含义）。 | 今四川广汉三星堆居民生产了大量人形青铜雕像和头像。 | 商朝国力衰微。来自西北的周人部落建立了新朝代周朝。 |

# 亳都 公元前1600—前1300年

考古学家在郑州王宫遗址内发现了近100件颅骨和成排的家狗殉葬坑。各类手工作坊及居住区大多建于城墙外。在北城墙外侧，考古学家发现了两座大型铜矿铸造厂，并于其中发现多种陶器模型

今天的郑州位于中国中部的河南省，是商朝建立者汤所定王城亳都（约公元前2070—前1600年）遗址所在地。在商朝早期，亳都是当时最大的围城，占地61.77英亩（25公顷），当地文化也称二里岗文化。亳都外围建有城墙，周长近4英里（约7千米），城墙圈占面积超过741英亩（约300公顷）。城中王宫占地极广，占据城内大半土地。考古学家曾在亳都东北部发现一座王宫地基，面积超过15英亩（约6公顷）。此外，城中还建有住宅区、农耕区、墓葬区和各类手工作坊。

中心的城墙约宽33英尺（约10米），两侧各建有16英尺宽（约5米）斜坡，现存城墙高度是16—30英尺（约5—9米）。考古学家在城墙的一周发现了11处空隙，大多数空隙曾是城门。在内城中，并非所有结构都保存完好，除了一座包含大量土丘的平台，平台的面积为1076—21528平方英尺（约100—2000平方米），有关学者认为这座平台原是宫殿的地基。

在大量建筑中，一间可能为寝殿的房屋结构较不同，考古学家猜想当时居民曾在房屋原址发掘出一片地基，后将地基再利用，直接于其上重新建造了新屋。该处地基自东向西延展，长度超过213英尺（约65米），南北宽度约43英尺（约13米）。在平台表面，每隔6英尺6英寸（约2米），便挖有一个柱穴，穴深29英尺（约9米），柱穴摆列成行，分外整齐。寝殿内有9间房屋，屋顶设有双层屋檐，旁边建有一条走廊。

**城墙**

建造城墙要求工人时常采用夯土技术，这种技术发源于新石器时代，不过时至商朝，该项技术已得到极大发展。夯土前，工人需先在地表挖掘出地沟。建造城墙时需进行两项步骤：先在木质框架中埋入浅浅一层泥土，随后不断累积，至泥土填满框架后，向下用力按压土层。不过，城墙两侧的斜坡并非使用此种方法建造

**青铜器**

考古学家并未在郑州城中发现任何商朝王室留下的痕迹，不过在城墙外侧发现了三处遗迹，遗址中藏有此类方鼎容器（比如图中发现于 1974 年的方鼎），因此，他们认为该遗址极有可能是陪葬品仓库。遗址内发现的青铜器高度在 32—39 英寸（约 81—100 厘米），重量在 115—190 磅（约 52—86 千克）。由于其制造年份为商早期，可推测如此大规模的青铜器只有王室才能拥有

## 郑州旁的古城

除王城遗址外，考古学家在郑州周边地区也获得了许多重要发现，小双桥遗址（Xiaoshuangqiao site）便是其中一处。该处遗址建于商朝早期，位于郑州城西北方 12 英里（约 20 千米）外。考古学家在遗址中发现了城墙、动物及人类殉葬坑、各式陪葬品和一座铜矿铸造作坊遗址。在铸造作坊附近，有关人员在一处盆地中发现了几座恢宏建筑，并于建筑中找到三件铜制配件。此外，他们还发现了大量铜器、陶器和诸如玉石（软玉）一类的石制工艺品。考古学家在陶器及甲骨上发现了用红色颜料刻写的文字，该项发现为商朝历史上最早的文字记录。小双桥遗址的具体作用一直是考古学界的争论话题：有学者认为，该处遗址与王城郑州存在紧密联系，其本身只是一处典礼仪式举办处；另有一部分学者相信，在商王废弃王城后，他们曾搬至小双桥地区，而此地也成为一座全新的政治中心。

与此同时，考古学家在偃师地区发现了第二处外围建有城墙的城市遗址，该遗址位于郑州西侧 41 英里（约 66 千米）。相较于郑州，偃师地区面积稍小，占地 470 英亩（190 公顷）。偃师城墙极厚，且城门极其狭窄。考古学家在城中发现了双轮马车行驶后留下的痕迹。他们认为，偃师为一座防御城市，易守难攻。宫殿地基为内墙以内，几处地基极其牢固；考古学家在内城中发现了几处多层结构，他们认为这些建筑属宫殿建筑群，可能是兵器库或某些仓库。考古学家认为，偃师内城为上层阶级居住的卫城。

# 殷墟 公元前1250—前1050年

殷墟考古遗址总面积为1023英亩（414公顷），主要可分为两块：宫殿和王室宗庙陵区。1928年，考古学家首次开挖殷墟遗址，发掘一直持续至今

殷墟考古遗址位于河南省安阳市，毗邻安阳。该考古遗址是商朝后期的都城殷都所在地。约公元前1300—前1050年，随着该地区不断发展，都城面积逐渐扩大。部分甲骨文和历史文献证实当时的商王盘庚曾由奄迁都至殷。考古学家发现，相较于商朝的早期都市，殷墟的结构略有不同，没有城墙，且建筑多是零星分布，政治、仪式中心位于小屯地区。考古学家在殷墟遗址中发现了大量宫殿建筑，他们认为这些建筑极有可能是后世中式建筑的原型。在城中很多考古区域中，对现代学者帮助最大的两处功能性遗址是小屯宫殿和宗祠区，宗祠区发现了超过8处夯土地基，留有当时的木建筑痕迹。殷都周围建有一圈防御性的护城河，这也是一种抗洪设施，城中的宫殿和庙宇附近布满排水系统。

事实上，殷墟仅仅是一个更广阔的城市群中的一部分。黄河岸边曾炊烟袅袅，人口稠密，目前在该地区发现的遗址超过30个，部分已经开始发掘。在殷墟及其他同时期遗址中，考古学家还发现了数百座商朝晚期墓葬。多数墓穴规模极小，仅埋有数件陪葬品，这说明，在当时的王城周边，社会政治和经济阶层分化日益加剧。安阳附近的大量考古遗址具有重大的考古学价值，但大部分惨遭盗挖，不过留存下来的殷墟城市结构和框架，对中国后代城市的规划和建造影响深远。

# 妇好墓

自殷墟考古发掘工作开展以来，考古学家共发掘出 4000 余座墓穴和 1500 座殉葬坑。这些陵墓的发现，为分析商朝的社会结构及丧葬习俗提供了重要研究材料。商朝的墓地按照血统世系划分，同宗族内成员埋葬于一处祖坟之中。殷墟中最大的一处陵墓是位于小屯发掘遗址中的妇好墓。在发掘过程中，考古学家通过陵墓内大量青铜容器上的碑文，确定此墓属于商朝第 23 任商王武丁（生活在约公元前 1200 年）的妻子妇好。她不是什么普通妇人，她曾参与国家事务，率领军队抗击外敌，并主持各类仪式活动。妇好墓未经盗挖，因而墓内大量仪式性容器与物品保存完好。该墓穴的面积不大，东西长 18 英尺，南北宽 13 英尺，深 26 英尺（约为 5.6 米 × 4 米 × 8 米），与较小的面积不相称的是它的陪葬品极其丰富，多达 1928 件，包括大量用作仪式的青铜容器和玉器。

**石制工艺品**

考古学家仅在部分富人墓穴中发现了软玉制品，例如图中所示刻有猫形雕像的玉梳。石制工艺品的石料多样，大理岩、石灰岩、砂岩、板岩和石英均有涉猎。当时居民曾用岩石制作乐器、容器和置于王陵中的动物雕像

**青铜**

考古学家在殷墟中发现了多种青铜容器，如图中这件罍。遗址中诸多地窖及房屋内出土的碎片表明，当时居民已经掌握青铜锻造技术。考古学家共发现超过 20000 件容器模型碎片，这表明当时居民曾生产的容器种类极其繁多

# 青铜时代的希腊

1

2

1. 迈锡尼文明下皮洛斯（Pylos）涅斯托尔宫（Palace of Nestor）中的金銮殿及壁炉构造

2. 发现于克里特岛费斯托斯遗址（Site of Phaistos）中的一件卡玛瑞斯（Kamares）陶器（公元前1800—前1700年）

希腊青铜时代起于约公元前3100年，结束于约公元前1070年。考古学家发现该段时期内希腊地区分为三个文化区：希腊本土的青铜文化区、克里特岛的米诺斯文化区，以及位于爱琴海中部岛屿的基克拉泽斯文化区。希腊本土的青铜文化（Helladic）来自希腊语中的希腊“Hellas”一词，米诺斯文化名称取自古代国王米诺斯，据说他的宫殿就位于克诺索斯。尽管本章主要介绍的是安纳托利亚地区的考古发掘，不过对希沙立克（Hisarlik）或者特洛伊城（Troy）也有所涉及。特洛伊城因希腊史诗闻名于世，除特洛伊城外，史诗中还记录了其他一些城市，例如迈锡尼、梯林斯（Tiryns）等。经考古研究，这些城市被证实都是希腊青铜时代古城。

在希腊青铜时代早期，多项技术进步迅速。除金属使用的不断普及外，当时住宅及陵墓建筑建造水平也不断提高，艺术成就也硕果累累。尤其在希腊大陆，建筑水平发展迅速，大部分建筑成就属于青铜时代早期第二阶段（Early Helladic II period），其中最有名的位于伯罗奔尼撒半岛东北部沿海莱尔纳（Lerna）地区的一座建筑，即城中最大的瓦片屋（House of the Tiles）。瓦片屋是一座廊式建筑，外围建有防御墙，内部有两间主屋，最初是两层，但上层建筑已经损毁。在克里特岛北部和东部地区，尤其是莫克罗斯岛（Mochlos）出现了一种装饰精美的新式墓穴，名为“住宅式墓穴”。这种墓穴有大量的墓

## 重要事件

| 约公元前3100年 | 约公元前2700年 | 约公元前2200年 | 约公元前2000年 | 约公元前1800年 | 约公元前1600年 |
|---|---|---|---|---|---|
| 自希腊青铜时代开始，青铜代替石头成为希腊人制作工具及武器的主要材料。 | 基克拉迪群岛上能工巧匠使用当地简单的大理石，雕刻出各类雕像及刻有粗体字的石制容器。 | 建造于500年前的莱尔纳瓦片屋遭大火焚毁。 | 克里特岛中出现三座主要宫殿遗迹：克诺索斯宫殿、北部的玛利亚王宫和南部的斐斯托斯宫殿。 | 尽管手工制陶的方式仍然存在，但部分地区居民已经掌握利用快速陶轮制作陶器的方法，尤其在克里特岛地区，当地陶器精良，包括著名的卡玛瑞斯陶器。 | 在希腊大陆上的多处遗址中发现多种令人惊讶的陵墓建筑，其中以迈锡尼的竖穴墓（Shaft Graves）为杰出代表。当时，社会组织形式发生预兆性的重要改变。 |

室是由颜色多样的岩石筑成。一些陵墓内的陪葬品数量可观，包括石瓶和大量精美的黄金首饰。在该时期，基克拉泽斯艺术成就同样卓越，出现了大量石制花瓶和大理石人像。尽管考古学家也发现许多男性雕像，但绝大多数雕像还是女性形象（见图2）。

青铜时代中期，克里特岛上的社会组织形式开始转变，出现了政治和经济权力中心，即传统意义上的“王宫”。“王宫”从字面意思来看，主要是上层阶级的住所，因此容易让人误会。但实际上，克里特岛发现的“王宫”（及后来希腊大陆出现的“王宫”）是集行政、经济、宗教、艺术于一体的城邦中心。这一时期的希腊艺术蓬勃发展，王室的陶器作坊开始制作卡玛瑞斯陶器（见图2）。不过，由于一场大地震，最早的米诺斯宫殿遭到严重损毁。到了约公元前1700年，当时的国王决定重建王宫。通过对青铜器时代中期的希腊大陆进行考古研究后，有关学者发现，相较于克里特岛中的宫殿构建型社会，希腊大陆社会虽不尽繁华，却也在不断进行社会改革。科洛纳遗址（Site of Kolonna）位于塞隆尼克湾（Saronic Gulf）的埃伊纳岛（Aegina）上，青铜时代便已设有防御设施。到青铜时代末期开始，克里特岛米诺斯文明的发展达到巅峰，艺术作品华丽精美，宫殿建筑宏伟大气；不仅如此，这时米诺斯文明对爱琴海诸岛也有巨大影响力，尤其是基克拉泽斯群岛和安纳托利亚西海岸地区。公元前2000年中期，随着大量克里特岛重要遗迹毁灭于战火，希腊的青铜时代最终在暴力和冲突中谢幕。

青铜器时代末期之初，希腊大陆，尤其是迈锡尼地区（详见第198页）出现大量宏伟陵墓，这表明当时的社会组织已经发生重大改变。这一时期，希腊大陆上陆续出现多座王宫：最早建立的王宫为位于拉科尼亚（Lakonia）的莫内莱恩遗迹（Site of the Menelaion），随后伯罗奔尼撒各地遗迹纷纷涌现，包括梯林斯、迈锡尼和皮洛斯（见图1）等地；此外，希腊中部的底比斯和地处极北塞萨利（Thessaly）的迪米尼（Dimini）地区也出现多座宫殿。在迈锡尼地区，许多宫殿遗迹外建有严密的防卫系统，其设计目的有二：一为震慑立威，二为御敌自卫。尽管其面积不可与米诺斯宫殿相提并论，不过迈锡尼宫殿所承担的功能同样纷繁多样；考古学家在宫中发现了使用“线性文字B”写下的行政系统记录文献、储藏空间、手工作坊和社交宴会场所。在对两处大陆及诸多沉船遗迹（包括土耳其乌卢角的沉船遗迹）进行研究后，考古学家发现，在这一时期里，海外贸易网络建成，各地区间贸易往来频繁，例如希腊大陆、基克拉泽斯群岛与多德卡尼斯群岛（Dodecanese islands）之间，希萨利克岛（Hisarlik）与黑海地区之间，安纳托利亚、塞浦路斯、黎凡特、埃及与意大利之间。

约公元前1200年，继以宫殿为中心的迈锡尼经济崩溃后，其物质文明也相继发生改变，其中最显著的特征即为“线性文字B”的消失；不过，考古学家后来在部分宫殿遗址中仍发现了一些此类文字。约公元前1070年，随着铁成为制造兵器与工具的主要金属，希腊青铜器时代正式宣告结束。

| 约公元前1500年 | 约公元前1450年 | 约公元前1400年 | 约公元前1300年 | 约公元前1200年 | 约公元前1070年 |
|---|---|---|---|---|---|
| 锡拉岛（Thera）火山喷发，几乎摧毁了整座岛屿，岛中城市阿克罗提利被掩埋在厚厚的灰烬和轻石之下。 | 克里特岛中战火纷飞，暴力冲突加剧，米诺斯宫殿系统崩溃。克诺索斯宫殿成为唯一一座重返居住的宫殿。 | 希腊大陆上出现宫殿建筑，包括梯林斯、迈锡尼、底比斯和皮洛斯。 | 横跨地中海东部的一艘载货轮船于今图尔西西南部的乌卢角处沉没。 | 尽管部分迈锡尼宫殿中仍有少数居民居住，然而大多数迈锡尼宫殿遭损坏，宫殿经济瓦解。 | 铁矿冶金逐渐成为制作工具及武器的主要方式，希腊青铜时代结束。 |

# 克诺索斯遗址 约公元前7000—前1375年

米诺斯宫殿（例如位于克诺索斯的这一座）通常建于一处中央庭院附近，内含多间房屋通向外界

位于克里特岛克诺索斯地区的青铜时代遗址是史上最宏大也最重要的米诺斯宫殿。除青铜时代之外，在米诺斯文化时代开始之前和衰败之后，克诺索斯地区始终浮沉于历史长河中，不时成为繁华之地。约公元前 7000 年，最早的移居者抵达克诺索斯地区，并于此建立家园，即后来的米诺斯宫殿。公元前 14 世纪以前，该地区始终人丁兴旺，直到一场大火烧尽一切。2000 年后，米诺斯宫殿周边地区得到发展，不过宫殿中却自此再无一人居住。公元前 1 世纪末，罗马皇帝奥古斯都（Augustus，公元前 63—14 年）征服克诺索斯，在米诺斯宫殿北部建立朱丽亚・诺比利斯・科索斯定居点（Colonia Julia Nobilis Cnossus），该定居点后来成为克里特岛中最重要的罗马城市之一。

19 世纪时，大量游客及古文物研究者到访克里特岛，包括著名诗人爱德华・李尔（Edward Lear，1812—1888 年）。克诺索斯地区的首次发掘由一位居于伊拉克利翁（Heraklion，旧称干地亚）的古文物研究者完成，而其姓名正好为米诺斯・卡罗卡莱里诺斯（Minos Kalokairinos，1843—1907 年）。1878 年，卡罗卡莱里诺斯发现了米诺斯宫殿西配殿，并画出一幅金銮殿草图。1894 年，奥斯曼帝国政府向其发布禁令，要求卡罗卡莱里诺斯终止其所有研究工作；然而他对此置若罔闻，继续与其他考古学家讨论其发现，包括阿瑟・埃文斯（1851—1941 年）。卡罗卡莱里诺斯在米诺斯宫殿西侧仓库中发现了大量容量极大的米诺斯陶罐（又称“广口陶罐”），随后将部分陶罐捐献给各大博物馆，其行为有力推动欧洲居民了解克诺索斯文明。后来，另有几位考古学家欲继续对克诺索斯地区展开调查，包括海因里希・施里曼（Heinrich Schliemann，1822—1890 年）、美国驻希腊领事馆总领事伍・杰・斯蒂尔曼（W. J. Stil man，1828—1901 年）、法国考古学家安德烈・朱宾（André Joubin，1868—1944 年）和英国考古学家约翰・迈尔斯（John Myres，1869—1954 年）；最终，阿瑟・埃文斯将宫殿遗址所在的该土地买下，并进行有关研究。

**三神殿**

神殿位于中央庭院西侧，内部留有两处由石块堆砌而成的地窖；埃文斯在地窖内发现大量宗教物品，因此将其称为“神殿宝库”。宝库中存有多件彩瓷摆件，尤其是一件手握游蛇的女性雕像；研究发现，其制作年份在公元前 17 世纪左右

**重建**

20 世纪早期，继克诺索斯发掘之后，埃文斯开始对大量宫殿上层建筑进行重建。重建大多基于米诺斯建筑上的壁画图案，旨在展现米诺斯建筑的宏伟及华丽

## 考古学家名片

### 1851—1884 年

阿瑟·埃文斯，1851 年生于一个小康之家。他最初在伊利里亚（今克罗地亚）从事新闻记者工作；1884 年，埃文斯受邀返回英国，担任牛津什莫林博物馆（Ashmolean Museum）负责人，直到 1908 年辞职。

### 1885—1903 年

1894 年，埃文斯第一次到访克里特岛，而其第一站即为克诺索斯。1899 年，奥斯曼帝国对克里特岛的统治结束，埃文斯当即买下克诺索斯宫殿所在地——凯夫拉山（Kephala Hill）。1900 年 3 月 23 日上午 11 时，埃文斯开始正式发掘克诺索斯宫殿；1903 年，发掘的第一件工艺品被送往伦敦展览。

### 1904—1941 年

克诺索斯地区的发掘工作持续了三十余年，埃文斯也因此在其后半生里享誉世界。1911 年，他被授予爵士头衔；1941 年，在其 90 岁生日后几天，埃文斯与世长辞。

◄ 跳牛（Bull leaping）是一项惊险刺激却也极其危险的米诺斯活动，由于中央庭院面积较小，所以该活动很有可能举办于宫殿外部。根据克诺索斯宫殿墙壁上的壁画，项目参与者需在牛背上保持平衡，待到其同伴将其接住。此外，考古学家还在一些石刻印章及雕像上发现了跳牛者形象，尤其是在克诺索斯地区大量破损的象牙雕像上

# 阿克罗提利 约公元前4500—前1600/1500年

由于阿克罗提利城遭火山灰掩埋，考古学家得以发现一些通常情况下无法保存的物品，例如木质家具。在灰烬中洞腔形成时，灰泥浸入灰烬间空隙，描绘出桌子及床的形状，甚至连一些已经腐坏的木质家具也得以保持外形

阿克罗提利遗址坐落于爱琴海锡拉岛（圣罗里尼岛），该岛距克里特岛北端约 62 英里（约 100 千米）。青铜时代，由于其地处爱琴海贸易路线之中，优越的地理条件为该岛带来诸多便利，其经济文化因此高度发达。尤为特别的一点是，考古学家在岛上发现了与克里特岛米诺斯社会存有某种联系的现象，即“线性文字 A”的使用和壁画中描绘的部分物品。然而，一些发现于克里特岛壁画中的图案形象，例如猴子，其实是锡拉岛的特色图案。

在一次大型火山喷发后，岛上大部分地区遭受灭顶之灾，浮石与灰烬的堆积层厚达 66 英尺（约 20 米）；也正因如此，阿克罗提利城得以完好保存。然而，不同于罗马的庞贝古城遗址和赫库兰尼姆古城，阿克罗提利城中并未发现任何人类遗骸，可见当时无人逃脱该次灾难。一直以来，考古界公认的火山喷发时间为公元前 1500 年，不过最近却有科学研究表明，火山喷发的实际时间还要早一个世纪。

19 世纪 60 年代，锡拉夏岛工人在挖掘修建苏伊士运河所需的火山灰（灰烬）时，在岛附近发现一座青铜时代末期的定居点遗址。1870 年，锡拉火山喷发，法国地质学家兼火山学家费迪南德·福凯（Ferdinand Fouqué，1828—1904 年）随即前往当地进行考察；在考察过程中，他发现锡拉岛上的遗迹与锡拉夏岛上遗迹极为相似。费迪南德起初只是在岛上开展一些小规模考古发掘，30 年后，其又在具体限定的区域内进行进一步的深入发掘。20 世纪 70 年代早期，希腊考古学家斯皮利东·马里那托斯（Spyridon Marinatos，1901—1974 年）于此进行地表探测；后至 1967 年，重要发掘工程自此展开。1974 年，继马里那托斯之后，克里斯托·杜马（Christos Doumas，生于 1933 年）成为新一任遗址负责人。

**壁画**

阿克罗提利城中的壁画描绘了当地居民样貌和其从事活动。通过壁画可以发现，有些男孩、女孩被剃成了光头，而所有女子（无论长幼）皆佩戴精致的首饰。女子涂有口红，手脚指甲染上色彩，图中所示女子的耳部也经化妆；考古学家认为，这些化妆品极有可能由藏红花或散沫花制成

**建筑**

1870年，某法国考古队曾对法瓦塔遗址进行小型发掘；后来，马里那托斯选择继续发掘此地。通过发掘，他于遗址中发现了大量保存完好的建筑，部分两层建筑的上层部分甚至也完好无损。在大量发现中，最值得一提的还是内容色彩皆完整的壁画

## 船队湿壁画

阿克罗提利城内，无论私人房屋或是公共建筑，其内部墙上都绘有壁画。壁画中描绘了一些当时最重要的活动，便是当时居民建造船舶的场面，这些信息是其他考古记录中绝无仅有的。

尽管考古学家曾在克里特岛岸边、希腊大陆地区和土耳其西南部地区发现少量造于阿克罗提利巅峰时期的船舶残骸，不过发现残骸大多属船载货物，极少有船体碎片。因此，关于该时期大小船只的外观和构造尚无法定论。

阿克罗提利城中，有一座二层建筑人称“西屋”，考古学家在二楼房间墙壁上发现了一幅船队湿壁画。该幅壁画属微型画，高18英寸（约45厘米），全长可达13英尺（约3.9米）。在这幅壁画上，我们可以看到：船队由八艘装饰讲究的大船组成，每艘船都配有桨和帆；同时，船队配有三艘小船，似乎在其陪伴下往来于港口之间。乘客坐于大船中部，头顶设有船篷；其身边站有护卫，护卫头戴头盔，头盔上饰有野猪长牙制成的身份徽章。一些身份高贵的乘客坐于船艉船舱，或称为一间“小轿”之中，现代荷兰语将其称为“ikria”。船队中体形最大的船只被称为“阿德米拉尔之船”（Admiral’s Ship），该艘船装饰精美，船身绘有雄狮图案，舱顶刻有花环，船艏饰有蝴蝶。五号房间北墙上的壁画则展现出海上生活较血腥残酷的一面，壁画虽已斑驳，可仿佛仍在讲述那场久远的海战：战士们遍体鳞伤，葬身大海。

# 希沙立克土丘 约公元前3000—500年

希沙立克西圣堂建于希腊伊利昂城（Ilion）时期，即后来罗马所称的伊利翁城（Ilium），约公元前7000年。希沙立克遗址中共两处圣地：一处为图中所示西圣堂，另一处即为雅典娜教堂

特洛伊城，因荷马的《伊利亚特》而名垂青史，是无数作家、艺术家心中的灵感来源。尽管无人确切知晓其具体位置，不过各界人士通常认为位于土耳其的希沙立克即为荷马时期的特洛伊城。到了19世纪末期，海因里希·施里曼率团队发掘希沙立克土丘，无意中发现特洛伊城遗迹，此前从未有过任何关于该城的痕迹发现。20世纪30年代，卡尔·布莱根（Carl Blegen，1887—1971年）率团队进行发掘，并确定了当地居民于此生活的时间段；到了90年代，曼弗雷德·科尔夫曼（Manfred Korfmann，1942—2005年）在发掘过程中发现，特洛伊城面积远大于希沙立克土丘本身面积。

约公元前4500—前3000年，希沙立克地区成为人类定居点。施里曼发现的定居点建立于约公元前2500—前2300年，后在一场大火中化为遗迹。公元前13世纪晚期至公元前12世纪早期，即特洛伊战争期间，当时的城市同样葬身于一片火海，不过至今仍不确定这场灾害是否即为寓言中的特洛伊城浩劫。特洛伊战争传说基于大量远古文献，其中最有名的即为荷马的《伊利亚特》。尽管《伊利亚特》中存在时代错误，不过诗中确有部分基于当时的真实情况。相传，特洛伊战争的爆发原因是一场私奔——特洛伊王子帕里斯引诱斯巴达国王的妻子海伦私奔。墨涅拉奥斯与其兄阿伽门农曾花费9年围困特洛伊城。随后，奥德修斯率希腊军队军临城下，围城僵局遭打破——希腊军藏身于巨大的木马中，而特洛伊人在不知情的情况下将木马拉进城中。夜里，希腊人钻出木马，出其不意抓获特洛伊国王普里阿摩斯后将其杀害，特洛伊城也因此付之一炬。

## 定位

# 焦点

1. 地理位置

从希沙立克土丘放眼望去，由于附近河流淤塞，如今平原的海岸线仅长约 3 英里（约 5 千米）。在青铜时代，这座城市临海而建，掌控着连接爱琴海与黑海之间的海上战略要道

2. 城墙

考古学家在遗迹中发现了壮观的城墙残骸，不禁让人回想起荷马对特洛伊城的描述“城墙高耸，惊人壮观”。至今，有关学者共发现二十三段城墙，其中建有十一座城门和一条石铺入口斜坡。西圣堂周围的城墙建于约公元前 1300 年

3. 祭坛

西圣堂为一处禁地，其中留有两处保存完好的祭坛遗迹。较大的一座祭坛建于罗马时期，而其旁边相邻的一座体形稍小，经由一座更早前的古风时期（Archaic）祭坛改建，后建成于希腊化时代（Hellenistic period）

◄ 施里曼热衷于将其出土发现与《荷马史诗》中描述的物品比较。通过对照比较，他发现遗址中出土的一件独具特色的双耳杯十分类似于荷马曾介绍的一种名为“depas amphikypellon”的杯具。不过，如今考古学家证实这种类型的双耳杯制造于约公元前2300年，比特洛伊战争爆发时间还要早约1000年

## 考古学家名片

### 1822—1867 年

海因里希·施里曼，1822 年生于德国，其父是一名牧师。7 岁时，施里曼在一册历史书中看到了一张被大火吞噬的特洛伊城图片，随后便对《荷马史诗》中展现的特洛伊历史根据产生浓厚兴趣。不过，在他年少之后，他并未急于追求梦想，而是在其经商有成后，转头重新研究儿时的兴趣。刚至不惑之年，施里曼便决定放手生意，开始其为期数年的全球考古学习之旅。

### 1868—1870 年

由于对荷马颇感兴趣，1868 年，施里曼首先到访伊奥尼亚群岛（Ionian island）中的伊萨卡岛国（Ithaca）遗址，他本打算寻找奥德修斯的宫殿，不过最终并未取得任何发现。为继续研究特洛伊，施里曼从伊萨卡岛出发，来到达达尼尔海峡（Dardanelles）地区，并结识当地外交官弗兰克·卡尔弗特（Frank Calvert，1828—1908 年）；卡尔弗特曾发掘希沙立克遗址，并游说施里曼共同发掘希沙立克土丘，他声称据此可找到特洛伊遗址。

### 1871—1879 年

1871—1873 年，施里曼雇用大量挖掘团队发掘希沙立克土丘，并在土丘中发现大量沟壑，这一发现使他确定：此处即为特洛伊城遗迹。随后，施里曼在《特洛伊的古物》（1874 年）一书中公布其发现。尽管有部分学者对其言论存疑，不过普罗大众对其理论广为认可。自 1874 年后，施里曼开始发掘希腊大陆上迈锡尼青铜时代遗址，并在遗址中发现了他所称的阿伽门农之墓与克吕泰涅斯特拉（Clytemnestra）之墓。随后，他将其所有发现写成《迈锡尼》（1878 年）一书，公之于世。

### 1880—1890 年

施里曼陆续发掘位于奥尔霍迈诺斯（Orchomenos）的“米亚斯宝库陵”（Treasury of Minyas）遗迹和地处迈锡尼附近、有“铜墙铁壁”之称的梯林斯遗址；后来，施里曼对希沙立克遗址又进行数次深入发掘。1890 年 12 月，施里曼最终死于那不勒斯（Naples）。

# 迈锡尼遗址 约公元前1600—前1100年

荷马在其诗《伊利亚特》中称，迈锡尼是打败特洛伊人的亚该亚人（Achaeans）领袖阿伽门农的故乡；迈锡尼之名也因此代代流传

迈锡尼考古遗址位于伯罗奔尼撒半岛东北方，距与之同名的今希腊村庄“迈锡尼村”约1英里（约1.6千米）。遗址中，卫城建于一块探出地表的石灰岩基岩之上，外围筑有坚固城墙。尽管自公元前7000年后，迈锡尼地区便已成为人类定居点，不过如今考古学家在该地区发现的各类遗迹，其历史仅可追溯至公元前16世纪至公元前13世纪。遗址包含两处墓圈（Grave Circles，一种内含大量墓穴的环形葬祭结构）、著名的狮纹门（Lion Gate）、大量堡垒建筑和宫殿残骸。通过部分工程技术，考古学家进一步发现了一些惊人的线索：卫城东北侧建有一座地下蓄水池，蓄水池入口极为牢固安全，确保迈锡尼居民在围城期间能获取饮用水。迈锡尼考古遗迹并非卫城一处，城外大量建筑也得以保存，这些定居点中的建筑大多修建于山体东南侧。

1874年，海因里希·施里曼对迈锡尼进行数次试验发掘；1876年，施里曼代表希腊考古学会（Greek Archaeological Society）继续发掘该地区。以希腊旅行家保萨尼亚斯（Pausanias，约公元110—180年）所著指南为依托（保萨尼亚斯曾于公元2世纪到访迈锡尼），施里曼的发掘工作主要集中于狮子门内区域，即保萨尼亚斯认为的传说中阿伽门农王与克吕泰涅斯特拉王埋葬之所。后来，施里曼在如今被称为“墓圈A”（Grave Circle A）的建筑内部发现了大量墓穴。

针对迈锡尼地区的考古研究从未间断。2014年，考古学家获得一件极其有趣的东西——一大块经打磨的石块，他们认为该石块为国王宝座的一块碎片。通过比较，考古学家发现该石块类型与迈锡尼圆顶墓纹饰精美的外墙用岩石和通向卫城的十字门所用岩石一致。

## 定位

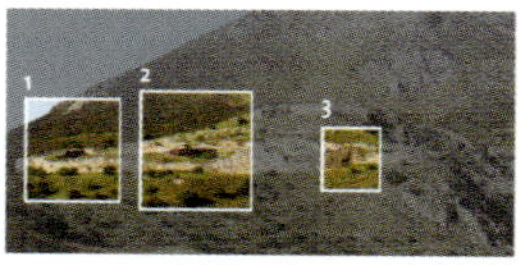

**1. 墓圈 A**

“墓圈 A”为一片圆形区域，区域直径 90 英尺（约 27.5 米），周围环有一圈矮墙，内部建有 6 座大形墓穴，共埋葬 19 人。约公元前 1550—前 1500 年，该墓穴投入使用；随后至约公元前 1250 年，该墓圈被圈进卫城城墙内，表明当时居民崇敬亡灵

**2. 宗教中心**

图中所示地区被称作“宗教中心”（今上方盖有屋顶做防护），地区内有五座建筑，其中的发现品表明，这些建筑曾作宗教用途；尤其是其中一座被称为“神庙”的建筑。考古学家在神庙内发现了由赤陶制作而成的蛇与被当作神明和礼拜者的雕像

**3. 卫城城墙**

荷马曾在史诗中用“坚固的迈锡尼”一词形容该城，而今发现的迈锡尼城墙的确坚韧稳固，堪此形容。城墙全长约 3000 英尺（约 900 米），被人们称作“独眼巨人之作”，因为人们相信筑墙的岩石巨大无比，只有强壮的独眼巨人赛克洛斯（Cyclops）能将岩石搬运至此

## 迈锡尼圆顶墓

在希腊迈锡尼各地皆可发现一种被称为“圆顶墓”的墓穴，约公元前 1250 年建于迈锡尼的“阿特柔斯宝库陵”（Treasury of Atreus）即是保存十分完好的一例；不过，在公元 2 世纪保萨尼亚斯发现这座圆顶墓之时，墓室内财宝早已被洗劫一空。人们曾认为，这种陵墓其实是当时人类藏匿财宝的一处仓库。细究圆顶墓的结构工程，可以发现这种建筑实为一种伟大成就：进入墓穴后，眼前为一条无顶走廊，廊边岩石打磨光滑；走廊向前延伸，通向一间圆形墓室（顶部也呈圆形，即其名称由来）。墓室由 33 块打磨光滑的岩石垒砌而成，上层岩石严丝合缝地轻置于下层岩石之上，直至最顶层。后来，考古学家挪开层层岩石，墓室内部终于展露容颜：一片安详，无人打扰。陵墓外围装饰精美，如今装饰岩石却四下分散，珍藏于各博物馆中；不过，人们可以通过局部装饰纹样了解该建筑的原貌是怎样壮观华丽。毫无疑问，被盗走的诸多陪葬品也是同样珍贵异常。

# 赫梯文化

1. 位于土耳其阿拉贾地区内阿拉贾·胡尤克考古遗址中的斯芬克斯之门，这座城门是进入赫梯城的入口
2. 部分位于土耳其伊兹密尔内的卡拉贝尔浮雕。浮雕刻于公元前 13 世纪，描绘了赫梯附庸国米拉王国国王塔卡沙那雅（Tarkasnawa）形象
3. 906 年，考古学家在博阿兹卡莱地区发现一块黏土碑，研究后证实其为《卡迭石条约》的赫梯保存版，如今该块字碑被保存于伊斯坦布尔古代东方博物馆（Ancient Orient Museum）中

赫梯人（属古印欧人）起初定居于安纳托利亚中部的博阿兹卡莱（Boğazkale）地区，并在此建立都城——哈图沙。在公元前 14 世纪初至公元前 12 世纪末一段时间之中，今土耳其中部及东部地区、叙利亚、塞浦路斯岛中的大部分地区均归于赫梯人统治之下。

赫梯帝国由诸多邦国组成，受帝国国王统治，其掌控地区以都城哈图沙为中心向外辐射，邦国为其提供军事及其他方面支持。位于土耳其西部地区的米拉王国（Mira）便属邦国之一。在今伊兹密尔内卡拉贝尔（Karabel，见图 2 ）地区中，考古学家发现了一块具有赫梯风格的岩雕，他们一度认为该块岩雕为赫梯统治者征服此地后竖立的标志石碑；不过将相关赫梯象形文字描述进行翻译后，他们发现真相并非如此：岩雕石碑实由米拉国王建造。

在哈图沙及其附近的阿拉贾·胡尤克（Alaca Hüyük），考古学家发现了赫梯帝国最壮观的考古遗迹。20 世纪 30 年代，考古学家开始发掘阿拉贾·胡尤克遗址，随后揭露了该地区悠长的人类居住史，包括发现一座建于公元前 2 千纪时的赫梯城镇遗迹。考古学家在遗址中发现一座城市遗迹，城外建有围墙，设有正规城门，门道两侧岩石刻有斯芬克斯图案（见图 1）。此外，城中还建有若干座神庙、数块住宅区和冶铁区。

## 重要事件

**约公元前 2000 年**

安纳托利亚地区开始出现赫梯王国。

**约公元前 1650 年**

哈图西理斯一世（Hattusilis I）担任赫梯国王，也是实际上赫梯王国的建立者。

**约公元前 1595 年**

穆尔西里一世（Mursilis I，在位时期：约公元前 1620—前 1590 年）率赫梯军队攻打巴比伦地区，并对巴比伦城造成一定损坏。

**约公元前 1400 年**

图特哈里一世（Tudhaliyas I）继位并推行政治改革，该行为为赫梯新王国出现标志。

**约公元前 1350 年**

苏庇路里乌玛一世开始执政，其执政期间内，赫梯帝国北境安定和平，位于美索不达米亚北部的米坦尼居民也实际受赫梯帝国统治。

**约公元前 1340 年**

赫梯帝国与法老制埃及帝国成为中东地区两大权力巨头。

通过大量文献发现，考古学家对赫梯历史有了更多认识。当时居民使用两种文字：象形文字和楔形文字（意指楔形的）。在哈图沙地区的诸多发现中，最重要的发现品即为5000件破损的黏土字碑，碑上所有文字均为楔形文字。1906年，考古学家在“大堡垒”一处入口附近，发现了大部分字碑。截至目前，有关学者仍未破译出黏土碑上使用的涅西特语（Nesite），其影响原因多样，部分由于文献资料不足，语言学者无法合理解释其含义。相较于此，哈图沙遗址中出土的大量文献档案则为文字破译提供大量文本依据，正因如此，1915年，任职于维也纳的捷克学者贝德里希·赫罗兹尼（Bedřich Hrozný，1879—1952年）将其成功破译。通过字碑描述，考古学家了解到博阿兹卡莱即为赫梯都城——古哈图沙。此外，文献提及了大量位于地中海东部的其他社会，此为了解公元前2世纪时期的赫梯社会面貌及广大地区政治情况提供了无价的历史信息。

在数块黏土字碑中，有一块为《索沙穆瓦条约》（*Sausgamuwa Treaty*）草案，其中蕴含信息丰富；公元前13世纪，赫梯国王图特哈里四世（Tudhaliyas IV，在位时间：约公元前1237—前1209年）和亚摩鲁（今叙利亚及黎巴嫩地区）国王索沙穆瓦（Sausgamuwa）共同起草了这份合约。图特哈里在碑上列下了数位与之势均力敌的敌国国王，包括埃及国王、巴比伦国王、亚述国王和亚锡雅瓦（Ahhiyawa）国王（后在草案中被除名）。有关学者猜测，亚锡雅瓦可能位于希腊迈锡尼地区（详见第198页），或毗邻现代土耳其西海岸地带。

《和平条约》（*Peace Treaty*），又称《卡迭石条约》（*Treaty of Qadesh*，见图3），是赫梯的又一部重要文献；公元前1259年，由赫梯国王哈图西里三世（Hattusilis III，在位时间：约公元前1267—前1237年）与埃及法老拉美西斯二世（约公元前1303—前1213年）共同签署。两国曾在卡迭石，即今叙利亚境内奥龙特斯河（Orontes River）畔爆发大规模冲突，战争持续十多年，双方势均力敌胜负难分；在战争爆发16年后，哈图西里与拉美西斯签订和平条约。条约一式两份，以两种语言叙述，一份存放于哈图沙城中，另一份存放于拉美西斯二世定居的埃及都城——培尔·拉美西斯之中。赫梯城中的条约以银碑为底，由外交通用语阿卡德语书写而成；后将条约送至埃及，当地官员再将条约翻译为埃及语。同样，埃及语版本的条约在刻制好后也被送往哈图沙。尽管银碑条约早已下落不明，不过埃及卡纳克神庙及拉美西斯神庙的墙壁之上仍刻有埃及语版本条约，而哈图沙城内档案馆中也存有赫梯版本条约的复件。纽约联合国安理会甚至将一份《卡迭石条约》复印本挂于其会议厅上方以此纪念。

约公元前1200年，图特哈里四世之子苏庇路里乌玛二世（Suppiluliumas II，约公元前1207—前1178年）统治时期，赫梯王国最终覆灭。位于安纳托利亚地区的哈图沙等赫梯城市化为荒芜，但有关其荒废的原因和确切情况至今成谜。不过，唯一能确定的是，当时地中海东部沿岸地区大面积衰败，这些城市的覆灭仅为衰败链中一环。

| 公元前1312年 | 公元前13世纪早期 | 约公元前1274年 | 公元前1259年 | 约公元前1237年 | 约公元前1200年 |
|---|---|---|---|---|---|
| 赫梯国王穆尔西里二世（Mursilis II，在位时期：约公元前1346—前1320年）曾记载一场安纳托利亚全境可见的日全食现象，当时被称为“穆尔西里黑色事件”（Murs-ilis's Eclipse）。 | 穆瓦塔里二世（Muwa-tallis II，在位时期：约公元前1295—前1272年）将赫梯都城迁至位于安纳托利亚南部的塔胡恩塔萨（Tarhuntassa）地区。 | 在大量附庸国军队支持下，穆瓦塔里二世在与拉美西斯二世法老对抗的卡迭石战役中取得胜利。 | 赫梯与埃及两国之间达成《卡迭石条约》，考古学家在哈图沙遗址中发现了保存完好的以楔形文字记录的赫梯版本。 | 哈图西理斯三世死后，图特哈里四世继任赫梯国王。亚泽勒卡亚（Yazilikaya）圣殿中雕刻的岩画记录了图特哈里四世一生荣耀。 | 赫梯帝国瓦解，安纳托利亚地区中的赫梯旧城沦为一片荒芜。 |

# 哈图沙 约公元前2500—前1200年

哈图沙考古遗址位于土耳其乔鲁姆省，作为赫梯帝国都城，哈图沙城久负盛名，不仅由于其卓越的城市化管理，还归因于城中艺术的水平，例如狮子门上的装饰和亚泽勒卡亚岩画

哈图沙考古遗址，即古代赫梯王国都城，海拔 3100 英尺（约 900 米），位于今土耳其中部博阿兹卡莱村以南一处高地之上，沿南行驶 124 英里（约 200 千米）即可抵达土耳其首都安卡拉。自 20 世纪初期，哈图沙便是德国考古学家长期研究的目标。

哈图沙地处山谷入口，地理条件优越，因此在约公元前 2500 年的青铜时代早期便开始有人定居。公元前 19 世纪末期到公元前 18 世纪早期，亚述商人在当地建立了卡鲁姆聚集地，虽然面积稍小于卡内甚贸易点，不过自此哈图沙正式成为亚述贸易网中的一部分。公元前 1400—前 1200 年，城市发展达到顶峰，随后赫梯帝国逐渐走向衰落；至公元前 500 年左右，城中卫城（城堡）幸以留存，小规模人口重新搬回此处居住。哈图沙遗址面积广阔，占地约 446 英亩（180 公顷），城中划分为三个主要区域，自北到南分别为下城、布尤克尔堡垒（Büyükkale，又称“大堡垒”）和上城。城外设有多道城门和防御设施。

在哈图沙北域，当地政府重修了一段城墙及数座防御塔：重建城墙的长度达 213 英尺（约 65 米），而防御塔的外貌则参照哈图沙遗址中出土的赫梯陶器上雕刻的模样，如今该件陶器存于安卡拉安纳托利亚文明博物馆中。通过陶器碎片上的图案，有关学者了解到大量赫梯建筑的式样，而这是考古记录未曾记载过的事物。

2011 年，柏林帕加马博物馆将馆内展览的一座斯芬克斯原像（出土于耶尔卡皮，即斯芬克斯之门）归还于博阿兹卡莱博物馆。

**浮雕**

亚泽勒卡亚位于哈图沙东北方1英里（约1.6千米）处，是赫梯帝国重要的宗教建筑群。亚泽勒卡亚由一处露出地面的基岩雕刻而成，内含两间天然石室，石墙上刻有浅浮雕。一间石室正中是一幅大型刻剑浮雕，石室前有一条窄径，窄径两边刻有大量带翼狮头恶魔像。窄径正对12座佩剑神像，神像均为男性形象

**狮子门**

如今，上城中设有数百座防御塔的双层城墙已沦为一片遗迹。城墙设有五处城门，包括西南方的阿斯拉尼卡皮（狮子门）、南方的耶尔卡皮（大地之门，更让人熟知的名字为斯芬克斯之门）和东南方的克拉卡皮（国王之门，门前有一座男性神像）。耶尔卡皮建于一处人造堡垒外，城门由岩石筑成，呈拱形，仿佛一条隧道进入上城之中，城门外仍留有部分原先雕像的痕迹

## 赫梯都城

著名的布尤马贝特（Büyük Mabet）宗教建筑群，即大神庙（Great Temple），位于下城城墙内部（图1）。神庙包括部分附属建筑，例如毗邻住处的储藏室。布尤克尔城堡，或称大堡垒（图2），地处卫城城墙内重要战略位置。遗址内大多残存建筑建于约公元前1400年，后经大量重建，赫梯当权者的住所极有可能也为重修之所。城中建有大型行政所，为重要黏土碑档案的存放之所，考古学家在黏土碑上发现了楔形文字。上城（图3）中建有多座神庙及神殿、一处带有石柱廊的中央庭院（当时居民举行仪式时的入口）和与大神庙十分相似的一处内间圣地。

# 最早的中美洲文明

1. 公元前 800—前 600 年，坐落于今墨西哥城内的奎奎尔科（Cuicuilco）平台（高 65 英尺，约 20 米）进入初期建造阶段。其展现出的圆形式样和刻有纹饰的方尖石塔与奥尔梅克及玛雅地区艺术风格大不相同

2. 最早的奥尔梅克玄武岩头像被发现于圣洛伦索地区，这些特征鲜明的雕像体现了公元前 1200 年当地统治者至高无上的权力。此外，在海湾地区，如拉文塔（La Venta）、特雷斯萨波特斯（Tres Zapotes）和科巴塔（La Cobata），利用玄武岩雕刻头像这一传统延续至今

3. 2001 年，考古学家在圣巴托洛（San Bartolo）及危地马拉地区发现了绘于公元前 200—前 100 年的精美壁画，这些壁画也是已知最早的玛雅壁画。在壁画中，一位年轻的国王使用长长的尖锥刺穿其阴茎，向众神献祭自身血液

公元前 2000 年左右，中美洲文明出现，这种文明最先发源于墨西哥西北部旱区，随后一路南下，渗入伯利兹（Belize）潮湿林区、危地马拉（Guatemala）、萨尔瓦多（El Salvador），最后到达洪都拉斯（Honduras）。在旧世界最早的文明中，文明发源地多为大河河谷地区，如此一来，河流沿岸定居点可依托大河建立天然与外界联络的线路，而中美洲文明的发源地显然并非如此。作为文明起源地，中美洲地区的地理环境与四面环山的河谷地区毫无任何联系，因为其地区中心虽有河流流经，不过河流却在火山区（最高峰超过 5000 米）受高温影响干涸。由于海拔变化迅猛，该地区地形多样，生态位多达上百种，下至沿岸（海岸线全程长约 1 万千米）平原河口，上至肥沃的山区盆地（海拔高约 2 千米）。由于所处的综合环境中罕有可通航河段，亦无可驮运货物的牲畜，因此如何将物品运至别处成为中美洲所面临的主要挑战。

不过事实证明，多样性同时也是提升社会复杂程度的关键因素。公元前 1300 年后，由于当地居民掌握了玉米、豆类及南瓜等作物的种植技术，作物产量激增，食物盈余富足，为居民建造房屋、举办仪式及加工材料提供了充足资源，当地居民人口数量也因此迅速增长。不过，人口增长同时也加速了社会不平等现象的发展。社会中地位较高或影响力较大的成员常使用经长途贸易抵达此处的外来品，以彰显自身威望，例如翡翠、贝壳、朱砂、可可豆、铁矿石、美洲豹皮和羽毛等。而这些所谓的上层阶级，或是极其富有之人，或是懂得如何借助祖先荣光及自然力量之人。在政治上，中美洲地区从未真正达成统一；不过，由于往来贸易、外交关系、通婚和征战，大量民族的文化传统间始

## 重要事件

| 约公元前 1.2 万年 | 公元前 7000 年 | 公元前 3400 年 | 公元前 3000 年 | 公元前 2500 年 | 公元前 1600 年 |
|---|---|---|---|---|---|
| 以狩猎采集为生的美洲人进入美洲中部地区。 | 当地居民开始种植最早的家养作物：玉米、南瓜和辣椒。 | 随着中美洲地区居民逐渐趋于定居生活，玉米种植技术四下传播。 | 中美洲部分遗址中出现家养狗。 | 当地居民使用树篱及涂抹材料建立坚固耐久的农耕村落，并懂得在村落中挖掘地窖。 | 中美洲居民开始普遍掌握陶器制作技术。 |

终保持某些共通之处，包括宇宙观及精密的历法体系。

中美洲地区的复杂社会最早出现于墨西哥经峡地区的海湾及太平洋沿岸附近。在圣洛伦佐，拉文塔、拉古纳 - 德洛斯塞罗斯（Laguna de los Cerros）、帕索德拉阿玛达（Paso de la Amada）和科拉利托州（Cantón Corralito）等地，当地居民进行艺术创作的风格一致，使用的符号也被统称为奥尔梅克符号，因此即便是不同地区内的居民也可以互相交流对世界的看法；其创造出的艺术品包括巨大的统治者头部石像（见图 2）、外观与圣坛相似的宝座、经雕刻的石碑、制作讲究的玉器及装饰精美的陶器。通过技术研究，考古学家发现，圣洛伦佐居民与高地社群之间的主要贸易物品为黑曜石及铁矿石镜，因为此两件物品在圣洛伦佐地区被视作特权地位的象征。人们会在举行城市庆典的中心区域地下埋入部分珍贵器物作为祭品，通常是玉斧，如此一来，该土地即负有神圣意味，平凡无奇的泥土变为仪式寄托的圣地。

公元前 900 年，在墨西哥东南部的玛雅地区、危地马拉、伯利兹及洪都拉斯地区，日益壮大的上层阶级创造了多种彰显其政治权力的新方式。在西巴尔（Ceibal）、塞罗斯（Cerros）、纳克贝（Nakbé）、乌萨克顿（Uaxactún）、卡米纳尔朱尤（Kaminaljuyú）等地，统治者下令修建堤道、水库、河道和宏伟建筑群，为显示其权威地位，他们还下令在部分建筑上刻饰灰泥浮雕，而浮雕主题多表现统治者与上帝之间的紧密联系。位于危地马拉埃尔米拉多（El Mirador）丛林深处的丹塔建筑群（Danta complex），被视作古代社会中最恢宏壮丽的建筑群；该处遗址的地基宽 978 英尺、长 2001 英尺（约 298 米、610 米），其中建筑物高达 230 英尺（约 70 米）。在早期玛雅社会，当地人有一传统，即需以玉器、贝壳或陶器作国王入殓时的陪葬，与国王尸身一道，埋入被奉为神庙的砖石陵墓之中。陵墓中竖有石碑，碑上刻有对王室成员的描述；而在陵墓内部，墙壁上绘有国王行祭祀礼仪的图景（见图 3）。至公元前 300 年，人们开始使用象形文字记录刻写历史。

公元前 1100—前 900 年，墨西哥中部的高原盆地地区出现不平等现象，并外化为一些物质表现，多以一些制作精良的陶器及雕像形式展现，有时部分工艺品上还刻有奥尔梅克符号。公元前 800 年后不久，查尔卡津戈（Chalcatzingo）、库伊尔科（Cuicuilco，见图 1）、塔拉朗卡拉（Tlalancaleca）和裘奇特卡特（Xochitécatl）地区开始出现石台地基，当地居民开始将公共建筑建于石台地基之上，不过由于建筑规模，这些地区遗址均无法称作城市；不过，在遗址中部分天然露出地表的岩体上，考古学家发现了部分石雕及浮雕，部分雕刻图案呈现奥尔梅克风格，不过更多雕刻展现的还是中美洲东西部地区两种亚文化传统各自的特色。在中美洲更南部地区，考古学家在瓦哈卡山谷（Valley of Oaxaca）中的圣何塞莫戈特（San José Mogote）遗址中，发现了一块公元前 600 年的雕刻石板，其中记录了最早的萨巴特克文字和仪式日程。一个世纪以后，高地地区第一座真正意义上的城市出现于瓦哈卡山谷中部的阿尔班山地区。

| 公元前 1400 年 | 公元前 800 年 | 公元前 600 年 | 公元前 500 年 | 公元前 300 年 | 公元前 100 年 |
|---|---|---|---|---|---|
| 今墨西哥韦拉克鲁斯（Veracruz）地区建立第一座城市典礼中心。 | 美洲中部地区遍布公众建筑。 | 中美洲地区出现最早的双日历系统。 | 早期城市出现，例如阿尔班山城，社会初向国家转变。 | 中美洲地区，高地与低地居民在各自领土上建立大量纪念性建筑群。 | 在中部高地，出现了居民数量超过 10000 人的大型城市。 |

# 圣洛伦索城 公元前1800—前900年

在一处表面覆盖红砂砾的地区，考古学家挖出了一尊球员雕像，出土时面朝东方。根据式样，学者认为它来自被废弃的高地遗址

## 定位

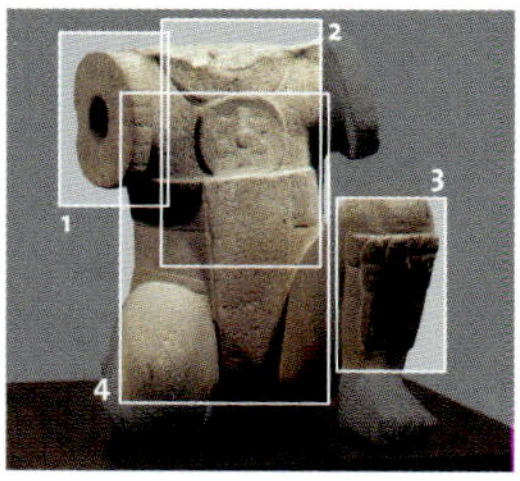


墨西哥南部夸察夸尔科斯河（Coatzaccalcos River）下游有一片大沼泽，其中有一座海拔 146 英尺（约 44 米）的天然岛屿，岛上面积广阔，圣洛伦索城便建立于此。尽管城中居民十分富裕，但其生活环境却忽好忽坏，原因即是周围的水生环境——河水涨落不断改变地形。约公元前 1800 年，第一批移居者抵达圣洛伦索，公元前 1400—前 1000 年，圣洛伦索城显赫一时。在这段时期内，圣洛伦索居民在岛上建造家园、垒高地表、种植作物，甚至依山修筑一条斜坡作为王都的基础，这种建筑方式反映了当地居民基本的宇宙生成思想——高山出于地底最初的水源中，因此神圣无比。在人工垒起的高地上，当地居民将定居点划分为仪式举办区与行政管理区。高地中心位置是石像、宫殿和掌权者住所，普通居民则住在高低边缘。

与所有漫滩一样，夸察夸尔科斯河下游缺乏石料。当地部分建筑改用玄武岩，主要产自圣洛伦索以北 37 英里（约 60 千米）外的图斯特拉火山岩区，居民要靠人力沿河流把重达数吨的巨石运回城中，随后城中的能工巧匠们将玄武巨岩雕刻成碑。石碑的作用有二：一是统治者的权力象征，二是城中居民与神明沟通联系的媒介。城中的雕像多是真人形象大小，不过头部异常硕大。王座外形更像是祭坛，也因此而闻名于世。

1. 带孔圆盘

这座半跪的球员雕像由玄武岩雕刻而成，公元前1000—前900年，被当作祭品埋于地下，不过在埋入地下之前，这座雕像已经残破不全。含孔圆盘镶刻于雕像肩部，为连接手臂之处，手臂极有可能由岩石或木材制成。圆盘表面留下的棘齿刻纹为磨损痕迹，意味镶嵌于其中的手臂可以摆成任何姿势。头部和手臂目前都不翼而飞

2. 吊饰

等人高雕像胸前垂有一块圆形吊饰，吊饰系于带上，绕颈而挂。吊饰呈凹面，意味着其实际为一块由产自高地地区的磁铁矿或钛铁矿制作而成的金属圆镜。这种圆镜并非想象而确有其物，奥尔梅克社会中的上层阶级，尤其是当地统治者便曾经使用过类似金属圆镜。圆镜中央有一个六方角图形，有关学者认为其是火焰或光芒的早期象征图案。球员身穿的服饰通常暗含生与死的主题

3. 束腿带

雕像的左膝下方束有腿带，或是吊袜带；有关学者至今不解其作用。束腿带由绳编织而成，其上挂有两根坠以圆珠的羽毛。尽管墨西哥海湾沿岸地区气候湿热，如羽毛等有机材料不易保存，不过它和其他舶来品却在此地售价颇高，是一种享有特权的象征

4. 腰带

雕像系有腰带，当时球员的腰带极有可能由厚实的皮革制成，围系位置较高，约在肋骨部位，以此在美洲中部地区的球类游戏中保护自身免遭又大又硬的橡胶球砸伤。与之相同，雕像两腿间的束带意在保护球员私处，免遭飞来横球砸擦。古时橡胶由橡胶树的橡浆制作而成，这种树生长于墨西哥南部的热带地区

## 塑像地点

为彰显特定家族的政治重要性或创造典礼场景，当时统治者策略性地将奥尔梅克石像置于圣洛伦索城中和其周边偏僻社群中。岩像硕大的头部和王座意指掌控宫殿庭院，象征宣扬统治者名声及权力；而其他较小的雕刻部分似乎反映了部分现已不存在的神话戏剧背景。1987年，考古学家在圣洛伦索的附庸地阿祖佐尔（Azuzul）遗址中发现了三座雕像。其中一座雕像体形较大，是一只蹲坐在地的猫科动物形象，后面是两个年轻男子的跪像，呈前后排列，身着整齐的仪式服装。两名男子胸前佩有具有象征性的矩形刻纹吊饰，双耳覆有类似雨神佩戴的褶皱帽翼。人物的双手置于地面，手中握有一根棒，似乎他们正准备将棒子竖起来。这种设计或许象征一种仪式，旨在举起“世界树”。在当地人的信仰中，“世界树”是宇宙之轴，根扎在汪洋大海之中，枝杈深入天空。仪式完成后的“世界树”应指向第五维的方向，开启通往宇宙其他维度的入口。

# 阿尔班山遗址 约公元前500—前700年

阿尔班山大广场位于瓦哈卡山谷中央，由于山峦巍峨将其分为数块区域。遗址内建筑耗费数百年心力，不过也符合其最初设想，即建造一座能容纳城中所有居民参加市民活动或庆典仪式的非凡建筑

阿尔班山遗址位于墨西哥南部瓦哈卡山谷正中一座高达 1312 英尺（约 400 米）的山巅之上，是美洲中部地区第一座宏伟城市。约公元前 500 年，由于山谷各部落间冲突加剧，当地政治联盟团体选择搬至此处人迹未至的偏僻地区以避免冲突波及；不过，与奥尔梅克文明下的洛伦索城一样，阿尔班山城建设之初，当地居民设想在城中完成一项宏伟壮大之举，即建造一座宏伟的都城——华丽的宫殿、林立的寺庙、宽阔的球场和精巧的陵墓。阿尔班山遗址作为萨巴特克文明的中心繁荣上千年。

阿尔班山遗址中早期建筑的大多过程相同：运土、堆叠、填平山顶不平之地、垒砌一座大型土丘；土丘面朝正北，长、宽约为 984 英尺、656 英尺（约 300 米、200 米）。土丘边缘留有突出地表的岩石，中心则是日后建立寺庙、宫殿的地基中心。纵观城市布局，上层阶级居住在城中高处，象征其与神明和天国祖先之间的特殊联系。

新世界大陆中曾出现多种早期文字系统，其中一种由萨巴特克人创造。出于纪念历史事件和宗教因素，萨巴特克人将文字以浮雕形式刻于石板上，立于建筑正前。大量石碑中最著名的一座是“丹赞斯”（Danzantes，又称“舞者石碑”），因为碑上描绘的舞者正在扭动身体，它是证实美洲中部地区采用双日历纪年的最早证据。这种纪年系统名为“历法循环”（Calendar Round），以 260 天为一年的卓尔金历和以 365 天为一年的太阳历相结合，同步使用，以 52 年为一个世纪。

## 定位

1. 球场

在卫城东南角外，阿尔班山遗址的建筑师们建造了一处“I”形球场，球场设计秀丽，高于地表，场外一圈砌有土坡。美洲中部居民曾创造数种球类运动，在大量仪式活动中，球类游戏也是统治者选择的一项重要活动

2. 南平台

大广场最南端是一座平台，平台上是两座土丘，稍稍偏离中央台阶。南平台的基座正对着几座刻石，上面刻画了统治者在此关押俘虏

3. 神庙

阿尔班山大广场中央是一座包含三座神庙的综合建筑。考古学家在建筑中央的“神庙H”中发现了部分祭品，例如5只陶罐，罐上刻有一些代表水的象形符号，表明祈水仪式为这座建筑群的首要活动

## 萨巴特克文字

自公元前500年前后，萨巴特克人创造文字系统，文字便多用于彰显军事力量，例如早期的圣何塞莫戈特遗址（San José Mogote）和后来的阿尔班山遗址，不过有关学者现已经破解了大部分文字系统。作为山顶城市最早的文字记录，“石碑12号”“石碑13号”（公元前500—前400年）是“神庙L”施工第一阶段（一处位于阿尔班山遗址主广场西南角的神庙平台）中最重要的部分。石碑上文字竖排雕刻，记录了时间、名词和动词，似乎在诉说两位统治者之间的争斗。“神庙L”正面曾装饰数排石板，超过300件，石板上刻有赤裸的、被处死的战俘。对于这些俘虏，当地人为其设计了专门的符号，而这些符号同时又代表260天仪式历法中的时间。美洲中部地区曾有一传统，以出生日期为新生儿的姓名，所以考古学家认为，这些石板上的符号其实是战俘的姓名。

# 最早的南美洲文明

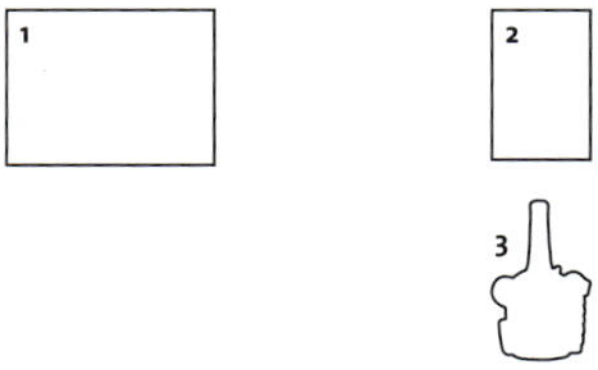

1. 一幅发现于秘鲁利马附近、加拉盖遗址（约公元前 1200 年）中的彩绘浮雕壁画，该幅浮雕描绘了一张带有部分猫科动物特征的人类面孔。这幅壁画展示了多种与查文文化有关的特点
2. 一座发现于秘鲁北部塞钦遗址的战士浮雕（约公元前 1600 年）。该遗址于 1937 年被发现，是一处研究卡斯马/塞钦文化的重要遗址
3. 一件猫头形陶瓶，发现于秘鲁北部的赫克特佩克山谷（Jequetepeque Valley），其历史可以追溯到公元前 15—前 9 世纪，是库比斯尼克文化（Cupisnique culture）的产物。陶瓶是在烧制后进行上色的

前西班牙时期，南美洲地区所谓的“文明”泛指建筑繁多的社会，这些社会中的建筑均依照某种明确的式样建造，颇具纪念意义。凡是具备城市特征的定居点，几乎或多或少都曾孕育璀璨夺目的物质文化，雕塑、金属、陶器和纺织品，各放异彩。这些器物体现了当时社会经济结构、政治组织和意识形态的复杂程度。

早期南美洲文明多发现于今秘鲁一带。朱利安·斯图尔德（Julian Steward，1902—1972 年）曾断言，秘鲁是世界上最早的文明中心。随后，至 20 世纪 50 年代，考古文献中首次提到秘鲁文化的优越性。斯图尔德认为，在前西班牙殖民时期的安第斯山脉一带、秘鲁北海岸的莫切文化（Moche culture，约公元前 100—700 年）是世界上最早的文明之一。不过，通过文明论述，我们了解到安第斯山脉中心地带中的最初文明诞生在公元前 3000—前 1000 年，因此斯图尔德的说法并不准确。此外，该地区孕育的其他文化还包括卡拉尔、塞钦（Sechín）、曼查伊（Manchay）、库皮斯尼克（Cupisnique）和查文（Chavín）等。

在这些早期文明中，安第斯的考古专家始终对卡拉尔文化（公元前 2800—前 1800 年）情有独钟。鲁斯·山迪（Ruth Shady，1946 年—　）是卡拉尔遗址的发现者，曾将卡拉尔与当时的其他文明社会进行对比，通过比较，她得出结论：卡拉尔文明是最早的安第斯文明，也是美洲大陆最古老的文

## 重要事件

| 约公元前 3000 年 | 约公元前 2600 年 | 公元前 2000 年 | 约公元前 1800 年 | 约公元前 1700 年 | 约公元前 1400 年 |
|---|---|---|---|---|---|
| 秘鲁北部的小北地区开始出现一些纪念性建筑。 | 卡拉尔遗址中出现了第一座金字塔，苏佩谷中出现了同一时期的中心文化区。 | 卡斯马山谷的塞钦阿尔托遗址开始动工。 | 卡拉尔遗址被废弃。陶器最早出现在佛罗里达州一处彰显曼查伊文化的神庙中。 | 曼查伊文化中的“U”形寺庙建筑，在秘鲁中部沿海的多个山谷中繁荣发展。 | 库比斯尼克文化开始在莫切河谷中建造其主要文化中心卢斯雷耶斯花园。 |

明。山迪相信，卡拉尔城是旧国都的所在地，当时的社会凝聚力主要来自宗教与原材料交换和工艺品贸易之上。后续调查研究也证明，卡拉尔城和周边大范围地区，包括海边和高地上的数个社群，都曾由经济网络和宗教网络连接。

学者西莉亚（Shelia）和托马斯·波佐斯基（Thomas Pozorski）认为，塞钦阿尔托（Sechín Alto，约公元前 2000—前 1300 年）主要在一座秘鲁北岸遗址发展，即富饶的卡斯马河谷（Valley of Casma）。国都内留有大量塞钦阿尔托建筑群遗迹，其附近也遍布遗址，包括潘帕遗址（Pampa de las Llamas-Moxeque）、陶卡奇孔坎遗址（Taukachi-Kon Kan）和塞钦遗址（Cerro Sechín）。根据波佐斯基的说法，正是这些集中了重要建筑的遗址，构成了塞钦阿尔托的国都。每处遗址的建筑布局都很类似，标志性纪念建筑都位于中心，被稍小的建筑围绕。不过，考古学家在遗址中发现的生活文物极少，仅部分建筑中有一些泥塑像和石像（见图 2）。此外，该地区没有发现墓葬建筑。

公元前 2000 年，与塞钦文化约在同时期，在秘鲁海岸中部、中北部地区，即苏佩河谷与卢林河谷之间出现了另一种建筑传统，史称“曼查伊文化”。这种文化下的建筑多是大型泥石建筑，呈“U”形分布。部分建筑饰有彩绘腰线和壁饰（见图 1），如位于利马里马茨河谷的加拉盖遗址（Garagay）。同时，秘鲁北岸诞生了库皮斯尼克文化，典型代表是卡巴洛慕尔托建筑群（Caballo Muerto complex），位于莫切河谷中部地区、特鲁希略城附近。卡巴洛慕尔托建筑群占地面积极广，内筑多座纪念性建筑，最突出的是卢斯雷耶斯花园（Huaca de los Reyes）。这座花园同样呈“U”形，建筑腰部饰有泥塑饰带，刻有人形和猫类图案。近年来，考古学家在兰巴耶克河谷（Lambayeque valley）内的克鲁德遗址（Collud）中发现了一座饰有彩绘饰带的矩形建筑。在库皮斯尼克文化中，陶器制作是一大亮点（见图 3）。

然而，在诸多前印加时代文化中，最可能代表秘鲁地区（尤其是高地地区）的早期文化是查文文化，因其建筑构造带有明显的纪念性。查文文化中的建筑师们用石雕装饰纪念性建筑墙壁，引人注目。从石像的制作工艺上不难看出，当时的劳动分工极其复杂。此外，还有精美的陶器和雕像，此类手工艺品质量优良、产量很大，远远超过其他文化。安第斯山脉地区的文化约始于公元前 800 年，繁衍至公元前 500 年，更古老的查文德万塔尔建筑群（公元前 1200—前 500 年）就位于此处的腹地。安第斯山区和社会形态类似的其他地区，大概都是因为查文文化的宗教地位而逐渐影响渗透的。通过深入研究，专家发现了直接证据，证实了查文德万塔尔建筑群其实是曼查伊文化、库皮斯尼克文化与卡哈马卡（Cajamarca）文化之间的中枢文化。甚至，在查文文化消失后，安第斯山区新出现的宗教事物中仍带有明显的查文文化元素，如查文德万塔尔建筑群。

| 约公元前 1300 年 | 约公元前 1200 年 | 约公元前 1000 年 | 约公元前 800 年 | 约公元前 500 年 | 约公元前 200 年 |
| --- | --- | --- | --- | --- | --- |
| 塞钦阿尔托遗址开始衰落，但卡斯马河谷中的拉斯哈尔达斯海岸遗址地位逐渐提升。 | 查文德万塔尔地区开始出现查文文化的纪念性建筑。 | 卡斯马山谷中的早期纪念性建筑竣工。 | 查文德万塔尔地区到达鼎盛期。造型独特的查文德万塔尔新神殿时期陶器出现，并被安第斯山脉其他地区的居民仿制。 | 查文德万塔尔地区的纪念性建筑竣工。 | 带有鲜明区域特色的社会形态在安第斯山脉蓬勃发展。 |

# 卡拉尔 公元前3000—前1800年

卡拉尔建筑呈圆锥形，建筑外筑有围墙，其中为一处埋有通风管的中央灶台；建于露天圆庙中的圣火祭坛便为此种构造。在举行祭坛仪式时，祭坛火焰外围常围有小部分人

小北地区（Norte Chico）位于秘鲁中北部沿海，其中山谷河流密布，包括瓦乌拉河（Huaura）、苏佩河（Supe）、帕蒂维尔卡河（Pativilca）和福塔莱萨河（Fortaleza）。利马以北约70英里处（约110千米），即为一处纪念性建筑群考古遗址，其中多数建筑建于前陶器时代末期（Late Pre-ceramic period，公元前3000—前1800年）。过去20年里，苏佩河峡谷成为小北地区大量峡谷中最受考古学家青睐的地区。在秘鲁考古学家鲁斯·山迪的努力下，苏佩河峡谷遗址，尤其是其中的卡拉尔遗址展现在世人眼前。卡拉尔遗址中建有大量公共建筑，是帮助当代学者了解早期社会发展的一座重要遗址。

通过放射性碳定年法测量，考古学家发现卡拉尔遗址中的建筑多见于公元前3000年，该发现使得卡拉尔遗址成为安第斯中部地区中最古老的建筑遗址之一。根据山迪的发现，该处定居点遗址中保留有大量由石块及泥土混合建造而成的平台建筑，他认为卡拉尔极有可能为早期某城邦都城。截至目前，针对卡拉尔社会、政治、经济特色的说法众说纷纭，不过学界一致认为，由于数百年大量劳工被征调务工，卡拉尔及其他小北地区定居点的出现实为早期历史现象的产物。

考古学家在卡拉尔地区发现大量工艺品，皆由异国材料制成，有些材料产地甚至可远至亚马孙或今厄瓜多尔沿岸地区；不过，该现象也表明当时美洲地区已建立大量贸易网。举例来说，距卡拉尔极远的地区（例如今厄瓜多尔的瑞尔阿尔托）在举行仪式活动时，使用产自卡拉尔的海菊贝。

**人型雕像**

考古学家在卡拉尔地区内的多座建筑中发现了近百尊雕像，均由未经火烤的黏土制成。这些雕像造型拟人，发型和佩戴头饰引人注目。考古学家认为其作用可能与求爱或生育仪式有关

**席克拉**

考古学家在卡拉尔地区发现大量席克拉（shicra），或称由植物纤维（通常是芦苇）编成的网兜。在卡拉尔和其他前陶器时代末期的遗址中，当地居民使用席克拉运送石块。小北地区居民普遍使用席克拉，甚至同一时期内利马北部的诸多定居点中也有人使用这种网兜

## 小北地区的纪念建筑

卡拉尔大神庙不是小北地区中仅有的大型纪念建筑，仅在苏佩河峡谷中便有数量更甚于卡拉尔地区的相似定居点。类似卡拉尔大神庙，苏佩地区的定居点中也建有金字塔平台，中间是一处圆形庭院，陷在地下。该地区内所有建筑的营造方式如出一辙——由劳工背负席克拉网兜将石块和泥土运至指定建筑位置。

位于秘鲁海滨的著名遗址埃尔阿斯佩罗（El Áspero）也为卡拉尔文化产物；20 世纪 70 年代，考古学家对该处遗址进行了科学发掘。近年来，鲁斯・山迪对其进行深入发掘，证实该处遗址中的建筑物与远在苏佩河峡谷的其他遗址建筑存在相似之处。这一发现也印证了山迪之前的猜想，即苏佩河峡谷中确实曾发展出复杂的政治经济系统。不过，小北地区峡谷内的其他遗址，不仅建造特征与卡拉尔遗址十分类似，文物年代也早于后者。考古学家对位于瓦乌拉峡谷中的班杜拉（Bandurría）遗址和福塔莱萨峡谷中的卡巴莱（Caballete）遗址进行放射性碳定年测验，结果显示该两座遗址建造时间比卡拉尔遗址还要早几个世纪。此外，在卡拉尔时期，多条峡谷中存在与其同时代的定居点遗址。

在更北的卡斯马峡谷（Casma valley）中，考古学家同样发现了大量建筑。这些建筑展现出的风格特征与卡拉尔遗址中的房屋一致，不过其建造时间要早几百年，约建于公元前 3500 年。很明显，如果想要细致罗列峡谷中早期建筑发展的精确时间线，并找到这一现象出现的原因，考古学家还必须进行更多的研究。近年来，由于出土发现不断颠覆人们的原有的看法，考古学家根据不同的经济、政治形式和建筑中体现的文化形态，提出了一系列相关猜想。

# 查文德万塔尔 公元前1200—前500年

黑白入口在新庙主正门，命名于巨大的黑白圆柱。内部圆柱由黑色石灰石制成，侧面为白色花岗石制成的圆柱。圆柱表面刻有一种带翼拟人形象，造型似乎是某种猎鹰

查文德万塔尔建筑群位于秘鲁北部的安卡什大区（Department of Ancash）境内，坐落于孔丘科斯（Conchucos）峡谷上游的高地上，海拔 10350 英尺（约 3105 米），地处马拉尼翁河（Marañón）两条支流——莫斯纳河（Mosna）与瓦赫卡河（Wacheqsa）交汇处。约公元前 1200 年，当地居民建立查文德万塔尔定居点，并在此生活近 1000 年。在鼎盛期，当地居民人口达到 3000 人。由于当地精美的纪念碑性建筑和大量古物，更有石雕艺术，吸引了朱利奥·塞萨尔·泰洛（Julio César Tello，1880—1947 年）的注意，他以科学手段对此地进行发掘。

建筑群内房屋与大型石块林立，房屋多由石块及泥土建造而成，石块多经精心雕琢。此外，考古学家在部分石雕上发现了由动物形象绘制而成的复杂图案，例如猫科动物、猛禽和爬行动物。早期的发掘者将查文德万塔尔遗址划分为两部分：老庙区与新庙区，而无论在哪一区内，其中建筑都建于一种平台之上；随着时间流逝，平台上最终仅留积了大量石块及尘土和其他一些考古遗骸材料。近年来，考古学家对遗址内建造阶段顺序进行了进一步细化，确定了更准确的建造时间。在查文德万塔尔遗址中，多处建筑成为其代表特点，包括老庙区中微陷的圆形广场、新庙区中矩形的主广场、黑白入口（Black and White Portal）和建筑内外廊庑。在老庄区的一处建筑内，考古学家发现一尊兰松神（Lanzón）神像，其为查文文化中最重要的主神像。

考古学家认为，查文德万塔尔极有可能是泛安第斯（Pan-Andean）宗教的中心，当地统治者在广大社会群众中找出了上层阶级天赋神权的所谓“根据”。他们通过让民众服用致幻植物来控制思想，强化认知。

**莱蒙迪石碑**

意大利学者安东尼奥·莱蒙迪（Antonio Raimondi，1820—1890年）发现了图中石雕，石雕上镌刻了带有猫类特征的人物形象，他认为这种动物是蛇类，两只手上都持有一物。鉴于石雕的形态特殊，考古学家认为它装饰在遗址中某主建筑的重要墙壁上

**泰洛方尖石塔**

朱利奥·塞萨尔·泰洛发现的这座方尖石塔复刻品高达8英尺（约2.4米）。塔四壁均刻有与鳄鱼有关的装饰，包括一对复杂的野兽形象和一男一女。通过与已知的安第斯地区动植物进行对比，考古学家才确定了装饰中部分图案的形象

## 考古学家名片

1880—1912年

朱利奥·塞萨尔·泰洛，1880年生于秘鲁利马区瓦罗奇里省的高地居民家中。1902年，泰洛进入利马的国立圣马尔科斯大学（National University of San Marcos）药学院学习。1908年，他完成毕业论文《秘鲁梅毒历史》。1909年，泰洛获奖学金赴哈佛大学学习人类学，在那儿遇见了很多被人类学家弗朗茨·博厄斯（Franz Uri Boas，1858—1942年）影响的学者，受益匪浅。1911年，泰洛获得硕士学位，此后一年内他一直在欧洲四处游学。

1913—1930年

1913年，泰洛回到秘鲁，被任命为利马国家历史博物馆考古部主任。1919年，他率团队勘探马拉尼翁河，并在此完成查文德万塔尔遗址的发掘。1919—1930年期间，奥古斯托·莱吉亚（Augusto Leguía）出任秘鲁总统，泰洛获得促进研究的有利政治和学术环境。1924—1930年，泰洛担任秘鲁考古博物馆馆长。

1931—1947年

1931年，泰洛创立秘鲁考古研究所并任所长。1942—1945年，他率团队发掘位于利马附近的重要考古遗址帕查卡马克遗址。自1945年起，泰洛担任利马国家考古学、人类学和历史学博物馆馆长直至去世。

# 4 | 铁器时代和远古世界

## 公元前 1000—公元 500 年

第一次工业革命改变了传统劳动生产力，原因主要是冶铁技术的发展。除解放生产力外，工业革命也是一场“制度革命”，赋予普通市民廉价、高效的武器，在此基础上，希腊、罗马的城邦文明逐渐发展。这两个帝国对世界其他地区带来了巨大影响；在其他地区，尤其是印度和中国，与城邦以外的文明同样蓬勃发展。

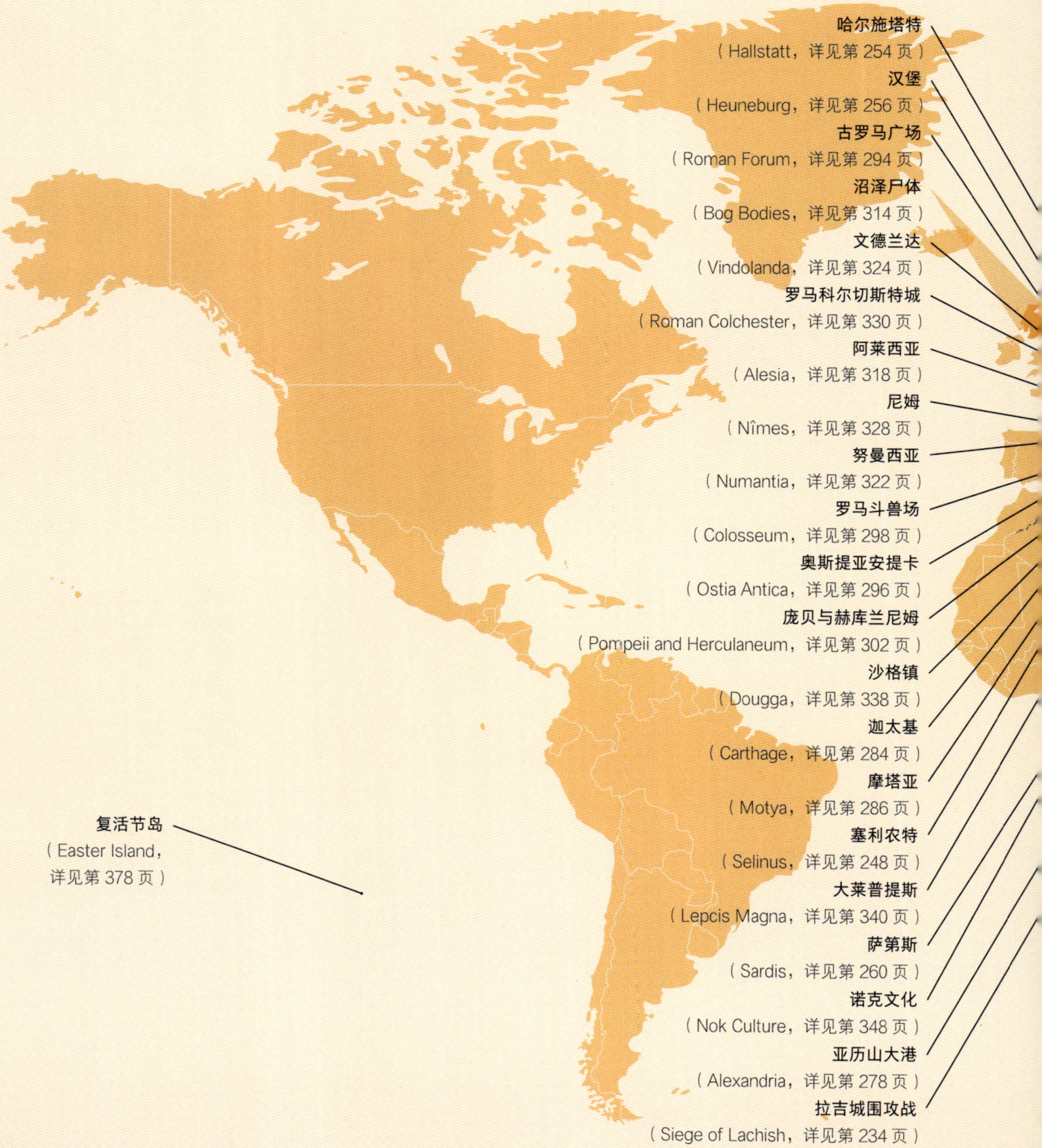


注：书中地图系原文插附地图

此地图的虚线为未定国界

# 铁器时代

1. 制于公元前 500 年的一柄铁剑和数件铁枪头
2. 公元 2 世纪的一幅罗马浅浮雕，描绘了正在打铁的铁匠。继铁器和铁制武器锻造成功后，人们更多将青铜用于制作奢侈品
3. 制作于公元前 6 世纪末的维克斯双耳喷口杯（Vix krater）

人类的冶金历史悠久，史上已知最早的天然金属冶炼出现在公元前 9000 年的安纳托利亚。陨铁内含的原生金属的冶炼方法与一般金属没有区别。不过，冶炼铁矿石对温度和还原条件要求极高，需要达到 1540℃的高温才能熔化。很明显，早期冶金者无法获得这种高温。因此，旧世界和美洲大陆的冶金发展主要集中于其他金属，如金、银、铜、铅、锡，通过冶金者的不断尝试，各种复杂的冶金技术应运而生，而此类冶金活动通常受上层阶级管控。想要冶炼青铜，金属锡必不可少，而由于锡矿稀少，大大影响了青铜的贸易分布和使用人群，能用上青铜制品的大多是上流贵族。

约公元前 1200 年，西亚居民开始冶铁。在冶炼时，铁矿石需在熔炉中经极高温加热进行还原，确保矿石中杂质熔化。同时，要用鼓风机向熔炉不断吹送空气，确保燃料燃烧时的高温。经此程序后的铁矿还未炼成，还含有燃料燃烧后产生的杂质，随后需经锻造（加热并锤打），形成质量较差却质地柔软的初铁，而此种初铁的硬度将不会随高温而增长。然而，通过渗碳技术，即用木

## 重要事件

**公元前 13 世纪**

赫梯国王哈图西里三世向亚述国王阿达德尼拉里一世（Adad-nirari I）去信，讨论安纳托利亚地区铁矿对铁器定量生产的影响。

**公元前 12 世纪**

塞浦路斯制铜工业衍生出一项副业，即小规模定量生产一些铁刀，铁刀以象牙作刀柄，以青铜铆钉作固定。

**公元前 750 年**

亚述军队开始使用铁制头盔。这些隶属上层阶级所有的士兵，其头盔上饰有青铜饰品，较普通士兵而言，式样设计更复杂。

**公元前 7—前 6 世纪**

在中国南部地区，吴国开始锻造生铁制品，其原因极有可能是因为青铜藏量不足，为弥补稀缺继续工具生产，不得不锻造生铁。

**约公元前 500 年**

苏丹的麦罗埃地区出现大规模铁加工活动：考古学家在当地发现矿渣及圆筒形炼铁炉遗迹，该发现证实了当时大规模的熔铁金属行为。

**公元前 500 年**

尼日利亚诺克文化区居民开始进行铁加工活动，他们在圆筒形炼铁炉中熔炼铁矿石，而此类炼铁炉遗址包括塔鲁加（Taruga）、萨曼杜克亚（Samun Dukiya）和都迪米（Do Dimi）。

炭作为燃料，使铁矿中掺进 0.5%—1.5% 的碳，锤打成型的初铁即成为耐用的低碳钢。这种渗碳技术的发明，也是铁加工诞生和成熟中的关键因素。相比于青铜，低碳钢的硬度更高、韧性更强，边缘也能打磨得更加锋利，而其硬度可以根据冶炼时的温度高低产生不同。此后，技能要求极高且略有差别的铁加工技术不断发展。例如，凯尔特铁匠将柔软的铁片边缘打磨得更加锋利，制成利剑。

在冶铁和渗碳技术得到发展后，这两种技术迅速传播开来。公元前 900 年铁器成为西亚及欧洲地区的常见物品，稍晚一些，撒哈拉以南非洲的铁加工技术也得到发展，不过可能是原生的。早在公元前 1300 年，印度居民便掌握冶铁技术。公元前 6 世纪，草原游牧民族将冶铁技术传入中国。不过，美洲并未出现铁加工活动。

相对而言，锻造和熔炼熟铁的相关工艺较简单，几乎不需要专门设备——仅一座碗状的简单熔炉，将铁矿和木炭燃料放进去，鼓动风箱使燃料充分燃烧，使温度达到适合高度；接着用火钳、锤子和铁砧不断锤打，将熟铁锻造成铁器。打铁也不难，只要将几块铁片位置固定，用力锤打，铁片彼此便可紧密锻接。因此，打铁不是某些专业工艺人的独门手艺，只要掌握必要技术，人人都能成为铁匠（见图 2），而这推动了当时小型企业的产生，如铁器时代在欧洲各地巡回营业的铁匠。此外，欧洲铁矿石产量高且极易获取。有些地区的铁矿资源丰富或质量极高，因此当地居民赚得盆满钵盈。不过大多数地区使用的铁矿多产自本地，因而价格低廉，也改变了当地的贸易模式。在当时，人们多用青铜制造高端商品，如精美的首饰、贵族使用的餐具（见图 3），以及游行士兵的盔甲等。在日常生活中铁制品更常见：金属工具、武器（见图 1）、普通人的盔甲。这一现象也对日常生活中的各方面造成巨大影响，包括农业、工业、建造和军事。铁器比青铜更有优势，其更硬，更耐久，还便于修复和锻造。考古学家认为，铁加工的出现更具有社会意义，影响了当时的社会组织形式。

在中国，冶铁工艺的发展独树一帜。首先，打铁工艺最早诞生于中国。其次，中国人发明了一种更强劲的人力鼓风箱，能使炼铁炉升温至熔炼生铁所需的温度，而西方人直到中世纪才掌握此项技术。这一发明，意味着中国人能用模具大量生产锻造铁。上层阶级建造了大型铸铁厂，大规模炼铁。尽管铁加工的高速发展使得普通百姓也能用铁器，但也正因如此，其对中国社会的影响反而不如别的地方。

| 约公元前 500 年 | 公元前 480—前 221 年 | 公元前 300 年 | 公元 31 年 | 1 世纪 | 1000 年 |
|---|---|---|---|---|---|
| 在非洲奇芬巴泽建筑群（Chifumbaze complex）内，尤其是维多利亚湖（Lake Victoria）附近居民开始进行铁加工活动，相关遗迹包括制作一种钢铁的卡图鲁卡（Katuruka）遗址。 | 或许由于生铁制造的大量武器，中国内陆战争冲突频繁。 | 凯尔特人利用互锁工艺，将铁环环环相扣，发明锁子甲；该项生产需大量劳动力及高超技巧。 | 中国汉朝地方官员杜诗利用水轮鼓风，为炼铁炉提供充足空气。 | 斯里兰卡居民利用进气抽风法加热马蹄形炼铁炉，例如锡吉里耶（Sigiriya）附近的德黑嘎哈－阿腊坎达（Dehigaha-alakanda）铁炉。 | 朝鲜半岛的伽倻文化（Kaya culture）发源地中铁矿石储量丰富，通过熔铁制造工具及盔甲进行出口贸易，当地居民累积大量财富。 |

# 西亚帝国

1. 发现于尼尼微亚述巴尼拔（Ashurbanipal）图书馆内的一块楔形文字黏土碑，其中记载了巴比伦尼亚居民对天文学的研究结果。19 世纪 50 年代，考古学家首次对这座图书馆进行发掘，其为世界上现存最古老的皇家图书馆。黏土碑中记录了木星的每日运动

2. 一块浮雕石刻，原刻于位于杜尔舍鲁金的亚述国王萨尔贡二世宫殿的北墙之上，雕刻时间为公元前 716—前 713 年。浮雕中描绘了一只着装华丽的四翼妖怪，其身着衣物上装饰图案多样，饰有毛边及流苏。据研究，亚述纺织业曾繁盛一时

3. 一块发现于尼尼微亚述巴尼拔宫殿内的浮雕岩刻。其中刻画了尼尼微城中排挖的引水沟渠和呈阶梯层层堆起的辛那赫里布皇家“空中花园”（Sennacherib’s Palace Without Rival）。花园里小溪密布，异域树种葱茏而生，极有可能是希腊空中花园（Hanging Gardens）与巴比伦空中花园模仿的蓝本

公元前 12 世纪时，由于受天气变化影响，地中海东部大幅地区经济严重下滑，农业产量锐减，饥荒情况严重，大量难民涌入对城市造成破坏，国家城邦崩溃，对美索不达米亚远东地区（包括当时出现的亚述王国）国家贸易及稳定性造成重大影响。不过，至公元前 10 世纪末，亚述帝国从环境影响中恢复过来，开始大面积扩张，尤其在阿淑尔纳西尔帕二世（Ashurnasirpal II，在位时期：公元前 883—前 859 年）统治时期，其于卡拉赫（Kalhu），即今伊拉克尼姆鲁德（Nimruc）地区建立新都城。至此，黎凡特大部分地区或是作为沦陷国，或是作为附属国（歌颂亚述帮助其抵御外敌），皆在亚述掌控之下。亚述及巴比伦地区之间往来密切，而这种紧密关系持续了近一个世纪。

公元前 9 世纪末，由于亚述帝国衰败，黎凡特地区暴动频繁，不过后至提革拉特－丕肋色尔三世（Tiglεth-pileser III，在位时期：公元前744—前727 年）时期，亚述重掌其对于黎凡特地区的统治地位。该位国王通过修建道路、桥梁，建立联系网，组织专业军队及王室邮差；将日益扩张的帝国领土划分为省级行政区；驱逐大量战败者出境，以此削弱其于故土中的反对势力，同时对其发配充当大型项目劳力，例如人烟稀少地区的农业定居点重建项目和三座重要都城建设项目。在提革拉特－丕肋色尔及其后世子孙的统治下，整片黎凡特地区皆受亚述帝国掌控；不过在亚述统治下，该地区仍频繁爆发动乱，而大多动乱受埃及人教唆。然而，在亚述的严厉打击下，暴动终以失败结束，大量收缴

## 重要事件

| 公元前 891 年 | 公元前 863 年 | 公元前 744 年 | 公元前 729 年 | 公元前 722 年 | 公元前 705 年 |
|---|---|---|---|---|---|
| 亚述及巴比伦尼亚帝国之间达成和平条约，双方约定八年内休养生息，不再开战。 | 亚述国王阿淑尔纳西尔帕二世于其新都卡拉赫（尼姆鲁德）摆宴十日，宴请 69574 名宾客，欢庆其新都落成。 | 提革拉特－丕肋色尔三世成为亚述国王，欲扩张亚述疆域版图；其组建了一支专业军队，引进了一套高效管理系统。 | 在巴比伦尼亚王位争夺中，亚述国王提革拉特－丕肋色尔三世支持合理继承者继承王位，并且打败迦勒底的篡位者，最终成为巴比伦尼亚的实际统治者。 | 巴比伦尼亚典范国王马尔都克－阿普拉－伊丁纳（Marduk-apla-iddina）统一南部失地，恢复巴比伦尼亚独立地位；不过，公元前 703 年，其最终被萨尔贡二世击败。 | 萨尔贡二世身死战场，尸体下落不明，人们认为这是一种天谴，随即废弃萨尔贡二世所建的新都杜尔舍鲁金（豪尔萨巴德）。 |

得到的战利品及贡品成为亚述诸城的发展支撑及装饰来源，其中又以卡拉赫地区的数座都城、杜尔舍鲁金（Dur-Sharrukin，今伊拉克豪尔萨巴德）和尼尼微（Nineveh）为其中之最。王宫及神庙中遍布精美绘画、雕像、浮雕，其中摆设包括美索不达米亚闻名千年的纺织品（见图2）和大量精美物品，例如玻璃器具和象牙制品。当地居民大修水利（见图3），亚述运河的部分航道至今仍在使用。

公元前721年，迦勒底国王麦若达赫·巴拉丹（？—公元前694年）成为巴比伦尼亚新王，与亚述帝国相抗。在亚述统治巴比伦尼亚地区期间，地区内冲突频发，直到公元前648年，亚述国王亚述巴尼拔（在位时期：公元前668—前627年）在位，巴比伦地区才终于迎来和平。亚述巴尼拔死后，王位继承问题争执严峻，随后逐渐动摇亚述统治地位；公元前612年，巴比伦尼亚居民及前亚述同盟者米底人联合，一齐推翻亚述政权。在尼布甲尼撒二世（Nebuchadnezzar II，约公元前630—前562年）带领下，巴比伦尼亚帝国占领西亚全境，最终迎来繁盛。

在当时，西亚地区间跨国贸易昌盛，贸易面积广阔，在该现象的促进下，巴比伦尼亚帝国及其都城巴比伦城（位于今伊拉克）不断发展，繁华一时。不过，公元前539年，迅速扩张的波斯帝国（Persian Empire）攻克巴比伦尼亚。尽管政治统治者不断变迁，巴比伦尼亚文化仍然日渐昌盛：后来出现的波斯文化、希腊文化和西亚境内的罗马社会及其周边地区，无一不从美索不达米亚地区继承了大量文化遗产，包括先进的天文知识、数学知识、药学知识、军事技术、药理学、实用科学和大量文学。举例来说，尽管巴比伦尼亚天文学（见图1）的最初研究目的是占卜，不过其理论中包含了大量太阳、月球、星团、行星的运动及综合知识，以及其中蕴含的数学理论，包括位置标记和零之概念的先理论。

| 公元前701年 | 公元前689年 | 公元前668—前627年 | 公元前612年 | 公元前605年 | 公元前539年 |
|---|---|---|---|---|---|
| 萨尔贡二世死后，各地起义频发，其继承人辛那赫里布随即大面积镇压，洗劫了包括位于今以色列拉吉城在内的诸多城市。 | 亚述与巴比伦尼亚之间的数十年冲突激化至顶点，辛那赫里布对巴比伦城围城十五个月，随后对城内进行惨烈洗劫。 | 亚述巴尼拔继位。作为一名能力非凡且热爱艺术的统治者，他虽丢失了埃及的统治权，却收服了于其兄长手下暴乱的埃兰（今伊朗西南部）及巴比伦尼亚。 | 尼尼微遭洗劫。亚述巴尼拔死后，亚述帝国内战及起义频发，在米底人的支持下，巴比伦尼亚帝国一举攻克亚述帝国。 | 尼布甲尼撒二世继位，巴比伦尼亚帝国对亚述全境占领行动结束。他在多座城市中大兴土木。 | 巴比伦尼亚由不受欢迎的那波尼德国王（Nabonidus，在位时期：公元前555—前539年）统治，而该位国王十年前便离开巴比伦居于阿拉伯半岛；在其统治时期，巴比伦尼亚帝国最终灭亡于波斯帝国之手。 |

# 尼姆鲁德遗址 公元前863—前707年及其后

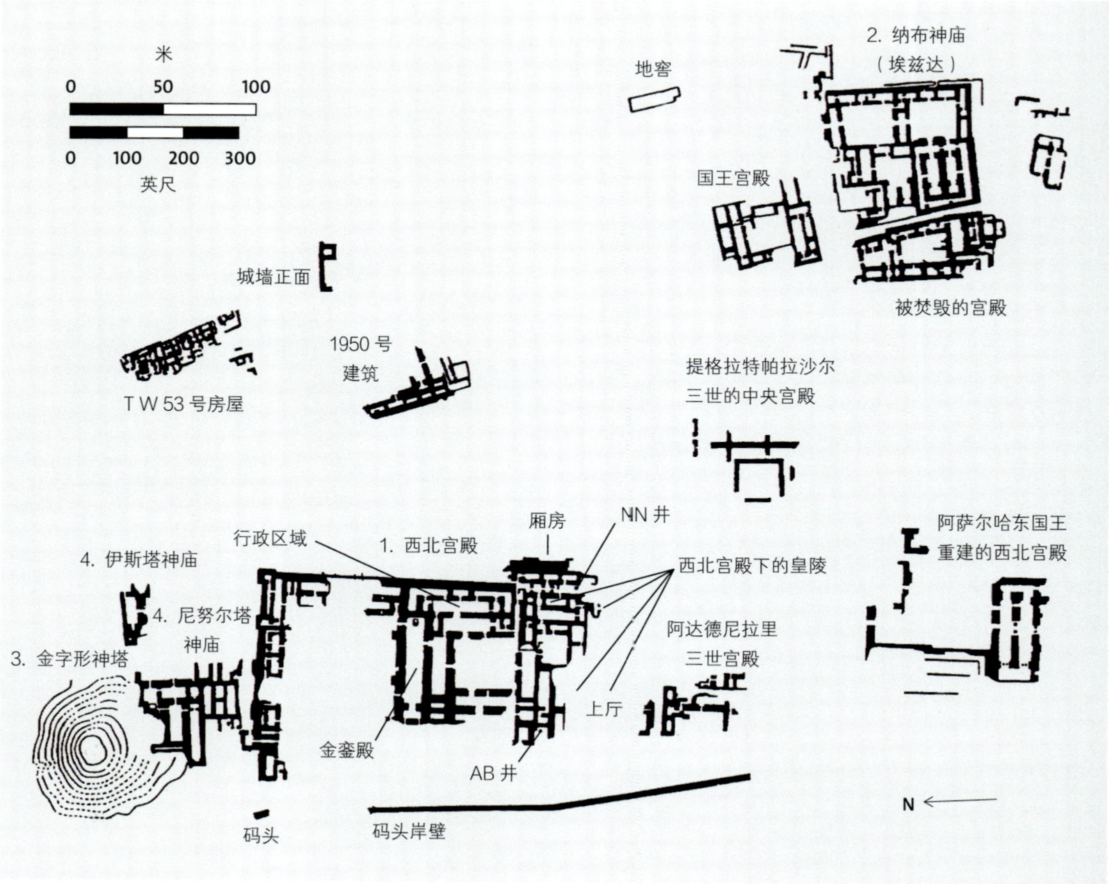


卫城外筑有一圈城墙，将之与城中其他地方相隔离；图中西侧围墙即为城市围墙的部分。围墙内为继位国王的宫殿、神庙和办公建筑。有发现证实，公元前707年，亚述都城迁至别处后的相当长一段时间内，尼姆鲁德仍是亚述的一座重要行政城市和王室统治区

公元前2000年末期，亚述帝国国力日益衰弱，后至阿达德尼拉里时期（在位时期：公元前911—前891年），其与其后世继承人不断为亚述帝国扩张土地。由于国土面积不断扩张，阿淑尔纳西尔帕二世欲建立新都，一番考量后，他将位于底格里斯河与大扎卜河（Great Zab）之间的一狭长地带上的行政中心定为新都。卡拉赫城（今伊拉克尼姆鲁德）的建造耗时15年。公元前863年，阿淑尔纳西尔帕为庆贺新都落成，大摆十天宴席，宴请了近70000人。食物种类丰富，包括10头驴拉的开心果、10000罐啤酒、14000只绵羊和10000只沙鼠。尼姆鲁德城市规划清晰有序，内含卫城的王室宫殿、行政建筑、寺庙和筑有围墙的下城。城市总面积145英亩（约59公顷），卫城占地49英亩（约20公顷），围墙总长近5英里（约8千米）。公元前707年，新都遭废。

阿淑尔纳西尔帕去世后，其子沙尔马那塞尔三世（Shalmaneser III，在位时期：公元前858—前824年）继位，该位国王意气风发、年轻有为，在尼姆鲁德城东南角建了一座独立的宫殿群，名为“沙尔马那塞尔堡”（Fort Shalmaneser）。宫殿群中建筑繁多，包括一座宏伟的主宫殿、兵器库、操场和藏有大量战败国上缴的战利品及贡品的金库。1949年，考古学家正式对该处遗址进行细致发掘，而映入其眼帘的是一片破败的卫城遗址：19世纪时，由于当时发掘赞助者为博物馆及其他相关机构，考古学家着重于挖取古物，尤其是浮雕刻品和刻字黏土碑，并没有考虑地层学、周围环境和建筑残骸等有关情况，导致该处遗址惨遭洗劫，破坏严重。最近几年，一支精良的伊拉克国家考察队在西北宫殿国家广场的土地下，发现了数座属于亚述王后的穹顶陵墓。

1. 西北宫殿

西北宫殿为阿淑尔纳西尔帕二世建造的主要宫殿群。宫殿庭院及大殿的石墙上，刻有描绘国王军队及城市成就的浮雕。宫殿入口两侧，有数座巨大的护卫雕像，护卫为带翼的人头石狮及公牛。内廷另一侧是殿前广场，行政管理区位于宫殿北部

2. 纳布神庙

纳布主神庙供奉纳布神，其为伟大的马尔杜克神（God Marduk）之子。纳布为掌管文字之神，亚述人相信纳布神为幸运之神，因此其在亚述诸神中占有举足轻重的地位。神庙内部部分区域设计好似宫殿，因为该区域为重要节庆时供神祇及其妻室私用之所。考古学家在纳布神庙中发现了由阿萨尔哈东国王（King Esarhaddon，在位时期：公元前680—前669年）签署的条约，条约规定确保其麾下众人将辅佐其子亚述巴尼拔继位

3. 金字塔形神塔

卫城位于尼姆鲁德北侧，其中是一座金字塔形神塔残骸。据报道称，2016年，极端组织“ISIS”使用土方工程设备将金字塔形神塔和尼姆鲁德城中其他纪念建筑夷为平地，不过，在遭此毁灭性打击之前，金字塔形神塔也仅剩基座部分，仅留有中心裸露的泥砖

4. 尼努尔塔与伊斯塔神庙

紧挨金字塔形神塔有一座神庙，其中供奉掌管风暴的尼努尔塔神（God Ninurta）。伦敦的大英博物馆内藏有由神庙石膏墙上切下的嵌刻浮雕，浮雕展示了尼努尔塔神形象：其双手握有闪电，正在追逐带翼的安祖龙怪（Anzu）。伊斯塔是战争与爱的女神，当时居民也为她修建了一座神庙，其中部分建筑群与尼努尔塔神庙相同。伊斯塔神庙入口两侧立有巨型石狮像

▲ 自卡拉赫被废弃后，宫殿被当地居民当作储藏室。考古学家在城中及沙尔马那塞尔堡发现了大量象牙。图中是一件家具，式样为一扇窗户里有一个女人，窗台下有棕榈木圆柱

## 尼姆鲁德王后墓

1988—1990年，考古学家对伊拉克进行发掘；在发掘过程中，有关人员无意间在西北宫殿的国家广场下方，发现了四座穹顶王陵。王陵中埋有或由赤陶或由岩石制成的安放王族尸体用灵棺，陵墓中陪葬品数量惊人，包括大量华丽的首饰，这些首饰多由黄金制成，常常嵌有宝石、琉璃和彩瓷。这些物件展示了当时手工艺人的高超技能，表明他们当时已经掌握了例如累珠、掐丝珐琅和累丝等技巧，并能借此制作王冠、项链、坠饰、耳饰、戒指和饰有花卉、几何和象征性图案的臂环。在出土的金冠之上，考古学家发现了一种镶嵌拼花设计：设计基座为一块天青石，其上由浅蓝宝石、玛瑙及黄金镶嵌排列成形；王冠底部垂挂有由金链挂饰的小石榴。与此同时，考古学家还在陵墓中发现了大量赤陶、青铜容器、黄金、白银与水晶制作而成的容器和大量别种无价之宝。在其中一座石棺中，考古学家惊讶地发现了两具尸体，通过石棺中陪葬品上雕刻的文字，考古学家得知其为提革拉特－丕肋色尔三世之妻雅巴和萨尔贡二世王后阿塔利亚。另一座石棺中置有阿淑尔纳西尔帕之妻穆利苏－穆坎尼沙特－尼努亚（Mullissu-mukannishat-Ninua）的尸体。

# 尼尼微 公元前707—前612年

亚述宫殿建筑中的大多浮雕皆是描绘国王在战争中的胜利或是城市建设的重大成就。亚述巴尼拔宫殿中绘有一系列浮雕，刻画了国王在猎狮（古时一项王室运动及传统，狮群会被特别安置在一处皇家园林中）时的英勇形象。浮雕细致描绘了人与兽之间的对峙场面

尼尼微是一个位于底格里斯河河谷地区的远古定居点，自新石器时代开始便有人居住。自建立后，这座城市时常在当地的历史场合中掀起波澜。公元前713—前707年，亚述国王萨尔贡二世建立新都杜尔舍鲁金（今豪尔萨巴德）。不过，萨尔贡二世后来却死于征战，其继承人辛那赫里布认为其死状不吉利，决定废杜尔舍鲁金，迁都至尼尼微。此后，尼尼微城始终是亚述的都城，直至公元前612年灭亡。1987—1990年，伊拉克和美国的联合考古团队对尼尼微遗址进行发掘，在其中发现了大量见证城市灭亡的遗迹，被箭射死的遗骸、烧毁的城门下埋藏的废弃武器。

亚述灭亡后，尼尼微城始终留在人们的记忆之中。19世纪，早期法籍英裔考古学家开始考察美索不达米亚地区，而尼尼微城即是他们心心念念寻求的珍宝。过去，人们误认为克豪尔萨巴德及尼姆鲁德（古卡拉赫）都是尼尼微城的别称，直至1846年英国考古学家奥斯丁·亨利·莱亚德（1817—1894年）发掘了库扬积土丘（Kuyunjik mound）。1849—1851年，他又对此处进行了二次发掘，由于当时文字破译技术得到发展，他破解了部分刻有阿卡德楔形文字的文物，并最终认定库扬积土丘就是尼尼微城的卫城。此外，莱亚德在辛那赫里布建造的宫殿和其孙亚述巴尼拔的宫殿中发现了大量华丽浮雕和矩形护卫雕像，连同刻有楔形文字的石碑和其他大量文物。19世纪50年代，大量学者云集于此继续发掘古物；不过，在古物运输途中发生了一次意外。车队沿河流而下欲运送古物至大英博物馆，未承想半途遭遇劫匪，车内的尼尼微文物和其他法国考古队发掘的古物被洗劫一空。1870—1914年，针对尼尼微遗址的发掘从未停歇，20世纪30年代，英国考古学家马克斯·马洛温（Max Mallowan，1904—1978年）对此处进行了深入发掘，掌握了这座城池的早期发展轨迹。自20世纪90年代起，尼尼微遗址饱受盗掘者侵扰，而最近更是遭遇“ISIS”极端组织的破坏。

重建的沙玛什之门

自辛那赫里布迁都至尼尼微后，便在卫城（库扬积）北部修建“空中花园”作为自己的王室住所和行政管理中心。而库扬积也是第二座内含兵器库的卫城遗址。卫城外筑有数道围墙，其中建有多座防御牢固的城门

亚述巴尼拔图书馆

亚述巴尼拔从全国招募多名学者，查找并誊抄国内所有已知的文学作品，最后共搜罗抄写了超过1500件楔形文字文献，包括史诗、历史文章，涉及天文学、医学、药理及科技知识的学术概要、宗教文献、字典和大量“智慧文学”

## 水利工程及辛那赫里布花园

自很早起，美索不达米亚居民便成为兴修水利工程的佼佼者：公元前6000年，当地居民挖建沟渠用作农业灌溉；至公元前3000年，为进一步灌溉作物、抵御洪水，他们修建了更复杂的运河网，包括鱼梁、水坝、水流调节设施等。后至亚述时期，当时居民又将此项技能发扬至顶峰。阿淑尔纳西尔帕自大扎卜河挖掘帕蒂－贺加利运河（Patti-hegali canal），运河河道由岩切隧道构成，确保河水流经新都周围，能助其建造果园及花园。相较于阿淑尔纳西尔帕，辛那赫里布的运河规划更宏伟，这位国王自扎格罗斯山中的巴维安（Bavian）地区起，修建了一条长度超过30英里（约48千米）的运河，直至尼尼微城。整段运河包括杰万引水渠（Jerwan aqueduct）、鱼梁、水坝和隧道，为整座尼尼微城供应水源，同时浇灌城市周边土地，形成人工沼泽，为鹿群、野猪、鱼类及水禽创造家园；辛那赫里布也于此修建数座娱乐休闲花园。辛那赫里布的花园建于层层垒起的台阶形高地上，高地之上建有亭台楼阁，溪流自上而下，一泻千里；花园中遍种异域树植，甚至包括各种香料及棉花。为将水源引至高地顶部花园，辛那赫里布设计了一种类似阿基米德式螺旋抽水机的设备，不过这一构想远早于阿基米德（Archimedes，约公元前287—前212年）好几千年。他的设计原理是将一青铜制螺旋形物放在一条青铜制流水管道中，当转动螺旋形设备后，蓄水池中的水源便可向上流入高地上的花园。英国的亚述学研究者斯蒂芬妮·达利（Stephanie Dalley，1943年—　）曾提出一种说法：辛那赫里布花园即为希腊人曾描述的“空中花园”，不过由于他们常将亚述人与巴比伦尼亚人相混淆，误认为“空中花园”在巴比伦，所以这一说法颇为流行。然而，亚述的水利工程不一定是一件善事，由于巴比伦王国不断试图挑衅亚述的统治权威，辛那赫里布对其展开了报复行动，他用水利工程将河水引入幼发拉底河支流，引发洪水，淹没城市，完成侵略大计。

# 巴比伦文化 公元前612—前539年及往后时期

巴比伦尼亚一年中最重要的活动是为期十二天的阿基图新年（Akitu New Year festival），时间为春分之时。游行人群手捧马尔杜克神像及城中马尔杜克神庙内供奉的其他众神像，穿过伊斯塔城门，沿游行路线走向位于城北的阿基图神庙

尽管希腊人已经证实巴比伦的文化遗产瑰丽富饶，不过在《圣经》的描述渲染下，巴比伦城曾被认作一处堕落与压迫的缩影地。因此，19世纪时，当早期考古学家怀抱满腔好奇来到此座城市，其面前的景象可谓大失所望。巴比伦建筑多以泥砖为原料，低调朴实且难以深究。在亚述北地华丽壮阔的建筑映衬下，他们很快便放弃研究巴比伦及南部遗址，转而投向亚述北地。不过，自德国考古学家罗伯特·科德威（Robert Koldewey，1855—1925年）于此工作后，发掘工作有了新的转变。1899—1917年，科德威对巴比伦展开发掘，他向世人揭露了巴比伦城的城市布局，确定了其王宫所在地、大量城墙、城门、神庙和游行路线。新巴比伦王国第一任国王那波帕拉萨尔（Nabopolassar，约公元前658—前605年）及其子尼布甲尼撒二世（Nebuchadnezzar II）重修巴比伦城并对其进行扩建，尼布甲尼撒二世见证了新巴比伦王国的早期发展及全盛时代。为探究巴比伦早期年代地形地貌，科德威对当地土质进行了深入探测检查；不过由于当地极高地下水位的阻隔，他难以深入巴比伦第一任伟大国王汉谟拉比（Hammurabi，在位时期：公元前1792—前1750年）所在时期的土层中进行调查。发掘结束后，科德威将伊丝塔城门（Ishtar Gate）、游行道路两侧墙壁和尼布甲尼撒金銮殿正墙的光滑砖石进行拆卸，后以船运回柏林，并在佩加蒙博物馆中将其复原；如今，有可能仍可以在佩加蒙博物馆中见到这些建筑。20世纪80年代，萨达姆·侯赛因（Saddam Hussein，1937—2006年）在巴比伦重修了一座伊斯塔城门复刻品，并还原了城中部分建筑。

甚至在巴比伦尼亚帝国被波斯打败后，巴比伦城在数百年的长河中，仍保持其重要城市地位，无论是波斯时期、希腊时期，还是塞琉古王朝时期；后至帕提亚人统治时期，巴比伦城地位日渐衰落，最终在萨珊时期（Sasanian times）成为浩渺长河中的一粒沙。

## 定位

**神圣象征**

伊斯塔城门是巴比伦富丽堂皇建筑的最佳代表，城门上饰有公牛（象征风暴之神阿达德）和巨龙（mushussu，也称怒蛇），是一种前肢是狮腿、后肢是鹰爪、头顶犄角、身如游蛇（包括头、身、尾）的生物，它懂得魔法，是巴比伦守护神马尔杜克的保护兽。伊斯塔是战争女神，因此当时的居民将她的神兽装饰在道路两侧的墙壁上

**光面砖块设计**

美索不达米亚居民是各类玻璃质材料的优秀加工者。自公元前5000年起，当地居民开始制作彩瓷；后至公元前1600年，他们开始大规模制作高级玻璃。随后，他们迅速攻克将玻璃黏接至陶土之上的技术难题，确保其可以制作光面陶器、瓷砖和砖块。这种光面砖块设计堪称为美索不达米亚居民最精良的杰作之一，被应用于巴比伦伊斯塔城门及游行道路两侧装饰

## 埃特曼安吉金字塔形神塔

至公元前2000年末期，马尔杜克成为巴比伦尼亚最重要的神祇。供奉其雕塑的马尔杜克神庙位于巴比伦城的中心，在被亚述国王辛那赫里布毁坏后，尼布甲尼撒二世对其进行重修和装饰。毗邻马尔杜克神庙北侧，即为埃特曼安吉金字塔形神塔（Ziggurat Etemenanki）的所在地，圈地周围筑有围墙，神塔共七层，每层颜色各异，建于汉谟拉比更早金字塔形神塔的遗址之上。那波帕拉萨尔国王在梦中收到神旨，开始建造神塔，不过直至尼布甲尼撒时期才最终竣工。神殿顶层的屋顶可以通过外部楼梯攀爬而至，可能曾用于天文观测。

◀ 伊斯塔城门西侧的幼发拉底河岸是主要宫殿建筑群所在地。南宫殿坐落于内城，北宫殿则地处城外，一座花园将南北宫殿隔开。南宫大殿中饰有以光面砖块拼成的华丽饰带，厚重的砖墙上铺有木质镶板，装饰着贵金属、象牙和宝石

# 西亚铁器时代

继公元前1200年赫梯帝国瓦解后，安纳托利亚东部和叙利亚北部陆续出现了一些小型独立城邦，常常会建立新城。起初，卡尔凯美什（Carchemish）的实力傲然于诸城邦之上，通过观察其宫殿中的浮雕装饰，学者发现卡尔凯美什沿用了赫梯象形文字，以及带有赫梯风格的艺术和建筑设计。其他一些由阿拉姆部落领袖统治的小城零星散落于叙利亚北部的新赫梯城市中，随后不断向东部及南部扩张，其中又以阿拉姆王国实力最雄厚，其都城位于大马士革。公元前7世纪末，亚述人陆续攻克新赫梯城市和附近的阿拉姆城市，新赫梯文化就此灭绝。

自公元前10世纪末至前9世纪末，亚述国王雄心勃勃，四处扩张疆域，黎凡特大部分地区或被其攻克，或被其劝降，或受其威逼成为附属。亚述财政紧缩时期，西亚西部诸国得以片刻悠闲喘息。然而，公元前744年，提革拉特－丕肋色尔三世执政，亚述再次踏上征程；在阿萨尔哈东（Esarhaddon，在位时间：公元前680—前669年）统治时期内，亚述疆域面积达到顶峰，涵盖整片西亚及部分埃及地区。不过，每当亚述老国王去世，新王上任的交替

1. 公元前800年，亚述帝国自一座伊拉克北部的中等国家逐渐发展壮大，最终一统西亚全境

2. 一块发现于叙利亚戈赞遗址（今哈拉夫遗址）内的阿拉曼浅浮雕，其上刻有一只单峰骆驼及一位骑手；公元前9世纪末期，该地区被亚述人占领

## 重要事件

| 约公元前1000年 | 约公元前1000年 | 公元前9世纪 | 公元前9世纪 | 公元前887—前856年 | 公元前853年 |
|---|---|---|---|---|---|
| 早先养殖为获取肉质及乳饮品的单峰骆驼开始被用于骑行运输，亚述及阿拉伯沙漠地区间的贸易通道因此被打开。 | 大卫王一统以色列十二部落，建立联合王国；公元前931年，联合王国破裂，最终分裂为以色列国及犹大王国。 | 位于黎凡特泰尔（Tyre）地区的腓尼基城邦不断发展壮大，为获取各种发展用原材料，腓尼基城建立多座殖民地，包括迦太基。 | 腓尼基字母表（由迦南字母表演变而来）传遍西亚，至公元8世纪，该套字母表传至希腊。 | 伊索巴尔一世（Ithobaal I）统治泰尔时期，其间，他占领控制西顿（Sidon）及腓尼基北地；约公元前700年，迦南联合王国覆灭。 | 由亚兰大马士革（Aram-Damascus）统领的黎凡特城邦联盟，包括埃及及阿拉伯，在卡尔卡尔之战（Battle of Karkar）中抵挡住了亚述人的进攻。 |

之际，臣属各国常常蠢蠢欲动，意欲谋反；但亚述王国总能重新夺取上风，所谓的“复仇”也多无疾而终。亚述人惩治反叛者的方式极其残忍，处死领导者、屠城焚城，或者流放几千民众。

西亚中部海湾地区曾是腓尼基城邦居民的住所。腓尼基居民多以航海贸易为生，他们经由地中海南部，开始于其沿岸建立定居地，而最重要的一处居地是迦太基。迦太基人娴于各种技艺，包括造船、航海、海上作战、土木工程及工艺品制作。由于迦太基航海贸易发达，于亚述经济发展有益，因此相较于对待其他叛臣国态度而言，亚述人对迦太基人已经算是格外宽容。公元前 2000 年，迦南人发明了二十二字母表；该套文字系统先经其早期使用者推广，后由受雇于亚述人的阿拉姆流放者发扬光大。波斯帝国时期，阿拉姆语取代阿卡德语，成为西亚地区的通用语。

阿拉姆城的建立与当地畜牧者密不可分，他们不断探索沙漠边缘地区，对周边邻居频繁突袭，例如巴比伦尼亚人。外约旦地区的一些小国，其经济发展多为混合型经济，畜牧业及农业在经济发展中占有重要地位，而所谓农业则包括红酒酿造和橄榄榨油。以色列居民便世代定居于此，甚至更西的地区；西亚南岸及毗邻内陆地区，建有五座非利士城邦，城中居民极有可能是公元前 12 世纪移居至此的民众后裔。约公元前 1000 年，以色列的大卫王（King David）击败非利士人，一统十二处以色列部落，建立联合王国，定都耶路撒冷。大卫与其子所罗门相继修建都城防御设施、扩张领土、装饰都城。所罗门统治时期，以色列与腓尼基人密切合作，国际贸易空前繁荣。公元前 931 年，所罗门离世，联合王国一分为二：北方的以色列王国和南方的犹大王国，两王国之间时常敌对，爆发冲突。

约公元前 1000 年，在黎凡特及美索不达米亚地区间的沙漠腹地开始有人类骑骆驼踽踽而行（见图 2），这一交通方式的发展对阿拉伯地区尤为重要，当地商队借此方式沿也门山脉东侧逐渐向外发展贸易。除此以外，阿拉伯西南地区的焚香生产商们借骆驼开拓连接了西亚市场，而该条贸易线路中来回奔波的阿拉伯骆驼养殖户也因此得以维持生计。长久以来，阿拉伯西南部地区的农业治水体系复杂而精密。公元 1000 年，当地治水体系发展至一全新高度，推动当地多座城邦的兴起，尤其是塞伯伊（示巴王国），一座因与所罗门的贸易往来而闻名的城邦。至公元前 6 世纪，阿拉伯商队贸易已深涉巴比伦尼亚地区：为巩固维持巴比伦尼亚与阿拉伯地区之间的贸易往来，巴比伦尼亚最后一任国王那波尼德（统治时期：公元前 555—前 539 年）在泰马绿洲（Tayma）居住了长达十年。或许也正是因为其长久远离国都，波斯人乘虚而入，最终攻克了巴比伦尼亚。

| 公元前 743 年 | 约公元前 685 年 | 公元前 599—前 96 年 | 公元前 587 年 | 公元前 572 年 | 公元前 539 年 |
|---|---|---|---|---|---|
| 在亚述与北地城邦联盟爆发的库姆木战争（Battle of Kummuh）中，随着亚述占领黎凡特北地，控制带片地区南域，亚述最终大获全胜。 | 辛那赫里布国王（在位时期：公元前 704—前 681 年）收到来自示巴国王卡里比卢（Karibilu），也或许是卡里布瓦塔（Karib'il Watar）国王的礼物（在其统治下，示巴王国成为一方强国）。 | 在埃及国王尼科二世（Necho II，在位时期：公元前610—前595 年）的资助下，一艘腓尼基海洋远征队自红海出发，意欲环游非洲一圈。 | 耶路撒冷内乱，遭围城，虽然叛乱最终失败，不过城内依旧被洗劫一空，犹大败于巴比伦尼亚人之手；巴比伦尼亚统治者流放了 4600 名犹太人。 | 在历时十三年的围城战后，巴比伦尼亚统治者攻陷泰尔城，此举削弱了腓尼基商人在地中海贸易中的地位。迦太基成为独立国家。 | 波斯国王居鲁士（Cyrus，约公元前600—前530 年）打败巴比伦尼亚帝国；他下令曾遭流放的犹太人可重回其家园。 |

# 腓尼基贸易 约公元前1100—前400年

图中浮雕来源于巴拉瓦特青铜门（Balawat Gates，约公元前845年），该扇门由亚述国王沙尔马那塞尔三世下令建造，展示了公元前858年，在其攻克泰尔后，当地居民向其进献贡品时的场景。泰尔人用数艘大船装载贡品，随后以海运方式将其从其岛国家园运至内陆，随后与搬运工跟随行伍将贡品送给国王

公元前12世纪，黎凡特地区中大面积国家政权瓦解，地处叙利亚黎凡特地区的重要贸易城邦乌加里特城（Ugarit，今称拉斯·向拉）也未逃此命运；不过很快，沿海地区又出现部分新城邦，并逐渐巩固了自己的政权。考古学家认为，该时期著名的腓尼基人（Phoenician，得名于希腊词phoinix，意为红色，由一种极其珍贵染料“泰尔紫”调配而成，而这种染料是从一种骨螺中提取的）极有可能就是住在沿海的迦南人的祖先。但有些地方的人自认为是独立城邦的公民，比如西顿、叙利亚艾尔瓦德（Arwad）、黎巴嫩朱拜勒（Byblos）和泰尔的居民。在公元前9—前8世纪，泰尔城繁盛一时。

由于海岸地理条件，农耕土地面积受限，腓尼基人只得通过贸易，将其制造的精良手工艺品和当地产出的木材（尤其是一种产自毗邻山区的雪松）兜售于周边邻国，换取日常所需的大部分谷物、橄榄油及其他必需品。此外，腓尼基人常常身兼数职：手工匠人、引航员、外来强国雇用的水手（他们同时也会租赁腓尼基人的船只）等。为获取珍贵原材料，他们沿地中海右岸建立贸易路线，自塞浦路斯基蒂翁（Kition，今称拉纳卡）地区，跨越直布罗陀海峡，将贸易点建立至西班牙加的斯地区。拥有专业的造船者、船员和领航员，腓尼基人是当时海军设计及海洋工程的佼佼者。

腓尼基城破后，亚述人将其大部分研究结果带回帝国之中；泰尔城虽仍属独立国家，不过需向亚述进献大量贡品，后来更是受到诸多严苛限制管控。不过，后来继任的巴比伦尼亚掌权人一洗泰尔，有力地打破了腓尼基在地中海贸易中的垄断地位。波斯帝国时期，腓尼基重返商业繁盛，尤其是西顿地区；不过当时的国际间状态，已发生了不可逆转的改变。后来，地中海海上贸易逐渐受希腊及泰尔前殖民区迦太基（后成为主要强国）掌控。

## 定位

1. 泰尔城

泰尔城外筑有带塔楼的防御墙。城中分为两块，下城为居民区、工业区和交易区，上城则是行政管理建筑、寺庙和上层阶级住所的所在地。泰尔城中心位置为美刻尔神庙（Temple to Melqart）和一对双子柱

2. 船舶

图中的船形似河马（一说像马），是沿海和内河运输用的小船。考古学家曾发现另一块浮雕，刻画了一艘船搬运拖拽木材时的景象。另一些商用的大船多依靠船帆推动，能在长途海运时运载大件货物

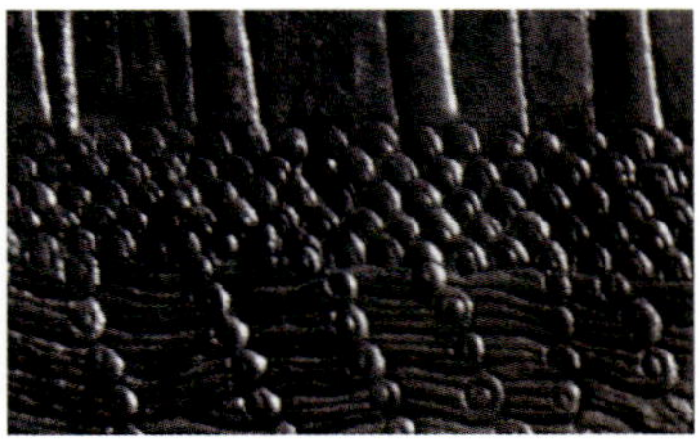

3. 岛屿

泰尔城坐落于一处拥有天然防御的海岛上，导致其面积狭小。据《圣经》记载，当希拉姆国王（Hiram of Tyre，在位时期：公元前971—前939年）在为所罗门王建造神迹时，将他掌控的二十座加利利（Galilean）城池全部献上，为泰尔城充实田地

◀ 腓尼基人是声名远扬的能工巧匠，能利用一切材料制造工艺品，包括异域进口的材料和自产原料，如玻璃、彩瓷、纺织品、金首饰和泰尔紫色染料。腓尼基人制作的工艺品在西亚，甚至西亚以外的地区极受欢迎，如象牙制品、雕刻或模铸玻璃器皿。事实上，别具一格的腓尼基艺术风格深受埃及影响，腓尼基艺术品上出现的图案有斯芬克斯和荷花。除艺术品外，腓尼基人还掌握了锻造黄铜、青铜、白银、黄金等金属物件的技术，如刻有浅浮雕的碗

## 水手与移民

为获取新金属矿石和其他材料，腓尼基人决定废弃原先沿海岸的路线，转而通过北极星的指引，开辟远至大西洋的航海路线。他们在西西里岛、撒丁岛（Sardinia）、西班牙南部和非洲北部及西北部沿岸建立贸易定居点。早在公元前1110年，即泰尔在西班牙大西洋沿岸建立加的斯城时，此类殖民开拓可能就已经出现。考古学家在此发现了可追溯到公元前8世纪的遗迹。加的斯城的建立，使得当时的居民发现来自米纳斯·德·里奥廷托（Minas de Riotinto）的丰富金属原料，包括黄铜、黄金和大量白银。这些移民者最初主要从事农业和手工业。

# 耶路撒冷 公元前10—前6世纪

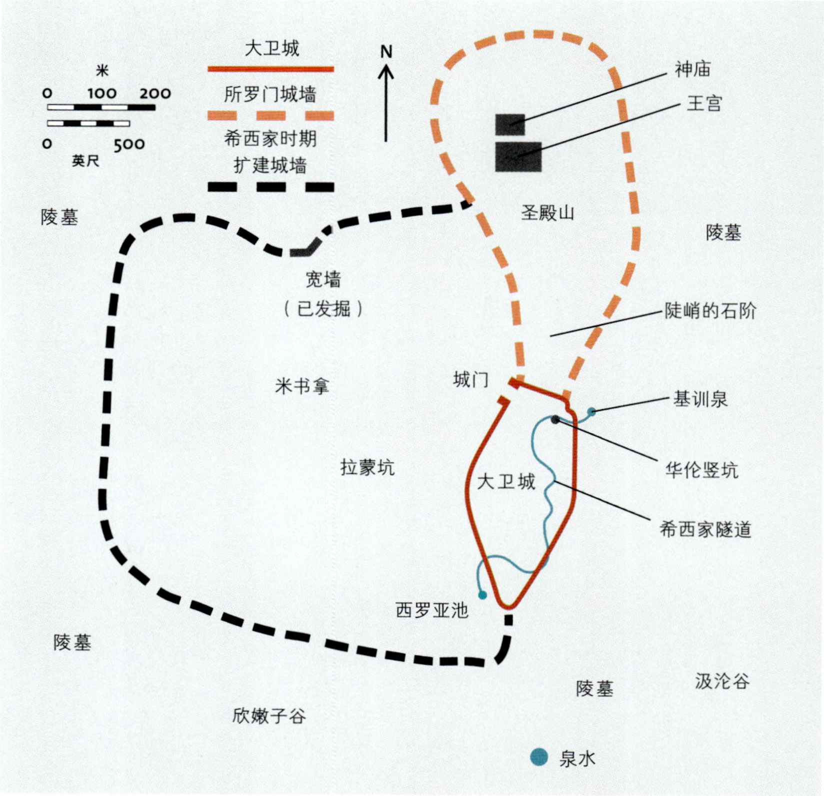


耶路撒冷坐落于地区贸易及交往的要道之上。肥沃的汲沦谷（Kidron Valley）便属其领域，城内用水多来源于基训泉。在耶路撒冷城下方的欣嫩子谷（Hinnom Valley）中，另有一条小溪，为当地田地浇灌水源。耶路撒冷城位于汲沦谷西侧的山脊之上，拥有天然防御屏障；到公元前8世纪，当地居民已扩居至西侧山腰之中

据《圣经》记载，公元前10世纪，在大卫成为以色列联合部落之王时，他决定于中立区建都。当时，中立区中已有一座城市，名为“耶布斯”（Jebus）；大卫王率领的军队迅速将耶布斯城中居民制服，不过其未对城市进行破坏，随后大卫王将城市扩建，建立新都。大卫王死后，其子所罗门继承父业，将城市面积扩大了15—37英亩（约6—15公顷），占据山脊最高处，并在城外修建防御工程。随后，所罗门王下令修建王宫，并在山脊的制高点建造神庙。不过，此项工作实际由后来的腓尼基国王希拉姆（在位时期：公元前971—前939年）完成。为建造神庙，腓尼基人从自身家园中拉来所需原料、雪松木料、产自腓尼基山区的木材和通过贸易获取的珍贵材料；与此同时，精通木刻、象牙雕艺和玻璃制造的手工匠人们，为建造装饰建筑，不断丰富学习所需技能。

公元前931年，以色列联合王国分裂，耶路撒冷成为犹大王国都城。公元前722—前721年，亚述人攻克以色列并一举摧毁其都城撒马利亚（Samaria），导致大量难民涌入耶路撒冷；当时的犹大王希西家王（King Hezekiah，在位时期：公元前727—前698年）下令扩建城西难民聚集处的城墙，以作防卫。当希西家王正式与亚述决裂后，他又下令加固耶路撒冷城墙，并遣人从城外基训泉（Gihon Spring）中挖掘一条沟渠连至城内，用以供应城内用水；在此保护下，即便是公元前701年，辛那赫里布（在位时期：公元前704—前681年）对耶路撒冷发动围攻，该城依旧未破。不过，公元前587年，耶路撒冷遭巴比伦尼亚人洗劫一空。五十年之后，波斯国王居鲁士大帝打败巴比伦尼亚，下令来自耶路撒冷的流亡者可以重回故土、重建故乡。

1864年，考古学家开始发掘耶路撒冷；自此以后，发掘工作从未间断。图片展示了城中部分防御围墙、居住区和部分水源供应区。考古学家在城内发现了大量经焚烧的建筑残骸和随意散落的铁制或青铜制箭头，这些发现即为巴比伦尼亚凌虐耶路撒冷的证明。

西罗亚池

基训泉本位于耶路撒冷城外，不过由于华伦竖坑（Warren's Shaft）——一条修建时间不明的早期天然隧道，基训泉水得以蜿蜒 40 英尺（约 12 米）。希西家王曾下令修建一条长 1600 英尺（约 480 米）、高 6 英尺（约 1.8 米）的岩切隧道，隧道中挖有连接基训泉与城内蓄水池（西罗亚池）的水渠，该项工程着实不凡

开凿山腰

或许是在公元前 2000 年，当地居民通过人工在东北侧山腰开凿阶梯，扩大了山脊顶部土地面积。人们建立或平行或相交的石墙，并在墙间堆填碎石，以作为陡峭阶梯的地基；后来，这一建筑经所罗门重建，又被希西家王加固。公元前 7 世纪，耶路撒冷城面积扩张，当地居民开始在人凿山腰上建造家园

## 所罗门神殿

泰尔国王希拉姆为所罗门建造了众多建筑，其中最重要的是所罗门神殿，不过，公元前 587 年毁于巴比伦尼亚人之手。实际算来，所罗门执政期共花费七年建造神庙，具体建造细节早在大卫王时期便已决定。建造神殿目的是为供奉耶和华赐予的圣物约柜（the Ark of the Covenant），这是一个用来存放十诫法版（Tablets of the Law）的柜子。神殿建在一块凸起的方石上，建材是石灰岩，外观呈矩形，高 50 英尺（约 15 米）。神殿门廊通向一间大厅，厅内建有数级楼梯，最终通往至圣所（Holy of Holies），这是一间长、宽、高都是 30 英尺（约 9 米）的内层圣所，里面供奉着约柜。神殿屋顶材料选取了黎巴嫩雪松，这种木材也被用于分隔殿内空间。神殿里的门都用橄榄木制成。神殿内所有物品都是镀金的，并装饰着宝石和玻璃。神殿的两边和身后建有一座弧形三层矮楼，包括多间储藏室，而这些房间就是所谓“国库”。神殿前立有两根双子石柱，名为“波阿斯”（Boaz）和“雅斤”（Yachin），柱头饰有青铜。有一件雕刻于公元前 8 世纪的象牙石榴，可能是属于牧师的物品，是目前仅存的神殿遗物。神殿坐落于圣殿山，是一处至圣之所，因此无人愿意上去发掘，考古学家只能依据《圣经》提到的各类信息进行猜想。根据《圣经》中提到的部分特征，如三方计划和宗教物品，考古学家猜测所罗门神殿外观与同时期已发掘的神殿类似。举例而言，正是通过早先发现的同类建筑，考古学家才在阿拉德（Arad）以色列神殿入口两侧发现了双子石柱的基座和一些相似的石柱。考古学家在多座神殿中发现了焚香用的多角祭坛，比如米吉多（Megiddo）和别是巴（Beersheba）的神殿。

# 围攻拉吉城 公元前701年

在拉吉城围攻战中，为打开拉吉城门，亚述士兵使用了多种攻城武器。图中浮雕展示了亚述士兵制造的带轮木质及皮质攻城锤，其顶端架有尖矛，拉吉城城墙在其攻击下，化为碎块。城墙上拉吉城守军不断向下投掷火把，希望以此点燃敌军，不过亚述士兵不断向自身浇水，确保身体衣物潮湿，不受火扰

## 定位

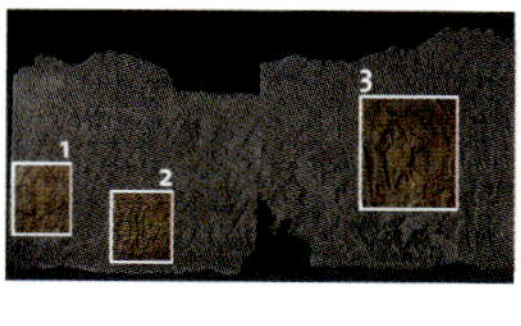


1894—1851年，在大英博物馆支持下，英国考古学家奥斯丁·亨利·莱亚德（1817—1894年）对伊拉克尼尼微的亚述帝国最后一座都城进行发掘。莱亚德率领团队沿城墙挖掘，重点发掘了辛那赫里布宫殿中的浮雕装饰。在发掘过程中，考古学家在一座建筑里发现了一组墙壁浮雕，记叙了辛那赫里布国王率军队对叛城拉吉城（Lakisu）进行围攻的场面。这一发现着实令人兴奋，因为《圣经》中曾讲述过“拉吉城围攻战”，而如今考古学家发现了确凿的证据。公元前705年，萨尔贡二世去世，其子辛那赫里布继位，当时亚述的诸多属国（包括犹大王国）在埃及教唆与支持下趁机发动叛乱。公元前701年，辛那赫里布进行残酷平叛。在将埃及人赶出南部沿海后，辛那赫里布转而攻打内陆，并对犹大王国的第二大城市拉吉城发动围攻。辛那赫里布下令将战俘充当劳力，沿城墙修建斜坡，这样亚述士兵便能冲上土坡，进攻城墙上层的薄弱部分。与《圣经》文本和浮雕描绘的一样，拉吉城上下奋勇抗争，不过最终仍败在亚述军队的强力之下。走进浮雕屋，一眼便能看到直对入口的一面墙，墙上的浮雕是整组浮雕的核心故事，展示了辛那赫里布获胜后高坐在王座上，睥睨脚下整齐的战利品及战俘的场面，而其身后是亚述军队大营。像其他浮雕一样，这组浮雕的排列顺序仿佛为了传达一种信息：亚述军队如此强大，叛臣只能迎来如此悲惨的命运。

# 焦点

**1. 亚述军队**

亚述军是一支能力卓群、专业素养高超的军队。军队前阵是由步兵组成的突击分队，每个士兵配有长矛及圆盾；其后跟随扛攻城武器部队、弓箭手和投石部队。每个士兵都头戴尖顶铁制头盔，身穿铁甲

**2. 战败者**

拉吉城在亚述军的攻击下，最终逃不开破城命运。战俘自城门而出，开始踏上漫漫流放之路。自辛那赫里布执政时期往后，诸国王对待战俘的态度就如同对待其他战利品一样，将其视为奴隶。不过，也正因如此，在经受严酷折磨后，战俘常常发动叛乱

**3. 战利品**

图为一条穿山越岭的行伍队列：亚述士兵带着战利品（例如种种家具），战俘驾着满载而归的骆驼、驴子或是牛车。行伍中有人带着孩子，也有人十分幸运，在牛车中有一席之地。犹大的战败男性戴着一种与众不同的帽子，两侧缝有帽耳

## 泰勒·杜威尔发掘活动

1973—1987年，在以色列考古学家大卫·乌什金（David Ussishkin，1935年—　）的带领下，一支来自以色列特拉维夫大学的考古团队对泰勒·杜威尔（Tell ed-Duweir）地区的远古遗迹拉吉城进行发掘。在发掘过程中，他们不仅找到了大量拉吉城防御工事残骸，还发现了当年拉吉城保卫战留下的痕迹。拉吉城位于一处土丘之上，自土丘西南方可直达拉吉城城门处。除西南方向以外的城墙外大部分被极深的干涸河道保护，西南方也因此成为敌人攻击的首选。考古发现亚述人进攻时，便是在西南城门处修造了攻城土坡。亚述士兵先用砂浆垒砌基座，随后利用巨石堆砌斜坡，最后撒上层层砂砾。考古学家在泰勒·杜威尔发现了大量废弃武器，尤其是在被亚述人打开的城墙缺口处。他们同时还发现了大量骸骨、铁箭头和弹石。在城墙内侧，乌什金也发现了一座依城墙而建的土坡，能看出建造匆忙的痕迹，大概是守城士兵为加固城墙临时修成的，不过最终还是没有逃脱被攻破的命运。

# 马里卜古城 约公元前700—前610年

达纳河自也门山脉（Yemeni mountains）流出，汇入阿拉伯半岛沙漠腹地，由于受当地季风性降雨的影响，沿途不断有支流汇入。最早修建达纳河大坝的主要目的是减少洪流对周边地区的影响，进行分流，进而灌溉近 100 平方千米范围内的土地

阿拉伯半岛西南部的早期农耕定居点多建于两种地形区：一种为高地地区，居民开凿山腰，修建梯田；另一种则属低地地区，多在干涸河道和绿洲附近。出于地理位置原因，该地区每年必经两次季风影响，季风天气带来短期强降水，敦促大地居民发展出早期水管理技术。公元前 1000 年早期，低地定居点间和地区与地区间联系增强。至公元前 4 世纪末期，阿拉伯半岛西南部地区兴起另外三座重要城邦：南部的哈德拉毛（Hadramawt）、卡达班（Qataban）和更北地区的马因城（Ma’in），随后这三座城市脱离示巴国统治。公元前 1000 年早期，阿拉伯半岛西南部与西亚地区之间的香薰贸易发达，商人获利良多，因此香薰贸易线路不断发展扩张。此地资源丰富，因此成为示巴城与德丹城（一座位于阿拉伯半岛北部的绿洲城市及贸易中枢）之间的联系要地。

赛伯伊王国都城马里卜城（位于今也门）位于达纳河（Wadi Dhana）流经一块绿洲之中，是阿拉伯半岛西南部最大的城市。城外筑有石城墙，城市面积近 300 英亩（约 121 公顷）。1843 年，法国药剂师约瑟夫·阿尔诺（Joseph Arnaud，1812—1884 年）发现了马里卜遗址，并抄写复制了大量碑文。尽管后来的考察团继续调查了大量遗址，不过始终没有人对马里卜遗址进行发掘。直到 20 世纪 80 年代，位于萨那（Sana’a）的德国考古研究所接下了这一重任。根据碑文所言，马里卜城中曾有一座王宫，不过考古学家没有在发掘中找到王宫遗址。城外有多座花园，两座花园中有赛伯伊国神阿尔玛加神庙，其中一座名为阿万神庙，其入口处庭院立有由整块石灰岩雕成的石柱，1951—1952 年，美国考古团队对这座神庙进行发掘。马里卜城中最瞩目的遗址是马里卜大坝，在达纳河上游 4 英里（约 7 千米）处。约公元前 700 年，为抵御达纳河季节性洪涝，当地居民将河水分流至不同灌溉沟渠中，修建马里卜大坝，并在周围挖建大量的小型蓄水池。

## 定位

1. 地形及水源管理

自公元前3000年起，该地区居民便在达纳河中建立了多座小型土坝，旨在将河水分流到灌溉渠网中。在阿拉伯半岛西南部地区，当地居民进行农业水源管理的历史悠久。早在公元前3800年，他们已懂得在山腰修建梯田，而公元前4500年，该地区便已出现减缓洪流的淤地坝

2. 当地建筑

最初，大坝外墙由严丝合缝的石灰岩砖块砌成，内部经碎石填充；后来，人们改用坚硬且极度防水的岩石修筑外墙，内部则填满水泥，且其中利用岩石架设十字梁，石梁末端自墙体中伸出。随着地平线上淤泥不断堆积，大坝高度逐渐增加，最终堤坝过高，人们难以对其进行保养

3. 马里卜大坝

由于河流沉积，淤泥逐年加深，地表高度持续上升，当地居民不得不在河流更上游地区建造堤坝。约公元前700年，为更好地实现控流效果，人们建造了马里卜大坝；不同于以往小型的土坝，马里卜大坝长1950英里（约3138千米），由岩石堆砌而成，同时设有水闸，为拦河坝。在随后的几百年，这座大坝持续造福人类，直到公元610年最终被废

◄ 公元前2000年，黎凡特居民创造出只有辅音的字母文字；很快，这种文字系统便被民众掌握，并于阿拉伯西南部逐渐演化为闪米特语族（Semitic languages）。图中石碑是公元前8世纪的名作。阿拉伯南部的文字系统中共有29个字母（比和它颇有渊源的腓尼基文字的字母更多，后世的多数字母源于腓尼基文字）。在阿拉伯西部，刻字石碑数量繁多。公元前500年左右，当地几乎人人能识字

## 燃香贸易

在古代中东地区，燃香在日常生活中重要非凡，无论制药、制香薰还是制作化妆品，都需用到燃香，在许多宗教活动中，焚香更是必行之举。在大量燃香中，人们尤爱乳香。公元前2000年，商人驶船穿过红海，将乳香带到蓬特（Punt，可能为今厄里特里亚），随后受到埃及人的追捧。公元前1000年，随着骆驼运输不断发展成熟，贸易方式也发生改变，当地商人能骑骆驼穿过阿拉伯西部山区之间的沙漠，完成自北向南的贸易。这条陆上贸易通道［途经阿拉伯西北部三座绿洲：泰马绿洲、杜玛绿洲（Duma）和德丹绿洲］的开通，联结了阿拉伯西南部的乳香商人与西亚的顾客。尽管示巴王国和阿拉伯西南诸城邦中的主要经济生产依赖农业，但燃香贸易的发展，也为当地经济繁荣做出了巨大贡献。

# 古典希腊时期

1. 一尊制作于公元前 510—前 500 年的青铜像，头戴科林斯冠饰头盔，身披紧身的披风，考古学家认为这是斯巴达勇士塑像
2. 公元前 490 年马拉松战役（Battle of Marathon）后，希腊军缴获的一件战利品，一项青铜制圆锥形波斯头盔。希腊人在头盔边缘刻上碑文，表明此乃献祭给宙斯神的战利品
3. 一处圆形建筑遗迹，位于希腊雅典卫城西北侧山坡下的市集之中

古希腊世界是由一系列独立城邦构成的，他们都具有对希腊文化的认同。公元前 5 世纪，大型城市在希腊文化中占主导地位，如雅典、维奥蒂亚（Boeotia）的底比斯、科林斯（Boeotia）和斯巴达（Sparta）等。自公元前 8 世纪开始，甚至更早之前，希腊世界便已在外部地区开拓殖民定居点。公元前 5 世纪，黑海海岸附近涌现出多处希腊定居点，包括昔兰尼加（Cyrenaica，今利比亚境内）、意大利南部和西西里岛地区、法国南部和西班牙南部。尼罗河三角洲的诺克拉提斯城（Naukratis）是希腊的重要贸易港口，是打通希腊与埃及贸易的咽喉要地。

公元前 480 年，波斯军队入侵希腊大陆，该事件成为希腊史上的转折点。以斯巴达人（见图 1）为主力的希腊军曾试图抵御波斯人的进攻，不料却大败于塞莫皮莱山（Thermopylae）山口地区。波斯军队抵达雅典后，对城内进行大肆破坏，并将城内大量精美雕像运回波斯。不过，在一场海战中，波斯海军败给希腊海军，因此被迫从雅典附近的萨拉米斯岛（Salamis）上撤离；与此同时，在高原之战（Battle cf Plataea）中，希腊联军给予波斯军队致命一击。为铭记这些曾经取得的丰功伟绩，希腊人专门建造了德尔菲三角碑等纪念碑，并将外国侵略者描绘成半人半马怪、巨人、阿玛宗等怪异形象，利用绘画留下了其在希腊人面前缴械投降时的场面。在奥林匹亚圣所内，考古学家发现了部分损坏的波斯军人盔甲（见图 2）。更重要的是，在成功抵御波斯人后，雅典

## 重要事件

| 公元前 10 世纪 | 公元前 9 世纪 | 公元前 8 世纪 | 公元前 776 年 | 公元前 490 年 | 公元前 480 年 |
|---|---|---|---|---|---|
| 奥林匹亚宙斯圣殿中首次举行宗教活动。 | 斯巴达阿尔忒弥斯·奥斯亚圣殿建立。 | 德尔斐居民首次为阿波罗神进行奉纳典礼。 | 第一届奥林匹克运动会举办。 | 在马拉松战役中，雅典人击退首次入侵希腊的波斯军队。 | 波斯军队入侵希腊主陆，雅典城破。 |

（详见第 244 页）就此成为前得洛斯帝国，即得洛斯联盟的首领。联盟成员国须直接向雅典贡赋，而非仅仅献上船只或人力。在雅典卫城及其周边遗址上，考古学家发现了刻有贡品清单的石碑。

所得贡品及税金用于扩充雅典国库，尤其用作扩充雅典卫城国库。美国古希腊研究学院曾对雅典进行考古发掘，发掘结束后，有关学者复原了雅典城邦中重要的民主政治中心遗迹——古希腊市集。他们复原了其中的一系列建筑，例如议事厅，是用于雅典立法机关或委员会成员开会商议国事的圆庙（见图 3），也是雅典统领部落在特定月份的常驻之所。考古学家在遗址中还发现了刻有两个希腊字母“DE”字样的陶器，说明是公用陶器。

雅典城邦成为希腊地区权力中心的另一部分原因归因于其境内拥有大量银矿。希腊考古队及比利时考古队都曾在塞里克斯（Thorikos）发现部分矿山及相关加工场所，例如矿石处理作坊。由于进行此类工作需大量用水，而当地地形条件导致其土壤干旱贫瘠，所以当地居民建造了多座蓄水池以确保供水充足。

公元前 431 年，伯罗奔尼撒战争爆发，斯巴达和科林斯向权力日益膨胀的雅典发起挑战。雅典历史学家修昔底德（Thucydides，公元前 460—前 404 年）曾对该场战争进行了细致记录。据他记载，斯巴达地区相对贫瘠。后来，英国考古团队对斯巴达地区的部分圣所（例如阿尔忒弥斯·奥斯亚）进行考察后证实此类地区并没有多少中间建筑。伯罗奔尼撒战争期间，一场极为重要的冲突发生在伯罗奔尼撒半岛西部皮洛斯王国附近的斯法克蒂利亚岛（Island of Sphacteria）上，结果是雅典军大获全胜，斯巴达军仓皇落败。考古学家在原雅典议事厅中发掘了斯巴达重装甲步兵配备的防护盾，其上雕刻的文字表明该步兵曾在皮洛斯被俘。

希腊诸城居民对当地文化认同的一部分体现于各城邦居民踊跃参与的泛希腊运动会（Panhellenic games）之中。该项运动会有四大举办中心地，其中三处位于伯罗奔尼撒半岛之上：奥林匹亚、尼米亚（Nemea）和伊斯米亚（Isthmia），另有一处位于德尔斐。泛希腊运动会一直延续至罗马时期，甚至连罗马尼禄大帝（Nero，公元 37—68 年）都曾亲自参加运动会。

公元前 5 世纪和公元前 4 世纪早期，希腊居民逐渐加强城市规划，而该现象可能极大地影响了希腊诸殖民地的发展。在对比雷埃夫斯（Piraeus）港口进行发掘时，考古学家发现了一种路标，或称界标。公元前 5 世纪时，人们用它来标明专用场所，例如军事港口及奴隶生活区等。20 世纪 50 年代，英国考古队对位于今班加西（Benghazi）、利比亚附近的希腊殖民遗址攸斯皮德斯（Euesperides）进行了考古发掘；他们随后发现，该地区中的住房及加工紫色染料的作坊布局按秩序井然排列。公元前 5 世纪末，岛上所有早期城市联合，罗德岛城邦就此建立。人们用航空摄影技术可识别出该城邦内部分街道的排列布局。

| 公元前 479 年 | 公元前 478 年 | 公元前 447 年 | 公元前 438 年 | 公元前 431—前 404 年 | 公元前 86 年 |
|---|---|---|---|---|---|
| 在高原之战中，希腊军打败波斯军队。 | 提洛同盟（Delian League）建立，这是一个在雅典领导下由古希腊诸城邦组成的同盟。 | 当时居民开始在雅典卫城修建神庙圣所。 | 帕特农神庙竣工，其中供奉雅典娜·帕特农神像。 | 雅典城邦与斯巴达城邦之间爆发伯罗奔尼撒战争。在斯巴达军对雅典进行全方位军事封锁后，战争最终以雅典投降而结束。 | 德尔斐城遭罗马执政官苏拉（Sulla，公元前 138—前 79 年）洗劫一空。 |

# 奥林匹亚 公元前10世纪—公元2世纪

公元前 470 年，当地居民开始修建宙斯神庙；公元前 457 年，宙斯神庙竣工。公元 6 世纪时，由于一场地震，神庙受损严重；其中部分饰物残骸，包括雕像，被掩埋于自附近科拉德奥斯河（Kladeos River）倾泻而出的淤泥及泥石流中，也因此得以保存。神庙中置有一尊宙斯雕像，经著名雕刻家菲狄亚斯（Pheidias）之手，于约公元前 430 年安放至此

自公元前 10 世纪起，希腊居民便在位于希腊西部的奥林匹亚宙斯圣殿中举行宗教祭祀活动。公元前 8 世纪，当地举办的宗教活动数量激增，至公元前 776 年，第一届奥林匹克运动会举办，为纪念天神宙斯，人们创立传统节日宙斯节，并决定每四年庆祝一次。尽管留存至今的该时期建筑数量稀缺，不过仍有部分考古记录证明，当时的希腊居民献祭给神祇的贡品数量与日俱增。

一些文学著作保留下了部分运动会胜利者名单。尽管最早的运动会胜利者均来自伯罗奔尼撒半岛，不过至公元前 7 世纪早期，冠军已变为来自希腊各地。就此时相对而言，宙斯圣殿已变成真正的泛希腊运动会举办地。奥林匹亚遗址中最古老的神庙为赫拉与宙斯神庙，建于公元前 6 世纪早期，后来人们在其中建立了一处专门供奉赫拉女神的奉堂。公元前 5 世纪中叶，宙斯神庙建立，比回音女神艾可柱廊（Echo Stoa）晚约一个世纪，约公元前 300 年，希腊居民在众神之墓建造母神（Metroon）的神庙。上述神庙都位于利姆诺斯岛（Altis）上的一处神秘圣地中。不过，除利姆诺斯岛外，希腊别处也有各种建筑，如议事厅——圣地管理处。公元前 4 世纪，希腊居民为造访此地的尊贵客人修建住所莱尼达奥（Leonidaion），建筑内房间大量，四周围有石柱廊。奥林匹亚地区中也有大量修建于罗马时期的建筑，其中最典型的一处位于利姆诺斯岛北端，为一座大型喷泉，喷泉中原先饰有诸神像。公元 2 世纪中叶，当地富有的演说家、政治家赫罗狄斯·阿提库斯（Herodes Atticus，101—177 年）出资修建喷泉，这表明罗马时期后奥林匹亚的影响力犹存。

**运动场**

运动场是大型运动会期间举办运动赛事的场所。图中的运动场建于公元前 4 世纪，能容纳近 40000 名观众，设有大量泥土座椅。裁判员的座位由石块堆成，位于运动场南端，距起跑线（或终点线）有 197 英尺（约 60 米），至今依然清晰可辨

**帕奥纽斯的胜利女神像**

胜利女神（Nike）像是古典希腊时期一尊珍贵且新颖的独立雕塑，基座上刻有一段铭文，记载了该尊雕像为阿希达穆斯战争（Archidamian War，公元前 431—前 421 年）胜利后，雅典人将来自斯巴达的拉刻代蒙人（Lacedaemonians）赶出雅典，这座神像由麦西尼亚人（Messenians，位于希腊西南部）及诺帕克图斯人（Naupactians，居于希腊中部）运至奥林匹亚供奉

## 古奥林匹克运动会的馈赠

古奥林匹亚给现代世界留下了经久不衰的伟大遗产；1869 年，法国历史家皮埃尔·佛雷底·顾拜旦男爵（Pierre de Frédy, Baron de Coubertin，1863—1937 年）受古代同人启发，设立现代奥林匹克运动会，重将这一传统发扬光大。

现代奥林匹克圣火点燃仪式，无论夏季运动会或冬季运动会，皆举行于奥林匹亚赫拉神庙圣殿之前。不仅如此，自 2004 年起往后，夏季奥林匹克运动奖牌或背面或正面，都刻有帕奥纽斯（Paionios）胜利女神降临雅典帕那辛纳克体育场的场景。同时，帕奥纽斯的胜利女神也是著名雕塑“和平天使”（Friedensengel）的灵感来源，这座雕塑被立于德国慕尼黑的马西米利安公园（Maximilian Park）内，1899 年正式对外展出，目的是纪念普法战争（Franco-Prussian War，1870—1871 年）结束后的和平岁月。

在现代奥林匹克运动会中，赛前运动员、裁判员和教练员们各选出一位代表，代表自身所在群体，宣誓将遵守比赛规则。而在古代奥林匹克运动会中，所有的运动员及其家属、教练都要集中于奥林匹亚议事厅前，在赫基俄斯宙斯神（Zeus Horkios，即“誓言之宙斯”）雕像前许下庄严承诺，承诺其绝不会作弊，绝不会行贿受贿。相较于他们而言，运动会的组织者仅需允诺他们将尽忠职守，杜绝舞弊，确保评判公正公平。在奥林匹亚宙斯神庙东侧三角墙下，刻有违反宙斯誓言的惩罚。据言，传说中的二神珀罗普斯（Pelops）与俄诺玛俄斯（Oenomaus）曾在战车赛前向宙斯起誓，结果在比赛中，俄诺玛俄斯被珀罗普斯所杀，珀罗普斯为保守秘密随后又将俄诺玛俄斯战车中的车夫杀害。不过，珀罗普斯及其后代却因此遭到诅咒报应，包括阿特柔斯（Atreus）、梯厄斯忒斯（Thyestes）和阿伽门农，后世大量文学著作中有其悲剧人生的细致阐述。

# 德尔斐神庙 公元前8世纪—公元2世纪

阿波罗神庙遗址位于希腊中部帕纳塞斯山（Mount Parnassos）西南坡。1892—1903年，雅典法国研究所中的考古学家对此地进行了大量发掘工作

德尔斐的阿波罗神庙遗址（Sanctuary of Apollo）是闻名于整个希腊世界的神庙。尽管在迈锡尼时期，很少有证据表明这里曾举行宗教活动，但是从公元前8世纪开始，这里出现了第一批贡品，人们在此请求神谕，这里的意义便焕然一新。为纪念太阳神阿波罗，公元前6世纪初，当地居民开始举办皮提亚运动会（Pythian Games），德尔斐成为泛希腊文化圣地。希腊各地的城邦纷纷出资，在德尔斐圣地修建多座宝库和小型建筑。同时，许多希腊以外的统治者也纷纷向德尔斐圣地献祭，包括安纳托利亚西边的吕底亚王国（Lydia，公元前546年灭亡）的国王克罗伊斯（King Croesus）。公元前86年，罗马执政官苏拉入侵德尔斐后，对城内珠宝大肆洗劫。公元1世纪中叶，罗马尼禄皇帝又从德尔斐城抢走500尊雕像。但另一位罗马皇帝图密善（Domitian，公元51—96年）试图重修阿波罗神庙，不过复原神庙的最大功臣是哈德良皇帝（Hadrian，公元76—138年），他是一个希腊文化的崇拜者。公元2世纪，大量学者和游客造访德尔斐，比如帕萨尼亚斯，他是希腊旅行家、地理学家、史学家，曾详细记录了如今已消失的其他地区，为后世提供大量参考信息。

连接德尔斐圣地入口和阿波罗神庙之间的圣路两侧建有多座珍贵的藏宝库建筑。神庙上方是一座剧院，公元前2世纪由帕加马王国（Pergamon，公元前160年灭亡）欧迈尼斯二世（Eumenes II，？—约公元前160年）下令建造的，剧院设有35排座位，能容纳5000名观众欣赏音乐会。山腰上部是运动场，即皮提亚竞技会的举办场地，运动员们再次拼搏相争，场内画下的起跑线（也是终点线）至今依旧清晰可见。运动场能容纳6500名观众，北侧还建有供官员观看赛事的特等包厢。

## 定位

**1. 阿波罗神庙**

公元前373年，德尔斐圣地发生一场地震，神庙被毁，随后在原先神庙的布局基础上进行了重建。考古学家发现，无论最初的神庙还是重建的神庙，其三角楣饰的雕塑碎片都刻有阿波罗神降临德尔斐等主题。据说，当时的祭司常在神庙内某个禁地中讨论神谕

**2. 雅典宝库**

雅典宝库约建于公元前480年，另有一些或许修建年代更早。宝库内的排档间饰刻有浮雕，内容通常是赫拉克勒斯和忒修斯的神话传说。公元前2世纪，当地居民在雅典宝库的一面墙上刻下了著名的乐章《德尔斐圣歌：致阿波罗》

**3. 克拉特鲁斯遗址**

图中所示的庞大的矩形壁龛是为了纪念马其顿将军克拉特鲁斯（Krateros，约公元前370—前321年）。这座纪念建筑建于公元前4世纪，最初放置了一组青铜雕像，描绘了克拉特鲁斯在一场猎狮活动中救了亚历山大大帝（Alexander the Great，公元前356—前323年）一命

## 克里斯里凡亭雕像

此类由黄金及象牙制作而成的克里斯里凡亭雕像（Chryselephantine statues）实为珍贵。最完整的一件克里斯里凡亭雕像考古发现出土于德尔斐阿波罗神庙遗址中的海勒斯堆积物（Halos deposit）中。1939年，考古学家在阿波罗神庙遗址中发现了至少7件克里斯里凡亭雕像残片。大约自公元前420年或更晚，一场大火烧毁了这些雕像（制作年代更早），碎片随后被埋于地下。雕像的大小不一，其中三座雕像的头部最有名，是一男（如上图）两女，其头部大小是真人的三分之二。

◀ **雅典娜神庙**

雅典娜神庙遗址（Sanctuary of Athena Pronaia），俗称“玛玛雅神庙”（Marmaria），位于阿波罗神庙遗址的东侧。遗址中的重要建筑包括建于公元前6世纪的雅典娜神庙和两座宝库，其中一座宝库由马西利亚城邦（Massilia，位于今法国马赛）出资修建。在遗址大量建筑中，最著名的是修建于公元前4世纪的圆形建筑，疑似神庙，具体作用至今仍未得知

# 雅典与帕特农神庙　公元前447—前438年

帕特农神庙内的所有未经战火折损的原始雕像现已被移至安全之所。大部分文物存于雅典卫城博物馆与伦敦的大英博物馆中

公元前 448 年，雅典民主城邦领导者伯利克利（Pericles，约公元前 495—前 429 年）提出重修卫城雅典娜神庙。公元前 480 年，雅典娜神庙被波斯侵略者的铁蹄摧毁，随后一段时间内，雅典居民从未想过对其重修，因为他们以期留此遗迹作为反思纪念。而伯利克利此举则意图通过修建其他城邦无法效仿的大型神庙遗迹，提高雅典在希腊诸城邦间的地位与声望。

公元前 447 年，遗迹修复工作展开，随后耗费了近 50 年才结束，埃雷赫修神庙（Erechtheum Temple）、雅典娜与胜利女神庙（Temple of Athena Nike）和人称“卫城山门”（Propylaia）的纪念大门得以重见天日。公元前 447 年，雅典统治者下令修建帕特农神庙；公元前 438 年，神庙正式投入供奉使用。通过一些石碑上的文献记载，考古学家发现这些文字刻于公元前 432 年。帕特农神庙由伊克蒂诺斯（Ictinus）修建，卡利克拉提斯（Callicrates）从旁协助。帕特农神庙所用的大理石建材均来自附近的彭特利库斯山（Mount Pentelicus），为了提高神庙被远观时外表的美观度，两位建筑师在建造过程中通力合作，在建筑设计中进行了专门的精细改良。在设计中，他们运用视觉矫正法，将神庙四边基石设计为微微弯曲的向上结构，对圆柱柱身进行减杀，使中部略微膨胀，柱顶的直径缩小。

帕特农神庙中的立柱采用两种柱型：内殿（神庙内室）周围的石柱廊中的圆柱采用多立克柱式（Doric），而内殿中的立柱采用爱奥尼克柱式（Ionic）。帕特农神庙内殿分为两个区域，互不相连。考古学家认为西侧殿最初名为“帕特农神庙”，意为“处女居所”。从公元前 4 世纪开始，整座神庙才被统称为“帕特农神庙”。

## 定位

## 焦点

**1. 损坏**

1687 年，在大土耳其战争（Great Turkish War，1683—1699 年）中，为对抗奥斯曼帝国，威尼斯军队围攻帕特农神庙，随后神庙惨遭严重破坏。究其缘由，是奥斯曼军队曾在帕特农神庙中存储火药，而一个威尼斯军人发射迫击炮弹后点燃了其中的火药

**2. 方形镶板**

帕特农神庙中的原配镶板呈方形，内含 92 块间板，其上刻有高浮雕，现存于博物馆内。其四周雕刻图案利用神话中希腊与诸地间的战争故事作为题材：东侧间板描绘了癸干忒斯战争，北侧记录了特洛伊战争，西侧展示了亚马孙之战，北侧即为保存最完好的半人马之战

**3. 三角墙**

帕特农神庙中东西两侧建有三角墙，两面墙中都曾一度饰有大理石雕刻，其残存碎片今保存于博物馆中。西侧三角墙上的雕刻主题为雅典娜与波塞冬（Poseidon）为争夺阿提卡地区祭祀权的争斗，而东侧三角墙则着重描绘了雅典娜的诞生

## 雅典娜雕像

帕特农神庙中曾置有一尊雅典娜女神像，这座神像由公元前 5 世纪著名雅典雕刻家菲狄亚斯雕刻而成。尽管雕像已经不复存在，不过罗马作家老普林尼（Pliny，约公元 61—113 年）和希腊地理学家保萨尼亚斯曾对其如此描述：雕像高约 38 英尺（约 12 米），由黄金和象牙制成。雅典娜的皮肤由象牙制成，服装上饰有大量黄金，同时也是雅典人的黄金储备。公元前 4 世纪末—前 3 世纪早期，雅典娜衣物上的黄金被取下使用。

通过许多描述详细的文学作品，后世人类得以据文字介绍复制还原雅典娜雕像。在诸多复刻品中最有名的小型复刻品制作于罗马时期，约公元 2—3 世纪，因其发现地为雅典瓦瓦基翁（Varvakeion），因此又得名“瓦瓦基翁雕像”。雕像高约 3 英尺（约 1 米），细致刻画了女神雅典娜的外貌，不过其大小及华丽程度不及帕特农神庙中的雅典娜神像。女神挺立站直，身披长及脚踝的长袍，头戴头盔。右手持有一尊胜利女神（幸运女神）雕像，左手握有一柄长矛。其脚下横陈一块装饰精美的盾牌，旁边有一条蛇。雕像的多个部位涂有红黄相间的颜料，如今收藏于雅典的希腊国家考古博物馆。

# 大希腊其他地区

1

1. 发现于西西里岛默干提纳地区（Morgantina）一所房屋中的绘有罗马贵族的马赛克式镶嵌图画

2. 考古学家在意大利斯皮纳（Spina）大墓地中发现的一樽制作于公元前 4 世纪的雅典派双耳喷口杯，其上绘有红色人物图形，展示了卡吕冬狩猎（Calydonian boar）场景和半人马（Centaur）之间的斗争

长久以来，位于地中海西岸的希腊殖民居住区一直是考古研究和发掘的热门地点。该地区居住历史悠久，自前殖民时代早期起，意大利伊斯基尔岛（Island of schia）上便有居民建立定居点，随后诸如塔兰托（Tarentum）和锡拉库扎（Syracuse）等大型殖民地也陆续出现。自 18 世纪起，该地区成为旅行者的一处目的地，他们探访这片曾经的殖民地中的庙宇遗址，并用文字记下其所见所感；而最重要的遗址多位于意大利南部地区的帕埃斯图姆（详见第 250 页）和西西里岛上的阿克拉加斯（Akragas，今阿格里真托，Agrigento）。公元 5 世纪，阿克拉加斯居民建立奥林匹亚宙斯神庙，神庙内建有一座 25 余英尺高（约 7.5 米）的巨型雕像。与此同时，位于西西里岛的塞利纳斯（今塞利农特）殖民地中也保留有许多庙宇遗址。在锡拉库扎，当地后世居民将原有的雅典娜神庙扩建为一座教堂。

为了探知意大利南部及西西里岛殖民地的建立过程，考古学家于当地进行了一系列考古调查。为试图证实公元前 5 世纪雅典历史学家修昔底德所书事件的发展顺序，考古学家对位于西西里岛东部的墨伽拉希布利亚（Megara Hyblaea）地区进行发掘。通过考古发掘工作，有关专家在出土陶器的支持下，对当时历史事件的时间顺序进行了重构。而针对西西里岛南部地区的盖拉及塞

## 重要事件

| 公元前 728 年 | 公元前 720 年 | 约公元前 600 年 | 公元前 6 世纪早期 | 公元前 6 世纪中期 | 公元前 6 世纪 |
|---|---|---|---|---|---|
| 墨伽拉希布利亚殖民地建立。1949 年，一支法国考察团队对该处遗址进行发掘，试图探求西西里岛殖民历史的起源。 | 位于伯罗奔尼撒岛北部的阿哈伊亚（Achaea）与位于阿尔戈斯（Argolid）的特洛曾（Troezen）合并成为锡巴里斯（Sybaris）殖民地。 | 帕埃斯图姆建立。1907 年，意大利考古学家维托里奥·斯皮纳佐拉（Vittorio Spinazzola，1863—1943 年）首先发掘该处遗迹。 | 马西利亚殖民地建立。1967—1970 年，考古学家数次发掘该处，意图寻找希腊及罗马海港基地的遗址。 | 希腊居民在西西里岛默干提纳地区建立定居点。 | 当时居民在帕埃斯图姆附近的塞莱河（Sele river）河口地区建立了一座远离市区的圣地。20 世纪 30 年代，意大利考古学家对此地进行发掘。 |

利农特两地陶器的研究表明，谨慎利用历史资源能帮助有关专家精确历史的发展轨迹。

在西西里岛，当地调查研究的一部分即为此处居民日常中日益增加的希腊化生活，而该主题同样也是考古学家在西西里岛东南部默干提纳地区的研究主题。当地最早的定居地建于公元前 10 世纪，而真正的希腊社群则于公元前 6 世纪中叶才正式出现。城市里，一些私人住宅内饰有精美的镶嵌图案（见图 1）。公元前 212 年，该城市惨遭罗马人洗劫；城中大批希腊早期银条落入其手，不过现已被悉数归还西西里岛。考古学家在城中发掘出藏银地窖，其中仍留有掠夺者落下的现代铸币。城中一处圣地中供有一尊大型雕像，像是希腊女神阿佛洛狄忒。

梅塔庞托（Metapontum）位于意大利南部地区的巴森托河口，在对该地区进行调查研究后，考古学家证实，希腊殖民者将该腹地分为数块个人领土，整片地区以此方式被悉数瓜分，最终沦为希腊殖民地。考古学家在当地发现了大量农庄、社群居地和饰有彩绘赤陶内置品的田园圣地。随着来自希腊内陆的居民不断移入殖民地，他们究竟如何掌握获取耕地成为有关学者持续争论的焦点，而针对梅塔庞托的调查则为其提供了全新资料。

公元前 6 世纪早期，来自佛西亚（Phocaea）的移民者们在马西利亚（今马赛）建立殖民地；考古学家在旧港口附近发现了当时防御建筑的遗迹。与此同时，他们在法国南岸及西班牙内陆地区，包括罗纳河谷，发现了产自马西利亚腹地的运输容器双耳陶罐；不仅如此，考古学家在法国北部维市中的拉泰纳（La Tène）陵墓内还发现了大量青铜制双耳喷口酒瓶，他们认为这些容器同样可能产自马西利亚。

在位于意大利斯皮纳的波河（Po river）河口处，希腊人曾建立了一座贸易定居点，这座定居点为希腊诸城同亚得里亚海北部地区进行贸易提供了便利。意大利考古学家在不懈发掘后，于数千墓穴中发现了刻有雅典风格样式的陶器（见图 2），而其中最古老的一件容器制作于公元前 6 世纪末期。在当时，斯皮纳似乎已经成为通往中欧的大门，人们在奥地利哈尔施塔特及德国发现的希腊物品极有可能便是以此条通道运送至此。

除此之外，考古学家在黑海海岸附近及北非地区同样发现了早期希腊殖民地。伊斯特拉（Istria）殖民地位于多瑙河口，一直以来被认为由坐落于安纳托利亚西部今土耳其境内的米利都（Miletus）所建。在大量发掘后，考古学家断定，当地遗址中出土陶器制作于公元前 7 世纪中叶。与此同时，考古学家在位于黑海东海岸的乔治亚（Georgia）地区展开研究，力图探寻在寻找资源的过程中，希腊世界中的城镇社群在与资源地当地居民交往中，彼此互相影响的程度。位于今利比亚境内的昔兰尼加是少数北非殖民地之一。历史学家希罗多德（Herodotus，约公元前 484—前 430 年）曾就各定居区的建立顺序展开了详细叙述。

| 公元前 5 世纪 | 公元前 480 年 | 公元前 409 年 | 约公元前 400 年 | 公元前 397 年 | 公元前 212 年 |
| --- | --- | --- | --- | --- | --- |
| 帕埃斯图姆居民建立赫拉神庙。 | 迦太基大败于希梅拉之战。 | 在汉尼拔的率领下，迦太基人将塞利农特城洗劫一空。公元前 250 年，塞利农特城最终被废。 | 卢卡尼亚人占领帕埃斯图姆。 | 锡拉库扎君主狄奥尼修斯一世（Dionysius I）率军队攻占摩塔亚。 | 罗马人摧毁默干提纳城。 |

# 塞利农特殖民地 公元前7世纪

塞利农特城（西西里岛）中的神庙C建于公元前6世纪早期。神庙中许多圆柱由整块采石雕刻而成，也有部分由多块石块堆积砌成。神庙中饰有各类浮雕，如讲述阿尔忒弥斯与勒托（Leto）的恩怨、赫拉克勒斯和珀尔修斯（Perseus）击杀戈耳工（Gorgon）。神庙上层建筑采用陶瓦建造

自公元前8世纪起，大量希腊城邦面临领土拓宽需求，于是开始在地中海西岸地区建立殖民地，尤其是意大利南部地区和西西里岛。公元前415年，希腊历史学家修昔底德（Thucydides）记录下希腊远征军远征锡拉库扎欲夺取西西里岛的全过程，而这一故事也只是其简述殖民发展的部分历史。

塞利农特殖民地（今塞利农特市）坐落于西西里岛西南岸的一处海角之上；传统上认为，公元前728年，墨伽拉城邦（Megara）建立，其在塞利农特殖民地的基础之上，于西西里岛东岸建立墨伽拉希布利亚殖民地。公元前1世纪，历史学家西西里的狄奥多罗斯提出观点，认为塞利农特建于公元前651年，而非修昔底德所说的公元前628年；而现今发现的种种考古证据也证实，该处殖民地的建立时间的确为较早的公元前651年。

公元前5世纪早期，塞利农特西侧周围邻国摩塔亚、巴勒莫（Panormus）和里里贝母（Lilybaeum）迅速沦为腓尼基人的定居殖民地，为抵御希腊诸城，塞利农特与迦太基结为同盟。公元前480年，迦太基大败于希梅拉之战；公元前415年，塞杰斯塔向希腊求援并与其结为同盟，希腊随即发动西西里远征，塞利农特与同盟军展开殊死搏斗。公元前409年，吉斯戈（Giskon）之子汉尼拔任迦太基统帅，在其带领下，塞利农特成为其手下败将。公元前250年，塞利农特最终惨遭废弃，城中居民迁至里里贝母城。

塞利农特城的一大特征为其网格状规划的城市布局，包括卫城中的居住区和周围毗邻区域。这一特征随后延续，成为许多殖民地城市规划的重要特点，例如北非攸斯皮德斯和诸如比雷埃夫斯、雅典港口、罗得城（Rhodes）等新兴殖民定居点。在塞利农特城中，卫城外设有围墙，赤城中网格状的布局实为迦太基时期城市规划的延续表现，不过当时城市的防御系统明显加强。

**得墨忒耳·马洛法洛斯神殿中的无釉赤陶像**

在通向卫城西侧的途中横有一山，山上坐落着得墨忒耳·马洛法洛斯神殿（Sanctuary of Demeter Malophoros）。约公元前420年，统治者翻新神殿，同时为其修建了一座宏伟的方形大门。相较于城中别处神庙，得墨忒耳·马洛法洛斯神殿略显简陋，其可能建于公元前6世纪早期。考古学家在殿中发现了女神得墨忒耳无釉赤陶奉像

**赫拉神庙**

赫拉神庙（神庙E）建于公元前5世纪中叶，神庙尽头建有六根多立克式圆柱。神庙中饰有大量间板（经雕刻的镶板），其上刻画了大量神话场景，例如阿尔忒弥斯放狗撕碎阿克特翁（Actaeon）和赫拉克勒斯杀害阿玛宗女战士

## 塞利农特神庙

塞利农特殖民地中一大显著特征为建于公元前6世纪的巨型神庙，神庙中饰有大量浮雕，同时建有陶瓦结构。在塞利农特最东边的山上，坐落着三座神庙：神庙E、神庙F和神庙G。神庙G长超过357英尺（约109米），殿前立有8根圆柱，两侧立有17根圆柱。由于面积规模过大，整座神庙看起来好似并未完工；在对柱头进行研究后，有关学者发现，在公元前5世纪末期，殿中最西端的几根圆柱可能仍在雕刻建筑中，而这座神庙早在近一个世纪前便已动工。神庙内部，中心位置有一处独立内殿，内殿中建有两排圆柱。在塞利农特城西地区，有关学者在采石场中发现了部分未完工的圆柱基座。神庙中刻写的碑文记录了当地居民对塞利农特诸神的感谢之情（感谢其为他们带来胜利）和他们为众神供奉的重达60塔兰特的黄金制品（约1560千克）。因此，人们认为这座神庙的建造资金很有可能来自塞利农特与岛上居民爆发的某场不知名冲突后收缴而来的战利品。不过，在一场地震后，神庙G化为遗迹。

神庙F或许建于公元前6世纪中叶，殿前立有六根圆柱，殿后则立有两排。不同以往，神庙F殿外圆柱间设有高耸的镶板。考古学家认为，神庙F中最初饰有陶瓦结构，不过后至公元前5世纪早期，这些陶瓦结构均被石结构取代。

神庙D的建造时间大致可追溯至公元前6世纪晚期，坐落于神庙C北侧。公元前5世纪中叶，当地居民在卫城中建立神庙A与神庙O。神庙A中建有一座纪念意义非凡的石制祭坛，同时建有石柱廊和阶梯；沿内部楼梯拾级而上，可到达神庙屋顶。

# 帕埃斯图姆古城 公元前7—前5世纪

大概是在公元前5世纪中叶，人们为供奉赫拉女神，在帕埃斯图姆城中修建了一座大型神庙；他们或许期望以此座新神庙取代早期修建的赫拉神庙。神庙长197英尺（约60米），殿前立有六根爱奥尼克式圆柱

帕塞多尼亚（Poseidonia），希腊殖民地，位于连接意大利西岸与阿马尔菲（Amalfi）南岸的萨莱诺海湾（Bay of Salerno）之中，近年来多以其拉丁名称“帕埃斯图姆”为人所知。约公元前600年，帕埃斯图姆在位于意大利南部的锡巴里斯殖民地基础上，逐渐发展成型。约公元前720年，位于伯罗奔尼撒岛北部的阿哈伊亚与位于阿尔戈斯的特洛曾合并成为锡巴里斯；而根据附近墓地中发现的早期进口科林斯陶器，考古学家证实锡巴里斯建于公元前7世纪晚期。帕埃斯图姆城外筑有一圈石灰岩城墙，不过城墙的具体建筑时间至今不明。考古学家在遗址中发现了部分圆形会议室，或称议事厅遗迹，议事厅极大，能容纳1200名听众。

公元前6世纪，当地居民继续在遗址中心地区建立多座神庙。神庙排列井然有序，表明帕埃斯图姆殖民地与希腊世界其他地区一样，城市布局呈网格状形式。在众神庙中，最古老的一座为赫拉神庙，有时也被称为巴西利卡（Basilica）。考古学家在神庙前端发现了一座石灰岩祭坛残垣。

在帕埃斯图姆城北部，有另一座供奉雅典娜女神的神庙。这座神庙长约108英尺（约33米），前殿立有六根圆柱，内部游廊中的圆柱为爱奥尼克柱式。基于神庙建筑风格，约公元前500年，当地居民选择建造了此种柱式的石柱。考古学家在神庙附近的一处祭品堆中发现了一些雕像，经证实，其为公元前5世纪及4世纪时雅典娜女神的代表像。罗马时代，前来神庙的参拜者络绎不绝，考古学家在遗址中发现了一件刻有女神弥涅尔瓦（Minerva，在拉丁文化中，其地位等同于雅典娜）姓名的陶罐。

**潜水人之墓**

帕埃斯图姆城中最惊人的发现是“潜水人之墓”；1968年，考古学家无意中发现了这座墓穴，经研究后证实，墓穴建于约公元前470年。在墓顶的镶板之中，考古学家发现其中刻画了一位赤身裸体的潜水人纵身一跃入海，他们认为这一图案实为生死间通道的一种暗喻象征。在墓穴内部，壁画描绘了用餐者斜倚长榻的场面，其中一位用餐者正在玩铜盘游戏，这种游戏需参与者丢掷酒杯击中目标物。另一块镶板中展示了一件置于桌上的双耳喷口杯（一种混盛酒与水的容器）

**赫拉神庙 / 巴西利卡**

帕埃斯图姆城中最古老的神庙建于约公元前550年，用于供奉赫拉女神，天神宙斯之妻。赫拉神庙常被误称为巴西利卡，该名称源于18世纪，人们误认为赫拉神庙是一座罗马时期用于公共议会的建筑。神庙处处体现着多立克风格，长178英尺（约53.4米），以短边作宽，两端立有九根圆柱。神庙正中的房间，或称内殿，被一排圆柱一分为二，奇怪的是圆柱数量仅有七根

## 佛彻赛莱神庙

约公元前400年，卢卡尼亚人（Lucanians）占领帕埃斯图姆城；与此同时，希腊北部其他殖民地纷纷沦陷，例如库迈（Cumae）、卡普亚（Capua）。这些事件十分重要而且著名，考古学家在多座墓地中发现了描述当时战况的极其细致的壁画。同一时期，一种名为“帕埃斯坦”（Paestan）的红绘风格陶器逐渐被发现，上面刻画的图案延续了希腊的神话主题。

公元前273年，该地建起一个拉丁殖民地，到公元71年又被罗马人攻陷成为其属地。罗马人以网格状布局将部分全新区域纳入帕埃斯图姆城中，包括一个公共集会广场和一座建在高地上的罗马风格神庙。直到公元17世纪，帕埃斯图姆城周围地区依然保持独立。1768年，英国雕刻大师托马斯·梅杰（Thomas Major）在《大希腊》（*Magna Graecia*）杂志上发表《帕埃斯图姆城中的遗迹》（*Ruins of Paestum otherwise Poseidonia*）一文，文中引用了部分意大利工程师费利斯·加佐拉伯爵（Count Felice Gazzola，1698—1780年）绘制的遗迹图样。1784年，这些遗迹图样的发表使帕埃斯图姆城很快家喻户晓，成为壮游目的地之一。1907年，考古学家开始对帕埃斯图姆城的发掘，过程纵贯了整个20世纪。

1934年，考古学家在帕埃斯图姆城以北6英里（约9千米）处的佛彻赛莱（Foce del Sele）发现了一座神庙遗迹。据悉，古代地理学家斯特拉波（Strabo，约公元前64—公元21年）似乎曾对此地有过描述。遗迹中包括一座多立克风格神庙，前方立有8根圆柱；同时配有一座稍小的建筑，可能是金库，其上饰有间板（也称浮雕版），描绘了希腊英雄赫拉克勒斯的力量。浮雕上的另一个人物是西西弗斯（Sisyphos），内容刻画了他在身后魔鬼的监视下，不断重复将巨石推上斜坡。根据殿中发现的陶器，考古学家推断神庙建于公元前675—前650年。此外，神庙主体的墙壁上刻有浮雕，描绘了一支年轻女子队伍。

# 欧洲铁器时代的精英

1. 1927 年，考古学家在法国东北部摩泽尔河流域的巴斯榆茨（Basse Yutz）地区发现了一把青铜酒壶上的手柄。研究发现，该酒壶制作于约公元前 450 年，酒壶外嵌饰有珊瑚、珐琅制动物头像。只有当地重要人物能在宴席上使用这种酒壶
2. 在丹麦城中的古默墓（Gudme）考古遗址中，考古学家发现了一间史上最大的墓厅建筑，长度达 154 英尺（约 47 米）。墓厅建于约公元 300 年，墓主是当时的一个权贵，可能是王子，也可能是一方领主
3. 这是一幅英格兰多塞特郡（Dorset）梅登城堡（Maiden Castle）的航拍俯视图。梅登城堡位于山丘顶部，其实是一座堡垒，面积约 116 英亩（约 47 公顷），曾住有大量人口。根据遗址中获取的遗物，考古学家发现当时居民曾在此进行部分生产活动，如冶金和纺织

公元前 21 世纪前后，欧洲社会地位和财富分配出现等级分化。公元前 20 世纪初，这一情况愈演愈烈。此期间，耐用品的生产技术不断发展、革新，尤其是金属制品的生产。在交通运输方面，诸如带轮马车和船类等基础交通工具制造技术不断改良，各类货物与商品得以在大陆各地间流通。在此基础上，部分个人和社群逐渐累积财富，掌控重要资源，并努力把自己的财产和随之而生的社会地位传给后世子孙。

公元前 10 世纪开始的几百年，由铜锡炼成的青铜合金（见图 1）地位依旧重要。不仅如此，铁器也逐渐在人们的生活中崭露头角。除金属资源外，盐也成为当时社会的另一种重要资源。当时居民保存肉类和鱼类的一种重要方法就是用食盐进行腌制。在沿海地区，居民通常将海水倒进一种特殊的陶锅里加热，待海水蒸发后留下海盐。类似地，内陆居民也会通过蒸发含盐量较高的泉水以获取盐粒，不过在一些地质结构较复杂的地区，其岩层中可能本身就有远古海洋变迁后留下的盐矿，可直接开采，而控制了这些盐矿的社群部落（如位于奥地利的哈尔施塔特和哈莱因）因此累积了大笔财富。

最终，到了铁器时代，欧洲中部的社群领袖与地中海沿岸的希腊贸易殖民地之间建立贸易联系。在大量希腊贸易殖民地中，马西利亚（今法国马赛）是其中最重要的一处，它将罗纳河及其支流索恩河与莱茵河、多瑙河和塞纳河的源头连接起来。在铁器时代，欧洲上层阶级掌控了社会中农作物、毛皮甚至奴

## 重要事件

| 约公元前 1000—前 800 年 | 约公元前 800—前 400 年 | 约公元前 650—前 530 年 | 约公元前 600 年 | 约公元前 530—前 480 年 | 约公元前 520—前 530 年 |
|---|---|---|---|---|---|
| 欧洲中部及北部地区迈入自青铜时代向铁器时代的过渡期。 | 奥地利哈尔施塔特居民开采了大量盐矿。 | 德国西南部汉堡地区出现泥砖墙。 | 希腊人在法国南部的马西利亚（今马赛）建立贸易殖民地。 | 法国拉赛山（Mont Lassois）居民在山上建起多座纪念性建筑。 | 上层阶级的墓地通常是在特定地区，比如德国的霍赫多夫（Hochdorf）和法国的维市。 |

隶贩卖贸易，他们将这类商品用船运至希腊，希腊居民则用当地手工制品和美酒换取所需物品。这些上层阶级十分喜欢希腊居民制作的奢侈品，许多地方都找到了大量这类物品，比如墓穴中。铁器时代的欧洲王室成员常住在华丽的豪宅中，周围围绕着各类作坊和农场。

在法国北部及英国南部地区，当地统治者常下令将防御工程建于高地上，因此被称为“山野要塞”。除防御作用外，部分要塞似乎也是当地统治者及其后代的住宅，只不过相比欧洲中部的王家宫殿，其中缺少象征财富的装饰性陈设。在铁器时代，小型政治单位之间也常发生冲突，因此当时山野要塞内的防御系统做得十分复杂，就是为了提高攻城难度。位于英国西南部多塞特郡的梅登堡（Maiden Castle，见图 3）就是一座典型的防御堡垒。

又过了一千年，在斯堪的纳维亚半岛南部出现了一种类似的财富积累方式，以进口奢侈商品为基础。在这些地方，地位的提升与财富的累积逐渐创造出另一批新兴群体，即新贵族。这些人的住所通常豪华异常，而且在内陆拥有高产的农庄，他们的豪宅及农庄附近常建有私人作坊，可以直接加工产品，他们的收入主要来自这些加工产品。考古学家曾发现多座铁器时代的权贵陵墓，包括丹麦的古默墓（见图 2）和瑞典的乌帕克拉墓（Uppåkra）。在这两处陵墓遗址中，都发现了举办庆典的大厅结构。

在铁器时代，北温带的欧洲精英阶层善于把握一切机会，利用地中海沿岸社会对北欧和不列颠群岛农林牧产品的需求，与之进行贸易，将这些产品换成财富。不过，当时的财富与政治地位挂钩程度有多高，我们不得而知。也许是一部分精英阶层掌控贸易往来，另一部分负责军事管辖，还有一部分掌握宗教权力，承担神与俗世间的调解。在商业活动的冲击下，铁器时代的上层阶级至高无上的权力最终被逐渐瓦解。

| 约公元前 500 年 | 约公元前 400—公元 400 年 | 约公元前 350—前 300 年 | 约公元前 200—公元 400 年 | 约公元 201—300 年 | 约公元 300 年 |
| --- | --- | --- | --- | --- | --- |
| 英格兰多塞特郡居民建立一座山丘要塞，即梅登堡垒，在随后的几个世纪里，当地人不断扩大要塞面积。 | 北欧地区的居民传统上将尸体葬在湿地沼泽中。 | 一艘船和大量战利品在丹麦约特斯普林（Hjortspring）沉入沼泽。 | 爱尔兰王室遗址所在的地方，同时也是当时的仪式举办地。 | 瑞典南部乌帕克拉居民建立一座大型木质建筑，极有可能是神庙。 | 约 500 人定居在丹麦古默地区。定居地中心是一座权贵的农庄，周围建有近 50 个面积稍小的农场。 |

# 哈尔施塔特盐矿 公元前800—前400年

哈尔施塔特山下的盐矿中含有多条由近乎纯岩盐构成的矿脉，蜿蜒曲折，穿过盐矿及黏土的混合层。数百万年前，这里原是浅海盆地，海水蒸发后盐矿逐渐沉积。随后在板块挤压作用下，该地区的地壳上升，不断折叠挤压，最终形成阿尔卑斯山。除这片地区外，欧洲中部的阿尔卑斯山其他地区也有类似的大型盐积层，如距哈尔施塔特不远的哈莱因，与前者相似，哈莱因盐矿的开采活动也始于铁器时代

今天的哈尔施塔特镇位于奥地利，扎根于当地山脚下一片浩渺幽深的湖畔边。小镇背倚高山，远望山巅，顶部被著名的“萨尔茨堡山谷”（Salzberg Tal），即地理学家所称的“悬谷”一分为二；而在山顶土层下几英里的深处，考古学家发现了一座大型盐矿。自青铜时代起，萨尔茨堡山谷居民便开始开采盐矿，而这一活动一直持续至今。铁器时代早期，即公元前700—500年，哈尔施塔特镇成为欧洲史前时期中最富庶的地区之一，其财富数量惊人，主要依赖粗盐提纯和出口。

中世纪时，哈尔施塔特镇的矿工们在盐矿中发现了部分古代采盐活动的痕迹：他们在盐矿层下偶然发现了树枝、木质品、皮毛和一些衣物残片。出于盐山自重原因，最初进入盐矿沉积层的矿井如今已经被堵塞。18世纪，据文献记载，当时的矿工已知道他们无意中发现的遗物来自史前时代。1734年，矿工们在盐矿下发现了一具完好男尸，还穿着矿工服饰及鞋袜，有关学者认为，这极有可能是一个死于矿井塌陷的史前矿工。尽管这具矿工尸体保存完好，不过当时的居民隔天便将尸体埋葬在哈尔施塔特墓园中，因此已经无法用于研究。

19世纪时，盐矿主约翰·乔治·拉姆绍尔（Johann Georg Ramsauer，1795—1874年）在该地区内发现了一座铁器时代早期墓地。在深入发掘过程中，他共发现980具埋葬于此的遗骸。自此以后，大量考古学家不断对此地进行发掘，墓穴数量也不断增加，如今已发现的墓穴超过1500座。考古学家估计，萨尔茨堡山谷中原本有5000—6000座墓穴，其中大部分已经损毁或未被发掘。

**古时采矿方法**

史前时期的矿工们通过挖掘山体，沿岩盐矿脉在其内部打通隧道。为避免塌方，矿工们利用树枝搭建矿井及侧廊，并使用青铜制镐具切割岩盐。切割时，矿工需先竖直切割，于岩盐表面留下一道竖直沟槽，随后在其两侧各刻两下，留下一处圆形或心形轮廓。如此一来，两侧岩盐即可从盐墙上脱落，随后从矿井中送至外界

**食盐贸易**

为保存肉类及鱼类，欧洲史前时期居民对食盐的需求极高。哈尔施塔特镇中出产的食盐被运至四面八方，同时等价贸易品源源不断地被送回开采盐矿的矿区居民手中。在盐矿稀缺地区，仅用其他普通商品便可交易换取食盐；而在盐矿附近地区，获取食盐的等价交易品却是各类奢侈物品。在此条件促进下，铁器时代的哈尔施塔特镇内居民积累了大量财富，考古学家曾在一座哈尔施塔特镇墓穴内发现了一把黄金打造的带鞘匕首

## 哈尔施塔特墓地

在哈尔施塔特盐矿入口下的山谷中，考古学家发现了一处墓地，经研究，他们认为该处墓地建于公元前 800—前 400 年。部分墓穴中仅存尸体火化后残留的部分骸骨，不过也有部分墓穴中留有完整的整具尸体；墓穴通常为东西走向。在对骸骨进行分析研究后，考古学家发现哈尔施塔特最初为铁器时代的一个社群，由多户人家构成。在当时，即便孩童也需参与体力劳动，因此开采盐矿极有可能是一项需全家人参与的集体活动。

哈尔施塔特矿工的财富体现于其墓穴中的陪葬品上。考古学家在其墓穴中发现了各类青铜制品及铁制物品，包括诸如长剑、匕首一类的武器，碗具、大锅、头盔、水桶和精美的陶器、玻璃容器，由金属、琥珀和玻璃制成的各类首饰。考古学家发现，在哈尔施塔特社群中，越富有的居民越倾向于火葬方式。

哈尔施塔特墓地的另一个相关故事发生于其发掘期间。1846—1863 年，拉姆绍尔率团队对此地进行发掘。他特邀一位画家随行，希望用水彩画的方式描绘记录每座墓穴的种类、遗体及火化后残骸的位置和墓穴中的陪葬品。19 世纪末 20 世纪初，为寻找遗址中尚未发现的古物，考古学家再次进行发掘。在过去 20 年，维也纳自然历史博物馆通过现代科技对墓地进行额外的系统发掘，博物馆的工作人员发现，在拉姆绍尔出土的大量文物中几乎没有陶器，主要原因是陶器遇到土层压力极易碎裂。近年来，针对此地的发掘活动捷报频传，为哈尔施塔特墓地中丰富的陪葬品锦上添花。

# 汉堡定居点 公元前6世纪

约公元前650年，汉堡山丘要塞外的大多防御围墙都由经日晒的泥砖筑成，不过这种建筑材料并不适合中欧地区的气候条件；可是该情况也表明当地统治者与其他遥远的大陆存在联系。公元前6世纪末，围墙遭毁，当地居民利用树枝围建栅栏、填充土石，重新修建围墙

公元前6世纪，铁器时代，位于德国西南部及法国东部的诸国统治者与希腊殖民地马西利亚（今马赛）发展起贸易往来。罗纳河（Rhône river）与索恩河（Saône river）一道成为连接莱茵河、多瑙河、塞纳河上游地区与地中海沿岸的天然通道。当地居民用自制的毛皮、兽皮、肉类甚至奴隶，换取地中海沿岸手工作坊中加工制造的工艺品和当地酿造的美酒；而这些舶来品，也成为铁器时代中欧上层阶级的珍藏品，成为其权力及名望的象征。

欧洲中西部小山林立，山顶错落分布着一些定居点，有些定居点甚至已存在了几百个世纪；后世居民对其不断修建，定居点日益复杂精巧。考古学家在当地发现了几十处此类“华贵”居所，包括位于多瑙河汉堡地区和位于塞纳河畔的拉赛山中的定居点。宫殿外宫墙重重，当地的手工作坊外也同样筑有围墙；正是在这些作坊中，产自地中海地区的原材料被制作成当地人喜爱的物品。举例来说，当地的能工巧匠们将珊瑚嵌入居民日常使用的胸针之中——铁器时代，这种服饰别针备受大众喜爱。

在财富积累的支持下，当地上层阶级常在自己身后的陵寝上方修筑大型土丘。20世纪70年代，考古学家在德国西南部的霍赫多夫地区中发现了一座奢华至极的陵墓；陵寝中埋葬了一名成年男性，其尸骨放置于一张青铜制躺椅之中，身边放有各类水杯器皿、来自意大利南部地区的青铜烹锅和一辆纪念用木质马车。2015年，考古学家在位于法国东部的拉佛地区中发现了一座华贵陵墓，其中储藏了大量带有手柄的青铜碗，手柄形状似猫头。最初，有关学者认为拉佛墓的主人为一名女性，不过据后来的有关基因分析，他们证实墓主为男性。

# 焦点

**定居点**

通过对汉堡所在的山脚地区进行不断调查，考古学家发现了一处占地近50英亩（约20公顷）的低地定居点，建有防御设施，内含大量房屋和各类作坊。进入此处定居点之前必须先跨过横于沟渠上的木桥，随后穿过一扇纪念碑式的大门。研究人员通过观察树轮确定木桥所用木料可追溯至公元前590年。定居点外散落着一些围有栅栏的农庄。因此可以得出结论，汉堡实为当地广阔工业及农业生产地的中心地区

**华贵陵寝**

在贵族居住及仆从劳作的山丘要塞旁，建有大量奢华陵墓，这些墓穴也是公元前600—前400年欧洲中西部地区的另一个鲜明特征。在许多情况下，早在远古时期，此类墓穴便已遭人盗劫，不过考古学家仍会偶尔发现几座未经打扰的陵墓，例如位于法国维市和拉佛市的陵墓，位于德国霍赫多夫地区的墓穴；他们在其中发现了大量奢侈品，包括意大利手工作坊中产出的工艺品

## 维克斯夫人及双耳喷口杯

在位于法国勃艮第拉赛山山阴维克斯山谷中的塞纳河漫滩之中，坐落着多座与高原定居点同时期的遗址，其中包括一道大型矩形沟渠，沟渠内包围着石灰岩雕像碎片和多座墓丘。其中一座墓丘直径长125英尺（约38米），20世纪50年代，考古学家对墓丘中的木建墓室进行发掘。在霍赫多夫地区的墓穴中，考古学家发现了一辆四轮马车，不过发现时，车轮已被从马车底盘上卸下，静静地靠在墓室壁边。在四轮马车内，一具女尸躺于其中。她身佩一条粗硕的黄金项链，项链末端饰有一匹小飞马，这具女尸，就是所谓的“维克斯夫人”。

墓室中最重要的发现是一件大型青铜容器，名为双耳喷口杯。杯高超过5英尺（约1.5米），重约460磅（约207千克），容积达到242加仑（约1100升）。通过研究分析，当时盛行饮酒之风，专家近乎确认这件容器是盛装酒水混合液体所用，实际上，当时希腊世界中的双耳喷口杯都是这种用途。通过一些方法，考古学家测定维克斯双耳喷口杯产自意大利南部的大希腊殖民地，制作于约公元前530年。与此同时，他们在陵墓里发现了制作于约公元前520年的黑彩陶饮水杯。公元前625—前600年，当时居民将这些水杯放入维克斯夫人墓穴中。令人惊讶的是，在当时，一个来自今天法国东部的买家从意大利南部将这件大型青铜容器买回法国。据推测，这趟运输主要依靠海运，要先沿索恩河上溯源头，再经陆运将货物运至约1000英里（约1600千米）外的塞纳河畔。如此大费周章的运输证明了拉赛山的精英阶层与希腊手工作坊和葡萄园之间确实存在贸易往来。

# 波斯帝国

公元前 7 世纪早期，亚述人得知了东方有一个米底王国。7 世纪后半叶，他们又在伊拉姆王国（今伊朗西南部）附近的安善（Anshan）地区内发现了一个新兴王国——波斯王国。当时，米底王国规模可能已经较大，其都城位于埃克巴坦那。公元前 614 年，亚述帝国日渐衰落，米底人同巴比伦人联盟趁势发动进攻；公元前 612 年，亚述都城尼尼微沦陷。米底大军随后向北进发，打败乌拉尔图王国（今亚美尼亚）后，继续向占据大部分安纳托利亚西域的吕底亚发起进攻；公元前 585 年，双方签订休战条约。米底的新国王阿斯提阿格斯（Astyages，在位时间：公元前 585—前 550 年）随后继任，在其执政的 35 年中，耗费大量时间东征伊朗。据希腊历史学家希罗多德（Herodotus，约公元前 484—前 425 年）书中记载，波斯也曾是阿斯提阿格斯的手下败将。

公元前 559 年，作为传奇领袖阿契美尼斯（阿契美尼斯王朝建立者）的后裔，居鲁士二世（约公元前 600—前 530 年）继任波斯国王。公元前 550 年，在米底军队的支持下，居鲁士二世推翻阿斯提阿格斯的统治。三年后的公元前 547 年，他又率军攻打位于小亚细亚中的希腊城邦吕底亚。公元前 539 年，居鲁士二世占领了巴比伦（见图 1），夺得巴比伦帝国统治权。居鲁士二世对俘虏仁义相待、容忍有加，他续用前政府官员，成功赢得了大众的支持。他将米底旧都埃克巴坦那作为自己的避暑地，并于帕萨尔加德建立新都。在对此遗址

1. 古列纪念柱（Cyrus cylinder）作为居鲁士二世的宣传性自传，对其进攻巴比伦的过程进行了细致的记录

2. 位于伊朗帕萨尔加德地区的居鲁士二世陵墓

3. 发现于伊朗大流士苏萨行宫中的波斯弓箭手雕刻装饰

## 重要事件

| 公元前 550 年 | 公元前 547 年 | 公元前 525 年 | 公元前 6 世纪晚期 | 公元前 515 年 | 公元前 513 年 |
|---|---|---|---|---|---|
| 波斯国王居鲁士二世推翻米底国王阿斯提阿格斯统治，成为米底与波斯联合王国的统治者。 | 波斯人占领吕底亚都城萨第斯，该举结束了安纳托利亚吕底亚王国与主要伊朗强权国家之间的冲突持续近 45 年。 | 冈比西斯进攻埃及，却在返程途中不幸身亡。公元前 519 年，大流士一世继任。这一事件被铭刻在了伊朗贝希斯敦（Behistun）的一块岩石上。 | 大流士一世同意从小亚细亚侵略扩张至喀布尔（Kabul）地区，并为这项军事行动提供资金支持。侵略军一直打到印度河流域，后经红海返回。 | 大流士一世在波斯波利斯地区建立王城，作为其帝国的象征。在其身故之后，他的继承人薛西斯一世（Xerxes I）和阿尔塔薛西斯一世（Artaxerxes I）继续扩建波斯波利斯王都。 | 大流士一世攻占色雷斯地区，随后将波斯帝国疆域扩大至印度河流域，其国土面积到达历史巅峰。 |

进行发掘后，考古学家在一处官方用地附近发现了典型的阿契美尼斯式建筑遗址——石柱大厅，这种建筑特色在后世成了波斯的传统。在占领巴比伦之后，居鲁士二世继续征程，并将帝国疆域扩张至阿富汗锡尔河附近。不过，公元前530年，在与中亚的战争中，居鲁士二世不幸身亡（见图2），帝国王权传于其子冈比西斯，冈比西斯不负父望，在公元前525年打败并占领埃及。公元前522年冈比西斯死后，阿契美尼斯家族中的一支旁系小族成员——大流士一世（Darius I，公元前550—前486年）夺得王位。在大流士一世夺权后，帝国中大部分成员都反对其统治，不过他凭借自身能力用短短一年平定了所有叛乱。大流士一世继续南征北战，不断扩张帝国的统治，西抵色雷斯，东达印度河流域。

关于治理战败国，前几任波斯国王大都安于沿用当地已经建立的管理体制，而大流士一世却不同，他将帝国制度进行重组。各地管理系统被并入帝国管理，形成唯一的管理体制：他下设辖地（行省），由国王亲属或亲信担任总督，并且规定以行省为单位，各地要定期上缴赋税及贡品。除此之外，大流士一世还在多个领域推行改革。公元前515年，他开始修建位于波斯波利斯的宏大王宫，不过该项工程最终由其后代完成。除波斯波利斯宫殿外，大流士一世还在苏萨（见图3）修建冬日行宫。为了保证通信及时，他在多地修建了道路网，包括连接苏萨与萨第斯的御道，并在沿途设置驿站。与此同时，大流士一世还完成了埃及尼科二世法老在位时（公元前610—前595年）便开始修建的运河，运河的建成打通了尼罗河与红海。或许就是在大流士统治期间，他将信仰阿胡拉·马兹达（Ahura Mazda）的拜火教定为国教。此教的核心思想就是鼓励波斯国王们合理地管理民众，维护和促进国家稳定和谐，防止分裂与失序的邪恶滋生。而这一系列梦想成真的基础就是国王必须保证自身行为无可指摘。

公元前490年，大流士一世尝试进攻希腊，不过最终以失败收场。十年后，其子薛西斯一世（约公元前519—前465年）继位，这位君主曾成功镇压埃及和巴比伦叛乱。与其父一样，薛西斯一世对希腊心心念念，不过进攻的结果也一样惨痛。当时，波斯帝国疆域面积到达鼎盛。即使和现代国家相比，波斯依旧堪称世界上最大的国家之一。尽管帝国内部的暴力争端和反叛（尤其在小亚细亚和埃及地区）不断，也给帝国带来了些许麻烦，但种种事件从未危及帝国的根基。公元前338年，阿尔塔薛西斯三世遇刺身亡。不过刺杀王室成员的活动并未停止，在一轮涉及更广的刺杀活动后，公元前335年，大流士三世继位，他出身于皇室的远亲。在其统治下，国王恢复了对帝国的统治权，不过他的努力很快便再遇挫折；公元前334年，马其顿国王亚历山大（Alexander，公元前356—前323年）兵临波斯城下。这位英雄王带领其麾下成员横扫波斯帝国，在三场战役中击败大流士三世。在大流士三世遇刺身亡后，亚历山大继承王位，继续收服并攻占其他行省。尽管江山易主，不过由于帝国行政管理体制高效、切实，国家得以继续运行。亚历山大死后，其后代蜂拥瓜分了帝国领土，不过当时居民的大部分生活未曾改变，后来的希腊化世界逐渐拓展，丰富了波斯帝国文化、经济、管理及政治等诸多方面遗产。

| 公元前490年 | 公元前480年 | 公元前480年 | 公元前404—前401年 | 公元前331年 | 公元前329年 |
|---|---|---|---|---|---|
| 为支持小亚细亚地区希腊人反叛，波斯对希腊发动战争，不过这次远征以雅典人在马拉松战役中奇迹般的获胜而告终。 | 出于入侵希腊计划，薛西斯一世在达达尼尔海峡上建起一座横跨两岸的浮桥，隔断了流经阿索斯半岛（Athos peninsula）的运河。 | 薛西斯一世进攻希腊城邦。公元前479年，在萨拉米斯海战和高原陆地战之中，波斯再遭惨败。 | 大流士二世之子小居鲁士（Cyrus the Younger，公元前423—前401年）从其兄阿尔塔薛西斯二世手中篡夺王位，不过此举以失败告终，小居鲁士死于库纳克萨（Cunaxa）。 | 在高加米拉战役（The battle of Gaugamela）中，亚历山大击败大流士三世。大流士三世仓皇而逃，却被巴克特里亚总督贝索斯（Bessos）刺杀身亡。 | 贝索斯自称为“阿尔塔薛西斯四世”，试图继承波斯王位，后被亚历山大抓获并处决。亚历山大实际掌控了马其顿王国、希腊和波斯帝国。 |

# 萨第斯 公元前7世纪—前334年（及以后）

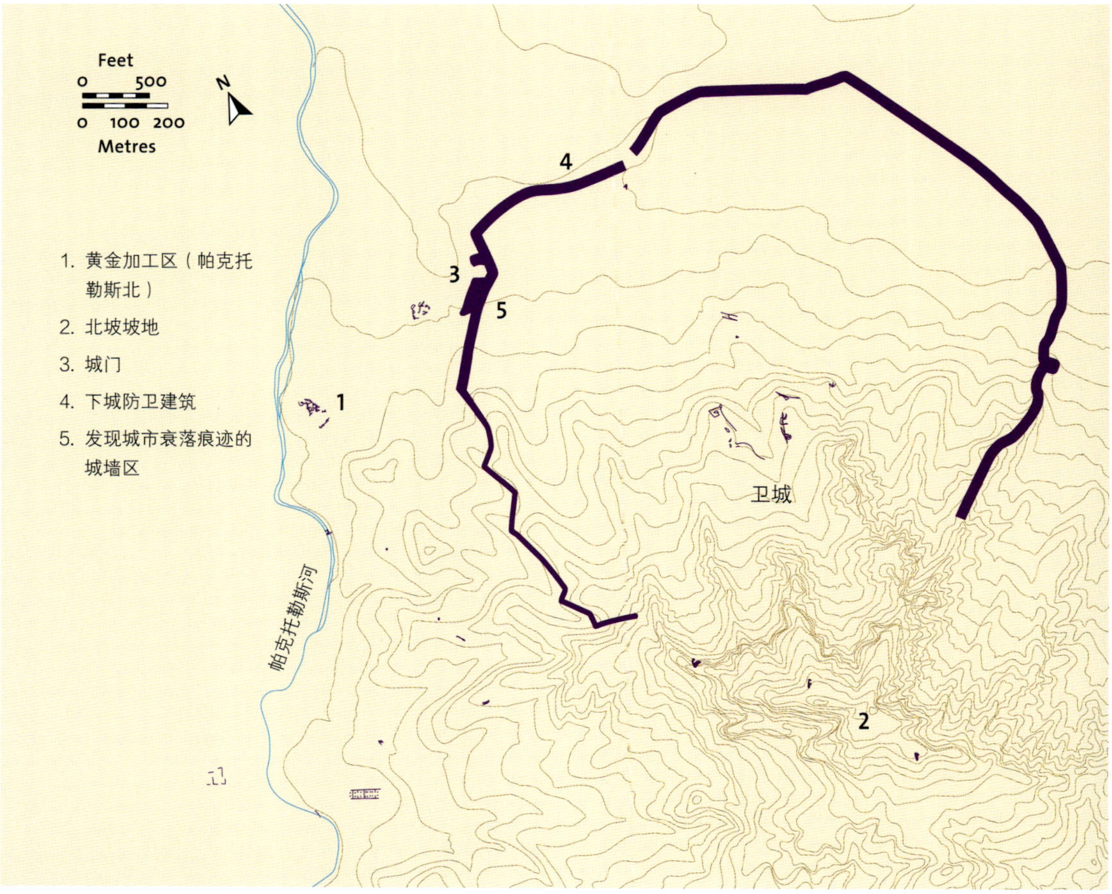


萨第斯卫城位于一处难以攻克的山脊上，在山脊之下，所谓的“下城居民区”便分布于北坡。居民区中的房屋，成排建造，都位于一座谷底的平台之上，平台的面积广阔，甚至扩展到了坚固的城墙外围。通过大量发掘，考古学家在此发现了大量防御设施、民宅、神庙，还有吕底亚和波斯时期的工业建筑遗迹，并发现了一处冶金作坊

公元前 7 世纪时，国力强大的吕底亚王国诞生于安纳托利亚西部。王国定都于萨第斯，由于自身地形条件优越，这座城市的农业产量极高，而且它位于连接爱琴海与西亚的贸易要道上。同时，由于坐落在帕克托勒斯河河口，这座城市实际掌控了河道中黄金含量极高的冲积层。公元前 7 世纪中叶，在迈尔姆纳德王朝建立者巨吉斯统治期间，辛梅里亚人不断对吕底亚王国发起攻击，事实上，不仅如此，这些居于干草原上的游牧民族在同时期也时常侵扰西亚北部。最终，巨吉斯的曾孙阿吕亚泰斯将辛梅里亚人赶出国境线，随后向东一路扩张。公元前 590 年，他率领军队与米底王国正式开战。公元前 585 年，双方签订和平条约，阿吕亚泰斯将其女嫁与米底王子阿斯提阿格斯。同年，阿斯提阿格斯继位。阿吕亚泰斯之子克罗伊斯继位后子承父业，进一步扩张吕底亚王国版图。在其统治下，吕底亚疆土面积包括了整个安纳托利亚西部地区，边界直达哈里斯河。公元前 550 年，波斯国王居鲁士二世推翻阿斯提阿格斯政权。此时，居鲁士认定波斯人必定疲乏，因此向德尔斐神谕询问：如果此时进攻波斯帝国，能不能取得满意结果？随后，他收到了错误的神谕，并于公元前 547 年进攻波斯城市特里亚。战争未分胜负，克罗伊斯最终撤兵。不过，居鲁士随后追击萨第斯国王，在短暂的围城战后，萨第斯城最终落入居鲁士之手。在波斯人及其后世子民的统治下，萨第斯城改头换面，成为帝国统治下一省的省会，也成为波斯御道的西端终点，成为帮助维系波斯行政、军事和经济系统的道路网络中的重要一环。波斯人试图扼杀由亚洲少数族裔统治的希腊城邦的叛乱苗头，在萨第斯城采取了各项措施。公元前 498 年，在大量出现的叛乱中，萨第斯城被付之一炬。自 1910 年起，美国考古学家坚持对萨第斯遗址进行了发掘活动，并一直持续至今。

### 防御工事

萨第斯城外城墙由泥砖和岩石筑成，厚度最少有 60 英尺（约 18 米）。在垒砌的砖石上覆有巨型石块，外表呈倾斜状。相比于一般的防御作用，萨第斯城墙更多地体现纪念意义，明显是为了博人眼球。通过不断发掘，考古学家获得新的发现，包括公元前 547 年波斯人洗劫萨第斯城的决定性证据——防御建筑毁坏后留下的残垣断壁，包括经过焚烧的砖石和在保卫战中牺牲的士兵遗体

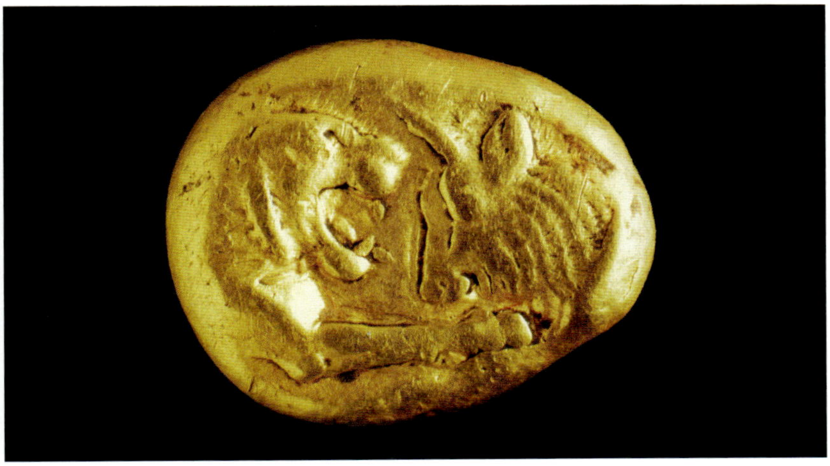

### 货币制度

居鲁士二世被誉为货币制度的创始人：他设立货币发行机关，并由其在稀有金属（最初是琥珀金）上下标注官方标记以保障价值。这种制度在经济发展中意义重大，而且能成为发行国家或统治者的宣传工具，货币制度的理念随后风靡希腊和波斯世界。不过，西亚地区并未受到多少影响，当地以散银称重作为货币的习惯历史悠久，后来直到波斯人攻克西亚后，当地居民才逐渐接受货币制度

## 冶金作坊

在萨第斯城墙外北部，考古学家发现一处意义重大且有趣的工业作坊。萨第斯城位于帕克托勒斯河（Pactolus river）沿岸，岸边的河流冲积扇中含有大量黄金，只需简单的淘金便可提取出来。据说，由于不断冲刷，冲积扇中蕴含的黄金逐渐被侵蚀，吕底亚王国因此对其中的黄金进行了提纯。不过，这里说的“黄金”并不是指纯金，而是指“琥珀金”，一种含 40% 银与少量铜的天然合金。

在萨第斯城帕克托勒斯北岸，考古学家发现了部分考古证据，证实城中一部分居民在掌握了一种先进的冶金技术（胶结技术）后便离开了聚落。他们将琥珀金锤打成薄片，表面积尽量达到最大，随后将薄片插进一个装有砖粉和盐的密封容器中；接着持续加热容器，不过需保持让温度低于金的熔点。在高温下，盐与银汽化形成氯化银，随后与砖粉融合，这时的合金就是纯金。如果担心剩余金属依然不纯，可继续加热，待形成银汞合金后将剩下的银除去。这一过程必须在一处内凹加热处（碗状炉灶）完成，在冶金过程中利用吹灰法（一种西亚人早已掌握的技术）不断向炉灶中输送热气，减少杂质，将金属分离成体积较小的纯银块和由粗劣金属氧化物组成的矿渣（其中以氯化物最多）。这些留有琥珀金残片和极小纯金颗粒的炉灶，还有上百座内凹加热设施，都证明了帕克托勒斯北岸居民对此项技术炉火纯青。由于克罗伊斯对希腊地区的神庙投资十分慷慨，因此吕底亚王国的财富也成为人们津津乐道的故事。举个例子，他为德尔斐神谕献上了大量贡品，包括一座 5 英尺（约 1.5 米）高的黄金德尔斐像、金制餐盘、金银装饰的家具和大量金块。

# 波斯波利斯王城 公元前515—前330年

波斯波利斯王城建于一座顶部垒有石块的大型阶梯状土丘之上，土丘长1500英尺、宽985英尺（约450米×300米）。大流士一世及其子孙在此修建宫殿，如觐见大殿，它极有可能是当时重大集会的会场。在建筑群中，楼梯、柱基、门廊和出入口处都刻有大量华丽的装饰浮雕，描绘了国王及各地代表的形象

约公元前515年，波斯大帝大流士一世在距第一都城西南25英里（约40千米）外的帕萨尔加德地区建立了第二座王城波斯波利斯。这项工程历时良久，经其子薛西斯至其孙阿尔塔薛西斯在位的时期（公元前450年），王城主要建筑才刚完工，随后，后世的多位君主不断为王城添砖加瓦。王城中垒有一座由土石筑成的露天阶梯状平台，正对几幢石灰岩大楼，平台中央即为政府要员办公大楼，内含一间宽阔的觐见大殿（谒见厅）和装有王国各地上缴贡品（包括两端坠有兽骨的手镯、银质双耳细颈瓶、金银杯盏及碗具）的国库。平台最顶端的外围有一圈坚硬的防御围墙，下层的居民若想登上顶台，需要经过极富象征意义的双子阶梯，穿过阶梯尽头的一座壮观的“万国门”（Gate of All Nations）。下层平原地区则少有建筑。

这项复杂的建筑工程由大流士亲自设计，以作为波斯帝国的象征：在王城建筑的诸多细节部位，如楼梯、柱基、门框等都刻饰有波斯众附属国的图徽及当地特产的图案。房屋建筑材料来自全国各地，建造的能工巧匠也多从各地征集。该项工程极具纪念性地彰显了帝国的国力。建筑典型，主题明确，和谐统一，同时不失个体及附属国的多样，二者交融，营造出一派和谐稳定、秩序井然、团结统一的场面。

公元前330年，亚历山大大帝攻克波斯波利斯后一把火将其焚尽——关于这一行为，学术界至今争论不休，有人认为，这是他庆祝狂欢后的醉酒之举，也有人认为这场大火是为了150年前波斯人焚毁雅典城的复仇。无论原因为何，火后的灰烬最终掩盖和保护了王都中的装饰浮雕。17世纪时，出于对古文物的爱好，大量的游客云集波斯波利斯，并对遗址中的遗物留下了评论和叙述。20世纪30年代，芝加哥大学东方研究所（Chicago Oriental Institute）对波斯汥利斯遗址进行正式发掘。再后来，伊朗古物研究局（Iranian Antiquity Service）也对此地进行考察。接下来的文物保护工作则由罗马的意大利中东和远东地区研究所团队承担。

## 定位

1. 国库

国库中的珍宝多是各地上缴的贡品，包括大量精美的石器。相较于其经济价值，国库更像是一座代表帝国财富和多样性的档案室

2. 觐见大殿

觐见大殿是各附属国每年上缴贡品的正式陈列处，其正厅两侧是柱廊，其中石柱高 66 英尺（约 20 米），刻有双头牛像

3. 万国门

波斯的艺术和建筑中融合了帝国各地的特色风格。类似亚述王宫入口处的雕刻图案，万国门的两侧刻有人头牛身的带翼公牛图案

4. 百柱厅

如今，此座柱厅中只余柱基残骸和一些石制门框，其上刻有国王加冕时的场景和各附属国的浮雕

◀ 浮雕中共描绘了 23 个附属国，每个国家以当地的一件特产贡品、特色服饰或专门武器装备作为代表。浮雕中刻画了戴尖帽的斯基泰人，身着宽松短裤且佩有弓袋、斧头及短剑的米底人，手牵骆驼，身穿系带短袍、带褶短裤和高筒靴的巴克特里亚人，披风抖擞，帽似蜂窝（如图）的吕底亚人，以及围裹腰巾的赤脚印度人

## 纳克歇－洛斯塔姆

在距波斯波利斯 4 英里（约 6 千米）外的纳克歇－洛斯塔姆（Naqsh-i Rustam）的一座山腰上，古代波斯王族挖建了大量王室陵墓。大流士一世的陵墓之上刻有碑文，因此稍易辨识。除这座墓穴外，还有三座毫无刻记的墓穴，考古学家猜测其极有可能属于薛西斯一世、阿尔塔薛西斯一世和大流士二世。所有墓穴的外形风格完全一致，都打磨出了光滑平整的表面，当时建筑工人从悬崖峭壁上凿下了一块巨大的十字形岩石。山体内部被雕凿成宫殿的模样，内有大量石柱，支撑屋顶的木梁。石柱之间有一座中央大门，通向山体外部，国王遗体及其直系亲属的遗体被埋在一座岩砌石棺内。大流士一世的陵墓中还刻有国王及拜火教至高神阿胡拉·马兹达的画像。

# 帕提亚人与萨珊人

约公元前 238 年，来自中亚里海东岸伊朗游牧民族从尚属希腊文化时期中的塞琉古王国（Seleucid kingdom）手中夺下东部帕提亚省；在接下来的一个世纪里，这些游牧者不断扩张，其统治疆域东抵巴克特里亚，西达伊朗至美索不达米亚地区。公元前 141 年，密特里达特斯一世（Mithridates I，约公元前 195—前 132 年）在底格里斯河畔的塞琉古国都塞琉西亚（Seleucia）城中，被加冕为帕提亚王。公元前 113 年，其子密特里达特斯二世继续深入西域，将帕提亚帝国疆域拓张至幼发拉底河岸；至此，帕提亚帝国与不断扩张的罗马帝国分庭抗礼。由于自身地理位置优越，帕提亚帝国依此不断发展横跨中亚至中国的贸易路线（详见第 268 页）；而由于与罗马帝国关系紧张，其避开当时已有的贸易路线，转而开拓跨越红海、印度洋后抵印度西部地区的海上贸易航道。公元前 53 年，驻扎在克拉苏（Crassus）的罗马军队入侵帕提亚王国，双方剑拔弩张，紧张气氛飙升至顶点；随后冲突在叙利亚境内的卡尔海（Carrhae）地区正式爆发，帕提亚人大获全胜。由于善用骑射手，帕提亚人较罗马人军备力量更强：帕提亚骑兵常常先佯装撤退，后直接于马鞍上转身射箭，此即所谓的“帕提亚箭术”。

纵观帕提亚帝国历史，其与罗马帝国之间的关系始终忽好忽坏，自公元前 10—58 年，双方曾保持着一段短暂的和平；不过，公元 58 年后，双方关系再

1. 塔克基思拉宫遗址（Taq-i Kisra）即为当时都城泰西封城（位于伊拉克巴格达东南方 22 英里处，即约 35 千米）中的全部遗迹

2. 发现于土库曼斯坦（Turkmenistan，公元前 2 世纪）尼萨古城（Nisa）中的象牙角杯（庆典中用于饮酒的角状器皿）

3. 一个萨珊银盘，其中描绘了神话中巴赫拉姆五世（Bahram Gur）与阿扎德（Azadeh）决斗时的场景（约公元 5 世纪）

## 重要事件

| 公元前 238 年 | 公元前 141 年 | 公元前 1 世纪 | 公元前 53 年 | 公元 116 年 | 公元 224 年 |
|---|---|---|---|---|---|
| 在阿萨西斯（Arsaces）的带领下，来自里海（Caspian）东部中亚地区的伊朗游牧民族，从帕提亚人手中夺下了位于伊朗东部的波斯辖地。 | 密特里达特斯一世于底格里斯河畔塞琉西（Seleucia-on-the-Tigris）被加冕为帕提亚国王。位于泰西封的冬日行宫极有可能就是于当时所建。 | 伊万建筑形式的不断发展体现了希腊时期文化内涵逐渐被帕提亚传统文化形式取代的过程。 | 卡尔海之战后，罗马大败而归，帕提亚与罗马帝国之间的政治与经济冲突达到顶点。 | 罗马皇帝图拉真攻克帕提亚都城泰西封；此外，帕提亚帝国东部及西部饱受外敌骚扰，内部纷争不断，开始日渐走向衰落。 | 珀西斯的阿尔达希尔谋反，帕提亚安息王朝（Arsacid dynasty）覆灭，萨珊王朝取代其继续统治。 |

次势同水火。公元 116 年，罗马皇帝图拉真（Trajan）占领帕提亚都城泰西封（Ctesiphon）；尽管其未能进一步扩大占领面积而被迫撤退，但帕提亚政权依旧受到极大冲击。在外忧内患的双重打击下，帕提亚帝国自此走向衰落。

帕提亚帝国封建政治结构较松散，手握权力的贵族在其封地堪比国王，例如珀西斯（Persis，即伊朗西南部地区）城城主阿尔达希尔（Ardashir，公元 180—242 年）。他本是帕提亚贵族，掌管封地，后又逐渐取得邻国控制权；公元 224 年，其建立新都古尔城欲谋权篡位，帕提亚国王阿尔达班五世（Artabanus V）随即对其下达征讨令。不过，阿尔达希尔击败了前来讨伐他的军队，并在一次战事中杀死了阿尔达班；随后，其建立萨珊帝国，并成为萨珊开国君主。阿尔达希尔重建行政体制，将权力集中于君主，并建立等级制度。他同时整顿货币体系，并以多种方式立琐罗亚斯德教（Zoroastrianism）为国教，其中一种即为历任萨珊君主都声称自己为琐罗亚斯德教中阿契美尼德王族（Achaemenids）后裔。

阿尔达希尔之子沙普尔一世（Shapur I）进一步开拓国土面积，其击败罗马人，征服亚美尼亚、格鲁吉亚，占领库施王国东部领地。在其统治时期内，萨珊帝国边境从幼发拉底河扩张至印度河流域及阿姆河沿岸（Amu Darya）。自萨珊帝国建国起，其与罗马拜占庭帝国之间的竞争与冲突就从未停歇；在涉及丝绸之路贸易利益的问题上，双方矛盾尤甚。公元 4—5 世纪，丝路贸易参与国皆饱受野蛮的中亚游牧民族——匈奴人的骚扰，萨珊帝国也不例外，也被迫向匈奴进贡。公元 6 世纪，霍斯劳一世（Khusrau I）最终将匈奴人赶出其领地。然而，由于赋税沉重、承袭体制僵化，加之与罗马拜占庭帝国之间冲突不休，萨珊帝国实力日渐衰弱；最终在公元 7 世纪，阿拉伯人攻破萨珊帝国。

考古学家在许多遗址中皆发现了此类帝国艺术品及建筑物。举例来说，帕提亚帝国初期精制的象牙角杯（用于饮酒的角状器皿）上饰有各类兽首图案（见图 2），这些图案表明此类希腊风格艺术品及建筑物中存在相当大的一致性与联系性。公元前 1 世纪末期，帕提亚风格初露头角。帕提亚建筑的一大典型建筑特征即为伊万（Iwan），一种三面围墙、一面连接庭院的拱顶建筑；位于美索不达米亚北部的“圣城”哈特拉城中建筑便是最佳体现。建于公元 6 世纪，矗立于帕提亚及萨珊帝国都城泰西封的壮丽建筑——塔克基思拉宫（见图 1），便体现了后来萨珊王朝时期建筑之巧夺天工。除此之外，当时艺术风格及文化倾向变化的另一体现为硬币。通过帕提亚雕塑及浮雕，我们可以发现游牧民族的传统装束为束腰外衣与宽松长裤；萨珊人同样偏爱这种长裤，不过在其刻画狩猎场景（见图 3）的岩雕及精制银碟中，我们发现萨珊人常常身披铠甲。

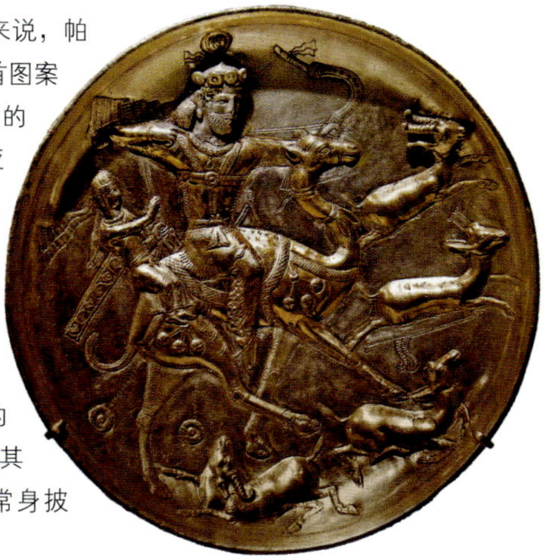

| 240—272 年 | 490 年 | 531—578 年 | 562 年 | 614—628 年 | 637—651 年 |
|---|---|---|---|---|---|
| 沙普尔一世击败三位罗马君主——戈尔迪安三世（Gordian III）、阿拉伯人菲利普（Philip the Arab）和瓦勒良（Valerian）后，攻克亚美尼亚（Armenia），在丝绸之路东段的库施王国中横行霸道。 | 玛兹达克（Mazdak）先知引导一场政治经济运动，使得萨珊帝国内部爆发动乱。 | 库思老·阿努希尔万（Khusrau Anushirvan）国王改良萨珊王朝国民及军事管理体制，增建国内灌溉系统。 | 罗马和萨珊缔结了五十年和平条约。不过，572 年，罗马新帝查士丁二世（Justin II）撕毁条约，引发了新一轮战争。 | 库思老·帕尔维兹（Khusrau Parviz）打败叙利亚及埃及；不过，公元 622 年、627 年，东罗马帝国国王希拉克略（Heraclius）打败萨珊帝国；628 年，两国重新签订和平条约。 | 637 年，一支穆斯林军队攻克泰西封，年轻的萨珊国王伊嗣俟三世（Yazdgird III）仓皇逃亡。651 年，伊嗣俟三世在梅尔夫城附近遭人暗杀，萨珊王朝就此覆灭。 |

# 古尔城 公元3世纪

政府如其他早期波斯城邦一样，古尔城城市布局呈圆形，象征世界为圆。城中街道呈同心圆状环绕，弧度完美，直径为 1.25 英里（约 2 千米）。城市周围是一圈黏土堆成的城墙，城墙中筑有四扇大门，分别通向城中主路，两条主路将古尔城完美划分为四等份。城墙外又围有一条 10 英尺（约 3 米）宽的沟渠及土墙

## 定位

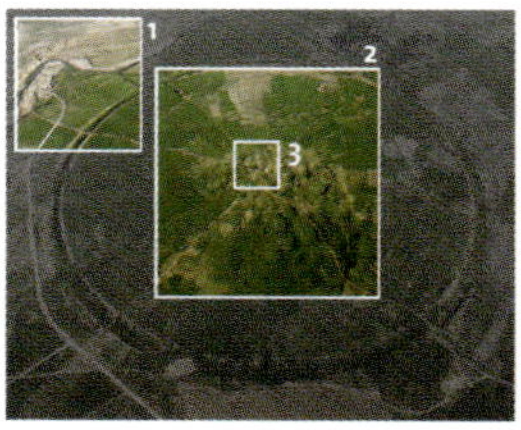


阿尔达希尔·帕帕克（Ardashir Papakan，公元 180—242 年）是当时珀西斯城的领袖，后一统伊朗南部整片疆域。起初，作为领主的帕提亚国王阿尔达班四世并未将阿尔达希尔的叛乱放在眼里，对其不断纵容以致其建立城邦。阿尔达班随后欲攻打阿尔达希尔，结果被杀身亡，阿尔达希尔成为萨珊王朝的初任国王。

阿尔达希尔之城，名为阿尔达希尔·库里赫（Ardashir Khurreh），亦称古尔（意为"阿尔达希尔胜利的曙光"），坐落于法拉什班德河（Firuzabad River）平原，背倚峭壁；阿尔达希尔后来在峭壁之上建立堡垒，包括营房及其王宫"处女城堡"（Qal'a-ye Dukhtar）。自峭壁西南侧拾级而上，穿过一座宏伟的入口，即可进入城堡。城堡东部是一片公共区域，建有伊万（一种三面围墙、一面开放的拱顶建筑）和圆顶厅；起居区位于堡垒西侧，房屋围绕一处庭院排列。不久后，阿尔达希尔在法拉什班德平原尽头的河流沿岸重新修建了一座更大更宏伟的宫殿。

此外，阿尔达希尔带领子民挖掘灌溉沟渠，排干原本湿软似沼泽一般的平原，慢慢将其营造成为适宜种植谷物、水果及蔬菜的耕地。在毗邻山谷，考古学家发现了阿尔达希尔为从山中沟渠引渡泉水所建的渡槽遗址。畜群在四周葱茏的山丘上悠悠觅食。

公元 10 世纪时，古尔城改名为珀罗扎巴德（Perozabad），意为"胜利之城"，后又更名为菲罗扎巴德（Firuzabad）；如今，此名为其东侧一座城市之名。1972 年，考古学家对古尔城进行发掘，1975—1978 年着重发掘城中两座城堡。最近，在迪特·霍夫（Dieter Hoff）带领下的一支伊朗及德国考察团队在古尔城中发现了一间浴室遗址和数座纪念建筑，例如琐罗亚斯德教的拜火神庙（Fire Temple）和王陵。

1. 坎儿井灌溉系统

进行沟渠灌溉时，水源蒸发及土壤盐碱化是随之而来的重要问题。为解决这些问题，伊朗农民挖掘坎儿井，这种灌溉系统实际是一种技术高超、计划得当的地下沟渠，由米底或乌拉尔图的先人创造，旨在通过重力影响，将含水层中的水源逐级引下。坎儿井沿线挖有通气孔，人们可以通过这些小孔清理、保养地下渠道

2. 古尔内城

古尔内城依旧呈圆形，内城城墙直径为1500英尺（约457米），城中包括政府建筑和上层阶级住所。考古学家在城内发现了一处坚固的砖石建筑，并将其命名为“塔希特－奈欣”（Takht-e Neshin）；他们认为此座建筑即为当地的拜火神庙。神庙四周每侧都建有一座伊万，其中为一间穹顶主室，穹顶直径为46英尺（约14米）

3. 塔楼

古尔城正中矗立着一座100英尺（约30米）的高塔楼，象征20条呈放射状街道的交会点，街道贯穿城市，将其划分为块。由城中延伸而出的围墙，将古尔城外整片地区一致进行切割划分。塔楼位于王国中心，象征阿尔达希尔；作为神明的摄政者，国王的责任便是保护世界

▲ 在古尔城北部的峭壁之上，阿尔达希尔命人于其上雕刻浮雕塑像，以纪念其在位时期的重大事件。其中一幅浮雕讲述了阿尔达希尔大胜阿尔达班：头戴王冠的沙普尔（Shapur）王子将一位帕提亚高管赶下台，而其父阿尔达希尔手刃帕提亚国王。除此之外，另一幅浮雕展示了阿胡拉·马兹达神向阿尔达希尔国王授权时的仪式场景，浮雕中阿胡拉·马兹达神不似往常一般以神之姿态出现，反被描绘为完全的人形。浮雕展示了向国王授予王冠时的场景，国王由三名贵族陪同，包括沙普尔王子

## 古尔第二王宫

阿尔达希尔的第二王宫不如先前一座坚固、防御周全，其中建有一座大型伊万接待厅和三间穹顶大厅——国王便是在此向众人宣讲，也是在此处的高台壁龛中接受加冕。伊万前是一片宽阔的庭院，庭院通向王宫的起居区，其中房屋多为桶形拱顶。伊万中的拱梁与所有门道中的拱梁遥相呼应，同时也与宫殿外墙中的壁龛相映衬。考古学家在包裹外墙及天花板的石膏上发现了许多装饰性图案，对比后发现这些图案模仿了波斯波利斯城中的波斯宫殿。宫殿上层为穹顶大厅所在处，大厅外走廊、画廊围绕；考古学家在此处也发现了部分起居室。

# 丝绸之路

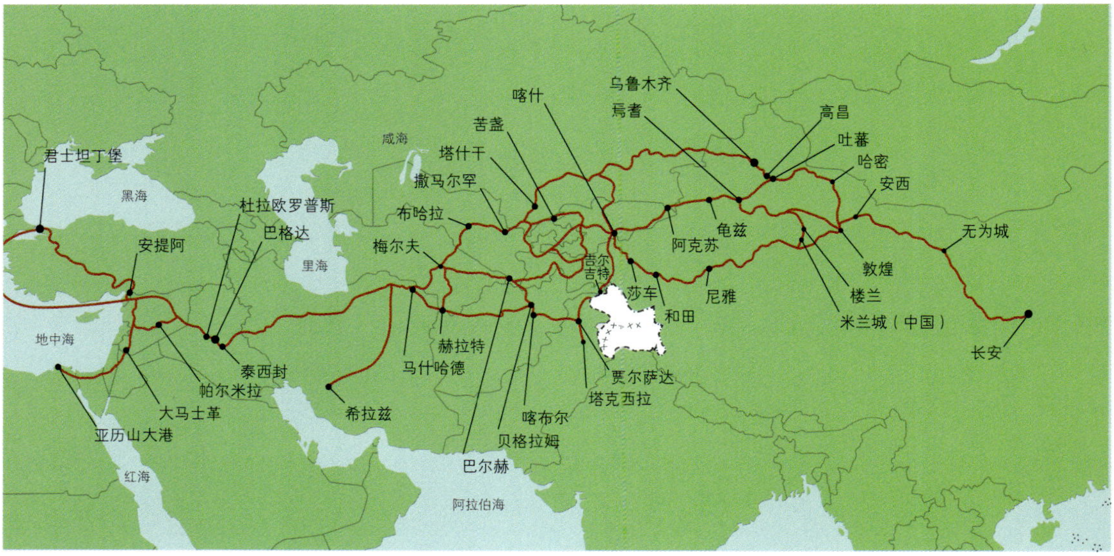


1

从很早以前起，中国与西方便已存在零星的往来，甚至已经贯穿亚洲中部建立联系通道。游牧民族的不断发展，极大促进了东西交流，流动的人口成为贸易往来的中间人。当时中国的中原王朝与这些游牧部落之间的关系可谓好坏参半：一方面，游牧民族不断劫掠中原王朝，成为威胁；另一方面，他们也是天然的贸易中间人，中原王朝可以用丝绸、谷物换取其手中的良驹及西方奇货。当时，中原王朝的公主以和亲的形式嫁与游牧部落领袖，希望借此建立联盟。不仅如此，为抵御外族侵扰内陆，中原王朝还在边境修建长城。

公元前 2 世纪，游牧民族匈奴将另一支游牧部落月氏赶出东部干草原区；月氏向西撤退，最终在位于帕米尔山（Pamir mountains）西侧的巴克特里亚地区建城。为对抗强大且恼人的匈奴，公元前 138 年，当时的汉朝皇帝汉武帝（公元前 156—前 87 年）派张骞（？—前 114 年）出使西域，打算与月氏商讨抵御匈奴。尽管最终洽谈失败，张骞返回中原，不过他暗自策划了一系列可行的贸易商机，尤其是换取大宛出产的汗血宝马。武帝听闻后大加赞赏，并派遣军队开拓贸易通道。虽然在穿越塔克拉玛干沙漠时，军队损失惨重，不过最终还是走出了一条切实可行的通商道路，在沿途建立了多座贸易站点。传说中的丝绸之路（见图 1）便由此开始，这是一条贯穿中亚，连接中原王朝与西域各国、南亚、波斯乃至地中海强国的贸易通道。在此条道路的保障下，自波斯

1. 丝绸之路陆地纵横图
2. 考古学家在丝绸之路沿线经停点高昌（在今中国新疆）发现了一块丝绸碎片，其上刺绣了某只长有尖牙的野兽
3. 为公元 8 世纪唐代匠人制作的一件骆驼与骑手的三彩墓葬陶器

## 重要事件

| 公元前 138—前 125 年 | 公元前 124 年 | 公元前 102 年 | 公元 220 年 | 6 世纪 | 565 年 |
|---|---|---|---|---|---|
| 中原使节张骞出使西域，欲同月氏结为同盟。结果虽不尽如人意，不过其设想出一条连接西域的贸易要道，即后世的丝绸之路。 | 汉武帝遣使臣前往帕提亚，同密特里达特斯二世（Mithridates II）提议结盟。帕提亚国王欣然同意，两国之间的贸易通道就此畅通。 | 汉武帝派兵攻占位于锡尔河岸的苦盏（Khojand）城，掌控汗血宝马产地；中国对塔里木盆地的统治随即确立。 | 汉朝灭亡。224 年，帕提亚帝统治结束。罗马丢失其东部诸省领土。库施王国分裂，丝绸之路贸易受到巨大冲击。 | 景教徒将蚕茧藏进竹节中，私运至西方，打破了当时中国垄断丝织品的局面。 | 土耳其游牧民族攻克丝绸之路沿线数座城市，包括撒马尔罕、布哈拉（Bukhara）和塔什干（Tashkent）；拜占庭帝国与其达成贸易联盟。 |

时期起，各国间便已有所往来。很快，丝绸、漆器便沿着此条商道一路向西，而大宛的汗血宝马、罗马的黄金与玻璃器皿、印度的各类宝石则源源不断地流入东方。在阿富汗贝格拉姆地区的一座 1 世纪的货仓中，至今保留着一张当时贸易往来的清单，记载了贸易商品。

丝绸之路起于汉朝都城——长安，经过甘肃走廊后伸入敦煌绿洲，抵达当地的一座贸易重镇；该城市由来自汉朝或旅居于此的商人建立，有些商人途经整条丝绸之路，不过大多数人仅带领商队往返于商道部分线路（见图 3）。自敦煌而出，商道一分为二，一条继续向北，另一条则绕经塔克拉玛干沙漠的所在地塔里木盆地后，一路向南。在喀什地区，两条商道再次交会；短暂交集后，一条向南越过喀喇昆仑山脉进入印度，汇入印度贸易网中；另一条则向西延伸，穿过帕米尔高原（Pamirs）。穿过高原区后，该条道路再次分裂：一条向北，经过锡尔河（Syr）与阿姆河，通往撒马尔罕（Samarkand）及布哈拉（Bukhara）；另一条则向南蜿蜒，途经巴克特里亚（巴尔赫），欲并入穿过塔克西拉或继续向西进入印度的商道之中。在梅尔夫，两条商道最终会合，随后一起伸入西部城市。随后，该贸易网迅速发展，沿用数百年，直至公元 15 世纪，航道围绕非洲沿岸的海上贸易路线开通后，丝绸之路才逐渐败落。此后，曾经沿途的诸多贸易城市不断凋零，最后被废弃。二十世纪初，尤其是出生于匈牙利的英国考古学家奥莱尔・斯坦因（Aurel Stein，1862—1943）揭示了它的许多辉煌事物：不仅有敦煌的宝藏，还有在干旱的沙漠条件下定居点遗址保存的有机物遗迹，包括绘画、木屋、纺织品（见图 2）和木制工具，甚至有描绘了丝绸之路的历史手稿。*

事实上，丝绸之路传递的并非货物那么简单。在早期时代，佛教徒及其他宗教传教士将其信仰带至中国；3 世纪，在参观印度圣地后，部分朝圣者返回中原。除此之外，丝绸之路也是不同理念、技术知识、珍禽异植等的传播要道，同时也是敌军出征之途。中原王朝牢牢掌控东部贸易网，同远至帕米尔地区的西域国家建立保护关系；与此同时，中原王朝皇帝在商道沿线设立要塞，征兵驻军保卫商道，同时抵御游牧部落，免其侵入长城之内。在某些时期，中原王朝曾或因外力衰弱或因内部冲突，也曾失去该地区的统治权。由商队打造的城市商业的富庶、绿洲中农业的高产、兼容并收的文化底蕴之深厚，与其周围极其艰苦的环境、艰辛的路途形成鲜明对比，例如严寒彻骨的沙漠、危险重重的山地荒原、野生状态下的动物和周围敌意颇深的游牧邻居，最可怕的游牧民族首领当数成吉思汗（1162—1227 年），在投身推进丝绸之路贸易前，他曾率领军队洗劫沿途诸多城市。

---

* 引自《辞海》“斯坦因”条。

| 629—645 年 | 630—640 年 | 711—713 年 | 751 年 | 1218 年 | 1271 年 |
|---|---|---|---|---|---|
| 中国高僧玄奘（602—664 年）沿丝绸之路北线绕塔里木盆地后进入印度，参拜了印度佛教圣地。 | 唐太宗（599—649 年）自突厥人手中夺回塔里木盆地统治权。 | 占据梅尔夫城的阿拉伯将领屈底波・伊本・穆斯林（Qutaiba ibn Muslim）率大军占领布哈拉、撒马尔罕、拔汗那国（汉朝称大宛），同时洗劫喀什城。 | 在怛罗斯之战（Battle of Talas）中，唐朝以惨烈代价败给阿拉伯帝国，中亚丝绸之路沿线城市落入后者的掌控。 | 成吉思汗攻打撒马尔罕，开始其征服亚洲的征程。 | 探险家马可・波罗（Marco Polo，约 1254—1324 年）随其父亲及叔叔踏上丝绸之路，来到忽必烈汗（1215—1294 年）的王庭之中，后共居住十七年。 |

# 梅尔夫古城 公元前6世纪—公元16世纪中期

公元748年后，阿布·穆斯林于麦吉安运河（Majan canal）岸边建立一座清真寺，这座清真寺随即成为阿拔斯新城中心（今苏坦卡拉地区）。公元11—13世纪，阿拔斯新城内城占地840英亩（约340公顷），内外城间以墙相隔，外城占地519英亩（约210公顷），自北向南建有外城墙

位于梅尔夫城的阿契美尼德定居点（今土库曼斯坦埃尔克卡拉地区）并未随时间消失，定居点中城墙至今依然挺立；这座定居点即成为安提阿马尔吉阿纳（Antiochia Margiana，今格亚乌尔卡拉地区）卫城。约公元前290年，塞琉国王安条克一世（Antiochus I，公元前324—前216年）建立阿契美尼德定居点，作为抵御周围游牧民族侵略的据点。由于梅尔夫城占据马尔吉阿纳绿洲，因此成为丝绸之路上的一座临时要城。公元224年，萨珊人在马尔吉阿纳发动叛乱，反对帕提亚统治；梅尔夫随即成为萨珊人的军事及行政管理中心，同时也成为一座国际贸易中心城市。作为一座国际化城市，梅尔夫城中居民主要为琐罗亚斯德教徒，不过佛教徒、摩尼教徒、聂斯脱里基督教徒同样以此地为家。由于穆尔加布三角洲的灌溉，马尔吉阿纳地区土地极为肥沃。

公元7世纪时，梅尔夫沦陷于阿拉伯人之手，成为阿拉伯东征延续的一座补给站。尽管阿拉伯居民居住于另一座独立围城——珊姆卡拉城中，不过梅尔夫城依旧深受其喜爱。公元748年，阿布·穆斯林（Abu Muslim，死于755年）司令官于梅尔夫城中推翻倭马亚王朝（Ummayads），宣布建立阿拔斯王朝，随后建立新城梅尔夫沙希扬（Marv al-Shahijan），又称“大梅尔夫”（Marv the Great），位于今天苏坦卡拉（Shaim Kala）地区。城中一条主要运河穿城而过，成为城内居民用水来源，河内置有多条水管，分别通向各座建筑和水库。旧城成为工业郊区，陶器及冶金作坊林立丛生；梅尔夫城则成为一座不断学习发展的新兴中心，城中建有天文台及大量图书馆，吸引了大量重要学者。公元10世纪，梅尔夫城成为当时世界上最大的城市之一，城中人口数量接近20万。

1221年，蒙古人入侵梅尔夫城，城市毁于一旦，城内居民惨遭屠杀，仅余400名手工工匠被押送至蒙古王庭服务。1992—2000年，考古学家通过持续发掘掌握了梅尔夫城经济持续衰弱的证据。梅尔夫城的发掘工作始于1890年，近期仍有英国及土耳其调查团发掘研究城内保存完好的防御系统。如今，梅尔夫城已成为一座供游客参观的考古公园。

## 定位

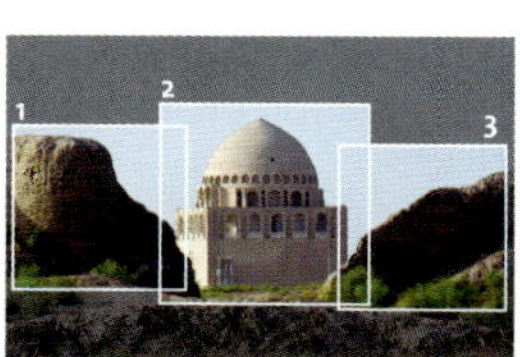

1. **苏坦卡拉城墙**

梅尔夫城中建筑多由泥浆建筑，有时也会使用烧制的砖块，不过通常是夯实土壤；大部分建筑外护有泥膏。梅尔夫城市及卫城外都筑有围墙，围墙如今已经高耸挺拔；墙体总长 7.5 英里（约 12 千米），围绕苏坦卡拉这座伊斯兰古城，今天城中部分建筑依然留存

2. **苏坦·桑贾尔之墓**

公元 12 世纪，梅尔夫城由苏坦·桑贾尔（Sultan Sanjar，约 1084—1157 年）统治，其死后埋于位于城中心位置的陵寝之中。陵墓建筑呈方形，内部墙面粉刷石膏上绘有图案。其穹顶之上原先贴有青绿色瓷砖，据说瓷砖上反射的阳光曾帮助旅客意识到其身处城中的一日骆驼之旅

3. **衰败与保护**

数百年，雨雪风沙、植被群落逐渐侵蚀梅尔夫建筑；卡拉库姆（Karakum）大坝的建立加速了当地环境恶化，当地水位线连年上升。伦敦大学学院和土库曼斯坦官方机构联合启动一项项目，探索记录及保护遗址的方式

▲ 梅尔夫城中南侧坐落着四座锥形泥砖冰窖。冰窖建于塞尔柱（Seljuq）及帖木儿（Timurid）时期；顾名思义，当时居民在冬天制作切割好冰块，将其放入冰窖中以供夏天使用。冰窖中木梁横放于内部，可能作为结构支撑或是用于悬挂食物保持其冷冻状态。举例来说，冰窖一号地基直径约长 56 英尺（约 17 米），房屋高度达到 49 英尺（约 15 米）

## 大吉兹卡拉城堡

自公元 7 世纪后，克什克（堡垒）便矗立于梅尔夫城城西。克什克堡垒实际是上层阶级于城外的一处避点，周围果园花园环绕；其中部分遗迹已被发掘。堡垒设计精良，室内冬暖夏凉；而大吉兹卡拉城堡（Great Kyz Kala）便是其中的最大建筑。大吉兹卡拉城堡内有两层，包含一处矩形露天平台。城堡四周并非平整，而呈波浪状，城墙上建有防护垛口矮墙。若要进入其中，则需经由楼梯或斜坡登上二层，穿过二层中的一个拱形入口。露天平台并无入口，其内部与二层北端尽头的一级台阶相连，内部空间照明则完全依赖波浪状墙基上的窗户。二层中有一间庭院，庭院四周建有房屋，屋顶多为筒形拱顶或是穹顶。城堡北侧楼梯也可通向屋顶。

# 贝格拉姆遗址 公元1世纪

贝格拉姆宝库中的藏品皆按种类仔细归类排放。两间储藏室中都藏有象牙制家具装饰品、玻璃容器、陶器、石器与青铜器。10 号房屋内甚至藏有鸵鸟蛋容器，而 13 号房屋内存有几件中国汉代漆器，不过由于保存不当，漆器现状不佳

19 世纪 30 年代，英国探险家查尔斯·马森（Charles Masson，1800—1853 年）在位于阿富汗喀布尔以北 50 英里（约 80 千米）外的贝格拉姆遗址中发现了数枚古代货币。在此后几十年，大量考古人员持续争先恐后地发掘此处遗址，希冀寻找此类货币。自 1922 年起三十年，阿富汗考古活动由法国考古代表团独家垄断，考古团队成员将贝格拉姆遗址定为考察对象。1936 年，考察团成员对新皇城防御外墙内部地区进行发掘，他们在城内发现了一条当时的主要街道，道路两旁林立仓库、作坊。该项发掘工作一直持续至 1937 年，考古学家在毗邻地区发现了一座疑似皇家宫殿；建筑内建有一间以砖块密封的储藏室（10 号房间），内部藏有大量珍宝，包括印度的象牙制品与罗马的玻璃器物。经测量，这些收藏品可追溯至公元 1—4 世纪。1939 年，随着考古发掘工作的深入，考古学家们发现另一密封房间（13 号房间）：该房间内藏品与 10 号房间雷同，仅多了几件中国漆器；房间墙壁经过粉刷及涂绘。1941—1942 年，法国考古团继续贝格拉姆发掘工作；1946 年，该项工作最终完成。

起初，考古学家认为贝格拉姆宫殿中的藏品经由几个世纪积累收集而成。不过最近的一项考古研究却表明，如此缤纷多样的藏品极有可能全部收集于公元 1 世纪；除此之外，这些物品存放系统得当，以不同的材质和种类有条不紊分类。其中部分藏品价值不菲，而另有一些在当时不算昂贵。今天，人们在此基础上猜测贝格拉姆实为丝绸之路贸易网中的一个储藏处，遗址中的珍宝由一位商人存放于此。考古学家认为，贝格拉姆极有可能即为古迦毕试国（Kapisi），即历任库施王国国王在夏季的避暑之处。迦毕试国为当时地区间贸易往来的战略之地，从此处往南，可抵达喀布尔及开伯尔山口（Khyber Pass）——翻山越岭经犍陀罗国（Gandhara）进入塔克西拉的主要通道，而从塔克西拉一路向南，即可进入印度。若从迦毕试国向北进发，则可到达巴克特里亚（Bactra），即今巴尔赫（Balkh）地区，从此地可进入东达中国、西抵罗马帝国的丝绸之路。

**彩绘玻璃杯**

公元 1 世纪，今埃及境内的亚历山大港是当时罗马帝国一处大型工商业中心，以彩绘玻璃杯等各式玻璃器皿闻名东西。这些玻璃容器上的装饰图案种类多样，有诸如《欧罗巴的梦魇》这类神话故事、日常的生活场景、猎豹等野生动物，以及各种各样的角斗士

**青铜砝码**

在当时，许多小型青铜人物半身像（如战神玛尔斯）内为空心，人们将其底部塞上瓶塞，用于化妆品罐之类。不过，后来人们在其上悬挂圆环以当作吊秤。这些青铜像随即成为贸易工具，进一步加强了贝格拉姆遗址中藏品属商贾所为的可能性

## 象牙制品、石膏坠饰和新颖青铜器

贝格拉姆遗址中发现的两间储藏室中藏有许多象牙雕刻品，由于保存情况不佳，考古学家在发掘过程中需格外谨慎细心，例如在将其移位时需先在原位对其进行加固；挖掘结束后，再经由相关专家对其保护修复。其中有几件圆形象牙制品，不过大多数仍为刻有浅浮雕的镶板，其作用皆为装饰木质家具。然而，由于时间久远，曾经的木质家具早已腐坏，例如 10 号房间内的搁脚凳和 13 号房间内的座椅及长椅，只余些许早先用于固定象牙镶板的小铜钉。

这些雕刻品颇具印度风格，常常体现各类印度主题，包括诸如宫殿露台、佛塔门道和拱形神庙门廊等建筑式样，张开双臂的裸体人物形象，融合动物、神兽、植物和几何图形的组合图案。

尽管雕刻图案中的人物形象多样，但无论是老气横秋的朝臣、年轻活泼的琴师，还是恪守规矩的护卫、大胆冒险的骑士，所有人物都以女性形象出现。其中几件雕刻品甚至并非象牙材质，而由兽骨制成。考古学家猜测其约来自恒河地区，因为当地的石雕及陶器上常见此种兽骨雕刻艺术，象牙雕刻则较稀少。

除象牙雕刻品外，13 号房间里还藏有大量石膏坠饰，多雕刻成古典人物形象，其中最具代表性的一件是伸手捉蝴蝶的爱神厄洛斯（Eros）神像。另有一些坠饰雕刻了当时的生活场景、各类人物半身像和花卉装饰图案。考古学家认为，这些装饰图案并非刻意雕琢，极有可能是一次性模具样板所铸，而这些一次性模具多用于浇铸青铜饰品。若是如此，那么贝格拉姆可能不仅只是一座贸易枢纽，而且还是当时的工业中心城市。

在遗址中，考古学家发现了一件造型独特的青铜器，他们将之称为“水缸”。这件盆状青铜器皿外刻有蛇发女怪美杜莎，其身缠有游鱼，游鱼尾部绑有金属丝线，其下连接砝码，鱼尾因此可灵活摆动。“水缸”外绕有木板，木板外为一层厚玻璃板，加之另一块青铜板，则构成整件青铜器。该件容器究竟如何制造？考古学家尚未找到答案。

# 敦煌莫高窟 公元4世纪及以后

莫高窟位于中国甘肃敦煌，其建于敦煌城附近大川河之上的峭壁之间。洞窟中绘满湿壁画，并存在大量手塑黏土神像及圣人像。莫高窟建于公元 366 年，随后不断扩建，直至公元 14 世纪

莫高窟（Mogao Caves），又称千佛窟，是全球最大、历史最悠久的佛教艺术遗址之一。莫高窟坐落于中国西部甘肃省境内的戈壁沙漠边缘，是敦煌绿洲（古丝绸之路上的一处重要贸易点，南北贸易路线的交会处）东南方向 15 英里（约 24 千米）处。这座佛教艺术遗址始建于公元 4 世纪，随后不断扩建；遗址中包含超过 1000 间洞窟，每间洞窟中都饰有精美壁画及雕塑，表明其为佛教崇拜、宣扬及学习的中心之所。至今天，492 座洞窟保存完好，储藏约 4843776 平方英尺（约 44 万平方米）的壁画和 2000 余件彩绘雕塑。

自唐朝（公元 618—907 年）开始，敦煌进入繁荣昌盛之期，成为商业往来、贸易及佛教信仰的中心地区。在一代女皇武则天（624—705 年）的支持下，莫高窟大兴土木，修建大量洞窟并塑造了两尊大型佛像。遗址内壁画描绘了释迦牟尼生平及其日常生活场景，其历史意义不可估量。大部分洞窟的墙壁及洞顶上皆布满壁画，画作内容包括一些几何或花卉装饰和诸如释迦牟尼与菩提萨（Bodhisattvas）等人物形象。有部分壁画对各类佛教人物的日常生活场景描绘得详尽无遗。第 302 号洞窟修建于隋朝（公元 581—618 年），其中壁画描绘了丝路之上一头骆驼拉着马车艰难前行。在第 61 号窟中，考古学家在墙壁上发现了一幅宋朝（960—1279 年）的五台山地形图，该幅地形图即为展现当时道路河流、城市寺庙的早期中国地图。

自明朝（1368—1644 年）以后，由于贸易路线变迁，敦煌及莫高窟几乎遭弃。1900 年，当地发现藏经洞，该处遗址才开始成为一项科研项目。

**涅槃洞**

第 148 号洞窟，即涅槃洞，修建于唐朝，具体年份为公元 705—781 年，整体布局呈长方形。其洞顶之上绘有上千尊呈坐姿的小型佛陀图案，该洞窟名称也由此得来。该间洞窟中存有世界上第二大斜倚式佛像，长度达到 47 英尺（约 14 米）；佛像基本构架由砾岩雕成，其外涂有粉饰灰泥。所有信徒塑像皆呈哀悼式样

**艺术风格**

敦煌艺术的风格独特，其中融合中国传统艺术和古印度、犍陀罗风俗形式。图中所示为发现于第 217 号洞窟南墙之上的壁画，绘于公元 705 年，完成于 707 年。考古学家认为其描绘了《佛顶尊胜陀罗尼经》中场景或来自《法华经》中的一篇寓言

## 藏经洞

第 17 号洞窟，亦称藏经洞，其内面积近 84 平方英尺（约 7.8 平方米）。这座洞窟修建于公元 851—867 年，为僧侣禅室。11 世纪中叶，当地僧人筑墙将藏经洞入口封闭，并于墙上绘制壁画。1900 年，莫高窟的看门人——道士王圆箓（约 1849—1931 年）无意中重新发现藏经洞并将其打开。藏经洞中藏有大量珍贵文物宝藏，包括超过 5 万份手稿和各类印刷稿、画作及仪式物品。

藏经洞中约 90% 的发现物都为当时重要的宗教文本，包括佛教、道教、摩尼教、琐罗亚斯德教和景教。洞中还藏有最早的全本印刷书册，例如《金刚经》卷轴（著名佛教梵语经文的中文译本），其年份可追溯至公元 868 年。藏经洞中剩下的 10% 宝物包括大量文章，涵盖官文及私文、儒家经典、买卖合同之类的社会经济文件、借条和当铺收据、会计账册，以及记录星宿、药物和编织活动等的黄历。其中大部分文献是以汉语书写的，也有藏语、和阗语、梵语、回鹘语、粟特语、突厥语和龟兹语。

一经发现，莫高窟随即成为求知重点。不过，藏经洞中的大量文书珍宝均已被赠送或被贩卖，流入到包括匈牙利籍英国考古学家奥莱尔·斯坦因和法国汉学家保罗·伯希和（Paul Pelliot，1878—1945 年）等人之手。1910 年，当时政府将其中少量手稿运往北京，不过大多手稿均已流失。1994 年，大英图书馆设立“国际敦煌项目”，旨在团结各方力量，收集各类手稿及其他学术材料。

# 希腊化世界

公元前 4 世纪，马其顿帝国崛起，希腊城邦统治区域秩序重整，希腊世界初现雏形。马其顿国王腓力二世（公元前 382—前 336 年）击败盟军，入主剩余希腊领土。腓力二世居住的一处主要宫殿位于希腊北部的维尔吉纳（详见第 280 页）。

在与波斯人的战争中，亚历山大大帝（公元前 356—前 323 年）大获全胜，随后留下了一系列纪念物铭记丰功，其中最精妙的一处是位于意大利庞贝古城农神庙（House of the Faun）内的亚历山大镶嵌壁画（见图 1）。壁画描绘了公元前 333 年大流士三世（死于公元前 330 年）大败于伊苏斯（位于今土耳其境内）时的场景。画中，亚历山大冲锋阵前，带领骑兵横扫大军，反观另一方，大流士三世被逼乘上战车仓皇而逃。另一处让人印象深刻的纪念物为格拉尼卡斯纪念碑（Granicus monument）：格拉尼卡斯（位于今土耳其境内）之战中，亚历山大麾下 25 名战士牺牲，为纪念战友，其命人在马其顿狄翁（Dion）地区立下此碑。公元前 146 年，狄翁沦陷于别国，这座纪念碑被转移至罗马梅泰利门廊（Porticus Metelli）之下。该处建筑群被发现于台伯河附近的战神广场（Campus Martius），奥古斯都大帝（公元前 63—公元 14 年）曾对其进行翻修。

亚历山大统治时期，马其顿疆域远扩至印度河流域。今巴基斯坦和阿富汗地区深受希腊世界影响，并创造了犍陀罗艺术。亚历山大最终逝世于巴比伦（今伊拉克境内），后葬于埃及。

1. 绘亚历山大大帝的镶嵌图画（约公元前 100 年）是一幅罗马风格壁画，最初发现于意大利庞贝古城农神庙中
2. 位于希腊佩拉酒神剧场的一幅镶嵌壁画中的局部细节图，壁画整体描绘了亚历山大大帝在猎狮中的情况，据研究，该幅壁画绘制于约公元前 320 年
3. 位于土耳其普里埃内（Priene）地区雅典娜波利亚斯神庙（Temple of Athena Polias）中的一块大理石墙砖。据碑文记载，亚历山大大帝曾资助建造神庙

## 重要事件

| 公元前 400 年 | 公元前 4 世纪 | 公元前 4—前 3 世纪 | 公元前 336 年 | 公元前 334 年 | 公元前 333 年 |
|---|---|---|---|---|---|
| 马其顿王朝定都佩拉。1957—1964 年，由菲蒂奥斯·佩萨斯（Photios Petsas）和西·马卡罗纳斯（C. Makaronas）率领的希腊考古团队对该遗址进行发掘。 | 1913 年，英国考古学家约翰·马歇尔（1876—1958 年）在发掘过程中，发现塔克西拉古城中的城市布局。 | 维尔吉纳地区居民在当地建立纪念陵墓。 | 马其顿国王腓力二世遇刺身亡。1977 年考古学家发现"2 号陵墓"，其认为这座陵墓即为腓力二世魂归之处。 | 格拉尼卡斯之战中，亚历山大大帝麾下 25 名将士阵亡。 | 伊苏斯战役（Battle of Issus）中，亚历山大打败大流士三世。 |

亚历山大死后，原先被其收服的地区重新分裂，各地区原先的统治者重登王位，独立称国。随后，塞琉西一世在叙利亚安提阿（Antioch）建立城邦，城邦按照公元前 5 世纪中叶希腊世界盛行的网格状城市布局规划。截至目前，鲜有希腊城邦遗迹被成功复原。公元前 400 年，马其顿王朝定都佩拉（Pella），腓力二世后来即于此出生。公元前 3 世纪，这座城邦发展繁荣；公元前 168 年，随着罗马共和国吞并马其顿，该城最终荒废。考古学家曾在遗址中发现大量贵族府邸，许多建筑上都饰有由鹅卵石镶嵌而成的图案（见图 2）。

历史上，最宏伟的皇城之一为位于土耳其西北部的帕加马城。阿塔利人打败高卢人，将其赶出土耳其中部地区，随后受雅典启迪，建造了一座自己的城市。正如雅典人将手下败将波斯人描绘成巨人、特洛伊人和亚马孙人一样，帕加马人以画图的形式永久记录其野蛮邻国的败绩。阿塔罗斯人（帕加马人）同样也是雅典城邦的赞助建设者。公元前 2 世纪中期，阿塔罗斯二世（Attalus II，公元前 220—前 138 年）赞助建造位于雅典市集东侧的城邦政治重心，即双层纪念拱廊。在其远处的雅典酒神剧场（Theater of Dionysus）附近的卫城南侧，还有一座拱廊，由其兄欧迈尼斯二世资助建成。

当埃及处于托勒密王朝统治时期，当时君主在亚历山大港（详见第 278 页）建造了最宏伟的希腊城邦之一。在持续的水下调查后，考古学家在航标灯（或称灯塔）周围发现了部分碎片；同时，有关学者修复了塞拉皮斯神庙与部分陵墓的遗迹。

在大量古希腊时期规划城邦遗址中，发掘最彻底的一座位于土耳其西部的普里埃内。在发掘过程中，考古学家在雅典娜波利亚斯神庙内发现了写于公元前 334—前 330 年的献祭铭文，其上记录着亚历山大大帝的善行（见图 3）。遗址中的部分公共建筑，例如议事厅，则体现出希腊城市的政治工作。

公元前 3 世纪，托勒密人在爱琴海岸建立海军基地。美国考古学家就曾在位于希腊亚地加地区（Attica）的克罗尼（Koroni）发现了一座基地，据研究，这座基地曾用于抵御马其顿人入侵雅典。德国考古学家曾对锡拉岛（今圣托里尼岛）进行调查，研究发现岛上的部分铭文篆刻了托勒密驻防军队事迹，例如岛上某座祭坛受掌管克里特、锡拉岛和伯罗奔尼撒三路军队的托勒密指挥官供奉。英国一考古队也曾在伯罗奔尼撒半岛上的迈萨纳（Methana）地区发现托勒密时期的海军防御基地遗迹。

希腊化王国一直延续至罗马时期。安条克一世（公元前 86—前 38 年），即位于土耳其东部的科马基尼王国（Commagene）君主，实乃塞琉国王安条克八世（公元前 242—前 187 年）之孙。自公元前 69 年，安条克一世继位，其便于罗马达成联盟约定。安条克一世陵墓位于土耳其境内托罗斯山脉（Taurus）东部的内姆鲁特山（Nemrut Dag），反映了该位君主被其臣民供若神明。

| 公元前 332 年 | 公元前 323 年 | 公元前 3 世纪 | 公元前 168 年 | 公元前 1 世纪 | 公元前 31 年 |
|---|---|---|---|---|---|
| 亚历山大从波斯人手中夺下埃及统治权。 | 亚历山大死于巴比伦，享年 33 岁。 | 托勒密王朝于爱琴海岸建立海军基地。1995 年，考古学家在亚历山大港海床中发现了大量托勒密时期雕塑。 | 随马其顿王国并入罗马共和国，佩拉城逐渐荒废。 | 克利奥帕特拉七世下令于亚历山大港修建恺撒瑞姆神庙（Caesareum temple）。 | 屋大维于阿克提乌姆海战（Battle of Actium）中打败马克·安东尼（Mark Antony）。 |

# 亚历山大港 公元前4世纪

约在公元前3世纪早期，航标灯（亦可称之为灯塔）出现于海港防波堤尽头。这些建筑以古代表现方式呈现，例如硬币及马赛克图案，图中为公元6世纪建于利比亚卡斯尔利比亚（Qasr Libya）地区的建筑图案

亚历山大港位于尼罗河三角洲西岸，是因与亚历山大大帝的关系而得其名的诸多城市之一。亚历山大港是古代世界最重要的港口之一；罗马时期，城中居住人口预计超过50万人。

约公元前332年，亚历山大于埃及打败波斯帝国，获得该地区控制权。在其身后，公元前323年，曾于其麾下效力的托勒密将军（Ptolemy）将其尸身运往孟斐斯，并在当地埋葬。后来，托勒密建立克里特－马其顿统治王朝，并将亚历山大港定为都城。随后他便再次将亚历山大大帝尸身运至亚历山大港；至托勒密四世时期，国王菲萝佩特（Philopator，约公元前238—前205年）为其举办了一场王朝葬礼。尽管亚历山大大帝陵寝的精准位置无人所知，但仍有大量调查研究团队对其前赴后继。

亚历山大港建于希腊海岸线沿线，城市内布局呈网格状。城中最重要的一处文化机构为当地图书馆；根据远古文献记录，图书馆内部藏书仅50万本。不幸的是，这些藏书今已全部流失在外；不过由于当时图书馆允许借阅者自己抄录图书，因此其中一部分图书流传至今。托勒密王朝的另一重要建筑为恺撒瑞姆神庙，为克利奥帕特拉七世（Cleopatra VII，约公元前69—前30年）为纪念自己的爱人马克·安东尼（公元前83—前30年）所修。此行为大大惹恼了罗马人，后被其对手屋大维（Octavian）即后世的奥古斯都大帝利用；公元前31年，在阿克提乌姆海战中，屋大维打败了克利奥帕特拉七世。奥古斯都国王重修恺撒瑞姆庙，公元14年，其将赫里奥波里斯城中的方尖纪念碑运至寺庙之中。19世纪时，庙中一座纪念碑被运至伦敦，展于堤岸公园中（纪念碑亦被称克利奥帕特拉尖塔）；另有一座被运至纽约，安置于中央公园。

**庞贝石柱**

塞拉匹奥城（Serapeion）旁，有一根花岗岩石柱，该石柱原本立于赫里奥波里斯，后被运至此地，其上刻有图特摩斯三世（死于公元前 1426 年）之名的象形文字。有文献记载，公元 291 年，为纪念戴克里先皇帝（Emperor Diocletian，公元 245—316 年）统治这座城市，城内居民重竖此根石柱。如今该石柱位于以色列塞佛瑞斯，其上的马赛克图案绘于 5 世纪，描绘了亚历山大港

**托勒密十二世奥勒斯的狮身人面像**

1998 年，法国考古学家弗兰克・戈德里奥（Franck Goddio，生于 1947 年）在靠近亚历山大港的一处海床上打捞出一尊托勒密十二世，即克利奥帕特拉七世之父奥勒斯（Auletes，约公元前 112—前 51 年）的狮身人面像。随后，考古学家从奎贝堡（Fort Qaitbay）附近海域发现了超过 25 座斯芬克斯像；其中一些雕像上刻有文字，表明其原本来自赫里奥波里斯

## 亚历山大港中的发现

考古学家在奎贝堡附近海域发现了大量制造于 15 世纪末期的物品，其中一些发现甚是激动人心。20 世纪 90 年代，法国考古学家在此片海域的海床中发现了大量古代雕塑，包括曾矗立于赫里奥波里斯，后在托勒密王朝时期重新被城内居民竖立的多座石柱，其石柱篆刻了代表拉美西斯二世（死于公元前 1213 年）姓名的象形文字。此外还有部分其他发现，例如塞提一世的方尖纪念碑。

在大量发现中，最令人惊叹的发现是一尊巨大的男性花岗岩石雕，高度超过 15 英尺（约 4.5 米），考古学家猜测其可能为托勒密家族成员之一。1961 年，考古学家在同一区域内发现了一尊伊西斯（Isis）雕像，石雕高 23 英尺（约 7 米），若连同头饰测量，高度几乎超过 39 英尺（约 12 米）。在英国水下考古团队对两尊雕像的位置进行测量后，考古学家发现它们似乎并排而立。考古学家还在该海域内发现了其他一些大型雕像碎片和摆放痕迹。

关于托勒密一世究竟为何建立亚历山大港，其中一种解释为塞拉匹斯（Serapis）信仰——一种结合了土耳其北部锡诺普（Sinope）地区信仰和埃及地区崇拜的信仰。不过，公元前 4 世纪希腊雕刻家布赖亚斯所雕的塞拉匹斯像并未流传至今，公元 391 年，亚历山大港主教西奥菲勒斯将其砸碎。根据古人描述，塞拉匹斯像通体黝黑；公元 2 世纪时，人们曾用黑色大理石制造了一尊复刻像；在英国考古学家对塞浦路斯地区萨拉米斯城中的体育馆进行发掘时，他们无意中找到了该件复刻像。与此同时，他们还发现一块刻有托勒密三世（死于约公元前 221 年）时期象形文字的金碑，其上还有一段希腊文字；该发现表明该地域在托勒密王朝时期得到进一步发展。公元 116 年，由于城中爆发暴乱，塞拉匹斯像被毁，后罗马皇帝哈德良着手重建该圣地。考古学家在圣地中一处半地穴式长廊中发现了一尊阿匹斯公牛神像，哈德良之名便被刻于其上。

# 维尔吉纳的宫殿遗迹 公元前4—前3世纪

图为希腊维吉尼亚遗址中“2号墓穴”的正面景象。墓穴中立有大量圆柱，柱顶饰有排档间饰和三角槽排档。最上方则是绘有狩猎场景的装饰嵌板

维尔吉纳考古遗迹位于希腊北部群山之巅，俯瞰阿利阿克蒙河（Aliákmon river），是古代马其顿王族定居宫殿。铁器时代，该地区初有人烟；考古学家于当地发现了大量公元前1000—前700年的墓丘。

1855年，法国考古学家里昂·厄泽（Léon Heuzey，1831—1922年）首先发现这座遗迹。六年后，位于雅典的一所法国研究所团队开始对遗址中的墓群和宫殿进行发掘。1938年，来自塞萨洛尼基大学的康斯坦丁·罗马亚斯（Constantine Rhomaios，1874—1966年）开始调查维尔吉纳宫殿和部分王族陵墓。1952年，考古团队开始发掘“王冢”；不过直到1977年，他们才发现今世的“2号墓穴”——部分考古学家认为其中埋葬有马其顿国王腓力二世（Kirg Philip II）的遗骸。通过不断深入发掘，考古学家发现了位于佩肯山（Mount Paikon）山麓地区的王族宫殿地基。宫殿建于一座土丘之上，视野广阔，身处其中能一览平川、眺望大河；土丘东侧有一扇宏伟的城门，穿过城门即进入广场建筑群——一座由多立克式柱廊包围的大型庭院。长廊上建有顶篷，沿长廊前行，可看见几扇房门狭窄的房间，有关学者认为其为餐厅；餐厅的面积不等，可容纳7—30张沙发。庭院北侧房间与对面的戏院及画廊遥相对应。从中央门廊大厅向南，可进入广场建筑群南侧的双子餐厅，似乎此两间餐厅专供国王及其亲信随从使用。在庭院东侧，毗邻门廊之处，有一座圆形建筑，或称之为“圆顶厅”；有关学者认为其可能是一间觐见厅。不过，“圆顶厅”中刻有“赫拉克勒斯之祖”字样，表明该房间实为一间“奉祠”，因为当时王族成员将英雄赫拉克勒斯认作王宫的建造者。

**金箱**

1977年，希腊考古学家马诺利斯·安德洛尼卡（Manolis Andronikos，1919—1992年）进入“2号墓穴”，随后于其中发现一口金箱，或称金棺；箱中置有一具人体遗骸、一张长榻及银盘。与此同时，马诺利斯还在墓中发现了一匹饰金染紫纺布、几件铜器和一套盔甲。如此丰富的陪葬品表明，这座墓穴为富人所有；除此之外，棺盖上嵌有的星纹图徽暗示该墓室主人为马其顿王室成员

**剧院**

从宫殿位置向北远眺，可望见剧院所在。依观众席而坐，下方山谷尽收其眼底。发掘过后，考古学家发现，剧院前部座椅为石制，后部依土堤而建的阶梯座椅则由木头制成。在半圆形的座位之后，是一间临时搭建的棚屋。据历史记载，马其顿国王腓力二世在剧院中参加其女儿克利奥帕特拉与伊庇鲁斯国王亚历山大（Alexander of Epirus，公元前350—前331年）婚礼之时，遭其警卫刺杀身亡

## 恢宏的陵墓

经发掘，考古学家发现了数座建于公元前4—前3世纪的宏伟陵墓，陵墓正面入口上方多饰有三角形楣饰，周身立有爱奥尼克式圆柱。

贝拉冢（Bella Tumulus）位于遗址西部，内部包含石雕长榻，其上供奉着献给逝去之人的吃食酒水。内室入口大门之上挂有一幅画，为逝者写真。

马诺利斯·安德洛尼卡在发掘“王冢”过程中发现四间墓室，其中两间保存完好未被盗劫。“1号墓室”内饰有一幅画，画中描绘了珀尔塞福涅（Persephone）被冥王哈迪斯（Hades）的战车押送至冥界。“3号墓室”未经开启，内部藏品保存完好。墓室中埋葬了亚历山大四世（Alexander IV，公元前323—约前310年）的遗骸，该位国王为亚历山大大帝与罗克珊王后（Roxane）之子。其尸骨曾经火化，骨灰装于饰有金花冠的银罐之中。与其相同，“2号墓室”也同样未被人打扰。为试图探清逝者身份，有关学者在主室中对石棺内部残骸进行了研究。在面部重建工作完成后，有关学者认为其中遗骸为马其顿国王腓力二世，即亚历山大大帝之父。墓室中二号石棺内置有一具女尸，考古学家认为其应为克利奥帕特拉王后，即腓力二世七任妻子中的最后一位。不过，由于发现尸骨的重量与陵墓中金属容器上篆刻的腓力二世体重数值存在差异，且根据尸骨所测死亡年份与腓力二世死亡年份也无法统一，所以也有专家对此看法存疑。

此外，另有学者猜测“2号陵墓”墓主实为腓力三世阿里达乌斯（Philip III Arrhidaios，约公元前359—前317年），即腓力二世与其妻阿狄亚·欧律狄刻（Adea Eurydike，死于公元前317年）之子。根据骸骨鉴定，另有人猜测“1号墓穴”中身份未知的男女尸骨实为腓力二世及克利奥帕特拉。不过，迄今为止，“1号墓穴”及“2号墓穴”的主人身份依旧成谜。

# 迦太基帝国

1. 位于意大利撒丁岛辛尼斯半岛中的塔罗斯遗址（Site of Tharros）

2. 公元前6世纪时期的一块刻有腓尼基文字的金叶皮尔基石碑

在利比亚诸如塞卜拉泰遗址及大莱普提斯遗址的发掘过程中，考古学家在早期土层中发现了公元前5世纪至4世纪时期由雅典进口而来的陶器；该发现表明腓尼基人曾季节性于苏尔特湾南部至昔兰尼加希腊殖民区西部活动。欧亚城（Oea，今特里波利）也极有可能是一处腓尼基定居点。这些港口城市沿迦太基至地中海东岸分布，与希腊主陆及伯罗奔尼撒半岛相隔。

据史料记载，公元前9世纪时，迦太基（今突尼斯地区）人原居于泰尔地区（今黎巴嫩地区）；不过并无任何考古证据证实这一说法。可信度最高的一种说法为，公元前8世纪时，随着当时希腊殖民地不断壮大发展，迦太基人曾居于意大利南部及西西里岛殖民地区。在迦太基人与伊特鲁里亚人为抵御希腊殖民扩张建立联合政府后，腓尼基人与希腊人之间的矛盾冲突日益明显；公元前535年，阿拉利亚及科西嘉海战爆发。考古学家曾在伊特鲁里亚地区中的皮尔基圣迹遗址（位于今意大利拉齐奥大区圣塞韦拉）内发现数块以腓尼基文字（见图2）及伊特鲁里亚文字共同篆刻的金匾，其中便记录了两方联合执政，公元前480年，迦太基大军大败于西西里岛北部的希梅拉战役，战胜方将收缴得来的战利品用作建造位于岛上南部塞利农特地区的宏伟神庙群。西西里城邦盖拉及锡拉库扎僭主革隆（Gelon，约公元前540—前478年）曾在希腊德尔斐地区搭建一块三角形支架基台，后于其上建造胜利女神尼卡像。考古学家认为，其弟亥厄兰新帝

## 重要事件

| 公元前814年 | 公元前8世纪 | 公元前8世纪 | 公元前8世纪末 | 约公元前700年 | 公元前7世纪 |
|---|---|---|---|---|---|
| 腓尼基人在迦太基建立定居点（根据传统测年法）。1875年，查尔斯·欧内斯特·贝尔（Charles Ernest Beulé，1826—1874年）对该遗址进行发掘。 | 位于意大利南部及西西里岛地区的希腊殖民地开始进一步扩张。 | 撒丁岛诺拉地区居民在诺拉石上刻字；1773年，该块岩石被后人发现。 | 腓尼基人开始于塔罗斯地区建立定居点。1830年，考古学家开始对此地进行发掘，随后修复了腓尼基公墓遗址。 | 一艘装载了大量双耳细口瓶的腓尼基货船沉于马耳他戈佐岛附近。2014年，一支法国考察团队发现该艘沉船。 | 1982—1986年，根据伊维萨岛（Ibiza）田野发掘结果，有关学者发现巴利阿里群岛（Balearic Islands）也曾是腓尼基人的贸易对象。 |

（Hieron，死于约公元前 467 年）在希腊奥林匹亚地区打造的伊特鲁里亚盔甲便与此相关，而锡拉库扎地区的有关物件可能与迦太基和伊特鲁里亚联盟有关。

随后，迦太基成为腓尼基人在地中海西岸活动的中心地区。以此地作为开始，腓尼基人在西西里岛西域建立摩塔亚城，并于此定居，直至公元前 4 世纪初，锡拉库扎人攻破摩塔亚城。此后，西西里岛上腓尼基人的主要活动中心变为利利俾（Lilybaeum，今马萨拉）地区。

根据地中海西岸贸易港口城市的位置，便可清晰了解腓尼基人在地中海西岸的分布情况。考古学家在撒丁岛西岸发现塔罗斯遗址（见图 1），该发现表明公元前 8 世纪末，腓尼基人开始于此地定居。此外，最早的居住痕迹体现于当地的陀斐特祭坛（一处墓地）中，该处地区为早夭孩童的墓地。墓地离人们的生活定居点并不远，其中埋有大量重要的希腊物件，包括雅典的陶器。这一发现表明地中海西岸出现的部分此类雅典陶器并非由希腊人携带至此，而是通过腓尼基人的贸易活动。约公元前 238 年，塔罗斯的布匿（Punic）定居点中仍有人定居。公元前 8 世纪时，腓尼基人在岛上南部地区建立诺拉（Nora）定居点。通过修复技术，有关专家修复了多块篆刻了当地陀斐特祭坛情况的石碑。

布匿人活动的另一处重要遗迹位于西班牙加的斯市（Cádiz）。传统意义上来说，公元前 12 世纪时该地初有人烟，不过当地发现的最古老的考古文物年份为公元前 8 世纪。考古学家认为，公元前 8 世纪当地居民在里奥廷托（Rio Tinto）地区发现了大量银矿，淘银者因此蜂拥而至。考古学家在遗址中发现了数件双耳细颈瓶，其颈部刻有“Attic SOS”字样，考古学家便以此对其命名；瓶身描绘了当时的采矿活动，表明当时橄榄油极有可能也是一项贸易商品。

通过不断的水下发掘，考古学家发现了大量腓尼基船只残骸。他们在马耳他戈佐岛附近发现了一艘沉于约公元前 700 年时期的沉船，船中装有大量双耳细颈瓶和碎石块。在西班牙卡塔赫纳（Cartagena）附近的巴郊迪娜坎帕纳（Bajo de la Campana）海礁地带，考古学家也发现了一艘类似沉船，其中装运了大量象牙、硒、铜块和未经加工的含银矿石。

在对非洲西部大西洋海岸的迦太基考古发掘中，考古学家发现了部分当地居民习俗。希腊地理学家斯特拉波（约公元前 64—前 21 年）曾发现当地居民习惯沿非洲西海岸建立定居点，其数量达到 300 座。自非洲海岸而下至摩洛哥莫加多尔岛（Mogador Island），考古学家发现了部分有限的人类活动痕迹；他们还在莫加多尔岛上发现了大量绘有布匿涂鸦的陶器碎片。

在迦太基不断向外扩张的进程中，其与罗马共和国之间的冲突日益增多。为取得西西里岛墨西拿海峡（Strait of Messina）的控制权，双方爆发第一次布匿战争（First Punic War，公元前 264—前 241 年）。公元前 146 年，在第三次布匿战争（Third Punic War，公元前 149—前 146 年）中，随着迦太基城破，迦太基帝国最终陨落。

| 公元前 7 世纪 | 公元前 535 年 | 公元前 480 年 | 公元前 397 年 | 公元前 264—前 241 年 | 公元前 146 年 |
|---|---|---|---|---|---|
| 一艘腓尼基货船沉于西班牙巴郊迪娜坎帕纳海礁地带。2007—2011 年，考古学家对沉船进行勘测，研究发现船上货物包括大量金属和各类奢侈品。 | 迦太基与伊特鲁里亚联合建立政权，在阿拉利亚海战中共同抵御希腊人。 | 希梅拉战役，迦太基大军大败于西西里岛北部。 | 锡拉库扎人攻破摩塔亚城。 | 为争夺西西里岛墨西拿海峡控制权，第一次布匿战争爆发。 | 迦太基城破为第三次布匿战争画上句号，同时导致迦太基帝国最终灭亡。 |

# 迦太基 公元前9—前2世纪

1921 年，考古学家在萨拉姆波区发现了一座陀斐特墓葬土丘。其中埋葬的多为婴儿及孩童，部分墓穴中陪葬有祭品及珠宝。布匿定居点中大部分居民似乎都将这座冢丘作为夭儿坟地。考古学家还在冢丘中发现了大量献给迦太基守护女神塔尼特（Tanit）的贡品

从传统意义上来说，位于今天突尼斯地区的腓尼基人定居点——迦太基城建于公元前 814 年，而当地陶器在测年后发现制作于公元前 8 世纪，两个时间相符合。迦太基地处地中海战略要地，与西西里岛西部遥相对应；当时，西西里岛上也有腓尼基人定居点。迦太基城地理位置优越，北可进入银矿资源丰富的西班牙南部地区，西可抵达非洲西岸，考古学家在该地区发现了部分腓尼基人拓张的考古痕迹；穿过迦太基城，可沿非洲北岸、撒丁岛及巴利阿里群岛发现一系列腓尼基定居点。公元前 146 年，罗马将领小西庇阿（Scipio Africanus the Younger，约公元前 185—前 129 年）攻破迦太基城，全城付之一炬；后来，考古学家在圣路易斯山下的一处厚密灰烬中发现了一件意大利亮黑陶器，测年后发现其年份为公元前 2 世纪中期。

20 世纪 80 年代，各国协力欲记录迦太基城考古遗址全貌，包括港口设施。考古学家证实，正如 2 世纪希腊作家阿皮安（Appian）所写，迦太基城中建有两处港口，不过如今皆已淤塞成为潟湖。在对阿德默勒尔蒂岛（Admiralty Island）进行发掘后，考古学家在布匿时期的土层中发现了部分物质，包括公元前 5 世纪的雅典陶器；此外，他们还发现了用作干船坞的海军船篷和其他一些海军设施。为建造港口，当时居民将近 307368 立方码（约 235000 立方米）土壤挖掘开凿，其体积能容纳 200 艘船只。通过不断深入研究，考古学家最终找到了罗马殖民者如何将已经毁坏的布匿时期设施再利用的方法。

一支美国考察团队曾对城中布匿时期土层和布尔萨（Byrsa）城堡进行调查，不过其考察重点仍为圣路易斯山和陀斐特祭坛遗址。考古学家发现，布匿城城墙防御性极强，墙体由方石块垒砌，其中填充碎石。

# 焦点

**罗马剧场**

剧场最初约建于奥古斯都皇帝（公元前63—公元14年）统治时期，不过由于发现该建筑大量使用产自普罗康奈斯岛（Proconnesus island，今土耳其马尔马拉岛）的大理石，考古学家认为该剧场在公元2世纪末曾经历重建。在当时，由于公元1世纪40年代末期，即安东尼·庇护皇帝（Emperor Antoninus Pius，公元86—161年）统治时期，迦太基城遭遇大火，为重建部分城中建筑，帝国出资恩赐重修，而这座剧场极有可能为重修建筑

**罗马圆形竞技场**

迦太基圆形露天竞技场建于一处平整土地之上。作为罗马帝国最大的圆形露天竞技场之一，据估计，其可容纳3万名观众。考古学家在竞技场遗址中发现一块石碑，其上记录篆刻了当时举办的游戏内容，包括为期四天的角斗秀和猎兽赛，所有游戏都经地方执法官允许。圆形竞技场约建于公元2世纪早期，随后在马可·奥勒留皇帝（Emperor Marcus Aurelius）统治时期进行修整

## 罗马迦太基

公元前146年，在第三次布匿战争迦太基城破后，罗马人并未迁入城中，迦太基一片荒芜。公元前44年，由于其地处战略要地，尤利乌斯·恺撒（Julius Caesar，约公元前100—前44年）决定重兴迦太基城，不过收效甚微；直至奥古斯都统治时期，迦太基城中才再次人头攒动。奥古斯都大帝命人将早期残留的腓尼基定居点夷为平地，重修城市，并将其城中布局定为网格状。随后，迦太基城成为当时重要的中心城市，同时成为非洲省（包含今天的突尼斯、阿尔及利亚东北部和部分利比亚西部城市）中心。公元439年，汪达尔王国（Vandals）对迦太基发起进攻；公元7世纪末，迦太基被阿拉伯人攻占。

1904年、1905年，保罗·高克勒（Paul Gauckler）开始发掘罗马剧场，该剧场能容纳超过11000名观众。剧场内有两尊巨大的阿波罗及英雄赫拉克勒斯大理石像，考古学家认为其可能与皮提亚竞技会的成功举办有关；因为在塞普蒂米乌斯·塞维鲁（Septimius Severus，公元145—211年）统治时期里，当时居民信奉阿波罗神的庇佑，他们相信竞技会的成功举办依赖阿波罗神。考古学家在剧场中发现一块烧焦的土层，情况与剧场中损坏的大理石配件相符，他们认为极有可能是由于公元439年，迦太基城遭敌军入侵。

在发掘过程中，考古学家发现了部分古典时代晚期（Late Antiquity）建筑，包括一栋建于约公元400年时期的穹顶建筑。在比尔福图（Bir Ftouha）遗址，一支美国考察队发现了一处建于公元6世纪的参拜建筑群，包括一间洗礼堂及一幢大教堂。魁北克大学的一支考察团队在奥登山（Odeon Hill）上发现了一间圆形纪念堂，厅堂直径28英尺（约8.4米），似乎是为纪念当地达官贵人所建；其旁边即为一座大教堂。在更远一些的布尔萨地区，考古学家发现了一间长达281英尺（约84米）的大教堂。另一项加拿大考古项目证实，特尔夫索尔（Teurf el-Sour）附近地区的城墙（建于约公元425年）原旨在保护城市免遭外敌侵扰。

# 摩塔亚古城 公元前8—前4世纪

考古学家曾对位于西西里群岛中的圣潘塔莱奥岛（Island of San Pantaleo）进行发掘，他们在遗址中发现了一座矩形的巨大海港，或可称为一座人工港口，并声称其与一处宗教建筑群有关。自公元前6世纪起，该处定居点内的主要墓地便依托岛上主陆，居民只能通过一条堤道进入其中

摩塔亚古城遗址位于西西里岛西岸的一处潟湖中央，占地111英亩（约45公顷）的小岛之上。在古代，人们要穿过一条狭窄堤道才能进入城中。公元前8世纪，腓尼基人建立摩塔亚城；该城随后成为西西里岛西岸，即希腊殖民区与掌控地中海西岸的腓尼基王国之间的一块矛盾缓冲地带。同时，摩塔亚城也是迦太基与西西里岛之间贸易往来的一座中转站。

公元前6—前5世纪时，摩塔亚城与疆域辽阔的希腊世界往来频繁。当地人使用一种双耳细颈瓶盛装酒类及橄榄油，而这种容器属舶来品，产自位于爱琴海的希俄斯岛（Chios）与萨摩斯岛（Samos）和罗纳河河口处的马萨利亚（Massalia，今马赛地区）。考古学家曾修复一件发现于科林斯（Corinth）的希腊式风格陶器，据悉，其年份可追溯至公元前6世纪。

公元前6世纪中期，当地居民在西西里岛东北部建立卡帕达祖圣地（Cappidazzu sanctuary），并在其周围建立围墙。圣地中建有一栋狭长且带有侧廊的建筑，有关学者认为其极有可能为寺庙，不过他们并未发现腓尼基人有何信仰神明。建筑前立有一块石板，考古学家认为其是三块圣石的基座。圣地中最古老的建筑是一口水井，挖建于公元前7世纪后半叶。

岛上最重要的发现为一尊雕像，名为“摩塔亚的驭者”（Motya Charioteer）。这座雕像刻画了一位在战车比赛中获胜的希腊胜利者，有关学者认为雕像极有可能曾展示于卡帕达祖圣地之中。关于为何会在腓尼基人的居地中发现一座希腊人雕像，考古学界争论不休。其中一种猜测为，该件雕像实为一件战利品，代表腓尼基人打败西西里岛上的希腊殖民地，换句话说，就是当地统治者标榜自己伟业的一个象征。

**摩塔亚的驭者**

有关学者认为，该件驭者大理石雕像可能由一位希腊雕刻家所制。研究发现，其历史年份约在公元前470—前460年，与西西里岛盖拉僭主在德尔斐地区供奉的青铜驭者约为同一时期。1979年，考古学家在一处陶器作坊附近发现了该件雕像，他们认为，在公元前397年锡拉库扎围城战时期，该件雕像极有可能被当作一件路障壁垒

**嵌饰屋**

公元前397年摩塔亚城沦陷后，大半摩塔亚城衰败遭废。不过，考古学家在部分建筑中发现了少量人口居住痕迹，这其中便包括嵌饰屋，一栋以黑白鹅卵石镶嵌成装饰的房屋——鹅卵石排列显示出在一条蜿蜒小径上，一头狮子正在攻击一头公牛。近期，考古学家发现了数座该时期内的腓尼基窑穴

## 岛上生活

考古学家在西西里岛西北部地区发现了大量黏土制火葬墓坑，其中还埋有部分黏土雕像。该发现表明，自公元前7世纪起，该地区便已有人居住。该区域内约有1000根石柱，其中部分用于供奉腓尼基神巴尔哈蒙（Baal Hammon）。英国考古学家称该区域实为埋葬孩童的陀斐特墓葬区，不过如今人们对这种理论愈加怀疑。

自公元前7世纪起，北门附近一块土地被用于工业生产，考古学家先前对该区域进行了发掘。他们在其中发现了软体动物贝壳、烤炉和砌有薄层黏土的深坑，这一切都表明该地区曾用作萃取紫色染料——一种在古代世界价值极高的染料物品。

约在公元前6世纪晚期，当地居民在小岛周围建起一座长1英里（约1.6千米）的石墙。北侧石墙横穿岛上居民墓地，墓地中约有200座火化墓穴；该情况表明，当时定居点内居民的外敌风险主要来自海上，因此其建立围墙抵御海上进攻。考古学家在部分墓穴中发现了舶来的科林斯陶器，表明摩塔亚城中的各类活动与西西里岛其他地区内活动仍有一定关联。公元前5世纪末，当时统治者重修防御堡垒。堡垒至少有两个出口，一处大门位于北侧，两边建有塔楼，毗邻连接内岛的堤道。考古学家在遗址中发现了部分马车车轮磨损路面的痕迹。闭合城门时需使用多块门板，门板上装有大型青铜铰链；在发掘过程中，考古学家修复了一件铰链。在南侧围墙，考古学家发现了带有塔楼的第二处城门。

公元前397年，锡拉库扎君主狄奥尼修斯一世（Dionysius I）攻克摩塔亚城。当时（可能最早的时间）出现了一种令人印象深刻的装饰图案，人们后将这种图案印刻于一种亮黑的雅典陶器之上；公元前4世纪，这种陶器风靡整片大陆。

# 古代意大利

1. 考古学家于拉齐奥乌尔奇地区内的奥斯特里亚（Osteria）墓地中发现的制作于公元前 8 世纪的埃维厄岛棚屋状骨灰瓮

2. 一支发现于拉齐奥帕莱斯特里纳（Palestrina）地区巴贝里尼墓（Barberini Tomb）中的手形仪杖，据分析，该手杖制作于公元前 7 世纪

住在意大利南部、西西里岛地区的希腊殖民者逐渐与当地居民加深联系，这一现象对那不勒斯湾（Bay of Naples）附近的坎帕尼亚（Campania）地区尤为重要。考古学家曾对加普亚（Capua）进行发掘，其发现结果足以证明文化的影响力在不断变化；在发掘过程中，其关心的一项关键问题即围绕殖民定居者与当地居民之间的交流。来自埃维厄岛（Euboea）的希腊移民曾在伊斯基亚岛（Island of Ischia）上建立贸易据点，用于中转产自厄尔巴岛（Island of Elba）的铁器；这些铁器先于意大利中部地区的波普洛尼亚（Populonia）地区加工，后被运往库梅城（Cumae）的坎帕尼亚。

在对意大利北部进行发掘时，考古学家发现了疑似诞生于公元前 9 世纪时期的微兰诺威文化。“微兰诺威”一词指波河河谷（Po Valley）流域及坎帕尼亚地区内的定居点。有关人员在遗址中发现了留有火葬痕迹的墓地，一些火葬后的灰烬装于一种双锥形容器中。考古学家发现，该时期内的部分墓穴中陪葬有琥珀饰品，这表明意大利中部地区也被涵盖进深入欧洲北部地区的贸易体系中。自公元前 9 世纪起，位于意大利中西部的拉蒂姆（Latium，今拉齐奥）居民便学会制作形如棚屋（见图 1）的陶制骨灰瓮。

公元前 8 世纪，即所谓东方时期，希腊殖民进程尚未开始，许是同腓尼基人往来密切，古意大利与地中海东部地区联系日益频繁。大量舶来的东方物料同样反映出这一时期特征。在拉齐奥切尔韦泰里（Cerveteri），考古学家发现了雷格利尼 - 加拉西墓（Regolini-Galassi Tomb）；这座陵墓由凝灰岩修筑而成，其上堆有土丘。考古学家在墓内发现了数件银碟，并推测这些银碟或许制

## 重要事件

| 公元前 9 世纪 | 公元前 9 世纪 | 公元前 8 世纪 | 公元前 7 世纪 | 公元前 753 年 | 公元前 7 世纪末 |
| --- | --- | --- | --- | --- | --- |
| 微兰诺威文化开始出现于意大利北部。 | 拉蒂姆居民首次使用棚屋型骨灰瓮。 | 意大利与地中海东岸地区之间往来逐渐增多。 | 拉齐奥切尔韦泰里居民开始建造雷格利尼 - 加拉西墓。1836 年，考古学家发现这座陵墓。 | 罗马建立。 | 拉蒂姆帕莱斯特里纳地区居民常在墓穴内陪葬东方器物。 |

作于地中海东岸；其中几件上还刻有特鲁里亚短铭文。公元前 7 世纪，在伊特鲁利亚南部地区制造的部分陶器上，希腊陶匠会于其上刻下一些东方图案。与此同时，考古学家在拉蒂姆的帕莱斯特里纳地区也发现了陪葬有同等丰富东方藏品的墓穴，藏品年份可追溯至公元前 7 世纪末。考古学家在贝尔纳蒂尼墓穴（Bernadini Tomb）中发现了刻有埃及风格图样的镀金银碗，碗边饰有蛇形边饰。此外，他们发现在巴贝里尼墓及帕莱斯特里纳地区墓穴中的银碗上，皆刻饰有创造于埃及及亚述地区的图案，该发现表明这些银碗最初制作于地中海东岸的腓尼基地区，后被运至意大利售卖。而一些雕刻精良的腓尼基风格象牙制品（见图 2），极有可能为当地东方匠人自行雕刻。考古学家在位于坎帕尼亚邦的庞特卡格纳诺（Pontecagnano）火葬场中发现了大量东方器物，其中便包含银碟。与此同时，伊特鲁里亚地区的发现物中同样包含相似特征的器物，该发现表明当时的地区间文化认同范围极广。

大量考古发掘（包括一些非法活动）已经向我们揭露了公元前 6 世纪至 5 世纪时期的伊特鲁里亚墓穴。当时的墓穴由凝灰岩修凿而成，并且饰有精心雕刻的壁画。建于公元前 6 世纪末的奥格尔斯墓（Tomb of the Augurs）位于拉齐奥的塔尔奎尼亚（Tarquinia），墓室内壁画描绘了两位男子摔跤争夺一摞碗。有关学者认为该场景展示了一种典型的丧葬游戏。位于拉齐奥的乌尔奇古墓群（Tombs of Vulci）因藏有大量刻有雅典人物形象的陶器而闻名；19 世纪时，欧洲大量博物馆寻得此类陶器，随后引发一阵挖掘热潮。19 世纪早期，某位收藏者曾大肆渲染其在墓穴内发现某种“块菌”。考古学家在部分墓穴中发现了描绘宴会或酒会场景的壁画，例如修建于公元前 5 世纪早期的塔尔奎尼亚“豹墓”（Tomb of the Leopards）。在此类壁画中，绘画者常常描绘宴会嘉宾倚靠着长榻欣赏音乐。

在拉齐奥，皮尔吉圣地（Pyrgi，今圣塞韦拉）及塔尔奎尼亚地区内的大多神庙皆已被发掘；而位于塔尔奎尼亚港口处的格拉维斯卡神庙（Gravisca）也早经勘探。此外，考古学家在翁布里亚（Umbria）的奥维多（Orvieto）发现了带有高大阶梯的神坛。他们发现伊特鲁里亚地区的神庙常饰有色彩鲜亮的陶瓦。

尽管考古学界对伊特鲁里亚地区的墓穴的兴趣不减，不过其也逐渐将关注中心移向城镇本身。公元前 6 世纪，博洛尼亚（Bologna）附近出现了一座呈网格状布局的马扎博多城（Marzabotto）。到目前，有关学者认为位于亚得里亚（Adriatic）海岸的斯皮纳（Spina）港口是意大利北地与欧洲中部地区通商往来的中心。罗马，位于伊特鲁里亚以南，通常意义上被认为建于公元前 753 年。在发掘古罗马城市广场遗址后，考古学家发现少许有关该城早期活动的证据。特别是在康科德神庙（Temple of Concord）附近的一处土堆中，考古学家发现了大量公元前 6 世纪器物，其推测这些物品极有可能是当时居民进行还愿后留于神庙之中的。

| 公元前 6 世纪 | 公元前 6 世纪 | 公元前 560—前 550 年 | 约公元前 510—前 500 年 | 约公元前 500 年 | 公元前 5 世纪早期 |
|---|---|---|---|---|---|
| 拉齐奥塔尔奎尼亚居民修建奥格尔斯墓（Tomb of the Augurs），他们在墓室墙壁上画下了两个正在摔跤的男性形象。 | 布局呈网格状的马扎博多城建设中。 | 当地居民在切尔韦泰里斑蒂塔卡（Banditaccia）墓地中一处陵墓内竖立了一块博卡内拉（Boccanera）赤陶土碑，碑上描绘了斯芬克斯和一些神话场景。 | 在罗马以北的维爱城（Veii）附近坐落着波托纳齐奥（Portonaccio）城，城中的伊特鲁里亚神庙内常饰有赤陶建筑像。 | 当时居民雕刻了大量双语金匾，分别用伊特鲁里亚语及腓尼基语阐述。1964 年，考古学家在皮尔吉圣地中发现了这些金碑。 | 塔尔奎尼亚“豹墓”内的墓壁之上饰有当时的宴席场景。 |

# 切尔韦泰里古城 公元前7—前6世纪

图片为“浮雕之墓”内部的独特装饰，这座陵墓位于意大利切尔韦泰里斑蒂塔卡城（约公元前325—前300年）内。陵墓内饰有多种彩色灰泥浮雕，例如带柄陶罐、刀具，让人不禁联想到家庭装饰；而盾牌及头盔，则象征逝者的精英地位

伊特鲁里亚人的居住区域包括今托斯卡纳（Tuscany）、翁布里亚西部和拉齐奥北部地区。切尔韦泰里城，即希腊人熟知的阿吉拉城（Agylla）和罗马人认知中的卡瑞尔城（Caere），是一座海边重镇，位于罗马西北侧29英里（约47千米）外。早在伊特鲁里亚人之前，切尔韦泰里城便已有人居住，其历史可追溯至原始微兰诺威时期及微兰诺威时期。在发掘古城遗迹时，考古学家将注意力主要集中于其中的岩切陵墓上。1836年，考古学家发现了雷格利尼－加拉西墓；研究发现其年份可追溯至公元前7世纪末。他们在墓穴内发现大量藏品和金银，该发现表明此地区与地中海东岸之间关系紧密。公元前6世纪时期的陵墓常饰有漆成彩色的赤陶镶板，其中最精美的一些彩色镶板是发现于斑蒂塔卡城中的博卡内拉土碑；1889年，德国考古学家沃尔夫冈·赫尔比希（Wolfgang Helbig，1839—1915年）将其卖给大英博物馆。土碑上刻画了相背而行的男女两队行伍。考古学家认为土碑上部图画为特洛伊神话中的部分场景——帕里斯的评判（Judgment of Paris），刻画了诸神的传信人赫尔墨斯同特洛伊王子并肩而站。

建于公元前4世纪的“浮雕之墓”布局好似一间餐厅，其中置有人雕、长榻和酒器，墙上或挂有浮雕，或挂有盔甲。在大量物品中，有关学者发现了一件游戏板，类型与发现于波河河谷伊特鲁里亚陵墓中的游戏板相同。

据悉，切尔韦泰里城是亮黑陶器——巴契罗的中心区。公元前7世纪20年代，当地居民懂得利用这种材料。与此同时，当地居民也开始制作饰有人物形象的陶器，其风格式样与进口的科林斯器皿一致。此外，有关学者认为自公元前7世纪起，切尔韦泰里城便是青铜加工中心城市。

**斑蒂塔卡墓地**

斑蒂塔卡墓地中的多数陵墓皆仿照伊特鲁里亚房屋式样，是伊特鲁里亚居民建筑仅有的佐证证据。当时墓地的布局大多体现了理想的城镇规划：街道、区域、埋葬上千棺木的小型墓地，条条框框将城市统一规划；斑蒂塔卡墓地及阿贝托内墓地（Monte Abatone）。与早期微兰诺威火葬形式不同，墓地中也有部分土葬墓穴

**夫妇石棺**

1845 年，考古学家在斑蒂塔卡墓地中发现了公元前 6 世纪末的赤陶石棺盖；观察后发现，伊特鲁里亚上层阶级继承了希腊文化中饮酒及相关活动。图中“夫妇石棺”描绘了一对已婚夫妇，二人斜倚在长榻之上，妻子斜靠在一张形似酒袋的软件之上。在同一处墓地中，公元前 5 世纪末的岩切石棺上同样也刻画了此类场景：逝者参加一场“永生盛宴”，斜倚于榻上。公元 2 世纪时，逝者形象常被雕刻于赤陶骨灰瓮盖之上，或参加宴席或酣然入睡

## 伊特鲁里亚与古希腊世界的往来联系

切尔韦泰里城中大多陵墓内埋有雅典黑红人物画陶器，其中盛装了逝者集会时所需物品；此类陶器包括双耳喷口（或称混酒碗）、陶酒坛（倒酒罐）和大量酒杯。

切尔韦泰里与古希腊世界联系紧密，并在德尔斐地区的泛希腊圣地中献祭宝藏。在对切尔韦泰里城进行发掘的过程中，考古学家发现了各种圣地遗址，包括一处供奉尤尼神（Uni，其地位等同于希腊女神赫拉）的圣地和一处供奉赫尔克勒（Hercle，其地位等同于希腊英雄赫拉克勒斯）的圣地。在赫尔克勒圣地中，考古学家发现了大量雅典陶器贡品，包括一只阿尼西莫斯（Onesimos）绘饰的红色人物杯，其上刻画了特洛伊城沦陷时的场景。所有圣地及居民房屋支撑屋顶的墙壁上，似乎都饰有彩色赤陶护挡。

切尔韦泰里港口位于皮尔吉（今圣塞韦拉）西北侧，考古学家在该处发现了大量神庙遗址。神庙 A 建于公元前 5 世纪中叶，外墙饰有赤陶饰带，其上描绘了《七将攻忒拜》（*Seven Against Thebes*）中的神话场景，与奥林匹亚宙斯神庙中三角形楣饰上刻画的半人半马怪有异曲同工之处。神庙 B 外形类似希腊神庙，尽管其上饰有赤陶外饰，其上描绘了赫拉克勒斯的战败场景。

# 罗马帝国

1. 和平祭坛中描绘奥古斯都在市民宗教中形象的雕刻场景其实是奥古斯都大帝的一种宣传方式
2. 金色圣殿（公元 64—68 年）东翼的大隐廊（Great Cryptoporticus）饰有壁画及穹顶
3. 罗马图拉真圆柱（Trajan's Column）上刻绘了 155 幅画面场景，其中一幅展现了罗马士兵利用浮桥横渡多瑙河，进军达契亚（Dacia）的场景

公元前 27 年，奥古斯都（公元前 63—公元 14 年）统治期内，罗马成为帝国，奥古斯都即为罗马开国皇帝。当时，罗马帝国的崛起具有重要意义，其将公元前 3 世纪之后征略而来的领土进行了巩固合并。奥古斯都大帝创立了一种高效的行省管理制度，即部分地区（例如埃及）受奥古斯都直接管辖，而另一些领土由元老院管控。与此同时，他帮助曾参与各文明战争中的退伍老兵在帝国周围殖民地中定居。此外，奥古斯都大帝开始在罗马城中修建宏伟的纪念建筑，部分建筑反映了罗马宗教中帝国教会的教义。罗马城中一处纪念奥古斯都大帝伟业的建筑为和平祭坛（Ara Pacis Augustae，又称 Altar of Augustan Peace；见图 1），公元前 13 世纪由元老院修建，公元前 9 世纪正式受臣民供奉。

随着城市不断发展，城中房屋式样也在不断改变。皇帝及朝廷官员大肆修建房屋，其中最荒唐无道的一位帝王为尼禄（公元 37—68 年），其修建了金色圣殿（Domus Aurea/Golden House，见图 2）。据作家苏埃多尼乌斯（Suetonius，公元 69—约 135 年）描述，圣殿中最富丽堂皇之处是一间旋转宴会厅。2009 年，考古学家在遗址中发现了一间圆形房间，其认为该房间即为苏埃多尼乌斯所述之宴会厅。相较皇宫而言，更朴素的住宅，亦称为因苏拉（Insulae），分布于城中住宅区中。想要获得对此类城镇生活的最直观印象，可以看看奥斯提亚古城（Ostia）中保存的因苏拉。

罗马帝国时期的建筑中同样展现了当时居民的修建活动。公元 3 世纪早

## 重要事件

| 公元前 27 年 | 公元前 27—前 25 年 | 公元 38 年 | 公元 64 年 | 公元 80 年 | 公元 117 年 |
|---|---|---|---|---|---|
| 屋大维加冕称号“最高统帅·恺撒·神之子·奥古斯都”（Imperator Caesar Divi Filius Augustus），即罗马第一任皇帝奥古斯都。 | 奥古斯都的女婿玛尔库斯·维普撒尼乌斯·阿格里帕（Marcus Vipsanius Agrippa，公元前 63—前 12 年）开始修建万神庙。公元 80 年，神庙被一场大火焚毁。 | 阿奎亚·克劳狄娅（Aqua Claudia）及阿尼欧·诺维斯（Anio Novus）渡槽开始修建。马焦雷门（Porta Maggiore）成为两条渡槽进入城中的支柱。 | 罗马城历经大火，城中损毁严重。根据历史学家塔西佗（Tacitus，公元 56—约 120 年）所述，最先起火点为马克西穆斯竞技场。 | 罗马皇帝提图斯（Titus，公元 39—81 年）建成斗兽场，并于其中举办了首场竞技赛。 | 图拉真皇帝去世，其统治时期内罗马帝国达到鼎盛地位。 |

期，塞普蒂米乌斯·塞维鲁（约公元 145—211 年）和卡拉卡拉（Caracalla，公元 188—217 年）两位皇帝统治时期内修建了占地约 62 英亩（约 25 公顷）的卡拉卡拉浴场（Baths of Caracalla）。浴场并非仅含公共洗浴场所，还建有一座图书馆。图书馆中饰有大量雕像，包括法尔内塞海格力斯（Farnese Hercules）雕像——一尊打造于公元 3 世纪早期、与神话英雄法尔内塞海格力斯实体几乎等高的雕像。1546 年，当地居民重新发现这座雕像，后被红衣主教亚历山德罗·法尔内塞（Cardinal Alessandro Farnese，公元 1520—1589 年）收藏。除斗兽场（Colosseum）举办角斗比赛及各种活动外，马克西穆斯竞技场（Circus Maximus）主要用于举办马车竞赛，竞技场中能容纳 15 万名观众。该竞技场地历史悠久，建于罗马帝国时期，以巨石垒成。

罗马帝国常常在纪念建筑中庆祝纪念自己的战争胜利。罗马图拉真圆柱（见图 3）记录了罗马军大胜达契亚（今罗马尼亚）的场景；圆柱为独立建筑，高 98 英尺（约 30 米），竣工于公元 113 年。圆柱周身雕有一圈饰带，其上刻画了战役相关事件。圆柱底部有一小凹室，其用于安放图拉真（Trajan，公元 53—117 年）骨灰。

公元 324 年，君士坦丁一世（Constantine I，约公元 280—337 年）重建拜占庭（Byzantium）城，并将其改名为君士坦丁堡（Constantinople）作为都城（详见第 410 页），随后罗马的显赫地位开始衰退。尽管罗马仍是西罗马帝国的中心城市，然而其地位却在逐年下滑；公元 476 年，罗慕路斯·奥古斯都（Romulus Augustulus）退位，西罗马帝国就此灭亡。

**公元 118—128 年**

哈德良重修万神庙，并将玛尔库斯·维普撒尼乌斯·阿格里帕的最初题词重新雕刻，作为献祭。

**公元 203 年**

为纪念帝国大胜帕提亚，当时皇帝下令修建塞维鲁凯旋门（Arch of Septimius Severus）。

**公元 271—275 年**

马克·奥勒留统治时期内，国内政治环境不稳定，其下令绕城修建防护墙。

**公元 315 年**

君士坦丁一世修建凯旋门，以纪念其战胜马克森提乌斯（Maxentius，死于132 年）。

**公元 360—380 年**

古罗马广场中的农神庙（Temple of Saturn）遭遇大火后重修，其间大多建筑材料仍旧重利用早先时期的材料。

**公元 410 年**

亚拉里克（Alaric，约公元 370—410 年）率西哥特大军进攻罗马。历史学家佐西姆斯后将这一事件记录在册。

# 古罗马广场 公元前900年—公元7世纪

古罗马广场位于罗马城中央，遗迹中包含一处矩形广场，周围是一些古时神庙残骸和政府建筑，例如元老会，或称朱利亚元老院；其正对塞维鲁凯旋门和农神庙东侧

古罗马广场位于罗马城内台伯河沼地入口处，具体坐落于帕拉蒂尼山（Palatine）及卡比托利欧山（Capitoline）两山之间。公元前5世纪时，该处广场成为罗马共和国象征性中心。广场中现今的建筑群由盖乌斯·尤利乌斯·恺撒建造，后经奥古斯都（公元前63—公元14年）扩建，包括落成于公元前29年的恺撒神庙（Temple of the Deified Julius Caesar）。公元前14—前9年，城中遭遇大火，位于广场北侧的卡斯托尔与波吕克斯神庙（Temple of Castor and Pollux）和广场南侧的大教堂都经重修。此外，奥古斯都大帝另建了部分建筑，包括康考迪亚神庙（Temple of Concordia Augusta），其将原址中神庙推倒后另行修建，公元10年最终完工。其他新兴建筑大多为供奉帝王的地方，直到203年，当时君主修建塞维鲁凯旋门。283年，城中再遇大火，戴克里先皇帝重修大量建筑，包括朱利亚的会堂（Basilica Julia）和元老院（Curia Julia）；7世纪时，原元老院建筑转为一座教堂。截至此时，罗马城内人口降至不足1万人，其一项影响即为广场内建筑的维修费不断减少。随后，部分建筑逐渐腐坏，例如790年，康考迪亚神庙倒塌。15—16世纪，罗马城中居民将此类建筑中的石料用作建造新居，导致原本便已岌岌可危的建筑愈加临危。

19世纪早期，塞维鲁凯旋门及佛卡斯圆柱（Column of Phocas）周围土地下陷，考古学家才开始正式调查古罗马广场。19世纪末，古罗马广场的发掘工作正式开始，直到1910年所有工作最终结束。20世纪80年代，有关学者开始对该区域进行科学发掘。

## 定位

### 1. 科林斯式圆柱

公元 79 年，苇斯巴芗皇帝死后，继任者提图斯开始修建苇斯巴芗与提图斯神庙，神庙最终完工于图密善统治时期。现存建筑建于公元 80—85 年，其中包括三根科林斯式样圆柱和部分柱顶盘，其上饰有祭祀时使用的器具

### 2. 爱奥尼克式圆柱

有关学者认为农神庙是古罗马广场中的第一座建筑，落成于公元前 497 年。神庙中储藏了当时的共同财宝。根据一段碑文，考古学家发现，或许是在公元 360—380 年，农神庙层遭遇大火后经重修。神庙遗址的正面仍留有八根爱奥尼克式圆柱

### 3. 凯旋门

塞维鲁凯旋门建于公元 203 年，用于纪念塞维鲁皇帝大胜帕提亚人。如今，硬币上仍刻有塞维鲁及其子卡拉卡拉与盖塔（Geta，189—217 年）在凯旋门上乘坐马车的肖像。卡拉卡拉杀死其弟盖塔后，将石碑上有关盖塔的一切记录抹去

▲ 图中独立的科林斯式圆柱用于纪念拜占庭佛卡斯皇帝（547—610 年），是古罗马广场中年代最近的纪念碑。据其上碑文描述，此根圆柱立于公元 608 年 8 月 1 日

## 元老院及黑色大理石

公元 283 年，元老院遭重修；建筑主体依托由尤利乌斯・恺撒早先设计，后于公元前 29 年经奥古斯都完工的建筑。最初，建筑物底部至窗户部位贴有白色大理石，上方则刷就灰泥涂层，至今仍可看见痕迹。1660 年，元老院青铜制大门被移走安置于拉特朗圣若望大殿（Church of St. John Lateran）。4 世纪时，当时匠人利用“碎石镶嵌”（opus sectile）工艺，铺就了红绿相间的斑岩地板。630 年，教宗和诺理一世（Pope Honorius I，死于 638 年）将元老院建筑改为圣哈德良教堂（Church of St. Hadrian）；1935—1938 年，元老院建筑重修，几乎所有的曾经痕迹都被抹去。元老院前的一片黑砖地被称为“黑色大理石”（Lapis Niger）。发掘后证实，黑砖地下方埋有公元前 1 世纪时期的部分早期纪念遗物和建于约公元前 900 年的凝绘岩墙（遗址中最古老的遗迹）。“黑色大理石”中有一块可追溯至约公元前 570—550 年的石块，其上刻有早期拉丁碑文。碑文究竟描述了何事，至今仍未可知，不过其上似乎是对随意搬动石块者的诅咒。考古学家认为，该石块有可能即为一块界石。

# 奥斯提亚安提卡港 公元前4世纪—公元4世纪

一幢典型的因苏拉建筑即为“戴安娜之家”（约150年），该栋建筑最初最少建有三层。建筑两侧分别通向两条街道。数间正对街道的房间被用作开设单独商铺。私人住屋在建筑内部，由于建筑中心有一座敞亮的庭院，因此内部房间依然通透明亮

奥斯提亚安提卡是古罗马港口城市，罗马时期坐落于台伯河河口处。不过，由于淤泥逐渐堆积，最终该港口被废；如今的奥斯提亚安提卡与海相距约3英里（约5千米）。由于城市败落，其中万物得到极佳保存，例如各式商业活动痕迹（尤其是谷物贸易）和各样2世纪至3世纪时期的房屋，奥斯提亚的重要意义也就此体现。

奥斯提亚是最早的罗马殖民地之一，建于公元前4世纪末。其建城的最初目标，是保护台伯河河口地区的贸易专营权益，防止私人贸易；因此与其将之称为一个商业中心，不如说当时的奥斯提亚主要是一座海军基地。当罗马与迦太基爆发第一次布匿战争（公元前264—前241年）后，奥斯提亚城逐渐发展繁荣；不过等到罗马将主要海军基地迁至位于那不勒斯湾的米塞纳（Misenum）后，发展便又出现了转折。至公元前1世纪末，运至罗马的大部分进口商品都需经奥斯提亚卸船，因此这座港口结构也做出了全新调整。不过，淤泥问题同样导致港口需建设全新配套设施；公元42年，统治者下令在奥斯提亚北部，被称为波尔都斯（Portus，位于今波尔图村庄附近）的地区建立一座重要的人工港口。至2世纪时，波尔都斯已有两处港池，皆通过一条人工沟渠连接台伯河。

奥斯提亚城中许多平民阶层居民启于一种被称为“因苏拉”的多户建筑中。这种建筑大多由混凝土与砖块建成，建有多层。一些因苏拉中配有完善福利设施，不过各房间的奢华程度不一，个别人房间常常铺张浮华，例如庞贝（详见第302页）城中留存的房屋。直到3世纪末—4世纪时，奥斯提亚港口开始衰败，部分单人居因苏拉成为独栋房屋。

**商务区**

图中马赛克镶嵌图案中拼出的古拉丁语“*NAVICVL ET NEGOTIANTES KARALITANI*”字样，表明此片区域商务区（工会或公地广场）——奥斯提亚城商人的主要聚集地——曾是撒丁岛卡拉莉斯（Karalis，今卡利亚里）地区大量店家、商人的活动区。从图中可以看出，船身一侧绘有的物品是玉米，表明此艘驶于卡拉莉斯的货船装载谷物抵达奥斯提亚储藏，后再次向罗马进发

**尼普顿浴场**

奥斯提亚城中规模最大的部分建筑为浴场。尼普顿浴场（Baths of Neptune）建于2世纪，哈德良皇帝统治时期。考古学家在一间长约59英尺（约18米）、宽约34英尺（约10.2米）的房屋内发现了一块镶嵌有图案的地板，其上描绘了尼普顿神。图中，他驾驶四匹海马，周身环绕一种奇幻的海洋生物——浴场建筑中常出现此类生物图案

## 奥斯提亚城中的商业生活

奥斯提亚地处海滨，其中波尔都斯地区海港设备完善，距罗马仅12英里（约19千米），因此成为罗马城主要粮食玉米的供给中心地。共和国时期，罗马城中谷物产量无法满足城内人口需求，于是谷物进口成为必然，起先从西西里岛及撒丁岛，后转至埃及，不过无论何处进口地，谷物都需经奥斯提亚运至罗马。

在谷物未被装至驳船沿台伯河运输时，其被储存于谷仓之中。格朗迪谷仓（Grandi Horrea）建于1世纪，波尔都斯人工港口不断发展，谷仓后于2世纪扩建；不过，4世纪末时，谷仓已鲜少使用。台伯河上的码头直接连接仓房，仓房内与地表留存空隙的地板，能有效防止存储物品变质，也可以防止谷物受潮。据估算，谷仓内的谷物足够15000人一年份的口粮。

商务区中镶嵌马赛克图案也能体现奥斯提亚居民的商业生活。在一处“U”形柱廊周围，分布着超过60间小型房屋，大多房屋宽13英尺（约4米），高15英尺（约4.5米）。房屋内地板是一幅幅独立场景，由黑白相间的马赛克图案装饰，大多绘制于2世纪末—3世纪，多展现当时此间房屋内的各类活动。图案展示了整片古代世界的商业联系，包括亚历山大港、迦太基、塞卜拉泰、卡拉莉斯、阿莱拉特（Arelate）和最受欢迎的北非城邦。令人惊讶的并非仅限于地域跨度，各地间贸易货物种类同样令人咂舌：玉米、象牙、亚麻、绳索，皆有出售。考古学家在奥斯提亚发现了一块刻写了当时贸易工会的石碑，其上碑文记载了以奥斯提亚为中心，波尔都斯城镇港口中的各类活动。

# 罗马斗兽场 约公元70年

罗马斗兽场可容纳约5万名观众，每位观众都有属于自己的不同座位，根据观众社会地位严格划分界限。剧场呈椭圆形，建有大量通道及阶梯，中间场地下陷好似地窖

弗拉维安圆形剧场（Flavian Amphitheater），即俗称的罗马斗兽场，修建于公元69—79年维斯帕西安统治时期。维斯帕西安去世后，其继承人提图斯继续该项工程；80年，随首场竞技赛举办，罗马斗兽场最终落成。1世纪时，勇士角斗与斗兽成为当时居民喜爱的娱乐项目，而斗兽场便是此两种游戏的举办场所。观众可穿过一系列拱门进入场内。有关专家近期在对拱门进行清理后，发现了一些红色雕刻数字，其目的应为帮助观众直接寻找自己的座位。

公元9世纪至14世纪，斗兽场不再作竞技场用，之后其成为私人住宅、马场和作坊。1349年，罗马地震，斗兽场建筑岌岌可危，无法继续投入使用。15世纪至16世纪时，与其他的罗马古建筑一样，斗兽场的建筑石料被部分居民偷取作他用。18世纪时，有传言称斗兽场是早期基督徒的殉难处，教宗本笃十四世（Pope Benedict XIV，1675—1758年）因此下令严禁偷运石料，防止建筑被进一步破坏。其曾在斗兽场中竖立耶稣受难像，后于19世纪末被移出。不过，场内其他基督教涉及物品被完好保留，包括教宗若望·保禄二世（Pope John Paul II，1920—2005年）竖立的十字架。

罗马斗兽场的建筑风格极大地影响了后世建筑。文艺复兴时期的建筑师们继承了这种“有序集合”，及斗兽场外部可见的三种不同建筑次序。模仿斗兽场层叠拱廊设计的一处现代建筑是罗马意大利文明宫（Palazzo della Civiltà Italiana），设计于1937年，人称“方形角斗场”（Colosseo Quadrato/Square Colosseum）。

## 定位

1. 上部建筑

罗马斗兽场顶部立有 240 根桅杆，用于支撑一种可铺展的防布，避免观众受日晒雨淋。该项铺展防布的工作通常由米塞纳的罗马皇家舰队海军完成

2. 座位

罗马皇帝及女灶神（Vesta）的女祭司坐在离竞技舞台最近的包厢中，元老院成员座位同样也在该区域。骑士阶层坐在上一层，再上一层为平民阶级座位。最顶层座位属于贫民、奴隶和女人

3. 地窖

地窖中装有绞盘，能开启关押野兽的牢笼。其中同样装有一些水力液压机器，在海战演习中，可开启机器向竞技场中注水；不过，很明显这些演习为期极短

◀ 罗马斗兽场中的拱门及穹顶由一种罗马砖面混凝土制成，外墙则由石灰华（一种石灰岩）砌成。斗兽场为层叠式建筑，共有三层拱廊，每层拱廊中的石柱按照多立克式（或托斯卡纳式）、爱奥尼克式及科林斯式的标准顺序排列。建筑最上部是多扇窗户和科林斯式柱顶风格的壁柱装饰

## 竞技活动

若想了解罗马众竞技场（例如罗马斗兽场）中的活动项目，可直接从罗马帝国境内随处可见的镶嵌有马赛克图案的地板中得知。图案中展示了人兽斗争的场景和音乐伴奏场面。在帝国的不同时期里，角斗士身着的服饰也不尽相同。在嫩尼（Nennig，今德国特里尔市附近）的一栋罗马别墅地板上，有关学者发现了种类丰富的活动场景；据研究，这些镶嵌图制作于约公元 225—250 年。镶板上同样绘饰了数对角斗士，有一些受裁判监督；此外图样还包括斗兽场景和竞技场中演奏用的水风琴及号角。有学者认为，别墅中的此类马赛克装饰表明了屋主对竞技场的喜爱，同时也可能其曾亲身体验，以此图案作为纪念。

# 罗马时期的意大利

1. 托斯卡纳西南部曾经繁荣的罗马港口遗迹科萨，为地中海的罗马港口建设和贸易提供了宝贵的借鉴
2. 位于意大利南部贝内文托的图拉真拱门。为纪念图拉真大帝穿过通往城中的亚壁古道（Via Appia），这座罗马凯旋拱门被建立
3. 其中一艘船的船体残骸在拉齐奥的内米湖找到。这些船可能是仿照埃及托勒密王朝使用的皇家驳船建造的

共和时代，罗马疆域扩张。公元前 272 年，罗马军队占领位于意大利南部地区的原希腊殖民地塔伦图姆（今塔兰托）；公元前 211 年，他们占领锡拉库扎后，又使西西里岛成为其下行省。罗马人将在这些城市获得的战利品带回罗马后陈列在朱庇特神庙上或罗马广场内。

位于今托斯卡纳的伊特鲁里亚内的科萨港（见图 1）见证了该城镇的发展历程，贯穿公元前 273 年拉丁殖民地建立直至中世纪时期。正在开展的项目内容涵盖了对该港口及其设施进行调查。其中，调查发现了一座大型养鱼场。从其内部的鱼缸和加工区来看，这里是出口运输时装于双耳细颈高罐内的鱼酱油，即鱼露的制作中心。外围地带则用于种植葡萄。对外出口的鱼露和科萨葡萄酒都是用制作于科萨附近地点的双耳细颈高罐盛装的。其中，许多罐子上都印有“Ses”或“Sest”字样，这似乎与塞斯提亚氏族有一定关联。据说，罗马共和国晚期，科萨周边数座庄园皆为该氏族所拥有。有关学者发现这些印有标识的双耳细颈高罐在地中海西部地区分布广泛。发掘于托斯卡纳的塞特芬斯特庄园使研究人员得以对科萨及其附近地点阿格科萨努斯展开更广泛的调查。这栋豪华住宅配备有用于加工庄园内所种植的橄榄和葡萄的设备。

继发掘庞贝和赫库兰尼姆两座城市后，人们对罗马城市生活有了更丰富的了解。公元 79 年，这两座古城都在维苏威火山爆发中遭到摧毁并掩埋地下。私人住宅中的罗马壁画及镶嵌图案保存得最完好。赫库兰尼姆火山之所以尤其

## 重要事件

| 公元前 4 世纪 | 公元前 273 年 | 公元前 272 年 | 公元前 211 年 | 公元前 2 世纪 | 公元前 80 年 |
|---|---|---|---|---|---|
| 奥斯蒂亚建立。朱塞佩·佩里尼（Giuseppe Petrini）代表教皇庇护七世（Pope Pius VII，公元 1742—1823 年）开始了第一批挖掘工程。 | 托斯卡纳港口的科萨出现拉丁殖民地。 | 意大利南部的希腊殖民地塔伦图姆被罗马占领。 | 锡拉丘兹市被罗马占领，西西里岛成为一个省。 | 神秘别墅建于庞贝城外。 | 庞贝城成为罗马殖民地。 |

重要是因为挖掘者已在此发现受席卷城市的火山碎屑流高温而碳化的有机物。

在发掘罗马附近的内米湖时，考古学家们发现了为卡利古拉皇帝（公元12—41年）而建的两艘大型木船的残骸（见图3），历史学家苏维托尼乌斯（公元69—约122年）对此有所记载。一艘船的船体尺寸为长230英尺、宽66英尺（约70米、20米），另一艘则为长240英尺、宽79英尺（约73米、24米）。在饰有镶嵌图案的地板和其他奢华装饰品的映衬下，两艘轮船俨然两座水上漂浮宫殿。位于台伯河河口的波尔都斯（位于今波尔图附近）是地中海海域内最古老的港口之一，并数度成为考古挖掘和地球物理学的调查对象。

经鉴定，比萨港建于罗马城市重建期间。考古学家发现了16艘可追溯到公元前1世纪至公元4世纪的船舶，有几艘是货船。其中一艘货船装载着一批双耳细颈高罐；部分罐内装着整个的橄榄而不是加工好的橄榄油。这些罐子在那不勒斯湾进行装运，可见那里便是该船的核心基地所在之处。

图拉真拱门（见图2）可谓意大利最宏伟的皇家纪念性建筑之一，它建于公元114年，位于贝内文托姆（今坎帕尼亚大区城市贝内文托）。为了迎接当时从帕提亚战争归来的图拉真皇帝，臣民们趁其沿阿皮亚古道（阿庇亚大道）行进穿越意大利之前专门建造起的这座拱门；然而，图拉真皇帝于公元117年逝世，未能目睹这座建筑。位于蒂沃利的哈德良山庄是一栋皇家宅邸，它建在罗马城外的一座山上。

位于西西里岛南部地区的阿尔梅里纳广场上的罗马帝王宅邸内房间数量足足有40间。许多房间内装饰着富丽堂皇的镶嵌图案，这些图案很可能出自集聚于北非的工匠之手。这座庄园最终落成于公元4世纪，但目前还无法确凿地鉴定庄园主到底是谁。不过，《罗马马克西穆斯大赛场》一文中对游戏场景的描述，暗示着这位庄园主是元老级别的人物。

| 公元1世纪 | 79年 | 114年 | 115年 | 117年 | 4世纪 |
|---|---|---|---|---|---|
| 为内米湖的皇帝卡利古拉建造了两艘大型船只。船之一还在1928—1932年被意大利考古学家发现。 | 维苏威火山爆发。1709年，农民挖井时，发现了赫库兰尼姆市的遗骸，该城市在火山喷发中被摧毁。 | 图拉真拱门建于贝内文托。1754年，伊奥汉内斯·德维塔（Iohannes De Vita）对其初次研究。 | 图拉真皇帝开始进攻帕提亚（最终失败）。 | 位于蒂沃利的哈德良别墅开始动工。 | 位于西西里岛阿姆雷纳广场中的罗马别墅装饰有许多马赛克，其中之一便包括罗马的马克西穆斯竞技场。 |

# 庞贝古城与赫库兰尼姆古城 公元79年

托里乌姆神庙（Capitolium temple）建于公元前2世纪中叶，约公元前80年遭重建，标志庞贝成为罗马殖民地。神庙中供奉三位神明：朱庇特（Jupiter）、朱诺（Juno）和密涅瓦（Minerva）。神庙由于坐落在土丘之上，成为市民广场（庞贝城中的社交中心）的中心区

庞贝与赫库兰尼姆都是那不勒斯湾附近的小城，城市一度繁华风光，直到公元79年，维苏威火山（Vesuvius）喷发，两城及该地区其他定居点皆被岩浆吞没。而其重要意义则体现于，该两处遗址保存了当时精确时间点下的完整城市原貌，帮助有关学者了解当时居民的商业、政治和家庭生活。

自公元前80年起，庞贝成为罗马殖民地，随着当地财富不断累积，大量新兴建筑出现，包括建筑于公元前70年的露天竞技场，能容纳15000名观众。公元62年，庞贝遭遇地震，房屋重建势在必行；不想17年后，再遇火山喷发。

通过庞贝与赫库兰尼姆古城中的房屋遗址，考古学家可窥见当时居民的家庭生活。房屋中面积最大的区域为一块单层建筑，被称为中庭，自公元前220年后开始出现。中庭实为门厅，周围建有房间，通常毗邻街道，为外部世界及家的分界区域，同时也可展现房屋主人的财富情况及社会地位；一些日常活动也会发生于中庭之中，例如储物。庞贝城中约三分之一的房屋建有由柱廊围绕的花园，考古学家在遗址中发现了部分花园布局和植物生长的痕迹。餐厅常正对花园，据部分壁画描绘，其中建有由岩石砌成的长榻，可供就餐者使用。不过，这种类型的房屋占地面积极广，考古学家在庞贝城中发现的部分遗迹显示当时居民还会加盖画廊及上层建筑；同时靠近大门的部分房间被改建为单间店铺，直对街道。

**神秘别墅**

神秘别墅毗邻庞贝城墙外，建于公元前 2 世纪；1909 年被人发现。别墅占地约 40000 平方英尺（约 3716 平方米），内有至少 60 间房，大多房间内绘有壁画。最引人注目，也是别墅因此而得名的一幅壁画位于餐厅之中。画中基底为红，描绘了 20 余名同真人高的人物形象。关于该画的主题，有关学者普遍认为其讲述了一名女性加入狄俄尼索斯（酒神）教派时的入会仪式

**维苏威火山**

1879 年，考古学家在庞贝城中发现了百年纪念馆（House of the Centenary），他们认为该栋建筑为当时的一位富人所有。图中所示为屋内一幅湿壁画中的细节，画中出现了喷发前火山顶依然耸立的维苏威火山形象。公元 79 年，这座休眠已久的火山突然喷发，随后引发一系列小规模地震。其喷发出的火山灰云高达 18 英里（约 29 千米），随后撒下大量火山碎屑；据估计，沿维苏威山体滚滚而下的高热灰烬及气体喷出的速度高达 30 米 / 秒

## 赫库兰尼姆古城及保护

赫库兰尼姆古城最初坐落于那不勒斯湾畔；相较于庞贝，这座城市更富庶。不同于其周边邻镇，赫库兰尼姆古城深埋于一层厚达 65 英尺（约 20 米）的浮岩之下，因此相关发掘工作更难进行。

在庞贝城中，火山喷发后的遇难者被掩埋于灰烬之中，尸体腐烂后仅留下带有空隙的火山灰；而赫库兰尼姆古城则不同，20 世纪 80 年代，在对其进行发掘后，考古学家发现了约 300 具人类遗骸。这些尸体发现于两座古镇之中，数量仅占城镇预计人口的十分之一。目前，庞贝城中三分之一、赫库兰尼姆古城中三分之二的土地仍未被发掘，因此，在该两座城市及周边土壤之下，极有可能还留有大量未被发现的尸体。

在极热情况下，赫库兰尼姆古城中大量物件直接碳化，导致物体中水分抽干，因此不易腐败。古城中的一大特色即为保存完好的炭化木材。最近，一项考古工作发掘出一片完整的木质屋顶，房梁长达 23 英尺（约 7 米）。

1750—1765 年，考古学家对赫库兰尼姆古城中的莎草纸图书馆别墅（Villa of the Papyri）进行了发掘；他们在别墅中发现了 60 件雕塑和 1 间藏有大量莎草纸手卷的图书馆，也因该图书馆，别墅因此得名。有关专家修复了近 1800 份莎草纸；近年来，在相关先进技术帮助下，有关学者能在不展开手卷的情况下阅读其中文字。大多数文章的作者是伊壁鸠鲁派哲学家格拉森的菲劳德乌斯（Philodemus of Gadara，约公元前 110—前 35 年）。

# 哈德良别墅 公元118—134年

掌权之后，哈德良皇帝便开始在今拉齐奥蒂沃利地区修建宏伟的全新皇室行宫。行宫占地面积达到 296 英亩（约 120 公顷），是罗马世界已知别墅中面积最大的一座

哈德良别墅是一处大型园林式建筑群，其中包含至少 30 栋独立建筑，被认为是罗马帝国宝贵的建筑财宝。公元 117 年，哈德良继位不久后便开始修建此座别墅，至最后竣工，粗略估计耗费近二十年。别墅位于蒂布尔（Tibur），即今蒂沃利（Tivoli），罗马以东 17 英里（约 27 千米）处。蒂布尔是著名的夏日避暑胜地，而哈德良也并非第一位偏爱此处的罗马皇帝。在这旦度过盛夏的名人包括奥古斯都大帝、诗人贺拉斯（Horace，公元前65—前8 年）及卡图卢斯（Catullus，约公元前84—前54 年）。不过，在大量住宅中，最浮华的一座即为哈德良别墅。

哈德良后来在别墅中加建了部分建筑及装饰，或可能是因其曾游历罗马帝国多地。尽管哈德良的传记（收录进《罗马君王传》之中）写成于两个世纪后，并在书中提及了部分建筑名称，例如老人星水池克诺珀斯（Canopus）和学术厅，不过这些建筑名与实际建筑之间的对应关系至今不甚清楚。

## 定位

别墅下方建有地下通道网络，其中主道走向自北向南，长约 1 英里（约 1.6 千米）、宽约 10 英尺（约 3 米）。考古学家认为，其可以在皇家宾馆（Hospitalia）（别墅中高级员工的宿舍）中找到曾经侍奉皇帝的侍从痕迹，或是从建有四层的百室宿舍（Cento Camerelle，类似于罗马及奥斯提亚城中的因苏拉）中找到（详见第 296 页）。

近期，有学者发现了一块被认作哈德良的爱侣——希腊青年安提诺乌斯（Antinoüs，约公元前 110—前 130 年）的纪念区，他们在该区域中发现了埃及风格的雕像碎片；此外，他们认为纪念区中原本应立有方尖纪念碑，不过今被移至罗马苹丘花园中。

1. 塞拉比尤姆神庙

南湖尽头有一座半圆形建筑，在其成为希腊式埃及神明塞拉匹斯的神圣供奉之地后，更名为塞拉比尤姆神庙（Serapeum）。考古学家认为该神庙是一座户外餐厅。在就餐区一侧的两栋建筑间，有一处倒影池

2. 雕塑

湖边立有一根根石柱，柱上饰有雕塑。雕塑种类繁多，包括大量今罗马雕塑的复制品，这些复制品依据女像柱（Caryatids）而雕，为公元前5世纪时期雅典卫城中厄瑞克忒翁神庙（Erechtheion）内的年轻女性形象

3. 湖

克诺珀斯是一汪人工湖泊，长390英尺、宽59英尺（约119米、18米），该名称原是今亚历山大港附近的一座古埃及小镇镇名。小镇位于尼罗河分支卡诺匹斯河（Canopic）河口处，有关学者认为该人工湖泊即象征了这条航道

海洋剧场（Teatro Marittimo/Maritime Theater）是哈德良别墅中最古老的建筑，公元117年由砖石建成。剧场建于一座圆形岛上，周围以沟渠隔开，沟渠外受柱廊包围；其内部建有浴室，实为一处私人住所

## 哈德良身后

哈德良皇帝死后，其后世的皇帝依然会去别墅中避暑：2世纪时有安东尼·庇护与马可·奥勒留，3世纪时有戴克里先。不过，君士坦丁一世（约280—337年）并不是特别喜欢这座别墅，在其统治时期内，别墅一片荒芜萧条。别墅所在区域被不同群众瓜分，其中一个即为朱塞佩·亚历山德罗·弗雷蒂（Giuseppe Alessandro Furietti，1685—1764年），弗雷蒂花钱买下了发掘别墅部分区域的权利。图中所示的小型马赛克镶板即为其发现之一，如今收藏于罗马卡比托利欧博物馆（Capitaline Museums）内。该幅镶板由小块嵌块制成，描绘了鸽子从碗中饮水的场景。关于此幅画是否以公元前2世纪马赛克工匠索苏斯（Sosus）所绘的希腊风马赛克图案为蓝本，或仅是一幅临摹图，有关学者各执一词。除此之外的重要发现还包括一尊年轻人石像和一尊古老的半人半马石像；如今，该两座石像也藏于卡比托利欧博物馆内。

# 古代犹太人

1. 位于海法（Haifa）以南，以色列地中海沿岸恺撒利亚（Caesarea Maritima）国家公园中的高架引水渠遗迹。引水渠起点位于恺撒利亚东北端约 5 英里（约 8 千米）处

2. 加利利（Galilee）塞佛瑞斯尼罗河节之屋中的一幅马赛克细节图。画中出现了一支水位计，这种工具为当时居民丈量洪水高度所用

耶路撒冷始终是大量考古发掘的重点地区。这座城市已有数千年的人居历史，为一座文化敏感之都。城市中心坐落着一座寺庙，约公元前 20 年由大希律王（King Herod the Great，公元前 73—前 4 年）着手建立，是犹太人民的集聚中心区。公元 70 年，罗马军攻陷耶路撒冷，寺庙随之被摧毁。寺庙中有一座枝状大烛台，在建于公元 1 世纪罗马广场中的提图斯凯旋门（Arch of Titus）上，其中一幅浅浮雕即刻画了烛台形象。寺庙西侧的方石墙格外显眼，其中部分即为‘哭墙”（Wailing Wall）。在对寺庙脚下进行发掘后，考古学家发现在耶路撒冷城破之时，建造寺庙的石块直接坠落散布于石板路上。今圣殿山（Temple Mɔunt）即为阿克萨清真寺（Al-Aqsa Mosque）所在地。考古学家在西城中发现了关于 1 世纪时犹太人的住所遗址，房屋内建有诸如洗礼仪式时使用的浴室等特色房间。不过，考古学家仍在当地发现了大量罗马建筑及装饰对其房屋建造的影响，该发现表明当时犹太上层阶级并没有信奉任何犹太习俗。

据犹太历史学家弗拉维奥·约瑟夫斯（Flavius Josephus，约公元 37—100 年）所述，大希律王曾在耶路撒冷城南的希律堡（Herodium）中建立宫殿。考古学家在宫殿中发现了一座剧场遗迹，表明大希律王曾对古典戏剧兴趣浓厚。在罗马线侧，考古学家发现了一块浴室建筑群，其中建有多间暖室和浸礼池（mikvah），或称阶梯式水池，当地居民可在此根据犹太习俗洗浴。大希律王选择希律堡作为自己身后的墓葬点。

## 重要事件

| 约公元前 300—前 200 年 | 公元前 2 世纪 | 公元前 1 世纪 | 公元前 37—前 4 年 | 约公元前 20 年 | 约公元 30 年 |
|---|---|---|---|---|---|
| 《死海古卷》写成。1947 年，考古学家在犹大旷野边缘地区的洞穴中发现了这些手卷。 | 在公元前 586 年被巴比伦尼亚军攻陷后，耶路撒冷再次成为聚居地。 | 位于加利利的塞佛瑞斯城建立。1930 年，美国考古学家勒罗伊·沃特曼（Leroy Waterman，1875—1972 年）发现该处遗址。 | 大希律王统治犹太地区。 | 大希律王下令在耶路撒冷城市中央建立一座寺庙。 | 庞提乌斯·彼拉多判决耶稣受十字架钉刑。 |

大希律王建造的最宏伟的宫殿位于马萨达，能俯瞰死海（Dead Sea）。其将建筑区建于陡峭悬崖边，表现了其对罗马文化的喜爱。此外，大希律王曾在盖尔峡谷（Wadi Qelt，横穿犹大旷野）附近的耶利哥城中建立自己的冬宫。耶利哥地理位置具有重要战略意义，毗邻通向耶路撒冷之路。冬宫中所用之水皆来源于盖尔峡谷，如许多王室宫殿一样，冬宫中也建有大量仪式洗礼用的水池。宫殿中餐厅为罗马式样。

库姆兰（详见第 308 页）位于耶利哥以南，死海西岸，其中保留有大量犹太宗教社群遗址。该处遗迹意义非凡，因为它与在死海周围峭壁洞穴中发现的手卷息息相关。

犹太的正式罗马化进程以海滨恺撒利亚地区的建城项目为标志。这座城市由大希律王所建；公元 1 世纪时，由于岸边没有任何自然保护区域，当时皇帝在海滨建造了一座人工码头保证航运活动。由于城中缺乏足够的自然水供给，城中用水皆通过一道引水渠（见图 1）。随后，恺撒利亚成为当时罗马行政中心；考古学家在发掘过程中发现了一块刻有拉丁文字的石碑，石碑由罗马总督庞提乌斯·彼拉多（Pontius Pilate，死于约公元 36 年）——在耶路撒冷城外判决耶稣（约公元前 4—公元 30 年）受钉十字架（Crucifixion of Jesus）——所立，碑上记载了寺庙落成与帝国宗教及提比略大帝（Emperor Tiberius，公元前 42—公元 37 年）相关。

加利利的塞佛瑞斯城建于公元前 1 世纪末。城中建有一座剧院，或许可容纳约 4500 名观众；这座建筑表明古典戏剧满足当时居民的文化需求及兴趣。尼罗河节之屋中的一幅马赛克图案描绘了尼罗河上场景（见图 2），以一名女性作为埃及的化身。据研究，该栋房屋建于公元 5 世纪。

在已发掘的罗马城市中，给人最深印象的是位于约旦谷贝特谢安（Bet She'an）地区的锡索波利斯城（Scythopolis）。这座城市建于哈德良皇帝统治时期。古典时代晚期，罗马遭遇地震，街道两侧石柱金属倒塌，当地居民后来进行重建。2 世纪末，当地居民建造了一座能容纳 7000 名观众的剧场。

哈德良统治时期，其下令重建耶路撒冷，并将其改名为爱利亚·卡皮托林纳（Aelia Capitolina）；自此，耶路撒冷成为以城市西南角为基地的“第十军团”（Tenth Legion）的司令部。如今耸立于城墙之间的大马士革门（Damascus Gate）即为曾经建设的防御设施的一部分。在近年来的发掘过程中，考古学家复原了一条石柱街道遗址和石柱后的店铺。古典时代晚期，当时居民将部分与耶稣生活相关的遗迹进行纪念保存，其中最明显的一例便是公元 330 年修建圣墓教堂（Church of the Holy Sepulchre），以纪念耶稣受十字架钉刑及其埋葬的坟墓。教堂下方土地中埋有部分公元 1 世纪时期的犹太人陵墓残骸，表明该区域实际在当时耶路撒冷城城墙之外。

| 66—70 年 | 70 年 | 1 世纪 | 132—135 年 | 2 世纪末 | 330 年 |
|---|---|---|---|---|---|
| 犹太地区中，反抗罗马统治者的第一次犹太起义（First Jewish Revolt）爆发。 | 罗马军攻克耶路撒冷城，摧毁了大希律王寺庙。 | 耶路撒冷城中出现了一些具有地方特色的犹太房屋，例如屋内带有作仪式洗礼用的浴室。 | 犹太地区中，反抗罗马统治者的第二次犹太起义（Second Jewish Revolt）爆发。 | 在约旦谷贝特谢安地区的锡索波利斯城中，当地居民建立了一座可容纳 7000 人的剧场。 | 为纪念耶稣受十字架钉刑的地点，当地居民在耶路撒冷城中修建了一座圣墓教堂。 |

# 库姆兰遗址 公元前8世纪—公元2世纪

库姆兰社群的一大建筑特色即为缮写各大手卷的书房。房间中建有由石膏粉饰的书桌，用于手卷的书写准备。考古学家同时复原了镶嵌于书桌中的墨水池。隔壁房间似乎曾放置橱柜，也有可能是一间图书馆

库姆兰遗址地处犹大旷野边缘地带，位于死海西岸、耶利哥以南。1947 年，贝都因的牧童在山脚下的洞穴中发现了藏于其中的大量手卷，这就是著名的《死海古卷》。

在“一号洞穴”中的一件容器内，考古学家发现了三册手卷：其中一册由犹太先知以赛亚（Isaiah）所写，一册为小先知哈巴谷（Habbakuk）所写的文章注解，还有一册则为《犹太群居法则》，法则以先知文章的形式限定了人们的生活方式。手卷几经转折，经伯利恒（Bethlehem）销售商卖给叙利亚东方正统教会在耶路撒冷大都会的主教亚他拿修·耶书·塞缪尔（Athanasius Yeshue Samuel，1907—1995 年）与代表希伯来大学的以色列考古学家艾力扎·苏克尼克（Eleazar Sukenik，1889—1953 年）。

发现手卷的洞穴地处约旦境内，由约旦古文物部门的罗兰·德·福克斯（Roland de Vaux）与耶路撒冷圣经学院共同主导发掘。有关学者在贝都因“一号洞穴”内发现了七卷手卷残片，又在“二号洞穴”中发现了另外 33 卷残损手卷。此外，附近洞穴中还散落着上千块手卷残片，包括《撒母耳记》。考古学家认为，手卷可能多达 530 卷，一部分用希腊文书写，另一部分以希伯来文及亚拉姆语书写。人们在其他附近遗址中发现了《出埃及记》的希腊语译本。1956 年，考古学家又在贝都因地区发现了“十一号洞穴”，其中出土的一份文本是《圣殿古卷》。不同遗址中出土的《死海古卷》，书写年份约在公元前 3 世纪—公元 2 世纪。

**《以赛亚古卷》**

《以赛亚古卷》是 1947 年第一批修复的《死海古卷》七卷之一，其中以希伯来文记录了《圣经》中以赛亚的故事。该书写于公元 1 世纪，预言了弥赛亚将降临此地拯救犹太民众。此类预言受到罗马当权者的关注。在同一座洞穴中，考古人员进一步发现了大量手卷，包括《以赛亚二卷》《战争卷》和《感恩卷》

**《铜卷》**

在对“二号洞穴”周边地区洞穴进行系统搜寻后，考古学家发现了所谓的《铜卷》(文字雕刻于铜片之上)，后在“三号洞穴”中找到了另外 14 卷残破卷轴。《死海古卷》中的大多卷轴都是羊皮纸，少部分为莎草纸，而《铜卷》与众不同，因其文字刻凿于金属之上。其不同寻常的另一点体现于其记录了 63 处金银的藏宝地，遍布于死海地区及耶路撒冷周边地区

## 库姆兰居地

有证据显示，手卷与周围社群有着密切关系，研究团队于是开始调查该处遗址。法国考古学家查尔斯·克莱蒙特·甘尼奥(Charles Clermont Ganneau，1846—1923 年)确认遗址位置范围，如同《圣经》中提到的，可能是西迦迦(Secacah)附近。1951—1956 年，罗兰·德·福克斯发掘该处定居点。此地最早的居住历史可追溯至公元前 8 世纪；约公元前 586 年，巴比伦尼亚人攻陷耶路撒冷，防御精良的居地似乎因此被摧毁。公元前 2 世纪时，遗址再次成为定居点；公元前 31 年又因一场地震受损严重。

遗址中的一大特色为浸礼池，或称仪式浴室，用于社群成员净身；净身时，受洗者需全身浸没于从附近溪谷中引入的溪水之中。由于分隔明确，进入浸礼池的受洗者与已经完成净化的受洗者不会有任何接触。一些此类浴池位于餐厅附近，该发现似乎证实了犹太历史学家弗拉维奥·约瑟夫斯所言：犹太人在进食前须先净身。

定居点墓地中埋有近 1000 座墓穴，自北向南排列。有研究证明，该发现表明社群中约有 200 人，而该数值可以由餐厅[一座长约 72 英尺(约 22 米)的建筑]中修复的陶器件数佐证。

公元 68 年的犹太地区，反抗罗马统治者的第一次犹太起义爆发，库姆兰遗址遭废弃。随后，该地区成为一支小型罗马卫戍部队的驻扎区，直到哈德良时期，第二次犹太起义爆发。

# 马萨达城遗址 公元前1世纪

指挥官弗拉维奥·席尔瓦（Flavius Silva）同第十军团一道包围了建有诸多堡垒的马萨达城，继而在城墙西侧建立了一座斜坡。由于炮兵部队参加卫城，能对抵抗者进行火力掩护，该项工作进而得到有力保障。斜坡中使用的部分木材至今仍然保存完好

马萨达位于以色列南部一处山丘顶部，俯瞰死海。自公元前 2 世纪起，它便是犹太统治者的行宫，也是犹太卫戍部队的驻扎地。公元前 36—前 30 年，大希律王翻修马萨达遗址；除此之外，他进行的其他重要建筑项目包括位于死海北岸耶利哥城中的宏伟宫殿群和耶路撒冷城中的新寺庙。马萨达是大希律王的冬宫遗址地。城中建筑风格厚颜无耻地效仿罗马风格，同时吸纳了科林斯都城建设及壁画设计——部分采用了珍贵的大理石。这种建筑风格与考古学家在耶路撒冷发现的部分公元 1 世纪的上层阶级住宅如出一辙，与强调犹太身份及纯洁性的不同犹太教徒所信奉的观点南辕北辙。作为建筑的一部分，部分石柱桩中留下了石匠的记号，表明犹太的石匠们也曾参与建筑工作。第二座宫殿位于卫城西侧，内部铺有马赛克图案地板，同时建有浴室。与北部宫殿类似，此处宫殿外墙上也饰有罗马风格建筑壁画。

1963—1965 年，以色列考古学家伊加尔·雅丁（Yigael Yadin，1917—1984 年）代表耶路撒冷希伯来大学、以色列勘探协会和以色列古文物部门对该处遗址进行发掘。大量国际团队志愿者前来协助。由于堡垒位于山顶，水源供给与排放成为一项后勤困难；为解决问题，以色列军队提供了大量帮助。罗马军队围城后，其倚靠西侧城墙建立了一座斜坡，而斜坡顶端建有阶梯，侦察兵可借此从西侧城墙进入城中。

**大希律王的冬宫**

大希律王的冬宫位于摩押山（Moab，今约旦境内）另一侧，为一系列阶梯建筑，俯瞰整片山谷。中层阶梯上建有一座圆形建筑，最初其中或许立有石柱。此层通过一条隐蔽的阶梯连接上层堡垒。最上层阶梯中建有以罗马风格马赛克图案装饰的大量房间

**宫殿群浴室内的更衣室**

宫殿群中建有罗马风格的浴室，该发现反映了王室家族中文化习惯的改变。浴室建筑内设有高温浴室，或称暖室，其中砌有一处高炕，炕下用于加热。浴室内墙壁上饰有建筑壁画。在使用末期，当地居民在更衣室或称换装室中隔出了一间小型的仪式用浴室

## 罗马军马萨达围城战

马萨达堡垒中建有卫戍部队居所和蓄水箱，与土耳其帕加马（Pergamum）卫城中的大希腊风阿塔罗斯宫殿遗址十分类似。浴室旁有一处建筑群，似乎是宫殿及周边社群居民的仓库。犹太历史学家弗拉维奥·约瑟夫斯曾断言，仓库中储备的军事设备足够抵御10000名来犯士兵。

公元66年，第一次犹太革命爆发，马萨达成为最后一道需攻克的堡垒之一。考古学家在遗址中发现了大量黏土制储物罐，部分罐上刻有希伯来文字。在该时期内铸造的硬币上，有关学者发现了一句话："一切为了锡安的自由（For the freedom of Zion）。"后来，考古学家在储藏室以南的一处庭院建筑中进一步发现了藏于其中的革命时期硬币。在发掘过程中，人们发现了大量有关《圣经》的手卷，包括《利未记》。

后来，犹太军米拿现（Menahem）战胜了马萨达堡垒的罗马卫戍部队。公元70年，罗马军攻克耶路撒冷城，随即对次片区域内的别处驻军发起进攻。马萨达堡垒中当时的驻军首领为以利亚撒·本·亚伊尔（Eleazar ben Jair）。约瑟夫斯详细描述了罗马军的马萨达围城战和最后抵抗者间的自杀协定（在其意识到堡垒将破之时）。据记载，960名士兵自刎而亡；公元73年，马萨达围城战结束。考古学家几乎未在遗址中发现任何尸体，除浴室边一具位于光滑铠甲旁的尸骨。该具骸骨一侧是一具女尸，其用穗带装饰的编发仍然保存完好。

随后，罗马军队重新驻扎进马萨达堡垒中；有证据显示，5世纪至6世纪，此地为基督教社群所占据。教徒在此地建造了一座拜占庭教堂，教堂中地板饰以马赛克图案。

# 凯尔特人

“凯尔特人”一词最初由希腊作家希罗多德（Herodotus，约公元前484—前430年）提出。他写道，多瑙河源于凯尔特大陆——欧洲大陆上大多西方人生活的地区。随后，各类作者，例如希腊哲学家波赛东尼奥（Poseidonius，约公元前135—前51年）和罗马帝王尤利乌斯·恺撒，都对凯尔特人特征做出补充描述，包括居住于今法国境内的高卢人（Gauls）。他们将凯尔特人定义为一个民族，不过为分清西欧混杂聚居的史前社会，其族名由其他社群强加命名。

纵观考古历史，自铁器时代欧洲中西部上层阶级开始，许多民族都曾被称为“凯尔特人”。后铁器时代，人们更常将此词与欧洲大西洋沿岸居民相联系。相较于别处，该地区内居民的物质文化及装饰风格都有显著不同；除此之外，其留下了宝贵的凯尔特语，后演变为今天的爱尔兰语、苏格兰盖尔语、威尔士语和布列塔尼语。

从考古学角度而言，凯尔特社会的一项重要标志为拉坦诺（La Tène）艺术风格；1859年，考古学家在瑞士纳沙泰尔湖（Lake Neuchâtel）附近的排涝渠中发现了一堆装饰性金属制品，随后将此类风格命名为拉坦诺艺术风格。约公元前400年时，罗马统治者翻越阿尔卑斯山进入凯尔特区，将拉坦诺文化制品带回了意大利；因此，在意大利北部地区，考古学家发现了相似金属制品。拉坦诺出现于公元前5世纪，欧洲中西部地区的手工艺人借鉴了古典地

1. 法国勃艮第地区的比布拉克特（Bibracte）是一座高卢人城堡，曾是埃杜维人（Aedui）部落都城，也是一座重要的山顶堡垒
2. 博尔特尔大金领上的装饰图案为典型的拉坦诺风格：蜿蜒卷曲的植物根须沿两根铰链管环绕成圈，构成金属颈环
3. 位于北爱尔兰阿马郡（County Armagh）中的纳文堡（Navan Fort）皇家遗址；遗址由一块圆形库区与沟渠构成，库区直径长774英尺（约236米），环抱一座土丘

## 重要事件

| 约公元前450年 | 约公元前350—50年 | 约公元前300年 | 约公元前300—前200年 | 约公元前200—400年 | 约公元前200年 |
|---|---|---|---|---|---|
| 中欧开始出现拉坦诺艺术风格。 | 北欧地区，战争胜利者开始将战败对手的武器及船只埋入沼泽之中。 | 拉坦诺风格传至大不列颠群岛，随后演变成一种保守风格。 | 爱尔兰地区克罗尼卡文人及老克罗汉人被杀。 | 爱尔兰皇家遗址起到仪式中心作用。 | 欧洲中西部地区建立第一座城堡。 |

中海地区装饰图案，并对其作出改进，成为全新图案。这些图案通常十分抽象，呈弯曲的流线型，让人不禁联想起草木与葡萄藤。有时会出现各类奇怪的动物，不过匠人通常仅刻画其象征性的头部。拉坦诺文化极其偏爱一些金属制品，例如盾牌。这种图案风格随红酒贸易逐渐传播，将欧洲中西部地区的野蛮人同地中海文明相连接。至约公元前 300 年，拉坦诺文化传至不列颠群岛，在这里，金属匠人们表现出了一种全新境界的抽象与美丽。最著名的一个例子即为 1896 年发现于北爱尔兰博尔特尔（Broighter）文物堆中的一件黄金颈环。博尔特尔大金领（Broighter Collar，见图 2）制于公元前 1 世纪，由金片制成；匠人随后在金片上雕刻图案，继而捶打底片，使图案成为浅浮雕。

尽管人们常将凯尔特人团体称为部落，实际上可称为一群复杂的酋邦，或甚至可称为是一座不成熟的王国。凯尔特人的宗教及仪式日常，是其重要的文化组成部分；关于这一点，考古学证据及大量文献都有大量信息提及。恺撒曾提及掌管宗教及纪念事物的德鲁伊特（Druids）。该群成员似乎不属于政治权力层，这意味着在凯尔特人团体里，有多种迈入社会高层阶级的途径。并不仅限于凯尔特世界，北欧多地出现仪式用宰杀活动及酸沼木乃伊尸堆。不列颠群岛的酸沼木乃伊，例如英国的林道人（Lindow Man）、爱尔兰的克罗尼卡文人（Clonycavan Man）及老克罗汉人（Oldcroghan Man），表明了部分居民相信的纪念行为，牵扯到王权制度。

在欧洲中西部地区，尤其是法国地区，凯尔特人社群建立了一种名为“城堡”的防御中心；恺撒曾对其进行详细描述。木材围绕出一片广阔的区域，随后以石块填充，筑成坚固的石墙，这就是一栋典型的城堡（见图 1）。围墙长度决定了驻军无法多点抵抗进攻，因此与其说石墙起保护作用，不如说其只是一种装饰。城墙内是居住民、工业区和仪式建筑。由于一处建筑起到多种功能，部分考古学家认为“城堡”实际体现了一种城市特征。

考古学家在爱尔兰发现大量证明铁器时代社会复杂程度的证据，数座山顶划出库房及沟渠位置，其中常留有圆木仪式建筑的痕迹。不同城堡或许有所不同，因为在一些地区，有关学者并未发现任何居住及工业活动痕迹。一些城堡被称为皇家遗址，其中最重要的部分包括纳文堡（见图 3）、塔拉堡（Tara）、拉斯克罗根堡（Rathcroghan）和顿·艾利尼堡（Dún Ailinne）。虽然在神话中，这些城堡为国王居所，不过现实中并不确定。尽管如此，一些加剧了社会差异的活动仍有发生，例如享用宴席。纳文堡中最独特的发现为一具巴巴利猕猴（Barbary ape）头骨；这种猿猴本生长于非洲西北部，该发现表明欧洲的偏远角落已经与遥远的非洲大陆建立联系。

| 约公元前 100—前 1 年 | 公元前 58 年 | 公元前 2—119 年 | 公元 43 年 | 476 年 | 约 800 年 |
| --- | --- | --- | --- | --- | --- |
| 北爱尔兰匠人加工生产了一种装饰性黄金制品。 | 尤利乌斯·恺撒侵犯高卢。 | 林道人被杀于英格兰。 | 罗马开始进攻英国。 | 西罗马帝国灭亡的传统认知时间。 | 神话史诗《凯尔经》（*Book of Kells*）在苏格兰创作完成，书中大量装饰符号，成为后来史前金属制品上艺术图案的基础。 |

# 酸沼木乃伊 公元前4世纪—后早期年代

1950年，泥煤挖掘者在丹麦锡尔克堡（Silkeborg）地区附近一处沼泽中发现了一具男尸。图伦男子因窒息而死，人们发现尸体时，其脖颈上仍缠有绳子。1952年，在距图伦11英里（约18千米）的格劳巴勒，人们又发现了另一具男尸。格劳巴勒男子并非被勒死，而是被直接割颈身亡

自俄罗斯至爱尔兰，北欧多地在地区覆盖冰层消退后留下地表空洞，随后形成湖泊。随着时间推移，草木逐渐占据湖泊，腐败后空余泥煤沉积。泥煤淤积的沼泽是保存有机物质的理想环境；随着泥煤累积，沼地逐渐成为无氧环境，催生腐败的微生物无法生存，古物就此密封。

18世纪，当地农民以泥煤作燃料，在挖掘过程中，他们开始不断发现尸体。至19世纪末，有学者证实这些尸体的年份极其久远，可追溯至史前时期。不过，发现尸体后，当地农民常将其再次埋入土中，此举导致尸体迅速腐烂。然而，在20世纪早期，考古学家意识到这些尸体展现了北欧史前生活里的重要方面。

第二次世界大战后，两项社会发展提高了科学界和普通大众对酸沼木乃伊的兴趣。第一，不同的经济状况导致人们使用泥煤加热及烹饪的需求增加；第二，泥煤挖掘者懂得在发现尸体痕迹时联系有关权威机构，而考古学家也通常能迅速到达指定地点。20世纪50年代早期，在此两项意识提高后，考古学家在丹麦发现了数具保存状态相对完好的重要酸沼木乃伊，例如公元前4世纪的图伦男子（Tollund Man）和公元前3世纪的格劳巴勒男子（Grauballe Man）。至20世纪60年代，使用泥煤作燃料的需求减少，不过该需求随后再次激增，例如一些郊区花园。然而，如今使用大型机器挖掘泥煤意味着泥沼表层被一层层刮去，因此近些年发现的酸沼木乃伊多残破不全；不论机器走后留下什么。

通过碳-14定年法，有关学者发现大多酸沼木乃伊可追溯至公元前4世纪末与公元后几百年。所有死者都被残忍杀害，这也成为北欧铁器时代生活中最引人注意的一个方面。

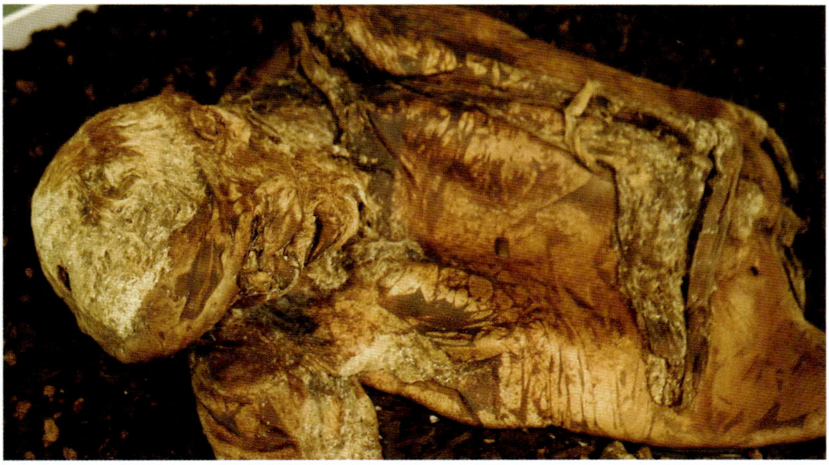

**林道人**

1984 年，采集者在英格兰曼彻斯特附近的林道沼地中挖掘泥煤。突然，传送带上出现了一只人足，人们随后在沼地中发现了更多人体部件。约公元 1 世纪，林道人被勒死，后被撞击头部，随后深埋于泥沼之中；此为其自 1 世纪后初见阳光。有关学者发现，死者颈前部也曾被割开；死者年龄约 25 岁，高 5 英尺 6 英寸（约 1.7 米），赤身裸体，面部留有络腮胡及八字须，一只胳膊上缠有一条狐皮

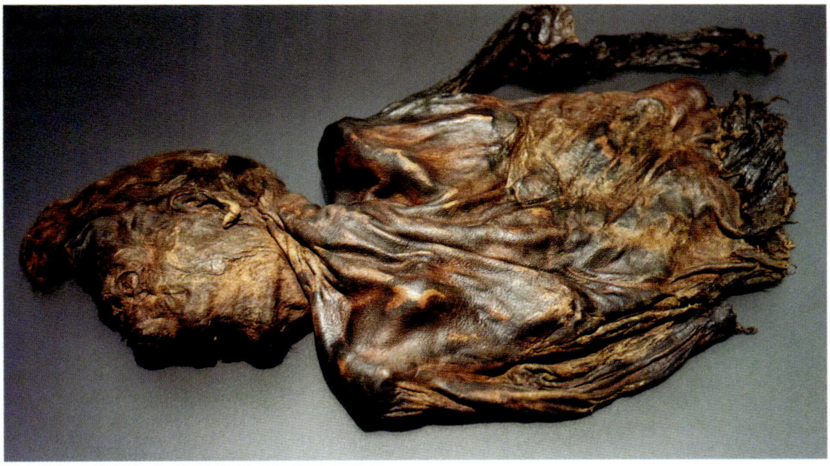

**克罗尼卡文人**

在距 2003 年仅剩数月之时，考古学家在中部爱尔兰沼地获得两项重大发现。他们发现，老克罗汉人高 6 英尺 6 英寸（约 2 米），其手部光滑，表明其并非从事体力劳动。克罗尼卡文人则较矮，高 5 英尺 2 英寸（约 1.6 米），发型经精心设计，使用源自西班牙或法国南部的松脂。研究发现，该两名男子死于公元前 4 世纪或公元前 3 世纪。克罗尼卡文人死于多重钝器打击，包括胸膛之上的一处尖锐物敲击

## 酸沼木乃伊如何保存完好？

由于泥煤浸水淤积，其中氧含量极少，以至于有机物腐烂的微生物无法在此类环境下生存，因此新层草植死后只能逐渐淤积成为泥煤，无法自行分解。不仅如此，大多沼地呈酸性，因而微生物数量较低。许多年来，有关学者认为在保存酸沼木乃伊的过程中存在两项关键因素；但这不能说明为何酸沼木乃伊能保有诸多令人讶异的细节，例如图伦男子的络腮胡、格劳巴勒男子发胶发型和老克罗汉人修剪整齐的手指甲。

不过，近期有研究证明，沼地中的化学物质并非仅发挥抑制分解的作用；对于埋入沼泥中的尸体，此类物质能使其发生化学变化。泥炭藓（Sphagnum）是泥煤沼地中的一种主要组成植物。这种苔藓腐烂后会产生一种化学物质——泥炭素（sphagnan）。一旦泥炭素接触到尸体，便会产生部分反应。

第一，这种化学成分会消耗尸体中的钙成分，因为钙是生存于低氧及酸性泥沼中的细菌依赖的营养成分。因此，大多沼地尸体中几乎不含钙成分，就算有，也仅存于骸骨之中。与此同时，泥炭素能与氮气结合，进一步阻止细菌获取食物。

第二，泥炭素是一种天然的鞣制剂，能有效保存皮肤、头发、指甲和尸体体内器官，更包括衣物及由羊毛或毛皮之中的其他物件（例如用于勒死图伦男子的绳子）。因此，酸沼木乃伊的皮肤看起来似皮革一般，正是因为它确实变为了一种皮革；不过其扭曲的造型或可能是因为骨骼的脱钙影响。

# 斯堪的纳维亚的战利祭品 约公元前350—500年

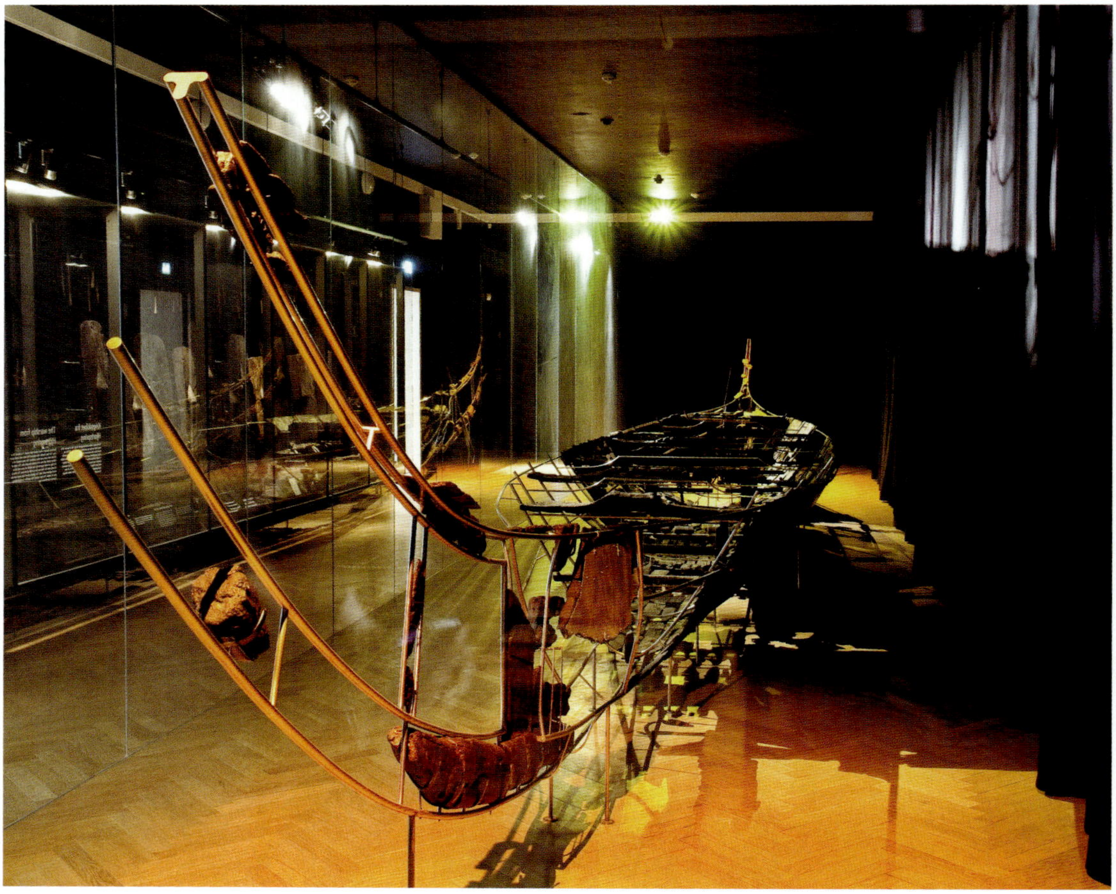

在哥本哈根的丹麦国家博物馆中有一艘“约特斯普林”的复制品。船身长62英尺、宽6英尺（约19米、2米）。船身基础框架为一块底板，底板两侧各一条龙骨，龙骨延伸交会形成船头。船身两侧由椴木板拼接制成，其中插入10根横梁，桨手即可以此为座

酸沼木乃伊并非发现于北欧湿地中的唯一战利祭品。自公元前最后的几世纪起，尤其是公元1世纪时，两军对战的胜者常将其手下败将的武器及船只埋入泥沼之中，而这些不断堆积的物品则成为战利祭品。仅在丹麦，考古学家就发现了超过300件战利祭品，而瑞典、挪威地区所含数量更多。祭品通常包含上百件武器，偶尔也会有盔甲与其他装备。考古学家已经在数地沼泽中发现了完整的船只。

最早发现的战利祭品之一是一艘名为“约特斯普林”（Hjortspring）的船只，出土于丹麦阿尔斯岛（Als）某地。尽管该地区发现于19世纪，不过直至20世纪20年代，考古学家才在地中发掘出大量武器（大多已破损）及船只残骸。20世纪80年代，考古学家在发掘过程中发现船只的另一些部件；经放射性碳定年法测量后，发现其可追溯至公元前350—前300年，该发现表明“约特斯普林”成为丹麦最古老的战利祭品。

丹麦考古学家克劳斯·韩斯堡（Kavs Randsborg，1944年—　）通过计算得出，“约特斯普林”上装载的剑与矛的数量约是一支80人士兵团队所用的武器数量。通常情况下，每个士兵配有一块盾与两支矛，而身着锁子甲的士兵则佩剑。有关学者猜测，战败者从水上而来，这些船只及武器即属于他们，而获胜者则将这些战利祭品献祭神明。

献祭战利品的行为一直持续至公元1世纪。在当时，罗马疆域外的野蛮人加入罗马军，北地的侵略者从罗马作坊抢夺武器。

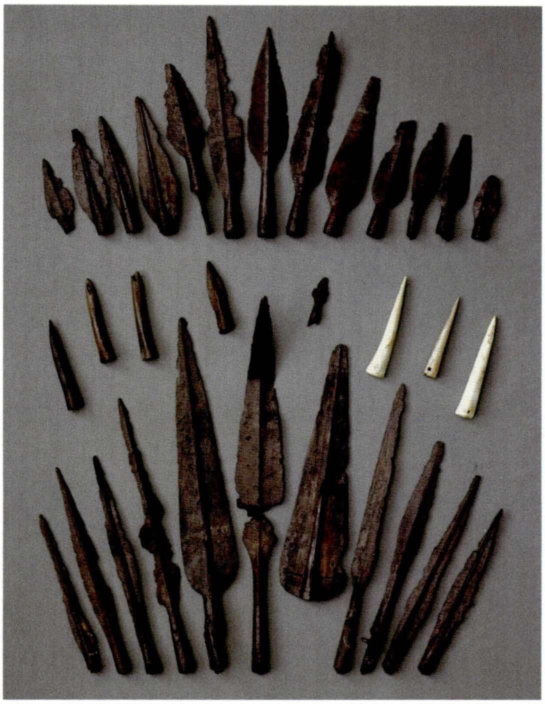

**“约特斯普林”武器**

“约特斯普林”船上的大多武器都是长约 4—8 英尺（约 120—240 厘米）的长矛，矛尖由兽骨或铁制成。一些长矛铸有手柄，不过如今已经断裂破损，仅剩托柄中的零星碎屑。考古学家共发现 11 柄剑，其中两柄被人为掰弯。由于浸在水中，或椭圆、或矩形的木质盾牌保存完好。此外，有关学者还发现了一些生锈的小型铁环，其认为这些铁环属于锁子甲（已发现最早的锁子甲即在欧洲）

**尼达姆的武器发现**

在丹麦南部的尼达姆沼地中，考古学家也发现了几处战利祭品。大多发现的武器为长矛，不过依照罗马时期的画像，约有三分之一的士兵其实通常佩剑搏斗。有关学者发现了由紫杉木与橡树制成的长弓，象征了斯堪的纳维亚铁器时代战争中的一种全新武器系统。他们发现了一枚与罗马官员身着类似的安全别针，或称装饰胸针；不过该件别针应该是北欧当地的仿冒品

## 伊勒普河谷

1950 年，在进行排水工作时，有关人员首次在日德兰（Jutland）东部的伊勒普河谷（Illerup Ådal）中获得考古发现。随后，1950—1956 年，考古学家对此片区域进行发掘；1975—1985 年，考古学家复又开始二次发掘。

有关专家在遗址中发现了大量公元 3 世纪至 5 世纪的祭品。最大的一处发现地被称为“伊勒普河谷一号区”，其中蕴含超过 350 件盾牌、366 柄长矛、410 支标枪、100 余柄长剑、11 套骑具和其他大量制造于约公元 210 年的物件。然而，不同于尼达姆，伊勒普地区中未发现任何船只或弓箭装备。考古学家发现，这些武器都曾分门别类被人为销毁——长剑被折断，盾牌被打碎——随后，或是从岸边直接扔入湖中，或是用船将其运至湖中央，后扔入当时的古湖之中。

考古学家发现了四匹战马骸骨，猜测极有可能为失败军的马匹；骸骨上伤痕累累，似乎有多人以不同武器同时对其折磨。锶同位素比值表明，这些战马来自丹麦或瑞典南部。

此时，为开拓帝国疆域，罗马军队已侵入丹麦南部。尼禄皇帝（公元 37—68 年）曾发行一种罗马银币，一直使用至柯莫杜斯（Commodus，公元 161—192 年）统治时期。考古学家在树丛中发现了 200 枚这种银币，最新发行年份是公元 187—188 年，他们认为这些银币可能曾装在一个小袋子中。在此类野蛮人的社会中，罗马银币的获取方式或许即依靠为罗马人服务，不过对他们而言，这种银币更是一种地位象征。

在已发现的剑器中，我们可以看出一定的冶金技术，该发现表明这些长剑锻造于罗马作坊。部分罗马长剑的剑身刻有锻造者留下的标记，嵌饰罗马众神及女神的图案；不过剑柄是由斯堪的纳维亚当地的工匠加铸。

# 阿莱西亚古城 公元前100—400年

法国勃艮第区阿利斯－圣雷讷城阿莱西亚考古遗址中的一处和凯尔特神乌库埃提斯（Ucuetis）有关的遗迹

在法国历史上，阿莱西亚古城有重要的象征意义，因为在高卢领袖维钦托利（Vercingetorix，？—前46年）率军抗击罗马侵略者时，这座城市是最后的关卡。在高卢最后的战役中，罗马大军由恺撒亲自率领，他曾在《高卢战记》（*Commentarii de Bello Gallico*）一书中写道：高卢城墙立于公元前58—前52年。恺撒记录下了他与维钦托利之间的战争全过程。公元前52年，维钦托利成为自北部塞纳河至西南部加龙河流域内所有本土部落的首领。恺撒写道："在曼杜比伊（Mandubii）部落都城阿莱西亚中，终结战开始了，维钦托利与他的军队都躲在城堡（恺撒用'城堡'一词形容丘堡）里。"

除其历史重要性之外，阿莱西亚城的具体位置并无人知晓。1864年，拿破仑三世（Emperor Napoleon III，1808—1873年）发布敕令，宣布阿莱西亚城位于法国勃艮第区中阿利斯－圣雷讷城（Alise-Sainte-Reine）附近的奥索瓦山（Mont-Auxois）上；而"Alise"（阿利斯）一词与"Alesia"（阿莱西亚）也十分相似。不过，仍有许多学者反对"奥索瓦山即为阿莱西亚"的这一说法。有学者发现，恺撒在《高卢战记》中对阿莱西亚的地形描述与阿利斯－圣雷讷不符。

高卢战争爆发时间的另一证据，发现于北法利耶尔库尔－埃龙代勒（Liercourt-Erondelle）城堡附近。空中摄影师发现城堡周围挖有一圈沟壑，不过尚不清楚此座丘堡究竟属罗马还是高卢所有。尽管该地区内其他一些俗称"营地"的包围区，有时确实与高卢战争有一定关联，不过这些包围区的建造时间更晚。

**罗马堡垒**

罗马堡垒坐落于一处山丘之上，2012 年，有关专家在阿利斯－圣雷讷城内的阿莱西亚博物馆（MuséoParc Alésia）中重建复原了堡垒的外围建筑，后于当年正式对游客开放。复建依托恺撒及 1861—1865 年拿破仑三世在发掘过程中对此地的描述

**维钦托利雕像**

1864 年，拿破仑三世任命雕塑家艾梅·米莱特（Aimé Millet，1819—1891 年）和建筑师欧仁·维奥莱－勒－迪克（Eugène Viollet-le-Duc，1814—1879 年）建造维钦托利雕像；从地理位置来看，雕像恰好可以俯瞰人们猜测中的战争遗址。这座铜制雕像高度超过 21 英尺（约 6 米），位于该地区的中心位置

## 比布拉克特

维钦托利在勃艮第博夫雷山（Mont Beauvray）的比布拉克特堡垒中担任高卢各部落的盟主。比布拉克特建于公元前 2 世纪，是埃杜维部落都城。在其鼎盛时期时，堡垒中能容纳 5000—10000 名居民。罗马人对埃杜维偏爱有加，因为其地处卢瓦尔河（Loire）与索恩河重要贸易路线中，因此具有战略意义。在公元前 52 年罗马与高卢的战争蔓延至此地前，当地居民与罗马世界一直有所往来。考古学家在当地发现了意大利进口的盛酒用双耳细颈瓶。比布拉克特的重要地位导致罗马在攻克阿莱西亚后，并未破坏一丝一毫，而恺撒也正是在这里完成了《高卢战记》。约公元前 15 年，因博夫雷山地理优越性不再明显，欧坦城（Augustodunum/Autun）崛起，比布拉克特逐渐萧条。

比布拉克特城的首次发掘开始于 1867 年，由拿破仑三世资助，法国考古学家雅克－加布里埃尔·布里奥特（Jacques-Gabriel Bulliot，1817—1902 年）牵头。1897 年后，布里奥特的侄子约瑟夫·德施雷（Joseph Déchelette，1862—1914 年）接手发掘工作。1914 年，德施雷去世，比布拉克特发掘的工作随即停止。不过，自 1984 年开始，一项重要的国际研究项目再次展开。

今天，比布拉克特城考古公园占地超过 494 英亩（约 200 公顷），游客可以在园区内看见各类公共建筑、房屋、作坊和高卢－罗马时期的城墙。重建的防御设施长 3 英里（约 5 千米），围绕整个高卢－罗马时期遗址。遗址中的主要门道确实建于公元 1 世纪。公元前 2 世纪比布拉克特城建立后，当时的统治者还建造了一座更早的防御设施，全长 4 英里（约 6 千米），不过至今未被发掘，仍被掩埋保护于森林之下。

# 罗马军队及边界遗迹

1. 英格兰东北部哈德良城墙中的尼克城堡（Milecastle 39）遗址
2. 发现于苏丹麦罗埃地区的一件奥古斯都大帝青铜头像（约公元前 27—前 25 年）
3. 2016 年，考古学家在德国卡尔克里泽（Kalkriese）进行发掘时，挖出了大量的罗马金币

随着罗马帝国扩张，罗马军队逐渐分为两派：一派是由罗马公民组成的军团，另一派是从帝国境内各部落中征集的备用兵。罗马的军团基地、堡垒、行军营和各遗址中的军事装备，成为战争活动留给考古人的最丰富遗产。

在英国，罗马军队侵略后留下的行军痕迹被一座座遗址留存下来。位于霍德山（Hod Hill）的铁器时代丘堡和多塞特郡的梅登城堡，便是罗马军的主要进攻目标。英国考古学家莫蒂默·惠勒在堡垒遗址中发现了大量罗马士兵骸骨，以及仍插在地里的火炮螺栓。参加过此类早期战役的退伍老兵，常被安置于新建定居点之中，而所谓的定居点通常是军队先前的基地，例如科尔切斯特（Colchester）。一些士兵的姓名和军团名称被篆刻于军队的墓碑之上。

在一些军事化的行省，例如不列颠地区，主要军事基地为三处军团要塞：位于南威尔士的卡利恩（Caerleon）、迪伊河（River Dee）畔的切斯特（Chester）和英国东部的约克郡。这几处要塞是为了抵御威尔士或英格兰北部地区的起义和暴动。珀斯郡内的英赫图梯（Inchtuthil）要塞，就是阿古利可拉

## 重要事件

| 公元前 137 年 | 公元前 134—前 133 年 | 公元前 84—前 77 年 | 约公元前 25 年 | 公元 9 年 | 公元 43 年 |
|---|---|---|---|---|---|
| 盖乌斯·霍斯蒂利乌斯（Gaius Hostilius）率军占领西班牙努曼西亚。 | 小西庇阿发动第二次努曼西亚围城战。 | 阿古利可拉占领威尔士、北英格兰和苏格兰一部分地区。 | 库施军队从罗马埃及南境边界抢走了一件奥古斯都大帝的青铜头像。 | 日耳曼尼亚条顿堡森林之战中，三大罗马军团惨遭剿灭。 | 罗马开始入侵不列颠。 |

（Gnaeus Julius Agricola，公元 40—93 年）进攻英格兰时建造的。

哈德良皇帝（76—138 年）统治时期，他在英格兰北部建造了让人最印象深刻的永久性边界。边界始于泰恩河（今泰恩河畔纽卡斯尔东部）北岸的沃尔森德（Wallsend），终至索尔威（Solway）河口处的鲍内斯（Bowness），全长 80 罗马里或 73 英里（约 117.5 千米）。在最初的设想中，边界要由石墙或草皮墙（见图 1）构成，可充当瞭望台。留下的建筑石块显示城墙由专业的军事工程师建造的，而这些工程师则来自不列颠三大军团基地。城墙每隔 1 英里（约 1.6 公里）建有一处小型加固堡垒和两座望楼。最初，卫戍部队主力驻扎于向南延伸的斯塔内军路（Stanegate）沿线。不过，后来的皇帝决定将部队迁到城墙下。在对部分堡垒要塞（如切斯特要塞和豪塞斯特兹罗马要塞）进行发掘后，考古学家发现了部分建造早于要塞古老建筑结构。城墙北部挖有宽阔的沟渠。在城墙外部分地区，出于岩层原因不好挖沟渠；城墙中部地段也无沟渠，城墙仅仅沿着暗色岩脊延伸。

哈德良死后，其继承人安东尼·庇护（公元 86—161 年）继位；在其统治时期，罗马边境向北扩迁，哈德良长城暂时被废弃。东起福斯湾（Firth of Forth）畔的博内斯（Bo’ness），西抵克莱德河（River Clyde）边的旧基尔帕特里克（Old Kilpatrick），新皇帝建造了一条长 37 英里（约 60 千米）的全新草皮墙，并通过一系列小型堡垒加固城墙。在对拉夫堡（Rough Castle）进行发掘后，考古学家发现要塞周围有大量坑洞，最初其中应埋有一种俗称“百合桩”的尖桩，这个名字来自一种毛骨悚然的场景：尖桩刺穿了入侵的敌人，形如百合。

莱茵河与多瑙河岸的边界外围有一圈木质栅栏和沟渠，全长超过 310 英里（约 499 千米）。为防止帝国东部部落入侵，公元 2 世纪，当时的统治者下令建造该防御工事。公元 9 年，奥古斯都统治时期，普布利乌斯·昆克蒂利乌斯·瓦卢斯（Publius Quinctilius Varus，？—公元 9 年）在条顿堡森林（Teutoburg Forest）战役中损失大量军队，罗马帝国因此愈加提防日耳曼尼亚人。英国军队官员在考察卡尔克里泽地区时发现了大量损毁严重的战争残骸。

在大量的罗马要塞中最精细的一处位于努比亚沙漠边缘，目的是防止埃及以南暴民的突袭。在对努比亚寺庙进行发掘时，考古学家发现了一尊奥古斯都大帝青铜头像（见图 2），似乎是努比亚人从埃及抢来的。

自 3 世纪起，罗马帝国逐渐受到外来侵略压力。不列颠尼亚（Britannia）北海海岸和欧洲大陆各海岸都建立了新军备基地。在不列颠地区，自北诺福克郡布兰克斯特（Brancaster）至索伦特波特切斯特（Portchester），大量石墙基地纷纷出现。博克城堡（Burgh Castle）中的大量塔楼表明该要塞受到炮兵部队的保护。

| 43 年 | 73 年 | 85 年 | 122 年 | 142 年 | 2 世纪 |
|---|---|---|---|---|---|
| 罗马军占领英格兰科尔切斯特。 | 在犹大旷野中，罗马军队马萨达发动围城战，第一次犹太起义以此告终。 | 罗马占领不列颠的过程自北英格兰文德兰达开始。 | 哈德良皇帝下令在北英格兰建造哈德良长城。 | 在罗马北境迁移至苏格兰地区后，安东尼·庇护下令建造安敦宁城墙，不过该城墙的寿命极短。 | 为保护帝国免遭东部部落侵扰，当时统治者下令沿莱茵河及多瑙河岸挖设沟渠、建设木栅栏。 |

# 努曼西亚 公元前4世纪—4世纪

公元前133年，凯尔特人败于罗马后，曾经以矩形为特色的房屋式样发生转变。人们开始建造更复杂、房间更多的新型住宅。部分房屋呈现罗马风格，例如由托斯卡纳式石柱构成的柱廊。庭院中建有石阶，走过石阶即可进入生活区

西班牙的努曼西亚是阿雷瓦西人（Arevaci，前罗马时代的当地居民）的一座重要城市。城市在今上杜罗河谷中的加赖市（Garray）附近，其最早居住历史可追溯至青铜时代。自公元前4世纪起，凯尔特人逐渐在此地发展定居点。在漫长的围城战后，城市最终落入罗马人手中。当时正值奥古斯都统治时期，城市沦陷后，他在原址上建立新城，并命名为努曼西亚；此后，罗马开始对努曼西亚的统治，直至公元4世纪。城中部分住房和城墙遗址已被考古学家发掘。

1905—1912年，德国历史学家及考古学家阿道夫·舒尔滕（Adolf Schulten，1870—1960年）和德国考古研究所内大量成员一道，对努曼西亚进行发掘。1990年，有关学者再次对凯尔特人所在的城镇进行科学发掘。1993年，学者们发现了凯尔特人的墓地。

努曼西亚定居点面积约20英亩（约8公顷），城外建有大量保护性土垒。城中部分建筑以网格状排列，有些房屋背靠城墙。努曼西亚城的一大特色就是地陷式蓄水箱，形状或圆或方。除发现在私宅中的水箱外，考古学家还发现了一部分公用水箱，通常在城中交叉路口处。还有一种蓄水箱，通常挖于私宅庭院中，内设有一段深入蓄水池的石阶。城中部分街道埋设有排水道，上方由石板遮盖，是城市的排污系统。

考古学家在城中发现了数座罗马浴室，其中一间的部分建筑已被埋入1842年的一座未完工的纪念碑下。作为一种反抗的象征，西班牙政府强调了凯尔特人反对罗马强权的故事，旨在增强民族凝聚力。

**手推磨**

通过分析遗址内手推磨中的剩余残渣，考古学家对努曼西亚居民的日常饮食有了更全面的认知。通过分析，有关学者在其中发现了小麦、大麦、橡子的残渣；都被研磨成粉。有分析指出，手推磨中含有粗糙的麦芽粉（一种酿造啤酒的关键成分）。西班牙高地上的凯尔特人不爱喝红酒，而是爱喝一种由发酵谷物酿成的“凯利亚”啤酒

**凯尔特式房屋和围墙**

努曼西亚城中居民重建了传统的凯尔特式矩形房屋，内分三间，每间作用不同：通常一间用作家用手工生产，如纺织和食物储备；一间是起居室，屋内设有生火处和睡觉用长榻；还有一间主要用来储存食物和工具。房屋外面，是一段重建的卡尔特式围墙。遗址内的另一个地方则复原了一处罗马时期的房屋

## 努曼西亚围城战

努曼西亚成为罗马帝国的眼中钉。公元前 137 年，盖乌斯・霍斯蒂利乌斯・曼基努斯率军占领努曼西亚。公元前 134—前 133 年，小西庇阿（约公元前 185—前 129 年）对其发动第二次围城战；其下令在努曼西亚城周围安营扎寨，并沿线建立一座高 10 英尺（约 3 米）、长 6 英里（约 10 千米）的石制围墙。围墙每间隔一段距离，便会设一座塔楼加固；此外，围墙外挖有防护渠。

阿道夫・舒尔滕对历史学家阿皮安在《西班牙战争》（*The Spanish Wars*，约公元 165 年）一书中描述的努曼西亚围城战颇感兴趣。20 世纪早期，德国与西班牙考察队对此地遗址进行发掘。他们发现了要塞的一些外围特征，包括他们的行政总部及营房。舒尔滕试图弄清在小西庇阿发动围城战之前，努曼西亚遭受围攻的顺序。其对营房的分析阐述了，在共和国时期内罗马政权对野战军的组织管理。通过发掘，考古学家发现，围城军在入冬后会在帐篷外修建一道矮墙以自卫。来自埃克塞特大学和西班牙的考古学家重新研究了遗址中发现的钱币，找到另一种解读方式。他们认为，最初的围城战有两大主要军队阵营参战，城墙中设有 7 处堡垒和 2 处塔楼，与阿皮安所描述的堡垒数量相吻合。

# 文德兰达要塞 公元1—5世纪

在文德兰达城墙外，考古学家发现了一间以砖块和瓷砖垒砌的大型前哈德良时期浴室。承重柱由砖块构成，使得热气能聚集在热水厅和温水厅中。遗址中建筑大多只剩下断壁残垣，因为公元2世纪浴室被拆除，大量建材被人偷走

罗马文德兰达要塞位于英格兰诺森伯兰郡巴登米尔村（Bardon Mill）附近的切斯特霍姆（Chesterholm）地区。卫戍部队驻扎于横穿奔宁山脉北部的罗马道路斯塔内路（建造早于哈德良城墙）上。

最近的考古证据显示，文德兰达地区的最早罗马居民出现于约公元85年，当时正值罗马行省总督阿古利可拉进攻苏格兰的最后时期。格劳庇乌山战役（Mons Graupius）后，罗马军大获全胜。文德兰达地区的一块薄木字碑因周围水浸环境得以完好保存，碑文显示，当时驻扎于此的士兵隶属高卢北部的通格林第一步兵队（First Cohort of Tungrians），指挥官是尤利乌斯·弗勒孔德斯（Julius Verecundus）。军团兵力达752人，包括6位百夫长。碑文还显示一批士兵抵达科里亚（Coria，即德雷大街横跨泰恩河的一段，许是罗马军在远东地区科布里奇的一座基地）后下落不明，人数达到337人，可能包括两位百夫长。

公元1世纪90年代，要塞纷纷扩建，圈地面积极有可能达到10英亩（约4公顷）。考古学家在要塞土壤层中发现了多块木字碑，碑文表明尤利乌斯·弗勒孔德斯继任通格林第一步兵队指挥官。随后，考古学家发现了当地主要行政建筑：一处官邸。他们从中了解到，在约公元前97年，要塞重建。部分驻军档案显示，在公元100年左右，步兵团指挥官变成弗拉维奥·科瑞阿里斯（Flavius Cerialis）——一位同样来自高卢北部的前巴塔维亚第九步兵团（Ninth Cohort of Batavians）团长。此外，罗马的图拉真圆柱也记录了当时巴塔维亚第三步兵团也加入卫戍军。公元104年，为了支援在图拉真爆发的反达契亚战争，该步兵团转移到了多瑙河沿岸。约公元105年，文德兰达要塞被放弃，各路人马以大火焚毁了所有驻军档案。

## 焦点

**文德兰达第 291 号字碑**

由于遗址中的水浸环境，大量有机物质得到完好保存，例如皮鞋和部分驻军档案。考古学家发现了约 1000 份刻于薄木碑上的文字档案，其上记载了驻军实力及部署信息。此外，考古学家也发现了部分私人信件，例如文德兰达第 291 号字碑，信中邀请弗拉维奥·科瑞阿里斯之妻索皮希雅·莱皮蒂娜参加附近军团指挥官埃里乌斯·布洛库斯之妻克劳迪娅·西维拉的生日聚会

**住房**

公元 1 世纪 90 年代，要塞重建，当地居民在要塞外建立平民居住区。居住区除商店、住宅、作坊外还包含大量住宅，表明当时驻军中的一些士兵与其家人共同居住于此。考古学家在遗址中发现了一栋建造精良的砖石建筑，其布局非同一般，所有房间围绕一座很小的庭院排列。有关学者曾认为该建筑是一家小旅店，不过如今已证实它是公元 3 世纪早期驻军指挥官的官邸

# 2 世纪及其后历史中的文德兰达

公元 2 世纪早期，文德兰达地区驻有士兵，考古学家在遗址中发现了该时期的军营区。通过一块木质档案板，学者发现奥皮乌斯·尼格尔（Oppius Niger）手下的士兵属于通格林第一步兵队。考古学家曾在要塞东门附近发现一块字碑，记录了来自潘诺尼亚（Pannonia，今欧洲中部）的百夫长科尼利厄斯·维克托（Cornelius Victor）之死。该时期的另一块字碑表明了当地曾临时被罗马军团士兵管控，这说明文德兰达其实是修建哈德良长城的准备基地。随后，考古学家在遗址中发现了一栋建于约公元 120 年的大型木质结构，他们认为该建筑就是哈德良皇帝巡视此处的居所遗址。

通过一块破损严重的字碑，有关学者了解到：公元 163 年，统治者下令在文德兰达地区建立一座新要塞，由不列颠尼亚总督（约公元 163—166 年）塞克斯图斯·卡尔普尔尼乌斯·阿格里古拉（Sextus Calpurnius Agricola）管理。2 世纪末，由于当地暴乱，要塞被毁；3 世纪早期，要塞经重修；4 世纪早期，统治者再次修建了一座要塞，不过在公元 367 年因一场奇袭被攻破。此后，文德兰达地区断断续续始终有人定居，不过从 5 世纪开始终于被废弃。

20 世纪 30 年代，英国考古学家埃里克·伯利（Eric Birley）买下了切斯特霍姆庄园，其中包含了一处考古遗迹。伯利带着两个儿子罗宾和安东尼随后对遗迹进行发掘，他们的发现为了解罗马帝国北境居民生活提供了大量宝贵信息。后来，作为一项长期研究项目，文德兰达托管基金会继续对该定居点进行发掘，包括一段哈德良长城的复制品。

# 罗马西区各行省

1. 位于葡萄牙科戴西亚－阿－维亚（Condeixa-a-Velha）地区科英布利加遗址中的公共住房（Casa dos Repuxos）
2. 位于威尔士卡利恩地区的罗马露天剧场，约建于公元 90 年
3. 法国圣雷米市内的“七月墓”

罗马西区包括罗马行省西班牙（今西班牙和葡萄牙）、高卢（今法国和部分周边国家）与不列颠尼亚（今英格兰及威尔士）。伊比利亚半岛行省，以丰富的农业及矿产资源（尤其是金矿与银矿）著称，是罗马地区在意大利半岛外扩张的第一处地区。1 世纪早期，西班牙行省的政治重要性逐渐增长。在该地区中，一些较大中心地中体现的罗马痕迹更明显，例如梅里达的考古遗址群（Augusta Emerita/Mérida），遗址中建有剧场、马戏团、露天剧场及瓜地亚纳河（Guadiana river）大桥。在一些小地区，考古学家同样发现了罗马居民居住后留下的痕迹，例如位于西班牙西北部的梅迪纳塞利市（Medinaceli），城中建有一座罗马凯旋门；位于葡萄牙的罗马小镇米若布利各（Mirobriga）及科英布利加（Conimbriga）。科英布利加市中的遗迹包括一座露天剧场及许多住宅，如喷泉屋（Casa dos Repuxos/House of Fountains，见图 1）。喷泉屋内的马赛克装饰绘制于 2 世纪，其中花园内建有喷泉。

自公元前 2 世纪起，罗马开始对高卢发动进攻，直至高卢战争（公元前 58—前 52 年）爆发。大量证据显示，罗马帝国对今法国南部城市具有重要影

## 重要事件

| 公元前 206 年 | 公元前 197 年 | 公元前 133 年 | 公元前 52 年 | 公元前 16—前 13 年 | 公元 43 年 |
|---|---|---|---|---|---|
| 在罗马战胜迦太基后，伊比利亚半岛成为罗马统治区。 | 远西班牙行省及近西班牙行省建立。 | 罗马军对努曼西亚凯尔特人居地发动的围城战结束，多数幸存的居民自杀。 | 盖乌斯·尤利乌斯·恺撒对高卢的进攻以阿莱西亚战役告终。 | 远西班牙地区被划分为卢西塔尼亚（今葡萄牙及部分西班牙地区）及贝提卡地区（今安达卢西亚）。近西班牙地区成为塔拉科西班牙（Tarraconensis）。 | 罗马军入侵不列颠地区，其最先登陆地为里奇伯勒堡（今英格兰肯特郡里奇伯勒市）。 |

响，例如尼姆（Nîmes）、圣雷米（Saint-Rémy）、阿尔勒（Arles）和奥朗日（Orange）。考古学家在圣雷米发现了当地居民生活罗马化的痕迹，在城市主路（延伸至后来的格拉诺姆市）一侧的凯旋门镀金，矗立着著名的“七月墓”（Mausoleum of the Julii，公元前30—前20年，见图3）。

罗马占领西班牙西部及纳尔波高卢（郎格多克及普罗旺斯地区）后，两地开始与不列颠地区展开往来。纳尔波高卢地区是西方少有的几处锡产区之一，因此其衍生出锡贸易。占领高卢北岸对罗马攻克不列颠地区起到推进作用。公元43年，克劳狄一世（公元前10—54年）集结滨海布洛涅城（Gesoriacum）附近的四处军团，对不列颠地区发起进攻。当不列颠沦陷趋于定局后，克劳狄一世率军进攻科尔切斯特（详见第330页）。自此，罗马军团横穿英格兰地区，进入威尔士并向苏格兰低地地区进发。军事侵略后，商业活动紧接着展开，高卢南部的大量陶器出口至不列颠地区。公元1世纪末，不列颠地区建立三座固定的军队要塞，分别位于伊斯卡（今卡利恩市）、德瓦（今切斯特市）、艾伯拉肯（今约克市）。除此之外，哈德良长城也开始修建。考古学家在科尔切斯特、格洛斯特、林肯及约克市内皆发现了罗马殖民区；在诸如伦蒂尼恩（今伦敦市）及维鲁拉米恩（今圣奥尔本斯）地区，市镇发展迅速。在以上所有遗址中，考古学家皆获得大量重要考古发现，从例如露天剧场（见图2）的建筑结构，到诸如发夹的家用物件。

随后，罗马对西方各省的影响逐渐减弱。至公元400—420年，西罗马帝国丧失不列颠尼亚及部分西班牙与高卢地区的统治权。公元476年，西罗马帝国正式瓦解。

**约60年**

爱西尼部落女王布狄卡（Boudicca，死于约公元60年）在科尔切斯特领导人民发动反罗马军起义。

**约122—130年**

哈德良皇帝建造哈德良长城，长城横穿位于泰恩河及索尔韦湾间的不列颠尼亚北境。

**约260年**

叛军头目波斯图穆斯（Postumus，死于公元268年）建立高卢帝国，并自立为王；不过14年后，罗马皇帝奥勒留重新收复高卢。

**306年**

在父亲死后，君士坦丁一世（约280—337年）在不列颠北部艾伯拉肯（今约克郡）宣布继任罗马皇帝。

**404年**

随着角斗游戏丧失合法性，露天剧场使用频率与日俱减；不过有部分剧场用作他用，例如尼姆。

**476年**

西罗马帝国正式灭亡。原先隶属于帝国的各行省被不同人群占领，包括苏维汇人（Suebi）及西哥特人（Visigoths）。

# 尼姆 公元前2世纪—4世纪

美国前总统托马斯·杰斐逊（Thomas Jefferson，1743—1826年）十分喜爱卡利神殿，甚至影响到了他在弗吉尼亚州里士满设计的美国国会大厦

法国南部保留有大量罗马时期的考古遗址，包括尼姆城及其附近的一座高架桥加尔桥（Pont-du-Gard）。尼姆城，古称尼蒙西斯（Nemausus），公元前2世纪，在此地未被罗马占领、并入纳尔波高卢行省之前，它是当地阿雷科米契（Volcae Arecomici）部落的都城。奥古斯都大帝（公元前27—14年）统治时期，该城进一步发展，后被命名为科洛尼亚·奥古斯塔·尼蒙西斯（Colonia Augusta Nemausus）。在奥古斯都统治期内，城内大兴防御工事，不过留存至今的建筑仅余连接城内的一座大门奥古斯都门（Porte d'Auguste），以及位于城中制高点骑士山（Mont Cavalier）上的玛涅古塔（Tour Magne）。尽管玛涅古塔建于罗马时期，但这座建筑包含了铁器时代早期的纪念塔遗址。

卡利神殿（Maison Carrée，亦称四方神殿），最早命名于1560年，矗立于最初尼姆城罗马广场的地区内，而该广场除此一座神殿外再无他物。奥古斯都时期，卡利神殿作用广泛，使用频率极高，因此得到完好保存。该神庙为供奉盖乌斯·恺撒（公元前20—公元4年）和卢卡斯·恺撒（公元前17—公元2年）的帝国宗教神庙，两人都是奥古斯都培养的继承人。两人的父亲是奥古斯都的挚友玛尔库斯·维普撒尼乌斯·阿格里帕（Marcus Vipsanius Agrippa，约公元前63—前12年），公元前39年或公元前38年时，当奥古斯都还叫屋大维的时候，他是其钦定的山北高卢（Transalpine Gaul）总督。

## 定位

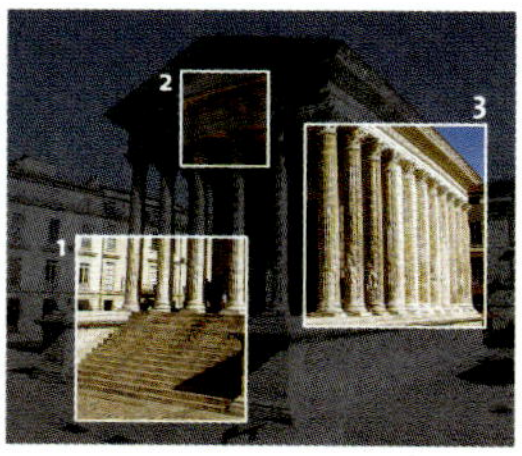

1. **罗马风格**

神庙是典型的罗马风格建筑，殿前铺有阶梯，整座建筑位于高台之上。神殿由当地的石灰岩筑成，最初殿的三侧都建有柱廊，如今已经毁坏。此类建筑风格的神庙在罗马时期的高卢地区相对少有

2. **献祭铭文**

卡利神庙正面有两排小洞，表明此处曾是献祭铭文篆刻之地，且铭文以单个字母形式排列；此类字母通常由青铜制成，不过今已无法见其真面目。这座神庙供奉的是盖乌斯·恺撒及卢卡斯·恺撒，约公元1世纪开始动工

3. **石柱**

卡利神殿中的石柱为科林斯式，一种最精巧的希腊罗马时期建筑式样，其上饰有非写实的爵床叶饰和涡卷图案。都城中的雕刻式样呈现三种不同风格，表明曾有三支不同的艺术团队进行工作

▲ 尼姆露天剧场（1世纪）可容纳24000名观众。尽管公元404年角斗游戏纳入非法活动后，这座剧场逐渐被弃用，但是随后，一座村庄开始在剧场内部出现并逐渐发展壮大。18世纪时，这个村庄居民已达到约700人。19世纪时，村庄逐渐衰败

## 加尔桥

建造罗马市镇的一项重要部分即为确保水源供给。罗马尼姆城通过一条高架渠获取水源，而该高架渠遗址至今保存完好。高架渠建于公元前1世纪，将水从31英里（约50千米）外的厄尔河（Eure）源头输送至尼姆城。整条高架渠由砖石结构、渠道和隧道构成，坡度逐渐下降。最著名的此类结构为横跨加尔东河（Gardon）的高架渠，今被称为加尔桥。桥体最高点在水面上161英尺（约49米），使得加尔桥成为现存罗马世界中最高的桥梁。

# 科尔切斯特城 公元43年—4世纪

公元1世纪的芬威克宝藏内含两大盒珠宝、钱币，这些宝藏藏于银盒中，埋在一座经火焚烧的房屋地板下。从考古角度来看，这些宝藏意义重大，因其发现地点是布狄卡建筑遗迹之上。考古学家认为，这些宝藏出于安全考虑，被埋藏于叛乱前期

科尔切斯特，即罗马人熟悉的卡木洛杜努姆（Camulodunum），曾经是前罗马铁器时代末期一处重要的定居点。定居点地处英格兰东南部，是当地一处部落特里诺文特（Trinovantes）的后备聚点。公元43年，该处定居点成为罗马帝国率先攻克的地区之一；49年，科尔切斯特沦为罗马殖民地，成为一座新兴罗马行省不列颠尼亚的都城。城中大兴公共建筑，最大的一座就是克劳狄一世神庙（Temple of Claudius），54年，克劳狄一世死后被奉为神明，此神庙即成为他的供奉之所。在公元60年前后，布狄卡叛乱爆发，神庙在战火中被毁。2014年，考古学家发现了叛乱后留下的痕迹，同时发现了著名的芬威克宝藏（Fenwick Treasure），其中储藏了大量罗马共和国及早期帝国时期的珠宝、钱币。与此同时，考古学家还发现了这一时期内的人类遗骸。

考古学家认为，卡木洛杜努姆城在叛乱发生后迅速被重建。2016年，考古学家公开关于一栋建筑的发现，这座建筑为重建后克劳狄一世神庙的拱廊。拱廊包含一座大型中央拱门，两侧是28座更小的拱门。1954年，考古学家首次发现了小型拱门部分，不过直到整处遗址被发掘出来，考古学家才了解了建筑的全貌。近期的另一发现是一处建于2世纪的马戏团遗址，是不列颠地区唯一一座有证据的马戏团遗址。据估测，该马戏团曾用作马车竞赛，可容纳8000名观众。

在距市中心西南方几英里处的戈斯贝克（Gosbecks），是前罗马时期定居点中心；即使再被罗马占领后，其地位依然不变。发掘和航拍揭露了神庙全境和一座能容纳5000名观众的罗马剧场。

2011年，考古学家在科尔切斯特地区发现了大量钱币堆，表明3世纪末时西方各省曾遭遇政治动乱。他们发现了超过1000件由9位不同皇帝敕造的钱币，时间是公元251—271年。

**巴尔克内斯门**

卡木洛杜努姆城外围有一圈长 2 英里（约 3 千米）的防御城墙，城墙中部分重要遗迹至今依然留存，其中一部分并入了 2 世纪时建造的巴尔克内斯门内。这座大门是伦蒂尼恩（伦敦的前身）入城的主要入口，是城墙内仅剩的一座罗马城门

**罗马墓碑**

1928 年，建筑工人在科尔切斯特发现了一座墓碑，墓主为骑兵备用军朗吉努斯·斯达佩兹（Longinus Sdapeze）。据石碑记载，斯达佩兹生于撒迪卡（Sardica，今保加利亚索菲亚）在参军 15 年后牺牲，享年 40 岁。石碑上的浅浮雕描绘其坐于马上，雄姿英发，马蹄下踩着铁器时代的不列颠人

## 布狄卡叛乱

历史学家塔西陀（Tacitus，公元 56—约 120 年）曾在其书《编年史》(*Annales*，公元 118 年）中记载布狄卡叛乱，不过他在书中所言皆是从罗马获胜者角度出发。据塔西陀所言，东安格利亚的一个小国爱西尼的国王普拉苏塔古斯（Prasutagus，约公元 10——60 年）死后，该行省内的帝国总督卡图·德奇安努斯（Decianus Catus）下令吞并爱西尼帝国。普拉苏塔古斯遗孀和其女儿拒绝接受布狄卡的招降，后来遭到诸多耻辱，叛乱随即爆发。因当时行省总督保利努斯（Suetonius Paulinus）正在征战北威尔士，不在该地区内，爱西尼伙同其邻国特里诺文特借此机会起义。

布狄卡亲自带领其支持者来到卡木洛杜努姆，并对数座市镇发动突袭。当地居民明知布狄卡及其叛军正向其攻来，却全然不逃。留下的居民退到克劳狄一世神庙之中。在两次围城战后，布狄卡及其军队焚毁了克劳狄一世神庙。战争在科尔切斯特市中心留下了一层层的遗迹，包括从围墙上掉落的泥土碎片、焚烧后的泥墙碎块。

据塔西陀记载，布狄卡的支持者们同时袭击了伦蒂尼恩（伦敦）和维鲁拉米恩（圣奥尔本斯），不过，至今未发现能证实这两处居地遭到大面积破坏的证据。

塔西陀写道，当听说暴乱发生时，保利努斯当即从威尔士撤退，沿今华特林古道（Watling Street，罗马时期一条连接威尔士北部及英格兰中部与伦敦及其东南地区的道路）逃亡，在途中遭遇了布狄卡军队。战争具体情况尚无从得知，不过有学者认为，事发地点应该是华特林古道边的某处。

# 罗马东区各行省

1. 土耳其以弗所的塞尔苏图书馆，建于公元 135 年，目的是纪念罗马参议员提比略·尤利乌斯·塞尔苏·波勒马埃努斯，其中馆藏书籍 12000 卷。最初的建筑在拜占庭晚期的一次地震中被毁。如今的建筑重建于 20 世纪 70 年代，正立面是在一组科林斯柱下面带有一对爱奥尼克柱的设计

2. 位于帕加马（今土耳其）的阿斯克勒庇厄斯神庙，包括一间圆形大殿，以及紧邻圣殿主要露天区域的门廊。神庙由罗马参议员库斯皮乌斯·派克图麦阿斯·鲁菲纳斯建造作为进献礼物，他生活于哈德良统治时期（76—138 年）

3. 黎巴嫩巴勒贝克朱庇特神庙中的柱子，高约 20 米。人们很早就知道附近采石场中的一块巨石“孕妇石”（Hajjar al-Hibla）计划被用于建造神庙

罗马吞并了地中海东部的多座希腊城邦。公元前 168 年，彼得那会战爆发后，罗马占领马其顿，建立马其顿行省；由于地理位置得天独厚，马其顿因此掌控连接罗马与亚得里亚海港及其东部行省安纳托利亚的要道——艾格拿提亚大道（Via Egnatia）。尤利乌斯·恺撒遇刺后，马其顿成为罗马内战战场。公元前 42 年，腓立比（Philippi）战争爆发，马克·安东尼与屋大维率大军大败布鲁图斯（Brutus）及卡西乌斯（Cassius），随后当地成为罗马殖民地和行省的内城。有法国考古学家表示，其在发掘中发现了遗址广场内的多处公共建筑、一座剧场和大量拜占庭末期教堂。

阿哈伊亚省包含希腊大部分土地，例如伯罗奔尼撒地区。诸如雅典之类的城市保留了部分希腊认同感，然而在帕特农神庙（和一处更古老的阿塔罗斯供奉庙）东侧的雅典卫城里，保留着一座纪念罗马与奥古斯都大帝的神庙。公元前 44 年，即尤利乌斯·恺撒遇刺身亡前不久，他在科林斯一座古城遗址（毁于公元前 146 年）上建立一处新殖民地。雅典美国古物研究院在考察过程中，将研究重心放在罗马广场上。他们在巴西利卡大教堂中发现了多座帝国时期的半身像。考古学家在剧场内的一处小广场中发现了一块青铜字碑（不过其中的青铜制字母已下落不明），该发现表明该字碑其实是当地贵族、市政官埃拉斯都（Erastus）为实现自己选举承诺而付出的捐

## 重要事件

| 约公元前 350 年 | 公元前 168 年 | 公元前 1 世纪 | 公元前 44 年 | 公元前 44 年 | 公元前 42 年 |
|---|---|---|---|---|---|
| 科林斯罗马剧场建立，其中立有一块捐赠者埃拉斯都的字碑。 | 彼得那会战爆发后，罗马占领马其顿。 | 叙利亚巴尔米拉成为罗马帝国一部分。 | 尤利乌斯·恺撒在希腊科林斯建立新殖民地。 | 尤利乌斯·恺撒遇刺身亡。 | 腓立比战争爆发，马克·安东尼与屋大维率大军大败布鲁图斯及卡西乌斯。 |

赠品。随后，有关学者对此类建于公元前6世纪的神庙进行了更细致的研究，他们发现此类神庙在罗马时期内都曾为迎合罗马宗教习俗做出不同调整。科林斯掌控科林斯地峡（Isthmus of Corinth）。此后，考古学家又相继发掘了两座人工海港：位于萨龙湾（Saronikós Gulf）的申克里港（Cenchreae）和位于科林斯湾的利嘉林港（Lechaeum）。这两座海港为来自地中海东岸的货船提供了驳船运输，同时避免其进入伯罗奔尼撒半岛南部的危险航线。

位于安提阿（今土耳其安塔基雅）的罗马殖民遗址是大量英国及美国考古者发掘的重点。遗址中出土的一块最复杂的字碑是奥古斯都皇帝《功德碑》（*Res Gestae*）的双语（拉丁语、希腊语）抄刻本，出于帝国宗教的原因，字碑立于神庙中。记载奥古斯都成就的叙述碑矗立在他最初罗马的陵墓外，不过目前已在希腊东部多地发现了抄刻碑，包括位于安赛拉（今安卡拉）罗马奥古斯都神庙前的一块。英国考古学家对阿斯凯诺斯（Men Askaenos）外部圣地进行发掘后，发现了数百件献给安纳托利亚男性神明（与罗马女神露娜密切相关）的祭品。遗址中包含一座与圣地有关的体育场，其中发现的大量祭品使人联想起2世纪流行的各项运动。

以弗所城（Ephesus）是确定阿尔忒弥斯神庙——通称亚底米神庙（Artemision）——位置的研究重点。神庙中的部分建筑和物品现存于大英博物馆中。奥地利考古学家在此地的发掘已持续了一百余年。遗址中主要的一大特色即为山腰之上的剧场，剧场正对一条连接海港的大道（尽管如今海岸距剧场遗址稍有些距离）。同时，考古学家在遗址中发现了多座包含演讲厅的体育馆。更非同寻常的一栋建筑为塞尔苏图书馆（见图1），其中包含一座捐赠者墓地。考古学家在上层广场中发现了一座双层神庙。

在对土耳其西部阿弗罗戴西亚斯（Aphrodisias）进行发掘时，有关人员发现一处大型帝国宗教建筑群。建筑群由儒略－克劳狄王朝的帝王建造，内部饰有大量浅浮雕，包括展示克劳狄一世（公元前10—54年）打败不列颠尼亚人的镶板。有关学者在对体育馆进行研究后，发现体育馆与石碑上提到的诸多运动项目都有关联。

在帕加马（马可·奥勒留王廷中最杰出的古代物理学家盖伦的出生地）有一处医神阿斯克勒庇厄斯（Asclepius，见图2）的大型圣地。该建筑与众不同，是著名的罗马帕特农神庙的人工再现。罗马东区的另一个十分壮观的圣地，是位于叙利亚行省贝卡谷地（Bekaa Valley）中的巴勒贝克（古赫里奥波里斯）的朱庇特神庙（见图3）。

| 公元前25年 | 公元前1世纪末 | 约公元14年 | 129年 | 135年 | 262年 |
|---|---|---|---|---|---|
| 罗马直接掌管安提阿，该城随即沦为殖民地。到奥古斯都时期，该城改名为恺撒里亚安条克（Caesarea Antiochia）。 | 土耳其西部阿弗罗狄西亚（Aphrodisias）受奥古斯都个人保护。 | 奥古斯都完成《编年史》，书中概括了帝国的军事、经济资源和政治成就。 | 盖伦出生于帕加马，也是医神阿斯克勒庇厄斯神庙遗址。盖伦对医药理论的影响直至17世纪。 | 土耳其以弗所城中的塞尔苏图书馆竣工。1970—1978年，奥地利考古学家对其进行发掘和重建。 | 入侵的哥特人摧毁以弗所城阿尔忒弥斯神庙。1904—1905年，戴维·霍加斯（David Hogarth）代表大英博物馆对其进行发掘。 |

# 帕尔米拉 公元1—6世纪

贝尔庙西侧矗立着一座纪念门廊，尽管门道并非立于神庙正中，但赋予了此座古典建筑一些不同寻常的意味。在方形圣地，或称神圣围地外有一圈围墙，其内部矗立有科林斯式柱廊，外部则是科林斯壁柱

帕尔米拉位于叙利亚东部，是连接地中海与美索不达米亚（具体而言为幼发拉底河畔的杜拉）的关键地区。在东边的希腊王国分裂后，帕尔米拉成为贸易中心，不过有考古证据显示，当时的人类活动可追溯至新石器时代。

公元前 41 年，马克·安东尼进攻泰德穆尔，未果。公元前 38 年，占领此部分叙利亚领土的帕提亚人被打败。公元 11—12 年，叙利亚行省由罗马执政官克提库斯·希拉努斯（Creticus Silanus）管理，帕尔米拉疆域面积被详细描绘出来。在提比略皇帝（公元前 42—公元 37 年）统治时期，帕尔米拉城成为罗马帝国的一部分，城中建立罗马式机构。城中的多块石碑显示这座城市与儒略 - 克劳狄家族联系紧密，尤其是日耳曼尼库斯（Germanicus，约公元前 16—公元 19 年）。

17 世纪时，西方游客再次发现帕尔米拉。1691 年，荷兰艺术家杰·霍夫斯泰德·万·埃森（G. Hofstede van Essen，1693—1702 年）描绘了一幅城市全景图。1751 年，英国探险家罗伯特·伍德（Robert Wood）和詹姆斯·道金斯（James Dawkins）参观该处遗址，并于 1753 年发表其发现。公开的城市画作促进了新古典主义的发展，尤其是在英格兰地区，壮游传统提升了民众对古典世界的兴趣。“一战”前夕，在特奥多尔·维甘德（Theodor Wiegand）带领下的德国考察团在帕尔米拉地区进行调查研究。2015 年，叙利亚内战爆发，该处遗址受损严重。爆炸摧毁了贝尔庙（Temple of Bel）、巴尔沙明神庙（Temple of Baal Shamin）及其他建筑。负责遗迹保护的当地考古学家哈立德·阿萨德（Khaled al-Asaad，1934—2015 年）被“ISIS”极端组织处决。

**巴尔沙明神庙**

哈德良皇帝到访后的新兴建筑包括公元 139 年供奉于城市北部的巴尔沙明神庙。根据周围柱廊字碑中显示的时间，有关学者认为该处圣地建于公元 23 年。2015 年，极端组织“伊斯兰国”摧毁了该处神庙。自曼安城堡（Qalat Ibn Maan）中可俯视这座神庙

**依勒贝尔塔墓**

公元 103 年，当地一位上层阶级依勒贝尔（Elahbel）建造了塔墓；2015 年，塔墓被极端组织“伊斯兰国”摧毁。这座纪念墓穴反映了依勒贝尔为城中尼波神庙的捐赠者。神庙呈罗马风格，建在一座低矮土丘之中，内有科林斯式圆柱。建筑物位于一处庭院内，从贯穿全程的大柱廊街南侧可以直接进入庭院

## 帕尔米拉

罗马统治时期，执政者下令开始数项建筑工程，包括公元 32 年建于城中东南方的贝尔庙。尽管是供奉一位叙利亚神明，这座神庙的建筑风格依旧是罗马式。若想进入此圣地，需通过一座包含大量山门的陡峭卫城。12 世纪早期，这座建筑被重新用作堡垒。

公元 129 年，哈德良皇帝到访帕尔米拉，随后这座城市便获得一个绰号“哈德良娜”（Hadriana）。城中剧场（似乎建于公元 2 世纪）有一处饰有科林斯式圆柱的舞台建筑。

公元 267 年，芝诺比阿（Zenobia，死于公元 274 年）获得帕尔米拉统治权；不过公元 272 年，该城即被罗马攻陷。公元 300 年，戴克里先在城中创建了一支卫戍部队。同样，在这一时期，叙利亚总督索西亚努斯・希罗克利斯（Sosianus Hierocles）建造了一间浴室。公元 325 年，马里诺斯主教（Bishop Marinos）代表帕尔米拉城参加第一次尼西亚公会议（Council of Nicaea）。此后，这座城市一直作为古典城市代表，直至公元 6 世纪中叶。

帕尔米拉城的一大特色为内含墓穴的塔楼。逝者棺材盖有镶板，其上饰有其半身头像，展示了死者时髦的发型和上层阶级佩戴的珠宝，该发现意义重大。凭借短文介绍，有关学者确定了死者身份。外部雕塑，例如塔玛苏（Thaimarsu）之子基霍斯（Kithoth）陵墓，展示死者斜倚在一张长榻之上，周围为其家庭成员。另一些类型的陵墓建有狭小的地下室，其中放置死者尸体。建于公元 2 世纪的三兄弟地宫（Hypogeum of the Three Brothers）——在梅尔（Male）、撒戴（Saadai）和奈曼（Naamain）描述后命名——布局呈“T”形，内有 4 间安置遗体的主墓室，还有 65 座狭窄的壁龛。

# 罗马帝国时代的非洲

西罗马帝国埃及境内的北非行省区中包括许多保存完好的城市地貌。自东向西的行省分布依次为昔兰尼加、的黎波里塔尼亚（Tripolitania）、阿非利加（Africa Proconsularis）、努米底亚（Numidia）、恺撒里亚毛里塔尼亚（Mauretania Caesariensis）和廷吉斯毛里塔尼亚（Mauretania Tingitana）。此片地区内的罗马城市发展繁荣，无论是由布匿商人建立的居地遗址，还是当地的地区中心，都可见一斑。

昔兰尼加行省的主要中心区为昔兰尼城（Cyrene，今利比亚），公元前 4 世纪末作为希腊殖民地建立。昔兰尼城作为一座托勒密时期的城市，公元前 96 年被吞并入罗马帝国。公元 115—117 年，犹太人起义，城市毁于一旦，后在哈德良皇帝（公元 79—138 年）支持下重建。城中具有希腊风格的建筑逐渐被罗马风的建筑取代——如露天广场中的阿斯克勒庇厄斯神庙——这种建筑常建于土丘之上。考古学家在帝国其他地方发现，公元 2 世纪、3 世纪之交，城中流行起一种建筑风潮——在街道两侧和一些主要公共区域建起了更多柱廊。

的黎波里塔尼亚地区的主要发掘工作开展于塞卜拉泰。公元 1 世纪末，当地遭遇地震，随即城市经历重建。在新建一处广场后，城中多了些罗马味道；

1. 位于阿尔及利亚巴特纳市（Batna）附近提姆加德（Timgad）考古遗址中的一座图拉真拱门
2. 位于阿尔及利亚今塔祖勒特（Tazoult）附近拉姆贝斯城（Lambaesis）遗迹中的别墅
3. 一座位于利比亚塞卜拉泰的露天剧场，建于公元 2 世纪

## 重要事件

| 公元前 218—前 201 年 | 约公元前 150 年 | 公元前 146 年 | 约公元前 146 年 | 公元前 96 年 | 公元 1 世纪 |
|---|---|---|---|---|---|
| 第二次布匿战争导致罗马称霸地中海西岸。 | 沙格镇并入努米底亚王国。 | 罗马攻克迦太基，第三次布匿战争结束。 | 沙格镇ロ一处陵墓为供奉阿特班（Ateban）之所。1342 年，托马斯·里德（Thomas Reade）搬走石碑，并于 1852 年将之交与大英博物馆。 | 希腊殖民地昔兰尼城并入罗马帝国。 | 在一场大地震后，的黎波里塔尼亚的塞卜拉泰城经重建。 |

广场中建有卡皮托利诺神庙（Capitolium），神庙由大理石建成，而这些大理石皆是从安纳托利亚西部进口而来。城中建有大量重要的埃及神明圣地，包括塞拉皮斯及伊西斯。公元2世纪时，的黎波里塔尼亚城具有地方自治权，最初是为了纪念奥勒留皇帝和维鲁斯副帝（Lucius Verus，130—169年）的。城中一项重要建筑为建于2世纪末的露天剧场，剧场能容纳约1万名观众（见图3）。3世纪早期，城中出现了一座能容纳约5000名观众的重要剧场。剧场中建有一座饰有建筑浮雕的高台。公元4世纪时，城市遭遇了两场大地震，建筑损毁严重，随后，人们将部分建筑断壁用于修建城墙。

大莱普提斯城中建筑同样颇具罗马风情。城内广场中立有一处高台，其上为三座神庙，分别供奉罗马奥古斯都、赫拉克勒斯及巴克斯（Bacchus）。公元3世纪早期，受塞普蒂米乌斯·塞维鲁大帝捐赠（因其出生于此），城市特征焕然一新。的黎波里塔尼亚行省内的第三座城市为欧茵（Oea，今的黎波里），城中有一座建于公元163—164年的拱门。

沙格镇（详见第336页）位于阿非利加行省，城中保存有重要拉丁文字材料，材料展现了当地家庭如何供养社群和发扬罗马价值及文化。城中遗迹包括大量建于2世纪末3世纪早期的神庙。随着这些城市不断发展，一些因文化因素出现的机构（例如浴室）对水的需求量逐渐增加，导致当时水资源供给成为一项关键任务。因此，一条长31英里（约50千米）的高架渠解决了罗马迦太基的供水问题，同时为乌蒂纳（Uthina）周边高地区提供饮水。

图拉真皇帝（53—117年）统治时期内，其下令在拉姆贝斯（见图2）建立罗马军事基地，该地区的卫戍部队为奥古斯都第三军团。基地由紧密的堡垒网构成，在奥雷斯山（Aurès Mountains）南侧及沙漠边缘都驻有卫戍军。考古学家发现了一块雕刻于174年、来自阿格尼布（Agneb）的石碑，碑文记述了盘踞于行省南部的罗马军队。2世纪塞普蒂米乌斯·塞维鲁统治时期，极有可能是安尼西亚斯·福斯图斯（Anicius Faustus）任行省总督时，其将堡垒基地线延长。部分堡垒中驻有100名士兵团体，其目的可能即是震慑偷袭群体。有碑文显示，这些堡垒由独立的塔楼支撑。

拉姆贝斯基地中的退伍老兵定居于提姆加德城，该城建于公元100年。城市为矩形结构，内部区域划分呈网格状。2世纪末，城市不再局限于最初面积，开始向外扩张，城中出现剧场及公共集市。塞普蒂米乌斯·塞维鲁在一条由拉姆贝斯延伸至此的道路上修建了一座纪念性拱门（见图1）。该地区内更与众不同的一项建筑是一栋由拉丁文标明的图书馆，碑文记载这座图书馆是由马库斯·朱利叶斯·昆蒂亚努斯·弗拉维乌斯·罗加蒂努斯（Marcus Julius Quintianus Flavius Rogatianus）捐赠所建的。建筑物的中央是一间半圆形房间，周围还有许多小型阅读室。

| 1世纪 | 100年 | 115年 | 2世纪 | 2世纪 | 3世纪 |
|---|---|---|---|---|---|
| 大莱普提斯成为罗马殖民地，城中居民享有罗马公民权。 | 图拉真大帝在阿尔及利亚提姆加德地区建立军事殖民地。 | 犹太人在昔兰尼城中发起反抗图拉真大帝的起义活动。 | 塞普蒂米乌斯·塞维鲁统治时期延长拉姆贝斯地区的罗马堡垒防线。 | 塞卜拉泰城中建立一座能容纳约10000名观众的大型露天剧场。 | 大莱普提斯从塞普蒂米乌斯·塞维鲁大帝处获取大量捐赠。 |

# 沙格镇 公元前2世纪—5世纪

位于突尼斯沙格镇中的一座剧场，舞台背部建有棚屋，整体至今保存完好。观众席上建有一块可伸展的巨大遮阳棚，如此一来可避免观众日晒雨淋。据估计，剧场可容纳约 3500 名观众。由石碑可知，这座剧场竣工于约公元 168 年

罗马殖民地沙格镇，位于突尼斯境内。沙格镇海拔超过 1640 英尺（约 500 米），距突尼斯首都西南方 62 英里（约 100 千米）。

考古学家在城中最深土壤层中发现了公元前 2000 年时期的坟墓。据有关学者认为，自公元前 4 世纪起，突尼斯内地区即为西腓尼基人定居点。对这座城市的最早历史记录，即后世所称的“托考伊”（Tokai），出现于公元前 307 年，即阿加托克利斯（Agathocles of Syracuse，公元前 361—前 289 年）征战西西里时。考古学家在城镇南部发现公元前 3—前 2 世纪的定居点遗址，仅位于史前土壤层上一点；他们在一间房屋中发现大量储存用双耳细颈瓶。有关学者还在一处罗马房屋下发现了一栋带有庭院的原址房屋；此外，城中别处还有一处建有精密烤箱，极有可能为烘焙所建。部分土层显示，这些房屋一直使用至罗马时期。

第二次布匿战争（公元前 218—前 201 年）罗马打败迦太基后，努米底亚人扩张至布匿境内；约公元前 150 年，努米底亚王国吞并沙格镇，沙格镇因此得到进一步发展。一支德国及突尼斯考察团队在发掘沙格镇南区后发现，该地区内留有部分努米底亚人居住时的房屋痕迹。努米底亚时期的土壤层中的陶器为进口而来的双耳细颈瓶：公元前 3 世纪，迦太基附近地区居民生产出这种陶瓶；2 世纪中叶，迦太基城破前夕，此种双耳细颈瓶停产。不过，考古学家还在遗址中发现了大量公元前 2 世纪的意大利盛酒用双耳细颈瓶和自公元前 2 世纪后常见的意大利坎帕纳亮黑器皿。该发现表明，该地区曾与意大利通商。与此同时，他们还发现了公元前 157 年或公元前 156 年，罗马铸造的三种划分不同社会阶级的青铜制钱币；该发现证实，公元前 146 年迦太基遭罗马灭城后，沙格镇依旧昌盛繁华。同时表明非洲行省的建立。

**阿特班之墓**

考古学家认为遗址中一座建于约公元前 146 年的陵墓与阿特班有一定关联；据一块以努米底亚及布匿双语篆刻的字碑显示，阿特班要么是努米底亚统治者，要么就是这座陵墓的建造者。一根壁柱立于高台之上，而壁柱上又立有一座小型金字塔。陵墓上绘有浅浮雕，浮雕描绘了一辆双轮敞篷马车

**托里乌姆神庙**

殖民地中的重要神庙为托里乌姆神庙，其中供奉着朱庇特、朱诺和密涅瓦三位罗马神。沙格镇的托里乌姆神庙建于公元 166—167 年，属于奥勒留和维鲁斯共同执政时期。神庙建于一处高台之上，充满罗马风情

## 罗马时期的沙格镇

罗马征服沙格镇后，大量罗马居民涌入此地，不过其与当地原住民仍然呈彼此隔离的状态。代表不同社会等级的陶器发现表明，1 世纪末时街道规划扩张；而双耳细颈瓶表明，当地曾与意大利及西班牙保持常规联系。

2 世纪时，殖民地进一步发展。有碑文显示，柯莫杜斯（公元 161—192 年）统治时期内，一座高架桥竣工。在其统治期内，当地居民昆图斯·帕库维斯（Quintus Pacuvius）捐赠建造了“风之广场”。一幅壁画展示了十二股风的风向，每股风下方都标明了拉丁名称。该时期内的私宅常饰有马赛克装饰。

205 年，塞普蒂米乌斯·塞维鲁大帝批准沙格镇享有地方自治权。亚历山大·塞维鲁大帝（Alexander Severus，209—235 年）所建的朱诺塞勒狄斯神庙（Temple of Juno Caelestis）至今保存完好。20 年后，沙格镇完全沦为殖民地。许多遗址中出土的雕塑及马萨克图案装饰今存于突尼斯巴尔多国家博物馆（Bardo Museum）内。

关于沙格镇的研究大多集中于镇内藏量丰富的字碑之上，其数量或许已超过 2000 件；这些字碑帮助现代人理解所谓的捐赠品在罗马殖民地区中起到了怎样的作用。近期法国考古学家在沙格镇遗址周围发现了一百余座遗迹，其认为这些遗迹与橄榄种植有关。沙格镇极有可能是罗马的一处重要谷物供给区。在碑文记载中占重要地位的上层阶级，极有可能便是从富饶的农业生产中获得大量财富。

439 年，沙格镇被汪达尔王国吞并；不过部分外来双耳细颈瓶表明，该地区与更广阔的地中海世界保持密切联系。533 年，沙格镇成为拜占庭帝国的一部分，698 年败于阿拉伯手下。

# 大莱普提斯古城 公元1世纪

塞普蒂米乌斯·塞维鲁大帝生于莱普提斯，在公元193年成为罗马皇帝后，曾于202年或203年回到故乡，捐赠建立了多座建筑，包括一座广场、柱廊街道和市民大教堂（教堂中包含40根由埃及阿斯旺进口的花岗岩圆柱）。城中有关塞维鲁的纪念建筑之一是一扇四口拱门，上面的饰带描绘了大帝本人及其家人

大莱普提斯位于的黎波里塔尼亚（今利比亚），位于地中海岸边的黎波里东南方向62英里（约100千米）处；人们认为这座城市最初由腓尼基人建于拉布达河（Wadi Labdah）河口处。部分碑文将此地称为“Lepcis”，表明该城市如何被他人知晓；而“Magna”一词表示面积，有关学者认为公元1世纪时才将此词加入此地地名中。意大利的考古发掘在此地发现了腓尼基人陵墓，当时陪葬有少量公元前5世纪至公元前4世纪时期由雅典进口而来的亮黑陶器。该地区是北非沿岸连接腓尼基控制下的地中海西岸与东岸大量港口之一。在发掘当地老广场后，考古学家发现自公元前3世纪起，该地便已有居民。

公元69年，当地加拉曼特人（Garamantes）部落对大莱普提斯发动袭击，未果。公元前1世纪末，在弗拉维大帝统治时期，这座城市成为自治市镇。后至图拉真（53—117年）统治时期，大莱普提斯沦为罗马殖民地。图拉真曾发表一篇名为“Colonia Ulpia Traiana Augusta Fidelis Lepcis Magna”的文章，大意是城内居民享有一切罗马公民权。

17世纪末，的黎波里法国领事将遗址中的大理石搬运至法国建造房屋，例如凡尔赛宫（Versailles）。1816年，的黎波里英国领事将遗址中的大量建筑特色部位运回英国，用于建造位于英格兰温莎大公园（Windsor Great Park）中弗吉尼亚湖畔的一座罗马神庙。自20世纪20年代起，意大利占领利比亚，这座城市开始经历发掘活动。1943年，英国军队在北非击退轴心国，当时考古学家约翰·布赖恩·沃德－珀金斯（John Bryan Ward-Perkins，1912—1981年）和莫蒂默·惠勒皆在英国军队中服役，二人因此出面介入，旨在保护遗迹。随后，随着同盟国逼近意大利，沃德－珀金斯肩负保护重要考古及文化纪念物的责任。后来，沃德－珀金斯成为罗马英国学院中的一名主任；不过，他对该处遗址的兴趣依然强烈如新，因此学院在记录及保护该处遗址上都有积极表现。

## 焦点

**市场**

公元前9—前8年，当地利比亚腓尼基贵族安诺巴・塔帕皮乌斯・鲁弗斯（Annobal Tapapius Rufus）资助修建了该处市场。市场内建有两座圆形建筑，每栋建筑周围建有八角形柱廊。当地居民可以在廊下买卖食物。在市场东侧的主入口处上方，挂有一块介绍捐赠者的双语字碑。塞普蒂米乌斯・塞维鲁统治时期，在殖民区中其他地方执法官的共同捐赠下，该处建筑物进行重建

**剧场**

据一块公元1—2年的石碑介绍，除捐赠建造市场外，安诺巴・塔帕皮乌斯・鲁弗斯授权建造了一座剧场，而这座剧场即为罗马非洲地区最古老的剧场建筑。剧场内部分饰有科林斯式圆柱的棚屋得到完好保存。五段阶梯将观众台切分成为六块。公元43年，伊迪巴勒・塔帕皮乌斯（Iddibal Tapapius，其名表明自身家族为前罗马时期的布匿家族）在剧场后方建立了一座纪念先帝的神庙

## 大莱普提斯生活

公元1世纪上半叶，具体为公元29—30年，西・盖维斯・麦克尔（C. Gavius Macer）捐赠建设大莱普提斯，这座城市得到极大发展。城中有两处鲜明的网格区，其中建有长方形街区，或称居住区。城中部分古老的规划区可追溯至公元前2世纪。

公元56年，大莱普提斯城中新建了一座露天剧场，剧场内可容纳近15000名观众。城中的另一处生活福利设施为一座竞技场。城市中心区内，有一座建于公元1世纪中叶的广场；广场周围建有大量行政及司法建筑，例如位于广场北侧的大教堂。广场南侧立有一座供奉罗马奥古斯都大帝的神庙。

哈德良皇帝统治时期，公元126—127年，其在城中旧广场附近捐赠建造了一处饰有进口大理石的大型浴场。建筑中饰有大量罗马青铜雕塑的大理石复制品，例如希腊雕塑家波留克列特斯（Polyclitus）雕刻作品《迪亚杜门努斯》（*Diadumenus*，公元前430年）。城中西北方的“猎场浴室”（Hunting Baths）是罗马帝国保存最完好的建筑群之一，被认为建于公元2世纪。后来，周围沙丘逐渐掩盖建筑群，仅剩保存完好的穹顶。浴室名来源于屋顶壁画，壁画展示了打猎场景。

至少从公元前1世纪起，这座城市便成为一座重要的橄榄油加工地。城中港口处新建一座陡峭突堤，方便驳船运输。码头上至今留有灯塔遗址，能指引船只沿海岸航行；而码头附近地区修建了大量货栈。城市中的大多此类发展出现于塞普蒂米乌斯・塞维鲁统治时期。

# 纳巴泰人

1. 位于以色列内盖夫（Negev Desert）沙漠腹地阿夫达特（Avdat）遗址的航拍图。继佩特拉城后，阿夫达特城（建于公元前3世纪）成为焚香贸易线路中最重要的纳巴泰城市

2. 位于叙利亚布斯拉古城（Bosra）中的南方浴池。公元106年，布斯拉成为罗马阿拉伯行省都城，城中出现许多罗马风格建筑，包括为驻扎在城市边缘地带卫戍部队提供的浴池（城中有三处浴池，南方浴池为其中之一）

纳巴泰人居住于叙利亚与埃及边界间的沙漠腹地。公元前3世纪末，历史学家卡迪亚的希洛尼摩斯（Hieronymus of Cardia）在叙利亚服务于安提柯一世（Antigonus Monopthalmus，公元前382—前301年），据其记载，纳巴泰人行似土匪。他强调，在从被称为阿拉伯菲利克斯（Arabia Felix）至地中海的贸易商道中，纳巴泰人也是其中的参与成员；他们常购买产自阿拉伯菲利克斯的乳香、没药和香料。老普林尼（Elder Pliny，公元79年死于维苏威火山喷发）在其著作《自然史》（*Natural History*）中描述了乳香运至加沙地带（Gaza）港口的路线。通过展示贸易道路的复杂、艰难，他解释了罗马世界通商所需的高昂代价。佩特拉城（Petra）的石碑和纸莎文献表明，纳巴泰人的语言是一种阿拉米语，通过研究文献，有关学者发现了一条隐藏在其背后的真相：他们的铭文使用的是“叙利亚语字母”。带有此类铭文的古物还详细记载了纳巴泰国王列表，从公元前170年的阿雷塔斯一世（Aretas I）到死于公元106年的拉贝尔二世（Rabbel II）。

纳巴泰人垄断的一项资源为沥青，极有可能来源于死海。古代资料记载，这种物质为埃及制作木乃伊时的必需品。公元前3世纪早期，德米特里一世（Demetrios Poliorcetes，公元前337—前283年）试图垄断沥青，不过以失败告终。公元前2世纪的犹太历史文献表明，突袭途经此地商队的抢匪并非纳巴泰人，而是当地其他部落成员。

部分遗址中发现的考古证据，例如位于以色列南部内盖夫沙漠边缘的阿

## 重要事件

| 公元前312年 | 公元前312年 | 公元前170年 | 公元前25年 | 公元1世纪 | 106年 |
|---|---|---|---|---|---|
| 文字记录中首次出现佩特拉城的名字。 | 安提柯一世进攻纳巴泰。 | 阿雷塔斯成为纳巴泰开国始祖。 | 伊留斯·盖卢斯率罗马军打败赛伯伊人及纳巴泰人，扩张罗马土地。 | 经过了相当长时间的游牧生活后，纳巴泰人开始逐渐定居。 | 纳巴泰末任国王拉贝尔二世去世。 |

夫达特（见图1），表明公元前1世纪时，大多纳巴泰人仍为游牧民族。不过，到公元1世纪时，或许为公元70年，纳巴泰人开始定居；他们在附近河流中修建大坝，获得水资源的自主管理权。通过田野发掘，考古学家证实内盖夫区域内的居住点数量在纳巴泰末期突飞猛进。位于约旦的佩特拉城是贸易道路中的重要一环，这座精致的城市似乎是纳巴泰人所建的一座中心城市。公元前312年，安提柯一世袭击了纳巴泰人群居的“岩区”，可能即为佩特拉城。撤退的希腊军半路遭劫，纳巴泰人四散进入沙漠地区。也有石碑将此地称为“拉科姆”（Raqmu）。

继攻克埃及后，公元前25年，在伊留斯·盖卢斯（Aelius Gallus）带领下，罗马军开始转向攻打赛伯伊人（Sabaeans）及纳巴泰人。埃及行省内的港口开始逐渐开拓海洋贸易路线，使得罗马世界能避开纳巴泰人，直接与印度及斯里兰卡地区发展贸易往来。公元106年，阿拉伯行省建立，当地铭文表明，行省内第一任总督为克劳狄·塞维鲁（Claudius Severus）。昔兰尼加第三军团（Third Cyrenaica Legion）的驻军基地位于叙利亚布斯拉（见图2）。107年，军中一位士兵使用莎草纸给其远在尼罗河三角洲的父亲写了一封信，表明当地与佩特拉城相距并非太远，出城向南，路程约8日。据碑文记载，公元111年，罗马统治者下令在布斯拉修建道路，连接该地区与佩特拉城及亚喀巴湾（Gulf of Aqaba）。一支布斯拉军队驻扎于佩特拉城中，而胡麦马（Humayma）南侧建有一座堡垒。据城中拱门上的碑文介绍，佩特拉城似乎已经成为这座新行省中的大都市。阿夫达特城附近的纳巴泰文字碑显示，自该城成为罗马行省的一部分后，当地开始实行新纪年。

| 106年 | 111年 | 4世纪 | 551年 | 1812年 | 1958—1961年 |
|---|---|---|---|---|---|
| 图拉真大帝建立阿拉伯行省，并将布斯拉作为行省都城。 | 罗马开始修建一条自布斯拉至佩特拉城及亚喀巴湾的道路。 | 佩特拉城中开始兴修大量天主教堂。 | 佩特拉城被一场大地震摧毁。6世纪末，城市最终荒芜。 | 瑞士探险家伯克哈特（John L. Burckhardt，1784—1817年）记录了其在约旦佩特拉城遗址中的所见所闻，后收录在其死后出版的《阿拉伯半岛游记》（*Travels in Arabia*，1829年）一书中。 | 在对内盖夫沙漠腹地的阿夫达特进行发掘后，考古学家发现了纳巴泰人的定居点、宗教中心和守卫沙漠道路的古典时代晚期堡垒。 |

# 佩特拉城 公元前4世纪—7世纪

约旦佩特拉城中的罗马剧场。剧场背倚峡谷，能容纳4000名观众。剧场的顶部可以看到早期结构的痕迹，几乎可以肯定剧场顶部深入岩壁，曾与道路相连。剧场中建有一座饰有石柱的建筑，从外部不易察觉

佩特拉城位于约旦河东岸，是纳巴泰人的一座重要城市。公元前312年，这座城市第一次出现于文字记录之中，其坐落于一条商队要道之上；该条道路自地中海沿岸的加沙为起点，穿越约旦河谷，向南进入亚喀巴，向东进入科威特（Kuwait），向东南进入阿拉伯半岛。帝国早期，当地建设多条通向印度的贸易要道，诸如佩特拉城之类的城市即成为这些延伸线路上的重要地区。

罗马共和国时期，格奈乌斯·庞培执政官（Pompey the Great，公元前106—前48年）声称其平定阿拉伯半岛，佩特拉城与罗马往来密切。公元106年，罗马帝国建立新省阿拉伯省，佩特拉城因此归属罗马。为纪念图拉真大帝，城中修建了一座凯旋门；城中小神庙内的一块石碑上，记载了图拉真自106—114年的伟大事迹。

自4世纪起，城中出现大量天主教堂；最古老的教堂之一在363年毁于一场地震之中；5世纪中叶，城内居民将一座早期纳巴泰陵墓改建为教堂。美国东方研究所对三座拜占庭时期的教堂进行了发掘；所谓"蓝色教堂"（Blue Chapel）中的蓝色石柱其实为一栋早期纳巴泰建筑所有，这座教堂只是进行再利用。其中一座教堂配有图书馆，馆中收藏了近140本以希腊语书写的纸莎手卷；不过，7世纪早期，图书馆被大火焚毁。岩砌墓穴外形多样。方尖碑墓（Obelisk Tomb），顾名思义，墓穴入口处立有四根方尖碑。墓穴内建有一间方形墓室，其中有五口棺；陵墓毗邻"宴会厅"（Bab el-Siq Triclinium，一座古典餐厅）。551年，佩特拉城遭遇一场大地震，于6世纪末最终荒芜。1812年，瑞典地理学家伯克哈特偶然发现此类遗迹，该遗址这才引起西方注意。

**国库**

通过狭窄的西克峡谷（Siq），可进入佩特拉城。城市入口处为国库，建筑正面是由岩石切割而成的科林斯式古典石柱，蔚为壮观。石柱后是多间房，有人认为国库可能是曼纳图（Manathu）神庙

**宾特神殿**

宾特神殿极有可能为杜萨莱斯神（Dusares）的供奉场所，有关学者认为这座神庙建于公元前 1 世纪末的纳巴泰时期。殿前建有数段阶梯，大殿正面有四根石柱，神庙侧面有一截突出墙壁。柱廊后为主内殿，其后为三间内室

## 佩特拉建筑

20 世纪 50 年代，考古学家在佩特拉城中发现有一处柱廊街道；这种建筑是公元 2 世纪早期罗马帝国东部诸多城市中的一种建筑特色。柱廊南侧是多座市集，不过其中一处可能充当公民广场角色。柱廊东部尽头，坐落着一座水神殿，供给水源流经西克峡谷。

近期对佩特拉城的研究集中于附近河流的水源采集和通过各种沟渠及黏土管道后城周水道的引流工程。正如今天一样，在古典时代，洪水似乎是当地一大威胁。圣地下方的蓄水箱与大神殿（Great Temple）有关，内可盛装约 390000 升水。

柱廊街道西侧尽头是大神殿，通过阶梯及大门即可到达。圣地占地 81375 平方英尺（约 7560 平方米），其中部分装饰可追溯至公元 1 世纪。从建筑风格上来说，这座神庙属于纳巴泰式样，其中极有可能供奉曼纳图神，不过神庙中部分壁柱为科林斯风格。圣地下方周围有 156 根石柱，其上饰有亚洲象图案。近期有研究表明，这座神庙最初色彩亮丽。神庙对面为一座皇家宫殿和一栋建有上下两层的体育馆建筑群。

柱廊街道尽头即为神圣围区，或称神圣选区，其中装饰的石柱表明其建于公元 2 世纪早期。那是一座大型凯旋门，有三面通道。圣地围区内有一块石碑，上面记载了公元前 8—40 年在位的纳巴泰国王阿雷塔斯四世；该发现表明，此块石碑极有可能雕刻于纳巴泰时期。

# 非洲铁器时代文明

广义上，非洲的铁器时代自公元前1000年铁器工艺出现后开始，至相关历史时期结束。考虑到该段时期历时经久，发生地广阔，该名称实为不同环境下、奉行不同生存策略的各社会全方位涵盖。不同于欧洲，非洲除埃及北非部分地区外，没有经历之前的铜器及青铜时代；不过考古学家在毛里塔尼亚（Mauritania）及尼日尔（Niger）多座遗址中，发现了公元前7世纪前后的早期铜器。

铁器极大促进了农业耕种，而以铁铸器的可行性与农耕者散步和定居社会的发展息息相关。铁器，作为定居生活的一种产物，从小村落（尤其是铁器时代早期非洲撒哈拉以南地区）到大型中心城市、王国，其使用情况大相径庭。例如公元1世纪的阿克苏姆、埃塞俄比亚（Ethiopia）和位于南非的公元2世纪城市大津巴布韦。

非洲冶金工艺的起源尚无人知晓，有关学者对此争论不休。最大的一个问题即为冶铁技术是否经由地中海传播至非洲，随后发扬四方；抑或是这种工艺为非洲居民独立创造？当地的铁器为一种证据资源，不过部分冶铁制品由陨铁制成或是贩卖至此。能实际证实铁加工的部分线索包括矿渣发现物（熔铁后的废弃品）和炉渣（包括通风管，一种加压空气流入熔炉中的黏土管）。

1. 库施王国（苏丹）国王遗体被埋于美罗埃城中一处小而狭窄的金字塔中，金字塔高度从6—30米不等
2. 考古学家在尼日利亚大伊博（Igbo-Ukwu）地区中发现了一尊制作于公元9世纪时期的复杂青铜纪念物，今收藏于拉各斯（Lagos）国家博物馆
3. 图为发现于南非莱登堡（Lydenburg）中的赤陶头模（约公元500年），现收藏于开普敦大学展览馆内

## 重要事件

| 约公元前3300年 | 约公元前2000—前1200年 | 约公元前900—前800年 | 约公元前700—前500年 | 约公元前600—前500年 | 约公元前300—前100年 |
|---|---|---|---|---|---|
| 古埃及人用陨铁制造饰珠。 | 小亚细亚地区出现熔铁技术。 | 非洲毛里塔尼亚及尼日尔地区出现早期居民熔化金属铜的痕迹。 | 苏丹麦罗埃古城中出现早期铁加工。 | 尼日利亚塔鲁加的诺克文化中出现早期熔铁描述。 | 马里杰尼杰诺地区出现早期铁使用及熔炼的痕迹。 |

腓尼基人留下的部分痕迹讲述了北非的熔铁技术来自迦太基遗址，今突尼斯地区。麦罗埃（见图 1）——努比亚库施王国都城，坐落于尼罗河东岸（今苏丹）——曾被认为是冶铁技术的中心地，制铁工艺由此地传至非洲各部。公元前 7 世纪或公元前 6 世纪，当地居民开始冶铁。当地大型的矿渣堆表明了公元前 1 世纪末时（在约公元前 330 年阿克苏姆王国攻克该城之前），该地区内的工业生产规模较大。

在非洲撒哈拉以南地区，最重要的部分出土来自尼日利亚的塔鲁加；当地与诺克文化（详见第 348 页）有关的铁加工可确切追溯至约公元前 600 年。考古学家分别在尼日尔及中非共和国内发现了早至约公元前 2000 年及公元前 1500 年的古文物，不过其年份遭人质疑。马里的杰尼杰诺（Djenné-Jeno）地区也出土了年份相当早的物品，可追溯至公元前 3 世纪至公元前 2 世纪。

东非及南非部分早期使用铁器的社群遗址似乎极其相似地占地较广阔。通过发掘村庄遗址，考古学家发现了仓库的建造痕迹，储存物件包括诸如高粱、粟米等种植作物和冶金制品；他们认为这种建筑为切福巴泽文化（Chifumbaze culture），代表民族为班图语系语言使用者，这种民族遍布非洲东部地区，从肯尼亚至南非。公元 2—4 世纪大量人口快速分散导致了当地相同种类基因分布。

此类大多数族群也会制作一些独特的陶器。制陶艺术研究始终是铁器时代研究的重点问题。有学者认为，独特的陶器风格、设计和图案同样有助于映射不同地域的语言及社会成员。陶器研究常被用作追踪各社群家谱及亲缘关系。举例来说，考古学家在肯尼亚及其周边地区发掘出乌里韦（Urewe）陶器及夸莱（Kwale）器皿，研究发现这些器物不知为何是南部发现陶器的原始模板。发现于南非莱登堡（见图 3）的赤陶头模制作于公元 1000 年中叶，是次大陆地区铁器时代早期的典型工艺品。考古学家在尼日利亚的大伊博发现了另一种庆祝用艺术品，约自公元 9 世纪以后，当地居民善于制作一种极其复杂精密的青铜铸模雕塑（见图 2）。

铁对人类生活的影响方方面面，经济、社会、文化皆有涉及。在宗教仪式上，冶铁与铁工艺品同样十分重要，其中充满象征主义。因为当地一些地区今天仍然沿用熔铁技术，民族考古学开始将视线转向研究其重要性。例如，传统黏土制熔炉形状常似女性身体，其上饰有许多女性生理特征。

尽管有关学界对于铁加工的起源仍然争论不休，但这种技术实为全新生活方式的重要部分，正如人口增长及劳动力组织复杂多样，铁加工带来的影响也不尽相同。

| 约公元前 100—公元元年 | 约公元 100 年 | 约 100—200 年 | 约 200—500 年 | 约 500—600 年 | 约 800—1000 年 |
|---|---|---|---|---|---|
| 维多利亚湖周围地区及东非地区与乌里韦族群有一定关联的居民初次使用铁。 | 埃塞俄比亚高地出现铁器时代早期出口货物至阿克苏姆的贸易中心。 | 肯尼亚南部 / 坦桑尼亚居民迅速向南扩迁，其创造了切福巴泽文化。 | 切福巴泽遗址（马托拉传统的次类型产物）出现在次大陆地区，远至南方的南非海岸。 | 莱登堡陶制头像模型出现，该件物品为非洲次大陆地区不同寻常的早期赤陶雕塑。 | 尼日利亚大伊博西非遗址中出现复杂的青铜加工品。 |

# 诺克文化 公元前500—200年

在遗址表层土地及冲积层中，考古学家发现了许多诺克文化工艺品。冲积层中的物质经水沉积，所以发现物很有可能不再是其原貌。诺克文化的重要遗址包括塔鲁姆、萨蒙杜基亚（Samun Dukiya）和卡齐纳阿拉（Katsina-Ala），考古学家在原址发现了大量工艺品。因这些遗址并非冲积遗址，其测定年代则更精准

诺克村位于尼日利亚中心的乔斯高原（Jos plateau）上。12世纪早期，锡矿挖掘团队在该地区挖出复杂精妙的赤陶雕塑。英国考古学家伯纳德·法格（Bernard Fagg，1915—1987年）是第一位调查该处遗址的专业研究员，他的发现与工作向人们揭露了早期未知的西非文明。这种文明起源于至少公元前6世纪中期，或是更早以前。

为了解这些赤陶像的寓意，有关人员对其展开研究，他们发现，诺克文化熏陶下的居民既是此类艺术品的最早制作者，也可能是非洲撒哈拉以南地区已知最早的铁加工者。考古学家在塔鲁加熔铁遗址中发现了戴昂熔炉，其年份可追溯至公元前4世纪。与北非出现的最早年份相较，该时期和熔炉出现的当地独特设计表明，非洲铁加工技术为本地居民独立的创造产物，而不是北非及附近地区传至此地的已有技术。矿物学上，所有用作赤陶艺术品的黏土都极其相似，该事实表明当时居民的物质来源相同，甚至发展成为由技术高超艺术家运营的中央陶器工业。如果真是如此，在社会等级分明的非洲社会中，工艺的专门化便是一项非常贴切的早期实例。

至约公元200年，诺克文化逐渐凋零。一种解释原因为人类过度开采自然资源，包括各类木料（用于熔铁用熔炉中的燃料），导致这种文化发展至极点。后来有研究试图探寻诺克文化的起源、衰退和与后世当地艺术传统和生活方式的联系（假如有联系的话）。

**吉马头像**

1944 年，法格买下一件陶制头像进行研究，其风格类似发现于诺克村庄附近的赤陶雕塑。头像之前明显曾固定于一根木棍上，当作吉马村附近农田中的稻草人。头像制造于约公元前 500 年，清楚展现了粗黏土的特征

**地区差异**

所有诺克赤陶像都有一些相同的风格特征，例如精致的发型和身体比例。除这些共同点外，也有部分地域差异及次风格差异。举例来说，诺克南部卡齐纳阿拉遗址中的出土物极为典型，身体明显被拉长

## 赤陶像

诺克赤陶像的大小从 4 英寸（约 10 厘米）至几近实体大小，是非洲艺术的标志。大部分陶像描绘了人类自身，包括男人及女人，形态各异（有坐姿、站姿及跪姿）。雕像内部空心，最初是像陶罐一样以盘缠技术制造。许多雕像为减刻法，表明其制造技巧来源于木艺雕刻。随后雕像需经打磨，在烤制前使表面更光滑。

从风格上，大量雕像存有大量相同点，尽管其不同处也表明了不同制作者的手工技巧及着重点的差异。与身体相比，雕像头部稍大，一些雕像细节雕工精良，包括珠宝及精致的发型。其眼睛独特，似三角形，瞳孔中还有穿孔压痕。一些雕像为残疾人形象。

这些非凡艺术品的具体功用尚未可知，有人猜测其是对祖先的想象，是仪式用品或驱除厄运的吉祥饰品，是墓穴的建造者，或仅是建筑装饰。近期一项对诺克文化遗址的发掘显示，一些雕像曾装于有机物容器中埋于地窖内，例如竹篮。

在艺术史上，诺克雕塑重要非凡。尽管大多数物件今已破损，不过考古学家也发现了相当一部分完好无损的雕塑，而这些雕塑在国际艺术品市场上享有极高价值。这一现象也导致尼日利亚博物馆成为不法分子盗窃的目标，同时大量雕塑仿冒品出现。热释光测年法可有效测定陶器年代，即加热陶器，使之释放出禁锢住的热量。通过此测量方法，有关学者可估测自陶器烧制时起至今已有多少年历史。除测年以外，该方法还可用作鉴定陶器真伪。

# 阿克苏姆王国 公元1—7世纪

考古学家在埃塞俄比亚北部边界附近发现了阿克苏姆古城遗址。城市中最有名的现存纪念碑是数座纪念方尖碑，或称石碑

阿克苏姆是公元1世纪最伟大的非洲王国之一，而其繁荣大多依赖贸易。在其鼎盛时期，其疆域包括埃塞俄比亚北部和厄立特里亚（Eritrea），后扩张至埃及部分领土、苏丹和阿拉伯南部地区。王国主要的居住区同样名为阿克苏姆，是当地贸易网中的中心城市。通过城中的主要港口、位于红海边的阿杜利斯（Adulis），王国的贸易区远达罗马和印度南部。

阿克苏姆的起源尚未可知，不过公元前1世纪时的前阿克苏姆遗址表明，在铁器时代居民的文化中，已经展现出当地与阿拉伯地区之间的联系和阿拉伯地区对当地的影响。公元1—7世纪是阿克苏姆王国的繁荣期，出口了大量象牙和其他动物制品如皮毛，还有食盐和奴隶。除此之外，它也从阿拉伯、印度和地中海地区进口大量物资，包括铜矿、青铜制品、玻璃、香料和丝绸。随着阿克苏姆王国军力不断增长，逐渐开始对非洲及阿拉伯地区扩张领土。与埃及和麦罗埃一样，阿克苏姆王国是少数几个拥有文字的非洲王国。

阿克苏姆王国遗址中仅有约2%的地区经考古发掘。遗址中最著名的遗迹是一座巨大的石碑及部分雕刻陵墓。阿克苏姆居民利用金、银及铜铸造硬币。财富与权力彼此密切相关。约公元320年，埃扎纳国王（King Ezana，在位时期：约330—356年）统治时期，阿克苏姆王国向其贸易对手努比亚城市麦罗埃发动进攻，随后阿克苏姆居民开始信基督教。

随着红海地区的阿拉伯及波斯商人逐渐占据贸易主导地位，阿克苏姆的衰败也许是一个缓慢的过程，自然资源的过度开发和不稳定的降雨也是重要影响因素。最终在7世纪早期，王城被废弃。

**地下墓穴**

考古学家已探索和记录了部分当时上层阶级的墓穴。正如埃及地区一样，从古至今，大多墓穴都会被盗墓者盯上。不过，考古学家仍在原址中找到了大量手工艺品。有关学者认为，“假门墓穴”（Tomb of the False Door）建于 4 世纪晚期—5 世纪早期，雕花墓门其实是一种建筑错觉，与阿克苏姆方尖碑（一座从罗马运回此地的石碑）上的碑门一样

**钱币**

极有可能为了国际贸易合作，约 270 年，阿克苏姆开始铸造自己的钱币。钱币上的刻字最初为希腊文，后变为吉兹语（Ge'ez），一种当地埃塞俄比亚居民的语言。当地人信基督教以前，银币图案是十分具有象征意义的新月，后来则以基督图样和称号为主。由于这些钱币上铸有阿克苏姆历任国王的姓名，因此提供了十分有用的历史信息

## 石碑

阿克苏姆以石碑为名。考古学家在一处非上层阶级使用的墓地中，发现了数百座无任何装饰的小型石碑，不过最有名的几座还是位于石碑公园（Stelae Park）中的七座大型装饰性石碑（建于 4 世纪）。其中一座名为阿克苏姆方尖碑（Obelisk of Axum）；20 世纪 30 年代时，意大利军队将方尖碑运至罗马，不过 2008 年，其将方尖碑送回，该石碑再一次昂立于阿克苏姆。

石碑由整块霞石正长岩（Nepheline syenite rock）雕刻而成，而这种石料来源于 4 英里（约 6 千米）外的一处采石场。石碑的大小及细节程度与其主人的社会地位息息相关，遗址中体积最大、装饰最精美的石碑即发现于阿克苏姆王族成员的地下墓穴中。

遗址中最大的一块石碑为阿克苏姆大石碑（今已倒塌），号称古代世界最大的单一结构石碑。石碑高度超过 108 英尺（约 33 米），重约 690 吨（或 700 吨）。基座毫无装饰，入土深度约 10 英尺（约 3 米）。在此结构上，石碑很快便倒塌，因地基无法支撑如此庞大的建筑。

经过装饰的石碑仿佛一座多层的宫殿。尽管阿克苏姆建筑一般不会超过三层，但石碑上的雕刻细节似乎展示了当地建筑的丰富多彩，其上刻有精美的假门、窗户和房梁。一些石碑上还雕有石盘，盛放着来自希腊的双柄酒杯（或称“基里克斯杯”）。这种图案与仪式祭品息息相关。石碑顶部的钻孔表明曾插着某种东西，可能是一块金属牌匾。

# 南亚：从城镇到王国

1. 位于马哈拉施特拉邦（Maharashtra）浦那市（Puna）巴哈地区（Bhaja）的一座岩砌佛教寺庙（支提），建于约公元前 150 年。其马蹄形的拱门入口为一项与众不同的建筑特色

2. 斯里兰卡阿努拉德普勒（Anuradhapura）北部的食堂（Mahapali Refectory）遗迹。城市建于公元前 5 世纪，其中有多处食堂或餐厅；拥有木质配给票的僧侣可在此就餐

3. 孔雀王朝留有孔压痕迹的钱币。钱币上有五处印压图案，包括一个太阳和一个六臂人形象，延续了早期摩揭陀王国的风俗

公元前 2 世纪到公元前 1 世纪初，印度次大陆地区农耕文化昌盛，部分地区的城镇发展迅速。在对一处恒河山谷的定居点憍赏弥（Kausambi）进行发掘后，考古学家发现了一处庞大的泥砖城墙遗迹。公元前 6 世纪，恒河山谷及周边地区开始出现各类王国，而其发展皆依赖农业和贸易。考古学家在许多定居点中发现了防御设施，如印度中部摩揭陀国（Magadha）的都城王舍城（Rajagriha），也称拉杰吉尔（Rajgir）。公元前 5 世纪，恒河谷西北部和中部出现了钱币、银锭、盘形货币，都印有发行国的记号（见图 3）。随后，这类货币迅速流通。公元前 530 年后，阿契美尼德王朝吞并印度西北地区，印度开始出现婆罗米文（Brahmi）和佉卢文（Kharoshthi）。当时正值宗教变革期，印度教（Hinduism）以外的新教纷纷出现，最著名的是耆那教（Jainism）和佛教。耆那教由筏驮摩那（Mahavira，死于公元前 527 年）创立，而佛教则由释迦牟尼（Gautama Buddha，公元前 563—前 483 年）创立。几百年中，受王室和私人资助的修道者们开始为了社会利益开发土地、积累财富。

恒河山谷及周边地区内的王国城邦常为权力及土地发生冲突，实力

## 重要事件

| 公元前 6 世纪 | 公元前 563—前 483 年 | 公元前 326 年 | 公元前 305—前 303 年 | 公元前 303 年 | 公元前 3 世纪 |
|---|---|---|---|---|---|
| 充满竞争的印度列国时代（Mahajanapadas，大型城邦）出现于恒河山谷之中：摩揭陀王国、拘萨罗（Kosala）、卡西（Kashi）和弗栗特国（Vrijji）成为诸国四强。 | 乔达摩王子悉达多在菩提伽耶（Bodh Gaya）顿悟，后放弃其王室身份。他将一生献于传教，80 岁时死于拘尸那揭罗（Kusinagara）。 | 亚历山大大帝（公元前 356—前 323 年）进攻信德省（Sindh，今巴基斯坦地区）。旃陀罗笈多后与其同盟攻打难陀王朝（Nandas of Magadha）。 | 旃陀罗笈多，如今摩揭陀王国和南亚北部及中部大部分地区的统治者，打败亚历山大继承人塞琉古一世（Seleucus Nicator，公元前358—前281 年）。 | 希腊历史学家及使臣麦加斯梯尼（Megasthenes）定居巴连弗邑，他在《印度志》（*Indica*）一书中记录了他在孔雀王庭中的见闻，该书今已失传。 | 首次出现婆罗米文和佉卢文的手卷，极有可能发源更早，不过最初都来自黎凡特符号字母。 |

最强大的一方逐渐吞并了其他小国。摩揭陀王国，其都城今搬至巴连弗邑，国家实力逐渐增强。公元前3世纪末，孔雀王朝的建立者旃陀罗笈多（Chandragupta，？—约公元前297年）统治时期，摩揭陀国打败其对手国，获取印度北部大部分地区统治权。旃陀罗笈多之子宾头娑罗（Bindusara）及其孙阿育王（Ashoka，在位时期：公元前272—前232年）则继续摩揭陀王国的扩张道路。公元前261年，阿育王攻克羯陵伽（Kalinga），不过摩揭陀军也损失惨重。此后，阿育王内心受到极大触动，可能马上皈依了佛门，在后来的统治生涯中致力于促进和平、与民安乐。他在帝国每个领地内的岩石和石柱上都公开刻下法律条文的合理出处。与此同时，由于摩揭陀王国地处战略要道，贸易在当地经济中的地位也日益重要。当地河网连接孟加拉湾及印度洋西域，随着季风气候不断加强，当地的海运不断发展。后来，当罗马成为其贸易对象后，当地的海运达到鼎盛。健驮逻国地处西北（原孔雀王朝领土），连接了东西方陆地商路，尤其是通过塔克西拉古城。孔雀王朝衰落，阿育王去世后不久，希腊巴克特里亚王国开始夺取健驮逻国控制权和西北方其他孔雀王朝的领地。后来，许多地方被周边的移民占领：先是来自西边干草原的塞迦人（斯基泰人）和帕提亚人，最后是公元1世纪时的库施人。

塞迦人从南部深入印度西部，随即在当地遇见萨塔瓦哈纳人；公元前1世纪至公元后早期世纪，萨塔瓦哈纳人建立帝国，统治德干高原及周边地区；而在远东地区的恒河山谷中，孔雀王朝被巽伽王朝（Shungas）所取代。后者的城邦普遍较小，但在艺术投入上两者不分上下。此外，萨塔瓦哈纳人也同样开明，当地富人们资助建立纪念碑、神庙和寺院，许多赞助时间被雕刻进德干高原柔软的红土岩石上。如今，人们可在佛教纪念建筑中看见精美的雕塑和建筑，如位于桑吉的大佛塔（Great Stupa）。

在斯里兰卡首都阿努拉德普勒，阿育王传入的佛教，导致出现不同风格的艺术及建筑。公元前300年，当地居民有两种用水目的：一是农耕灌溉，二是家庭（水池及蓄水箱）饮水和洗浴，他们因此创建了一种节水技术。至公元前几百年，这项技术已高度发达，演变成一种复杂的沟渠、大坝及蓄水箱系统。印度南部及次大陆其他地区同样发展了灌溉，以促进农业产量。东南亚生产黄金、锡矿和香料，在与其海运通商的过程中，印度南部获益良多。

公元1世纪，库施人向南进发，夺取了恒河流域远至巴连弗邑地区。不过其统治相对较短，到4世纪时，一个新的印度王朝笈多王朝（Guptas）引领当地艺术生产和经济发展，进入一个新时期。南亚次大陆见证了诸多王朝获取权力、文化蓬勃昌盛，不过，如果以疆域大小、中央集权程度、贸易与农业繁荣程度来衡量的话，没有哪个王国能与孔雀帝国相媲美。

| 公元前272—前232年 | 公元前250年 | 公元50年 | 公元1—2世纪 | 115—140年 | 460年 |
|---|---|---|---|---|---|
| 孔雀王朝最伟大的国王阿育王统治时期。阿育王统治了次大陆大部分地区，给人们带来和平、繁荣和宗教和谐。 | 在阿育王统治下，巴连弗邑举办第三次结集（Third Buddhist Council），制定传播佛教任务，包括派遣其子马欣达（Mahinda）至斯里兰卡。 | 传统上认为，圣托马斯最早是一位塔克西拉古城任沙加国王冈多弗纳斯（Gondophernes）王庭的工匠，后来旅行到南印度，接触到基督教。 | 贝德萨（Bedsa）、巴哈、卡勒（Karle）、纳西克（Nasik）和德干高原其他地区居民常在红土山丘上雕凿佛教洞穴寺庙。 | 库施王国最伟大的国王色伽一世（Kaniska）统治时期，其统治疆域从阿姆河流域至古吉拉特邦与恒河中部地区。他本身也是佛教传播的资助者。 | 游牧民族嚈哒人（Hephthalites）进攻塔克西拉古城，约在467年向南进发，打败笈多王朝。不过他们并未就此定居，而是转身离去，留下满目疮痍。 |

# 塔克西拉古城 公元前6世纪—460年

塔克西拉的第二大城市西尔古布遵循希腊城市规划，城中布局呈网格状。一条宽阔的主路自北门向南穿城中心而过，抵达卫城。主路两边垂直延伸出多条小路，将城市划分为多个街区。许多街区中包含大量私人住宅和佛塔

作为国际贸易的重要一环，塔克西拉古城（在今巴基斯坦）的政权频繁交替，因此经常受各个地区影响。古城的文化底蕴丰富，佛教文献记录说它是“万象包容之所”。由于地处两条溪流灌溉的肥沃盆地，当地的农业产量十分可观。

20 世纪 20 年代，英国考古学家约翰·马歇尔（John Marshall）将塔克西拉古城选为研究目的地。在皮尔丘（Bhir Mound），他发现了极可能建于阿契美尼德王朝时期的城市遗迹，不过，当地早期的物质发现表明，当地文化与不断发展的恒河流域城市有一定关联。该地区的大多数遗迹源自孔雀王朝。马歇尔发现了四条主路与大量狭窄巷道和大小不一的房屋。城中的一座圆柱大厅极可能是一座神庙，在附近一座小型建筑物中发现的模铸赤陶圣像等文物，可能是当时卖给参拜者的纪念品。

皮尔丘曾是巴克特里亚希腊人的短期住所，后来他们向山谷深处搬迁；公元前 2 世纪，建立塔克西拉地区第二座城市西尔古布（Sirkap）。到公元 2 世纪，城中依然人烟旺盛；遗址中保存了城中印度 - 希腊风格的棋盘状网格布局。与下城相分隔，卫城建于城市南部，周围建有围墙。公元 1 世纪中叶，库施人尚未在山谷北侧建立新城西尔苏克（Sirsukh），因此西尔古布城中居民主要为库施人。由于保存不当，西尔苏克地区少有发掘。

纵观其历史，塔克西拉坐落于两大贸易要道的交会处，因此是重要贸易中心：一条要道是丝绸之路，商道向西穿过伊朗，进入地中海周边帝国，随后向东延伸进入中亚绿洲城市，最终达到中国；另一条商道则连接着塔克西拉与恒河流域城市，随后向南通往更宽阔的陆地及海上贸易网。塔克西拉城中发现的文物见证了贸易发展，如来自亚历山大港的青铜雕塑和经典的白银器皿。

**犍陀罗艺术**

著名的犍陀罗艺术风格的发源地就是塔克西拉地区，这种风格融合了希腊雕塑的现实主义与来自印度当地佛教及民间宗教的象征主义。此类精美的作品包括释迦牟尼雕像和饰有佛塔底座的浅浮雕，生动描绘了当时人们的生活场景，作品细节丰富、栩栩如生，反映出佛教的历史。图中这件艺术品，刻画了释迦牟尼与信徒相见的场景

**法王塔**

宁静的山谷中坐落着多座佛教寺庙，这些建筑多由虔诚的国王或富商资助建造。其中就包括法王塔，一片极有可能由阿育王建立的大型建筑群。建筑中央为一座装饰精美的窣堵波，周围建有小塔、教堂、穹顶寺庙和修道建筑。考古学家在此地发现了大量僧侣及尼姑骸骨，这些不幸的修道者极有可能在公元 460 年被嚈哒人屠杀

## 塔克西拉城

自公元前 6 世纪起，塔克西拉城被波斯帝国吞并，小城成为其广阔贸易网中的一员，开始日益繁华。至亚历山大大帝攻克波斯后，该地区分裂成为多处小型独立城邦。公元前 326 年，塔克西拉国王（都城在皮尔丘）同亚历山大联盟；不过，由于在进军印度途中遭遇暴动，联盟失败。公元前 323 年，亚历山大身故，印度旃陀罗笈多孔雀王朝兴起，随即夺取犍陀罗王权，开始进攻周边城邦。后来，塞琉古一世获取亚历山大东部地区城市统治权，旃陀罗笈多成为毋庸置疑的下一目标：他向西北发起进攻，最终败于旃陀罗笈多之手。孔雀王朝时期，统治者对皮尔丘进行了重新规划，并修建了常规的笔直街道，包括住房、商店和寺庙。

公元前 189 年，西北沦陷，希腊人接管；他们在巴克特里亚建立了多个小国，很快又在塔克西拉地区建立新城西尔古布。虽然与其对手印度 - 希腊王朝战乱不断，但塔克西拉城始终繁荣；公元前 1 世纪早期，塔克西拉城由中亚居民塞迦人统治，约公元 19 年时，又成为帕提亚人居所。西尔古布城逐渐兴旺，街上居民来自五湖四海，信仰宗教彼此不同，共同在耆那教与佛教寺庙、在山谷城市詹迪亚拉（Jandiala）内的琐罗亚斯德教火庙内祈祷。

公元 1 世纪时，塔克西拉城被库施人攻克，不过城中印度 - 希腊文化并未因此衰落。库施人随后成为佛教信徒，并为佛教投入大量资金，例如在新城西尔苏克中建立大量寺庙。不过，公元 460 年，中亚的野蛮游牧民族嚈哒攻打塔克西拉，考古学家在城中街道、房屋及寺庙内发现了大量人的骸骨，该事件也标志着塔克西拉城城破。

# 巴连弗邑王城 约公元前400—500年

巴连弗邑的一处宫殿遗迹。德·彼·斯普纳在巴连弗邑肯拉哈尔地区进行发掘后，发现了该处宫殿遗迹：建筑的下层是木结构，其上是一座圆柱大厅（约34米×43米）。圆柱共10排，其中8排是丘纳尔砂岩石柱，体现了孔雀王朝时期高超的打磨技术特征。如今，只有圆柱基座（和一根破损的圆柱）留存，基座之间空隙达16英尺（约5米）。有关学者认为，圆柱最初可能高达近30英尺（约9米）

1783年，英国地理学家詹姆斯·伦内尔（James Rennell，1742—1830年）在今天的巴特那（Patna）发现了真正的孔雀王朝都城——巴连弗邑。19世纪中叶，英国考古学家亚历山大·坎宁安（Alexander Cunningham，1814—1893年）对该区域进行勘察，并声称恒河水侵蚀了古城大部分遗迹。不过，1892年，印度医疗服务部工作人员沃德尔（L. A. Waddell，1854—1938年）对该处遗址进行发掘；以早期中国参拜者的描述作为依据向导，他切实发现了其口中所说阿育王时期的宫殿、寺庙和其他重要建筑。1895年，沃德尔于此处发现了一处圆柱大厅建筑痕迹，他敏锐地想到肯拉哈尔地区（Kumrahar）其实是一处宫殿遗迹。

公元前400年左右，为加强巴连弗邑（地处恒河渡船交汇的咽喉之地）防御能力，当地居民修建了一座木城墙。城市地处重要战略位置，四周河流遍布；水道是重要的贸易要道：恒河连接了巴连弗邑西北处港口与孟加拉湾的多摩梨帝国（Tamralipti），而宋河（Son）则连通德干高原与西部地区。摩揭陀王国定都王舍城数十年后决定迁都巴连弗邑，表明了商业活动地位的提升和陆路运输向河道运输的转变。

1912—1913年，美国考古学家德·彼·斯普纳（D. B. Spooner，1879—1925年）在肯拉哈尔地区发现一处孔雀王朝圆柱大厅。在帕西实业家拉坦·塔塔（Ratan Tata）资助下，斯普纳雇了1300名劳工进行发掘。后来，发掘人员在布拉迪巴（Bulandibagh）发现了一部分坚固的木质城墙。其他小规模发掘发现了另一些木质城墙残骸、孔雀王朝的雕塑、建筑断壁和其他物品，例如发现于迪达根（Didarganj）的一尊手持拂尘的女婢雕塑和一尊衣着华丽的精美赤陶女像。在当时，巴连弗邑是亚洲最繁华的大城市之一。与此地位不相符的是，我们针对巴连弗邑的调查稍少。

**防御工事**

根据希腊学者及孔雀王朝王庭使节麦加斯梯尼（约公元前350—前290年）的描述，巴连弗邑外被护城河及木质城墙严密保护，同时建有570座塔楼及64处城门。在对布拉迪巴地区发掘后，有关人员发现了城墙细节（由于浸水，城墙得到完好保存）：两块木板高达16英尺（约5米），彼此间隔12英尺（约3.6米），最初中间填有泥土或完全中空，后横向铺制木板，彼此垂直，构成一个个方框

**巴连弗邑都城**

自阿契美尼德时期起，印度和西部地区之间的思想传递逐渐自由，至孔雀王朝时期，该现象越发明显。巴连弗邑城中建筑表明了阿契美尼德王朝对其城中总体布局的大量影响，比如，圆柱大厅的出现；而在材料上，石料代替木材成为独栋建筑的建筑材料；不仅如此，装饰风格也因此发生极大改变。波斯波利斯都城便是搬用阿契美尼德及希腊图案的典型，例如棕叶饰、玫瑰花饰、联锁螺旋、莲瓣和珠链饰条

## 历史起源及巴连弗邑

在其鼎盛时期，作为塞琉古王国国王塞琉古一世使节，麦加斯梯尼到访巴连弗邑。他对城中及孔雀王朝王庭生活中的所见所闻进行了详细记录、描述。尽管其著作今已失传，不过当时其他作者曾引用麦加斯梯尼书中片段，而这些著作至今尚存。麦加斯梯尼写道：巴连弗邑城中许多宫殿内饰有镀金圆柱，大量空间用于养殖驯服孔雀和建造大型的装饰性鱼塘；王宫全部由木料建造，不过依然华丽辉煌。此外，他还提到，巴连弗邑都城海纳百川，城中各国人混杂，包括希腊人。

巴连弗邑是孔雀王朝开国君主旃陀罗笈多·孔雀钦定的都城，他吞并了次大陆大部分地区。旃陀罗笈多有第一大臣考底利耶（Kautilya）从旁协助，考底利耶曾编写过一本名为《政事论》（*Artha-shastra*）的政治著作，与公元1513年马基雅维利所著的《君主论》类似。在书中，考底利耶不仅讨论了监督国王问题及王国外部关系，还探究了城市布局和定居地的组织和继承问题。一部分巴连弗邑建筑体现了他提出的建议的执行情况，如城外挖掘护城河。不过，现实中也有与考底利耶理论相悖的地方，如巴连弗邑外的木城墙——考底利耶反对使用木材，提倡以夯土筑墙，外部堆砌砖石。从《政事论》一书中，我们可以明显看到在孔雀王朝时代，城市的规划布局十分重要。

# 桑吉窣堵波 公元前3世纪—5世纪

桑吉窣堵波遵循标准形式，包括一座方形基座，上部为半球形穹顶，再上方为一小块围栏，围栏的正中镂空，三块石板像伞一样遮住孔洞，象征守护。窣堵波周围环有大量石围栏，围栏不带任何装饰，不过窣堵波上刻有装饰

## 定位

在佛教及其他印度宗教传统中，窣堵波是一种神圣的墓葬纪念建筑，是安置圣物匣的场所，而圣物匣中装有圣人火化后残留的舍利。公元前 3 世纪，孔雀王朝的开创者阿育王在桑吉地区建造了第一座窣堵波。建筑位于极其清幽僻静的山顶上，距阿育王王后的家乡、重城毗底沙（Vidisha）只有 5.5 英里（约 9 千米）。自公元前 2 世纪中叶巽伽王朝统治时期起，城中的富商及其他佛教信徒常通过捐赠修建窣堵波的方式表达自己的虔诚。他们用石块扩建其本身，又修建围栏，在旁边兴修两座小型窣堵波。在公元 1 世纪的百乘王朝（Satavahana dynasty）时期，当时居民在传统的窣堵波（俗称大佛塔）外修建门道。除窣堵波外，遗址中也有其他建筑，如寺庙。几百年来，桑吉城在相当长一段时间内默默无闻，却也一步步见证了创造力的诞生。

最终，居民搬离桑吉，城市沦为空城；不过 19 世纪早期，桑吉城引起了古文物学家的注意。大量研究调查随即展开，从 1851 年印度考古调查队的小规模发掘到随后的大规模开采、寻宝，纪念建筑遭到大量破坏。后来，英国考古学家约翰·马歇尔（曾于 1912—1919 年发掘墓葬区）对遗迹采取保护性发掘。他清理植被和遗迹，修复重建纪念建筑，将遗址改建为一座引人入胜的考古花园，并在其中修建了一家小型博物馆。此后，桑吉成为印度艺术和建筑的典范之一。

### 1. 东门（托拉纳）

桑吉窣堵波有四处入口，每处立有一座大门，或称托拉纳。与许多印度早期建筑要素一样，托拉纳是更早时期更简单的木门的一种石制改进版。大门上的装饰结合了佛教故事及民间艺术主题，而中央圆柱则是在阿契美尼德及希腊结构基础上的一种印度式发展

### 2. 装饰

石柱柱身及横梁上饰有佛陀生平及其前世场景。场景中出现的人物（尤其是宫廷圈中成员）身着公元1世纪时期的服装（雕塑完成时间），进行各式活动，让人沉浸于该时期的社会成员生活

### 3. 药叉女神

民间艺术及宗教的部分内容出现在雕饰之中，包括一种半人半鸟生物药叉女神（与繁衍、富饶相关的仁慈女神），代表维克萨德维他（vrksadevata，树神）的形象，表明此地有一棵杧果树。女神双手及双腿佩戴镯环——一种自印度时代起，通常由印度女性配搭的饰品

## 窣堵波与释迦牟尼

从传统意义上来说，释迦牟尼本是公元前6世纪的一位王子，从未体会世间的一切苦难。不过，一天，他见证了人世间的种种苦难，随即远离尘世，寻求启迪，并最终顿悟。后来，他穷尽一生去各地传道。他死后，信奉他的国王们为争夺其火化后的遗骨，最终将遗骨分为8份，并在各自王国内修建窣堵波用以供奉。窣堵波随后成为大众的供奉场所，信徒在此处进行绕行礼。小型窣堵波同样也是佛教寺庙的敬拜中心，直到人形释迦牟尼像在民间的制造普及。

◀ 佛教早期的教义禁止将释迦牟尼描绘成人的形象。在生平场景中，释迦牟尼常被描绘为多种非人形象：身为王子时的雨伞（王室象征）形象，还有其足印和王冠，其顿悟时静坐的摩诃菩提树形象，代表他初次传道的法轮形象，以及其死后的窣堵波形象

# 中国古代王朝

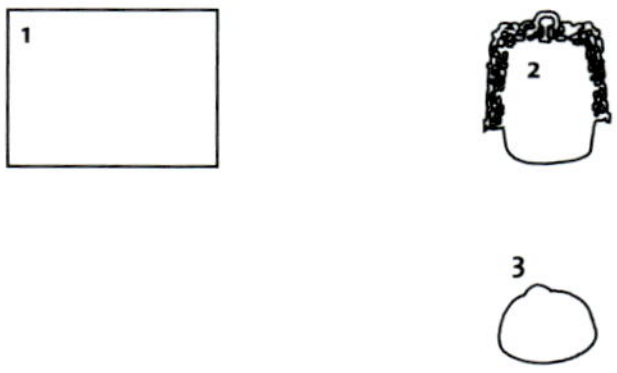


1. 1975年，考古学家在睡虎地一座秦朝官员墓中发现了刻有秦朝法律的竹简。秦朝法律并非一夕同时设定，律文中包含许多当时和以往统治者的命令

2. 1978年，考古学家在陕西宝鸡的太公庙中发现一件秦武公（？—公元前678年）的青铜编钟。编钟是一种在宫廷仪式及盛宴中演奏的大型打击乐器

3. 1986年考古学家在河南宝丰市发现的秦朝吊秤上的铁制秤砣。其上刻有四十字的帝国法令，内容关于秦朝统一度量衡

公元前771年，周王朝（公元前1045—前256年）时期，北方蛮族入侵，周王被迫东迁。秦国戍守西疆，后逐渐向东扩张，占据周王朝的领土，导致周王室宗族瓦解，秦国一跃成为战国时代（Warring States period，公元前475—前221年）实力最强的国家。在发掘过程中，考古学家发现了大量青铜器和漆器，表明了秦国高度发达的物质文化（见图2）。

公元前256年，周朝灭亡，六个诸侯国争夺天下。由于明智的征战策略、有效的防御组织和对敌军完备的信息分析，秦国最终战胜其他诸国。

公元前221年，秦王政（公元前259—前210年）一统天下，自称秦始皇。秦帝国是中国历史至此为止面积最大的国家，超过100万平方英里（约260万平方千米），全国划分为36个郡县。

秦始皇建立了一套复杂的法律系统。考古学家在今湖北省云梦县睡虎地发现了一座秦朝时期当地官员的陵墓，墓中陪葬有1150片法律竹简，包括规

## 重要事件

| 公元前256年 | 约公元前246年 | 公元前221年 | 公元前221年 | 公元前220年 | 公元前220年 |
|---|---|---|---|---|---|
| 秦国攻克了周王朝统治的最后领土，周朝灭亡。 | 秦王嬴政13岁登基。 | 战国时期，秦王嬴政打败所有小国，宣布“一统天下”，成为中国的第一任皇帝。 | 秦始皇以法家学说作为官方思想，禁止各家思想传播。 | 秦始皇建立中央集权制国家，强调中央管理。他开始统一文字、重量单位和度量衡。 | 开始修建连接都城咸阳至各郡县行政中心的驰道。 |

章法令和案例记录（见图 1）。秦始皇意图统一民众生活的各个方面，因此推动了多项改革：统一货币、统一重量单位、统一度量衡、统一文字系统。在对今陕西省咸阳市的秦宫进行发掘后，考古学家发现了一些青铜砝码和青铜方斗（见图 3）。其上以小篆刻下了铸造青铜和制作成品的工匠姓名，有时也会刻上砝码重量单位或斗的容积，该发现一方面体现了不同计量标准彼此的转换，另一方面表明帝国或城邦内的手工作坊开始连续生产产品。

在秦战胜其对手国后，中国成为农业国家。秦国腹地为黄土地，土壤肥沃，因此农业产量极高。这时，水资源供应方面的一些问题凸显，需要进一步发展水利系统。秦始皇下令让建筑师史禄修建一条运输粮食的运河，即灵渠。灵渠位于广西兴安县，全长超过 22 英里（约 35.4 千米），连接湘江和漓江，汇入长江流域及珠江流域。

秦朝影响最深远的一项工程是公路系统的建设（驰道），驰道将秦都咸阳与秦朝各领地连接起来。据史料记载，公元前 220 年，秦朝修建道路系统包括五条连接咸阳与周边山区的驰道。这项建设对促进人口流通、货物买卖及信息传播具有重要作用。

与此同时，咸阳城中大兴土木。由于群山环抱、土壤肥沃，咸阳本就是易守难攻之城，在统一六国之前，便已建有许多宫殿。秦始皇认为，咸阳城面积过小，公元前 221 年、公元前 212 年先后下令修建新殿、扩建旧宫。考古学家对“1 号宫殿”进行了彻底调查，在其中发现了一处作为两层楼建筑地基的夯土平台，至今依旧可见。学者认为此处可能是一座大型宫殿建筑群的一部分。考古学家还发现了屋顶瓦片及地板瓷砖、镀金的门闩和屋内壁画的彩绘碎片。

新建国家的意识形态融合了法家、道家和儒家哲学思想（建立于公元前 5—前 3 世纪）。政府官员越来越认同儒家理论，它强调抱负、诚、忠和孝。而法家强调的法治权力，干涉了当权氏族的权力。这种哲学思想的主要代表理念并不着眼于宇宙论或个人伦理，而是倡导建立一种有效的制度，针对国内骚乱发布政治措施，强调中央集权。

在一系列起义和反抗同盟的努力下，公元前 206 年，秦朝被推翻，短暂而强大的秦朝就此覆灭。

| 约公元前 220 年 | 公元前 214 年 | 公元前 213 年 | 公元前 210 年 | 公元前 210 年 | 公元前 207 年 |
|---|---|---|---|---|---|
| 开始修建长城，其整合了战国时期原有的各国旧城墙，并兴修新城墙。 | 秦始皇派兵攻打南疆，为运输粮食而修造的灵渠开始动工。 | 为禁止私学传播，廷尉李斯（约公元前 280—前 208 年）下令焚毁大量关于哲学、诗歌和历史的书籍。 | 为镇压异派学者，李斯下令活埋 460 名学者。 | 秦始皇身故，被埋葬于大型陵寝。秦始皇陵由 8000 尊兵马俑守卫。 | 秦朝分裂。项羽（公元前 232—前 202 年）和刘邦战胜秦军。刘邦建立汉朝。 |

# 兵马俑 公元前3世纪

兵马俑分布在坑道之中，每一列兵俑彼此分隔，中间是夯实的土墙，仿佛整装待发，身处军营当中或已上战场。1987年，联合国教科文组织将秦兵马俑列为世界文化遗产

兵马俑的发掘是一次改变全球考古界的壮观发掘。自古以来，西安市临潼区的下和村村民一直知道附近的金字塔形山丘内有中国第一位皇帝秦始皇的陵墓。20世纪30—40年代，考古学家初次在遗址内发现古物。1961年，秦始皇陵被中国政府列为“全国重点文物保护单位”。1974年，当地农民在挖井时发现大量烧制红砖和一人高的黏土塑像。随后，针对第一位皇帝陵寝的大规模发掘展开，并持续至今。

据估计，秦始皇陵总面积达21.6平方英里（约56平方千米）。在皇陵东部的1英里（约1.6千米）处有三座兵马俑俑坑和一座空坑。继续向北，猜测有一座人造地下湖，其中饰有青铜水鸟和乐姬俑。考古研究的地区还包括兵马俑制作遗址和在建造此项浩大建筑群时死去的工匠墓地。

兵马俑中包含各类军队士兵俑和马车、战马及武器装备。俑坑中的兵马俑数量超过8000尊，还有130辆车马、520匹马、150尊骑兵俑。此外，俑坑中仍有部分未发掘的兵马俑。所有兵马俑与真人一样高，其身高、制服及发型依照其等级排列。兵马俑由流水线般的连续制造系统生产，使用附近地区的黄黏土制成。俑身各部件都有专门的模具，包括腿部、手臂、头部和躯干。

**制造兵俑**

工匠利用盘缠技巧塑造兵俑。他们先做出底盘和俑足，后捏制双腿。躯干与双腿相连，最后插上双臂和头部。黏土完全干透后，各部件会紧紧固定住，不过湿润的黏土易于拼接

**被盗和纵火**

在发掘过程中，考古学家发现大多数兵俑遭损坏，因为陵墓仅使用两百年后便遭到盗掘和焚烧。俑坑中大量武器遗失，仅剩一些没有手臂的兵俑；弓箭手、车夫、将军、马夫和马匹上的彩绘图案也已氧化消失

## 陵墓后的秘密

约公元前 91 年，中国历史学家司马迁（约公元前 145—前 87 年）撰写了《史记》，并在书中提到秦始皇陵。他写道："九月，葬始皇骊山。始皇初即位，穿治骊山，及并天下，天下徒送诣七十余万人，穿三泉，下铜而致椁，宫观百官奇器珍怪徙臧满之。令匠作机弩矢，有所穿近者辄射之。以水银为百川江河大海，机相灌输，上具天文，下具地理。以人鱼膏为烛，度不灭者久之。二世曰：'先帝后宫非有子者，出焉不宜。'皆令从死，死者甚众。葬既已下，或言工匠为机，臧皆知之，臧重即泄。大事毕，已臧，闭中羡，下外羡门，尽闭工匠臧者，无复出者。树草木以象山。"

在对坟丘土壤进行检测后，有关学者发现其中的汞含量异乎寻常的高。截至目前，因担心挖掘会损坏埋葬宝物和建筑结构，有关考古学家并未找到任何发掘陵墓的方法。

# 长城 约公元前220—17世纪

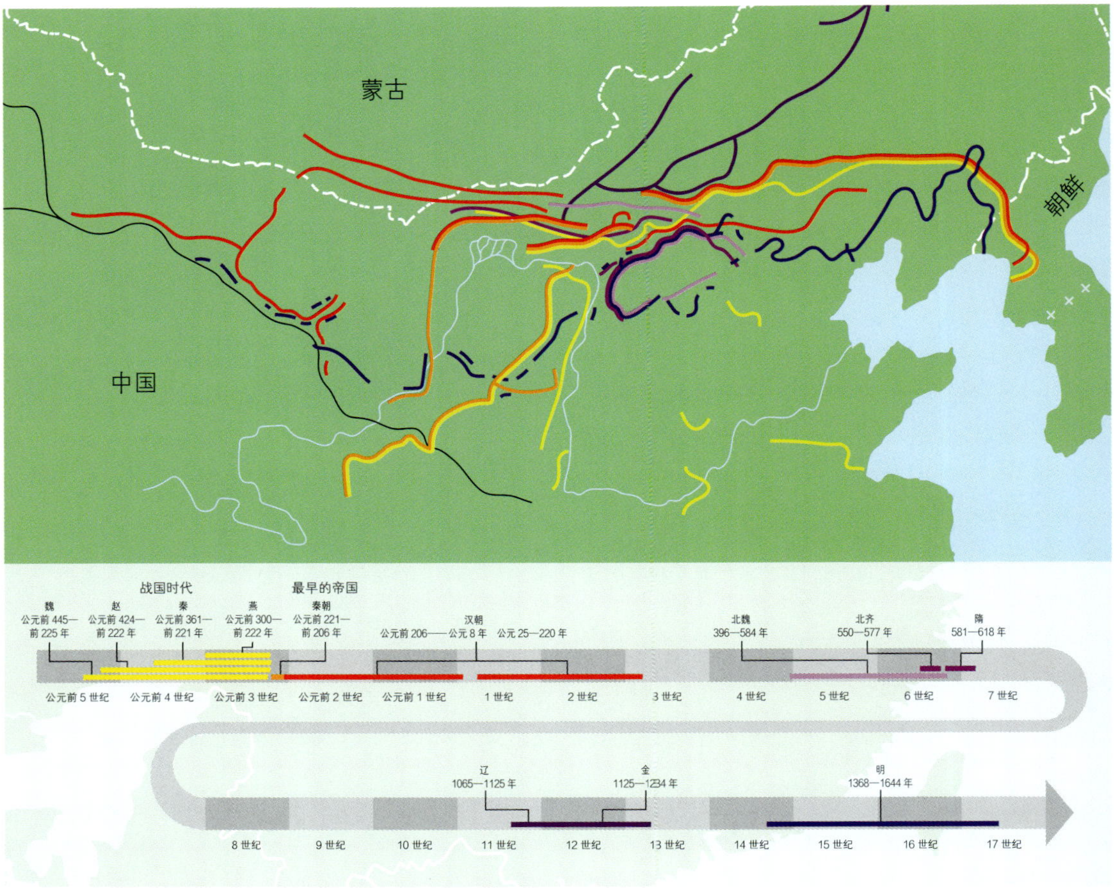


长城的修建历经数个朝代，耗时千年，是世界上最长的人造建筑

作为历史上最伟大建筑之一，中国长城同样是其古代高度中央集权统治的象征。不过，其建筑本身也表明，来自欧亚草原的北方游牧民族对于中国而言是巨大的军事威胁。长城横跨中国北部边界，是抵御北方入侵者的重要防御工事。在建造过程中，工人同时建立了配有烽火、部队营房及卫戍站点的烽火台。

长城一共经三个王朝修建：秦、汉和明。在秦朝时，士兵、农民和囚犯等所有壮丁皆为劳工。他们直接用当地材料建造城墙，例如山中的石块、低地的夯土。为建造夯土墙，他们先用木板搭建了一个临时框架，作为城墙的模具，然后将潮湿的沙砾、黏土混合物倾倒入模具中，堆积 7—15 厘米后将堆积物压实，使高度降至原高度的一半。待混合物干透后，工人再将木板抬高，重复之前工作。部分地形无法持续建造城墙，因此借用了一些天然屏障（如山脊）连接城墙。到了明朝，工匠使用砖石筑造，城墙因此变得更坚固。1644 年，满洲人越过长城，建立了中国的末代王朝清朝。

**长度**

长城中保存最完好的部分建筑建于14—17世纪，即明朝。在经过四年的考古发掘与调查后，2012年，公布了长城的总长度，精确数字是21196.18千米

**烽火台**

明长城金山岭段位于北京东北方向77英里（约124千米）外，建于明朝。该部分城墙中建有67座瞭望塔，包括高达36英尺（约11米）的大金山楼（Large Jinshan Tower），建有两层，四面都开有狭小的窗户，顶层是储藏室

## 《史记》

中国人将长城称作“万里长城”。该名称初次出现于《史记》（约公元前85年）之中，由中国第一位历史学家司马迁所著。作为汉朝宫廷史官，司马迁开创性地通过资料重构和描述了中国历史。

司马迁写道：“秦统一六国，派遣蒙恬率军三十万向北进发，驱逐北地戎狄，使其远离南方黄河流域。依照疆域边界，始皇修建长城，利用山中狭径建立边防站点。长城始于临洮，止于辽东，全长超过一万里。其越过黄河，沿阳山走势一路向前，后蜿蜒回转进入北方。”

长城仅在司马迁的《史记》中被简单提到，可能是因为秦朝的建造项目并非全新工程，前朝都曾建有城墙，始皇只是将现存城墙相连并延长。长城最古老的部分建于公元前5世纪，位于齐国（今山东省）境内，为保护农业牧民免遭北方游牧民族侵扰，统治者下令建造城墙。当时正值战国时期，之所以名为“战国”，正是因为各国为争夺权力，社会处于长期战争中。除保护免受墙外侵略者侵扰，长城也有助于保存文化。

# 日本弥生时代和古坟时代

1

2

3

1. 在考古学家发现 12 座住宅遗址后，在静冈县登吕遗址（Toro site）中复原了一座悬楼储藏室和住屋正面墙壁

2. 须惠器（sueki）陶制果碗制作于古坟时代，可能烧制于一处半地穴式烧窑（anagama）之中

3. 这件青铜仪式用钟名叫铜铎（dōtaku），源于弥生时代。上方饰有网格设计，侧边有数对凸出盘状物，其上刻有螺旋状浅浮雕

弥生文化始于公元前 4 世纪，是日本最早提及稻米种植及金属使用的文化；在这种文化下，延续了数千年的采猎生活方式被取代。弥生文化发源于九州岛（Kyūshū），后沿东北方传至本州（Honshu），主要集中在五大区域：九州西北部、濑户内地区（Setouchi）、近畿地方（Kansai）、关东地方（Kantō）和东北地方（Tōhoku）。

随着弥生时代日本人口增加，社会愈加复杂、等级区分日益明显。稻米的稳定产量支持了人口大量增长，这也说明定居点逐渐固定下来。大多数弥生时代居民以农耕为生，住在茅屋之中，久而久之形成了村落。弥生时期的村落中也有悬楼建筑（见图 1），大多是米仓或神道教建筑的前身。稻田被分割为小块，一些大型稻田外建有木栅栏，部分面积超过 4300 平方英尺（约 399 平方米）。从出土的工具中，有关学者了解到当时农民已懂得使用石镰、木耙和锄头进行耕作。弥生时代的墓地距村落不远，最常见的墓葬方式是在墓址中央挖一个小坑，周围围有一圈方形沟渠，后用土掩盖，形成低矮的土丘，即后世所

## 重要事件

| 约公元前 300 年 | 约公元前 300—前 200 年 | 约公元前 300—前 100 年 | 约公元前 200 年 | 公元 1 世纪 | 57 年 |
|---|---|---|---|---|---|
| 大概经由朝鲜、日本群岛开始出现水稻农业。最早的稻田便出现于这一时期。 | 弥生时代的陶匠用细黏土在极高温度下烧制了多种形状的陶器。 | 亚洲大陆的青铜器具和铁制器具传至日本，日本开始真正的金属制造生产。 | 首次出现一种方形墓丘，周围挖有沟渠，这种墓丘是古坟时代后期墓丘的原型。 | 位于今东京南部的弥生时代定居点登吕地区中出现稻田。后来，考古学家发现了 30 处稻田和 1210 英尺（约 363 米）长的水道遗迹。 | 中国史书《后汉书》最早记载了关于日本的文字描述。 |

称的古坟时代墓丘的原型。

弥生时代（约公元前 300—前 250 年）见证了青铜级铁器锻造——由亚洲大陆传至日本——大量武器被制造。当时匠人常在青铜钟上刻绘几何图案，例如剖面线、三角形和螺旋形（见图 3）。举例来说，有些器具上饰有动物及居民日常生活场景。在发掘过程中，考古学家同时发现了与中国汉朝（公元前 206—221 年）铜器十分类似的青铜镜与钱币。公元 1 世纪，当时居民已经懂得使用铁制农具和武器。此外，在掌握纺织技术后，与先前的绳纹时代（公元前 14000—前 300 年）相比，弥生时代的衣物制造取得了长足进步。当时的衣物用原始纺织机，纺织植物纤维制成。

古坟时代（公元 250—552 年）的一大特征是统治阶级的大型坟冢建筑，也称墓丘。这些坟冢是了解古坟时代社会及政治组成和当时物质文化的最重要资源。坟冢面积不一，15—32 公顷不等，现存有约 3 万座古坟时代墓丘。在形状上，墓丘同样五花八门，有圆形、方形和锁形，锁形墓穴是日本特有的坟冢形状。大多数圆形和方形的墓丘面积较小，直径不到 164 英尺（约 50 米），而锁形坟冢面积则可以很大，有时长度可达 1312 英尺（约 400 米）。考古学家在早期墓丘中发现了大量陪葬品，陪葬品多为象征性物品，如铁制武器和盔甲，表明墓主生前对宗教和军队有极大影响力。考古学家还在其中发现了镜子、耳环、手镯、马具、王冠、鞋子、陶像、珠宝项链、金制品及铜制品。

古坟时代的墓穴顶端中常置有大量大小不等，甚至真人大小的空心陪葬陶器，名为“埴轮”（haniwa）。最早的埴轮出现于约公元 250—450 年，造型简单，多为圆柱状。后来的埴轮形状各异，有马形、鸡形、鸟形、扇形、鱼形、房屋形、武器形、盾形、遮阳棚形、枕头形和男女形象。这些埴轮展现了当时的服饰、方形、农耕用具和建筑方格，因此成为古坟时代重要的历史档案。古坟时代的另一重要物质文化代表为须惠器。5 世纪中叶，这种陶器烧制技术由朝鲜传至日本。须惠器通常是由一种蓝灰色黏土制成的，需要在还原条件下经极高温度烧制，约为 1100—1200℃。须惠器是在转轮上制成的，常作为生活用品（见图 2）和仪式用品。

古坟时代后期，日本和亚洲大陆之间的往来日益密切。约 538 年，佛教从朝鲜传至日本，标志着日本的宗教信仰进入新时期。

| 150—250 年 | 270—300 年 | 391 年 | 471 年 | 538 年 | 540 年 |
| --- | --- | --- | --- | --- | --- |
| 地方领主制成为主要政治制度，表明日本发展成更有组织性的国家。 | 最早的锁形墓丘出现，用于当时上层阶级。 | 日本占领朝鲜半岛，打败百济（Baekje）与新罗（Silla）。 | 稻荷山之剑上刻有 115 个字，说明墓主名叫 Wowake，是个英勇的战士。 | 佛教正式传入日本，给日本人带来品行和理智的发展。 | 最早的移民登陆日本，移民大多来自朝鲜半岛，大多在日本社会定居并融合进去。 |

# 大仙陵古坟 公元5世纪

大仙陵古坟曾是一处神圣的宗教地区，严禁外人进入。陵墓内主要部分超过一千年与世隔绝

“Fofun”意为“古坟”，主要建于公元3世纪早期至公元6世纪早期的古坟时代。古坟形状多样，最常见的一种被称为“前方后圆坟”（zenpō-kōen-fun）；从上方俯视，其状如锁孔，一头方，一头圆。日本最大的锁孔形古坟是大仙陵古坟，位于大阪府堺市（Sakai）。人们认为这座古坟是古坟时代第十六位天皇仁德天皇（Emperor Nintoku）陵墓，建于5世纪中叶。古坟呈圆形，直径816英尺（约245米）、高115英尺（约35米）；紧邻的前丘宽1000英尺（约305米）、高108英尺（约33米）。大仙陵古坟占地79英亩（约32公顷），总长1594英尺（约478米），是著名吉萨金字塔地基长度的两倍，因此大仙陵古坟是世界上最大的陵墓之一。

坟冢周围有三条护城河，建造墓丘用的泥土便来自河中。古坟建有三层斜坡，斜坡上覆满草植石块，每层都有大量小型陶制埴轮。坟冢中同时建有宗教仪式用的平台，建于坟冢一侧的最狭点。1872年明治时期（Meiji period，1868—1912年），一场大暴雨洪水冲毁了堺市，仁德皇陵受损严重。进入陵墓外围的考古学家发现了盔甲、玻璃碗、餐盘、黏土罐以及雕刻成狗和马形状的埴轮陶像。大多古文物如今展览于大阪堺市博物馆中。

## 定位

1. 建筑

据估计，建造陵墓用土量约等于 27 万辆 10 吨卡车的载土量。同时，陵墓规模同样令人惊讶，其建造时间长达 16 年，需 2000 人为一组每天工作

2. 陪葬陵墓

大仙陵古坟周围围有或大或小 12 座陪葬陵墓，部分陵墓直接占据了大仙公园内的街道。墓丘顶端放置了 15000 多尊埴轮雕像

▲ 这是一尊中空的埴轮陶土头像，头像上眼睛为椭圆形，嘴部狭窄，鼻子为三角形，是陵墓雕塑的典型

## 福山陵墓

古坟时期的陵墓数量大，皆位于日本群岛南部，其中最引人关注的一座是福山陵（Eta Funayama Tumulus），建于 5 世纪末至 6 世纪初，位于九州岛熊本县（Kumamoto Prefecture）一个墓群的中心。福山陵长 203 英尺（约 62 米），是一座锁孔形墓丘。

早在 1873 年，考古学家便对此地进行发掘，他们在墓丘半圆形部分的一间形似石棺的石制墓室中发现了大量精美的陪葬品，大量的剑（其中一把剑上刻有镀银文字）、盔甲、武器、青铜制镀金头饰、镀金青铜鞋、金耳环、首饰和其他饰品、6 件青铜镜和陶器得以重见天日。考古学家发现其中的部分金制或青铜镀金的华丽饰品来自朝鲜半岛，证明日本群岛与朝鲜半岛的往来及关系在当时十分密切。

# 朝鲜三国时期

1. 考古学家在安岳郡高丽墓葬群中发现了建于4世纪的冬寿墓，墓中绘有大量壁画。图示的壁画内容是一位女性王室成员正在被侍女伺候

2. 考古学家在忠清南道（Chungcheong-nam-do）的古佛寺中发现了一件制作于6世纪百济王朝时期的青铜镀金香炉

3. 一项发现于庆州（Gyeongju）金庾信将军墓（Geumnyeongchong Tomb）中的金冠。比起其他新罗金冠，它造型更加简约，有一对鹿角形饰品和饰带，没有装饰的玉珠

约公元前300年，朝鲜半岛从青铜时代向早期铁器时代转变。有考古证据显示，在当时朝鲜半岛与中国有直接往来。铁器文化逐渐深入，自约公元前100年起，几乎当地所有工具皆由铁制造。同时，当地居民学习了来自中国的全新制陶技术。“原始三国时期”（公元1—300年），是指三国时期（公元300—668年）的原始状态。当时，中国汉朝的乐浪郡包括平壤地区，是从中国进入日本的一条经济文化要道。砖室、石制墓丘和木棺陵墓是朝鲜半岛特色陵墓，其中埋有大量的陪葬品，包括由兽骨制或石制的工具、饰品、圆珠以及最早的漆器。三国时期，朝鲜半岛实际分为四块：北部的高丽（Goguryeo）、西南部的百济、东南部的新罗和中南部的伽倻（Gaya confederacy）。

高丽（公元前37—668年）是三国当中建国最早、领土最大的国家，包括俄罗斯滨海边疆、朝鲜半岛北部及中部。随着时间推移，高丽逐渐吞并周边

## 重要事件

| 公元前4世纪 | 约公元前300年 | 公元前108年 | 公元1世纪 | 3世纪 | 313年 |
|---|---|---|---|---|---|
| 朝鲜半岛出现第一个城邦国家。 | 制铁技术由中国引入朝鲜；公元前2世纪，半岛南部部分地区开始制铁。 | 汉朝（公元前206—220年）设置乐浪郡，将中国的丧葬习俗带至朝鲜。 | 陶轮及烧窑由中国引入朝鲜。朝鲜地区因此生产了大量陶器。 | 质地坚硬且高温淬火的灰色石器取代了早期质地柔软低温烤制的陶器。 | 高丽夺取乐浪郡领土，结束了中国在当地超过400年的统治。 |

小国，成为一方豪强。公元 372 年，高丽将佛教定为国教，为建立适合的管理系统，颁布了一系列法律。高丽的建筑艺术体现在城堡、寺庙和陵墓之中，最引人注目的建筑是饰有壁画的陵墓，如在平壤附近的安岳郡（Anak）和中国吉林集安发现的高丽陵墓群（见图 1）。高丽的金属制造技艺同样发展良好，最有名的工艺品是镀冠饰品、耳环、鞋和腰带坠饰。

百济王国（公元前 18—660 年）位于汉江（今首尔）地区，4 世纪时发展至顶峰。它吸收了中国文化，又对日本奈良地区的飞鸟文化（Asuka culture）产生了巨大影响。百济最大的土城是位于汉江盆地中的风纳土城（Pungnap），城中房屋屋顶贴有瓷砖，屋中摆有青瓷等中国进口陶器。百济最著名的陵墓是武宁王（公元 462—523 年）墓，在公州（Gongju）地区，1400 年中一直与世隔绝。考古学家在墓中发现了记录墓主生平的悼文和 2900 件陪葬品，大部分陪葬品由中国进口。此外，他们还发现了一座装饰极其精美的青铜镀金香炉，带有龙形底座，凤身炉盖，反映了朝鲜 6 世纪金属制品的高超技艺。

新罗（公元前 57—676 年）发源于庆州萨罗地区，在学习中国编纂法典并引入佛教后，新罗发展成大国。在考古领域，新罗最具代表性的文物是金冠和石丘木结构墓室。新罗王国统治者开采国内的金矿、铁矿，制作树形或鹿角形的王冠饰品（见图 3）。此外，王冠上还饰有逗号形的玉石或亮片，有关学者认为这项王冠可能是庆典或王室仪式中使用的。在装修豪华的墓室中，考古学家发现了金腰带、耳环、项链、鞋子和精美陶器。新罗出土文物（如玻璃杯、饰剑、穿有镀银圆珠的项链）上所展现的各类造型及制作技术，与地中海和西亚地区的文物十分类似。

伽倻（公元 42—562 年）位于洛东江（Naktong River）山谷下游，是贸易中心地，后在丰富的铁矿储量和发达的贸易网络支持下迅速发展。考古学家在伽倻地区的陵墓中发现了铁铸块，它不仅是制作工具的原材料，还是一种流通货币。伽倻几经战争，因此制造了大量武器，包括剑、矛、弓箭、斧头和戈。马盔和马具反映了当时典型的伽倻制造风格。当地还有一些特色陶器，包括一种蛇窑烧制的精致灰蓝色硬石器，以及一种日常使用的红棕色陶器。伽倻陵墓中埋有大量陶器，如 4 世纪中叶至 5 世纪早期的台城洞（Daeseong-dong）墓穴。532 年、562 年，新罗两次战胜伽倻。在同化伽倻的过程中，新罗文化也逐渐受其影响，比如新罗墓葬中的陶器，有时我们很难区分到底是哪国出产的。

| 357 年 | 408 年 | 5—6 世纪 | 500—514 年 | 535 年 |
|---|---|---|---|---|
| 安岳郡三号陵墓开始建造，形似宫殿，内饰有壁画，可能是最古老的高丽式样陵墓。 | 朝鲜最早的地形画出现在高丽德兴墓（Deokheung-ri tomb）壁画中。 | 新罗王室修建天马冢（Cheonmachong）与皇南大塚（Hwangnam Daechong）。 | 真兴王（Chijung）统治时期内，推广牛耕，建立灌溉系统。 | 新罗王国将佛教立为国教。 |

# 草原游牧民族

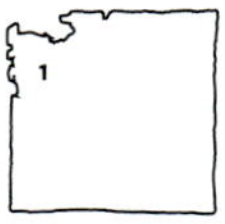

1. 巴泽雷克（Pazyryk）地毯发现于西伯利亚阿尔泰山（Altai Mountains）巴泽雷克峡谷中的一座斯基泰上层阶级居民的墓丘之中。这块地毯织于公元前5—前4世纪，是已知最古老的织毯。地毯的边缘描绘了居民骑马、牵马时的场景

2. 巴泽雷克墓丘中一尊带有皮质鹿角的木雕鹿。墓中至少有6件同类雕刻，考古学家认为它们最早是镀金的

欧亚草原自欧洲东南部的摩尔多瓦（Moldova）发源，一路向东，涵盖乌克兰、俄罗斯南部、哈萨克斯坦（Kazakhstan）、中国新疆及蒙古国等地区。草原西侧沿黑海和里海（Caspian Sea）北岸分布，中部大部分在哈萨克斯坦，东部的中国新疆及蒙古国草原地势较高、气候干燥。史前时代，欧亚草原是游牧民族的家园，他们以放牧牛羊为生，为寻求新鲜牧草常常迁徙。牧民人口增长缓慢，若种植庄稼作物可能会好一些，他们的住房和生活用品都便于搬迁。

约公元前6000年，驯化的作物和动物传入中东西部草原的边缘地带，不过在其后至少1000年里，被人类驯化的动植物并未继续向北传播。在当时，新石器时期耕作方法在干草原环境下显然受到诸多限制。在许多地方，狩猎－采集社会仍继续沿用旧时的生存方式，但他们最终还是掌握了家畜养殖的技巧。不过，考古学家未找到任何农耕的痕迹，而在草原以外的大陆上，农业耕

## 重要事件

| 约公元前6000年 | 约公元前4000—前3500年 | 约公元前3500年 | 约公元前3300—前2500年 | 约公元前3000年 | 约公元前2100—前1800年 |
|---|---|---|---|---|---|
| 欧洲东南部的干草原西部出现驯化作物和动物。 | 大约是中欧或东南欧居民发明了带轮车辆。 | 哈萨克斯坦北部居民最早开始牧马，食马肉、喝马奶。 | 颜那亚文化奠定了草原游牧民族基本搬迁及管理牲畜的模式基础。 | 学者认为颜那亚米敏将印欧语系传至欧洲东部及中部。 | 在青铜时代辛塔什塔文化中，贵族阶层的陵墓中常陪葬两轮马车和多匹马。 |

种早已普及。公元前 4000 年后，特里波耶文化（Trypillia culture，见图 2）起源于草原北部的南乌克兰地区。

公元前 4000—前 3500 年，哈萨克斯坦北部定居点的建筑和手工制品发生了较大变化，部分遗址中涌现了几十座房屋。最重要的变化是马的出现，考古学家在博泰（Botai）定居点等遗址中发现了几乎完整的动物骸骨。在整片草原地区，马都是很重要的动物，不过大型村落遗址中出现马，表明其与人类的关系发生重大转变。考古学家认为，当时居民似乎已经会牧马。考古学家在马的牙齿上找到了曾被套勾的痕迹，一些陶器中也有马奶残留，这些发现表明当时居民已经开始饮用马奶。随后，牧马、挤马奶、食马肉的习俗迅速传遍草原地区。

这一时代的考古记录中首次出现了轮式车辆。考古学家在中欧水浸沉积物堆中发现了保存完好的车轮，同时，他们还在欧洲东南部发现了陶制四轮马车或者说马车的模型。在欧洲最早的轮式车辆中，拉车动力似乎是牛。约公元前 3300 年，草原西部出现颜那亚文化（Yamnaya culture），这种文化随即绵延上千年。颜那亚文化居民的交通工具包括轮式车辆和马。在车的帮助下，他们运输食物、帐篷和其他财产，而在放牧时主要骑马。这种游牧放牧方式很快传遍整个草原。

游牧方式的出现影响了草原上很多地区。在对古人进行 DNA 测验后，学者发现草原文化当时已传至欧洲。这次“西进运动”的另一产物是印欧语系的大规模传播，而究其源头，其实是草原游牧民族语言（语言传播尤其依赖“车轮”）。青铜时代伊始，哈萨克斯坦辛塔什塔文化（Sintashta culture）中的上层社会成员墓穴中常陪葬有双轮马车，这是为了搬家和打仗的创新产品。与此同时，同位素研究表明，当时居民的饮食丰富多样，包括粟等作物。

草原社会的上层阶级通过掌控牲畜及与其他社群的贸易往来积累财富。约公元前 600 年，黑海附近的一支游牧民族遇见希腊商人，随后以“斯基泰人”的称呼被载入史册。公元前 1000 年，草原东部的游牧民族开始接触中国文明。在对巴泽雷克和西伯利亚乌科克（Ukok）地区的“冻墓”进行发掘后，考古学家了解到了东方游牧民族的财富，冻墓是以当地的地表水渗入木质墓构后结冰形成的，这使得墓室内陪葬的纺织品（见图 1）和马匹保存完好。

几个世纪后，在中国边境，匈奴人（Huns）出现，后来又迁至欧亚大陆。在匈奴领袖阿提拉（Attila，？—453 年）的带领下，这些马背上的牧民迁至欧洲腹地，使得分裂后的罗马帝国边境地区饱受苦难。公元 451 年，在法国沙隆（Châlons）附近的一场战役中，罗马和西哥特联军击败匈奴，匈奴被迫向东退回草原。

| 约公元前 600 年 | 约公元前 500—前 400 年 | 约公元前 400—前 200 年 | 约公元前 300 年 | 约公元 370 年 | 451 年 |
|---|---|---|---|---|---|
| 俄罗斯南部和乌克兰草原上的游牧民族遇见了希腊商人，随后作为“斯基泰人”被载入史册。 | 一个 25 岁女性的尸体被埋在乌科克高原的一副木棺中，其墓室外陪葬有 6 匹马，每匹都是头部受钝物重击而死。 | 西伯利亚阿尔泰山居民建造了巴泽雷克冻墓。 | 当地人在斯基泰人原有的陵墓基础上修造了扎尼夫卡坟冢（Ryzhanovka kurgan）。 | 匈奴人率兵入侵欧洲东部。 | 罗马和西哥特联军在今法国沙隆地区击败匈奴。 |

# 斯基泰墓穴

这件饰有金盘装饰的银碗出土于扎波罗什（Zaporozhye）的盖玛诺娃（Gaymanova）坟冢中，刻画了两个斯基泰士兵在休憩时候斜倚着巨石，好像在聊天。他们身穿经剪裁的毛皮短袍，脖子上佩戴珠宝

在黑海北部沿岸，一条河流源自乌克兰大草原和俄罗斯南部，一路向南蜿蜒，来自安纳托利亚爱琴海沿岸的希腊人在河口处建立了殖民地。自公元前 7 世纪始，数十个定居点纷纷出现，其中最著名的是奥尔比亚（Olbia）、克森尼索（Chersonesos）和潘提卡彭（Panticapaion）。在这些殖民地中建有神庙、纪念建筑及墓地，在多数情况下，这些殖民地随后发展成重要的城市中心。希腊人建立这些殖民地的目的是满足本土城邦的需求，开发资源，如木材、粮食、皮毛和奴隶。在与希腊社会进行贸易的过程中，草原游牧民族也逐渐接触、了解了希腊文明。

接下来的几个世纪，这些殖民地不断发展，在希罗多德（Herodotus，约公元前 484—前 430 年）和斯特拉波（约公元前 64—21 年）等古代作家笔下，这些殖民地的居民被称为“斯基泰人”。通常情况，斯基泰人和希腊人关系友好，因为希腊人带给他们积累财富的机会。考古学家在斯基泰上层阶级的居民墓中发现了希腊的财宝，了解到他们和希腊人之间的互惠关系和希腊物品的社会价值。斯基泰人极其喜爱希腊作坊中的工艺品，无论是产自希腊本土还是产自黑海的殖民地。希腊工匠也会在作坊中生产制造带有斯基泰主题的精美金银工艺品。两大最常见的斯基泰饰品主题是野生动物（包括神话动物）和战士，不过也有些图案反映了游牧民族的日常生活。

后来，公元前 4 世纪，部分与希腊人联系密切的斯基泰人似乎抛弃游牧生活，自行建立了定居点。位于顿河（Don river）河口的利兹乌托卡（Elizavetovka）地区建有一座斯基泰工艺品制造和贸易中心，其周围设有堡垒和沟渠作防御。

**草原上的斯基泰墓穴**

斯基泰墓丘（坟冢）广泛分布于俄罗斯南部和乌克兰的草原上，不过部分坟冢如今已崩坏或被盗墓者洗劫。部分墓丘外缘的沟渠是用来划分墓葬仪式的宴席区域的。传统上人们认为坟冢里埋有奢侈陪葬品，如金银祭品，因此在过去两千年成为盗墓者的首要目标。不过，幸好仍有大量墓穴未遭盗掘，可为我们展现斯基泰上层阶级的生活

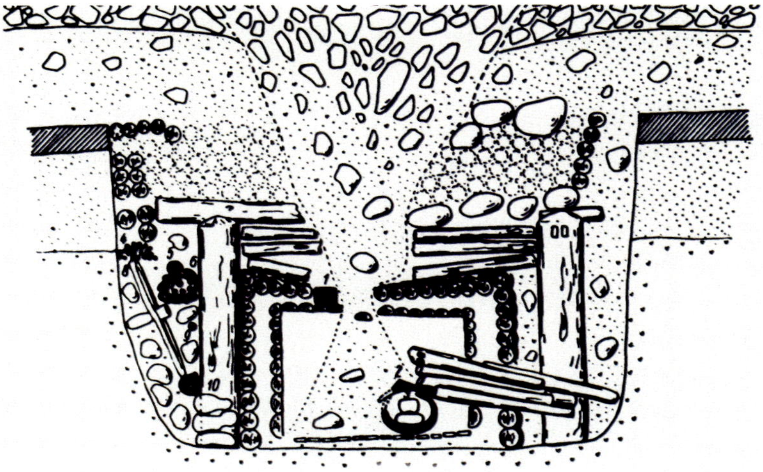

**斯基泰墓穴内部**

典型的斯基泰墓穴为一座墓井，深30—50英尺（约9—15米），直抵草原中土质紧密的黄土层中。墓井底部稍宽，建有墓室，四周常以木板支撑加固。墓室墙壁上常常挖有壁龛。其中的死者是为家主殉葬的仆人，墓室里还有各式陪葬品。墓井中填有土石，完美掩藏了墓穴

## 托尔斯泰娅·莫吉拉

1971年，考古学家在位于南乌克兰的托尔斯泰娅·莫吉拉村（Tolstaya Mogila）中发现了一处大型斯基泰坟冢。主墓中埋有斯基泰族长（约50岁）尸体，内部陪葬古物遭盗墓者洗劫。不过，仓皇之中盗墓者遗留下两件重要工艺品：一把金鞘宝剑和一件被称为“胸肌”的纯金胸饰，曾被挂于胸前。此外，盗墓者并未侵入附属墓井，而附属墓井中埋有6具尸体：一名年轻女子和她的婴儿（陪葬品丰富）、一名男子（陪葬碗具），还有另外两名年轻女子（陪葬食物）和一名成年男子（陪葬有四轮马车和几匹马）。有关学者认为，这些人是主墓室中族长的仆人。考古学家在坟冢附近的沟渠中发现了当时的宴会厨余，包括35匹马和14头野猪的残骸。

考古学家认为，托尔斯泰娅·莫吉拉村中的胸饰出自希腊作坊，极有可能是斯基泰族长的定制品。这件胸饰由两部分组成：一块金盘上方焊着一个24克拉金像和其他装饰品，金盘最宽处可达12英寸（约30厘米），这件工艺品制作前必定曾经过仔细的设计和组合。金像分为三层，最上层描绘了居民日常，包括一个挤羊奶的儿童和两个男裁缝，还有牛、羊、马等家畜；中间一层是植物图案；最下层则是一些神兽，如狮鹫（象征宇宙）。如今这件饰品收藏在圣彼得堡的埃尔米塔日博物馆，它或许是迄今发现的最具标志性的斯基泰艺术品。

# 太平洋的移民活动

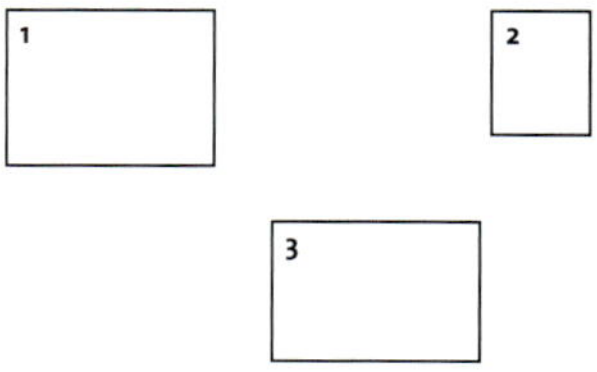

1. 重建的拉皮塔印刻纹陶罐上刻有典型的几何图案，不过也有一些非写实面孔。瓦努阿图（Vanuatu）图马（Teouma）遗址中的出土物表明，这种装饰精美的陶罐的一大作用为装骨灰

2. “贺古尼亚”号（Hokulea）由夏威夷群岛中的瓦胡岛（Oahu）起航，是波利尼西亚双壳航海舟“夏威夷凯鲁瓦”号（wa'a kaulua）的 1 ∶ 1 还原舟

3. 发现于希瓦瓦岛（Hiva Oa island，马克萨斯群岛中的第二大岛）上的提基雕像，是法属波利尼西亚地区最大的古提基雕像之一

太平洋的面积约占地球表面积的三分之一。从文化角度来看，这片区域的文化多样，通常被划分为马来西亚文化圈、密克罗尼西亚文化圈和波利尼西亚文化圈。从生物地理角度来说，太平洋地区包含上千座离岛，从热带到温带，从大型火山岛到小型石灰岩及珊瑚礁，还有大量小型环礁。因此，为了移居太平洋岛屿，只有技艺高超的航海员才能完成。

5 万年前，现代人首次登上莎湖陆棚。发现于新爱尔兰岛（New Ireland）布昂梅拉巴克（Buang Merabak）、马特库普库姆（Matenkupkum）的洞穴遗址和新不列颠的尤奔（Yombon）开阔地的遗址都表明，人类在同一时期抵达俾斯麦群岛（Bismarck Archipelago）。所罗门群岛（Solomons）中的基鲁洞（Kilu Cave）里的生活痕迹表明，约公元前 2.7 万年，人类曾在此定居；而到约公元前 2 万年，马努斯岛（Manus）也出现了人类足迹。很明显，在熟练的水手和周密的航行计划帮助下，开垦太平洋地区的第一阶段是澳大拉西亚（Australasia）及大洋洲地区。

约公元前 1500 年，西太平洋地区最初出现拉皮塔文化（Lapita cultural），这种文化随即迅速传播，无论附近地区还是远太平洋地区，甚至传播至约在 1865 英里（约 3001 千米）外的汤加（Tonga）和萨摩亚（Samoa）地区。拉皮塔文化最著名的产物为一种装饰精美的独特陶器。整片文化区内陶器上的刻印图案（见图 1）相差不大，有关学者猜测这种图案有某种西太平洋地区公认的象征意义。拉皮塔遗迹中出土的另一种独特物质文化产物包括贝壳装饰、经

## 重要事件

| 公元前 5 万年前 | 公元前 4 万—前 3.5 万年 | 公元前 2.6 万年 | 约公元前 2 万年 | 约公元前 7000 年 | 公元前 1450 年 |
|---|---|---|---|---|---|
| 澳大利亚、新几内亚莎湖陆棚出现第一批移民。 | 布昂梅拉巴克和马特库普库姆地区的洞穴里开始有人居住，俾斯麦群岛中的尤奔遗址也是如此。 | 布卡岛（Buka Island）上的基鲁洞内有人居住，它是所罗门群岛出现人类居住的最早证据。 | 最早的开拓者航行 124 英里（约 200 千米），定居马努斯岛。 | 新几内亚高地居民建立农耕系统，其为当地农耕活动提供了最早证据。 | 来自菲律宾吕松（Luzon）地区的航海者们抵达马里亚纳群岛（Marianas Islands），并在此定居。 |

打磨的石斧、贝类及鱼类吊钩、卷宗、骨锥和刺针。拉皮塔遗址大多位于海滨，有时房屋甚至建于水中土堆之上。海洋资源在拉皮塔人的日常饮食中占重要地位，包括鱼类、海龟、贝壳。拉皮塔的定居者们将家养动物（猪、狗、鸡）带到这片大陆，同时在这里混种了产自东南亚和新几内亚地区的作物。通过对瓦努阿图图马地区墓地中发现的骸骨进行同位素分析后，有关学者发现，定居者（尤其为早期定居者）的食物来源十分依赖海洋资源及家养动物，而其随后建立的粮食种植生产系统或许曾耗费一段时间。有语言学证据显示，最初的拉皮塔定居者来自东南亚，大多可能来自中国台湾；而图马地区居民的基因也表明，早期定居者确有东南亚血统。

约 3000 年前，波利尼西亚文化出现于西波利尼西亚地区。公元 900—1000 年，扩张者登陆夏威夷及马克萨斯群岛（见图 3）；1000 年，波利尼西亚水手抵达南美，将包括番薯等新种植作物带回波利尼西亚。新西兰，作为最后一片人类定居大陆，约 1200 年出现定居居民。

在上一个 1000 年中，太平洋地区的社会及政治组织发生巨大变化。在集约式农业生产的基础上，多处地区出现等级复杂的社会群体。许多地区出现有象征意义的纪念建筑，最著名的例子为复活节岛。毋庸置疑，太平洋定居化过程是一种有目的的扩张，定居者们是一群懂得复杂航海技巧及木舟建造技术的人。通过对还原独木舟（见图 2）进行电脑模拟及试验航行，有关学者了解到第一批开拓者如何利用盛行风及洋流保证安全航行及返航。配有舷外托架的双壳木舟极有可能是促使定居者开拓线路的关键性发明。

| 公元前 1500 年 | 公元前 1350—前 950 年 | 公元前 1160—前 800 年 | 公元 900—1000 年 | 1200 年 | 1500 年 |
|---|---|---|---|---|---|
| 拉皮塔文化最初出现于西太平洋地区。 | 拉皮塔定居者来到汤加及萨摩亚的太平洋地区。 | 瓦努阿图埃法特岛（Efate Island）地区出现图马公墓，这是如今的太平洋诸岛中已知最古老的墓地。 | 波利尼西亚人定居夏威夷、马克萨斯群岛和复活节岛，不过复活节岛上的定居历史或许更长。 | 毛利人在新西兰建立永久定居点。 | 新西兰地区出现一种名为“帕”（Pa）的防御定居点。 |

# 复活节岛 公元后早些世纪

复活节岛距南美大陆 2328 英里（约 3747 千米），距皮特凯恩群岛（Pitcairn Island）1398 英里（约 2250 千米），是地球上最偏远的人类永久定居点。小岛大致是三角形的，占地 66 平方英里（约 171 平方千米）

## 定位

复活节岛上的最初定居者可能是来自马克萨斯群岛的波利尼西亚人，不过关于他们何时登上复活节岛，考古学界至今争论不休。有考古学和语言学证据显示，他们是在公元后的几世纪里来到复活节岛的，因为岛上居民的外表仍是古老的波利尼西亚面孔。当时几十个波利尼西亚岛民来到复活节岛，带来了作物、鸡与兔子（波利尼西亚人的重要动物狗和猪似乎没有挺过长途跋涉）；直到 1722 年，欧洲人发现复活节岛，这座岛才从与世隔绝的状态中惊醒。因此岛上语言才会如此古老，也不可能找到猪和狗。环境研究表明，岛上最早布满厚密的棕榈林，是大量野生鸟类的家园。为使小岛满足自己的生存需求，波利尼西亚定居者逐渐砍伐森林，赶走大多鸟类。这些定居者发展出了史上最杰出的文化之一——石器时代文化，最著名的文化产物是上百座石制平台及雕像。不过他们还制造了大量精巧的木雕，同时拥有太平洋地区最丰富的岩画，用岩石和茅草盖成的船型房屋，与名为“朗格朗格”（rongorongo）、刻在木片上的独特象形文字。岛上有王族，王位世袭。近 1000 年，岛上居民生活宁静，与周边社群在运输及建筑上互相合作。不过，后来的一系列事件使得小岛发生了翻天覆地的变化——有证据显示，由于人口增长导致森林急剧退化。纷争四起，武器大量生产，雕像在战火中倾倒，欧洲人最终带来灭顶之灾，原住民几乎被赶尽杀绝。

### 1. 摩艾像

约在公元1000—1500年，岛民雕刻了近1000座石像，又称“摩艾”（moai）。石像形状各异，都带有当地人祖先特征，与其说是祖先崇拜，不如说是纪念。大多石像立在一种名为“阿胡”的平台上，背靠大海

### 2. 普卡奥

只有“阿胡”上的石像刻有眼孔（眼珠是白珊瑚，可取下）和帽子，这种帽子也叫“普卡奥”，是一种红色火山岩圆柱体。毫无疑问，这些火山岩来自俗称“帽子工坊”（Puna Pau）的采石场，被安上摩艾石像头顶，极有可能用斜木梁搬到石像顶部

### 3. 阿胡

岛上至少有313座“阿胡”平台，都和海岸线平齐。平台内部以碎石填充，外表是砖石结构，没有使用灰泥。平台的大小不等，边长从很短到490英尺（约147米）以上都有，就像图中的“通伽利基阿胡”（Ahu Tongariki）。面向海岸一边建有斜坡，是由海滩碎石堆积成的

▲ 大多数摩艾像是用产自拉诺拉拉库（Rano Raraku）火山口的柔软凝灰岩雕刻而成，匠人们使用的是一种名为“托其”的雕刻工具。岛上还留有许多未完成的石像，静静地立在基岩之上

## 鸟人竞赛

岛上居民信奉的宗教看重丰收和新鲜的果实，在选择族长时采取的选举方式也十分新奇。每位族长候选人要选一名青年代表自己参加竞赛。每年九月是复活节岛当地的春天，人们会聚集在峭壁上的一个仪式村庄鸟人村（Orongo）里。竞赛当天，参赛者要下到985英尺（约300米）高的悬崖底下，游过1.2英里（约2千米）抵达莫图努伊岛（Islet of Motu Nui），待岛上的乌燕鸥产蛋，再带着新鲜鸟蛋劈波斩浪，攀上峭壁，将鸟蛋完好交与候选人。获胜的候选人即成为当年的鸟人（族长）。

# 新西兰的“帕” 公元1500年

“帕”借用天然地形，常会加固火山锥，新西兰奥克兰留有许多这类遗址，例如芒格基基（Maungakiekie）。“帕” 的入口常藏在防御库和沟渠的隐蔽狭沟中

说到新西兰最独特的建筑遗址，要数一种当地防御定居点，名为“帕”。岛上有上千座这类遗址，大多在北部。通常来说，“帕”借助地形优势，处在战略视野绝佳的天然防御区，例如山巅、岬角或支脉地区。其中的防御设施比较复杂，包括栅栏、仓库和沟渠。天然的斜坡也使得建筑更加陡峭。许多“帕”的形状类似英国铁器时代的山堡。不过，也有部分“帕”建在沼地或一些湖心的人工岛上。

1500 年，“帕”最早出现，它是日益增加的人口及资源竞争的产物。19 世纪英国人定居于此，“帕”依旧能正常使用。当时为适应枪炮战争，居民对“帕”进行了加固。部分岛上宗族会修建“帕”，在战时保护自己，不过“帕”通常也会被当作许多社群活动的中心，如手工制造业中心，同时也是权力及仪式的中心。

岛上妇人“帕”种类多样，从小型家庭防御工事到配有复杂设施的大型定居点。在防御设施、排屋和平台之中，坐落着许多房屋和作坊。另一种定居点里的常见建筑是贮藏甘薯的地窖。在已发掘的遗址中，考古学家明确发现部分“帕”中保存的复杂建筑及使用痕迹。这些“帕”通常不会长久居住。在不同的季节，居民会选择搬离“帕”，出去捕鱼、打猎或打理花圃。当地居民大部分时间生活在另一种不设防的定居点，只有在战时会退居“帕”内。

## 焦点

**地窖**

一种名为“拉”（rua）的地窖，是“帕”建筑中的另一普遍特征。某些特定作物，如番薯，仅适宜在新西兰北岛的夏季种植，因此毛利人想出一种办法在冬天储存块茎作为食物和种子。“帕”内有多种不同用途的地窖。部分地窖直接在露天挖开，另一些地窖上建有顶篷。这些顶篷用于保护块茎免遭昆虫啃食。此外，“拉”还能防水防潮，部分还建有内部排水渠

**武器**

毛利社会战乱频繁，且极具仪式性。他们常为土地或资源争斗，也常为名声或复仇而战。武器包括各式攻击物品、矛及棍棒；木材、石块、鲸鱼骨，皆可制造武器。“绿玉米亚”（Mere pounamu，一种绿玉制棍棒）是毛利人权力的象征，因此极其珍贵。新西兰地区仅南岛出产绿玉，后贩卖至各地区。缔结和平条约通常需要交换由绿玉制成的武器，象征永久

## 最早的定居者

新西兰，作为人类最晚定居的大陆，与其他太平洋诸岛存在显著不同。举例来说，其面积更大；自北向南，气候带从亚热带过渡至寒温带。1200 年，人类开始定居于新西兰；不过 1000 年时，很可能便已有人类知道此片大陆并曾经登陆。最早的定居者似乎并没有带来家猪或鸡，而是在岛上发现了大量动物资源，例如海洋哺乳动物、鱼类、贝类和鸟类，包括 11 种无法飞行的恐鸟。

早期定居者的主要经济组成为狩猎－采集，尤其是南部居民，因为当地无法种植诸如芋头和甘薯等热带作物。除提供肉食来源外，恐鸟的另外重要之处体现在其皮毛之上，它们的皮毛可以用来制作衣服，骨头可以雕刻成鱼钩及首饰。恐鸟极易捕食，因为岛上并无其天敌；种类繁多的恐鸟曾一度迅速灭绝。

# 5 | 中世纪世界

## 公元 500—1600 年

在中世纪严峻的考验下，现代世界最终成型。欧洲封建主义的独特之处、欧洲大陆的战国时代、城镇及商业农耕的意义和其他种种原因，促进了富有事业心的“中产阶级”出现，这群人成为全新资本主义经济系统的开拓人。该时期内，世界上另一部分地区仍然相对保守，尽管那些地区也具备创造卓越文化成就的能力。

**注：书中地图系原文插附地图**

此地图的虚线为未定国界

# 南美洲文明

1. 昌昌城遗址位于秘鲁南部的特鲁希略（Trujillo）。奇穆人在昌昌城中将浓厚的泥浆精准注入前朝城墙中，借此建立了他们最重要的城堡

2. 位于玻利维亚蒂瓦纳库的“太阳门”。门楣上刻有48座带翼雕像，每座雕像皆面朝门楣中央的图案，一张清晰的人脸，向四周发散射线，好似阳光

南美洲最重要的史前文明诞生于1—15世纪，当时出现了大量国家，如莫切、纳斯卡（Nazca）、蒂瓦纳库、瓦里（Wari）、奇穆（Chimú）和印加（Inca）。这些文明位于高耸的安第斯山脉或者汇入太平洋的河流山谷中。这些山谷是安第斯中部和中南部（今秘鲁和玻利维亚）的分水岭。

在很长一段时间里，学者都认为莫切城是西班牙殖民之前安第斯山脉中第一座真正的城邦，出现于公元1世纪，9世纪逐渐衰亡。当地居民在北部干燥的秘鲁沙漠建立了一座海滨城邦。对于当地的政治经济状况，学者至今争论不休。毫无疑问，由于坐落在海滨富饶的北地山谷中，莫切城是一座领土完整、意识形态统一的城邦。城中的一座举世闻名的陵墓，为莫切上层阶级所有，内含大量陪葬品，证明当时社会是阶级分明的。为建造复杂精致的纪念建筑、举办各类仪式，居民们不断累积财富。

在5—6世纪，与莫切城同一时期的卡瓦其城（Cahuachi）作为纳斯卡文化的都城，崛起于秘鲁南部海岸。通过一系列仪式和宗教活动（包括绘制著名的“纳斯卡线条”），卡瓦其逐渐成为权力的中心。

蒂瓦纳库城在玻利维亚高原上的喀喀湖（Lake Titicaca）盆地中，是6—11世纪安第斯山脉中南部最重要的政治和宗教中心。这座城市规划井然有序，占地超过2平方英里（约5平方千米），城中居民人口可达5万。城中的核心

## 重要事件

| 约公元100年 | 约200年 | 约300年 | 约550年 | 约750年 | 约850年 |
|---|---|---|---|---|---|
| 月亮神庙（Huaca de la Luna）在莫切河谷（今秘鲁境内）动工建造。 | 西潘王统治秘鲁西潘地区，他是莫切社会强有力的领导者。 | 作为纳斯卡的都城，秘鲁的卡瓦其古城走向鼎盛期。 | 北海岸气候巨变，引发生存危机，月亮神庙三号广场开始进行人祭。 | 瓦里帝国开始对秘鲁阿亚库乔（Ayacucho）以外的地区进行扩张。 | 莫切遗址的居民开始搬离家园。 |

建筑包括大量石像、金字塔遗迹、宫殿（见图 2），核心建筑周围是艺术家和平民居住的黏土房屋。蒂瓦纳库的殖民地占地广阔，南至秘鲁南部的莫克瓜（Moquegua）和智利北部的海滨山谷。

与蒂瓦纳库同一时期，最早的安第斯帝国产生了瓦里文化。作为帝国的都城，瓦里掌控了整片秘鲁中南部高地。从早期社会开始，如普卡拉（Pukara）时期和纳斯卡时期，瓦里便出现了重要的政治及宗教活动，不过其组织特征与蒂瓦纳库相似。

最后一个富饶的国家是奇穆帝国，在其向秘鲁海岸扩张的过程中，与印加帝国爆发战争。奇穆帝国出现在 11—15 世纪，都城是昌昌城（Chan Chan，见图 1），位于莫切山谷入口处，占地 14 平方英里（约 36 平方千米）。昌昌城内建有宫殿、墓地和水库。城堡之间林立的作坊和住宅至今依旧屹立可见。

印加帝国是西班牙殖民之前安第斯山脉最后的伟大文明。印加帝国领土覆盖了今哥伦比亚、厄瓜多尔、秘鲁、玻利维亚、智利和阿根廷等地区。帝国的城市多位于高地，内有大量石制建筑，海岸边的部分建筑是泥砖制。印加人建有大型广场和大型建筑，帝国的关键机构设在其中。印加帝国的各部通过复杂的道路系统连接。都城库斯科的居民最多达到 125000 人，是 1533 年西班牙人抵达时当地最富庶的城市之一。

| 约 900 年 | 约 1000 年 | 约 1100 年 | 约 1450 年 | 约 1470 年 | 1532 年 |
|---|---|---|---|---|---|
| 瓦里帝国开始失去其在安第斯地区的控制权。 | 位于今玻利维亚的蒂瓦纳库城的建造者开始搬离城市。 | 秘鲁昌昌城内出现第一座城堡。 | 印加国王帕查库特克（Pachacuti，在位时期：1438—1471 年）重建了秘鲁库斯科城内的大部分地区。 | 印加帝国攻克秘鲁中部和北岸。印加帝国战胜奇穆帝国。 | 西班牙人抵达秘鲁北部的卡哈马卡，俘虏了末代印加国王阿塔瓦尔帕（Atahualpa，约 1502—1533 年）。 |

# 莫切遗址 约公元100—850年

图为月亮神庙一号广场内的一幅浮雕壁画，内容有待解释。不过，壁画中出现了大量代表战士、渔民和动物的图案及形象，包括一条蛇、两只狐狸、两只秃鹫、一只猴子和一只鬣蜥

莫切遗址位于秘鲁北岸莫切河谷下游拉利伯塔德（La Libertad）地区的特鲁希略城郊区，是莫切文化最重要的建筑群之一。考古遗址包含两座重要建筑：太阳神庙（Huaca del Sol）和月亮神庙，总占地约740 英亩（约 299 公顷）。定居点的面积极广，具体位于莫切河谷南部布兰科山（Cerro Blanco）西侧山脚下，极盛时期城内人口达到10000 人。自殖民时代早期开始，当地引人注目的建筑和墓穴中的大量宝藏成为盗墓者的目标。19 世纪末期，德国考古学家麦克斯・乌勒对此地进行考察研究。

在建造过程中，当时居民使用大量矩形黏土砖建造了莫切遗址中的祭祀平台。诚然，太阳神庙是殖民之前美洲最大的黏土建筑之一。相互重叠的建造阶段和不断重修，塑成了它如今的形态。此外，两处大平台之间留有大面积城市区域。目前，该领域的专家达成了一项共识：莫切人曾至少有两处主要定居点：北莫切和南莫切。现在说的莫切遗址位于南莫切，是莫切政权的都城。月亮神庙的一大特征是大量围场和广场，神庙中多彩的壁画，描绘了关于宗教和莫切政治机构的场景。考古学家在定居点遗址中发现了人祭痕迹和墓葬遗迹，西潘王本人的陵墓中反而没有什么贵重物品。

**太阳神庙**

太阳神庙是南美地区最壮观的建筑，也是该地区建造耗时最长的建筑之一。据估计，神庙地基最初长1132英尺、宽525英尺（约340米、158米），神庙高度超过130英尺（约40米）。太阳神庙由黏土制成，耗时漫长，体积也不断增大。通过调查研究，有关学者发现了其作为政治和行政管理建筑的重要性

**城镇**

考古学家在太阳神庙与月亮神庙之间的空地发现了一系列重要的建筑群。他们认为，这里即是城中居民（主要是服务于上层阶级的职业匠人）生活、工作的城镇区。考古学家在该空地发现了大量储藏空间和制作陶器、纺织品、金属以及石器的作坊

## 月亮神庙中的壁画

月亮神庙是莫切考古遗址中体积第二大的建筑，其所在的主要平台约长950英尺、宽690英尺、高65英尺（约285×207×20米）。建筑中的隆雕壁画上展现了莫切图案。与此同时，考古学家在遗址中发现了人祭痕迹，加强了这座建筑的宗教特征。

月亮神庙中最引人注目之处即为其多彩的壁画，考古学家发掘出超过64538平方英尺（约5996平方米）的浮雕。这些保存完好的精美饰带，是莫切遗址中最伟大的发现之一，尤其因为目前没有任何与莫切文化相关的文字能帮助人类解释浮雕及习俗含义。壁画中的动物、植物和一些幻想形象图案表明，莫切人能用复杂的视觉语言表述自己的想法。壁画错综复杂，装饰黏土墙表明，在利用黏土制作隆雕时，当时匠人采用三维设计；人物及隆雕间的空隙被刷以亮丽色彩，主要是红色、黄色、白色和黑色。

因面积过大，部分饰带完全突出，尤其是正对主广场（一号广场）前墙上的装饰带。根据社会等级，不同层饰带上饰有可能为该阶层的人物雕像。在另一处更私人的建筑壁画中，考古学家也发现了复杂的莫切图案，例如在一间拐角房的西墙之上。月亮神庙内部饰带上的装饰则更单一乏味，例如某种体现猫科特征的拟人化形象的菱形头部。

# 西潘王陵墓 约200—600年

经发掘的西潘王陵墓复建图，展示了中央棺木中西潘王的遗骸。这位顶层领导人遗骸上饰有金银铜饰品及大量装饰物，其死时在35—45岁；有关学者认为，3世纪末，西潘王统治着兰巴耶克山谷

西潘地区位于秘鲁北岸兰巴耶克内一条山谷中，其中的建筑皆为黏土制。1987年，当地劫匪大规模火拼，无意发现了与主建筑相连的陵墓平台入口。瓦尔特·阿尔瓦（Walter Alva）及其队伍在阻止盗墓者后，开始对陵墓进行发掘；在发掘过程中，他们发现了一座完好无损的、属于莫切当地上层阶级成员的陵墓，即后世所称的西潘王陵墓。

西潘王陵墓是金字塔形建筑中最重要的一座，后来考古学家又发现其他一些陵墓，主要为老西潘王及一位可能为莫切墓室的陵墓。葬礼台由黏土制成，内部是一个矩形墓室；墓室建有屋顶，由木梁制成。建造过程冗长，墓室不断加建，导致葬礼台体积不断扩大。陵墓墓主为一名男性，尸身放于一口木棺之中，陪葬有大量金属制奢侈品，主要由金、银、铜制成。陵墓中最精美的发现物为部分头饰、鼻环、胸饰、权杖、耳饰和后襟。此外，陪葬品还包括大量由黏土、木材及贝类制作而成的艺术品。在多数情况下，陵墓中有地位较低的男人及女人作陪葬人祭，也有狗祭与骆驼祭。墓主为当地统治者，为莫切地区内的最高阶层。陵墓中的军队及宗教服饰和大量陪葬品表明，这些物件在社会中拥有真正的、意识形态上的权力。根据莫切壁画，西潘王与神灵及超自然力量有某种密切关系。

## 定位

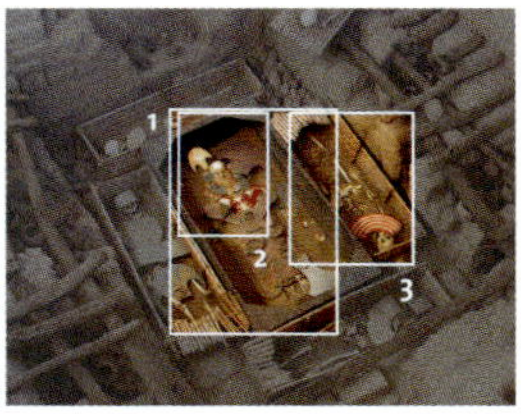

1. 骸骨

生理人类学研究表明，陵墓中遗骸均身高为5英尺2英寸（约1.6米），而其日常饮食比一般民众好得多。DNA证据显示，尽管西潘王与老西潘王相隔四代，不过其DNA序列完全一致。该发现证实当地统治者依靠血统世袭

2. 权力象征

莫切统治者常用一些物品（主要由稀有金属制成）象征其权力。西潘王陵墓内发现的权杖上刻有象征领导者的图纹。半月形的头饰也暗示着莫切上层阶级的权力。最后一件金属手工艺品较特殊，一件后襟挂件，可垂挂于腰身腰带之上

3. 人祭

有关人员在西潘王陵墓内发现了多口棺木，表明莫切社会领导者身后需人祭陪葬。在位于中央的西潘王棺椁两侧，陪葬有两具双脚被截肢的男性殉葬者棺木。其服饰及陪葬品表明，殉葬者为士兵

▲ 该件莫切陶塑描绘了正在宰杀两只动物做葬祭的祭司形象——莫切图案中常出现的一种形象。有关学者最初将该造型认作某种神话人物。但其特征与陪葬品之间的相似性证明，该场景为真实的人物与事件

## 考古学家名片

1951—1976 年

瓦尔特·阿尔瓦，秘鲁考古学家，生于卡哈马卡区孔图马萨省（Contumazá），后进入特鲁希略国立大学学习考古学。1975—1976 年，其担任兰巴耶克地区考古纪念区主管。

1977—1993 年

1977 年，阿尔瓦被任命为位于兰巴耶克的布吕宁考古博物馆馆长。其主持进行了多处不同考古遗址的研究，包括查奥盐田（Salinas de Chao，1977 年）、埃顿堂（Morro de Etén，1979 年）和蒲伦恩地区（Purulén，1983 年）。1987 年，阿尔瓦同其调查团队一起，包括苏珊娜·梅内塞斯（Susana Meneses，1943—2002 年）和路易斯·切罗（Luis Chero，生于 1958 年），发现了西潘王陵墓。1988 年，他们发现祭司陵墓；1989 年，又发现老西潘王陵墓。一年后，由于其卓越贡献，秘鲁政府向其授予秘鲁太阳勋章（Orden El Sol del Perú）。1993 年，阿尔瓦和克里斯托弗·波·东纳恩（Christopher B. Donnan，生于 1940 年）一道，将其在西潘地区的发现著书出版。

1994 年至今

2002 年，西潘王陵博物馆在兰巴耶克地区进行落成仪式。阿尔瓦至今仍担任该博物馆馆长。他主持进行了多项考古研究，例如 2007 年发掘的本塔龙遗迹（Huaca Ventarrón）和科卢萨尔潘遗址（Collud-Zarpán）。他至今仍然对位于秘鲁北部高地的卡哈马卡地区考古遗址进行研究。

# 瓦里古城 约500—1000年

罗布尔斯莫克容器上常饰有某种拟人生物形象，与位于蒂瓦纳库太阳之门上的巨石像异曲同工。考古学家在瓦里、堪科佩塔（Conchopata）、帕切科（Pacheco）和其他瓦里相关遗迹中，发现了被埋在坑中作为祭品的残破陶器

6—11世纪，瓦里城成为瓦里帝国都城，该王国是前西班牙时期建立于安第斯山脉地区的最早帝国之一。瓦里城位于秘鲁南部高地，距位于阿亚库乔地区的瓦曼加城16英里（约25千米）。瓦里地处海拔8858英尺（约2657米）的高地之上，占地618英亩（约250公顷），是一处极具城市特征的广阔人类定居点，城中建有由砖石和黏土制成的矩形建筑。在极盛时期，城内居民数量达到40000人。遗址划分为数块区域，例如莫拉杜卡约克（Moraduchayuq）、切克·瓦西（Cheqo Wasi）和维嘉卡约克·莫克（Vegachayoq Moqo）；区域经济、政治、宗教作用不同，尤其与上层阶级居民密切相关。当时居民建立了宫殿、神庙、陵墓和公墓。此外，城中还有大量中下层阶级居住的房屋。与此同时，考古学家在遗址中发现了陶器作坊，例如一间制作罗布尔斯莫克式样陶器的作坊。城中部分区域布置有由火山岩雕刻而成的拟人雕像。

瓦里帝国疆域极广，从卡哈马卡北部高地至毗邻库斯科的南部地区，瓦里城为其都城。在秘鲁海岸及中部山谷地区，帝国的存在痕迹明显较淡薄，不过其中仍有瓦里居民的居住区，例如北部的瓦尔梅城堡（El Castillo de Huarmey）和南部的切罗巴伊勒（Cerro Baúl）。位于秘鲁北岸的莫切后期遗址里，也可看出瓦里城对其造成的影响，例如圣何塞德莫罗城（San José de Moro）。瓦里帝国与蒂瓦纳库国处在同一时期，不过两国间的关系至今不明。瓦里帝国学习了蒂瓦纳库国部分文化，主要是宗教文化，体现在建筑、石像、陶器、纺织品、木艺和冶金工艺之上。

**"D"形神庙**

瓦里遗址中最重要且卓越的仪式建筑是"D"形神庙。考古学家在瓦里帝国其他行省中心也曾发现此类建筑。近期对该处遗址的发掘显示，一座"D"形神庙内部建有一根石柱，人们根据太阳移动后其投射的影子计算流逝的时间。另一些神庙内留有曾经埋葬人头和骆驼的仪式痕迹

**瓦里纺织品**

瓦里斗篷由羊毛和棉纺织而成。瓦里帝国的纺织品通常由驼绒织成，代表了史前时期安第斯山脉地区最精良的工匠技艺。考古学家在受瓦里帝国统治或影响的部分安第斯地区内发现了多块瓦里纺织品碎片。纺锤和其他纺织工具的发现，证实了瓦里帝国手工业和衣物纺织业对国家的贡献。纺织品上的各类图案与蒂瓦纳库太阳门上的符号极其相似

## 瓦里：最早的安第斯帝国

2012年，波兰考古学家率团队在瓦尔梅城堡取得了瓦里帝国最令人惊叹的发现之一。瓦尔梅城堡位于秘鲁北岸一处山谷之中，是瓦里帝国一个行省的省会；考古学家在城中发现了完好无损的墓葬建筑群，或称陵墓。他们共发现58具贵族女性骸骨，其墓中埋有殉葬者及1300件高质量陪葬品，例如花式器皿、纺织品、耳塞、项链和各类武器。

针对瓦里帝国的社会政治本质，20世纪70年代末，秘鲁考古学家路易斯·吉叶墨·伦布雷拉斯（Luis Guillermo Lumbreras，生于1936年）提出了一种重要解释。他声称，瓦里是一座军国主义帝国。这一观点引起了一项重要讨论，即安第斯社会向外扩张的路径。由于缺乏对瓦里遗址的足够研究，关于帝国本质的讨论被搁置了，有学者提出了其他设想，比如在与瓦里城文物类似的工艺品和建筑传播过程中，经济和宗教扮演了怎样的重要角色？

不过，根据最新发现，尤其是瓦尔梅城堡和库斯科附近的比尔卡班巴（Espíritu Pampa）遗址中的发现，瓦里帝国在政治上有效地控制了该地区。因此，诸如维拉科查帕帕（Viracochapampa）或彼基拉克塔（Pikillacta）等大型建筑群，其实是瓦里上层阶级掌控的重要的行政中心。

在南部的高地和海岸间，考古学家集中研究了一座瓦里遗址：切罗巴伊勒，这是一个典型的政治、经济和宗教相对孤立的地区。因为与蒂瓦纳库定居点地处同一座山谷中，因此它本身的特征也依旧复杂难解。

# 中美洲文明

1. 墨西哥韦拉克鲁斯埃尔塔新（El Tajín）地区的利基金字塔（Pyramid of the Niches）共6层，每层饰有华美的飞檐和代表太阳历365天的壁龛

2. 墨西哥帕伦克（Palenque）玛雅遗址中的太阳神庙，反映了当时王权神授的思想

关于什么东西最能代表文明，学者们争议颇多，但大多数都同意——伟大不朽的建筑是文明最持久和最外显的表现。早在公元前2000年，中美洲多地出现了第一批大规模建筑；但事实上，公元100年以后，随着劳动力的大量投入，城市出现在高山间的低地中，这块土地才涌现出无数大型寺庙、华美宫殿和其他复杂工程。在公元100—900年的时间里，不同种族和语言的国家将中美洲变成了一个充满活力的世界，虽然地理位置分隔，但文字系统、长途贸易、联姻、外交和战争却在其中互相联系。

中美洲在此前出现过强大的领袖，但这些王朝的国王在公元后几百年才出现。最早的证据来自玛雅遗址，比如危地马拉的蒂卡尔遗址，那里的历史文献记载了约公元100年的王室谱系。然而，神权制度可能更古老，因为在更早

## 重要事件

| 公元前100—200年 | 约公元50年 | 约100年 | 约150年 | 200年 | 378—500年 |
|---|---|---|---|---|---|
| 萨波特克文明下的阿尔班山遗址开始向位于墨西哥南部的瓦哈卡山谷进行政治扩张。 | 波波卡特佩特火山（Popocatépetl）喷发，墨西哥中部高地地区的人口分布发生重大改变。 | 玛雅地区首次以文字形式记录王朝国王。 | 墨西哥特奥蒂瓦坎城内的仪式中心区开始动工。 | 特奥蒂瓦坎加速扩张进程。 | 特奥蒂瓦坎势力渗入玛雅王朝境内。 |

的墓葬、壁画和城墙上，可以发现后世统治者用以彰显其帝王地位的标志和符号，包括皇神胡纳尔（Hu'unal）的头饰、国王面具和腰带，以及加冕仪式所用的宝座支架。到 4 世纪末，许多地方开始竖立石碑、建造祭坛来记录国王的生平大事。

第一个千年通常被称为古典时代，可分为两个部分。公元 100—600 年，墨西哥的特奥蒂瓦坎人统治了这里；而公元 600—900 年，特奥蒂瓦坎政治崩盘，同时南部丛林中的玛雅王国开始繁荣，最终却又衰败。2 世纪伊始，特奥蒂瓦坎开始扩张墨西哥盆地以外地区；到 4 世纪晚期，根据玛雅人碑文的记录，他们的代表在军事人员的陪同下抵达伯利兹的拉苏弗里查亚（La Sufricaya）和危地马拉、秘鲁等地。

特奥蒂瓦坎的帝国野心庞大，其疆土一直扩张至瓦哈卡的阿尔班山、墨西哥湾沿岸定居点和西北部的干旱地区。国内商人贩卖进口的原材料，如贝壳、云母、绿石、羽毛和棉花，这些都给本地作坊带来了大量财富。与此同时，整个中美洲多地学习模仿特奥蒂瓦坎的建筑和陶瓷风格。550—600 年，该城的政局发生动摇，在一场激烈的斗争中，许多寺庙和宫殿遭到洗劫和焚毁，帝国从此一蹶不振。然而，特奥蒂瓦坎的灭亡为其他城市和王国开启了一扇大门，诸国开始自己的扩张计划。在此情况下，各地象征势力的建筑激增，相关艺术也因此快速发展。此外，国家和地区之间的争斗也在加剧，比如玛雅地区的帕伦克、亚克斯奇兰和多斯皮拉斯与中部高地的卡卡斯特拉、坎通纳和索奇卡尔科。其中，帕伦克统治者为宣传王权神授建造太阳神庙（见图 2），相较于特奥蒂瓦坎的金字塔规模稍小，内部的神龛内有一块雕刻精美的石板，记录了简·巴拉姆二世（Kan B' alam II，在位时期：684—702 年）的祖先们。太阳神庙的屋顶曾饰有灰泥图像，多描绘着国王形象和神话生物。埃尔塔新（见图 1）位于韦拉克鲁斯，地处热带低地，其创造了独属自己的古典时代末期建筑风格。利基金字塔的台阶由带有马赛克台阶纹的倾斜条带构成，让人不禁联想起洪都拉斯的玛雅城科潘中的象形楼梯。

随着特奥蒂瓦坎地位的逐渐衰落，它美好的过去成了中美洲居民的集体记忆，在接下来的几个世纪里，无数人尝试恢复它的声誉和荣耀。尽管如此，特奥蒂瓦坎的衰落还是导致了 800—900 年整个中美洲王朝政权的崩溃。在人们的觉醒过程中，他们的思想发生改变、社会管理方式革新，全新的社会秩序诞生于尤卡坦半岛和墨西哥中部高地。

| 约 600 年 | 600—1000 年 | 约 750 年 | 约 770 年 | 约 800 年 | 830—910 年 |
|---|---|---|---|---|---|
| 特奥蒂瓦坎政权崩溃。 | 位于韦拉克鲁斯地区的埃尔塔新兴起，成为继特奥蒂瓦坎帝国衰败后中美洲东北部最重要的中心地区。 | 位于今墨西哥特拉斯卡拉州（Tlaxcala）内的卡卡斯特拉遗址中出现玛雅风格的多彩壁画。 | 已知最大的玛雅宫殿建于今危地马拉坎昆（Cancuén）地区。 | 阿尔班山遗址遭废弃。 | 掌控玛雅南部低地的政权崩溃。 |

# 特奥蒂瓦坎古城 公元前100—600年

特奥蒂瓦坎月亮金字塔位于“亡者大街”北端尽头处，高141英尺（约43米）；相比于太阳金字塔（位置更关键），体积稍小。月亮金字塔建于5世纪，是特奥蒂瓦坎极盛之期，它最后的建造阶段包括在6座原有建筑外加盖围墙，以及添加有高度象征性的祭礼，如人祭和兽祭

特奥蒂瓦坎位于今墨西哥城东北方30英里（约48千米）处，公元1—6世纪领先中美洲的城市，盛时人口达125000人，占地8平方英里（约21平方千米），公元500年，特奥蒂瓦坎城成为当时全球第六大城市。与许多早期城市中心一样，特奥蒂瓦坎是一座移民之都。部分居民因经济机会被吸引至此，另一些只是难民，在约公元50年波波卡特佩特火山喷发被毁灭后他们搬迁至此。在接下来的一个世纪中，特奥蒂瓦坎的执政者将这里建成了一座公民仪式中心——为了祭祀，人们埋葬了多种献祭品，包括活人、野兽、带雨神像的容器和重达好几吨的绿石直立石板。

城市的布局以“亡者大街”为中心，街道长3英里（约5千米），朝向东北15.5度。城中的主要建筑沿大街北侧排列，如太阳金字塔、月亮金字塔、中心市场，以及占地4305平方英尺（约400平方米）的休达德拉市场（Ciudadela）和羽蛇神神庙（进行大量人祭的场所）。城中的居民区分成超过2000间的多家庭砖石房屋建筑群，整个居民区呈直角布局，象征着高度集中的规划模式。城中上流阶层的住宅靠近祭祀区，而下层人民只能住在边缘。

城中的壁画艺术中偶尔会出现与玛雅地区有关的痕迹。针对月亮金字塔中发现的3具4世纪的骸骨上佩戴的翡翠胸饰、耳饰祭品和骨化学分析表明，特奥蒂瓦坎地区的统治阶级与玛雅王族有一定的血缘关系。

**羽蛇神神庙**

羽蛇神神庙位于城市的中心。神庙共分七层，每层的四周曾装饰着带羽响尾蛇雕像，雕像头部有原始的鳄鱼形头饰。神庙的地道中埋有大量祭品，还曾有200个囚犯在此作为人祭

**壁画**

特奥蒂瓦坎城中的大量壁画描绘了当时的仪式场景。图为被盗走的一块壁画碎片，刻画了一个头戴动物头饰的人物。手上卷轴说明他正在咏唱祝词，并洒下自己的鲜血用以献祭。他面前的编织草席上是两根黄边龙舌兰叶片上的尖刺，这就是他割破皮肤取血的工具

## 新生活方式

关于社会等级，特奥蒂瓦坎分为社群、族群和街区三个等级，这些建筑群代表了一种新城市生活方式。公元200—300年，为了建造新的城市，当地居民将早期建筑拆除，城中大部分建筑也确实建于这段时间。随着时间流逝，建筑也经常会被改建。根据规划好的设计，工人们会建造更讲究的房屋，这些小建筑经常会集群成大型住宅群。

住宅建筑群的面积各异，最小的建筑群占地约9690平方英尺（约900平方米），而最大建筑群的面积超过86000平方英尺（约7990平方米）。尽管没有什么建造标准，但大部分当地住宅一般会以仪式庭院为中心，配有一座献祭用的小神庙。生活区中房屋密度较高，在一个带蓄水池的小型露台周围砌有低矮平台，平台上是柱廊，蓄水池用于存储屋顶流下的雨水，积水又可为无窗的建筑反射光源。建筑外有多条通向天井的小径，做饭等家务事都在天井进行。所有建筑地下都挖有排水渠，可将雨水直接引进狭窄街道中的露天沟渠中。在某些贵族的家里，墙壁上还装饰有非写实题材的壁画。

城内很多地方都有手工作坊。居民们会利用从中美洲各地进口的原材料制作黑曜石刀片、头饰、纺织品、贝饰、皮毛制品、粉饰灰泥和陶器，然后将成品出口到远方的其他重要城市。

考古学家在特奥蒂瓦坎住宅群中发现了来自瓦哈卡、墨西哥湾和米却肯（Michoacán）的少数移民社区。与其他城市的移民群体不同的是，特奥蒂瓦坎的少数移民会坚守自己的民族认同，不会全然融入当地文化。

# 科潘古城 400—800年

"祭坛 Q" 位于城中主神庙的地下，四周雕刻了科潘王朝 16 任国王的半身浮雕。426 年，带有外族血统（很可能来自特奥蒂瓦坎的边缘城市）的亚克库毛成为国王，并将王族徽章传承至子孙雅克斯潘（Yax Pasaj Chan Yoaat）。776 年，为宣示王权合法性，雅克斯潘下令在祭坛四周开始雕刻历代国王像

## 定位

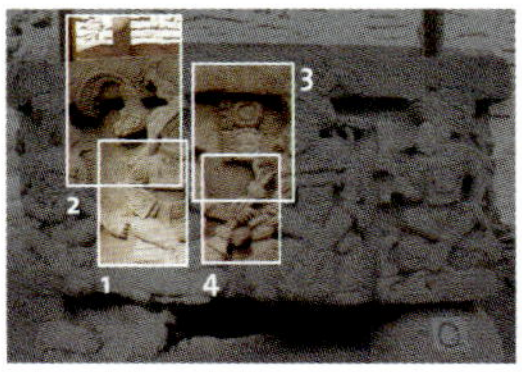


1570 年，西班牙探险家迭戈·加西亚·代·帕拉西奥（Diego García de Palacio，1540—1595 年）发现了古代玛雅城市科潘城的遗迹。1839 年，探险家约翰·斯蒂芬斯（John Stephens，1805—1852 年）和费德利克·加瑟伍德（Frederick Catherwood，1799—1854 年）再次发现了科潘遗址。随后在 1841 年，斯蒂芬斯在他的旅行日志《中美洲、恰帕斯和尤卡坦游记》（*Incidents of Travel in Central America, Chiapas and Yucatan*）中将科潘遗址公之于众。后世的研究人员在其中找到了关于玛雅王国政体的最完整记录。那些雕刻在建筑、楼梯、石碑和祭坛上的象形文字，有助于学者对照出土的历史文献和数据资料。

科潘城位于今天的洪都拉斯西部，是公元 426—822 年重要的玛雅王国都城。在一条通向卫城的宽阔楼梯上，刻有记录科潘历史的象形文字。城中公民仪式中心区建有大量神庙群和王陵。卫城北部有一座面积不大却十分精致的运动场兼广场，其中矗立着刻有科潘历代国王半身浮雕的石碑。卫城南部是王陵所在地。

科潘王朝的开国之君是亚克库毛（Yax K'uk Mo'，? —437 年），人称"西部之王"，他是墨西哥高地特奥蒂瓦坎城王室嫡系。考古学家在被掩埋的卫城中发现了一座特奥蒂瓦坎式平台，平台上停放着亚克库毛的遗骨，经过同位素分析后，发现亚克库毛不是本地人，极有可能生于蒂卡尔（Tikal），后在西部（378 年当地被特奥蒂瓦坎占领）长大。为了巩固与故乡的联系，亚克库毛及其后裔在服饰和纪念碑上装饰着特奥蒂瓦坎图案。为了进一步确保王位，亚克库毛娶了一名当地女子（很可能是当地王室后裔）为妻。8 世纪，科潘走向衰落，贵族们也开始参与各项仪式，甚至僭越使用王室的徽章，这进一步动摇了国王的权力。当王国灭亡时，末代国王乌斯特图克（Ukit Took，在位时期：约 822—830 年）的纪念浮雕甚至还没完成。

1. 盾牌

通过对亚克库毛遗骨进行分析，学者发现其右前臂严重骨折且没有愈合，说明他在战场上曾以手臂防御而负伤。由于尺骨受损，关节变形，导致他的手臂不太灵活。这块小型方盾大概是他的辅助活动工具。更值得注意的是，在“祭坛Q”的雕刻中，亚克库毛是用左手传递权杖的

2. 亚克库毛头饰

图中展示了“祭坛Q”西侧的雕刻。尽管人们将亚克库毛瞪大双眼的面具看作特奥蒂瓦坎风暴神的化身，不过在对其骸骨和牙齿进行同位素分析后，考古学家发现他并非来自中墨西哥城市。与“祭坛Q”中其他15位国王不同，其他人都抬手指向刻有自己象形文字的姓名，而亚克库毛把他的名号戴在金刚鹦鹉头冠上。“亚克库毛”的意思是“第一只格查尔鸟”

3. 日期

象形文字文献表明，玛雅纪年的7月2日，雅克斯潘（意为“升起的太阳王”）继承王位。他没有下令建造纪念碑，而是在卫城中新建了多处建筑，包括完成了“16号神庙”的最后建造（神庙供奉的是亚克库毛）。“祭坛Q”便位于神庙建筑的底层

4. 权杖

亚克库毛传给雅克斯潘的权杖是一种王权象征，是对后代接任王位的认可。不过权杖的用途至今还不清楚。有学者认为，权杖是一根火炬，象征王朝的薪火相传。奇怪的是，这根权杖不是亚克库毛继任时得到的那根卡维尔（K'awiil）权杖

## 费德利克·加瑟伍德

1839年，当约翰·劳伊·斯蒂芬斯被任命为美国驻中美洲大使，他和他的英国制图员费德利克·加瑟伍德一道登船，踏上穿越玛雅低地的旅程。科潘是其探索的第一个考古遗址，加瑟伍德在这里开始用投影描绘器记录当地的巴洛克式雕塑。1844年，加瑟伍德出版《中美洲、恰帕斯和尤卡坦的古建筑见解》（*Views of Ancient Monuments in Central America, Chiapas and Yucatán*）一书，书中收录了25幅人工着色的平版印刷画，其中一幅就是对“石碑H”的精准图解。

730年，“石碑H”雕刻完成，雕刻内容充满了科潘后期风格。由于石碑上的人物身穿豹皮长衫，佩戴玉珠制成的网状配饰，学者曾一度认为这是一名女子；但现在的学者了解到，这个姿态妩媚的人其实是科潘第十三任国王——瓦克斯克拉朱恩·乌布·阿赫卡维尔（Waxaklaju'n U B'aah K'awiil），他打扮成玉米神的形象，头饰是玉米叶和玉米穗。他在统治时期（695—738年）内支持了多项重要雕塑制作工程和建筑工程，被认为是科潘最伟大的君主之一。不过，在他被邻近的基里瓜（Quirigua）领主俘虏后，命运急转直下，最终被斩首。

# 卡卡斯特拉卫城 600—950年

卡卡斯特拉宫殿主庭院墙壁上绘有卡卡斯特拉战争壁画，生动细致地描绘了几个裸体的战败者，头戴鸟形头饰，紧握盾牌，而身披豹皮的胜利者正对他们挖心剖肝。画面局部中央是败军将领，他屈服于命运，用矛头在胸膛刻下屈辱

随着特奥蒂瓦坎帝国统治的崩溃，分裂成了中美洲中部高地大量的小国（人口10000人左右），开始争夺权力。卡卡斯特拉城坐落于墨西哥普埃布拉－特拉斯卡拉山谷（Puebla-Tlaxcala Valley），就在特奥蒂瓦坎东南部62英里（约100千米）处，是帝国覆灭后涌现出的诸小国之一。山丘顶部的防御建筑体现了后特奥蒂瓦坎时代复杂的地缘政治。

卡卡斯特拉卫城，是一处高82英尺（约25米）、长656英尺（约196米）、宽361英尺（约110米）的山丘。7世纪时，刚搬迁至此的奥尔梅克－西卡兰卡人（Olmeca-Xicalanca）在早期居民遗址基础上新建了这座山丘卫城。王室建筑群是城中公民仪式活动的中心举办地。卫城南侧尽头大概是王室的住所，建有一条长廊，两侧是大量房间，走廊通往一座开阔庭院，走到尽头可见一座包含多条门道的长廊式建筑，长廊西侧有一座神庙。卫城的中央也是一座大庭院，周围建有气势恢宏的带门廊建筑，墙壁上绘有精美的壁画。再转向卫城北侧，走到尽头是一座带凹陷庭院的高丘。宫殿里有许多装粮食的箱子，大约是储存供品。

卡卡斯特拉以精美壁画闻名于世。壁画风格是完全不同于墨西哥高地特色的玛雅风格，部分学者据此认为8世纪末曾有玛雅人居住于此。不过，值得注意的是，在发掘过程中，除壁画外，考古学家几乎没有发现产自玛雅城市的工艺品，这表明它与玛雅帝国的联系其实很少。关于这些异域壁画，一种最简单的解释是，壁画的作者可能曾学过玛雅传统绘画，可能是由王室派遣学习，也可能是在战乱中被俘虏到了玛雅（主庭院的一幅壁画中有此场景）。

## 定位

# 焦点

1. **战士**

胜方的首领以长标插入投矛器来威吓战俘。他面前是一个关于战争的象形文字，其后是代表他名字的符号三鹿角。他腰带上挂着四颗刚从战俘胸口挖出的心脏

2. **鲜血**

中美洲艺术手册中经常会提到挖心，不过很少发现真的艺术品，经常会有用刀戳穿心脏并展示的场景，但少有剖心的细节刻画。图中壁画描绘了一个惨遭酷刑的战俘，胜方士兵站在其身边，从其肋骨下切开，正要挖出其内脏，战俘的肠管从伤口中流出

3. **象形文字**

士兵手下方刻有两个符号文字，可能指士兵的姓名，而上方的符号文字——一个四分圆盘（代表重要之物）、一组牙齿（代表“取”的动作）和一颗血淋淋的心脏，连起来的意思是“我取走你的心”

## “四狗”的旅程

卡卡斯特拉城中壁画并不都是描绘战争的暴力场景。在战争壁画前的一条走廊上有另一种主题壁画。壁画绘于一座新建筑，竣工前的最后一步就是在楼梯上作画。最终设计为一个长者形象，他名叫“四狗”，是玛雅掌管商业活动之神的拟人化形象。他会引领商人，身披豹皮服装，包括头盔、靴子、手套，佩戴玉饰。他站在一条沿台阶爬升的巨蛇身上，蛇身上覆有羽毛。壁画是一幅带状图，其中有水生动物，暗示与冥府有关。

四狗身后是一个大背包，装了许多贵重物品：异域美酒罐、颜料、燃香、一只竹篮、纺织品、羽毛、一顶带有动物图案宽边帽和一块巨大的龟壳。人像前方有一棵可可树，树后有两株玉米，抽出的嫩芽是人头形象。

# 玛雅文明

1. 这件饮器的画作（约750—850年）展示了一个五花大绑的俘虏被送至国王面前。这个阶下囚被剥光衣服，身后站着一名士兵，手握一把石斧准备将他斩首

2. 这块浮雕（约785年）刻画了一位拉什图尼奇（Laxtunich）省的“萨亚尔”（sajal，领主或省长）单膝跪拜君主的场景。783年，他将3名囚犯押送至伊兹基兰国王伊扎姆纳吉·巴赫拉姆三世（Itzamnaaj B’ahlam III）的面前。国王端坐在王宫宝座上，顶部的窗帘刻有国王的大名

3. 伊兹基兰第25号门楣（Yaxchilán Lintel 25，约725年）上刻画了卡比尔·足克夫人（Lady K’ab’al Xook）在681年进行放血仪式，以纪念其丈夫继承王位。壁画中的她，以自己的鲜血染红纸条，然后放到地上的碗里燃烧，升腾的火焰显出一个人形，脸上戴着特奥蒂瓦坎风暴神的面具

玛雅文明的鼎盛时期，帝国领土面积可达125097平方英里（约32.4万平方千米），地形多样，包括尤卡坦半岛（Yucatan Peninsula）的干旱平原、佩腾（Petén）省的茂密雨林和危地马拉火山中的山谷。帝国居民使用超过30种语言和方言，每种语言之间的差异不大，如同现在的罗曼语族，代表这些语言有着同一个起源。公元前500年左右，在危地马拉北部如纳克贝等遗址中，出现了许多文化日趋复杂的标志，尤其是政治中心建造的纪念建筑。没过多久，前古典时代末期（公元前300—200年），玛雅帝国的大型定居点开始消失，包括令人震撼的建筑群、精致的陵墓、石雕和象形文字文献。这些早期的公民仪式中心，随着王权制度而出现，逐渐成为玛雅社会的重要政治机构。

## 重要事件

| 公元前3114年 | 公元前2500年 | 公元前600—前400年 | 公元前300年 | 公元1世纪 | 378年 |
| --- | --- | --- | --- | --- | --- |
| 玛雅世界的神话开端。 | 当地出现定居的农业生活。 | 当地出现巨大建筑和雕刻纪念碑。 | 最早的玛雅文字出现在危地马拉的圣巴托洛。 | 最早的玛雅王朝出现。 | 特奥蒂瓦坎征服蒂卡尔城，树立权威。 |

古典时代（公元200—900年）的前一百年，涌现了大量城市和小型聚居中心，较高等的文化与象形文字四处传播，最终建立王朝。4世纪下半叶，大量碑文、陵墓及雕版可以证明，墨西哥中部高地的特奥蒂瓦坎帝国成为玛雅政治系统的重要组成部分。378年，特奥蒂瓦坎支持下的独裁者“西部之王”亚克库毛及其军队攻破蒂卡尔城，在接下来40年里，科潘地区出现大量新特奥蒂瓦坎的附属王国，包括乌萨克顿、蓝河（Río Azul）、帕伦克等。自亚克库毛夺权，到562年卡拉科尔（Caracol）打败蒂卡尔城，特奥蒂瓦坎协助塑造了玛雅世界的地缘政治，而蒂卡尔城的遭遇和特奥蒂瓦坎统治崩溃的结局，似乎也有必然的联系。

玛雅象形文字的破译，帮助该地区的考古活动转变为一项基于历史依据的调查研究。刻于纪念碑、神庙及陵墓中的文字，详细记录了过去事件的发生时间，能帮助研究者重建许多王室家族历史（见图3）。文字叙述了在攻破蒂卡尔城后出现的新兴力量——“蛇之王朝”的中心卡拉克穆尔城（Calakmul），其中心地位从未动摇，直至695年城邦被攻破。

古典时代后期，为争夺臣属地及贡品，玛雅诸王朝内战争不断且愈演愈烈，连年战乱，大量俘虏被杀。雕刻石碑及门楣（见图2）上常刻有国王形象，他们或踩在即将处死的战俘身上或站在其身前，得意扬扬。在波娜柏克无与伦比的陵墓中，战争与胜利仪式活动也是常出现的主题；就连玛雅艺术家擅长的更精细的花瓶涂绘（见图1）仪式，也体现了重复不断的军事主题。经破译后的玛雅文字，向我们徐徐讲述了国王间的强大竞争、不断变化的联盟、伟大的胜利和惨烈的失败。

考古学上有一大悬案是古代玛雅政治系统为何会崩溃。9世纪时连年发生战争，一座座玛雅城邦不再建立纪念建筑，也少有新项目动工。909年，最后一座纪念碑建于托尼那（Toniná），此后，南部热带雨林中的多数城邦遭到废弃。

为维持复杂、壮观的仪式，就需要大量的贡品，日渐增长的贡品需求，导致附近地区出现经济竞争，沿河系统贸易中断，还有疾病、国际冲突和贵族权力膨胀，这些都导致了南部玛雅王朝的衰败。

| 378—436年 | 830—910年 | 850—1150年 | 1220—1440年 | 1502年 | 1524—1697年 |
|---|---|---|---|---|---|
| 特奥蒂瓦坎的附属王国四处涌现。 | 玛雅南部的中心城市逐渐衰败。 | 托尔特克－玛雅城邦出现在奇琴伊察。 | 玛雅－潘联邦取代奇琴伊察成为权力中心。 | 意大利探险家克里斯托弗·哥伦布（Christopher Columbus，1451—1506年）在今天的洪都拉斯海岸发现玛雅人的独木舟交易。 | 西班牙人进攻玛雅地区，给当地带来了战争和疾病。 |

# 玛雅象形文字 约公元前300—公元1600年

667年，第二任统治者下令绘制黑石城2号壁画，描绘了前任国王阿科瓦克阿金（Ah Cauac Ah k'in）和他身后的王子，他在位期间征服了亚斯奇兰（Yaxchilan）、波娜柏克（Bonampak）和拉坎哈（Lacanha）地区。周围的文字显示该场景发生于510年，是一种"战时授予头盔的仪式"

对于玛雅人而言，16世纪是一场漫长的灾难。1502年，哥伦布第一次接触玛雅人，在其后几十年，持续的地区考察活动给玛雅人带来了传染病，使当地死亡人数飙升至总人口的90%。16世纪20年代，西班牙传教士抵达玛雅，为根除异教徒的一切宗教活动，他们焚毁了当地能找到的所有书籍和宗教记录。因此，疾病和宗教巨变，导致了玛雅文字和文化的灭亡。

所幸的是，一个外来西班牙传教士迭戈·德·兰达（Diego de Landa，1524—1579年）针对玛雅文化撰写了一篇专题论文，其中就包含关于玛雅"字母"的研究。400年后的1952年，俄罗斯学者尤里·克诺洛佐夫（Yuri Knorozov，1922—1999年）提出，这张字母表其实是一张音节表，可以解读人类已发明的视觉语言系统中最优美的一支。不久后，塔蒂安娜·普罗斯库里亚科夫（Tatiana Proskouriakoff，1909—1985年）描述了黑石城（Piedras Negras）和危地马拉雕塑的风格变化，她发现象形文字和日期排列似乎也反映了当时居民的生活。当她将所有信息融会贯通，发现了代表生日、登基、俘虏及死亡的符号系统，这一发现也证实古代玛雅碑文主要记录的是王室的生活历史。

近年来，有关学者证明玛雅文字最早出现于公元前1000年，是更著名的乔尔语（Ch'olan）系的分支。玛雅文字共有800种符号，其中一半已被学者破译，其他符号至少能理解部分含义。与早期苏美尔的楔形文字一样，玛雅文字由字符与音符（表示语音的音节）组成，因此可以进行完整的口头交流。专业的贵族抄写员创造出各种符号变体，用来记录统治者的伟业，描绘虚构的神明，他们创造了辉煌的书写艺术，这也不失为一种艺术上的壮举。

**巧克力饮器**

容器边缘的象形文字表明，这件容器是王子楚蒂禅（Chuy-ti Chan）喝巧克力用的杯子。楚蒂禅之父、8世纪伊克王国（Ik' kingdom）的国王端坐于王座。在对陶土进行化学分析后，学者发现这个杯子产自另一个国家，是专门为王子制作的礼物

## 玛雅复兴

破译玛雅文字断断续续耗时150年。1832年，康斯坦丁·拉菲内克（Constantine Rafinesque，1783—1840年）最先了解了玛雅的棒点计数系统，不过直到1960年，塔蒂安娜·普罗斯库里亚科夫才公开发表了玛雅文字的历史属性。20世纪末，对此类失落文字的破译行动为人们了解远古时代重新打开了一道大门。

在西班牙文化统治时期，玛雅文明沉寂了500年，如今最终重归玛雅。碑铭研究家琳达·施尔勒（Linda Schele，1942—1998年）一心想将象形文字重新带回今天的玛雅社群。受其鼓舞，古玛雅语玛雅研究会（Maya for Ancient Mayan）筹措资金，会集了诸多学者召开会议，将工作地点搬到如今拥有600万居民的玛雅人社群，这样他们便能直接接触玛雅先辈留下的语言。组织赞助人的研讨会，由墨西哥和危地马拉的玛雅人后裔用自己的语言进行讲述。

**《德累斯顿法典》**

《德累斯顿法典》是当地基督教传播中幸免于难的三四部玛雅文献之一。13世纪，当时居民依照原始版本进行了抄录复制，恩斯特·弗尔斯特曼（Ernst Förstermann，1822—1906年）借此断定玛雅历的第一天是公元前3114年8月11日。法典中记载了神明、占卜和天文

# 北美洲考古

1. 从约公元前 5500 年到有文字记录的时期，美洲猎人将野牛赶到“碎头野牛跳崖区”进行狩猎。他们把野牛群从天然盆地聚居地驱赶到一条“亡命追逐小径”，逼着野牛跳下悬崖。接着会在悬崖下面就地宰杀后运回附近的营地中

2. 大蛇丘（Serpent Mound）是一座“雕像古冢”，长 1300 英尺（约 396 米）、高 1—3 英尺（约 0.3—1 米），外形酷似一条吞蛋的巨蛇，近年，通过同位素检测，学者推测其建于约公元前 300 年

新大陆上人类最早的生存痕迹，最早可追溯至 2 万年前。更新世末期（约公元前 1 万年），人类在这片大陆上留下了令人确信的居住痕迹，早期的狩猎 - 采集者会猎食大型动物，如猛犸象、乳齿象和大野牛。考古遗迹中发现了宰杀动物的屠宰场，猎人打来的猎物骸骨和做工精美的投射器。最具代表性的遗址来自克洛维斯文化（Clovis）和佛森文化（Folsom）。

随着美洲全境气候变暖，大型动物逐渐灭绝，野牛也进化为体形更小的物种。在美洲部分地区，猎野牛仍然是当地文化的核心活动。在诸如科罗拉多州、蒙大拿州、怀俄明州和加拿大艾伯塔省及萨斯喀彻温省地区，美洲原住民发明了一种同时狩猎数百只动物的方法，即将其赶入专门建立的围栏或峭壁边。这种“灾难式屠宰”体现了高度社群计划及组织能力。一个著名例子即为位于艾伯塔省南部的碎头野牛跳崖遗址（Head-Smashed-In Buffalo Jump，见图 1）。

在该大洲上的其他地区，气候变暖开启了古风时期（约公元前 8000—前 2000 年）。狩猎 - 采集者获取动植物食物的来源广泛，因此发明了全新的猎食技巧。古风时期末，美洲原住民开始种植作物。这也使得他们能定居在一处，随着时间推移，逐渐出现村落，尤其是在两个地方的村落，简直可以称为城镇。有趣的是，这两处城镇的生活环境完全不同。在美国西南部（亚利

## 重要事件

| 公元前 1.8 万年 | 公元前 1 万年 | 公元前 8000 年 | 公元前 5000 年 | 公元前 3000 年 | 公元前 2200 年 |
|---|---|---|---|---|---|
| 巴西佩德拉富拉达（Pedra Furada）留下了早期人类在美洲的活动痕迹。 | 更新世结束，大面积冰川向北后退，全球气候变暖，进入全新世。 | 古风时期开始。此后游牧生活方式逐渐改变，当地居民开始过上定居生活。 | 当时居民第一次在加拿大艾伯塔省的碎头野牛跳崖区（高约 9 米）狩猎。 | 当时居民开始种植作物（没有大规模驯养动物，不过西南部居民开始养狗和火鸡）。 | 阿拉斯加居民迁往北极圈，重点开拓陆地和海洋资源。 |

桑那州、新墨西哥州、科罗拉多州、犹他州南部）的干旱沙漠区，以石块和木材建立的普韦布洛村落开始出现，当地居民发明了复杂的节水系统。这些居民制作了大量精美的陶器。第二个城镇在密西西比河的艾南入海口和上游地区，当地农民多住在一些小村庄中。在伊利诺伊河与俄亥俄河沿岸，兀兰人（公元前 1000—1000 年）建造了用途多样、形状各异的土丘。根据仪式不同，当时居民将圆锥形墓丘划分为不同的用途。一种建筑名叫“雕像古冢”，如俄亥俄州的大蛇丘（见图 2）。该项风潮的鼎盛点即为密西西比文化的诞生。

欧洲殖民活动开始后，美洲原住民文化发生彻底的改变，变化最早发生在北美东北海岸边的维京人定居点。欧洲人给当地人带来了天花瘟疫与经济、文化和宗教上的压迫，直到今天当地人还没有从这些灾难中完全恢复。小巨角战役（Battle of the Little Bighorn），是美洲原住民反抗殖民侵略最著名事件。

| 约公元前 300 年 | 公元 800 年 | 800 年 | 1000 年 | 16 世纪 | 1876 年 |
|---|---|---|---|---|---|
| 大蛇丘建于俄亥俄州皮布尔斯附近，这条“大蛇”仿佛张开大嘴，尾部紧紧缠在一起。 | 美国西南部出现更复杂的人类社群。 | 密西西比文化诞生。该文化下的社会等级高度分明，依靠广大贸易网和集约式农耕进行发展。 | 北美东北部的维京定居点建立于纽芬兰省兰塞奥兹牧草地（L'Anse aux Meadows）。 | 来自西班牙、法国和英国的殖民者全力推进美洲殖民进程。西班牙殖民者从墨西哥殖民地向北美进发。 | 小巨角战役爆发，这是印第安人打败美国殖民者骑兵的最后一场大规模胜利会战。 |

# 卡霍基亚遗址 800—1550年

卡霍基亚遗址中最大的土丘是"僧侣土墩"(Monks Mound)。这座平台占地15英亩(约6公顷),海拔比附近地面高出近100英尺(约30米)。平台顶部建有一栋木建筑,很可能是当地首领住宅,或宗教建筑,也可能两者都是。土丘建造工程耗费了200年

密西西比文化下的卡霍基亚遗址,是北美最大的前哥伦布时期定居点,位于今天的圣路易斯东部,毗邻密苏里河与密西西比河交汇处。卡霍基亚遗址外围有一圈长达2英里(约3.2千米)的木栅栏,内部建有一座大型中央广场、许多小型卫星广场、集体建筑和土丘。平台土丘呈金字塔形,但顶部更平坦,建有木建筑。其他土丘内部是陵墓,外观呈圆锥形或梯形。"72号土丘"是当地一位男性掌权者(享年40岁)的墓葬,土丘内埋有大量陪葬品,包括很多箭头。考古学家还在其中发现了超过200具遗骸。

1985年,考古学家在卡霍基亚遗址西侧打下大量桩孔,排成5个圆圈,因此该遗址也被戏称为"巨木阵"(Woodhenge)。其中一个圆圈被打了48个桩孔,直径400英尺(约122米)。这些桩孔具有天文学和历法价值,标志着节气中的二至二分。

800—1200年,卡霍基亚遗址内有人定居。当地居民大量种植玉米、豆类和南瓜,作物产量可以养活2万人。专门工匠用黏土、木头、铜、贝壳和石块制造烟管、雕塑、面具、头饰和武器(数量不多)。这些工艺品既具有实用功能,又充满象征意义。卡霍基亚是一张远途贸易网络集散地,连接了从墨西哥海湾至哈得孙湾、从东部海岸至中央大平原的贸易路线。由于年代久远,部分考古学家认为卡霍基亚遗址是后密西西比中心城市的建设模板。

**美国低地**

卡霍基亚遗址建于一座中央广场旁，四周都是土方平台和墓丘。这幅图片清晰展示了这片土地的繁荣景象，图中区域就是美国著名的大西洋沿岸低地 。不幸的是，现代发展不断侵蚀着这片遗址

**凯勒雕像**

考古学家在密西西比遗址中发现了大量物品，包括木材、贝类、铜器、完好的纺织品、竹篮和羽毛。许多物品用于宗教仪式。图中这件文物名叫“凯勒雕像”( Keller figurine )，由硬黏土制成，出土于卡霍基亚遗址，是一个参加丰收仪式的女人形象

## 文明之争

800—1550 年，密西西比文化盛行于美国东南部，东起佛罗里达州，西至俄克拉荷马州。在密西西比河及其支流沿岸的肥沃平原，建起了人口繁多的中心城镇。有关学者认为，密西西比文化分布范围如此广泛，是因为它衍生出多种地理和文化上的变体。

有学者对凝聚卡霍基亚和密西西比社会的精准政治组织形式提出过质疑，但所有学者公认的观点是，当时社会等级划分明确，说明确实是某种阶级社会，因为满足建立如此庞大的社会结构的政治组织，必须明确划分出人口的阶级差异。同时，考古学家在密西西比墓地中发现大量墓穴和陪葬品种类差别很大，也表明当时确实有阶级之分。不过，考古学家仍对部分问题争论不休，包括这种等级的影响程度，还有等级究竟是固化还是灵活可变的。社会阶级的基础是什么，由经济或宗教决定，还是两者皆有？当地社会的政治组织程度就等于其阶级地位吗？

关于密西西比河的遗址，尤其是卡霍基亚究竟是不是文明社会，有关学者始终争执不下。对考古学家来说，尤其是美洲以外的考古学家，“文明”一般被定义为“一段拥有大量可变标准（如城市、社会阶级、职业军人、文字等）的人类社会时期”。然而，北美的考古学家一般很少断定某个史前社会究竟是不是文明社会。不过，全球的考古学家们也在某些方面达成共识：一是卡霍基亚遗址与其他密西西比大型遗址是人口数量庞大的中心城市，二是清楚划分的社会等级从根本上源自经济、政治和宗教的差异。

# 查科峡谷 850—1250年

图为查科峡谷及普韦布洛河谷大宅遗址的全景。河流本身是季节性水源，因而当地村民通过一系列复杂的大坝和沟渠引用春季从山顶流下的雨水在谷内进行灌溉

查科峡谷位于新墨西哥州北部的沙漠腹地，是兴盛于850—1250年的古普韦布洛人村落群的核心区。考古学家在山谷中发现了大量村庄，绵延12英里（约19千米），其中的第13座村庄尤为典型，俗称“大宅”遗址，村庄里建有内部相连的房间（起居室和储藏室），还有圆形的宗教设施，名为“基瓦”（kivas），这是一种围绕中央广场排列的仪式房间。根据卫星图像显示，查科峡谷位于古代连接峡谷与远方查科遗址的道路网（总长约400英里，约644千米）的枢纽位置。为绕开天然障碍物，这些道路修得笔直，丝毫未偏离峡谷中的小径。查科出土的部分贸易物品如铜钟和金刚鹦鹉骸骨，显示其源自同一时期的中美洲文化区。考古学家据此推断，查科峡谷曾是一个永久定居点，极有可能是一个地区甚至是国际的贸易中心。不过，也有学者认为，查科峡谷只是区域宗教集会地点，居民只有在仪式期间才会周期性地居住。

古普韦布洛传统文化（正式名称是河那萨吉传统文化）是美国西南部三大同时期传统文化之一。古普韦布洛人集中居住在美国“四角”，即科罗拉多州、犹他州、亚利桑那州和新墨西哥州四州交界处。另外两大传统地区是亚利桑那中南部索诺兰沙漠（Sonoran Desert）的霍霍坎文化（Hohokam），以及从新墨西哥州南部传播到墨西哥北部的莫戈萨文化（Mogollon）。三种传统文化都源自更早的古沙漠文化（独自繁荣约2000年），后来延续到1450年左右。

**普韦布洛博尼托**

普韦布洛博尼托是“大宅”中面积最大的建筑，包含300多间独立房间和32间基瓦室。大部分建筑由打磨精细的砖石筑成，有四五层楼高。由于当时的建造技巧精湛，至今仍有许多围墙完好矗立

**查科陶器**

查科陶匠继承了美国西南地区的北部制陶传统，同时加入了自己的风格。陶器类型丰富多样，包括盛装食物和水的储藏罐、厨具、长柄勺和响板。图中的带柄陶罐便是从普韦布洛博尼托遗址中出土的。陶罐上的图案用丝兰刷子蘸着植物汁进行上色

## 美国西南部的考古发现

美国西南部可能拥有美洲大陆最悠久的考古发掘传统。19世纪末，博物馆，尤其是东部沿海地区博物馆急缺陈列藏品，希望向社会收购精致的陶器和松绿石饰品。这一消息吸引了大量早期古文物收藏者。由于私人买卖获利颇丰，出现了挖掘“印第安古玩”的狂热风潮。

为了变卖遗址中的珍宝，大量民众挖掘了诸如查科峡谷和梅萨维德（Mesa Verde）这类遗址，后者位于科罗拉多州西南方，内有近5000处古普韦布洛遗址，其中600间房屋建于峭壁之上。有时，一些无良陶罐猎人会将文物卖给美国或海外的私人收藏家。由于梅萨维德遗址遭到严重破坏，1906年美国被迫出台《联邦文物法案》（*Federal Antiquities Act*），该法案对考古遗址起到一定程度的保护作用。

由于气候干旱，许多考古遗址和工艺品保存完好，这使得美洲西南部的考古学家始终走在行业前列。20世纪早期，在美洲的其他遗址被发掘之前，考古学家对西南部遗址进行了地层发掘。此外，由艾尔弗雷德·维·基德（Alfred V. Kidder，1885—1963年）率领的西南考古学家是美洲首批通过不同时期风格变化对工艺品进行组织分类的团体，这一研究方式，能更好地帮助考古学家确定遗址的年代。

西南部的考古学家最终开创了树木年代学（也称年轮测年法），即考察当时房屋建造时使用大量木材后留下的痕迹。同样在美洲大陆首开先河的是，考古学家通过技术精确判定了遗址的历法日期。

# 拜占庭古城

1. 伊斯坦布尔的君士坦丁堡竞技场，这座圆形露天竞技场是拜占庭帝国都城君士坦丁堡的体育活动和社交活动的中心

2. 狄奥多西一世（Theodosius I）从埃及卡纳克神庙中移走了图特摩斯三世的方尖碑，并放置在竞技场中的赛道旁。方尖碑底部的雕塑描绘了狄奥多西一世与家人观看战车比赛的场景

3. 罗马大帝君士坦丁一世从帝国各地收集艺术品装饰新都。普拉提亚三脚祭坛（Tripod of Plataia）也在竞技场中，如今被称为“蛇柱”（Serpent Column）

拜占庭古城，在公元前 7 世纪是希腊的一个殖民地，后来改名为君士坦丁堡，再后来又改名为伊斯坦布尔。这座城市位于达达尼尔海峡的西面，拥有名为“金角湾”的天然良港。由于是连通爱琴海和黑海的咽喉要道，所以这里是一处战略要地。

由于拜占庭人反抗罗马皇帝塞普蒂米乌斯·塞维鲁的统治，在公元 195 年遭到镇压。但由于它不可忽视的战略地位，塞维鲁很快着手重建城市。324 年，罗马皇帝君士坦丁（约 280—337 年）重建拜占庭，作为罗马帝国的新都。公元 330 年，新都落成，并正式改名为君士坦丁堡，后成为拜占庭帝国的中心，在查士丁尼一世（Justinian I，527—565 年）时期尤为繁荣。当时征战频仍，拜占庭的势力扩展到今意大利、北非和西班牙等地。查士丁尼的宫廷历史学家普罗柯比（公元 490—560 年）在 558 年发表的建筑学著作中写道：“当时，君士坦丁堡成为一处学习建造优秀建筑的中心，那里是宏伟宫殿和建筑的家园。而那些伟大的建筑，如今几乎都没有保存下来。”

极少数被保存下来的建筑，包括早前建造的竞技场（见图 1），它是由塞维鲁于 203 年建造，随后由君士坦丁进行扩建，其最终长度达 1476 英尺（约

## 重要事件

| 公元前 7 世纪 | 公元 203 年 | 324 年 | 330 年 | 395 年 | 413 年 |
| --- | --- | --- | --- | --- | --- |
| 拜占庭作为希腊殖民地而建立，位于今伊斯坦布尔的老城区。 | 罗马皇帝塞维鲁下令修建一座用于马车竞赛的竞技场。 | 拜占庭经罗马皇帝君士坦丁重建，改名为君士坦丁堡，作为罗马帝国新都。 | 君士坦丁堡正式落成，象征着“君士坦丁大帝之城”。 | 统治东罗马和西罗马帝国的最后一任帝王狄奥多西一世去世。 | 狄奥多西二世（401—450 年）下令建造新城墙，取代由君士坦丁大帝建造的城墙。 |

450 米），估计能容纳 10 万人。君士坦丁堡以竞技场的战车比赛而闻名，不同车队的支持者分为不同派系，在此激烈竞争。虽然这些派系在古罗马时期是随贸易商会产生的，但到了拜占庭时代，它们被附加了政治和宗教意味。虽说这里平时都是多方角逐，但偶尔也会出现团结。532 年发生的尼卡（Nike，希腊语中的“胜利”）起义中，蓝、绿两派成员携手反抗查士丁尼皇帝。这场起义给城市带来了许多破坏，在皇后狄奥多拉（约 500—548 年）的支持下，查士丁尼下令镇压，3 万多人在竞技场内被处死。此次骚乱后，战车比赛被迫中断了几年。除了举办战车比赛，竞技场还常用来举办宫廷仪式，这种做法一直延续到奥斯曼帝国时期。1950—1951 年，考古学家首次发现竞技场的遗址。20 世纪 80—90 年代，考古学家对其中建筑进行了多次清理，随后又发现了其他部分遗址，最明显的是赛道中的弯道、几排座椅和一些特别的柱子。

竞技场的“脊柱”（中央部分）上立有两座重要纪念碑，已有上千年历史。其中一座纪念碑内部一根盘绕着蛇形青铜柱（见图 3），它原本是希腊中部的德尔斐神庙中胜利女神纪念碑的一部分。公元前 479 年，希腊城邦在普拉塔亚战役（Battle of Plataia）中击败波斯人，为了纪念该事件，人们将城邦之名刻在了盘绕的蛇身上。根据古希腊作家修昔底德在公元前 5 世纪后期的记载，铜柱的顶端最初还立有一个纯金三角体。如今，三角体已经遗失，蛇头也不见踪迹。当拜占庭被重建为君士坦丁堡时，这座青铜柱也被带到拜占庭。另一座纪念碑是一座埃及方尖碑，上面的图案最初是为了纪念公元前 1479—前 1425 年在位的埃及法老图特摩斯三世参加的战役。底座上的图案（见图 2）则描绘了狄奥多西一世（347—395 年）和家人观看战车比赛的场景。这座为了纪念狄奥多西在君士坦丁堡的统治而竖立的石碑，是拜占庭浮雕艺术的典型代表。

这座城市一直繁荣，直到 1204 年第四次十字军东征时被洗劫一空。城市遭到了巨大的破坏，建于 6 世纪的圣索菲亚教堂难逃一劫。此外，入侵者还从竞技场搬走了画着四马战车的青铜像。这几座雕像可追溯到公元 2 世纪、3 世纪，它们被带到威尼斯，放在了圣马可大教堂的正前方。

在接下来 200 年里，拜占庭帝国逐渐衰落。1453 年，这座城市被奥斯曼帝国的统治者穆罕默德二世（Mehmet II，1432—1481 年）的军队攻破，他被后世称为“征服者穆罕默德”。1453 年 5 月 29 日奥斯曼人攻陷君士坦丁堡，也标志着罗马 - 拜占庭帝国正式灭亡。

| 527 年 | 532 年 | 726 年 | 9 世纪 | 1204 年 | 1453 年 |
|---|---|---|---|---|---|
| 查士丁尼一世即位。拜占庭帝国在其统治时期内不断扩张，君士坦丁堡成为四方效仿之都。 | 尼卡暴动中，蓝、绿两派赛车队成员联合反抗查士丁尼，破坏了城中许多建筑，包括圣索菲亚大教堂。 | 破坏偶像时期（Iconoclastic period），利奥三世（Leo III，约 675—741 年）颁布法令禁止创作具象派艺术，直到 843 年禁令被撤销。 | 在接下来 300 年中，重建的圣索菲亚大教堂墙壁上绘满宏伟的马赛克图案。 | 第四次十字军东征耶路撒冷途中，士兵再次洗劫了君士坦丁堡。 | 5 月 29 日，君士坦丁堡被奥斯曼帝国统治者穆罕默德二世率军攻克，拜占庭帝国正式灭亡。 |

# 狄奥多西城墙 5世纪

狄奥多西城墙曾经部分重建，不过仍是沿天然斜坡建造。城墙共有96座塔楼、10道主门和多道侧门。图中展示的是外墙和护城河墙，后方是内墙上的塔楼

伊斯坦布尔城中最精妙的古代纪念建筑是东罗马帝国皇帝狄奥多西二世（在位期间：408—450年）建造的城墙。1985年，联合国教科文组织认证这道城墙的重要价值：名为“陆墙”的主要城墙及其周边建筑（包括伊斯坦布尔城中四片历史区域）被纳入世界文化遗产。

狄奥多西城墙不是伊斯坦布尔的第一座城墙，希腊早期作家如迪奥·卡西乌斯（Dio Cassius，约150—235年），就曾描述拜占庭的城墙。3世纪初，在重建城市的过程中，罗马皇帝塞维鲁将城内面积扩大了两倍。大约从325年起，塞维鲁下令在西弗勒斯墙（后被下令拆毁）以西3千米处新建了君士坦丁堡城墙。

狄奥多西城墙环绕全城。从金角湾（Golden Horn）上游到马尔马拉海（Sea of Marmara）海滨，城墙全长约4英里（约6.4千米）。建造第一阶段包括内部护墙和塔楼，竣工于413年。不过，447年的一场地震导致墙体与塔楼必须再次重建；据文字记载，这项工程仅耗时60天。在原始城墙外又出现了第二座城墙和护城河，这使得君士坦丁堡城足有三道防护墙，总厚度达230英尺（约70米）。

自5世纪起，城墙的外貌发生了变化。7世纪和12世纪时，当时的皇帝对城墙进行了修整。15世纪时，穆罕默德二世将主城门、部分城墙和四座塔楼合并修建为耶迪库勒堡垒（Yedikule，又称“七塔楼”）。

**砖堤**

内墙由填有灰浆的石灰岩与碎砖块填充而成。外层堆砌着石灰岩，包括7—11层砖块，16英寸（约40厘米）厚。除装饰效果外，砖堤也可加固城墙

**培里博罗**

“培里博罗”是一种将内城墙与低矮外墙分开的独立区域，在翻修后的狄奥多西城墙外侧，仍能找到一些这样的区域。培里博罗宽50—64英尺（约15—20米），是守城士兵驻扎的地方

## 君士坦丁堡黄金之门

君士坦丁堡城中两座最著名的城门都叫“黄金门”（Porta Aurea），一座被并入君士坦丁堡城墙，另一座则被并入狄奥多西城墙。有关学者在425年的一份文献中发现了这个称呼。1509年，一场地震摧毁了城门，当时有文献记录了城门的概况。

通向内城墙的新大理石城门或许是狄奥多西二世建造，是狄奥多西城墙的一部分。有学者认为，“黄金门”的建造年代要早于狄奥多西城墙，是由狄奥多西一世建造的，因为它包括了一座有三条拱形通道的凯旋门。

文献表明，内门的基座是由两头或四头大象拉动的战车雕塑。大门中央的拱形结构上留有成排的小洞，表明上面原本钉有由单个字母拼成的铭文，极有可能是青铜铭文，不过已经遗失。当时居民使用的是拉丁文，直至5世纪后期还是罗马建筑上使用的正式语言。不过，君士坦丁堡内的大多数老百姓日常使用希腊语，可能不认识这些拉丁铭文。

穆罕默德二世修建耶迪库勒堡垒时，“黄金门”外面的部分稍显多余，因而被填封起来，不过仍有一部分被完好保存。后来被加在门上的石柱、字母和地基，不是原有的结构，也不属于再利用。一些雕塑碎片，包括一件展示胜利的雕塑碎片（曾用来装饰修复的城门），如今保存在伊斯坦布尔考古博物馆中。

# 圣索菲亚大教堂 6世纪

圣索菲亚大教堂内部修复工作开始于1847—1849年，由瑞士建筑师加斯帕雷（Gaspare，1809—1883年）和意大利建筑师吉乌塞皮·弗萨蒂（Giuseppe Fossati）主导。当时，教堂内的石柱上悬挂着大量刻有安拉（Allah）、穆罕默德（Muhammad，570—632年）、四大哈里发之名的坠饰

圣索菲亚大教堂是君士坦丁堡（今伊斯坦布尔）城中的第三座教堂。532年的尼卡起义中，城中第二座教堂被毁，君士坦丁一世大帝继位后立即着手修建新的教堂（即今天的建筑）。537年教堂竣工，建筑师是特拉勒斯的安提莫斯（Anthemius of Tralles，约474—533年）和米利都的伊西多尔（Isidore of Miletus），由于建筑规模十分惊人，直到15世纪还号称“世界上已知最大的封闭建筑”。不过，数百年间的多次地震最终摧毁了教堂。竣工后的20年，原中央穹顶坍塌，为了重建，需要额外的资金支持。现存教堂穹顶距地面180英尺（约55米），南北宽约105英尺（约32米），东西宽101英尺（约31米）。1204年，第四次十字军东征途中，士兵洗劫了圣索菲亚大教堂，圣坛被毁。1453年，奥斯曼帝国统治者穆罕默德二世占领君士坦丁堡，教堂一度成为清真寺。他在内部新修了米拉哈布（mihrab，一座朝向麦加的壁龛）和敏拜尔（minbar，一种小讲坛）。1932年土耳其总统凯末尔·阿塔图尔克（Kemal Atatürk，1881—1938年）决定将清真寺改为博物馆。1935年，圣索菲亚大教堂博物馆正式对外开放，随后重新修复了包括拜占庭城墙的马赛克图案在内的部位。

圣索菲亚大教堂中一处神秘特征是南廊大理石路障上的9世纪铭文。文字是如尼文，提到了两个维京人的名字：哈弗丹（Halvdan）和阿（Are）。他们可能是雇佣兵或者拜占庭皇帝的侍卫。

# 焦点

**宣礼塔**

圣索菲亚大教堂被改为清真寺，周围逐渐被增建四座宣礼塔，每座高达 197 英尺（约 59 米）。第一座宣礼塔的建造年份可追溯至 15 世纪末或 16 世纪初；随后一百年中，另外三座接踵而至。由于主穹顶受压较大，人们必须在教堂内部建立支撑用的半穹顶，后至拜占庭和奥斯曼帝国时期，又逐步增建了 24 个外部支墩

**加冕地**

加冕地在穹顶下方东南广场中央，是一处 18 平方英尺（约 1.7 平方米）的马赛克镶嵌图。中间是灰色花岗岩，外面围着一圈小型圆石，包括红色、绿色的斑岩和粉色花岗岩，最外面是一圈绿色大理石。这幅马赛克大概创作于 9 世纪，实际用途至今未明，不过有学者猜测，这里可能是国王加冕之地

## 拜占庭马赛克

无论对于哪个年代，圣索菲亚大教堂都是拜占庭马赛克图案的最佳代表。马赛克装饰由一片片彩色玻璃拼成，偶尔贴有金银薄片或嵌有贝母。

最早的马赛克图案绘制于 726—843 年，内容有批判传统信仰的国王或纯金的抽象图案。

该段时期后出现人型马赛克图案，最早可能出现于教堂半圆形的后殿，描述了圣母子。此外，考古学家在圣索菲亚大教堂南廊中还发现了大量保存完整的马赛克图像。有些描绘了王室成员，有一幅画内容是君士坦丁九世莫诺马库斯（Monomachus，约 980—1055 年）和佐伊皇后（Zoë，约 978—1050 年），他在婚前一直与狄奥多拉太后共同执政。另一幅母子像绘制于 1118 年，描绘了约翰二世（John II Comnenus，1087—1143 年）和伊琳娜皇后（Irene，1088—1134 年），后又加上他们的儿子阿莱克修斯（Alexius，1106—1142 年）。

圣索菲亚大教堂中最著名的马赛克图案可能是一种被称为迪西斯（Deisis）的组合画（绘于 13 世纪），其中描绘了耶稣、圣母及施洗约翰（St. John the Baptist）。

并非所有马赛克图画至今都保存完好；尤其是穹顶下方的西侧穹洞之中，七幅最初的先祖像中，只有三幅保存完好。

圣索菲亚大教堂中制作最精良的一幅马赛克画位于门厅，创作于 975—1000 年，描绘了圣母子与查士丁尼一世和君士坦丁一世的侧脸。两位皇帝都在向圣母献上贡品：查士丁尼一世献上圣索菲亚大教堂模型，而君士坦丁一世则献上君士坦丁堡城市模型。

# 日耳曼尼亚

当罗马军队在公元前 100 年占领高卢时，他们在莱茵河西岸建立了两个行省，位于今天的荷兰、比利时和法国东部，他们称之为上日耳曼尼亚和下日耳曼尼亚。在莱茵河以东的这一整片领土，被罗马人称为“大日耳曼尼亚”。虽然罗马人可能希望建立横跨莱茵河的新省份，但他们对该地区的征服却以失败告终。

几个世纪以来，罗马人和日耳曼蛮族人一直共同生活在一个气氛紧张、局势复杂的地带。后来在这一带渐渐出现了贸易活动，蛮族人给罗马人提供谷物、肉类和毛皮等农业和林业产品，而罗马人向蛮族人提供他们想要的作坊制品。到公元 4 世纪，蛮族形成了一种部落政治。他们中的许多人会在罗马的军队服役，并带着武器和战术知识回来。不仅如此，他们还带来了罗马的货币（见图 3）。蛮族人的精英们追求这些货币并不只是为了它们的表面价值，而是为了作为声望的标志。当在帝国内部，罗马的权威慢慢瓦解时，蛮族人利用当地的政治真空，开始进入罗马的领土。

1. 英格兰萨福克郡西斯托（West Stow）地区的一处盎格鲁－撒克逊人的重建村庄
2. 发现于法兰克国王希尔德里克一世（Childeric I）陪葬品中的剑柄和剑鞘，由黄金和石榴石制成
3. 在一处挪威宝库中发现的一枚以拜占庭硬币为基础打造的金苞片，制作于 6 世纪

## 重要事件

| 公元前 58 年 | 公元 9 年 | 43 年 | 166—180 年 | 约 200 年 | 410 年 |
|---|---|---|---|---|---|
| 盖乌斯·尤利乌斯·恺撒入侵高卢。 | 德国部落在德国西北部的条顿堡森林战役（Battle of the Teutoburg Forest）中击败了罗马将军普布利乌斯·昆克蒂利乌斯·瓦卢斯的军团。瓦卢斯后来自尽。 | 罗马人入侵不列颠地区。 | 日耳曼蛮族与罗马人在马克曼尼战役（Marcomannic Wars）中沿多瑙河岸作战。 | 丹麦东日德兰伊勒鲁普·阿达尔（Illerup Adal）地区出现战利品献祭。 | 西哥特人洗劫罗马。 |

通常来说，历史学家们把公元4—7世纪定义为人口大规模迁移的时期。这种人口迁移的运动通常很难直接记录下来，所以一般是在这种运动发生一个世纪或更久以后才能被编年史学家们记录。在考古记录中，迁徙的人群几乎不会使当地发生文化突变。而蛮族人是一个特例。据资料显示，有一大群蛮族人加入了他们在罗马边境定居的同胞，其中很多人已经接受了罗马的习俗和拉丁文。同时，由于他们的移民有很强的入侵性，后来的编年史学家们将他们描述为“入侵的外星人”。

哥特人从东部来到这里，沿着多瑙河下游越过罗马边境。一些考古学家认为，他们在公元2世纪最早生活在波兰北部，之后才向东南迁移到黑海以北地区，然后转向西方。4世纪，他们被分成东西两个独立的分支。东哥特人留在了欧洲东南部，西哥特人向西迁移并洗劫了罗马。随后，他们中的许多人定居在罗马领土内。当来自中亚的匈奴人入侵中欧，并一路杀入法国东部时，罗马人和西哥特人联合起来阻止了他们。

许多其他蛮族直接起源于日耳曼尼亚，其中就包括汪达尔人，他们进入罗马领土，最终去了西班牙甚至北非。还有阿勒曼尼人，他们在3世纪和4世纪时常与罗马人发生冲突。4世纪时，法兰克人越境进入比利时和法兰西北部并定居下来。随着罗马权威的衰落，法兰克国王的影响力日益显赫。这些国王中有著名的希尔德里克一世（公元440—481年），他被葬在了比利时的图尔奈。1653年，一群工人发现了他的坟墓（见图2）。这座墓是由他的儿子克洛维斯（约公元466—511年）建造的，这直接解释了法兰克皇室的世袭继承制度。在墓穴的周围还发现了多处马的墓，这种做法和几个世纪前他们在大草原时相同。在墓穴中，与希尔德里克葬在一起的还有几个世纪前帝王统治时期的89枚罗马金币，埋葬他的披布上，装饰着300只金蜜蜂。希尔德里克一世的强大，让后来的墨洛温王朝得以兴起并延续了几个世纪，这段时期被视为法国民族认同感的建立期。

日耳曼尼亚的移民在5世纪时到达了英格兰的东部，后来的编年史学家们将其描述为移民的洪流，并称这一时期的移民淹没了当地的罗马－英国社区。但考古学并不支持这种说法。他们认为，盎格鲁－撒克逊人似乎都是以小群体到达这里，并与当地人生活在一起，并没有带来很大的破坏。最终，他们适应了这个社会，并占据了社会上层。所以，在公元6世纪和7世纪时，多个盎格鲁－撒克逊王国在英格兰东部建立，最终融合形成了今天的英格兰。

**451年**

罗马人和西哥特人在法国击败了由阿提拉（死于453年）领导的匈奴军队，匈奴军随后向东撤退。

**476年**

西罗马帝国灭亡。日耳曼领袖奥多埃塞（Odoacer，约433—493年）推翻罗慕路斯（在位时期：475—476年），自行统治罗马。

**481年**

希尔德里克一世埋葬于图尔奈（Tournai），手上佩戴有一个带有铭文的印章戒指。陪葬品包括五个世纪以来的300枚罗马钱币。

**约625年**

一位盎格鲁－撒克逊国王，可能是拉爱德华德（Raedwald，在位时期：约599—625年），被埋葬在英格兰东安格利亚伍德布里奇附近的萨顿胡。

**793年**

维京人袭击了英格兰东北海岸林迪斯法恩岛上的基督教修道院，标志着维京时代的开始。

**2009年**

埋于斯塔福德郡的7世纪盎格鲁－撒克逊宝藏被发现于英格兰斯塔福德郡哈默威治的一块田地中。

# 斯塔福德郡宝藏 约550—670年

斯塔福德郡宝藏中的物品，发现于英格兰斯塔福德郡一处农田地下，是已发现的最大的盎格鲁－撒克逊人宝藏

2009 年，人们通过金属探测器在英格兰斯塔福德郡哈默威治村中发现了斯塔福德宝藏，其中埋藏了大量盎格鲁－撒克逊人的物品。2012 年，考古学家又在同一片土地中发现了近 90 件其余物品。藏宝地[illegible]藏有超过 4000 件由黄金、白银和黄铜合金制成的物品，其上嵌饰着石榴石。物品的工艺风格表明大多藏宝产地为英格兰，制作于约 550—670 年，大部分制作于 7 世纪，不过具体埋藏年份仍未可知。宝藏中的黄金含量超过 11 磅（约 5 千克），白银含量超过 3 磅（约 1.4 千克）。对不同金器的科学分析表明，在多数情况下，当时的工匠懂得将金器表面打磨制作得更加光滑，使其看起来纯度更高。

## 定位

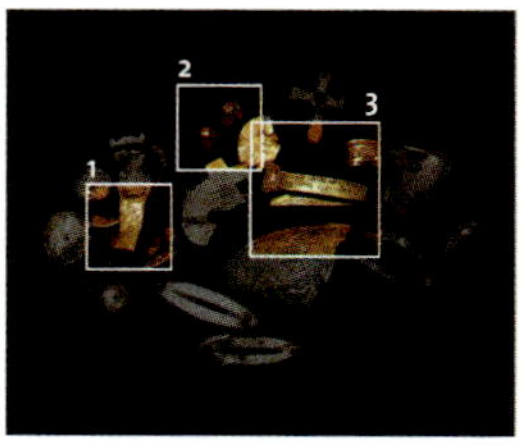


其中出土的一件珍稀物品是一顶头盔（考古学家在英格兰全境仅发现过 5 件盎格鲁－撒克逊人的头盔），在被埋入宝库之前似乎曾被拆解。考古学家从头盔上发现了约 1500 片薄银，部分表面镀金，许多薄片厚度不足 10 毫米。头盔设计图案中包括真实和想象的野兽和鸟类，还有一些战士，其中一些就戴着头盔。考古学家在宝藏中发现了头盔带、耳塞、大量帽子和盔顶部分。

宝藏中的物品大多在入土前就被摘下了装饰物，包括一件由厚金片制成的物品，描绘了两只鹰相对而立，正在争夺一条鱼。尽管这件金器的意义不明，但有学者认为这可能是盾牌上的嵌片。

1. **折叠十字架**

考古学家认为，为节省空间，当时居民在埋葬前将一件大型金制十字架进行折叠。这样一个大十字架可能曾被用于游行、祭坛或装饰《圣经》封面。2010 年，教皇本笃十六世访问英国时，曾观赏过这个十字架的复制品

2. **宝剑装饰物**

宝藏中的许多物体是剑的某一部分：鞍头帽、上部和下部剑柄护板与剑柄项圈。考古学家共发现了 70 多个由金和银制成的鞍头帽。许多装饰镶嵌了石榴石、玻璃或水晶。其中还有几个金字塔形的物体，最初挂在剑鞘手握处的带子上

3. **铭文带**

考古学家在宝藏中发现了一条镀金银带，其上刻有拉丁文《圣经》，从不同角度来看文字略有不同，其中写道：“耶和华，站起来吧，驱散仇敌，让其消失于你眼前。”铭文带上的铆钉孔表明，它曾被钉在某物上，可能是圣物箱或《圣经》

▲ 图为宝藏中的三件物品，有学者认为其原本结为一体，虽然其作用仍未知。一个是带有一块彩色玻璃的螺柱，是囤积物中最大的一块玻璃。它插入装饰有石榴石的圆柱体中，石榴石又适合装饰有石榴石和带有动物图案的金板的底板

## 金属胎嵌珐琅工艺

斯塔福德郡宝藏中的许多金器都饰有石榴石，有时也饰有玻璃；使用的是现在被称为“金属胎嵌珐琅工艺”的装饰技术，该术语来自法语单词“cloison”，意为“细胞”。小细胞图案首先使用薄金条圈边制作，后将石榴石与金箔切割成“小细胞”同等大小，再将由蜂蜡制成的糊状物涂抹在每个“细胞”的底部，依次放入质地不平的金箔片及石榴石片中。由于许多物体都被损坏，因此可以看到石榴石已经脱落的背衬箔，例如剑座的右侧。使用金箔的目的是反射光线并使物体闪烁。除了金属胎嵌珐琅工艺外，当时匠人还在物品上镶嵌了一些大型石榴石，例如十字架上。

# 萨顿胡墓地 7世纪

在1939年的挖掘过程中，考古学家在“一号墓丘”下发现了船只埋藏的印记。船身两侧最宽可达14英尺（约4.2米）、高5英尺（约1.5米）。船侧经过熟料技术建造，有九层木板，可能是橡木，彼此被铆钉固定。两侧有26个内部框架加以固定

1938年，土地主伊迪丝·普瑞缇（Edith Pretty，1883—1942年）同当地考古学家巴兹尔·布朗（Basil Brown，1888—1977年）一道，调查其位于东英格兰北海岸附近的德本河沿岸定居点中的古冢群。尽管布朗及其伙伴在萨顿胡发现的第一座坟冢中的古物已被盗墓者染指，但他们仍找到了大量能证实坟冢属于1世纪后半叶盎格鲁－撒克逊人。他们还发现当时的人曾进行过火葬。在接下来几年的发掘工作中，布朗将发掘中心集中于一处独立的大型墓丘并将其命名为“一号墓丘”。在“一号墓丘”中，布朗在沟渠内发现了成排的铁铆钉。布朗声称，其在遗址中发现了一艘船，船身木板已经腐烂，因此镶嵌木板的铆钉便被留在土里。他沿着船的轮廓，发现船身长达89英尺（约27米），后又沿着成排铆钉找到船的底部。1939年，剑桥大学考古学家查尔斯·菲利普斯（Charles W. Phillips，1901—1985年）负责对中央墓室进行发掘。随着战争席卷欧洲大陆，中央墓室的发掘工作开始于7月13日，仅持续17天。墓室中埋有263件工艺品，包括纺织品、木质品、青铜制品、铁制品、银器和金器。

1965—1971年、1983—1992年，考古学家两次重返萨顿胡，完成了“一号墓丘”及其他墓丘的全部发掘。他们认为，萨顿胡是盎格鲁－撒克逊上层阶级的墓地，墓丘按照一定次序建立：约公元600年，墓丘下直径33—50英尺（约10—15米）的范围是当时用于火化的青铜坩埚所在地。随后，约610年，一个年轻人被安放在一口木棺中下葬，陪葬有大量武器、一个青铜坩埚和一个装羊排的背包。他的坐骑也葬于同一处墓丘中，离主人不远。约625年，当地人建造了两座船墓，包括“一号墓丘”。7世纪的剩余时间中，这里一直作为墓地使用。

**肩扣**

考古学家在“一号墓丘”的墓室内发现了大量珍贵物品，包括镶有石榴石掐丝珐琅及玻璃的金制肩扣。使用的石榴石来自西亚，由金箔镶嵌。肩扣上设有空环，能将其扣上衣服。肩扣中间的饰带分界线上饰有交错的野兽

**复原头盔**

“一号墓丘”下埋葬的盔甲中包括一件已经复原的标志性铁盔。该头盔可能参照罗马末期的游行头盔设计，饰有雕刻战士图案的铜板。头盔正面防护部位似一个飞行生物，翅膀伸升上眉梢，身体向下延伸到鼻子上方

## 萨顿胡中埋葬的是谁

1939年，在历史学家何·蒙罗·查德威克（H. Munro Chadwick，1870—1947年）发现华丽的萨顿胡墓地后不久，他假设“一号墓丘”下的船墓属拉爱德华德（约599—625年的东安格利亚国王）所有。一百年后的作家“可敬的比德”（Venerable Bede，约672—735年）曾记录了拉爱德华德的简历：他曾经接受过基督教，并利用了这种人与神之间的联系，不过后来还是废除了基督教。学术界一直认为，萨顿胡与拉爱德华德有一定的关联，不过他们还很难确定。很明显，埋在萨顿胡船上的人是盎格鲁-撒克逊人的高级贵族，几乎可以肯定就是一位国王，但具体是谁仍不可知。

萨顿胡“一号墓丘”下的坟墓颇具趣味地证明，当时居民与斯堪的纳维亚地区有联系，有关学者认为其反映了整个北海地区的相互往来。埋葬于船中是一种斯堪的纳维亚习俗，在文德尔（Vendel）和斯德哥尔摩附近的瓦尔斯格奥尔德（Valsgärde）地区中，约同一时间的首长坟墓中皆可发现此种埋葬法。萨顿胡中发现的头盔与瓦尔斯格奥尔德的发现品惊人地相似。历史学家亚历克斯·伍尔夫（Alex Woolf，1963年—　）认为，瑞典中部的坟墓和萨顿胡的坟墓都与7世纪初斯堪的纳维亚半岛的新兴王国有关。

几乎可以肯定，组织建造萨顿胡墓地的精英阶层是异教徒，他们抵制基督教化，而且墓葬仪式中展现出明显的异教特征，这是对从梅罗文加帝国（Merovingian Empire）派遣来的传教士的排斥。带有斯堪的纳维亚特征的船只和武器是一种宣言，表明当地群众与斯堪的纳维亚半岛的异教徒想法一致：反抗来自欧洲大陆的基督教。然而，萨顿胡中埋葬的欧洲硬币，其他展现出与大陆联系的工艺品，使这一宣言变得耐人寻味。

# 阿拉伯人

公元613年，通过先知穆罕默德的引导，伊斯兰教在麦加开始发展。622年，穆罕默德和他的追随者离开麦加迁往麦地那，这一事件被称为“赫吉拉”（Hegira），标志着穆斯林时代的开始。伊斯兰教在阿拉伯迅速传播，633年，穆斯林军队占领了伊拉克和叙利亚。636年，他们在卡迪西亚大败萨沙人，637年占领了萨沙人的首都泰西封（今伊拉克），642年又征服了萨沙人的帝国。穆斯林军队还占领了开罗、埃及和北非的大部分地区，并于711年到达西班牙。第二年，他们征服了信德省和中亚西部，直到锡尔河畔。此时，一个伊斯兰国家已经建立，661年，叙利亚埃米尔（指中东的伊斯兰统治者）穆阿维亚宣布自己是第五代哈里发，建立了倭马亚哈里发王朝。

后来到750年，东部地区的人们不满情绪达到顶峰，起义推翻了倭马亚王朝，建立了阿拔斯哈里发国。约在同一时期，阿拉伯人在阿姆河之外的扩张活

1. 伊拉克巴格达地区唯一留存的阿拔斯王宫中的喷泉和内庭院，由哈里发·纳赛尔·莱迪尼拉（Caliph Al-Naser Ledinillah，1179—1225年）下令建造
2. 一个装饰着蓝色釉下彩的陶器，制作于9世纪（阿拔斯王朝时期）

## 重要事件

| 622年 | 632年 | 661年 | 751年起 | 756年 | 762年 |
| --- | --- | --- | --- | --- | --- |
| 由于在其故乡麦加饱受敌意，先知穆罕默德同他的家人及追随者逃往麦地那（赫吉拉）。 | 先知穆罕默德离世；阿布·伯克尔（Abu Bakr）领导下的哈里发时代开始，634年由欧马尔（Armar）继承，644年由奥斯曼（Uthman）继承。 | 穆罕默德的女婿（第四任哈里发）阿里被杀害。越来越多的教会分裂导致倭马亚哈里发王朝诞生，教派分裂为逊尼派和什叶派。 | 阿拉伯人从塔拉斯战役（Battle of Talas）中俘虏的中国人那里学习了造纸技术，后在巴格达建立了一家造纸厂。 | 倭马亚阿卜杜拉赫曼一世（Umayyad emir Abd al-Rahman I，731—788年）逃离阿拔斯哈里发，在西班牙建立了独立的科尔多瓦酋长国。 | 阿布·加法尔·阿卜杜拉·曼苏尔·本·穆罕默德（Caliph al-Mansur，约714—775年）建立巴格达，作为阿拔斯王朝新都。814年，巴格达成为世界上最大的城市之一。 |

动与唐朝和突厥发生了冲突。751年，在今天哈萨克斯坦和吉尔吉斯斯坦的边界上，虽然阿拉伯人赢得了塔拉斯战役，但这场战争也阻止了他们的进一步扩张，并确定了该地区大国之间大致的势力范围。

在阿拔斯的统治下，伊斯兰世界安定而又和平。766年，他们在巴格达建立了新首都，在836年迁都至萨迈拉，但在892年又回到巴格达。巴格达是一座文化和教育名城，特别是在著名的哈里发哈伦·拉希德统治时期（763/764—809年）。阿拉伯学者积累了希腊人和罗马人的文化和科技成就，在这些基础上进一步发展数学、医学、天文学和建筑学等许多领域，并取得了斐然的成就。阿拔斯在包括巴格达在内的每个城市都建造了宫殿和清真寺（见图1），其中有一些是享誉世界的非凡建筑成就。

这一时期也是丝绸之路贸易的高峰期，阿拉伯人自然参与其中。阿拉伯贸易在许多方面蓬勃发展，一直从北非穿越撒哈拉沙漠到西非大草原的发展中城市。阿拉伯商人大量从事海上贸易，利用季风沿海岸航行，穿过印度洋到达东非、印度，到9世纪初，到达印度尼西亚和中国。公元900年，阿拉伯商人在东非海岸建立了贸易殖民地，用黄金和其他金属、象牙和奴隶换取制成品。来自伊斯兰世界的商品出口反映了他们的技术水平和制造能力，包括纺织品、玻璃器皿、雕刻木、金属制品、武器和陶器，还有精美的釉面器皿（见图2）。阿拉伯世界也出口农产品，特别是糖和香料。10世纪，阿拉伯商人开始在俄罗斯南部活动，并与维京人进行贸易。尽管与邻国拜占庭帝国有局部的冲突，但阿拉伯与欧洲的贸易也很频繁。

阿拔斯王朝最初的统一没有持续多久，新王朝夺取了边远地区的控制权，建立了自己的国家。其中值得注意的是法蒂玛人，他们在969年占领了埃及，短暂控制了巴勒斯坦和叙利亚，直到1171年才结束统治。9世纪中叶，哈里发的权力被945年占领巴格达的贝伊德王朝夺走，此后，哈里发并不掌握实权，而是一种精神上的象征。11世纪，来自中亚的塞尔柱突厥人崛起：1037年，他们开始在伊朗全境扩张；1055年又赶走了比伊德人，占领了巴格达；1092年控制了从安纳托利亚到西部丝绸之路城市的地区。随后，伊斯兰世界在各个区域被不同文化背景的不同种族分别控制。1175年印度成为一个伊斯兰国家，远在印度尼西亚和菲律宾也有部分皈依者。尽管13世纪蒙古人的入侵对伊斯兰文化造成了冲击，但后来蒙古人向伊斯兰教皈依和同化了。

| 786—809年 | 9世纪 | 921—922年 | 1037年 | 1095—1099年 | 1258年 |
|---|---|---|---|---|---|
| 在哈里发哈伦·拉希德统治下，阿拔斯王朝的工业、商业、文化繁荣程度和艺术科学投入达到了顶峰。 | 一艘名为“黑石”号的阿拉伯单桅帆船在印度尼西亚水域失踪，船上载有中国瓷器和其他贵重物品，后于1998年被发现。 | 阿拉伯探险家及特使伊本·法德兰（Ibn Fadlan）在俄罗斯旅行时记录了其所见所闻；他见证了维京酋长的火葬船。 | 最初是中亚突厥游牧民族的塞尔柱人入侵波斯。1055年，其攻陷巴格达，并建立了自己的帝国。 | 拜占庭请求支援抵抗塞尔柱人，结果第一次十字军攻克君士坦丁堡并占领了耶路撒冷城。 | 由旭烈兀（Hulagu）领导的蒙古军占领巴格达并杀死了当时的哈里发，结束了阿拔斯王朝。由于成吉思汗去世，蒙古人所以停止了征服的脚步。 |

# 科普特人和旧开罗 4世纪

悬空教堂（Hanging Church of Sitt Mariam）位于开罗巴比伦的一座罗马堡垒门廊上方。教堂应该建于以撒教会时期（690—692年），以一座早期教堂遗址为基础。1047年，悬空教堂成为科普特族长的居住地

开罗巴比伦城也称旧开罗，位于今天开罗市南边3英里（约5千米）处。该处定居点的起源不确定，古典作家西西里的狄奥多罗斯（Diodorus Siculus）和斯特拉波（Strabo）认为，其建立者是被一位国王“塞索斯特里斯”（拉美西斯二世，统治时期：公元前1279—前1213年）带往埃及的巴比伦囚犯。另一种传统看法认为，公元前6世纪，波斯人在此地建造了一座堡垒。众所周知，罗马人曾在当地建造了一座堡垒并派兵驻扎。今天，巴比伦保留了许多重要的基督教建筑，还有建在罗马堡垒遗址上的科普特博物馆（Coptic Museum）内的大量文物。

建于4世纪的圣徒塞尔吉乌斯和巴克斯教堂（Church of Saints Sergius and Bacchus）内祭奠了两名被马克西米安大帝（Emperor Maximian，约250—310年）杀死的士兵。这座教堂是科普特人使用的最早的埃及－拜占庭式教堂的原始模型。当地有传言说，教堂的地下室曾是圣家（Holy Family）流亡埃及期间的避难所。附近是宾·以斯拉犹太会堂（Ben Ezra Synagogue），根据当地传统，这里正是法老的女儿发现婴儿摩西的地方。希腊的东正教圣乔治教堂是一座圆形教堂，位于圆形罗马塔顶之上。虽然它最初建于10世纪，不过现在的教堂是1904年火灾后重建的。

640年，阿穆尔·伊本·阿尔－阿斯将军（Amr ibn al-As，？—663年）征服埃及；641年，在经过7个月的围困之后，巴比伦最终投降。阿穆尔完好无损地拿下巴比伦，并在城南修建了一座都城——福斯塔特（Al-Fustat）。这座城市作为一处军事总部建立，埃及因此成为阿拉伯人抵抗拜占庭，后征服北非的基地。城中建有非洲的第一座清真寺阿穆尔清真寺。随后，福斯塔特发展成一座重要的港口，不过在1168年，为防止其落入东征十字军手中，当地人一把火焚毁了城市。

## 焦点

**西奈半岛圣凯瑟琳修道院**

科普特人认为，为追求精神价值，适当地远离尘世是必要的。最初，只是圣人们隐居至沙漠中，隐居在洞穴中。渐渐地，名声更大的隐士开始有了追随者，随后在闭塞的社群中出现了修道院。圣凯瑟琳修道院建于548—565年，一般认为是摩西看到着火灌木丛的地点

**纺织品**

由于埃及气候温暖干燥，许多可追溯到科普特和伊斯兰时期的后法老时期纺织品得到完好的保存。这些纺织品由羊毛和亚麻制成，包括宗教袍、葬礼服装和包装布料、日常服装和家居用品。这些物品为当时独特的民间艺术提供了大量研究证据，同时保留了古代世界中难以保存的有机物质。图中的碎布由亚麻和羊毛织成，饰有色彩丰富的绣花裱带，是一件典型的6世纪科普特纺织品

## 科普特人

埃及的基督徒被称为科普特人，源于希腊语“Aigyptios”，意为“埃及人”。在阿拉伯人入侵之后，“Aigyptios”一词演变为“qibt”。16世纪，欧洲人首次用“科普特”一词来区分埃及基督徒与穆斯林。历史上，埃及科普特人使用的语言是古埃及语的直系衍生语。3世纪，科普特人成为《圣经》相关文本的主要译者，埃及人民在其翻译下得以阅读相关文献。科普特人的其他重要作品包括圣安东尼（约251—356年）的著作。圣安东尼是埃及的第一位基督徒隐士，住在东部沙漠的一个小洞穴里。由于科普特人的词汇量有限，宗教文本中包含许多希腊词。自17世纪起，科普特手稿流传至欧洲，欧洲学者开始学习这门语言。继阿拉伯人入侵后，科普特语几乎销声匿迹，仅在教堂礼拜仪式中偶尔能听到。如今埃及的官方语言和文字是阿拉伯语。

在王朝时期，埃及人的书写语言是象形文字、僧侣体文字和世俗体文字。学习这些文字的前提是读者知道单词中元音的位置，因此所有文字都不包含元音。而科普特语文字确实含有元音，其使用了希腊字母，另加上世俗体文字中的七个符号，用于表示希腊字母表中没有的埃及声调。部分古埃及语元素确实存在于科普特文本中，这一事实帮助学者理解了用象形文字、僧侣体文字和世俗体文字书写的文字的发音。科普特人在解读象形文字的过程中提供了关键的一环。

# 阿拔斯萨迈拉古城 836—892年

萨迈拉建筑沿着底格里斯河东岸排布，绵延 25 英里（约 40 千米）。尽管个别隔离定居点外设有城墙，但其没有共同的防御保护设施。862 年、863 年，当时居民在对岸底格里斯河西侧建立了一座八角亭苏莱比亚库巴特（Qubbat al-Sulaybiyya）

阿拔斯王朝穆阿台绥姆哈里发（al-Mu'tasim，796—842 年）统治时期，由于其麾下的土耳其军队与巴格达公民之间的冲突不断，使得他深感不安，后决定在萨迈拉城北，哈里发哈伦·拉希德（Harun al-Rashid）未竣工的城市卡迪西亚（Qadisiyya）附近再建一座新都。在这儿，他建造了一座被军事营地包围的宫殿。到了穆塔瓦基勒哈里发（Caliph al-Mutawakkil，822—861 年）统治时期，阿拔斯萨迈拉面积达到顶峰，他在当地建造了 20 座宫殿，包括巴尔库瓦拉宫（Balkuwarra）。859 年，穆塔瓦基勒新建贾法里耶城（Ja'fariyya），并选址在城北建造了卡萨尔·阿尔贾法里拱顶（Qasr al-Ja'fari）。此外，穆塔瓦基勒还建造了一座会众清真寺——阿布·杜莱夫清真寺（Abu Dulaf）。这座大型清真寺顶部螺旋形的尖塔与十年前穆塔瓦基勒在原都建造的大清真寺十分相似。

870 年后，萨迈拉逐渐被遗弃；892 年，都城再次被迁回巴格达。然而，从 10 世纪开始，萨迈拉开始成为朝圣的中心。今天，它再次发展为一座重要城市。1911 年、1913 年，恩斯特·赫兹菲尔德（Ernst Herzfeld，1879—1948 年）发掘出大面积萨迈拉早期遗址。1936 年以来，伊拉克文物局一直在这里进行挖掘和保护工作。1983—1989 年，德里克·肯尼特（Derek Kennet，1962 年—　）在这里进行了大量调查工作和几次挖掘。然而，萨迈拉在伊拉克近期的冲突中遭受严重的破坏：2006 年、2007 年，一场蓄意轰炸导致阿斯卡里清真寺（al-Askari）神殿穹顶受损，爆炸还摧毁了神殿尖塔。

## 焦点

**穆塔瓦基勒大清真寺**

849—852 年，哈里发穆塔瓦基勒建造了一座大清真寺——伊斯兰世界最大的清真寺。不过如今只有其外墙和尖塔保留了下来，塔尖高 170 英尺（约 51 米），可通过螺旋楼梯进入顶部。清真寺的礼拜厅内有 17 条过道，其外围的带顶门廊为星期五的礼拜者提供了足够的空间。残存的大理石柱、玻璃马赛克装饰和玻璃镶板诉说着往日的辉煌

**卡塞尔·艾尔－阿斯奇：宠爱之殿**

约 877—882 年，萨迈拉王朝的最后一任哈里发穆耳台米德（al-Mu'tamid）曾在底格里斯河对面建造了一座宫殿——阿玛舒克（al-Ma'shuq，意为“宠爱之殿”），如今被称为卡塞尔·艾尔－阿斯奇（Qasr al-'Ashiq）。宫殿被发现于 20 世纪 60 年代，经过大规模的修复。这座面积庞大的宫殿，内有一座伊万和穹顶室，还有一座中央庭院，周围有多个房间。由于该地区被长期占领，宫殿经常被改造。在作为都城的萨迈拉遭废弃后，这座宫殿仍历经多次改造

## 穆阿台绥姆之城

穆阿台绥姆哈里发在萨迈拉建立的城市官名为苏拉·曼拉（Surra Man Ra'a），意为“快活之城”。该地区因其狩猎游戏而闻名，因为当地猎物丰富，但缺少作为居住地的资源。根据阿拔斯王朝历史学家雅库比（al-Ya'qubi，？—897 年）所述，穆阿台绥姆哈里发曾聘请建筑师来研究新城区。该计划制订于 836 年，详细介绍了贵族宫殿的位置、行政人员的居住区与各军队和普通群众（主要是应征入伍者）的营地。城中建有一座清真寺，周围是不同商品的独立市场。位于市中心的达尔哈利法（Dar al-Khalifa）是一座占地 310 英亩（约 125 公顷）的宫殿建筑群：地面建筑包括马厩、军营和宫殿工作人员住处等附属建筑；一处大型的正式花园；可能还有其他花园、凉亭和最初规划为池塘的洼地；为观众提供住宿房屋的马球场和赛马场的起跑线。宫殿本身分为两个部分。南部是达尔阿玛（Dar al-'Amma）宫殿的公共区域，面积约为 180 米 × 200 米，包括哈里发在星期一和星期四时与观众见面的三座伊万，穹顶宝座大厅内装饰着雕花大理石，以及其他办公场所。建筑的东侧有一座巨大的庭院（广场），面积可达 186 米 × 344 米。北部是宫殿的私人区域阿尔扎卡尼（al-Jawsaq alKhaqani），周围是一圈防御围墙。私人区域又被细分为接待大厅和住宅区。在对建筑中的部分区域（后宫）进行发掘后，考古学家发现了一间饰有彩绘墙面装饰的穹顶房间。宫殿装饰华丽，用灰泥绘制着几何图案。考古学家还发现了釉面砖、彩绘木梁和玻璃马赛克装饰。

# 维京人

维京人（也称北欧人、诺曼人和东欧的瓦良格人）以他们嗜血的暴行和善于劫掠而闻名。公元 793 年，斯堪的纳维亚入侵者洗劫了英格兰林迪斯法恩修道院，标志着维京时代的开始。8 世纪、9 世纪和 10 世纪，来自挪威和丹麦拥有航海传统的维京人开始了他们的冒险和探索，他们先后来到了英国、爱尔兰、法国，甚至地中海。

维京社会是从斯堪的纳维亚半岛南部较早的铁器时代社会发展起来的。为了向雇佣兵支付报酬和追求更多的战利品，维京的精英们开始互相竞争以获取财富。当地的工艺水平很高，可以制作出精美的珠宝和华丽的武器。其中一些可以在瑞典乌普兰附近的文德尔（见图 2）和瓦尔斯墓地看到。

维京人在海岸的掠夺和杀戮只是公元前 5—前 1 世纪活动的一个方面。他们活动的核心地带其实是瑞典、丹麦和挪威海岸，在那里人们发现了坟冢、符文石和聚落遗址。其实，“维京人”一词最早源于瑞典语“vik”，意为海湾或港口，这说明他们参与了海上贸易。之后，他们延续了几个世纪以来的传统，集中发展着海上贸易。

1. 一处位于瑞典梅拉伦湖（Lake Mälaren）上的比约克岛（Björkö）中比尔卡（Birka）考古遗址坟墓内发掘出的维京银吊坠。这一遗址是瑞典最大的维京时代墓地的所在地
2. 瑞典东部乌普兰省文德尔一处船坟中发现的一具 7 世纪的维京马鞍
3. 罗克（Rök）遗址中出土的一块精致的如尼字母石碑，被认为是瑞典最早的书面文学范例

## 重要事件

| 约 750 年 | 793 年 | 841 年 | 845 年 | 862 年 | 约 870 年 |
|---|---|---|---|---|---|
| 维京人在瑞典的比尔卡建立了一座贸易点。 | 维京人进攻了英格兰诺桑比亚林迪斯法恩岛（Lindisfarne）上的一座修道院。 | 爱尔兰都柏林建立一座维京海军营地。 | 维京人进攻法国巴黎。 | 在留里克（Rurik，? —879 年）带领下，维京人占领俄罗斯大诺夫哥罗德。 | 维京人开始在冰岛建立定居点。 |

比尔卡建立在马拉伦湖上，位于斯德哥尔摩以西约20 英里（约32 千米）。在7 世纪中期，比尔卡成为一个繁荣的贸易中心，这种繁荣持续了约200 年。它的贸易联系远至基辅和君士坦丁堡，比尔卡人用铁和皮草来换取别人的白银（见图1）、黄金和玻璃。由于出口皮毛，后来的人们在这里发现了来自松鼠、狐狸和貂的数千块爪骨。在比尔卡，工匠们在丰富的农产品资源的支持下制作骨梳、铁制品和纺织品。在比尔卡鼎盛时期有700—1000 居民，许多人死后被埋在定居点附近的墓地。

为了促进贸易，维京人利用2000 年间的发展掌握了造船技术。罗斯基勒峡湾位于丹麦哥本哈根以西，有一条通往大海的狭窄水道。在一次冲突中，为了封锁这条水道，几艘维京船被击沉了。其中有一艘货船，维京人用它载着大量的货物穿越大海进行贸易往来。维京人十分重视船只，甚至用在国王的葬礼上，比如在挪威的奥斯伯格和塔斯塔德。

维京社会的精英阶层有一定的读写能力。他们主要的文字是如尼文。在斯堪的纳维亚的大地上，这些文字常常出现在巨大的直立的石柱上。这些带有文字的石柱通常是用来纪念一件大事或一个伟大的人物。其中最著名的位于瑞典的洛克，它高5 英尺（约1.5 米），正面约有280 个文字，背面约有450 个文字（见图3）。此外，维京人还有一些以图案而非文字记录信息的石块。在波罗的海的哥特兰岛上发现了许多这样的画像石。

在这些符文石中，有一个主题反复出现——在西方或东方的探险，以及在探险中死去的人们。维京人从波罗的海进入俄罗斯的水系，向南开辟了一条通往君士坦丁堡的贸易路线。在这条贸易路线上，许多人留下来建立了贸易站，例如在旧加多拉和诺夫哥罗德，那里有很多维京人建立的贸易站，为早期城镇的形成奠定了基础。在西方，维京人更加活跃。除了掠夺和贸易，他们还建立了以约克为首都的诺桑比亚王国，并建立了都柏林和利默里克等城镇。最终，由于他们优秀的造船技术，他们成功穿越了北大西洋。公元870 年，他们在冰岛定居，并建立了农场。一个世纪后，他们发现了格陵兰岛，开始了斯堪的纳维亚人在当地长达几个世纪的定居史。再后来，格陵兰的一些维京人到达了北美洲东海岸，在纽芬兰的安斯梅多建立了定居点。

直到11 世纪，维京时代才真正结束。当时许多斯堪的纳维亚人接触到了基督教，并慢慢接受，许多相互竞争的王国也开始统一，最终形成中央王权。

| 约890 年 | 约960 年 | 约985 年 | 1042 年 | 1960 年 | 1994 年 |
| --- | --- | --- | --- | --- | --- |
| 十年后，挪威西福尔郡（Vestfold）哥卡斯塔（Gokstad）地区曾经专门为国王陵寝提供木料的树木被用作造船。 | 丹麦及挪威国王蓝牙哈拉尔德（Harald Bluetooth，约910—987 年）皈依基督教。 | 维京人首次在格陵兰岛建立定居点。 | 一艘维京长船在都柏林建造，1962 年被发现于丹麦罗斯基勒峡湾（Roskilde Fjord）。 | 考古学家在加拿大纽芬兰省兰塞奥兹牧草地发现了维京人定居点。 | 蓝牙无线通信协议问世，名称来自维京哈拉尔一世（King Harald I）的绰号“蓝牙王”。 |

# 约克郡 9—10世纪

约克维京人定居点下方是黏土底土，可以防涝。不过这种设计导致大量维京人废弃的垃圾被水浸泡，而在这种环境中，缺氧会阻止腐烂。大量有机材料，包括木材、纺织品、皮革甚至人类排泄物，都保存得非常好

约克郡位于英格兰东北部的乌斯河畔，拥有 2000 年的考古矿床。从罗马时期的艾伯拉肯堡垒（Eboracum）开始，这座城市逐渐发展成为盎格鲁 - 撒克逊人的交易中心依欧福瑞克城（Eoforwic）。到 7 世纪，它成为诺桑比亚国王的所在地。然而，866—954 年的约克考古学更为人所知，当时的约克是约维克地区（Jorvik）的维京人中心城市。

866 年，一支丹麦维京军队从东安格利亚向北进军，后占领约克。他们将约维克镇改名，并将小镇修建成为其在诺桑比亚建立的王国都城。维京军队加固了罗马时期的城墙并建立了新的街道，其中数条汇聚至乌兹河（Ouse）新桥上。沿着这些街道，他们建造了狭长分布的房屋和工作室。房屋山墙两端朝向街道，住宅皆位于地块的前方，而后面的区域则用于工艺品生产和其他商业活动。

诺桑比亚的维京人与英国国王之间常有冲突，最终在 954 年，最后一位约维克王国的维京王埃里克·布拉达克斯（Erik Bloodaxe，约 885—954 年）被英王打败。不过，许多维京人并未离开，随后迎来了仍受斯堪的纳维亚文化影响的时代。在此期间，约克人口据估计达 30000 人，而在 1086 年编成的《末日审判书》（*Domesday Book*）记载中，约克是当时仅次于伦敦的大城市。

我们关于约克维京人的大部分知识，来自 1976—1981 年考古学家在铜门遗址（Coppergate）的发掘。在约 11000 平方英尺（约 1021 平方米）的区域内，考古学家发掘出深至 30 英尺（约 9 米）的维京层，其中包括大量住宅和垃圾点，动物和人类丢弃的垃圾、房屋和作坊遗骸。

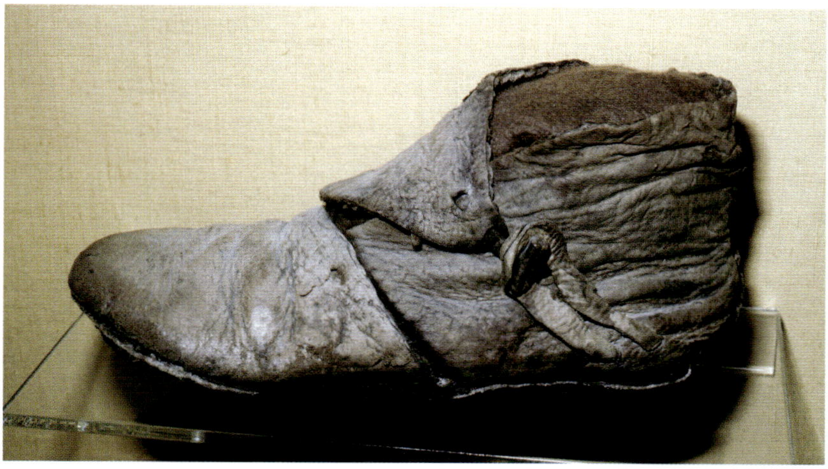

### 工艺

考古学家在作坊中发现了大量进行工业和工艺活动的证据。除了陶器生产，维京工匠还制作了木杯。其中一间作坊似乎属于制造刀具和钥匙的铁匠铺。其他还有专门研究铜、银和金的作坊。琥珀被制成珠宝。有证据表明当时匠人懂得织造和皮革加工，包括制鞋；他们还懂得将骨头和鹿角雕刻成梳子

### 贸易

铜门遗址中的出土材料并非当地所有，而是产自远方；鉴于维京人对外联系广泛，该现象也不奇怪。因此，产自格陵兰岛的海象牙、来自波罗的海的琥珀和来自亚洲的丝绸被送至当地作坊。当地居民饮用的葡萄酒也来自莱茵兰（Rhineland）。约维克地区的作坊中甚至出现了产自红海的贝壳。而其他原材料，如铁矿石和鹿茸，则来自附近地区。有关学者在金属冶炼区中发现了用于敲击硬币的铁币模具

## 日常饮食与疾病

铜门遗址内维京堆积层中的有机残留物，极好地保存了有关当时居民饮食和生活条件的信息。考古学家在该处相对较小的区域内发现了5吨动物骨头，主要来自牛，也有一些羊和猪。与约克其他被占领的时期相比，家禽数量——主要是鸡和鹅——在维京及盎格鲁－斯堪的纳维亚时期更丰富，而考古学家在浸水沉积物中发现的蛋壳数量也确实证实了这一观点。鱼是当时居民饮食的重要组成部分，尤其是鳗鱼和鲱鱼。小麦、燕麦和大麦是主要作物，还有如黑莓等水果和核桃等坚果。

约维克人紧凑地住在其狭小的房子中。废弃物被丢弃在后院，其中包括混合食物垃圾（如内脏）、腐烂的植物、工业废物、旧建筑物材料、灰烬、人类和动物的排泄物，等等。铜门遗址中的发现物包括粪化石，一种保存完好的人类和动物粪便。考古学家在劳埃德岸边发现了长7英寸（约18厘米）的粪化石标本，该发现表明其排泄者主要以肉和面包为食，不过其中也包含有数百个肠蠕虫卵。

当时居民的生活条件恶劣且肮脏。考古学家在编织区域发现了羊虱，而许多建筑物的地板上有人类跳蚤和虱子的痕迹。当时许多骨梳及鹿角梳的主要功能即是从头发上除去虱子。发现的家蝇蛹表明，当时居民一定成天听见“嗡嗡”声，因为恶臭吸引蚊虫。当时很多地方的居民了解约维克地区的生活条件，在冰岛的一个传奇故事中，该镇被称为“阴湿之境”。

# 北美洲的维京人 10世纪

位于加拿大纽芬兰省兰塞奥兹牧草地中的一栋重建挪威草皮长屋。该地区发掘出的大型房屋使用建筑技术与挪威在同一时期使用的建筑技术类似，包括用泥炭沼泽中的草皮覆盖的木结构、尖顶和草皮地板上厚厚的泥炭隔板

8—11世纪，维京人跻身有史以来最伟大的航海者之列，其在北欧、中欧和东欧肆意穿行。不过他们着眼的并不仅仅是东部及南部地区。他们的传奇故事也讲述了其在故土西部富饶土地上的旅行，该地区最终被探险家莱夫·埃里克松（Leif Eriksson，约970—1020年）发现，他是红胡子埃里克（Erik the Red，950—约1003年）之子，也是约985年最早在格陵兰岛建立欧洲定居点的创始人。

长期以来，人们一直认为这片被称为文兰（Vinland）的土地位于北美东北海岸的某个地方，不过在当时，除了维京传奇外，也确实没有其他证据表明维京人曾登陆该地区；直到1960年，挪威人海尔格·英斯塔德（Helge Ingstad，1899—2001年）和安妮·斯汀·英斯塔德（Anne Stine Ingstad，1918—1997年）在纽芬兰北端的兰塞奥兹牧草地挖掘出一处遗址。20世纪70年代，加拿大公园局承担了大部分挖掘工作。两次探险活动共同揭开了这片遗址原貌，包括由木头和草皮建成的八间长屋、辅助建筑、铁匠铺和木炭窑。该处遗址与当地原住民遗留下来的建筑非常不同，有学者猜测其最初居民很可能是维京人。遗址中的部分工艺品，例如青铜制斗篷钉针、纺锤和铁铆钉等物品，与约1000年时期冰岛及格陵兰岛同时期遗址中的出土物完全相同。有考古证据表明，该处遗址是长船南行西进至圣劳伦斯湾之前的一处修复基地。该地区似乎仅有数十年居住史，因为考古学家并未在遗址中发现储藏用谷仓、马厩或墓葬群，而这些建筑常代表长期居住。目前尚不清楚该遗址为什么被遗弃，不过极有可能是因为气候原因使得当地无法进行耕种，或者由于其与世隔绝，定居点缺乏安全保护。

**兰塞奥兹牧草地模型**

考古学家并未在草地中发现尚存结构：由于草皮地基影响，长屋看起来好像地区内的一处凸起。发掘完成后，有关学者对该处遗址进行了再次掩埋。他们使用惰性材料覆盖建筑物遗骸以进行保护。该件位于兰塞奥兹牧草地博物馆中的模型展示了北欧营地的模样：一个小型社区建于距内陆极短的狭窄的砾石露台上，位于靠近溪流的水涝泥炭沼泽

**纽芬兰露水海角**

2015 年，卫星图像显示纽芬兰最南端可能保留有另一个维京遗址——露水海角（Point Rosee），距离兰塞奥兹牧草地以南约 300 英里（约 483 千米）。该遗址包括一处被小岩石包围的浅坑。火坑里装着近 30 磅（约 13.5 千克）铁渣——这是该地区原住民不懂冶金的标志，极有可能是斯堪的纳维亚的旅行者将冶金技术带至此地。若要对该遗址进行明确解释，有待进一步调查

## 维京传奇和文兰

关于维京人发现世界的描述出自维京传奇，其中包括维京人发现北美。这些都是古老的斯堪的纳维亚传说，口口相传多年，后以文字记录下来供后代阅读。最早的文字记录传奇可追溯至 12 世纪。

根据传奇，约 960 年，红胡子埃里克一家人被驱逐出其挪威家乡。抵达冰岛后，红胡子埃里克再次被驱逐（由于谋杀）；约 985 年，他转道去了格陵兰岛，并在那里建立了第一个斯堪的纳维亚定居点。

红胡子埃里克共有三子，二儿子莱夫·埃里克松继承了他父亲的旅行爱好。据谣言所说，文兰冬季气候温和，土壤肥沃，森林茂密，野葡萄丛生，适宜小麦生长，莱夫·埃里克松便一路向西航行至文兰。不过该名字本身就笼罩着不确定性。也许维京人用该地区发现的野生浆果制成的果汁替代了发酵酒。文兰的确切位置至今未解；不同的学者各执己见，地点北至纽芬兰以北，南至缅因州海岸。

19 世纪时，追溯北美维京人的起源成为一项小规模行业，针对各种建筑的幻想解释出现。罗德岛的纽波特石塔（Newport Tower）被吹捧为维京人建筑。然而，放射性碳年代测定显示它建于 17 世纪后期。

# 罗斯基勒船 11世纪

斯库勒莱乌5号船，现在位于罗斯基勒的维京船只博物馆，是曾经用于填埋罗斯基勒峡湾的战舰之一。虽然被归类为长船，但该船体积很小，只有56英尺（约17米）长，仅能载约30人。斯库勒莱乌5号船建于约1030年，船上留有大量修理痕迹

约1070年，居住于丹麦西兰岛北部的维京人群体显然害怕遇到海上袭击，因为从西兰北岸便可进入罗斯基勒峡湾，该条路线可以使得敌人直接进入该岛内陆；设想一下，如果一支海上军队穿越峡湾，那么很可能会产生灾难性的后果。不过在斯库勒莱乌（Skuldelev），峡湾变窄，水变浅，因此水道周围居民决定用装满石块的沉船对该狭窄水域进行填堵，以阻断该水道，防止敌人进入。

近900年来，这些船只静静地躺在峡湾的底部，直到20世纪50年代末，有人发现了这些沉船，并于1962年将其挖掘出来。考古学家在峡湾的底部发现了五艘维京时期的船只并进行了发掘。其提供了11世纪时维京人使用的各种类型船舶的样本和在过去2000年中北欧造船技术演变的详细情况。

斯库勒莱乌沉船以搭接技术建造而成。已知最古老的搭接船舶为制造于约310年的丹麦“尼达姆”号（Nydam Boat），考古学家在英格兰萨顿胡地区的陵墓中也发现过该类型的冥船。这种船的船体由长木板或板条重叠制造，随后搭接到内部框架。木板重叠之处由铆固定，接缝处塞满苔藓和沥青。由于使用了更轻的木板和更少的填缝剂，所以搭接船比普通的木板拼接船更轻。此外，遇上大浪时，搭接船可以在波涛汹涌中收缩而不会断裂——极大促进了维京人在公海上的冒险活动。

**斯库勒莱乌 1 号船**

斯库勒莱乌 1 号维京船是一艘制造于挪威西部松恩峡湾（Sogne Fjord）的大型远洋货船，建于约 1030 年。1060—1070 年，船体几经修复，表明它曾被使用了几十年。60% 的原船体得到完好保存。斯库勒莱乌 1 号船约长 52 英尺、宽 16 英尺（约 16 米、5 米），由松木板建造而成，后用橡木和椴木进行修复。船只能装载六到八名船员，能在波罗的海、北海和北大西洋中航行

**斯库勒莱乌 6 号船**

无论是在真正的货船或是军舰中，斯库勒莱乌 6 号船都不是五艘船只中最小的一艘。船体由产自挪威西部的松树、桦树和橡树制成，长 37 英尺（约 11.2 米），宽仅 8 英尺（约 2.5 米）。在某些时候，通过一个额外的木板，船体两侧可加高。斯库勒莱乌 6 号船最初制造于约 1030 年，为一艘渔船，后来改造成为小型海运船只。维京船只博物馆已进行了两项修复工作：一为 1998 年修复的“卡尔卡法拉”号（Kraka Fyr），二为 2010 年修复的“斯克约尔登”号（Skjoldungen）

## 都柏林长船

在五艘斯库勒莱乌船中，有一艘船明显比其他船长很多；最初学者认为其是两艘船，分别为斯库勒莱乌 2 号和斯库勒莱乌 4 号，不过后来他们发现它们其实为一艘船，因此将斯库勒莱乌 4 号标签作废。斯库勒莱乌 2 号是一艘长途航行船，最初长约 100 英尺、宽 13 英尺（约 30 米、4 米）。学者认为船上船员人数达到 70 至 80 名，其中至少有 60 名是赛艇运动员。船上设备齐全，斯库勒莱乌 2 号估计重 28 吨。不幸的是，仅约 25% 的原始船体被完好保存于水下。

斯库勒莱乌 2 号制造于约 1042 年，制造于都柏林附近的某个地方，是一处 9 世纪时维京人在利菲河上建立的城镇。船体由爱尔兰橡木制成，据信产自威克洛山脉。这艘船的目的是以高速在开阔的海面上运送战争物品，其在航行时的速度高达 17 节（约 31.5 千米 / 时）。然而其吃水层极浅，足以进入海湾，并被拉至海滩上。斯库勒莱乌 2 号是一种维京时代的船只，大量诗歌及传说都曾歌咏其伟大，船只可能由首席或战争领导人使用。

2000 年，维京船只博物馆开始处理斯库勒莱乌 2 号复制品，并将其命名为“格伦达洛的海狗”（Sea Stallion from Glendalough）；2004 年，船只试水。复制品船体以 20 棵橡树木材建造，其他树种——白蜡树、松树和柳树——用于制造其他配件、船桨和盾牌。船体使用超过 8000 件铁铆进行固定。2007 年，“海狗”从罗斯基勒航行至都柏林。

# 中世纪的欧洲城镇

1

2

3

第二次世界大战造成的大面积破坏，催生了整个欧洲中世纪城镇的考古调查（见图3），并成为考古学家记录残余历史建筑的推动力。一部分历史核心区已被夷为平地，另一部分核心区则遭受严重破坏。几乎所有地区都面临大规模重建，而重建往往会彻底改变历史悠久的城镇规划。

不同城市的重建速度大相径庭，不仅仅是欧洲大陆，各个国家内部的不同地区，甚至城镇本身的修建速度也不完全一样。大多数国家并没有一份记录重要历史建筑的国家登记册，无法检查其失去的历史文物和应该保存的物件。因此，建立相关文档成为刻不容缓之事；20世纪40年代末，该项工作得到有序进行。20世纪50年代初，考古学家开始发掘一些最早的城市，如伦敦和诺里奇的一些遭炸弹损坏的遗址。中世纪考古学会成立于1957年，是城市发掘的推动力——首先建立于英国，后欧洲其他地区设立分会。

早期发掘的重点在于确定特定居点的发源地和其发展过程，而历史地理学家则对市镇的布局和街道规划感兴趣，建筑历史学家则致力于研究当时的建筑类型和分类。有关学者迫切需要对这些挖掘引发的发现进行分类和日期确定，并为它们建立相关类型，因为此前从未有过如此多时期的研究。

20世纪60年代，城镇重建和城市考古开始加快步伐。在英格兰的温

1. 2013年，考古学家在德国吕贝克地区发掘出了一座几乎完全保存下来的12世纪木质地窖
2. 在1992—1998年的挖掘过程中，考古学家在伦敦的市政厅广场（Guildhall Yard）发现了一处带有篱笆的方形坑，12—13世纪时可能是一口井
3. 《纽伦堡编年史》（*Liber Chronicarum*，1493年）中描绘的一座中世纪小镇，刻画了防御设施、规划的街道系统和城市类型的房屋

## 重要事件

| 1947年 | 1951年 | 20世纪50年代 | 1951—1962年 | 1961年 | 1973—1974年 |
| --- | --- | --- | --- | --- | --- |
| 罗马及中世纪时期伦敦挖掘委员会成立，其目的是发掘伦敦市内受炸弹破坏的遗址。 | 英格兰诺里奇的圣本笃之门（St. Benedict's Gate）的发掘工作展开。 | 早期的挖掘工作始于伦敦、坎特伯雷、约克、布里斯托尔、埃克塞特及普利茅斯，汉堡及布鲁日地区也有类似发掘项目。 | 俄罗斯诺夫哥罗德的发掘揭示了中世纪城市的贸易联系。1973年开始的特洛伊斯基遗址（Troitsky）发掘也有此类发现。 | 马丁（1937年— ）和珀斯·可贝尔（Birthe Kjølbye，1941—2010年）开始在温彻斯特开始大量多时期发掘工作，这种发掘方式很快被复制到其他地方。 | 都柏林的伍德码头（Wood Quay）的发现揭示了这座城市的维京人的起源和它的中世纪遗迹。 |

彻斯特，这现象触发了大规模的挖掘，并衍生出一种新的开放式挖掘方法；这种方法非常成功，许多其他城镇都采用这种方法。到 20 世纪 60 年代后期，北欧数个国家的历史城镇中开始进行考古调查。20 世纪 70 年代、80 年代，由于欧洲经济不断复苏，因此城镇重建的压力增大，更多的挖掘工作由此展开。

自 1980 年以来，在记录挖掘系统方面取得了重大进展，例如伦敦博物馆自主研发的系统（见图 2）。此外，在现场和非现场使用计算机、更系统的环境取样和保护人员参与这一过程等方面，皆取得重要提升。城镇发掘总是比大多其他考古领域发掘更复杂，也更昂贵；由于产生的数据量大，有关学者需要更长时间才能出版其发现——在许多情况下需要数年时间。到 20 世纪 80 年代后期，考古学家开始转向让开发商为这项工作付费。

20 世纪 90 年代初，德国吕贝克市（见图 1）举行了一系列突破性的会议，会上讨论认为，有关学者应对中世纪城镇的研究采取更系统的方法。城镇考古研究需考量贸易、住宅建筑、基础设施、工艺和工业、生活方式及奢侈品、防御工事、修道院及宗教房屋、儿童场所和娱乐场所；在某些城镇，滨水区和港口也可成为城镇发展证据；而在当时，所有城镇都坐落于极广阔的地区，彼此间联系紧密。这种主题方法的本质为多学科研究，该方法可以帮助人类详细了解该处定居点的意义及动态变化。

| 1976—1982 年 | 1990 年 | 20 世纪 90 年代 | 1992 年 | 1995—2015 年 | 2009—2014 年 |
|---|---|---|---|---|---|
| 对约克铜门遗址发掘揭露了维京时期约维克地区的部分历史，体现了约克地区的斯堪的纳维亚传统。 | 英国规划法律的变化意味着开发商资金成为考古发掘标准。其中提及了考古缓解策略。 | 德国的统一进程导致前东德历史城镇进行大规模重建。 | 英国遗产协会发布了历史城镇考古管理策略。 | 吕贝克汉萨地区城市考古学座谈会讨论了城镇调查和研究的主题方法。 | 欧洲涉及面积最广的考古发掘之一发生于吕贝克的“源初之地”地块（Gründungsviertel）。 |

# 诺里奇 8—18世纪

1066 年诺曼征服发生后不久，1075 年，当地居民在诺里奇建立了一座木质城寨城堡。为建立城堡，大片盎格鲁－斯堪的纳维亚自治市镇被摧毁。发掘显示，两座连续土丘顶部都压有一块石头。城堡坐落的土墩是英格兰最大的城堡丘陵

英国城镇诺里奇市位于东安格利亚，温森河（Wensum river）两岸皆为其土地。城市四周农业腹地富饶，城内保留有大量幸存的历史建筑和精良文档。1948 年，考古学家开始发掘诺里奇城，1971 年后发掘数量急剧增加，并持续到今天。

城内地点名称及其种种发现表明，8 世纪至 9 世纪，城内逐渐形成数个撒克逊人定居点，其中最成功的一处为诺思威克定居点（Northwic）。考古学家在温森河北岸发现了一处建于 10 世纪早期的“D”形围墙，表明在约 870—917 年，丹麦曾占领该地区；此外，他们在南岸的几个地点也发现了当时居民的活动痕迹。917 年，丹麦人战败后，诺里奇的重要性日益凸显；935 年后，当地以铸币厂闻名。1066 年，诺里奇城内建有 25—40 座教堂。截至目前，考古学家至少已发掘出 20 座教堂建筑物和大量盎格鲁－斯堪的纳维亚时期的墓葬。

诺曼人出现后，他们在 98 处撒克逊房屋遗址上，新建了一座城堡，城市西侧出现了一个新的法国自治市镇；1094 年，当地居民在城市东部建立了一处重要的教堂区。到了 11 世纪 40 年代，当地居民扩张河流北部，工艺和工业蓬勃发展（包括布料加工），城镇居民人口不断增长。约 1280—1340 年，城墙建立。1340 年，城中已有 4 座托钵修院和近 70 座教堂。黑死病肆虐时期，诺里奇城遭受重创，不过后来逐渐恢复。

1507 年，一场大火席卷了整座城市；考古学家在波特盖特（Pottergate）挖出几处烧毁房屋的遗骸。当城中布业开始凋零时，1565 年，诺里奇向胡格诺派难民敞开大门，希望其帮助城市恢复经济；城内难民被称为“陌生人”。低地国家集聚地的发现表明，16 世纪到 17 世纪后期，他们曾在此生活。自约 1660—1730 年，就财富而言，诺里奇成为英格兰第二大富饶城市。与此同时，该时期的文化遗产同样出色。

**1507 年大火**

城中大多数房屋建有两层，上层为木质建筑，房间密集。据传言，1507 年 3 月 25 日，一场大火烧毁了城中 40% 的建筑，而这种房屋布局明显有助于火势迅速蔓延。1974 年，考古学家在波特盖特遗址发现一排建筑物；建筑物中建有由砖砌而成的幽深地窖，当地窖上方的石板移开后，上方各式物品便会散落进地窖之中。它就像是 16 世纪早期家庭物品的小型时空囊。榆树山是诺里奇最著名的中世纪街道，街道如今的模样与火灾后重建时的景象几乎无差

**中世纪的石建筑**

由于城中并无品质较好的毛石，所以大多数建筑以木材、玉米棒或黏土建造。使用石头建造的建筑通常是特殊的，大多是一些具有较高地位的建筑物，例如 1096 年修建的大教堂，门和窗户周围的细节部分。然而，通过细致调查和研究，考古学家已经发现了 18 座中世纪的石头建筑。其中最著名的是音乐之家（Music House），建于约 1140 年；不过在 20 世纪 80 年代，考古学家在诺里奇圣马丁平原发现了另一座 12 世纪的石头建筑

## 阿尔姆斯巷

1976 年，考古学家发掘北岸阿尔姆斯巷（Alms Lane）时发现了建于 10 世纪的沟渠（属于丹麦防御圈内一部分）。该条沟渠一直保持畅通，直到 11 世纪末，被包括皮革碎片等垃圾填满。在接下来的两个世纪中，该地区成为次要区域，多发展铁工和采石等行业。

约 1275—1350 年，该地区建立了一座啤酒厂和一个铁匠铺。约 1375 年，遗址中的建筑被清除，工业区成为住宅区。中世纪末期的房屋多为单层建筑，内有两室，墙体为黏土，以茅草铺顶。1507 年的大火导致在约 1520 年时，阿尔姆斯巷重建；路边出现大量两层建筑，墙脚为燧石和砖瓦砾，屋顶由瓦片铺成，屋中建有固定的炉膛和烟囱。16 世纪晚期，该遗址是胡格诺派难民的家园，至约 1650 年，至少有七个家庭挤在该处遗址中。诺里奇向“陌生人”敞开大门，难民们教授当地人如何制作优质的布料；1579 年，该市约有 6000 名难民，大部分居住在河流以北较贫困的地区。约 1720 年，为了应对不断增长的人口，当地建筑物不断增高，建设更复杂，房屋更密集。

# 诺夫哥罗德城 10世纪

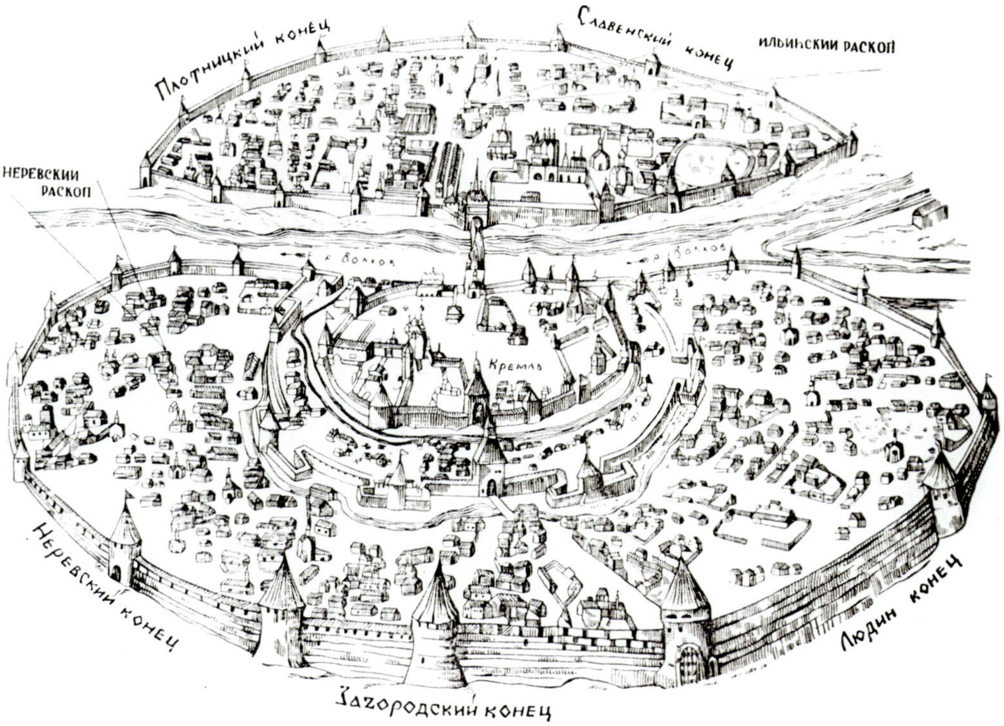


在维京和中世纪时期，诺夫哥罗德城内建有大量铺满木材的蜿蜒街道网。一旦木材被水淹没，当时居民便在湿木材的上部铺放新木，充当新的干燥路面。在一处地方，考古学家发现了 28 处街道路面，树木年轮显示其年份为 953 年到 1462 年

诺里奇城（有时也称“大诺夫哥罗德”）如今有 20 多万居民，位于诺夫哥罗德圣彼得堡以南约 93 英里（约 150 千米）的沃尔霍夫（Volkhov）河上，自 10 世纪以来一直有人居住，因此成为俄罗斯最古老的城镇之一。与英格兰的约克一样，诺夫哥罗德土地下的黏土可以防止水流失；因此在过去的 11 个世纪中，大量有机物残渣逐渐堆积，某些地方达到 20 英尺（约 6 米）深。因此，木材、皮革和其他有机物残骸得到了极好的保存。自 20 世纪 20 年代起，考古学家对当地进行早期考古调查，在过去的 60 年里，诺夫哥罗德发掘始终从未断绝。

8—9 世纪，斯堪的纳维亚地区的维京商人开始与沃尔霍夫沿线的斯拉夫原住民社区进行贸易。在贸易过程中，他们建立了防御精良的贸易据点，如茹里科沃葛洛帝什据点（Rurikovo Gorodische）——位于诺夫哥罗德上游约 8 英里（约 13 千米）处。护身符、雕刻品及其他斯堪的纳维亚风格的文物表明，维京人曾生活于此。9 世纪中叶，维京内乱，王子鲁里克（Rurik，？—879 年）受邀在动乱期掌权恢复秩序。到了 10 世纪初，定居点的重心区已向下游转移至诺夫哥罗德，诺夫哥罗德也因此通过贸易发展成为一个富裕的大城市。城中居民血统融合斯拉夫人和维京人的血脉——该两种族群在历史的长河中逐渐通婚。斯堪的纳维亚人并没有殖民诺夫哥罗德地区，但当地的高社会地位公民往往拥有维京血统，即便他们的姓名是斯拉夫人的姓名种类。

在接下来的几个世纪中，中世纪城镇诺夫哥罗德蓬勃发展。城中作坊生产了大量工艺品，商人通过长途贸易积累大量财富，并与斯堪的纳维亚有着密切的联系。与此同时，诺夫哥罗德对建立基辅城（Kiev）和新兴俄罗斯城邦有重要影响。而到 15 世纪末，诺夫哥罗德逐渐退出莫斯科的权力和财富舞台。

### 住宅和作坊

诺夫哥罗德的街道两旁都是带围栏的复合建筑，包括住房及储藏小屋、手工作坊和围绕庭院的马厩。大多数复合建筑面积约 50 英尺 × 100 英尺（约 15 米 × 30 米），但有一些面积是其三倍，可能是当时上层阶级的住宅。这些房屋呈木屋风格，主要建材为松树和云杉。房屋高约两层楼，也有可能是三层楼，屋内铺有木地板。该镇不同区域似乎为专门特定的工艺的制造区

### 商业中心

在自欧洲西北部至拜占庭的广阔贸易网中，诺夫哥罗德是其重要一环。葡萄酒、焚香、香料、坚果、异国情调的木材和布料经诺夫哥罗德运至各地，创造大量财富。俄罗斯林木产品被贩卖至维京商业中心，如瑞典的比尔卡和哥特兰岛（Gotland）的维斯比（Visby）。维斯比与诺夫哥罗德有特殊的联系，尤其是在蜡烛贸易方面，因为整个欧洲天主教会对蜡烛的需求量大

## 桦树树皮文本

诺夫哥罗德的浸水沉积物中保存了一种非凡的文物：桦树树皮文本。在 1951 年的挖掘过程中，考古学家首次注意到其存在，随后他们在堆积物中发现了数百件写于 11 世纪中叶到 15 世纪初的稿件。由于诺夫哥罗德的发掘仅包含遗址一小部分，有关学者估计还有数千件手稿被埋在现代城市下。白桦树皮手稿在俄罗斯被称为“彼莱斯特”（beresty），其为人们了解中世纪诺夫哥罗德人民在城镇成为商业和文化中心的顶峰时期的生活提供了非凡证据。

“彼莱斯特”为周围森林中采集的桦树皮经煮沸后得到。沸腾去除了树皮粗糙的外层，确保柔软的内层能用，由骨或金属制成的触针进行刻字。当时居民没有使用墨水。大多数手稿由当地早期的斯拉夫语方言老诺夫哥罗德语写成，其提供了对现代东斯拉夫语言形成的看法，不过手卷中至少有一册可追溯至 13 世纪的文本是用古老的芬兰语写成的。

白桦树皮文本的主题通常记载家庭、商业、法律和政府事务，还有部分是情书。13 世纪，一名六七岁的男孩奥菲（Onfim），似乎在树皮上写了一些家庭作业习题，包括写字母和宗教教义段落，还画了骑士、马和野兽。

“彼莱斯特”和许多用于刻写的刺针的发现，表明中世纪诺夫哥罗德的居民具有较高的识字率。然而，考虑到城镇的商业特性，人们必须记录交易和各类家庭活动，因此写作是该镇居民重点培养的一项商业技能。

# 中世纪的战争

不论是战术、兵器、军舰还是防御工事，关于中世纪战争各方面知识的来源广泛，包括历史文学、挂毯艺术、陵墓、雕塑和考古学。其中，考古学不仅包括实地考察战场遗址的结果，还包括在陵墓、定居点遗址上对防御工事和船舶残骸的调查和对兵器盔甲的发现。

410 年，罗马衰落后留下权力真空，很多部族都在争取把先前皇帝的大部分权力攥在手中。例如，匈奴人和西哥特人——通过考古学为人们所知，而考古内容分为两大类：兵器装备和防御工事。借助陵墓遗址的发掘和文献资料的偶然发现，涌现出的大量证据表明，在中世纪早期的大部分时间内（约 410—1050 年），当时的许多氏族都使用着各式腕部及身体护具。5 世纪和 6 世纪，保存最完好的防御工事遗迹位于英国西部和北部地区，保留并 / 或修复了多处山堡和海角遗址。例如，南吉百利、廷塔杰尔和杜纳德；还有一部分位于爱尔兰，那里分布着多处环形护城工事和湖上古住宅，都可谓曾经的那个动

1. 保存最完好的十字军城堡之一，由耶路撒冷圣约翰骑士团建造，位于叙利亚霍姆斯附近的骑士堡（Krak des Chevaliers）
2. 在贝叶挂毯（Bayeux Tapestry，1066—1077 年）的描绘中，撒克逊军队面对的是持枪的诺曼骑兵
3. 757—796 年，墨西哥国王奥法下令建造奥法堤（Offa's Dyke）

## 重要事件

| 413—439 年 | 1066 年 | 1066 年 | 1139 年 | 1260 年 | 约 1314 年 |
|---|---|---|---|---|---|
| 狄奥多西二世在君士坦丁堡周围建立了新的土堆防御设施。整个半岛外围竖立了两层长城，长约 4 英里（约 6.4 千米）。 | 在富尔福德战役（Battle of Fulford，位于今约克郡）中，北欧军队击败了撒克逊军队。后来，有学者对当地进行了广阔的金属探测调查，发现了早期金属加工的证据。 | 在黑斯廷斯战役（Battle of Hastings）中，诺曼人击败撒克逊军队，继续进攻英格兰。在征服之后，英格兰地区出现城堡。 | 教皇依诺增爵二世（Pope Innocent II）发布了禁弩的法令。 | 据称，在阿音札鲁特战役（Battle of Ain Jalut，加利利）中，马穆鲁克人使用爆炸手炮对抗蒙古人。 | 法兰德斯学会使用加农炮。在 1324 年梅茨（Metz）围城战与 1342—1344 年的阿尔赫西拉斯（Algeciras）围城战中，当时军队很可能使用加农炮。 |

荡时代的产物。自7世纪起一直持续至9世纪，维京人进犯乃至后来入侵并在此定居。在与之类似的摩尔人、马扎尔人的逼迫下，加之后来加洛林王朝衰落，避难所遗址遍布欧洲各地，例如比利时洛涅。宫殿和寺院开始加强防御，更多的贵族宅邸有所设防，最早的防御工事在城镇周围建立起来，例如诺里奇和南吉百利。有时一个国家的线形土方工事标示着其疆界，诸如沿盎格鲁－威尔士边界线（见图3）而建的奥法大坝和横跨日德兰半岛狭长地带的丹内维尔克。维京人亲手建造了岸边堡垒（围场）来保护战船。而为了庇护士兵，他们不仅在赫德比、都柏林等地筑起防御墙竖于城镇周围，而且修建了例如位于费卡特的特雷勒堡等几何堡垒。

中世纪早期末端，最早的城堡开始在欧洲西北部地区出现。但是，直至史上重要的中世纪晚期（约1050—1550年），诺曼人于1066年成功入侵英格兰（见图2）后才将城堡引入英国。在接下来的半个世纪里，重型骑兵和盔甲的使用不断加大。另外，城镇四周的防御墙也由原先的木墙改换为新兴的石墙。从如叙利亚骑士堡（见图1）等十字军（1095—1216年）城堡上得来的经验极为深刻地影响着当时城堡及城墙的设计；在接下来的几个世纪里，这两种建筑元素一度变得更复杂，具体表现为：增加建造圆形塔楼、更坚固的门楼和外堡，有时还布设多重环道；而这些城堡更是将这种复杂设计运用到了极致，诸如在法国卡尔卡松和爱德华七世时代，例如威尔士博马里斯城堡。此外，十字军曾形成他们自己的军事布局，由此开发出其独具一格的防御工事，例如位于波兰马尔及拉脱维亚采西斯的条顿骑士团城堡。考古学家在欧洲各地对城堡遗址进行发掘，调查范围覆盖了土方工程遗址乃至大型砖石建筑，例如威尔士波伊斯的蒙哥马利城堡和西约克的桑德尔城堡。

中世纪晚期，欧洲出现塔式房屋建筑。除此之外，石弓制作不断进步，盔甲设计及引进的火炮技术也有所提升。在百年战争期间的多场战役中，由传统弓箭演变而来的长弓发挥了毁灭性作用，这在阿金库尔战役（1415年）中最显著。

到了中世纪后期，人们改变防御设计以增设大炮，并且尽可能地抵御敌人所使用的大炮：城墙高度降低后以土制防御墙加固，外加菱形棱堡防护。至15世纪末，战船上也开始设置大炮。16世纪之初，随着火炮技术不断进步，加之政局时常陷入混乱，在棱堡的关键位置上修筑炮台已然成为各国国防建设的一部分。

| 1346年 | 1361年 | 1443年 | 1461年 | 1513年 | 1545年 |
|---|---|---|---|---|---|
| 在爱德华三世统治下的英国军队在克雷西战役（Battle of Crécy）中部署了三到五门大炮；同年，他们使用大炮围攻加来（Calais）。 | 入侵军丹麦皇家军队与当地古特兰军爆发维斯比之战（Battle of Visby）。城墙外挖有五处乱葬坑。 | 科诺城堡（Castle Kolno，西里西亚）围攻战发生。此后，考古调查不断展开，考古学家能了解围攻中使用的各类武器。 | 在陶顿战役（Battle of Towton）中，约克军击败了规模更大的兰开斯特军。后来，有关学者利用金属探测绘制战争范围。 | 弗洛登战役（Battle of Flodden）涉及40000名英国和苏格兰士兵。考古学家在一项考古调查中发现了三发子弹和一些铅弹。 | “玛丽玫瑰”号（Mary Rose）在战争中沉入索伦特海。后发掘出的船体遗骸为有关学者探索都铎王朝武器和装备提供了独特角度。 |

# 蒙古人 1206—约1369年

蒙古人是游牧民族，不过成吉思汗意识到帝国需要一个固定的中心城市，于是其选择哈拉和林（Khara Khorum），其子窝阔台（Ögödei）后来在哈拉和林建造蒙古都城。忽必烈汗后迁都大都（今北京）。部分当时建筑物和文物得到保存，包括标记城市边界所用的石龟

1206年，蒙古的部落首领铁木真（1162—1227年）统一蒙古各部，史称“成吉思汗”。成吉思汗是杰出的政治家和军事领袖，在击败敌对的蒙古部落后，他通过制定一系列社会和法律法规，将各部融汇结合。这些严格法规的强制实行，遏止了部族成员的虐待行为，拯救了穷人，并形成了精英管理模式。成吉思汗将各部落联合组织成为一个强大的军事机器，他们先是击败了近敌西辽游牧民族，还有中原的金朝，然后迅速征服了丝绸之路沿线城市、波斯东部、高加索和俄罗斯南部地区。

成吉思汗死后，蒙古人手中的帝国疆域已横跨中亚地区，延伸至里海。在他的儿子和孙子统治时期，蒙古帝国版图囊括了中国、西亚大部分地区和朝鲜地区。蒙古人以野蛮冷酷的方式征服了他们的对手，但随后他们为帝国土地上幸存的居民带来了一定的和平、稳定和繁荣。成吉思汗提倡贸易和手工艺活动，物品多是传统游牧蒙古人赖以生存之物。他允许多宗教发展并鼓励识字。

不过在继承蒙古帝国最高权威的过程中，各相关者关系日益紧张。1294年，蒙古实际分裂为四个独立的汗国，成吉思汗的继任者继续实行其祖先的政策。继任者们成就非凡，包括建造了带有常规车站的道路，并沿道路发展快捷的邮政服务；资助艺术、科学和教育；帮助各行人员有效运用自身专业技能，无论管理员、军事技术专家、建筑师还是工匠；鼓励同亚洲及以外地区发展一切贸易，包括思想、植物、技术、宗教和各类商品。

## 焦点

**蒙古宝藏**

1240 年，成吉思汗之孙拔都（Batu），率领后来被称为金帐汗国（Golden Horde）的蒙古军队征服了俄罗斯南部公国。金帐汗国随后统治该地区，接受供奉，不过 1369 年后，汗国的地位日渐下降。考古学家在北高加索地区及伏尔加河沿岸发现了汗国考古遗址。图为 14 世纪晚期的汗国藏品，其中一些由金制成，来自克里米亚的辛菲罗波尔（Simferopol）

**忽必烈汗的入侵舰队**

1281 年，成吉思汗之孙、蒙古统治者、中国皇帝忽必烈汗派遣了一支庞大的舰队攻打日本，结果遭遇了激烈的抵抗。此外，因一场可怕的风暴（日本人称为“神风”），忽必烈舰队的大量船只在高岛附近沉没。1991 年，有学者发现蒙古将领曾包围过高岛，随后开始大量的水下挖掘工作。他们发现大量物品，包括造船木材和蒙古军用设备，例如陶瓷弹丸和其他忽必烈舰队所用的材料

## 马背上的战争

蒙古人自童年起便开始训练骑射，他们能发动闪电袭击，轻松摆脱追击，其机动性也有助于侦察。作为游牧民族，他们轻装上阵，其身体强壮、坐骑骁勇，能在冬天狩猎。其他游牧团体和蒙古人一样，也有这些特征。不过，成吉思汗的军事天赋将蒙古士兵变成了纪律严明的世界征服者。

成吉思汗将年龄在 14—60 岁的男性以十人、百人、千人和万人为单位组织分配，每个单位选取一名指挥。少部分指挥员身着盔甲，佩戴锥形头盔和胸甲；其战马也身着装甲。行军途中，为提高速度，蒙古士兵每人最多身骑五骑，他们经常更换坐骑，以免马匹累垮。纪律如山，士兵在训练中必须精确执行调动，根据火箭、鼓或横幅发出的信号行事。蒙古士兵使用复合弓，善用箭雨杀伤敌方人马，常常借此以少胜多。在单兵作战中，蒙古士兵则用长矛。他们尽量避免一对一的战斗，以减少伤亡。蒙古人的胜利离不开各类战术，如假装撤退等。同时，先进的战斗计划和战术灵活性也是其胜利的重要因素。

蒙古人宣称反抗者必处以死刑：如果一座城市没有立即投降，那么将会惨遭屠城。因此，在蒙古人的进攻过程中，许多城市未战便降。同时，蒙古人会从敌人那里学习军事技术，包括波斯的攻城设备和中原的火药炸弹，甚至还会征召被征服地区的职业军人。

# 奥斯曼帝国

1. 老太后清真寺（Atik Valide Mosque，1583 年）内的伊兹尼克多彩瓷面板

2. 1574 年，塞利米耶清真寺（Selimiye Mosque）建成，位于土耳其西北部的埃迪尔（Edirne）

13 世纪开始，地中海东部地区的主要势力开始逐渐衰弱。1204 年，第四次十字军东征洗劫了君士坦丁堡，拜占庭帝国遭受严重打击。1243 年，塞尔柱人被蒙古人打败，到了 1299 年，一个位于安纳托利亚西北部塞尔柱和拜占庭边境的小公国，在其领导者奥斯曼一世（Osman I，约 1258—1326 年）的统治下，开始利用当地的政治真空进行他们的扩张，这就是奥斯曼帝国的萌芽。到了 1354 年，奥斯曼人占领了博斯普鲁斯海峡欧洲一侧的加里波利，1361 年占领了阿德里安堡，将其作为新首都并改名为埃迪尔内。

1400 年，奥斯曼人控制了巴尔干半岛和独立的小国家安纳托利亚，统治着一个从多瑙河到幼发拉底河的帝国。1402 年奥斯曼被帖木儿打败，接着穆罕默德二世继位，并在 1451 年收复了失地。“征服者”穆罕默德二世将帝国疆域扩展到北部的匈牙利边境，包括黑海沿岸的大部分地区，还有安纳托利亚的剩余部分。在那个时期，他摧毁了拜占庭帝国。1453 年，他占领了君士坦丁堡（后称伊斯坦布尔），从而使奥斯曼人完全控制了博斯普鲁斯海峡，这道

## 重要事件

| 1281 年 | 1389 年 | 1402 年 | 1453 年 | 15 世纪 60 年代 | 1514 年 |
| --- | --- | --- | --- | --- | --- |
| 埃尔图鲁尔加齐（Ertoghrul），是塞尔柱－拜占庭边界瑟于特（Sogut）周边一个小国的第一任已知统治者；其死后，其子奥斯曼继承王位，成为第一任奥斯曼帝国苏丹。 | 在科索沃战役（Battle of Kosovo）中，奥斯曼军队击败塞尔维亚人和波斯尼亚人，随后控制了巴尔干半岛大部分地区。1393 年，奥斯曼帝国征服了保加利亚。 | 帖木儿（Tamerlane）在安卡拉战役（Battle of Ankara）中击败奥斯曼帝国，不过很快于 1405 年去世。奥斯曼帝国丧失了对巴尔干半岛和安纳托利亚公国统治权，但在 1451 年失而复得。 | 君士坦丁堡落入奥斯曼帝国之手，拜占庭帝国灭亡。随后，奥斯曼帝国保护了这座城市，君士坦丁堡摇身一变，成为他们宏伟的新都伊斯坦布尔。 | 穆罕默德二世开始建造装饰华丽的托普卡珀皇宫（Topkapi Sarai），即奥斯曼帝国苏丹在伊斯坦布尔的宫殿。 | 萨法维帝国受到与奥斯曼宗教持不同政见者支持，与奥斯曼帝国爆发冲突，最终在恰尔德兰战役（Battle of Çaldiran）中被奥斯曼帝国打败。 |

海峡是黑海和地中海连接欧亚的海上贸易路线的重中之重。威尼斯人和热那亚人是当地贸易的主要经营者，但在 1475 年，穆罕默德二世占领了克里米亚卡法的热那亚贸易站，获得了东部的贸易控制权。威尼斯人当时本来就和热那亚人是宿敌，但他们又不得不与奥斯曼人进行谈判和对抗，用以维持他们的贸易。1499 年奥斯曼人在海上打败了威尼斯人。在 1571 年奥斯曼帝国被勒班托击败之前，奥斯曼的海军一直是欧洲地中海强国的主要威胁。与此同时，奥斯曼对地中海南部盆地的统治和泛亚贸易的争端，促使其他欧洲国家尤其是葡萄牙，通过绕过非洲的航行来寻找通往东亚的海上航线。

穆罕默德二世的继任者巴耶塞特二世（Bayezid II）和塞利姆一世（Selim I）与波斯的萨法维王朝（Safavid Empire）发生了冲突。1514 年，奥斯曼人战胜了萨法维人，并吞并了边境酋长国杜勒卡迪尔。这使得奥斯曼人与马穆鲁克帝国陷入敌对的状态。1517 年，当塞利姆占领开罗，控制叙利亚、西阿拉伯和埃及时，奥斯曼人也打败了马穆鲁克帝国。

塞利姆的继任者、伟大的苏莱曼（在位时期：1520—1566 年）延续了奥斯曼帝国在东欧的扩张，1526 年在莫哈克斯战役中击败匈牙利，1529 年到达维也纳的城门之下，但最终攻城失败。苏莱曼在围攻匈牙利锡盖特堡时战死。他的尸体被带回伊斯坦布尔埋葬，但他的一部分内脏被埋葬于锡盖特堡的古墓中，直到 2015 年被发现。

16 世纪，奥斯曼帝国已是一个成熟国家，以其纪律严明的军队、先进的武器（如攻城炮）、宏伟的建筑和艺术作品、高效的政治管理、教育和福利（包括医院）、公共厨房等而闻名。其中最著名的市民是伟大建筑师米亚·希南（Mimar Sinan，1491—1588 年），他主导建造了 300 多座建筑，包括大篷车、宗教学校、公共浴室、墓地和桥梁等土木工程项目，但他最棒的作品是清真寺。在埃迪尔内的塞利米耶清真寺（见图 2），他建造了超越圣索菲亚大教堂圆顶的巨大圆顶。这一时期的许多清真寺，都采用了来自伊兹尼克镇的精美瓷砖（见图 1）。

在穆罕默德四世（1648—1687 年）的统治下，奥斯曼帝国再次扩张，但后来形势逆转，1699—1795 年，他们分别被奥地利、波兰和俄罗斯击退，埃及则在 1798 年起义并脱离了奥斯曼帝国。尽管奥斯曼帝国后来进行了改革，但它到 19 世纪还是失去了统治力，西方列强在第一次世界大战后夺取了其领土的控制权。

**1520—1566 年**

伟大的苏莱曼一世统治时期，他支持发展法律、文学和艺术，并扩张帝国疆域，创建了一支海军。

**1568—1574 年**

埃迪尔内的塞利米耶清真寺由伟大的建筑师希南建造，它的圆顶比圣索菲亚大教堂圆顶更宽、更深。

**1571 年**

奥斯曼舰队在希腊西部的勒班陀战役（Battle of Lepanto）中被神圣同盟（Holy League）击败。舰队丧失 2 万水兵，而对手仅仅损失 7500 人。

**1609—1616 年**

艾哈迈德一世（Ahmet I）下令建造蓝色清真寺，由希南的学生赛德夫哈尔·穆罕默德阿迦（Sedefkar Mehmet Agha，？—1617 年）负责设计和建造。

**1683 年**

奥斯曼军队围攻维也纳，随后被波兰的扬三世·索别斯基（Jan III Sobieski）打乱。1684 年，神圣同盟将奥斯曼军队赶出巴尔干半岛。

# 蓝色清真寺 1609—1616年

在蓝色清真寺内，中央穹顶及四个半圆形穹顶由四根巨大的柱子支撑，四周扶壁支撑其他半圆形屋顶；寺内四角各有一个穹顶。如此设计创造了一个巨大的开放式大厅，自然光线充足，能反射出美丽的蓝色釉面砖。地板上的地毯由专人捐赠，定期更换

## 定位

自1603年起，奥斯曼帝国与萨非王朝（Safavid Persia）爆发战争；不过时运不济，1618年奥斯曼帝国最终失败，丧失了大部分高加索地区领土。苏丹艾哈迈德一世（1590—1617年）下令建造了一座清真寺，即苏丹艾哈迈德清真寺（Sultan Ahmet Mosque），现在通常被称为蓝色清真寺，因其内部铺有许多蓝色瓷砖。艾哈迈德一世选址极佳，清真寺位于前拜占庭帝王宫殿的遗址之上，毗邻圣索菲亚大教堂，不过由于建造清真寺费用超出国库资金，外界对其怨声载道：此类工程通常是为了庆祝胜利，受战利贡品支持完成。

苏丹艾哈迈德清真寺的建筑师是阿尔巴尼亚人，名为赛德夫哈尔·穆罕默德阿迦。他天赋异禀，也是伟大建筑师希南的得意门生和助手。1606年，穆罕默德接替希南出任皇家建筑师。1609—1616年，穆罕默德对蓝色清真寺进行设计和建造。穆罕默德沿着希南脚步，将其设计以圣索菲亚大教堂所示的宽敞穹顶建筑为基础，不过其为了满足伊斯兰神圣建筑的不同空间要求，对建筑进行了部分修改。

为了与古典清真寺设计保持一致，蓝色清真寺所在区域由三面带门石墙包围。在该区域内，中心的位置是清真寺及其整体庭院。一扇朝向该区北角的大门通向了伊斯兰学校。毗邻清真寺东边的建筑是一座皇家亭楼，亭楼外建有一处坡道，苏丹可以骑马进入。亭楼内部建有一座能俯瞰博斯普鲁斯海峡的凉廊、两个房间、连接清真寺内皇庭的通道，还有一个由大理石柱支撑的屏风平台，其中配有精美的米哈拉布。

1. 米哈拉布和敏拜尔

当地清真寺的主要特征是米哈拉布，是一种拱形壁龛，虔诚地朝向麦加的方向。图中右边的设施名叫“敏拜尔”，是星期五伊玛目礼拜时讲道用的讲坛。蓝色清真寺内的敏拜尔都是由大理石制成的，其上刻有华丽的雕花

2. 窗户

清真寺内有 200 多扇窗户用以提供光亮，窗户围绕墙壁和穹顶底部共有三层。最初窗户用的彩色玻璃是威尼斯人（中世纪以来的玻璃制造能手）赠送给艾哈迈德苏丹的礼物，但如今多数窗户都被劣质的现代玻璃取代

3. 伊兹尼克瓷砖

清真寺内共饰有超过 20000 块伊兹尼克瓷砖。伊兹尼克釉面陶瓷最初受中国瓷器启发，烧制于 15 世纪晚期，采用蓝白色花卉图案。随后，其他颜色逐渐出现，不过蓝色始终处于主导地位，如蓝色清真寺

▲ 蓝色清真寺外建有六座尖塔，这种场面十分独特：清真寺四角中的每一处都建有三座露台；庭院远角的剩余两处建有两座露台。所有的露台都由钟乳石支撑

## 内院

在一处由大理石铺成的庭院中，院内三面建有由大理石和斑岩石柱支撑的穹顶拱廊，沿着第四根柱廊往前，即可进入蓝色清真寺。清真寺入口处的穹顶上饰有一块刻有《古兰经》铭文的大理石镶板。庭院中心立有一座精心雕刻的喷泉；由于虔诚的信徒在祈祷前需进行洗礼，所以洗澡用龙头藏于外部的画廊之中。

# 印度和斯里兰卡

1. 德里的聚礼日清真寺贾玛尔清真寺（Jama Masjid Mosque，1644—1656年），由莫卧儿帝国皇帝沙贾汗（Shah Jahan，1592—1666年）建造
2. 印度泰米尔纳德邦蒂鲁卡卢昆德拉姆城镇（Tirukalukundram）中巴萨瓦萨乐斯瓦尔神庙（Bhakthavatsaleswarar Temple）内四座瞿布罗之一
3. 古尔伯加堡（Gulbarga Fort，14世纪）是印度卡纳塔克邦古尔伯加的巴赫曼尼苏丹国（Bahmani Sultanate）的核心大本营

公元1000年，印度教在印度的地位逐渐提高，佛教则开始逐渐衰落，但在斯里兰卡一直繁荣至今。印度北部在政治上是独立的地区，那里的重要王朝包括拉贾斯坦邦和古吉拉特邦的拉吉普特公国，以及比哈尔邦和孟加拉邦的帕拉斯。而印度南部则由其他伟大的王国所统治，比如德干的遮卢迦王朝和更远的南方的帕瓦纳斯和潘迪亚，到9世纪被朱罗王朝继承。这些国家是印度洋贸易的领导者，它们与东南亚新兴国家的交往，反映在佛教、印度教文化和建筑的传播上。国王和公民里的富人阶层对宗教艺术和建筑传播做出了最大的贡献，他们还为寺庙捐赠土地并提供劳力。寺庙会进行土地改良，提供教育并对贸易提供帮助。

寺庙是现存主要的建筑遗迹。随着人们开始独立建庙，石刻开始逐渐减少，并出现了一些其他特点。最明显的是庙上会有一座精心装饰的塔，塔的形式因地制宜。北部是一座尖塔，东部是一座弯塔，南部是一座分层塔。寺庙一般建在围墙内，南部这些分层的塔门名为戈普拉斯（见图2），通常有一座柱

## 重要事件

| 8世纪 | 1000—1025年 | 1206年 | 1336年 | 1398年 | 1509—1530年 |
|---|---|---|---|---|---|
| 位于埃洛拉（Ellora）的宏伟凯拉萨神庙（Kailasanatha Temple）成为印度教岩砌建筑的最后一座。 | 阿富汗伽色尼的马哈茂德（Mahmud of Ghazana，971—1030年）先后对印度发动17次进攻，并用战利品装饰他建立的城市伽色尼城。 | 库特布丁·艾伊拜克（Qutb ud-Din Aibak）建立了德里苏丹国。伊勒杜迷失（Iltutmish，？—1236年）统治时期，德里苏丹国疆域从信德省和旁遮普省延伸至比哈尔邦和孟加拉国。 | 毗奢耶那伽罗城建立于卡纳塔克邦；为抵抗来自德干的入侵，印度帝国建立。 | 帖木儿入侵印度，攻陷德里，使得日益衰败的德里苏丹国最终瓦解。1451年德里苏丹国内负隅抵抗的最后部分地区被洛迪斯（Lodis）征服。 | 毗奢耶那伽罗王朝最伟大的统治者克里希纳德瓦拉亚（Krishnadevaraya）统治时期；他加强中央集权，大力支持寺庙建设。 |

状大厅（曼达波），许多寺庙的内外表面都布满了富有意义的雕刻。

帕拉瓦神庙中后来出现了一个寺庙蓄水池（或水库），慢慢地在南部寺庙中这变得很常见。这在一定程度上反映了当时的执政者开始为印度南部和斯里兰卡的农业提供灌溉工程的支持。公元 1000 年，灌溉工程持续发展，蓄水池随处可见，斯里兰卡人还修建了长长的运河和宏伟的水坝。

北方经常被草原游牧民族或波斯、阿富汗的定居者入侵，从 8 世纪开始，主要是穆斯林的入侵。作为伊斯兰教最初传播过程的一部分，信德省在 712 年被阿拉伯人短暂占领。1175 年，古尔王朝的穆罕默德（1149—1206 年）入侵印度，他的继任者建立并扩张了德里的苏丹国。1320 年夺取政权的穆罕默德·图格鲁克曾短暂地将苏丹王国扩展到遥远的南部，1398 年，塔穆雷洗劫了德里，苏丹王国分崩离析。

1345 年残暴的巴曼沙（1291—1358 年）夺取了德干的控制权，他的王国以古尔巴加为中心（见图 3），后来分裂成五个独立的苏丹国。他们向南的扩张被从 1336 年兴起的毗奢耶那伽罗帝国所阻止，后者致力于保卫印度教。约在 1500 年，毗奢耶那伽罗国王的王朝控制了南亚次大陆南部的三分之一，开始了他们对南部王国和酋长领主的统治，并达到了鼎盛时期。由于高度军事化，他们牵制了北部的穆斯林军队，他们采用的火器和大炮，使他们的骑兵（马和大象）近乎现代化，甚至招募穆斯林士兵加入常备军，扩充势力。帝国在 1565 年被德干苏丹联盟推翻，但留下了农业改良的基础，增加了贸易活动，重建了寺庙，并建立了包含新建筑的城镇以及复杂的社会制度。

1526 年，巴布尔（Babur，1483—1530 年）征服了德里的苏丹国，建立了莫卧儿王朝，并在 1527 年击败了拉吉普特王子的联盟。巴布尔利用灌溉为农业、工业和贸易所带来的财富，在他的新王国推广伊斯兰文化知识。他的继任者进一步建立了庞大、完善的帝国，这个帝国因其对艺术、建筑和知识分子生活的支持而闻名（见图 1）。不仅如此，他的背后还有强大的军事力量支持，但许多地区仍在印度教的统治之下，多数人在信仰上仍是印度教徒。伊斯兰教在莫卧儿王朝的行政和军队信仰中占据统治地位，但主要是在种姓最低的成员中推广。印度教国家继续控制信德省和旁遮普省，包括拉吉普特和马哈拉塔斯。在奥朗则布（1618—1707 年）死后，莫卧儿帝国走向衰落，并在不同宗教的统治下逐渐分裂成较小的国家。

**1526 年**

帖木儿的曾孙巴布尔，最初来自中亚的费尔干纳，击败了帕尼帕特（Panipat）的洛迪斯并创立了莫卧儿王朝。

**1565 年**

塔利科塔战役（Battle of Talikot）中，毗奢耶那伽罗帝国被来自德干地区的穆斯林苏丹击败，城内惨遭洗劫长达 6 个月，后来城市被废弃。

**1570 年**

法塔赫布尔西格里是莫卧儿王朝的都城。直至 1585 年，阿克巴尔（Akbar，1542—1605 年）将拉合尔（Lahore）作为发展基地，法塔赫布尔西格里才逐渐门庭冷落。

**1632—1654 年**

莫卧儿皇帝沙贾汗在阿格拉建造泰姬陵（Taj Mahal）花园和陵墓，以纪念他心爱的妻子姬蔓·芭奴（Mumtaz-i Mahal）。

**1639 年**

莫卧儿王朝国王沙贾汗（1592—1666 年）迁都德里。在当时的新城、如今的德里旧城（Shajahanabad），他建造了红堡和贾玛清真寺。

**1658—1707 年**

莫卧儿皇帝奥朗则布（Aurangzeb）统治时期。由于他强力推行伊斯兰正统观念，引起了国内印度教徒的极大痛苦和不安。

# 毗奢耶那伽罗 1336—1565年

16世纪，克里希纳德瓦拉亚在毗奢耶那伽罗城建造维塔拉神殿（Vitthala Temple），神殿包括一处带有门廊的矩形围区，正中央是重要的神龛，周围是稍次要的神社和其他建筑物。中央神殿供奉毗湿奴神（Vishnu）化身的维塔拉

毗奢耶那伽罗，意为“胜利之域”，是一座印度帝国都城。都城位于印度南部，建立目的是对抗不断侵扰国土的伊斯兰势力。两个多世纪以来，毗奢耶那伽罗城成功遏制了伊斯兰势力向南扩张。据传，约1336年，两名老兵兄弟哈利哈拉（Harihara）和布卡（Bukka），作为地方州长官效忠伊斯兰地区统治者，经旁人劝说，兄弟俩发动了东征以保卫印度教神明，反抗伊斯兰统治。全盛时期，他们创建的帝国是印度最伟大的国家之一，统一了印度南部，同时掌控北部苏丹国。虽然持续的战争消耗了国家资源，不过也促进国际贸易及建设灌溉工程，这大大提高了国家生产力，使得人民日渐富庶。

毗奢耶那伽罗城占地10平方英里（约26平方千米），周围建有七层同心城墙，外部有三块农田区。城中是王室中心区，中心区的东部是一片占地极广的住宅区；圣地中心位于栋格珀德拉河（Tungabhadra）南岸，与王室中心区相隔一座小山和灌溉农田。城中的主要寺庙都修建了宏伟的大道，一些大道建有石制拱廊、公共建筑与富商的店铺和房屋。城中道路网错综复杂，许多道路是石头铺就的。毗奢耶那伽罗是当时世界上最大的城市之一，为一睹其壮丽之姿，外国游客蜂拥而至。同时，它也是一座礼仪和宗教中心，国王扮演着重要的角色。毗奢耶那伽罗是国家的行政资本，一个主要的商业中心，也是强大的军事基地。

克里希纳德瓦拉亚（1509—1530年）统治时期，毗奢耶那伽罗城发展至顶峰。不过，1565年，穆斯林苏丹国在卡纳塔克邦北部的塔利科塔击败了毗奢耶那伽罗军队，城市沦陷，被洗劫长达6个月。随后，这座城市被彻底废弃。然而，在20世纪初，考古学家对毗奢耶那伽罗城中心亨比（Hampi）地区进行研究，并展开了部分挖掘。自20世纪70年代以来，相关人员开展了大量的发掘、记录和修复工作。

## 定位

### 1. 曼达帕和维摩那

中心神殿分为两部分：一部分是曼达帕（mandapa，立柱大厅），外围有细柱，细柱内为饲养的雅力斯（角狮）。楼梯两侧为刻有大象和雅力斯图案的栏杆；建筑底部的带状装饰上刻有马及骑手形象。另一部分是曼达帕通往的维摩那（主神殿），其内部有一间柱形前厅

### 2. 拉塔

在宗教节日中，人们常将神灵雕像放于拉塔（一种寺庙用推车）中游行。从 12 世纪开始，南印度寺庙建筑群中有时会建造一种以拉塔造型出现的神殿，俗称“石头殿”。图中的拉塔曾经有由砖和石膏盖成的上层建筑。拉塔中安放着毗湿奴的坐骑——半人半鸟的迦楼罗（Garuda）塑像

### 3. 惊人的环境

毗奢耶那伽罗位于伟大的栋格珀德拉河谷，掩映于花岗岩悬崖和丘陵之间，地处一片火山活动频繁的地区。大自然的力量在这里创造了一幅非凡景观——散落的巨石彼此堆叠，看上去极不稳定却又保持相互平衡，仿佛是一只巨人的手。这座城市错综复杂的建筑巧妙地贯彻了这一点，令人叹为观止

### 4. 瞿布罗

城北、城东和城南分别建有一座瞿布罗（一种纪念门廊），可以通过其进入维塔拉神殿。瞿布罗基地由花岗岩建造，上部为砖和石膏，上层建筑以阶梯状逐渐堆砌，饰有精美花纹。瞿布罗是毗奢耶那伽罗建筑风格的一大特征，在帝国衰落很久之后，印度南部寺庙设计依然会采用此种风格

▲ 城市及道路网的中心地位为当地重要的皇家神庙哈扎拉拉玛庙（Hazara Rama / Ramachandra）。寺庙及其围墙上的浮雕展示了拉玛的生活场景——史诗《罗摩衍那》（*Ramayana*）的英雄及当地的重要神祇

## 王室中心区

毗奢耶那伽罗的王室中心区包括多座宫殿、60 座寺庙和其他建筑，彼此相邻，称为建筑群，而其外围建有一堵花岗岩墙。哈扎拉拉玛庙位于中央位置，其东侧为公共和举行仪式用建筑，西侧是王室和上层阶级住处。南面的建筑包括一间百柱会客厅和一座宏伟的阶梯井，井中水源来自由多条水道沟渠构建而成的高效水道网。女王浴池（王室洗浴用水亭）内有一座中央水池，周围环绕着带露台的拱廊。东北方向是一间巨大的大象饲棚，顶部有 11 个巨大穹顶，内有精致的莲花玛哈尔亭，完美融合了印度教和伊斯兰的建筑传统。

# 法塔赫布尔西格里 1570—1585年

法塔赫布尔西格里的私人观众厅是一间面积极大的会客厅。会客厅中央是一根浑然一体的巨大圆柱，圆柱上有多个支架支撑一座圆形的平台，平台上建有画廊，延伸出去可连接墙体周围的画廊，访客便坐在下方讨论。对于公众来说，附近的公共观众厅是一座凉亭，凉亭西侧皇帝就座的地方有一个地势较高的小房间

莫卧儿建筑常给人深刻印象：各种宗教建筑元素的综合体。大多莫卧儿建筑都建有柱厅、门廊、穹顶，饰有丰富的装饰。阿克巴（1542—1605 年）统治时期，此类建筑高度融合，十分和谐，例如位于法塔赫布尔西格里的建筑群。莫卧儿建筑的全盛时期是沙贾汗（1592—1666 年）统治时期，比如他在德里旧城中拉尔奇拉（红堡）中建立的宫殿。在后世皇帝统治时期，莫卧儿建筑的数量逐渐减少。

1571—1972 年，阿克巴下令建造法塔赫布尔西格里，城市建筑由当地随处可见的红砂岩建造；不过 1585 年，城市便被遗弃。城墙内部整片区域都被划为宫殿区域，宫殿中独立的组成建筑呈几何状分布。宫殿中的建筑物包括巨大的坚固砖石结构和轻盈通风的凉亭。办公建筑位于建筑群西侧，私人住宅区则位于东侧。1638 年，统治者下令在红堡中增添华丽元素装饰，不过这些华丽元素皆被封闭掩盖于巨大的防御墙内；同时，红堡被改建为独立建筑，各建筑间由庄重的花园相互连接和分隔。建筑物由红砂岩建造，饰有最精良的材料，包括大理石和宝石。

莫卧儿宫殿的组成建筑多样。其中包括公共观众厅（Diwan-i-Am），一个处理公共事务的观众接待厅，以及皇帝听取相关负责人讨论的私人观众厅（Diwan-i-Khas）。同时，宫殿内还有私人居住区和独立的函馆泽纳纳（Zenana），用于安置后宫女眷。宫殿的其他部分包括一间库房、行政办公室、军火库、浴室、马厩和侍臣、警卫和宫廷工作人员的住处。这些建筑彼此独立，通常相互连接，经常设置在花园中。

**五层宫**

法塔赫布尔西格里城中建有各式各样的富丽建筑，包括“迷宫”（Ankh Michauli），或称之为金库；附近的“占星宝座”（Astrologer's Seat）是一个小亭子；还有五层宫（Panch Mahal），是一座五层柱厅建筑，建筑楼层向上边长逐渐减短。最初，圆柱间放置着屏风，皇室女眷可以在屏风后散步，欣赏下方的阿努普塔拉奥池（Anoop Talao），五层宫是举办音乐会的娱乐场所。各类服务设施主要位于建筑下层

**泽纳纳**

法塔赫布尔西格里宫殿内有数座泽纳纳建筑。最大的一座为久德哈拜宫（Jodha Bai），为皇家女眷闺房。其宽敞的中央庭院周围环绕着装饰精美的圆柱和露台。庭院屋顶铺着绿松石砖。一座较小的宫殿，名为哈拉玛萨拉（Haramsara），是地位较低的宫廷女眷住所。这些建筑物通过一条覆有上盖的通道连接起来，女眷们可以往来于各座建筑。另一座较小的泽纳纳为玛丽亚姆·萨曼尼（Mariam-uz-Zamani）的宫殿，就位于哈拉玛萨拉附近

## 莫卧儿花园

莫卧儿的开国皇帝巴布尔（约公元 1483—1530 年）在回忆录中记录了他热切思念自己在中亚的花园。因此，他在印度新建了一座花园，沿用了查赫巴格花园（char bagh）的样式，这是一座由两条交错水道（象征着天界之水）分割的庄严花园。莫卧儿花园的设计中包括流动的水、映射天空的水池、水果及树荫、鲜花、鸟类、草坪和宜人微风。法塔赫布尔西格里宫殿是第一座将花园建在宫殿内部的莫卧儿宫殿，其中包括一座位于久德哈拜宫北侧双层的露台花园。如查赫巴格花园一样，阶梯状设计成为莫卧儿花园的典型特征。阿克巴尔统治时期，开始定期修建花园，并在都城拉合尔建造了许多精美花园。后来，莫卧儿皇室也对花园产生了浓厚的兴趣。在大量莫卧儿花园中，贾汉吉尔（Jahangir，1569—1627 年）之妻和儿媳在阿格拉河岸上建造其中两座；花园层层叠起，最顶部为一座查赫巴格花园。贾汉吉尔之子沙贾汗曾详细描述花园中查赫巴格花园的模样，这里是其心爱的妻子坟墓——泰姬陵的所在地。

沙贾汗统治时期，花园成为宫殿设计协调融合的特征，象征着人间天堂。由于建筑掩映于葱茏之中，植物形象得到增强，模糊了结构和景观之间的差异。红堡中的整座宫殿被设计成一个花园，亭台和大厅设于露台上。其建筑采用镜面花园形式，尤其是最大的花园——城内御花园（Hayat Bakhsh）。宫殿内圆柱形似松树，水道遍布建筑物，水流潺潺；大理石和宝石制成的装饰性花卉和植物将天花板和墙壁变成了一个虚拟的花园。

# 东亚的文化宝藏

1. 位于日本奈良县斑鸠町（Ikaruga）的法隆寺（Hōryū Temple）鸟瞰图

2. 神话中的龙龟模样的高丽青瓷（绿色）水壶

3. 严岛神社（Itsukushima Shrine）内伸入濑户内海中的水中鸟居

文化宝藏富饶的现代中国、日本、朝鲜同属东亚国家。从 6 世纪到 15 世纪，东亚区域贸易网络和通往欧亚大陆的长途贸易路线推动了东西部科技、文化传播和交流。古时候，这些贸易线曾是交通要道。新发明（纸、指南针、水车）、宗教信仰和社会风俗、商品和原材料（丝绸、瓷器、漆器）皆由四处云游之士传扬。

人们有时将从唐朝（618—907 年）到明朝（1368—1644 年）这段时期（大多属于中世纪时期）看作中国的黄金时代或古典时代，其陶瓷、建筑可谓无与伦比。实际上，考古学对当时社会、经济、文化发展都有着生动的记叙。例如，考古学家已经发掘了唐朝的都市、陵墓和宋朝（960—1279 年）的宫殿、皇家园林。制造于元朝（1271—1368 年）的 6 艘木船象征着

## 重要事件

| 552 年 | 605 年 | 7 世纪 | 8 世纪 | 10 世纪 | 12—13 世纪 |
|---|---|---|---|---|---|
| 两名波斯僧人从中国将蚕偷运回东罗马帝国，开始在欧洲和小亚细亚生产丝绸。 | 横跨洨河的赵州桥竣工。桥体建于隋朝（581—618 年），由李春负责建造，桥长超过 37.5 米。 | 日本引入佛教后，当地居民开始选择火葬。相较于日本大和时期，朝鲜半岛统一的新罗王朝更喜欢火葬。 | 奈良法隆寺落成，其中有日本最古老的木结构建筑。 | 高丽王朝时期，统治者在朝鲜松山山脚下建造了巨大的满月台（Manwoldae）宫殿建筑群。 | 青瓷的生产和多功能金属印刷的发明是高丽王朝的重要文化成就。 |

海上贸易出现。此外，考古学家还一道发现了青铜器、铁器、陶器和370件磁州窑瓷器。自宋朝以前，陶瓷制造业迎来了全新的鼎盛时期。不管是官方瓷窑还是民间瓷窑都家喻户晓，其中包括汝、官、哥、定、钧五大名窑。

明代皇陵中唯一完整发掘的是明朝万历皇帝朱翊钧（1563—1620年）的陵墓，即定陵。该陵墓的建造长达6年多，出土文物多达3000件，包括金银器皿、青瓷、白瓷等。明朝的经济发展迅速。早在宋朝人口就开始增长，到了明朝，增长速度进一步加快。在短短3个世纪内，中国人口从8000万—9000万增长至1.5亿。

日本进入飞鸟时代（552—645年），也标志着它走进了中世纪。这一时期，大和王朝建立，此后诸朝代皆有史可稽。这一王朝借鉴以儒家思想为基础的中国官僚体系，建立了自己的政权，并鼓励传播风靡中国的佛教。不论都市还是农村都开始兴建寺庙。从1191年开始，日本逐步转为信奉传统神道教和禅宗。

12世纪末平安时代结束之后，17世纪初德川幕府统一日本之前，日本许多地区建立城镇。镰仓是新的行政中心，而大阪附近的堺市是贸易中心，福井是一座重要的战略城堡。此外，还有一些城镇是大型宗教中心。研究日本中世纪时期的考古学家在宗教中心、都市和城堡上用力颇深。据证明，竖有红色鸟居（见图3）的严岛神社神道建于6世纪，是最早的神社建筑。有关文献记载，奈良县（见图1）内法隆寺附近建有48座佛教纪念建筑，有几座修建于7世纪末或8世纪初，是世界上现存最古老的木质建筑。通过考古学工作，人们也对当时的瓷器和陶器有所了解，例如“有田烧”的诞生地和早期烧制中心有田古窑遗址的发掘。

高丽王朝（918—1392年）是朝鲜历史和文化的鼎盛时期。到10世纪初，雕版印刷术非常发达，能刻印整部佛经。朝鲜的“白锤纸”在东亚地区颇负盛名。当时建造的陵墓和庙宇，则见证了朝鲜建筑的辉煌成就。高丽皇家陵墓大多坐落于朝鲜开城附近。其中，恭愍王陵保存得最为完好，并筑有石室，墙上饰有壁画。恭愍王于1352—1374年在位，这一时期最重要的金属物品是佛教铜钟和香炉。在发掘坟墓（见图2）时发现的青瓷，则是当时最著名的陶瓷制品。

| 1271—1295年 | 1271—1368年 | 13世纪 | 1400年 | 1405年 |
| --- | --- | --- | --- | --- |
| 尼可洛（Niccolò，1230—1294年）和马费欧·波罗（Maffeo Polo，1230—1309年）在尼可洛之子马可（Marco，1254—1324年）的陪同下，第二次访问中国，马可后将其旅行以文字记录下来。 | 元朝定都大都（今北京）。 | 丝绸之路贸易在蒙古帝国时期到达顶峰，这是蒙古帝国统治下亚洲相对和平的时期。 | 金阁寺和银阁寺在日本京都落成。 | 郑和（约1371—1433年）率领大型海上探险队穿越南海和印度洋，到达非洲东海岸。 |

# 唐朝

220年，东汉灭亡，中国在经历三百年分合之后，于隋朝再次统一，隋朝之后，即迎来盛世唐朝。成功的外交、国际贸易活动、繁荣的文化和有时被称为“世界主义风格”的行为方式，使唐帝国成为中世纪世界最伟大的帝国之一。长安，作为当时的中心和都城，云集了来自印度、阿拉伯半岛、朝鲜及日本的商人、传教士和遣唐使。此外，唐朝的建筑也是集大成之作，城中有大量木质宴会厅、宫殿和寺庙；不过，大多建筑后来被毁，但仍可以透过如今的韩国及日本寺庙追忆其风格。南禅大殿（Great Hall of Nanchan Temple）建于782年，是如今仅存的木结构建筑。当时，佛教僧侣建造修道院和宝塔，他们将新的建筑思想带至中国。从唐朝开始，砖石建筑变得更加普及。

1. 毗卢遮那佛是龙门石窟奉贤寺内主要供奉的佛
2. 在敦煌的佛教石窟寺庙中发现的刺绣丝绸横幅
3. 在法门寺的宝塔下发现的镀金容器

## 重要事件

| 618年 | 663年 | 683年 | 7—8世纪 | 704年 | 约710年 |
|---|---|---|---|---|---|
| 唐朝开国皇帝唐高祖李渊登基。 | 长安大明宫落成，作为皇家住所历经220多年。 | 唐代唯一的女皇武则天继位。 | 生活于中国中部地区的僰人建造悬棺。2015年，人们在湖北省秭归县磨坪村外发现131具悬棺。 | 统治者下令重建位于陕西省西安市南部的佛教巨塔大雁塔。 | 刘知几编著的《史通》是中国乃至世界上首部系统性、综合性的历史批评著作。 |

在佛教艺术中，诸如位于河南的龙门石窟（Longmen Grottoes，见图 1）等佛教石窟是最好的例子。石窟共有 1400 座洞穴，其中有多达 10 万尊雕像，尺寸从 2.5 厘米到 17 米不等。法门寺（Famensi Temple）位于长安以西 75 英里（约 120 千米）处，以发现在宝塔地面下隔层地窖而闻名。法门寺建于 874 年，由于其考古数据与唐代佛教历史事件完美匹配，因此该遗址十分珍贵。曾有一段时间由于暴雨，寺庙中的宝塔建筑坍塌，露出三个连续的石室，最里面的一间位于地基之下。考古学家在一副石棺内发现的被密封的 400 件金器、银器、西域琉璃、陶瓷和茶具，其中部分为唐代制作最精良的文物（见图 3）。819 年，著名诗人韩愈（768—824 年）曾在文章中写道，棺内最重要的物件是一组圣物箱，每口箱内都放有传说中佛陀的“指骨舍利”。

长安城的城市结构呈方形网格状，城市被划为一块块较小区域，其中包括市场、制造区、寺庙区、行政大楼和位于城北的皇宫。长安城内共有 100 多座佛教寺院、41 座道观、2 座皇室宗庙、7 座外国宗教教堂及 6 处墓地。1999 年，考古学家对已经被毁坏的隋唐圜丘遗址展开发掘，此处曾为皇帝祭天之处。它位于长安东南郊，建于隋朝，在唐末被废弃，其历史比北京天坛更悠久。圜丘由夯土和白色石膏层建成，共有四层圆形平台，每层高约 2 米，祭坛外围有 12 级台阶，用于祭祀仪式。考古学家发现，唐墓中经常陪葬一种描绘中亚人物形象的三色陶俑，如士兵、宫廷女眷、骑手、骆驼（有时是领头骆驼，有时乐师乘骑，有时运载商品）。

唐朝时期，丝路贸易繁荣，大篷车运载着各类奢侈品和日常用品，穿过欧亚半球，从东方送至西方。焉耆（Karashar）的马匹、拜占庭的玻璃高脚杯、印度的药品、撒马尔罕的水晶和玛瑙被源源不断运至长安。作为交换，纺织品、茶叶、纸张和陶瓷即为长安的外运商品。丝绸也是一件主要的贸易物品。最精美的丝绸用于女性服装制作和精致绘画（见图 2）。此外，大规模生产用于海外出口的产品。1998 年，考古学家在加斯帕海峡（Gaspar Strait）发现了勿里洞（Belitung）沉船——一艘被淤泥保存完好的遇难阿拉伯单桅帆船，船上携带 63000 件唐代陶瓷、银器和金器。此外，对外贸易的发展也为中国带来了新技术，其中许多技术促使唐代管理制度逐渐完善，包括天文学（国家历法）、农学、水利工程和运输（税收、食品和商品）。

| 747 年 | 约 845 年 | 858 年 | 868 年 | 904 年 |
| --- | --- | --- | --- | --- |
| 长安故宫大厅内装有一种水力风扇轮，其可以像空调一样降温纳凉。 | 唐武宗统治时期，佛教地位下降，成千上万的寺院被毁。 | 大运河洪涝严重，中国北方大片土地被淹没。 | 发现于敦煌佛教洞穴的《金刚经》是现存最古老的全尺寸书籍，其以常规尺寸印制，并附有插图。 | 唐朝的末代皇帝唐哀帝继位，15 岁时被朱温暗杀。 |

# 唐皇陵 619—907年

乾陵是唐朝第三位皇帝高宗的安息地，其统治时期可追溯至649—683年，在其死后，其妻武则天登上皇位。武则天自690—705年在位，是中国唯一的女皇。高宗去世后，她派遣风水大师，只为在关中平原择一处合适的墓地。他们最终选择了梁山，海拔1069米

唐皇的陵墓群集中在其都城长安附近地区，散落于整个关中平原。该区域被认作中国的帝王谷，因为其中不仅包含西汉至唐代帝王的陵墓，而且其还是数百个附属墓葬群的所在地，墓主包括皇室宗族与文职和军事官员。其中最大的两座唐陵是昭陵和乾陵。昭陵是唐朝第二位皇帝唐太宗之墓。626—649年，唐太宗在位，其见证了中国最伟大的文化和政治成就之一。昭陵拥有中国乃至世界皇家墓葬中最大的墓地。陵墓周围建有部分王室成员及侍臣的附属墓葬，虽然其中一些陵墓已被打开，但主要的墓葬仍在等待挖掘。

这些皇陵的表层结构包括巨门、两侧立有石像的狭长的神道、大型的封闭地宫花园、纪念堂、奠堂、小屋、圣地和皇家成员居处。在乾陵，墓地中建有一间复杂的地下室，需通过斜坡向下方可到达。通道、拱门、走廊与房间的墙壁和屋顶部分都绘有壁画；壁画多描绘仕女、各级官员、马倌及马匹、士兵、官员和坟墓守护兽，种种图案反映了当时的宫廷生活。其中两幅壁画，分别命名为《马球赛图》和《特使与访客图》，描绘了长安与丝绸之路西部地区间的文化交流。

**三彩马**

这匹立马以所谓的三彩釉技术绘饰，即三彩。唐三彩物件里最常见的颜色是棕色、绿色和奶白色，它们经常相互融合，产生独特的效果。人们通常制造唐三彩作为陪葬品

**永泰公主陵**

唐末和五代时期（907—960 年），长安的 17 座唐陵被劫。只有少数墓穴被考古学家发掘，如永泰公主墓。他们在公主墓中发现了许多精美的壁画，包括前室墙壁上的一系列十六仕女图

## 乾陵中的石雕

神道是一条大道或人行道，用于连接为贵族成员和皇室成员建造的墓葬群及其最外边廊。在传统角度上，一条神道始于坟墓的南壁，一路笔直至南方，延伸至建筑群的南部外缘。乾陵中，神道长度超过 1 千米。神道两侧列有大量石像，包括各类神兽遗迹、日常动物，如飞马、狮子和鸵鸟——从历史记录中可以看出，620 年，西突厥可汗向唐皇献奉鸵鸟（之前中国人对此种动物全然不知）；650 年，印度献上另一只鸵鸟。在神道雕塑中也出现了一支仪仗队与大量官员的雕像和其身边的马倌。

神道两侧及乾陵其他地方的巨型人像反映了唐朝的世界主义，并提供了唐朝使节与西亚使节往来接触程度的证据。在建筑群内的一处圣地中，有一大群代表来自六十多个国家的外交大使和外国使节的石像，他们参加了高宗的葬礼。这些人物的头部呈男性形象，相较于通常平整的人物身体雕刻，这种雕刻更具价值；因此在明代中后期，掠夺坟墓的盗墓贼常砍掉石像头部带走。

乾陵中并非所有的石像都为生物。神道上还有部分旨在阻止邪灵的八角形石柱；其中有三座石碑，其中一座雕刻日期比另外两座晚得多，为乾隆帝（Qianlong Emperor，在位时期：1735—1796 年）建造。

# 统一后的新罗王国

1. 庆州的王室瞻星台高 29 英尺（约 9 米）。一年 365 天，一天 24 小时无间断观星，观察和记录天体现象

2. 佛国寺的释迦牟尼佛像位于莲花宝座之上。佛像正对大海，一只手呈触地印（bhumisparsa mudra），即一种手接触地面的姿势

在击败百济、高丽和加耶之后，南韩新罗王国一统全境，汇集三个早期王国的文化。与此同时，新罗王国也受到唐朝及中亚的影响，吸收了部分外国传统和文化成就。新罗王国与唐朝皇帝之间的外交关系良好，大量经济和艺术交流得以成功进行，包括由唐朝进口各类奢侈品、书籍和艺术品，并将韩国学生派往唐朝学习佛教或儒学。到了公元 7 世纪，佛教成为新罗的主导宗教，君主、贵族、普通人皆是佛教徒。不仅如此，新罗还与日本和阿拉伯进行了海上联系。

统一的新罗王国具有强大的国王权力和地方政府。当时的国都为庆州，后发展成为以中国都城长安为蓝本的国际大都市。国内大肆兴建新寺庙、宫殿和科学研究中心。善德女王（Queen Seondeok）统治时期（632—647 年），其下令建造王室瞻星台（Cheomseongdae，见图 1）。天文台呈瓶状，由 27 块石垒成，是东亚现存最古老的天文台。

## 重要事件

| 668 年 | 674 年 | 682 年 | 7 世纪 | 751 年 | 774 年 |
|---|---|---|---|---|---|
| 在击败百济、高丽和加耶之后，新罗一统全境。 | 文武王（626—681 年）开始在靠近旧宫殿遗址附近建造一座人工池塘（现在称为雁鸭池）和花园。 | 国立儒家学院成立，数学、史学和天文学的奖学金不断增多。 | 禅宗（Zen Buddhism）从中国传入韩国。 | 佛国寺遗址开始动工，释迦塔（Seokgatap）建成。 | 位于庆州以东的石窟庵佛教石窟寺竣工。 |

根据历史记载，文武王（在位时期：661—681年）统治时期，674年，其开始在位于庆州的月城宫（Weolseong Palace）附近建造一座名为雁鸭池（Anapji）的人工池塘。考古学家对池塘周围区域进行发掘，即原来名为月池（Wolji）的地区，随后发现了抛砖、佛像、陶器、金属和漆器。与此同时，他们还在岸上发现了一条长约19英尺（约6米）的松木船。宫廷区用于举办国宴及接待外宾，在池塘周围进行了部分重建。

虽然新罗是朝鲜半岛史上最后一个信奉佛教的王朝，不过佛教一传入便被统治者当作国教，其也确实加强了统一的新罗居民的民族认同。庆州周围建有60多座佛教寺庙，其中大部分都在蒙古人入侵期间被摧毁。位于吐含山（Mount Toham）山坡上的佛国寺（Bulguksa Temple）被认为是佛教建筑的杰作。佛国寺建于751— 774年，基于古印度洞穴寺庙的风格。庙内包括一间长方形的前室和一间穹顶主室，主室中坐有一尊释迦牟尼佛（Sakyamuni Buddha，见图2），即光明之佛。佛陀附近立有41尊佛教诸神像，包括菩萨、门徒和守护神。经重修复原后，寺内建有两座宝塔和几处大厅，大光明殿（Hall of Great Enlightenment）是寺庙建筑群中的最重要建筑。如今，佛国寺已被列入联合国教科文组织世界遗产名录，同时还有同一地区的石窟庵（Seokguram）佛教洞穴寺庙。

为建造位于庆州的另一座佛教寺庙皇龙寺（Hwangryong，7世纪竣工）上的铃铛，金属需求剧增。皇龙寺楼高九层，完全由木材制成，没有使用一根铁钉。它是东亚最高的建筑，高达262英尺（约79米），是世界上最高的木结构建筑。

不过，其中最精致的金属制品也许仍是所谓的圣物箱，其中通常会盛放佛陀的一小份遗骨和佛教文本的细小残骸。这种物品通常外包有数层镀金青铜，最内部是一个容器，有时由玻璃制成。从新罗寺庙和墓葬中挖掘出来的玻璃证明了当时的新罗王国与西亚存在贸易。考古学家已发现了晚期罗马、萨珊时期和叙利亚时期玻璃与当地使用高铅成分玻璃制造的容器。坩埚及用于玻璃制造的黏土模具的发现，明确证实当地曾生产此类物品。

统一新罗时期的陶器上装饰图案密集。受佛教影响，当时的埋葬习俗发生了变化，为埋葬骨灰，套管出现，这些罐子上经常印有莲花图案。无釉和釉面商品 ——自前王国起使用情况无太大变化—— 被大量生产。考古学家在墓葬中发现了马、牛等十二生肖，舞姬、官员、外国人、士兵和侍臣的雕像，这些物品表明，当时的新罗王朝与唐朝及其他地方存在接触。

| 788年 | 790年 | 8—9世纪 | 8—9世纪 | 935年 |
|---|---|---|---|---|
| 引入基于儒家思想的国家行政人员考试。 | 代表佛陀之地的佛国寺庙建筑群竣工。 | 新罗与唐朝时期的中国建立了密切的关系，中国文化对其产生广泛影响。 | 新罗与日本及丝绸之路沿线国家之间的联系往来增长。 | 统一新罗的最后一位国王，庆尚王（897—978年），向高丽王国的开国皇帝王庚王（877—943年）投降。 |

# 雁鸭池 7世纪

雁鸭池及其重建建筑物构成了新罗皇宫遗址的一部分。这座人工池塘沿岸建有五栋建筑物，长 4363 英 尺（约 1309 米），可以看到池塘的全景

雁鸭池位于韩国庆尚北道的庆州，是统一新罗王朝古老的月城宫宫殿建筑群和历史悠久的花园区的一部分。在考古调查和发掘过程中，池塘于 1972 年被排干，考古学家因此发现成千上万的新罗文物。其中许多文物已被修复并重新安置到庆州国立博物馆。

池塘原名月池，这座人工池塘和花园由新罗第三十任国王——文武王开始建造。统一新罗战败后，该地区逐渐荒废；池塘名为雁鸭池，意为野雁和野鸭的栖息湖。1145 年，《三国志编年史》首次对这座池塘进行了历史记录："文武王在宫殿中挖了一座人工池塘，在池塘里筑了一座山。山上种植了各种花卉植物，养殖了珍稀鸟类和动物。"

当时，雁鸭池是一座拥有珍稀植物和动物的度假花园。为了给来自唐朝的中国使节留下深刻印象，湖周围蜿蜒曲折建有 12 座微型中国巫山的著名山峰。遗址中建有宫殿建筑和凉亭，如观海厅（Imhajeon）。所有的凉亭今已腐坏，不过湖边仍然留有一些原始的基石。

考古学家对池塘周围区域的淤泥层进行发掘，共发现了 3 万件古代文物，包括 5798 块瓷砖、1748 件容器、1132 件木质物体、843 件金属物体、694 件铁制物体、434 块兽骨、86 块木板和 62 件石制文物。在大量文物中最罕见的发现是一艘长约 19 英尺（约 6 米）的船，由松木板制成，发现于池塘岸边。此外，考古学家还发现了大量的佛教文物，包括镀金青铜佛像和可能用作祭坛物件的小形菩萨匾额。

**排水系统**

文武王建立庆州。这座城市位于广阔的平原之上，而建造人工池塘有助于该地区排水。城中建有精密的排水系统来应对降雨量的变化

## 王宫

有关学者认为，观海厅为王储居住的东宫中的主要建筑。此处的“海洋”即为池塘。观海厅位于十二座峰山体西侧（其为中国巫山的仿制品），一直是举办宴会、接待外宾之所，直到统一新罗时期结束。厅中可以容纳 1000 多人，是王庭外交和娱乐的场所。《三国志》中记载了在大厅举行的活动。

697 年 孝昭王（King Hyoso，第 32 任国王）为其臣民举办宴会。

786 年 风暴摧毁金海门。

804 年、847 年、867 年 金海厅先后被修复。

860 年 宪安王（King Honan，第 47 任国王）召开会议。

881 年 宪康王（King Heongang，第 49 任国王）举办宴会。他演奏了玄琴，放声高歌。

931 年 高丽太祖（开国皇帝）李成桂（King Daejo）受邀前往金海厅，参加敬顺王（King Gyeongsun，新罗末代国王）举办的宴会。

**屋瓦**

在已发现的瓷砖中，其上的图案样式已达 300 种。有些砖瓦上刻有制造日期，为 680 年。屋顶边缘常饰有带有龙纹的绿色玻璃设计，其可抵御邪灵

# 飞鸟时代和奈良时代

1. 位于本州南部奈良县的飞鸟寺是日本最古老的佛教寺庙之一

2. 奈良县法隆寺中的小型玉虫神社由木材、金属和漆建造。神社中饰有描绘佛教、宇宙学等各个方面的画作

3. 奈良县飞鸟村内高松冢墓中的“飞鸟美女”（Asuka Bijin）壁画

飞鸟时代（552—645 年）被视为日本的第一段有历史研究的时期。飞鸟是奈良市附近一片地区的名称，也是皇帝的故居。飞鸟时代，当时社会发生了重大的社会、政治和文化变革。其主要原因为佛教作为宗教系统的引入，部分取代了神道信仰。

佛教发源于印度，经丝绸之路传至中国，后通过中国传至日本；当佛教到达日本时，其已有 1000 年的历史。由于传至日本的佛教融入了各种文化，其中的图像及艺术风格发生了部分变化。由于流传多地，传至日本的佛教也发生了部分改良创新：中文书面语言、重量单位标准化和硬币铸造。此外，历史记录的概念来自亚洲大陆，后传遍日本列岛。受佛教影响，675 年，天武天皇（Emperor Tenmu，约 631—686 年）颁布了一项禁止使用牲畜劳力和食用猴子等野生动物的法律。

由于当时佛教正处于鼎盛时期，大量佛教寺庙开始出现于日本各地，例如建于 606 年的飞鸟寺（Asuka-dera Temple，见图 1），寺中有一尊呈坐姿的大型镀金青铜释迦牟尼佛像。当时，佛教艺术产业也同时开始发展，佛教寺庙

## 重要事件

| 538 年 | 6 世纪 | 600—659 年 | 601—607 年 | 604 年 | 708 年 |
|---|---|---|---|---|---|
| 日本定都位于奈良附近平原上的飞鸟地区。 | 佛教被引入日本。 | 日本派遣唐使入中国唐朝（618—907 年）。 | 圣德太子在奈良县的斑鸠町建造了佛教寺庙法隆寺。 | 日本摄政圣德太子根据儒家的政治及伦理思想制定《十七条宪法》。 | 开始建造奈良新都。 |

中饰有大量宗教绘画。飞鸟时代的一件罕见宗教画作即为法隆寺建筑群中玉虫神社（Tamamushi Shrine，见图 2）上镶板及门面上的绘画。

741 年，圣武天皇（Emperor Shōmu，701—756 年）颁布法令，下令在国都及向下地区建造寺庙。东大寺（Tōdai Temple）及其中正仓院（见第 468 页）建于743 年。东大寺是奈良市七大寺之一，寺中的大佛殿（Daibutsu-den）是世界上最大的佛堂。大佛殿中立有 48 根带漆朱砂柱，直径 5 英尺（约 1.5 米），高 98 英尺（约 30 米），支撑着殿中的蓝色瓦屋顶。根据记录，其建设动用了超过 260 万名民众，包括供粮者、木工、冶金者、织工和体力劳动者。最初的建筑群中包括宝塔，它们是当时最高的建筑物之一。被地震摧毁后，宝塔被重建了好几次。针对该建筑群的考古调查和发掘显示，发现的浅色木炭、黏土砖、铜和青铜碎片与大佛的建造有关。寺庙中的大多宝藏早已被窃，不过 1907 年，考古学家在佛陀膝盖下发现了两把圣武天皇之妻光明皇后（Empress Kōmyō，701—760 年）捐赠的宝剑。

在政治上，中国和朝鲜为中央管理的官僚政府树立了榜样。该项制度受朝廷控制，其下分管下属族长。7 世纪，大量外国使节、牧师和学生受官方任务被派往中国。600—659 年，日本派遣外交使团前往中国和朝鲜半岛。这次交流对日本的丧葬文化产生了巨大影响。这一时期的墓葬建筑与其前辈建造的陵墓不同。20 世纪 70 年代初，考古学家在奈良县飞鸟村中发掘出了可追溯至 7 世纪末或 8 世纪初的高山冢墓。石室和周围甬道被土丘覆盖，墓室内有一口朝南石棺。墓内的墙壁涂有石膏，墙壁和天花板上的彩色壁画（见图 3）展示了朝鲜高丽王国（公元前 37—668 年）中身着传统服饰的朝臣与白虎、朱雀、青龙和玄武星宿。

8 世纪以前，历代帝国王朝都会通过新建都城及皇宫来体现其权威地位。在奈良时期（710—784 年），日本京城位于现今的奈良市平城京（Heijō-kyō）。平城京仿照中国唐都长安建造，不过城外没有围墙。来自中国、朝鲜半岛和印度的商人、货商和使节通过丝绸之路将外国文化和思想引入日本，使得平城京成为日本第一座国际都城，也成为日本诸城市中心。后来，城中人口增长到 20 万人，政府官员人数达到 1 万人。

与此同时，奈良时期见证了大量文化发展。历史学家及考古学家坦言，最古老的文字记载历史文献及神话资料，《古事记》（712 年）、《日本书纪》（720 年）是其了解过去的重要工具，因为它们构成了现存最完整的古日本的历史记录。

| 708 年 | 712—720 年 | 734 年 | 734 年 | 784 年 | 794 年 |
|---|---|---|---|---|---|
| 第一枚日本铸造硬币出现。 | 日本第一部国家历史被编写。 | 空心干漆佛教雕塑的组合工作在奈良七大寺之一的兴福寺完成。 | 圣武天皇在奈良建造了世界上最大的青铜佛像。 | 日本京都迁至长冈。 | 日本进入平安时代，持续至 1185 年。 |

# 正仓院 约743年

正仓院位于东大寺内，曾是日本奈良香火旺盛的七大寺庙之一。正仓院位于大佛殿的西北侧，立有世界上最大的毗卢遮那佛青铜像，日本人称之为“东大佛”

在建立之初，正仓院只是东大寺院内的一间普通仓库；不过从奈良时代（710—794年）中叶起，其变成了一间藏宝之所。有关学者认为，正仓院中的大多数珍宝可追溯至公元8世纪及以后。这些物品都有其独特的历史归因和出处，种类从艺术品和手工艺品到经书、文献和手稿。正仓院中的大部分文物都产自当地，不过考古学家也发现了部分来自中国和朝鲜半岛的进口物品，甚至还有些更远的国家，例如印度、伊朗、希腊、罗马意大利和埃及。出于此项原因，正仓院被称为“丝绸之路的终点”。

756年，为纪念其逝世不久的丈夫圣武天皇，光明皇后向东大寺中的大佛殿捐赠了600多件物品。皇后先后五次向佛陀捐赠香油。在平安时代（794—1185年），大量的物品，包括用于佛教仪式的宝物、书册和器具，被转移至东大寺。

正仓院由日本扁柏建成，屋顶覆盖着传统的瓷砖。房屋长108英尺（约33米）、宽31英尺（约9米），总高度为46英尺（约14米）。地板高出地面9英尺（约3米），地基由天然石料筑成，可以防湿防潮。正仓院的确切动工日期至今不明，不过可以确定的是，其于759年落成，所有遗赠藏品清单中的物品一一得到落实。

正仓院中今存的珍宝数量超过9000件，从奈良社会的工艺品，至反映文化生活的海外礼物及捐赠：手稿、仪器、文具、绘画、纺织品、乐器、运动制服、武器和盔甲、服装和配件、工匠工具、香炉和医疗用品等。这些物件由不同材料制成，包括金属、木材、漆、玳瑁、兽角、陶瓷、玻璃和丝绸等。

**双陆棋**

双陆，字面意思为"双六"，是日本的一种棋盘游戏。6 世纪，这种棋盘游戏由中国引入日本，其规则与西方的百家乐棋相似。正仓院中存有 8 块以镶嵌技术制作的双陆棋盘，镶嵌物包括象牙、鹿茸、黄杨木、乌木和竹子。正仓院中的藏品还包括 6 个象牙骰子和 85 个由水晶、琥珀和玻璃制成的双陆棋子

**装饰铜镜**

正仓院中至今还存有这面铜镜，又名为平螺钿背八角镜（Hei Raden Hai no Hakkaku Kyo），其背面罕见地嵌有 8 世纪流行于中国和韩国的螺钿镶嵌。通常使用到的其他材料是蜗牛贝、底部涂有颜色的琥珀、红檀木、象牙和孔雀石。其上的设计多为"hosoge"，是一种神秘的花朵，融合了牡丹、莲花和其他花朵的各个方面

## 不朽之物

虽然现存于正仓院中的大多数古代文物都是由考古学家从墓葬或定居点内挖掘出来的，不过正仓院自身也藏有部分文物。这意味着在将其放入正仓院中时，这些物品状态良好，被保存在适宜的环境和气候中。虽然许多物品都是在日本本土制造，但大部分宝物的风格及装饰图案为中国唐代的典型。事实上，正仓院中的文物构成了世界上最大的唐式文物集合。

根据藏品种类，正仓院中物件被一一记录在列。第一簿记录珍藏品的名单被称为《国家珍宝账》，其中叙述了光明皇后收集罗列珍宝的目的和珍宝种类。正仓院中特别值得注意的是大量乐器。不同种类及数量的弦乐、鼓风和打击乐器为奈良时期的音乐习俗提供了大量研究资源。值得注意的是，藏品中包含一把七弦古筝、一把四弦琵琶，各种长笛、口琴、竖琴、排箫、金属乐器和一系列鼓。其中，一把五弦短颈琵琶尤为值得注意，因为其是绝无仅有的一把保存完好的此种乐器。琴由檀香木制成，上有珍珠母镶嵌而成的骆驼骑手装饰。

自明治时代（1868—1912 年）起，正仓院珍宝一直由皇室中央政府管理。普通大众通常无法进入其中，而一年一度的正仓院展览也仅能在短短几周的时间内展示 70 件物品。

# 东南亚

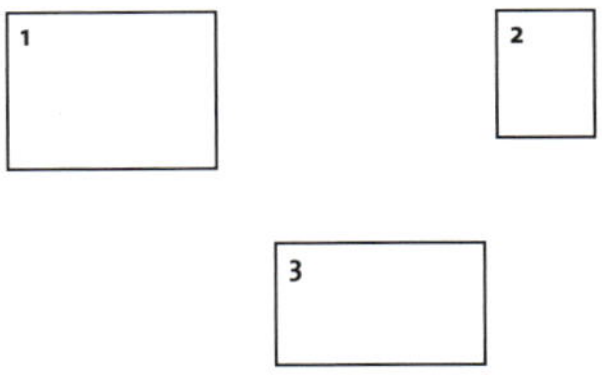

1. 坐落在爪哇婆罗浮屠寺庙上层露台的佛像被小佛塔包围
2. 这些古老的陶瓷碗来自印度尼西亚爪哇海中的一艘中国沉船
3. 作为柬埔寨吴哥窟的一部分，巴戎寺以其非凡的浅浮雕画和大量的飞天女神（天使舞者）像而闻名

约公元前 150—公元 150 年，东南亚大部分地区受到北方和西方邻国更成熟的文化影响。与此同时，国际贸易迅速扩张。来自印度尼西亚的舷外托架独木舟第一次抵达远至东非海岸地区；印度玻璃珠被贩卖至巴厘岛及大陆各区；柬埔寨成为东南亚地区与中国及罗马帝国进行贸易的中心。考古学家在该地区中发掘出中国的镜子和罗马的玻璃。

公元 6 世纪，印度的政治、宇宙学及宗教对东南亚大陆产生重要影响。泰国地区的王国热衷于引入印度思想，考古学家在加里曼丹（Kalimantan）东部和爪哇岛西部的岛屿上发现了第一批梵文铭文。印度风格，主要是宗教艺术，也传播至东南亚地区，并逐渐发展成为当地特色和全新形式。在接下来的一个世纪里，来自中国及其他地区的佛教学者到访苏门答腊（Sumatra）南部的巨港（Palembang），并于当地研究佛教教义，抄写各类文稿。8 世纪，缅甸（Myanmar）国王建造了已经无法用宏伟来形容的超凡寺庙和宫廷群，主要在蒲甘（Pagan）地区。最好的例子之一即为婆罗浮屠寺（Borobudur Temple），建于爪哇中部。寺有三层：第一层为内有 5 块同心方形平台的金字塔形基座，第二层为带 3 个圆形平台的锥形主干，顶部是 1 座巨大的佛塔。墙壁和栏杆上饰有精美的浅浮雕；圆形平台周围，建有 72 座内带佛像的镂空佛塔（见

## 重要事件

| 约公元 1—200 年 | 约 100—500 年 | 1—6 世纪 | 7—12 世纪 | 775—830 年 | 790 年 |
|---|---|---|---|---|---|
| 考古学家在整片东南亚大陆发现了许多印度制造的玻璃珠，证明了印度与东南亚之间的贸易往来日益增多。 | 印度尼西亚最引人注目的史前大型纪念石碑位于苏门答腊的帕加拉兰（Pageralam）附近。 | 喔吠港口（Oc Eo）是阜南王国（今越南和柬埔寨）的商业中心，参与海上贸易。 | 位于越南芽庄（Nha Trang）的占婆塔（Ch-am tower）建成。 | 爪哇地区兴建婆罗浮屠佛殿。 | 阇耶跋摩国王（King Jayavarman）建立柬埔寨高棉王国。 |

图 1）。850—875 年，统治者下令在爪哇中部的普兰巴南（Prambanan）地区建造一座大型印度教寺庙群，表明当时两种宗教共存的情况。当时，高棉（Khmer）国王开始修建一种寺庙，寺庙中央为模式化的阳具，即印度教神湿婆的林迦（lingam），为当地人崇拜的对象。在吴哥城中壮观的巴戎寺（Bayon Temple）外墙上，一处尚未完成的寺庙浮雕中就绘有这种印度教符号和飞天女神的场景（见图 3）。巴戎寺是吴哥城中最后一座国家寺庙，其寺庙塔楼上刻有 216 幅巨大的面孔像。

6—10 世纪，泰国的大规模定居点蓬勃发展，极有可能成为连接南亚和东南亚地区的国际贸易路线的一部分。这些城镇的确切性质及其关系仍不清楚。中国对当地的影响力也归功于贸易网络，这些贸易网络利用东南亚航运通过海上丝绸之路向西运送丝绸。约在 6 世纪，商人开始航行至三佛齐（Srivijaya），而货物被直接运到苏门答腊港口。导航技术的限制和一年中的主要风向影响，导致当时的船舶难以直接从印度洋进入中国南海海域。三佛齐小城逐渐发展成为佛教扩张的重要中心，不过到了 10 世纪，航海技术的发展使得中国和印度商人能直接在两国之间互通货物时，三佛齐的财富和影响力逐渐消失。在柬埔寨西南部的基里沙哥（Kiri Sakor）地区空斯达（Koh Sdach）海岸上发现的沉船表明，柬埔寨与泰国湾及东南亚大陆之间存在海上贸易路线。考古学家在当地发现了烹饪锅具、带有四个环形把手的储藏罐、盆、瓶、肯迪（饮用水壶）、盘子、餐盘、砂浆、瓷器和青瓷碗（见图 2）。在对陶瓷的初步分析后，有关学者发现这些物品可能产自泰国的两个窑炉。

| 850—1287 年 | 939 年 | 9—13 世纪 | 1100 年 | 1181 年 | 1287 年 |
|---|---|---|---|---|---|
| 蒲甘王国成为统一今缅甸地区的第一个王朝。 | 越南王国（Dai Co Viet，大瞿越）建立于东南亚北部地区。 | 真腊王国（Chenla）以湿米种植、灌溉系统和与罗马、希腊、印度和波斯的贸易而闻名。 | 最早的缅甸文字由雅扎·科默王子（Prince Yarza Komer）雕刻在石头上。 | 阇耶跋摩七世成为高棉国王。他下令修建吴哥窟和吴哥城。 | 蒲甘王国覆灭。人们摧毁佛塔，将砖块用于建造堡垒以防御成吉思汗的蒙古军队。 |

# 吴哥窟与吴哥城 12世纪

吴哥是东南亚最重要的考古遗址之一。它位于暹粒（Siem Reap）附近，距离现在的柬埔寨首都金边（Phnom Phen）西北约150英里（约240千米），面积超过155平方英里（约400平方千米），包括周围的森林、高棉帝国首都遗迹、吴哥窟遗迹吴哥城

“吴哥”一词源自梵语，意为“圣城”。不过，在历经数世纪后，吴哥已不是一般意义上的城市，而是更加繁华的所在，包含寺庙、纪念建筑、水库和灌溉系统。城中令人印象深刻的纪念建筑、大型水库和根据不同古城规划建造的精良灌溉系统，证明当时的吴哥城已发展出具有高度社会秩序的特殊文明。吴哥窟和吴哥城巴戎寺等寺庙，是最精致的高棉建筑代表。

吴哥窟是世界上最大的宗教纪念建筑，占地402英亩（约163公顷）。苏里亚曼二世（Suryavarman II，在位时期：1113—约1150年）统治时期，其下令建造吴哥窟作为一座印度教寺庙。不过到12世纪末，该寺庙逐渐成为佛教寺庙。吴哥窟包含一座寺庙山和后来修建的同心画廊，由加入天然树脂或熟石灰的砂岩建成。吴哥窟位于洞里萨湖（Tonl é Sap lake）西北岸，湖泊为其提供了灌溉用水；其中挖有精心设计的沟渠和护城河系统，水源储存在两座巨大的水库中。画廊内外与建有三条画廊和中央塔楼的寺庙本体都装饰着佛教和印度教的浮雕。

吴哥城内留有巴戎寺和其他许多寺庙的遗迹，不过少有住宅结构。吴哥城由阇耶跋摩七世（统治时期：1181—约1206年）建造，占地面积超过2224英亩（约900公顷）。城中最宏伟的建筑群为巴戎寺，寺庙以54座塔闻名，每座塔上都雕有观世音菩萨（慈悲佛）的巨大面孔。

**浅浮雕**

巴戎寺塔楼上佛像的下方，刻有大量精美的浅浮雕，浮雕描绘了日常生活场景和部分历史事件。图中所示浮雕（细节）位于东部画廊的南部，描绘了一支迈向战场的高棉行军军队。士兵们佩带标枪和盾牌，徒步翻山越岭，不过仍然有骑无鞍马的骑兵及佩带弓箭或标枪、骑着大象的军官领导。行军途中常有乐手敲锣打鼓，舞者沿途而舞。随军还有装运军队供给的有盖马车

**吴哥城沦陷**

9 世纪初，阇耶跋摩二世一统真腊地区酋长国，建立强大的高棉帝国。公元 9 世纪后期，耶输跋摩一世（Yasovarmon I，在位时期：889— 910 年）迁都吴哥，吴哥仍然是这个强大国家的中心；直到 1431 年，暹罗军队洗劫吴哥城一空。吴哥城破败后，城中居民基本上放弃其家园，重建和维护工作一直搁置。直到 19 世纪，考古学家才开始恢复过程

## 近期发现

2012 年、2015 年，考古学家在距古寺庙城市吴哥窟不远的地区，发现了许多从前无从考证的中世纪城市。为验证其发现，有关学者使用一种先进的地理空间技术——机载激光扫描技术绘制隐藏在植被下的城市的考古地图。调查区域覆盖 1901 平方千米，考古学家后在热带森林地下发现了一些人口稠密的大城市。他们认为，其中一些城市的历史可以追溯至 12 世纪，面积与柬埔寨今首都金边相当。此外，调查还发现了城市综合体的复杂结构，包括比以前假设的早几百年建造的水源和灌溉系统。

这些发现将揭示古代高棉城市究竟如何发展成为主导柬埔寨南部地区却又在 15 世纪最终衰落的超大城市。

# 非洲的国家组织

1. 一处大伊博（Igbo-Ukwu）遗址中的一座重建墓室。图片描绘了一位地位极高的人，他死后有五名仆从陪葬

2. 一尊铸青铜像，原型或许是一位名为艾迪娅（Idia）的王太后。贝宁青铜雕塑使用了现已失传的蜡铸技术

3. 马蓬古布韦（Mapungubwe）金犀牛制作于约1220—1290年。20世纪30年代，考古学家在挖掘过程中发现了27座坟墓。其中3座藏有黄金制品，丰富的陪葬品表明墓主很可能是地位最高的精英统治者

在非洲，古埃及是“伟大文明”的模板，而大陆其他地区的繁荣和高度发达的文化、定居点和城市却不太受重视。最早的文化包括诺克文化（尼日利亚）、麦罗埃文化、阿克苏姆文化（非洲东北部）和杰内·杰诺文化（Djenné-Jeno，位于马里）。公元后的1000年里，大量非洲著名的王国、城邦和帝国蓬勃发展。

考古学家长期以来一直对社会组织的演变颇感兴趣，社会组织的传统发展顺序是“群族—部落—酋长国—国家”。传统上，标志社会组织日渐复杂的特征包括农业、冶金业、文字、城市化、工艺专业化、劳动分工、阶级分层和中央集权的出现。在考虑非洲前殖民地社会的轨迹时，所有这些方面都需思考进去，但并非所有的社会组织复杂性都以这种“一揽子”特征来解释。例如，大多数社会并无文字记录，也并非自上而下的等级统治或传统意义上的“国家”。统治者权力来自各种资源（如牛、土地和贸易），分布不同，种类不一。

很明显，解释证据的工作也许很艰难。在尼日利亚东部的大伊博，考古学家发现一座建于约1000年末期，拥有极高身份地位者的墓葬建筑群（见图

## 重要事件

| 约300—1200年 | 5—7世纪 | 约700年 | 约1000年 | 约11—13世纪 | 12世纪 |
| --- | --- | --- | --- | --- | --- |
| 骆驼彻底改变了跨撒哈拉贸易，引入骆驼后，加纳帝国（毛里塔尼亚和马里）愈加昌盛。 | 由于苏丹对黄金的需求极大，跨撒哈拉贸易扩大。 | 强大的加奈姆帝国（Kanem Empire，涵盖乍得、尼日利亚和利比亚地区），一直持续至1376年。 | 大伊博墓室建立，墓主为一位祭司王，墓内有丰富的陪葬品和西非最早的青铜艺术品。 | 基尔瓦希瓦尼大清真寺（Great Mosque of Kilwa Kisiwani）建立，是掌控斯瓦希里海岸的基尔瓦苏丹国中心。 | 廷巴克图（Timbuktu）最初作为季节性定居点建立，14世纪前，定居点逐渐发展成为一处繁荣的贸易中心。 |

1）。在丰富的陪葬品中，有关学者发现了数百件非凡的青铜铸件和成千上万颗贸易珠。将其与中世纪同一地区的伊博王国恩里（Nri）相比，这座坟墓可能是非等级社会中祭司王的坟墓。

1000 年时期的王国和帝国，包括加纳（Ghana，马里和毛里塔尼亚）和卡内姆（Kanem，乍得及周边地区）帝国，在接下来的千年中逐渐扩张至非洲大部分领地。桑海帝国（Songhai Empire，15 世纪末—1591 年）是有史以来最大的非洲政体之一，其鼎盛时期占西非和萨赫勒地区面积近 58000 平方英里（约 15 万平方千米）。尼日利亚的中心城市伊费（Ife）建于千禧年中期，以制作于 13—16 世纪的青铜器、兵俑和石雕而闻名。即使这些政体共存于相似环境并具有相似的经济性，其之间的些许差异也使研究人员抛弃所谓单线性社会经济演化的观点，并将注意力转向其内部社会动态的多样性。

公元 2000 年，南部非洲出现三大主要城邦：马蓬古布韦（1220—1290 年）——考古学家于当地发掘出一座山顶墓地，为研究早期金匠提供了证据（见图3）；大津巴布韦（1100—1450 年）和卡米（Khami，1450—1830 年）。近期于津巴布韦马皮拉（Mapela）的研究表明，当时社会并非一时间内由一国独统，而是可能共存了数个王国。

在对非洲西部伟大文明的记叙中，纪念性建筑是另一项先进发展的传统标志。这一观点在一定程度上解释了众人对大津巴布韦等地的关注，不过也存在其他同样令人印象深刻的结构。约 1200 年，贝宁帝国（Benin Empire）诞生，其以熟练的青铜艺术品而闻名（见图 2）。少有人知其都城外建有城墙，而这些城墙也并没有得到完好保存。长达 9940 英里（约 1.6 万千米）、由夯土建筑而成的护城河和城墙网络，牢牢保护着这座城市，城墙内面积达 2510 平方英里（约 6501 平方千米）。贝宁城墙被誉为这个星球上最壮大的考古建筑。

15 世纪时，非洲被牵扯进最终遍布全球的贸易网络之中。非洲多地遗址中留有的东方贸易珠，便是此类大陆间往来程度的一个标志。许多商人和旅行者，包括伊斯兰的作家和后来的欧洲人，都在这里留下了他们对到访城市的文字记录。尽管如此，与欧洲的往来时常给非洲大陆带来严重迫害，欧洲人或攻打或殖民，拥有数百年历史的中心城市及当地文化遭到破坏。16 世纪初，葡萄牙人发起了残酷的跨大西洋贩卖非奴贸易，特别是将其从西非贩卖至新世界。早期被葡萄牙作家认为是繁华昌盛、秩序井然的贝宁城，在 1897 年被英国人洗劫一空，城市被夷为平地。考古学在强调过去非洲的复杂文化方面发挥了关键作用。

| 12—13 世纪 | 约 1200—1400 年 | 约 1220 年 | 16 世纪早期 | 1591 年 | 1897 年 |
| --- | --- | --- | --- | --- | --- |
| 埃塞俄比亚的基督教统治者下令建造一系列岩砌独石教堂，以表达其对“新耶路撒冷”的支持。 | 高品质的青铜和兵马俑雕塑传统在尼日利亚伊费地区约鲁巴城内的作品中达到了新的高度。 | 马蓬古布韦出现，其为一处早期的南部非洲城市中心，统治精英居住在一处易于守护的山顶之上。 | 跨大西洋的奴隶贸易开始了，非洲奴隶被运往新世界的葡萄牙和西班牙殖民地。 | 摩根军队在坦迪比战役（Battle of Tondibi）中击败了桑海帝国，导致了跨撒哈拉贸易的衰落。 | 英国军队惩罚性攻打贝宁城，城镇被夷为平地，城内大量艺术品被劫，包括世界著名的贝宁青铜器。 |

# 大津巴布韦 11—15世纪

图为大津巴布韦大围场外蜿蜒的干砌墙，墙高 36 英尺（约 11 米），是遗址中最壮观的一处。尽管墙体极高，但其可能并不是为防御而设计。该建筑群的一个突出特点是锥形塔。其独特的样式灵感或许来自谷物箱的形状

大津巴布韦遗址因其令人印象深刻的清水石墙建筑残垣及关于其起源之谜的争论而闻名。即使在今天，仍有观点认为大津巴布韦是由具有优越文化和技能的外国种族建造。然而，考古学已经清楚地证明，该处遗址彻彻底底是当地王国的中心地，王国内居民为今修纳人的祖先。修纳语中“dzimbabwe”一词可翻译为“石屋”。

大津巴布韦位于津巴布韦东南部，距马斯温戈（Masvingo）东南方向 19 英里（约 30 千米），是津巴布韦文化区内数百座石墙定居点中最大的一座，也是撒哈拉以南非洲最大的石墙定居点结构。遗址占地约 800 公顷。大约在公元 11 世纪，该地区开始出现居民，他们住在靠近石墙大围场（Great Enclosure，建于 14 世纪）的山顶上。与此同时，考古学家在遗址中发现了由达伽（daga，泥土和泥砖）制成的建筑和地板，但不可避免地，这些结构并没有得到良好保存。

截至今天，有关学者仍在不断研究和完善遗址内不同定居点出现的日期和顺序。各方学者对其功能的解释也有所不同，但许多人认为山顶遗址，至少在最初时期，是社会精英的住所。考古学家在这里发现了 8 个细致的皂石鸟雕刻，他们认为这些石鸟是皇室地位的象征。

在接下来的 3 个世纪里，大津巴布韦逐渐走向繁荣。当地居民靠牛和农作物维持生计。根据遗址中发现的产自波斯和中国的玻璃和陶瓷与来源于坦桑尼亚海岸外的基尔瓦基斯瓦尼岛上的硬币，有关学者认为该地区为当时的跨洲和后来的洲际贸易网络中的重要节点。当地的主要出口物可能是黄金和象牙。16 世纪，欧洲商人抵达此处，尽管当时当地的贸易已衰退了 50 年或更长时间。

针对贸易衰退的原因，有关学者争论不休，不过原因可能包括几个世纪以来供养近 1 万人口所造成的森林砍伐和环境退化。贸易量锐减和金矿耗尽可能是另一部分因素。

**“V”形图案**

大围场外墙的一部分装饰图案为可能具有象征意义的“V”形图案。在遗址西侧 185 英里（约 298 千米）处的卡米（一座大津巴布韦衰落后出现的中心城市），考古学家也发现了这种复杂的装饰性石雕，当地图案甚至更精细

**津巴布韦鸟**

在大津巴布韦的山顶上发现的雕刻石鸟由皂石制成，石鸟原本立于基座之上。尽管被称为石鸟，同时具有类似鹰的外貌特征，但其并非简单的已知禽类物种的写实刻画，部分石鸟展现出类人形象

## 考古学家名片

### 1888—1928 年

格特鲁德·卡顿·汤普森，生于英国伦敦，1906 年、1911 年两次游历埃及，1915 年参与发掘法国旧石器时代遗址后，对考古学发生浓厚兴趣。1921 年，进入伦敦大学学院（University College London）学习埃及学，师从弗林德斯·皮特里和马哈雷特·默里（Margaret Murray），后就读于剑桥大学。其早期的实地工作包括于埃及阿拜多斯及马耳他地区的挖掘，随后她在拜达里（El-Badari）王朝前埃及墓地及哈马米耶（El-Hammamiyah）定居点开展科学研究。从 1925 年起，她和埃莉诺·加德纳（Elinor Gardner）一道对法尤姆新石器时代遗址进行了广泛的调查。

### 1929—1985 年

1929 年，卡顿·汤普森最终公布了其研究的大津巴布韦原住民起源结果。回到埃及后，她在哈里杰绿洲进行调查和发掘。1937 年，她开始对也门胡拉伊达遗址（Huraydha）进行初次系统发掘。不过，第二次世界大战迫使实地考察结束，但卡顿·汤普森依旧继续其工作并出版其发现，包括一本回忆录。她于 1985 年去世，享年 97 岁。

## 大津巴布韦神话

自从葡萄牙旅行者在 16 世纪初首次到访大津巴布韦以来，各种有关该处遗址起源的解释层出不穷。1871 年，德国地理学家卡尔·莫奇（Karl Mauch，1837—1875 年）来到大井坝部分，他兴致昂扬地认为当地与所罗门王和示巴女王（Queen of Sheba）有所关联；西奥多·本特（Theodore Bent，1852—1897 年）则认为其由尼基人或阿拉伯人建造。

1905—1906 年，戴维·兰德尔－麦弗（David Randall-McIver）首次对当地进行正确的科学调查。虽然其发掘有限，但他得出结论认为，这座城市建于中世纪，而非远古，并声称当地相关的文物是由当地使用班图语的居民制造。1929 年，格特鲁德·卡顿·汤普森对当地进行了更严格的调查，她在调查中确认了一位原住民的血统。其发现决定性地驳斥了异域外国人的种族主义殖民神话和简单的当地人民缺乏建造此类别致结构能力的观念。

# 基尔瓦基斯瓦尼岛 11—16世纪

基尔瓦基斯瓦尼遗址因不断侵蚀的植被和海岸而遭到破坏，2004年，该处遗址被列入联合国教科文组织“濒危世界遗产名录”。经过一项重建计划，2014年，该遗址从名单中删除。重建工作帮助推广了该岛成为遗产旅游目的地

基尔瓦基斯瓦尼岛靠近坦桑尼亚南部海岸，是东非最重要的中世纪城邦发源地。该处定居点发源于公元8世纪至9世纪，不过于公元2000年，即伊斯兰基尔瓦苏丹国时期，达到其发展巅峰。

基尔瓦从16世纪的文献中被人们所知，例如《基拉兹纪事》(*Kilwa Chronicle*)，其中记录了一段设拉子王朝(Shirazi dynasty)统治的历史。20世纪50年代，英国考古学家内维尔·奇蒂克(Neville Chittick，1924—1984年)开始对此地进行考古调查，其发现了大量有关经济、物质文化、日常生活和社会关系的信息。该岛的繁荣富饶和权威地位，基于其在非洲和亚洲(包括阿拉伯半岛和中国)地区之间洲际贸易中的重要作用。基尔瓦与位于邻近岛屿中松戈马拉镇(Songo Mnara)上的石镇遗迹一道，为有关学者理解东非的斯瓦希里文化(Swahili culture)和早期伊斯兰建筑的发展提供了重要依据。

基尔瓦的富饶繁华，可以通过其制造于11—14世纪的铸币事实证实。考古学家曾在大津巴布韦发现了一枚带有基尔瓦苏丹国标志的硬币。12世纪下半叶，基尔瓦统治者控制了非洲黄金的重要贸易，并通过莫桑比克的主要港口索法拉(Sofala)将黄金运出。为了交换这种重要商品，大量瓷器、玻璃、珠宝和纺织品由印度及中国出口至基尔瓦。基尔瓦令人印象深刻的著名建筑有大清真寺(Great Mosque)和胡苏尼库布瓦大王宫(Husuni Kubwa)。为建造这些大型建筑，大量当地的珊瑚块被开采殆尽。

基尔瓦的富饶在14世纪晚期急转直下，后来短暂恢复。但最终，这座拥有约5000人的城市在1505年被葡萄牙人征服。

**胡苏尼库布瓦**

胡苏尼库布瓦大王宫建于14世纪，坐落于峭壁之上，尽管其居住历史极短，且在施工结束之前便被遗弃，不过其依旧是中世纪非洲最华丽的住宅之一。这座华丽的宫殿为苏尔坦·阿尔－哈桑·伊本·苏莱曼（Sultan al-Hasan ibn Sulaiman，在位时间：1310—1333年）而建，宫殿占地2英亩（约0.8公顷），包括房间多达100间的住宅区、私宅和商业区、一座凉亭和一个八角形游泳池。部分区域采用雕刻珊瑚板装饰，设计独特

**陶器**

考古学家在基尔瓦发掘出大量当地制造的无釉陶器，使用者为普通民众，用作家庭用途和一些进口商品。远至海湾国家和中国的陶瓷和玻璃遗迹证明了基尔瓦广泛的洲际贸易网络。与此同时，有关学者在沿海城镇发现了部分具有异国情调的商品，但在农村内部则无此类发现。部分精致物品，包括产自中国的青瓷釉面和波斯的彩陶，可能是精英阶级的专属物品，也是其财富和社会地位的象征

## 大清真寺

基尔瓦最著名的建筑可能是大清真寺，这座清真寺是16世纪以来撒哈拉以南非洲地区最大的一座，也是东非地区最古老的清真寺。清真寺内部分地基建于公元10世纪，不过大多数主要结构建于后两段时期。

北祈祷厅建于11—12世纪，包括16座有屋顶的海湾建筑。组成屋顶的圆柱由单块珊瑚雕刻而成，后来被木材取代。

14世纪时，苏尔坦·阿尔－哈桑·伊本·苏莱曼新建宏大的胡苏尼库布瓦大王宫，进一步扩大了这座古老的清真寺面积。随后开拓了额外30处海湾，新建多种额外房间和一座开放式庭院区域（后在15世纪被封闭）。其中一间房屋曾覆有大穹顶，大穹顶上饰有珊瑚镶板。这座穹顶被认为是非洲东海岸第一个真正的穹顶建筑，并且已经存在了近半个世纪。1331年，摩洛哥旅行家伊本·白图泰（Ibn Battuta，1304—约1368年）到访基尔瓦，曾对穹顶的辉煌进行描述和赞美。

# 拉利贝拉小镇 12—13世纪

埃塞俄比亚境内有数百座由岩石凿成的教堂，其中拉利贝拉是该国最具建筑和历史意义的教堂。救世主教堂（Biete Medhani Alem）被认为是世界上最大的岩砌教堂。对当地人而言，这座教堂就是一处圣地，是现今埃塞俄比亚东正教基督徒精神生活的中心

拉利贝拉小镇以镇内 11 座建于中世纪时期的教堂而闻名，这些教堂由位于埃塞俄比亚北部拉斯塔山脉（Lasta Mountains）中的火山岩建造而成。小镇以埃塞俄比亚扎格威王朝（Zagwe dynasty）的拉利贝拉王（在位时期：约 1181—1221 年）命名。在其统治时期内，埃及苏丹萨拉丁（Saladin）攻克巴勒斯坦，包括耶路撒冷圣城（部分仿照拉利贝拉遗址建造）。依照传统，埃塞俄比亚教堂以拉利贝拉为蓝本，在埃塞俄比亚本土上为朝圣者和信徒重现“新耶路撒冷”。拉利贝拉遗址包括一条运河，名为约旦诺斯（Yordanos）——以《圣经》中具有象征意义的约旦河命名。

虽然有关学者至今并未确定其具体建造日期，不过拉利贝拉岩石教堂已建成几个世纪，其中两座教堂可能曾经是 7 世纪堡垒和宫殿的一部分。拉利贝拉岩石教堂分为两块主要建筑群——北部和东部建筑群。教堂地底有一条迷宫般的隧道，连接着不同的建筑；还有各种仪式通道、陵墓和储藏室。其中部分教堂是整体式结构，由于开凿使得它们完全脱离悬崖面。最著名的教堂可能是圣乔治教堂（Biete Ghiorgis），教堂地处西边，地表与其他建筑隔开，不过其地下建有通道可以连接其他建筑。拉利贝拉岩石教堂建筑受到的影响多样，但其中的设计细节来自埃塞俄比亚 1000 年时期伟大阿克苏姆王国的建筑物。教堂室内装饰有雕刻的圆柱、拱门和拱形天花板，天花板上通常饰有几何图案。玛丽教堂（Biete Mariam）内饰有独特的彩绘设计，而米迦勒教堂（Biete Golgotha Mikael）则多以人物雕塑为主。

**耶玛汉那·克里斯托斯教堂**

耶玛汉那·克里斯托斯教堂位于拉利贝拉以北12英里（约19千米）处的一座小山之上。它建于一个天然洞穴内，建筑由木质横梁和石膏石交替搭建。另一座宏伟的阿克苏姆式教堂由扎格威王朝国王下令建造，它建造历史可能早于拉利贝拉教堂1世纪。耶玛汉那·克里斯托斯教堂以其引人注目的外观、雕刻的格子窗、精致的镶嵌天花板和几何设计而著称。虽然激光扫描显示其存在一些结构性裂缝，不过洞穴内的环境极大地帮助了其保存

**阿克苏姆建筑**

一些拉利贝拉教堂的设计细节，如以马内利教堂（Biete Amanuel），参照了阿克苏姆建筑风格。包括人造木窗梁端和门框，即为仿照阿克苏姆的巨型纪念碑。建筑正面的雕刻图案为分层形式，使人联想起用石头和砂浆分层筑平梁的建筑技术。援引阿克苏姆作为力量和繁荣的象征，可能是一种战略，旨在使扎格威王朝统治合法化并将其与埃塞俄比亚国家在第一个千年中的强大地位联系起来

## 圣乔治教堂

圣乔治教堂以埃塞俄比亚的守护神圣乔治的名字命名，是拉利贝拉四座整体岩石教堂之一，由柔软的粉红色火山岩雕凿而成。据传说，圣乔治曾责备拉利贝拉国王没有为其建造一座“房子”，国王听后立即下令建造这座教堂，而圣徒亲自监督了其建造。教堂的长、宽、高分别是12米、12米和13米，位于深沟之内。洞穴和壁龛雕刻在周围地道的墙壁上，考古学家在深沟内发现了古代宗教人物的遗体，另一些是居住于今埃塞俄比亚的东正教牧师。

教堂最显著的特色是其十字形平面图建筑，希腊十字形图案也装饰在外部屋顶上。其他设计元素包括百叶窗和参照阿克苏姆建筑风格的装饰。圣乔治教堂可能是拉利贝拉诸多教堂中在视觉上最引人注目的，也是保存最完好的。

# 廷巴克图古城 14—16世纪

廷巴克图遗址中藏有50多万件以阿拉伯语和非洲当地语言记录的古代手稿。其历史可以追溯到13世纪至殖民时代。直到最近，大多数手稿藏于私人图书馆中。由于手稿的腐坏危险和其最近成为极端分子的目标，出于保护的目的，同时为了将其数字化，几千件手稿被运出廷巴克图

整个撒哈拉沙漠地区的贸易可能始于公元1世纪，不过在骆驼作为运载坐骑被引入后，贸易得到飞速发展。7—11世纪，撒哈拉沙漠地区贸易蓬勃发展，贸易物品以黄金为中心，用以从北非换取盐。除了跨大陆贸易的经济重要性之外，贸易发展也促进了公元10世纪以后伊斯兰教在非洲大部分地区的传播。

廷巴克图，位于今马里，是大量在跨撒哈拉贸易中蓬勃发展的中心城市之一。其位于沙漠边缘，靠近尼日尔河，地理位置优越，公元5世纪初开始有人定居。到16世纪，廷巴克图已发展成重要的贸易、文化和伊斯兰教学习中心。在当时，城内居民人数可能达到10万人。与其他当时的中心一样，廷巴克图也是奴隶贸易的一座中转站，数百万撒哈拉以南的非洲人沿着贸易路线被贩运至各地。早期旅行者曾描述，例如，16世纪的利奥·阿非利加努斯（Leo Africanus），中世纪欧洲的廷巴克图是一个充满异国情调、遥远而富饶的城市。1324年，廷巴克图成为马里帝国的一部分，约1469年又被吞并入松海帝国。1591年，摩洛哥部队占领当地，标志着其衰落的开始。

作为伊斯兰教的中心，廷巴克图具有重要的历史意义，再加上古老的清真寺和陵墓，所以最终在1988年被列入世界遗产。2012年，廷巴克图成为全球头条新闻，缘由为极端分子摧毁了当地大量古建筑，其中包括16座陵墓中的14座，部分陵墓建于13世纪。幸运的是，这些陵墓如今已经得到修复。

**清真寺**

廷巴克图伊斯兰学术研究中心坐落着三座清真寺。桑科雷清真寺（Sankore，约 1325—1433 年）由建筑师易卜拉欣·萨希利（Abu Ishaq al-Sahili）设计，泥墙内建有木框架；津加里贝尔清真寺（Djinguereber，约 1327 年）由马里帝国穆萨一世（Emperor Musa I）下令建造；西迪牙希亚清真寺（Sidi Yahia，约 1400 年）由谢赫·埃尔莫赫塔·哈马拉（Sheikh El-Mokhtar Hamalla）建造，并以其第一位伊玛目命名。除宗教学习之外，这三座清真寺还为成千上万的学者提供了医学、天文学和物理学等各种学科的研究资料。至今仍未发现遗迹的马杜古宫（Madugu，14 世纪），也被认为是由穆萨一世建造

**盐贸易**

食盐作为防腐剂，价值宝贵，因此是一种重要商品。有时人们将盐用作货币，其也是几个非洲王国统治者有利可图的税收来源。公元前 5 世纪，希腊历史学家希罗多德提到了一条 450 英里（约 724 千米）长的“盐路”，“盐路”横穿沙漠，连接位于马里北部陶代尼（Taoudenni）的一座偏远盐矿与廷巴克图。今天陶代尼地区仍然进行盐贸易，每块盐板重约 66 磅（约 30 千克）

## 跨撒哈拉贸易

近 1000 年来，连接地中海与次大陆地区的贸易路线纵横遍布撒哈拉沙漠，从东非国家到西部王国及大西洋沿岸。发现于许多撒哈拉以南非洲地区的外来商品，可能曾经由骆驼运输，跨过沙漠。相关直接证据极少，不过，在 1965 年，一个法国考古学家在毛里塔尼亚（Mauritania）获得了一项重大发现：一架骆驼车队驮载货物车辆的遗骸，其可能在南方的旅途中被遗弃或遭抢劫。货车内包括约 2000 根黄铜棒和大量贝壳，其历史可以追溯到 12 世纪初。对跨撒哈拉贸易的了解已经改变了人们以往看待非洲的方式。人们越来越意识到贸易的重要性和影响，这对非洲文化和技术落后的现存神话提出了挑战，据说这些神话来自文明欧洲的“黑暗大陆”。事实上，几个世纪以来，通过撒哈拉贸易网，撒哈拉以南的非洲直接、间接地与地中海和其他地区产生了广泛联系并相互影响，尤其是在公元 10 世纪以后。

# 托尔特克和阿兹特克

1.《祖切－努塔尔手抄本》(*Codex Zouche-Nuttall*)讲述了鹿八日虎爪(Mixtec Lord Eight Deer，1063—1115年)和托尔特克领主虎四日(Toltec Lord Four Jaguar)的朝圣

2. 图拉遗址中的托尔特克战士圆柱描绘了羽蛇神的士兵，其凉鞋上饰有羽蛇神徽章

3. 来自普罗布拉乔卢拉地区(Cholula)的这种多彩陶瓷碗使用了米斯特克－普埃布拉风格传统元素

在1521年西班牙－阿兹特克战争(Spanish Conquest of the Aztecs)爆发前的5个世纪里，古典时代(200—900年)的伟大文明被一系列常常结为联盟的小型城邦所取代，而小型城邦的目的是提高自己的商业利益、捍卫自己的领土。强调神圣王权的独裁主义已经一去不返；相反，商业利益开始蓬勃发展，因为活跃的海上贸易体系不仅涵盖高档物品，还包括运输一些大宗散装货物，例如尤卡坦半岛(Yucatán Peninsula)沿岸生产的优质盐。以前用于制作供上层阶级消费的巧克力饮料的可可豆，这时被用作一种中间交易物，以促进迅速发展的商业交易。随着该地区经历了全球化浪潮的洗礼后，这些新的贸易网络正迅速将中美洲纳入世界体系。

后古代史(Postclassic period，900—1521年)可分为三个阶段。第一阶段是900—1150年，见证了图拉(见图2)、奇琴伊察和托尔特克文明的兴起。第二阶段是中古时期(1150—1350年)，见证了托尔特克体系的崩溃。随后大量居民从中美洲北部边境迁移至中央山谷，根据传说和考古学，这些新移民建立了自己的城邦。第三阶段是1350—1521年，是帝国建设时期。

## 重要事件

| 600年 | 600—700年 | 600—900年 | 900—1150年 | 1150—1250年 | 1325年 |
|---|---|---|---|---|---|
| 特奥蒂瓦坎帝国体系崩溃。 | 厄瓜多尔的冶金技术被引入并用于制作饰品和珠宝。 | 随着古典时代文明崩溃，中美洲出现政治动荡。 | 图拉及奇琴伊察地区出现托尔特克世界秩序。 | 大量北部居民迁至墨西哥中部山谷。 | 墨西加建都特诺奇提特兰。 |

1428年，墨西加人建造特诺奇提特兰（Mexica of Tenochtitlan）、阿科尔瓦人建造特斯科科（Acolhua of Texcoco）和特帕内克人建造特拉科潘（Tepanec of Tlacopan），他们本是来自西北的移民，数代之前定居于墨西哥盆地，后联合起来建立阿兹特克帝国，扩大他们对高地、后至热带低地的影响。在墨西哥盆地西部，今米却肯州（Michoacán），塔拉斯坎人团结统一建立了自己的帝国。他们为阿兹特克人的竞争对手，双方爆发过多次激烈战争。

托尔特克文化体系从根本上改变了中美洲。它代表了一种具有军事和宗教暗示的复兴运动，后迅速蔓延至墨西哥中部和玛雅地区。此种文化可能是基于对一位神秘历史人物、羽蛇神的化身阿卡特尔·托皮尔特辛（Ce Acatl Topiltzin Quetzalcóatl）的崇拜和在几个世纪的斗争后，对复活特奥蒂瓦坎黄金过去的愿望。事实上，人们有理由相信最初的托尔特克都城为特奥蒂瓦坎。西班牙人到来后写下的简单传奇历史表明，许多后古代时期小国都宣称自己为托尔特克后裔，但他们究竟是否属于托尔特克帝国，则是一项有学术争论的议题。

虽然许多新建立的后古典时代城邦依然由国王统治，但一些残存的本地书籍，如米斯特克（Mixtec）地区的《祖切－努塔尔手抄本》（见图1），将部分政治阴谋描述为假冒的托尔特克后代或著名将领篡位谋权。敌对政体激增，其联盟本质发生转变，与此同时，被用作贵族家庭交换衣物的复杂艺术品的制作量也不断增加，因为上层阶级成员常参加一些需要细致仪式以确认战略政治联盟的洽谈会。

后古代时期，中美洲各小国不断合并，该现象也反映于其共同绘制的图案中，通常被称为米斯特克－普埃布拉传统，风格上可以追溯到特奥蒂瓦坎的古典艺术。由于这种丰富多彩的艺术表现形式具有丰富的象征意义，因此其被用来制作仪式历书或记录家谱历史的书籍；也被当作装饰寺庙和宫殿墙壁的壁画；用于节日盛装祭品陶器（见图3）。它也是强大的阿兹特克风格的基础。

后古代时期中的最后几个世纪，见证了两个霸权帝国的崛起。不过，阿兹特克都城特诺奇提特兰（今墨西哥城）和钦春钱（Tzintzuntzan）的塔拉斯坎定居点是两座与众不同的城市。在西班牙征服时期，特诺奇提特兰城中居民有10万人，而钦春钱城人口仅剩35000人。然而，在阿兹特克人入侵其领土后，塔拉斯坎人表达出强烈抵抗意愿，并于1478年完全击败阿兹特克人。最终双方在共同边界建立堡垒，但是，正如考古分析所显示的那样，这并没有阻止塔拉斯坎青铜和黑曜石被贩卖至阿兹特克人领土。

| 1376年 | 1428年 | 1440—1469年 | 1478年 | 1502年 | 1521年 |
| --- | --- | --- | --- | --- | --- |
| 莫西擦第一任统治者阿卡马皮奇特利（Acamapichtli，？—1395年）继位。 | 在赢得与阿斯卡波察尔科（Azcapotzalco）霸主的独立战争后，三个城邦联合组建了阿兹特克帝国。 | 在蒙特祖玛一世（Montezuma I，约1398—1469年）统治下，阿兹特克帝国初次进行对外扩张。 | 阿兹特克军遭受塔拉斯军毁灭打击。 | 在探索新世界的第四次航行中，探险家克里斯托弗·哥伦布（1451—1506年）在洪都拉斯附近发现了玛雅人进行海上贸易的独木舟。 | 埃尔南·科尔特斯（Hernán Cortés，1485—1547年）领导的西班牙和印度盟军攻克了阿兹特克国都特诺奇提特兰。 |

# 奇琴伊察遗址 800—1050年

修女院（Nunnery）建于古典时代末期，位于尤卡坦半岛北部，是传统的华丽玛雅风格，其东翼整个立面饰有长鼻雨神恰克（Chaak）的马赛克面具。修女院门道筑成了张开大嘴的模样，仿佛进入另一世界的入口

最近有研究表明，8 世纪时，奇琴伊察作为重要中心城市出现；随着位于南部丛林的玛雅城市不断衰落，其权威稳步增长。从 800 年到 1050 年，因其控制了塞拉利托斯（Isla Cerritos）地区和伊拉娅王国北岸港口日渐昌盛的海盐贸易，该城市发展成为一座重要的经济重镇，占地面积超过 6 平方英里（约 16 平方千米）。可能是由于军事力量巩固，奇琴伊察的长途贸易网从西北带回了黑曜石、铜铃、绿松石，从中美洲南部带回了黄金。其中许多物品，随殉葬者一道，被作为礼仪祭品投入圣井。

考古学、神话传说和历史都有助于我们今天了解中美洲早期的古典时代。然而这些不同来源的数据并不完全适合单一表述。一个多世纪以来，学术研究的重点始终围绕奇琴伊察与今墨西哥中部城市图拉在建筑及装饰图像上的相似之处。不过，究竟是谁影响了谁？奇琴伊察展现出的是玛雅地区复兴的教条，还是一种侵略性的外国意识形态？也许两者都有，因为该处遗址显然是一种玛雅传统的改造，是一套更灵活的全新系统，可以应对当时不断变化的地缘政治。

奇琴伊察的政治结构不同于南方的古典时代城市。南部城市遗址中的铭文显示，当地居民将国王视为“神圣的领主”，而在奇琴伊察，几乎没有证据表明这座城市受王朝统治。一些人认为，当地政治由一组受主要发言人领导的理事会管理，而理事会成员由拥有城内主导血统的居民组成。奇琴伊察建筑物上的雕刻和绘画，标志着当地居民反对寡头政治的王朝统治；最重要的是，画作多细致描绘战士群体，而不是站在俘虏身上的王室成员。

**勇士庙**

雨神面具装饰着融合玛雅－托尔特克风格的建筑，例如勇士庙。新的托尔特克标志包括羽蛇神柱（其上翘的尾部支撑着曾经横穿入口处木质门楣）、位于其前方的尚武查克穆尔祭坛和在平台基座两侧刻有独立的托尔特克勇士的一排排圆柱。庙内墙壁上饰有壁画，描绘了外国入侵者攻克玛雅人定居点

**卡斯蒂略金字塔**

奇琴伊察内最著名的建筑为卡斯蒂略金字塔，一座高 78 英尺（约 24 米）的托尔特克风格平台，原址之前曾经历两次建筑。就像特奥蒂瓦坎的太阳金字塔一样，卡斯蒂略金字塔能观日历。其四面建有楼梯，每一座楼梯都由向下的羽蛇神构成，共 91 级台阶，当加到太阳神殿上最后一级台阶时，正好 365，即太阳年的天数

## 羽蛇神

中美洲古代传奇中最重要却最神秘的一位人物为阿卡特尔·托皮尔特辛（字面意思是“一根芦苇”或“羽蛇神王子”）。在托尔特克城市图拉、乔卢拉（Cholula）和玛雅地区的传奇历史中，都有其身影。部分发现于高地地区的资料显示，其在 10 世纪时被选为图拉的大祭司和国王。由于其他模样“羽蛇神”后来出现，许多学者认为羽蛇神是其正式称谓，而非其姓名。经过多年成功统治和新律法的颁布（包括禁止人祭），阿卡特尔被对手从图拉驱逐出境。他一路逃往位于东南方向的乔卢拉，并在当地离开了四个门徒，将他的信条传授给一座供奉凤九羽蛇神的寺庙，然后前往墨西哥湾沿岸的特拉帕兰城（Tlapallan）。随后再也没有其任何消息。然而，玛雅历史延续了这个故事。玛雅人声称，987 年，一个名为库库尔坎（Kukulcán）的军事船长（Yucatec，玛雅文中的羽蛇神）率领一支托尔特克军队攻克尤卡坦北部，包括奇琴伊察。这种传说中的军事入侵可能是许多战斗场景的主题，奇琴伊察的大量建筑物上饰有此类图像，因此此类战争绘画常被用来解释这座城市的混合建筑风格和外国图案。也有人认为，这些战斗场景实为奇琴伊察与其当地敌人之间的冲突。遗址中的壁画和浅浮雕板上包括打扮似托尔特克士兵的人：他们戴着马赛克盒形头盔和一样的蝴蝶胸饰，同时携带自特奥蒂瓦坎时代以来高地战士一直使用的投枪器。士兵的领导者身披太阳光辉，或者被一条起伏的羽蛇围绕，引领战士围攻村庄。

# 特诺奇提特兰 1325—1521年

图为特诺奇提特兰的石制公民仪式建筑，西班牙人胜利后，将都城墨西哥城直接建在阿兹特克帝国的遗迹上。自1900年以来，一系列城市考古项目逐渐揭露了大神殿中七种主要建筑的下墙，并在现代街道的下方找到了数十件古代遗迹和祭品

1519年4月，赫尔南·科尔特斯（Hernán Cortés，1485—1547年）将船停靠在了韦拉克鲁斯，上岸后来到了一个伟大的帝国——特诺奇提特兰（位于墨西哥西北部的高原盆地）。经过7个月长途跋涉，他最终抵达该国国都，发现了16世纪最大、最辉煌的城市之一。特诺奇提特兰建于1325年，位于特斯科科湖（Lake Texcoco）中一座小岛之上，与其姊妹城市特拉特洛尔科（Tlatelolco）一道经土地开垦，组成了一片运河交错的密集地区，成为占地5.4平方英里（约14平方千米）、居民人口多达10万的"美洲版威尼斯"。城市依照中美洲宇宙观念被划为四块，代表世界的四个方向。城市中心是一座连接宇宙三层面、垂直指向第五维的遗址。这是一片仪式区域，凸起的堤道延伸至大陆。这座建有围墙的广场外有四座大门，广场建筑包括大神殿、小神圣地、老鹰和美洲虎军令建筑物、展示俘虏与牺牲士兵的头颅的骸骨架，还有球场。墙外是帝国历代统治者的宫殿。

1428年，墨西哥盆地中的三座主要城市——墨西加人建造的特诺奇提特兰、特帕内克人建造的特拉科潘和阿科尔瓦人建造的特斯科科——联手打败了霸主特索索莫克（Tezozomoc），赢得独立，随后三城结盟，建立阿兹特克帝国。在特诺奇提特兰的领导下，盟军首先将其统治区扩张至南部盆地的淡水湖泊区极其富饶的奇南帕人工岛（Chinampas），又将其霸权扩展到低地和沿海，以确保特诺奇提特兰祭坛收到源源不断的贡品和献祭者。

**蒙特苏马石**

蒙特苏马石上面雕刻了国王蒙特苏马·伊尔维卡米纳（Moctezuma Ilhuicamina，约 1398—1469 年）攻城的场景。他头戴竖直羽毛头饰，身穿三角形臀裙，佩戴托尔特克战士常戴的蝴蝶胸饰，以标准化的征服姿态抓住了对手

**柯约莎克石盘**

1978 年，人们偶然在大神殿前发现了柯约莎克石盘（Coyolxauhqui Stone）。这些雕塑和神庙的设计旨在体现墨西哥神话：他们的守护神维齐洛波奇特利（Huitzilopochtli）杀死了自己的妹妹柯约莎克，因为她和她的兄弟们密谋反叛他和他的母亲

## 研究大神殿

对于墨西哥主要神庙的探索一直受到后征服城市的限制，1521 年特诺奇提特兰投降后，新的城市就建在其遗址上。几个世纪以来，关于特诺奇提特兰的所有了解仅通过征服者提供的零星描述。虽然他们夸张地描述了大神殿，称其比塞维利亚大教堂的钟楼还高，但科尔特斯的地图准确地显示了一个建有两座西向塔楼的平台。1790—1792 年，墨西哥城主广场进行翻修，过程中修复了主要的帝国古迹，包括科瓦特利奎雕塑（Coatlicue statue）和太阳石（Sun Stone，或称阿兹特克日历）。这些发现掀起了考古活动和收集文物的热潮，1825 年，墨西哥建立了第一座国家博物馆。

当地的考古发掘历史可以追溯到 1900 年，当时莱奥波尔多·巴特雷斯（Leopoldo Batres，1852—1926 年）沿着一条穿过大神殿的下水道渠发现了一些暴露在空气中的材料。在接下来的几十年，随着墨西哥城基础设施进行现代化改造和地铁建设，仪式区内和周围的文物发现不断增多，不过，直到柯约莎克石盘出土，才有大量研究关注前西班牙时代公民仪式中心的权力。

神殿共有 7 层逐渐叠加的平台，从每一层看过去，神殿都为一座朝西的平台；当中建有两道平行楼梯，一道通往雨神特拉洛克（Tlaloc）的神庙，另一道通往太阳战神维齐洛波奇特利的神庙。两道楼梯都是为了呼应与这两神有关的神话，北侧是雨神生活的生计山，南侧是维齐洛波奇特利出生的蛇山。根据建筑物周围的底层石盒中的宇宙学象征，推测当时其中放有来自中美洲各地的超过 125 个种类，合计几千件物品。

# 印加帝国

1. 位于帕查卡马克的太阳贞女宫（Acllahuasi）是一所年轻女性修道院
2. 印加领袖费利佩·瓜曼·波马（Felipe Guamán Poma de Ayala，约 1535—1616 年）的插图
3. 库斯科的科里坎查太阳神殿（Koricancha）供奉太阳神因蒂（Inti）

印加是前殖民时期安第斯山脉中的最后一个复杂社会。印加人建立了一座世界历史上的伟大帝国。帝国的领土覆盖了整片沿海与安第斯高原地区和亚马孙雨林的部分地区，包括今哥伦比亚、厄瓜多尔、秘鲁、玻利维亚、阿根廷和智利。帝国都城位于高地库斯科，是古代美洲最富有、最复杂的城市之一。库斯科城内居民众多，来自五湖四海，它是主要政治和宗教机构的中心城市。在克丘亚语（印加的原始语言）中，印加人建立的王家道路名为“印加路网”（Qhapaq Ñan，意为“美丽的主干道”），印加帝国各省和偏远的行政中心因为这些路网融为一体。这伟大的道路网络，也是其政治、经济和神圣景观建设的基础。

15 世纪初，印加人从库斯科山谷开始向外扩张。在政治上，印加帝国被划分成四个行政区（suyus），统称“四合州”（Tawantinsuyu）或“四行政区之地”。行政区的名字都来自该地区被征服的主要群体：科利亚苏尤

## 重要事件

| 约 1000 年 | 约 1200 年 | 约 1400 年 | 约 1450 年 | 约 1470 年 | 1492 年 |
|---|---|---|---|---|---|
| 库斯科居民开始集中定居。 | 随着印加人掌控库斯科地区，印加帝国诞生。 | 印加人走出库斯科地区向外扩张。 | 印加继续扩张至喀喀湖盆地，当地居民开始建造马丘比丘。 | 印加人征服了今秘鲁沿海的主要地区。 | 哥伦布抵达美洲，在圣萨尔瓦多岛登陆。 |

（Collasuyu）、钦察苏尤（Chinchaysuyu）、孔蒂苏尤（Contisuyu）和安蒂苏尤（Antisuyu）。来自库斯科的印加上层阶级（见图2）和行政区的上层阶级之间关系比较复杂，常体现为不同的融合和掌控程度。这一现象导致了各种经济、政治联系及战略，至今仍有很多学者研究。尽管两大主要策略是政治谈判和相对和平的融合，例如上钦查王国（Chincha kingdom）的情况，不过也有一种极端观点，认为二者间的关系表现为军队入侵和领土征服。

同所有国家一样，印加帝国的朝廷设计了一系列社会改革方案，主要体现在建筑上。首要措施是建立官方宗教机构，主要是太阳崇拜。事实上，根据当地民族历史资料，印加帝国中最优雅、设计最巧妙也最著名的建筑物正是太阳神庙（见图3）。帝国中最重要的地区，是库斯科喀喀湖中的太阳岛和秘鲁中部海滨的帕查卡马克。此外，整个印加境内还建有许多小型太阳神庙。印加帝国的建筑，特别是高地地区的建筑，需考虑其与自然景观是否融合，以及位置是否方便观测太阳、月亮和星星。在高地地区的诸多城镇中，瓦努科帕姆帕城（Huánuco Pampa）、彭浦城（Pumpu）、比尔卡舒瓦曼（Vilcashuamán）和图米班巴（Tomebamba）都是展示城市建设和景观，并将其转化为建筑的典范。在沿海地区，帕查卡马克（见图1）等景点脱颖而出。在这种情况下，印加之前的信仰也被纳入印加文化中。这些城市满足了许多经济、政治和宗教目的，包括在大型节日期间接待大量当地居民。

印加人的物质文化十分独特，尤其体现在纺织品和陶瓷上。大量精美的织物被用来彰显地位，同时织物上使用了一种名为“托卡普斯”（tocapus）的几何图案设计。此外，几种陶瓷被用于与神灵崇拜和共同的印加上层阶级有关的主要仪式中。最具标志性的印加瓷器形式包括杯子（科洛杯）和罐子（厄布斯罐、印加库斯科瓶），其中存放玉米酿造的奇恰啤酒（chicha）。

1532年，当西班牙人抵达印加时，印加帝国正处于由两派战争引发的政治危机中，一派由瓦斯卡尔（Huáscar，1491—1533年）领导，另一派由其兄弟阿塔瓦尔帕（Atahualpa，约1502—1533年）领导。在经历了一系列战役之后，作为库斯科印加王位第一顺位继承人的瓦斯卡尔被阿塔瓦尔帕击败。当西班牙征服者弗朗西斯科·皮萨罗（Francisco Pizarro，约公元1475—1541年）率军抵达印加卡哈马卡城（Cajamarca）时，阿塔瓦尔帕正处于休战期，可能是正在计划库斯科的加冕仪式。皮萨罗在卡哈马卡城广场俘虏了阿塔瓦尔帕，并将其收押，最终将其判处死刑。

| 1519年 | 1524年 | 1526年 | 1530年 | 1532年 | 1533年 |
| --- | --- | --- | --- | --- | --- |
| 巴拿马城由西班牙人佩德罗·阿里亚斯·达维拉（Pedro Arias Dávila，1440—1531年）建立。 | 弗朗西斯科·皮萨罗离开巴拿马城，开始第一次远征。 | 在南部的一次探险旅行中，西班牙人巴托洛梅·鲁伊斯（Bartolomé Ruiz，1482—1532年）缴获了一艘通贝斯（Tumbes）当地人乘坐的木筏。 | 为了征服印加帝国，皮萨罗开始第三次探险。 | 阿塔瓦尔帕击败瓦斯卡尔，后将其处死。西班牙人在卡哈马卡广场俘虏了阿塔瓦尔帕。 | 西班牙人抵达印加都城库斯科。 |

# 库斯科古都 约1000—1533年

库斯科是南美洲的考古之都，也是秘鲁的热门旅游景点之一。1983 年，联合国教科文组织宣布该城市为世界文化遗产

库斯科建于秘鲁南部高地瓦塔耐河（Huatanay）流域的三条河流交汇处，是印加帝国的古都，海拔 3400 米，属于高海拔城市。在印加帝国的鼎盛时期，库斯科及其周边地区拥有多达 10 万居民，其建筑的优雅和丰富使其成为南美洲前西班牙时期最先进的城市之一。

虽然库斯科在殖民时期被西班牙人重新占领，但其中许多原有建筑都经过了重大修改，不过仍有可能留有部分体现印加城市足迹的建筑，人们仍有可能体验一些主要建筑。库斯科主广场即为城市中心枢纽，著名的太阳神庙或称太阳神殿，是一座重要的宗教中心，尤其与观测太阳有关。城中的其他壮丽建筑包括印加国王居住的古老宫殿和一些官方机构建筑，例如太阳贞女宫，是被太阳神选中的女性居住的房子。此外，位于城市最西北一座高山上的萨克塞瓦曼（Sacsahuamán）是当地一座重要的建筑群。该建筑群由大量大型建筑物和雕刻精美的露天岩石组成，并拥有由巨型石块砌成的巨大围墙。今天，在每年 6 月夏至期间，萨克塞瓦曼广场都会举办宗教仪式秘鲁太阳节（Inti Raymi）的年度表演。城市附近地区建有不同的建筑群和圣地或神庙。所有建筑一道组成了一处有关政治的神圣之地，对印加人有关其国王与世界关系的观念非常重要。

**十二角石**

十二角石是库斯科印加石雕的杰出典型。这是一块多边形的石块，也是城市一座重要印加宫殿墙壁的一部分，可能是印加·罗卡宫殿（Palace of Inca Roca）。保存完好的墙壁在如今的哈顿鲁米约克大街（Hatun Rumiyoc）上。在其他地区，洛雷托街（Loreto Street）的一道精致的长围墙是最好的印加建筑之一。根据历史资料，这是太阳贞女宫外墙的一部分，是为供奉太阳神而挑选的女子的住所

**中央广场**

中央广场包括一块分为两个区域的大型开放空间：哈尔卡帕塔（Haucaypata）及库西帕塔（Cusipata）。城中主路以中央广场为中心，向四方延伸，将城市划为四块行政区。广场中常举办与印加政治有关的重要仪式和政治表演。大广场是印加人的生活中心（或称之为轴线），广场中建有如梯田一般层层垒起的平台或称之为一种似金字塔的梯形建筑。这种拔起结构是举办重要国家仪式的地方。周围是印加宗教和政治的重要建筑

## 科里坎查太阳神殿

根据早期西班牙编年史家贝纳贝·科博（Bernabé Cobo，1582—1657年）的记载，印加时期供奉太阳神的主要神庙皆位于喀喀湖中的太阳岛，或位于秘鲁中部海滨的帕查卡马克，或位于库斯科，即科里坎查太阳神殿。科里坎查太阳神殿被认为是印加帝国最重要的太阳神殿。除其作为神庙的重要性之外，科里坎查太阳神殿还是一系列辐射线或称为仪式线路的中心地，它将这座建筑与库斯科大地上大量圣地或神庙相连。在那里，有关学者也发现了与观测太阳和其他恒星运动有关的路线。

在数篇关于科里坎查太阳神殿的描述中，前人将其叙述为墙壁上涂饰大量黄金的神庙。其中一间房内放有一个巨大的金色太阳盘，用以反射阳光、照亮神殿。有其他文献称，殿内有与实物同等大小、由金银制造而成的植物和动物。此外，神殿中还有一座镶有珠宝的因蒂金像。由于其藏宝丰富，且具有重要意识形态影响，科里坎查太阳神殿是最早遭抢劫，然后被改建为天主教堂的建筑物之一；神庙后被多米尼加的宗教团体侵占。在此方式下，科里坎查太阳神殿成为当地社会中西方文化占据当地人意识形态的象征。

# 马丘比丘 约1450—1533年

拴日石（Intihuatana）位于金字塔形梯级岩石平台的顶部，由一块巨石雕刻而成。这一奇观位于遗址中最重要部分的高处，应该是马丘比丘的一座神庙或主神庙，也是圣山诸多神庙景观之首，同时可用作天文观测

马丘比丘位于乌鲁班巴山谷（Urubamba Valley），坐落于库斯科市西北部50英里（约80千米）外通往热带森林的要道之中，是世界上最著名的印加城市。城市建在海拔7975英尺（约2430米）的山顶上，占地面积约12英亩（约5公顷），可能建于15世纪中叶左右。

马丘比丘城内拥有印加城市中所有的经典建筑：广场、寺庙、宫殿、天文观测台、上层阶级与仆人的住宅和储藏室。此外，城内还建有独特的建筑，如太阳神殿。该处遗址可能是印加最著名的皇帝之一帕查库特克（Pachacuti Inca Yupanqui）建立的皇家庄园。一些学者认为该处也是其陵墓所在地。

马丘比丘的城市崎岖，当地降雨量大，植被面积广，要求印加建筑师需先稳固地形。为了实现这一目标，他们建造了大量露台或平台。在现有平原地区的水平面上，他们还建造了一系列带有大块岩石的建筑物，这些岩石多从邻近采石场中开采。城市在设计中着重利用露出地表的岩石，其中一些被雕刻成模仿周围景观中的某些自然形态。

尽管自殖民时期及共和时代起便为人所知，但是，直到美国历史学家海勒姆·宾厄姆（Hiram Bingham，1875—1956年）在《美国国家地理》杂志发表的文章中提到该城时，马丘比丘才成为世界名城。从那时起，这座城市成为与秘鲁国家和社会相关的大量考古和政治辩论的资料来源。此外，马丘比丘是秘鲁目前主要的旅游景点。

## 焦点

**太阳神殿**

这座神殿建有一圈半圆形的墙壁，用于封闭其所处露天岩石的上部。透过窗户，人们可以观察和测量太阳的运动，每年的6月夏至日，阳光可透过一扇窗户洒进神庙，照亮内部的雕刻。在太阳神殿的下方，露天岩石的底部，有一座经雕琢的洞穴。洞穴内建有大型梯形壁龛，墙壁上刻有图画。在入口处，石头被雕成阶梯的形状。即使在陵墓内部也可以看见山峰

**三重窗庙**

马丘比丘是一座建筑奇迹，它将建筑物与周围鲜明而非凡的自然景观融合起来。三重窗庙便是一处典型，它位于神圣广场（Sacred Plaza）。从这座独特建筑结构墙壁上的三个窗户向外望去，可以欣赏到马丘比丘以东的山脉和乌鲁班巴河的美景。建筑的开放部分在西面，面向普马西柳山（Pumasillo）。考古学家在该区域内发掘出大量陶器碎片，这些陶器在仪式中会被打碎

## 考古学家名片

### 1875—1909年

海勒姆·宾厄姆，生于美国夏威夷火奴鲁鲁，1898年从耶鲁大学毕业，随后于1901年在加州大学伯克利分校获得硕士学位。1905年，宾厄姆在哈佛大学获得历史博士学位。同年，宾厄姆前往南美洲，到访委内瑞拉和哥伦比亚。1908年，他沿着古老的西班牙商路从阿根廷的布宜诺斯艾利斯前往秘鲁利马。一年后加入耶鲁大学历史系。

### 1910—1921年

宾厄姆受耶鲁大学赞助，于1911年前往秘鲁，着重前往库斯科。此行目标是找到比尔卡班巴（Vilcabamba），即西班牙征服印加人最后的堡垒。在这次探索中，他发现了马丘比丘和其他有趣的遗址。受到这些发现的鼓舞，他很快便返回秘鲁，在马丘比丘进行了考古调查。1913年，他在《国家地理》杂志上发表了自己的第一篇文章。

### 1922—1956年

1922年，宾厄姆当选为康涅狄格州副州长。1924年，又当选为美国参议院议员。虽然他曾担任过一系列政治职务，但在1948年重回马丘比丘，开辟了一条今日游客进入遗址的道路。1956年宾厄姆在他位于华盛顿特区的家中去世。

# 6 | 现代世界

## 公元 1600 年至今

本章着眼于现代资本主义社会的发展，包括探险航行、海洋力量的增长、海外殖民地的创建、现代城市的兴起、工业技术和现代战争。最后点评了当下考古界面临的问题，从与原住民的关系到如何防止因大量游客导致的遗址受损问题。

注：书中地图系原文插附地图

此地图的虚线为未定国界

# 沉船

1

2

3

1. 从“玛丽玫瑰”号内发现的家用物品，包括木质饮水器、碗和餐具、皮革和酒壶

2. 发现于无敌舰队沉船“赫罗纳”号中的金币，现存放于英国北爱尔兰贝尔法斯特的阿尔斯特博物馆

3. 有关学者使用原始木材和零件对“维萨”号进行重建和修复。现公开展出于瑞典

沉船是一类特殊的考古遗址，因为它们是某种单一的沉积物质，通常是在机缘巧合下形成的。因此，沉船上留存的是某一具体时间点的人们使用的物品。此外，水下的条件使得以有机材料制成的物品得以保存，陆地上的遗迹就不会保存得这么好。在某些情况下，木质船体是前工业社会制造的最复杂的产品之一，可以保存许久。

历史中的沉船文字记录十分有限，例如在土耳其的乌卢角发现的爱琴海青铜时代沉船，其为了解古代经济提供了宝贵的证据。不过，部分晚期沉船也可以体现一些没有历史记录的活动，为海事和社会事务提供了有价值的信息，帮助有关学者在理论之外研究沉船实物，作为补充。诸如“玛丽玫瑰”号、“赫罗纳”（La Girona）号、“特立尼达·瓦伦西亚”（La Trinidad Valencera）号、“维萨”（Vasa）号和“海尔德·马尔森”号等船舶都体现了这一点。

考古学家在爱尔兰北部海岸发现了一批1588年西班牙无敌舰队的沉船，其中包括“赫罗纳”号，一艘在北爱尔兰安特里姆郡海岸沉没的加莱赛战船（部分像大帆船）。“赫罗纳”号上装载了大量个人物品，包括硬币（见图2）和16世纪的精美珠宝，其中最著名的珠宝是饰有红宝石的金质蝾螈形吊坠。

## 重要事件

| 1511年 | 1545年 | 1588年 | 1628年 | 1752年 | 1836年 |
|---|---|---|---|---|---|
| 亨利八世的海军旗舰“玛丽玫瑰”号完工一年后在朴次茅斯（Portsmouth）出航。 | 索伦特战役（Battle of the Solent）中，“玛丽玫瑰”号倾覆，同时遇见法国敌军战舰，多数船员命丧于此。 | 被派去进攻英格兰的无敌舰队战败，后在英国北部和爱尔兰周围遭遇可怕的风暴，大量船只沉没。 | 为“三十年战争”建造的瑞典海军军舰“维萨”号，在首次航行中沉没于斯德哥尔摩港口。 | “海尔德·马尔森”号是荷兰东印度公司的一艘船，在印度尼西亚海岸失踪。 | 索伦特渔民捕获了一艘沉船。一支打捞上岸的青铜枪表明沉船为“玛丽玫瑰”号。 |

同时，考古学家在西班牙无敌舰队残骸中发现了更多普通物件，包括一种特殊的小型球形陶器，名为“橄榄罐”，显然它们曾用来盛放船队食用的橄榄油。通过研究，有关学者掌握了关于陶器起源和生产方式的信息，而这些信息在书面文献中很少提及。此外，无敌舰队的残骸帮助学者深入了解了这些奢侈品的买主。例如，在爱尔兰多尼戈尔郡金尼戈湾的“特立尼达·瓦伦西亚”号沉船中，考古学家发现了蓝白相间的中国瓷器碎片。瓷器从中国运出，途经菲律宾和墨西哥后抵达西班牙，是一批早期进口商品。这些意外的发现，显示了当时流行的装饰物和珍藏。

事实证明，波罗的海（Baltic Sea）海域中的沉船对考古学家而言意义非凡。波罗的海水域含盐量较低，有助于遏制俗称“蛀虫”的蛀船蛤，这种海洋生物常常会钻进水下的木质船体中。但近年来，海水温度的上升使得波罗的海的蛀船蛤大量繁衍，给仍在水下的沉船带来了潜在危害。一个著名的例子就是保存完好的“维萨”号，一艘于 1628 年沉没的瑞典军舰（见图 3）。1956 年，人们在斯德哥尔摩港口发现了“维萨”号，船身竖直插入深 108 英尺（约 33 米）的水下，且船身几乎完好无损。1961 年，考古学家将其打捞出来。经过一项持续约 20 年的重大修复项目后，该船如今存放在一间特别建造的展馆中供公众参观，展馆的内部气候可以人为调节。船体为有关学者了解 17 世纪早期造船业提供了宝贵信息。除船体外，港口海底的软泥中还保存有装饰船身的精美木雕。不仅如此，“维萨”号的部分配件也保存下来，包括一些有机材料，如船帆、帆舷和绳索。“维萨”号内的其他发现，为有关学者了解 17 世纪瑞典的军舰生活提供了相关信息。例如，考古学家发现了一个大木箱，装有帽子和衣服，发现时箱子是完全闭合的。完好保存的木材也使人们了解了“维萨”号上的休闲活动，包括用木桶盖打磨的临时棋盘和制作精良的折叠式棋盘，后者是考古学家在军官的储藏室里找到的。

1967 年，人们发现了 1545 年沉没的英国军舰“玛丽玫瑰”号。1979—1982 年，考古学家对其进行发掘及打捞。它是另一艘历史上著名的沉船，为考古学家提供了其他来源缺少的信息。尽管一份呈交给亨利八世（1491—1547 年）的文献《安东尼书卷》（*Anthony Roll*）中有“玛丽玫瑰”号外观的大致描述，不过对船体的实际发掘，提供了前所未有的技术细节和史料从未记载的物品，这些发现为英国都铎时期的船上生活提供了独特的考古学视角。特别是一些家用品，显示了船上官员与其他船员的地位差异：考古学家发现了前者使用精美的瓷器餐具和书籍残骸，而后者只能使用木质餐具（见图 1）。

| 1920 年 | 1943 年 | 1961 年 | 1971 年 | 1982 年 | 1986 年 |
| --- | --- | --- | --- | --- | --- |
| 为了获取深色木材，有一对兄弟请求参与打捞斯德哥尔摩港口沉船被拒，这些木材是装饰艺术家具的上选。 | 轻便潜水器的原型进入测试阶段，其搭载了需求调节器，可以进行水下探测。 | “维萨”号在斯德哥尔摩港口被打捞。由于船体保存完好，很快就可以独立漂浮，并被拖进了干船坞。 | 考古学家在金尼戈海湾（Kinnigoe Bay）发现了“特立尼达·瓦伦西亚”号沉船，这是一艘被强征入无敌舰队的威尼斯商船。 | “玛丽玫瑰”号船体被打捞出水，后被移入朴次茅斯的干船坞，靠近它最初被建造的地方。 | 一支英国打捞商队在印度尼西亚林加群岛（Lingga Archipelago）中的某座岛屿上发现了“海尔德·马尔森”号的残骸。 |

# “海尔德 · 马尔森”号　1746—1752年

人们打捞起“海尔德·马尔森”号沉船中的陶瓷，并将其运至岸边

“海尔德·马尔森”号修造于1746年，是荷兰东印度公司的一艘往返货船。其尺寸令人惊讶：42英尺宽、150英尺长（约12米×45米），容量为1150吨。1748年8月，这艘庞大的商船首次航向印度。在接下来三年里，它沿海上丝绸之路行至不同的港口，装卸了大量珍贵商品。1751年7月，“海尔德·马尔森”号迎来了新的船长和船员，被装上水和新鲜食物。此外，船内配备生铁炮和青铜炮、步枪和手枪、手榴弹、大刀、长矛和3000磅（约1350千克）的火药。船体装载得满满当当：除了一箱贵重的茶叶外，还有金锭和大量瓷器作为压舱物装在最下层甲板中。在行驶到中国南海时，船只与礁石相撞并沉没。

两个多世纪后的1984年，世界著名打捞潜水员、探险家迈克尔·海切尔（Michael Hatcher，1940年—　）及其队员发现了“海尔德·马尔森”号沉船，大部分货物完好无损。虽然装茶叶的木箱已经腐烂，但茶叶本身形成了一层厚厚的保护层，像床垫一样保护了中间的瓷器和黄金。不幸的是，人们后来都只关注那些更值钱的物品（后来被英国佳士得拍卖行拍卖）。尽管船体大部分结构完好无损，却在打捞作业时遭到破坏。这引起了考古学家的愤怒，因为调查和记录18世纪船只和船上文物的珍贵机遇就这么白白丧失了。

**往返船**

往返船主要在欧洲和亚洲之间运输货物。船的外形类似战舰，但船体更宽厚，适合远程航行。例如，为了运输部分特定商品，如丝绸、瓷器、金器和香料，船体会造得更大，而且船尾是扁平的方形或圆形。“海尔德·马尔森”号运载的货物包括 147 个金锭，形状包括棒形和“鞋”形，刻有汉字。这些金锭的纯度很高，多是 20K—22K

**瓷器**

“海尔德·马尔森”号装载了近 15 万件瓷器，在打捞过程中，考古学家共回收了 203 口箱子。蓝白相间的中国瓷器，原本打算售往欧洲市场作为日常餐具。这种俗称“水手图案”的设计，衍生自 18 世纪晚期流行于英国的柳树图案。在大量瓷器中，有 171 件晚餐用具、63623 个茶杯和茶碟、578 个茶壶、14315 个餐盘、606 个痰盂和 25921 个碗

## 海上丝绸之路

海上丝绸之路源于汉朝，由汉武帝下令开辟，经印度抵达罗马帝国，是世界上第一条海洋航线，也是最早的海上重要贸易通道。在唐朝，船只从广州起航，这里是海上丝绸之路的起点之一。东南亚、南亚、西亚乃至欧洲各国会派遣大使与中国建立外交关系，更重要的目的是发展贸易，尤其是丝绸贸易。

随着航海技术的发展，航海经验的不断积累，运输成本逐渐降低，海上贸易的货运量增加，海上丝绸之路成为宋、元后东西方交流与贸易的主要通道。其同时也是文化交流的一种方式。到明、清两朝，海上丝绸之路的贸易越发频繁。

# 早期现代生活

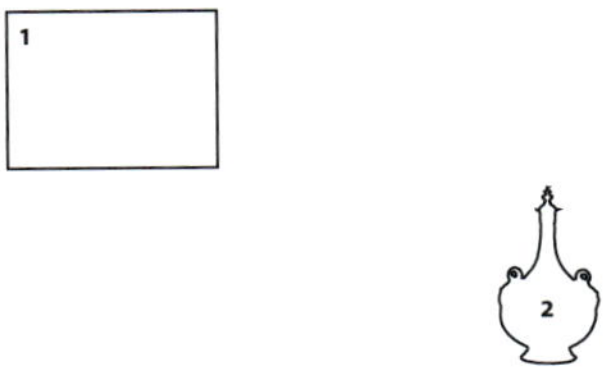

1. 这幅版画绘于约 1830 年，作者是艾・麦克拉奇（A. McClatchie），其模仿了托马斯・霍斯默・谢泼德（T. H. Shepherd）的绘画，描绘了伦敦摄政运河上的蒸汽动力驳船经过一个大型煤气厂前。运河于 1820 年正式开放

2. 萨勒诺（Majolica）这种十分华丽的珐琅瓶在 16 世纪极受欢迎，进口自意大利乌勒比诺（Urbino），可以用作容器或装饰

自 15 世纪中叶西方印刷术发明以来的 550 多年，世界发生了巨大的变化，影响了生活的方方面面。这一时代见证了皮草、香料、烟草、糖、茶、可可、咖啡和棉花等大宗商品的主要海外贸易的发展，包括贩卖奴隶和鸦片这类罪恶的贸易——几个欧洲国家建立了世界上最早的贸易站和公司，随后殖民统治了世界上大部分地区。这一时代也是古物研究、博物馆、考古学和民族志蓬勃发展的时代。印刷术的发明，使得文字能在更广泛的社会范围内普及传播，新科学发现借此迅速传播。印刷术同时也促进了地图绘制的发展，反过来又激发了欧洲人探索世界的兴趣。船舶设计和科学仪器的改进，保证了一些早期航海的成功，潜在的丰厚回报成为一项巨大的发展动力。进口的大量异国原料也促进了欧洲加工业的发展，如糖和可可需要精制厂的加工，棉花则用于纺织业。

在农村，改良的耕作方法导致了土地产权的重组，农村人口减少或迁至

## 重要事件

| 约 1535—1555 年 | 1538—1546 年 | 1622 年 | 1628 年 | 1629 年 | 1644—1646 年 |
|---|---|---|---|---|---|
| 格洛斯特郡的阿克顿庄园（Acton Court）由一座中世纪庄园被改造成都铎王室的住宅。 | 亨利八世下令建造了萨里（Surrey）的无双宫（Nonsuch Palace）。18 世纪时宫殿几乎被毁，后世的发掘展示了其中部分精美的文物。 | 美洲原住民占领弗吉尼亚州威廉斯堡的马丁亨德来德种植园（Martin's Hundred）。挖掘工作揭示了大量的坟墓和个人财产。 | "维萨"号专门为瑞典国王而建造，却在首航中沉没。 | "巴塔维亚"号（Batavia）在西澳大利亚失事。相关人员在发掘过程中发现了丰富的成套文物，包括军用设施和导航设备。 | 为保卫英国诺丁汉郡纽瓦克镇，当地居民建造了防御工事。 |

城镇。动物饲养的进步则提高了肉类产量和质量。16—17 世纪，士绅阶层出现，开始兴建庄园和高级住宅，这些建筑都带有精致的花园和猎鹿场。18 世纪，许多乡间周围的土地被开挖，当时居民热爱改造和重塑景观，增加其休闲的风味。

工业生产技术的发展引发了 18—19 世纪的英国工业革命，极大促进了机械和成品的生产。这些蓬勃发展的行业需要大量的劳动力，导致了人口的大规模流动，出现了迅速发展的新兴城镇——这一过程被其他国家竞相效仿。反过来，工厂制产品的批量生产满足了这些城市人口对廉价商品的需求。新兴中产阶级创造了一个更高级商品的需求市场，例如 16—17 世纪中产阶级对餐桌玻璃、白垩和珐琅（见图 2）的需求，以及后来对银器、瓷器和高档工业陶器的需求。优质家具和纺织品在大多数时代都很受欢迎。在城镇中，开始流行请建筑师设计房屋，而新的建筑，如剧院、会议室、图书馆、博物馆和公共浴室也满足了居民的休闲需求。

工业增长必然要求改善运输条件，包括原材料进口和成品分销。现有道路和桥梁纷纷被改良或重建，人们还建造了新的专用道路。在许多情况下，渡轮逐渐被桥梁取代。开凿运河旨在加速货物的运输，17—18 世纪，英国的运河发展走向鼎盛（见图 1）。开凿于 19 世纪末的苏伊士运河和巴拿马运河甚至能惠及后世。19 世纪中叶，英国铁路的发展具有革命意义，这不仅是商品的发展，也是旅游业的发展。铁路建设的繁荣迅速蔓延到其他国家，到 20 世纪初，铁路网遍布世界。20 世纪初，载人飞行的发展对军事和民用航空的影响同样具有革命意义：许多国家修建机场及相关基础设施，而水上飞机大大方便了造访偏远岛屿社区。在此期间，船舶设计也得到显著提升，形成了第一批永久性海军。为了船只建造、维修和维护，人们建起了专业的造船厂。

荷兰人长久以来都要面临低洼地区的洪水威胁，因此他们尤其擅长排水和开垦土地。自 17 世纪初开始，他们将这些专业知识传到了其他国家，如英国，用以改造排水不良的沼泽地带。

欧洲考古学家对这一早期现代生活的研究进展相对缓慢，开发人工制品的研究常由美洲的相关学者引领，尤其是美国和加拿大的学者。

| 1692 年 | 约 1720 年 | 1729 年 | 1813 年 | 1830 年 | 1914 年 |
|---|---|---|---|---|---|
| 牙买加皇家港口被地震和海啸摧毁，保存完好的遗迹被人们称为“沉没的城市”。 | 英国诺森伯兰郡的西沃芬顿（West Whelpington）的佃农全部遭到驱逐，村落也被遗弃。该村落遗址如今是英国最大的村庄挖掘工程之一。 | 伦敦斯皮塔佛德（Spitalfields）基督教堂开幕。此后，考古学家在教堂内的地下墓穴中发现了约 1000 具遗体。 | 两名学生在安大略湖失踪。他们保存完好的遗体后来被远程传感设备发现。 | 塔斯马尼亚岛上的亚瑟港（Port Arthur）建成，迅速成为塔斯马尼亚最大的监狱，直到 1877 年才被超越。 | 科罗拉多州勒德洛（Ludlow）的罢工矿工遭受袭击。对该帐篷区的发掘持续至今，逐渐揭示了当时居民的生活条件。 |

# 莎士比亚剧院 16—17世纪

第一座环球剧院建于1599年，后于1613年被烧毁，一年后重建，1644年最终被拆除。1989年，有关发掘证实剧院呈多边形。发掘图中，有关学者在东北侧发现了一小段内墙和外墙，可能是外部楼梯炮塔墙基的一部分。很明显，建造分成两个阶段：第一阶段，用白垩木材建造外廊墙壁墙基；第二阶段，在早期原址之上又垒砌了砖基。环球剧院大部分原址如今被别的建筑覆盖

中世纪时，戏剧演员会在各地巡回演出。1567年，英格兰第一座剧院红狮剧院对外开放，不过没几年便草草关门。由于担心人群密集易传播瘟疫，1575年，英国国王颁布法令禁止伦敦城内的戏剧表演。该法令也促进了城外的肖迪奇区（Shoreditch）或萨瑟克区（Southwark）的建立。1576年，伦敦城外的第一座剧院开放，在接下来的35年中，又陆续出现12座剧院，其中的8座位于泰晤士河北岸，包括：大剧院（1576年）、帷幕剧院（1577年）、黑修士剧院（1599年）、命运剧院（1600年）、红牛剧院（1604年）、白修士剧院（1608年）、凤凰剧院（又名“斗鸡场”，1616—1667年）和索尔兹伯里剧院（1629年）。另外4座位于泰晤士河南岸，包括：玫瑰剧院（1587年）、天鹅剧院（1595年）、环球剧院（1599年）和希望剧院（1613—1614年）。威廉·莎士比亚（William Shakespeare，1564—1616年）曾参与了其中多座剧院的建立。

玫瑰剧院、环球剧院、大剧院、希望剧院和帷幕剧院的遗址都经过考古调查。多数剧院外观呈多边形，舞台位于一处大型中央露天场地；舞台周围建有包含画廊的三层板条木质上层建筑。考古学家在所有遗迹的发掘现场，都发现了这种上层建筑的部分内墙和外墙墙基。这些剧院最多可容纳3000名观众，大部分观众需要站在中央场地区。起先，玫瑰剧院内的地面由砂浆铺成，后来改用夯土、煤渣和碎榛子壳。在帷幕剧院，其中一个入口的路面经重新铺设，材料是一层压实的绵羊关节骨碎片。院子里的其他地方铺的都是砾石。其中考古发现的物品包括墙砖、陶鸟哨、破碎的陶瓷钱盒、钱包架、硬币和纪念币、黏土管、骨梳和金属叉（可能是表演道具）。此外，考古学家还在遗址中发现了一些食物残渣，包括贝类、坚果和水果。

**玫瑰剧院**

玫瑰剧院建于 1587 年或 1592 年，当时居民又将剧院扩建了约 20%；1605 年，剧院关闭，不久后被拆除。1988—1989 年，考古学家在发掘过程中发现了剧院部分遗址，并发现其建造经历两个阶段。第一阶段的剧院是一座约 72 英尺（约 22 米）长的小多边形建筑。第二阶段，外墙被向外扩展 8 英尺（约 2.4 米），旧时的梯形舞台被拆除，新建了更厚重也更坚实的新舞台

**大剧院**

1576 年，英国演员和商人詹姆斯·伯比奇（James Burbage）在肖迪奇建造了大剧院。它是英格兰第一座成功的公共剧院，但好景不长，1598 年，剧院被拆除。剧院是多边形结构，建有三层廊道及一座有屋顶的舞台。2008 年，考古学家在发掘过程中发现了其外墙东北弧的一小部分，而早期的地球物理调查发现了一个异常的弯曲，代表了一条平行的内墙。目前，遗址保存良好

**希望剧院**

为了伊丽莎白公主剧团，菲利普·亨斯洛（Philip Henslowe）和雅各布·米德（Jacob Meade）在位于萨瑟克区的班克塞德（Bankside）建造了希望剧院，1613—1614 年，剧院对外开放。这座剧院还是一座“棕熊花园”，人们在剧院中进行熊饵运动，并借此赚取钱财。剧院外建有两座楼梯，将观众带至“天堂”。为进行斗兽，舞台必须可灵活拆卸。1619 年，剧院最终关闭；1656 年，建筑物被拆除。1999 年，人们发现了一些希望剧院遗迹

**帷幕剧院**

1577 年，帷幕剧院对外开放；1600 年，其便面临拆除威胁，但直到 1628 年，剧院才最终被拆——后举办奖牌竞赛——不过历史上并无任何记录。2012 年及 2016 年，考古学家于此发掘，发现其为一座长方形建筑。在剧院内某些地区，其再利用了早期建筑物的墙壁，不过剧院后部建筑为新建。内墙中的砖块部分仍保留有 5 英尺（约 1.5 米）高；庭院地板及廊道下层都保存完好

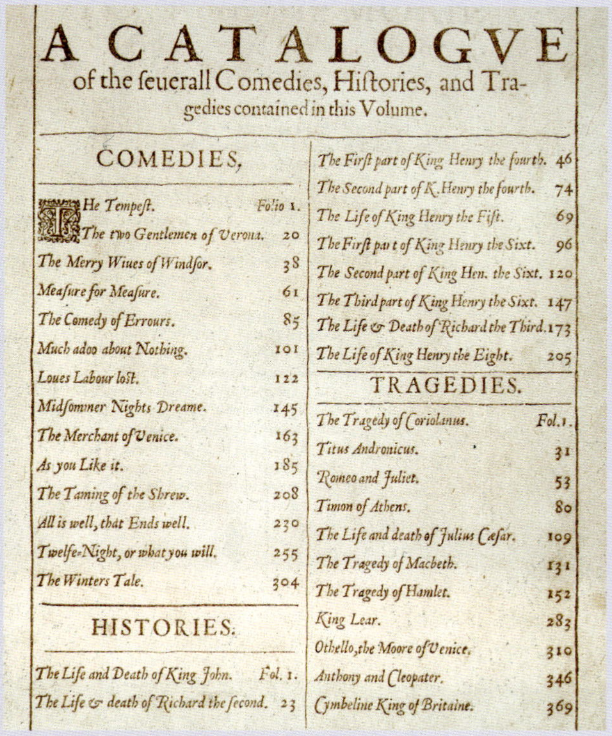

A CATALOGVE
of the ſeuerall Comedies, Hiſtories, and Tragedies contained in this Volume.

COMEDIES.

The Tempeſt. Folio 1.
The two Gentlemen of Verona. 20
The Merry Wiues of Windſor. 38
Meaſure for Meaſure. 61
The Comedy of Errours. 85
Much adoo about Nothing. 101
Loues Labour loſt. 122
Midſommer Nights Dreame. 145
The Merchant of Venice. 163
As you Like it. 185
The Taming of the Shrew. 208
All is well, that Ends well. 230
Twelfe-Night, or what you will. 255
The Winters Tale. 304

HISTORIES.

The Life and Death of King John. Fol. 1.
The Life & death of Richard the ſecond. 23
The Firſt part of King Henry the fourth. 46
The Second part of K. Henry the fourth. 74
The Life of King Henry the Fift. 69
The Firſt part of King Henry the Sixt. 96
The Second part of King Hen. the Sixt. 120
The Third part of King Henry the Sixt. 147
The Life & Death of Richard the Third. 173
The Life of King Henry the Eight. 205

TRAGEDIES.

The Tragedy of Coriolanus. Fol. 1.
Titus Andronicus. 31
Romeo and Juliet. 53
Timon of Athens. 80
The Life and death of Julius Cæſar. 109
The Tragedy of Macbeth. 131
The Tragedy of Hamlet. 152
King Lear. 283
Othello, the Moore of Venice. 310
Anthony and Cleopater. 346
Cymbeline King of Britaine. 369

## 莎士比亚戏剧

莎士比亚与许多早期剧院关系密切，或是作为演员或是作为上演戏剧的剧作家。举例来说，1592 年，玫瑰剧院建立，其最初建造是为了表现莎士比亚的戏剧《亨利六世》第一幕。1594—1597 年，宫务大臣剧团在该剧院演出，其中一个成员就是莎士比亚。在剧院工作时，莎士比亚写下 13 部戏剧，极可能是在玫瑰剧院首演的，分别是《亨利六世》（第二、第三幕）和《理查三世》《错误的喜剧》《泰特斯·安特洛尼克斯》《爱的徒劳》《维罗纳二绅士》《驯悍记》《罗密欧与朱丽叶》《仲夏夜之梦》《理查二世》《约翰王》及《威尼斯商人》。1599 年，莎士比亚在帷幕剧院写下了《亨利五世》。

环球剧院建筑花销的一半由宫务大臣的剧团提供，包括莎士比亚在内。剧院首次上演了《哈姆雷特》《奥赛罗》《李尔王》和《麦克白》。可能莎士比亚将工作室搬到环球剧院后，在《亨利五世》序言中添加了著名的“the wooden O”。

# 工业考古学

1. 洛厄尔国家历史公园（Lowell National Historical Park）的博特棉花博物馆（Boott Cotton Mills Museum），编织室中有一架正以全速运行的织机

2. 南威尔士大矿井国家煤矿博物馆（Big Pit National Coal Museum）的一个特殊项目就是地下矿井之旅

3. 德国哈根的露天博物馆展示了各类工艺品、商品和工具，例如图中的水碓

在广义角度上，工业考古学可被定义为：借人类活动留下的物理遗迹，对相对近期的工业历史进行考古研究。工业考古学是考古学的一个分支，相对专业化，与技术史研究有很多共同之处；不仅如此，其与其他几门学科也有部分重叠，包括工程学、建筑史和博物馆领域。工业考古学的研究包括各种工业建筑、机械、技术、工艺品、场地、景观和构成工业遗产的相关基础设施。

20 世纪 50 年代中期，“工业考古学”一词突放异彩，为记录快速消失的工业历史，有关学者进行了大量工作。然而，该项工作其实起源于几十年前。1918 年，英国谢菲尔德贸易技术学会（Sheffield Trades Technical Societies）成立，留下了该市制造业和工业史的永久记录。两年后，纽科门学会（Newcomen Society）继续此项工作，致力于工程及技术研究。1925 年，世界上第一座工业博物馆在罗德岛波塔基特市（Pawtucket）的斯莱特米尔（Slater Mill）地区开业；而在 1793 年时，博物馆原址曾是一座纺织厂。20 世纪 20 年代末至 30 年代初，有关学者对达特摩尔（Dartmoor）早期的锡矿遗址进行了调查和记录；20 世纪 40 年代，阿瑟·雷斯特里克（Arthur

## 重要事件

| 1899 年 | 1935 年 | 1948 年 | 1959 年 | 1963 年 | 1964 年 |
| --- | --- | --- | --- | --- | --- |
| 巴伐利亚铁路博物馆（Bavarian Railway Museum）在纽伦堡开放。其为后来的各类交通博物馆奠下模型基础，例如位于约克郡的国家铁路博物馆（National Railway Museum）。 | 康沃尔发动机保护委员会由一小群人组成。后来改名为特雷维希克学会（Trevithick Society）。 | 索格斯铁厂发掘工作开始，有关学家发现了铁厂的主要建筑物和高炉的基础，共发现约 5000 件文物。 | 英国考古委员会组建了一个工业考古研究委员会，以便为工业考古主题进行宣传。 | 肯内特·哈德孙（Kenneth Hudson，1916—1999 年）出版《工业考古学导论》（*Industrial Archaeology: An Introduction*）。它是有关该主题的首批书籍之一。 | 《工业考古学》（*Journal of Industrial Archaeology*）杂志订刊，肯内特·哈德孙担任第一位编辑。 |

Raistrick，1896—1991年）开始记载英国约克郡山谷早期铅矿开采的证据。1960年，德国设立了两座有关工艺及技术的露天博物馆，其中一座即为著名的哈根博物馆（见图3）。在美国，自20世纪40年代后期起，针对马萨诸塞州索格斯铁厂（Saugus Iron Works）的大量发掘工作展开；20世纪50年代，该建筑经重建成为国家历史遗址。1965年，美国设立国家工业纪念碑记录；1969年，又紧接着设立美国历史工程记录。

工业考古学的早期工作倾向于集中记录旧时重型工程遗址——例如制造厂和钢铁厂——及冶炼产业遗址，如煤炭（见图2）、金属矿石和采石场，人们认为这些遗址因重建面临种种风险。然而，随着该学科的发展，其工作范围扩大至辅助场所及部分基础设施。现在的研究领域包括农产品加工（例如碾磨、制麦、酿造、蒸馏和土地排涝）、与工业电力相关的结构（水力、蒸汽动力、风力和畜力）、通信（道路、河流和运河、铁路和航空运输）和劳动力住所。工业考古学中考察产业包括制造业及公用事业：前者包含各类工程项目、汽车制造、飞机制造、玻璃、皮革和纺织品制造（见图1），后者则包含天然气、电力、水资源管理和污水处理。因此，许多工业园区和景观现已被指定为联合国教科文组织世界遗产。

自20世纪80年代以来，重建的压力——尤其是城市地区中的部分棕地遗址——导致有关前工业区遗址的考古调查和记录稳定增长。此外，随科学技术应用于此类工作，真正的红利正在产生。

**1967—1968年**

针对新英格兰纺织厂的调查，是历史性美国建筑调查的第一个大型工业记录项目。

**1972年**

阿瑟·雷斯特里克（Arthur Raistrick）出版《工业考古学：一段历史研究》（*Industrial Archaeology: An Historical Survey*）一书。

**1978年**

洛厄尔国家历史公园建成，其中包括马萨诸塞州洛厄尔市周围历史悠久的纺织品生产遗址。

**1986年**

英国什罗普郡的铁桥峡谷被指定为联合国教科文组织世界遗产。

**1999年**

欧洲工业遗产之路建立，包括13个国家中一些最重要的工业遗产地。

**2000年**

位于南威尔士的布莱纳文工业景观区（Blaenavon Industrial Landscape）成为世界遗产。其中包括布莱纳文钢铁厂和大矿井。

# 铁桥镇 约1500—1900年

峡谷山坡上富含煤炭，可以从通往山上的平原和浅坑挖出。在解散修道院（Dissolution of the Monasteries，1536 年）事件之后，特别是峡谷南侧的煤炭开采明显规模扩大。因此，到 1700 年当地人口竟然翻了一番。煤炭的繁荣使得其他行业得以发展，例如锻造业和箍桶业

铁桥小镇位于英国什罗普郡塞文河内的一处峡谷之中。其坐落于东萨罗普郡煤田南端，格洛斯特和布里斯托尔港口中的船只可通过塞文河直接离开。煤、铁矿石、黏土和石灰石的沉积都靠近地表，因此很容易在早期开采。1777—1781 年，河对岸新建了一座著名铸铁桥，随后以小镇之名命名；桥与镇共同发展；不过到那时，该地区已建立工业。

在都铎王朝和斯图亚特时期，该地区的煤炭开采业发展迅速，峡谷内已建成相当规模的社区。该时期，铁冶炼和黏土工艺也已经开始发展，但在 1709—1715 年，为革新铁加工业，柯尔布鲁德尔的亚伯拉罕·达比（Abraham Darby，1678—1717 年）尝试用焦炭炼铁，效果出乎意料的好，这使铁的生产成本更便宜。使用焦炭，并非木炭，使得可生产的铁量大幅增加。因此，当地铁生产大规模扩张，到 18 世纪末，该地区已成为世界上技术最先进的地区之一。20 世纪 90 年代，威廉·雷诺兹（William Reynolds，1758—1803 年）在塞文河与什罗普郡运河（Shropshire Canal）的交汇处依计划新建了一座城镇。该镇与新的瓷器、陶器、砖厂、绳索工程、木材场和两个连锁工程有关。

从 19 世纪开始，铁工业逐渐衰落，其他工业纷纷冒头取而代之。例如，陶器、砖、屋顶瓦、装饰瓦和黏土烟斗制造业蓬勃发展。制造商开采当地的黏土，首先通过塞文河，随后通过新建铁路，将产品远销各地。1986 年，铁桥被列入联合国教科文组织世界遗产。

# 焦点

**铁桥**

1777—1781 年，亚伯拉罕·达比三世（1750—1791 年）下令建造铁桥，随后这座桥取代了渡口。最初，其被认作一项经济浪费，不过其建造使得城镇向北发展。单跨铸铁桥长 99 英尺（约 30 米），由托马斯·法诺尔·普里查德（Thomas Farnolls Pritchard，1723—1777 年）设计，两端建有石基台。1781 年，铁桥正式投入使用，由马德雷收费公路信托公司经营，桥上砖制收费站仍然坐落于通往南方的道路上

**铁冶炼和铁匠**

1536 年，当地出现第一座锻铁炉；约 1618 年，第一座高炉出现于威利。1715 年，亚伯拉罕·达比率先使用空气炉和焦炭炼铁；这种方法与砂型一起，促进铸铁大规模生产。18 世纪 50—60 年代，铁产量大幅增加。18 世纪 70 年代，鼓风机的发明使得锻造工厂可以在河流流域外地区建造。18 世纪后期为当地铁工业的鼎盛时期，大炮和铸造钢瓶出现

## 铁桥的胜利

塞文河是英国最大的河流之一，最终汇入布里斯托尔海峡。正因如此，其为该地区生产的制成品提供了一道天然出口，可以通过格洛斯特和布里斯托尔的港口，将商品运往世界各地。另一方面，世界各地的原材料（如铅矿石和煤矿或铁矿石的替代品）可以通过水路运至铁桥。

峡谷中河流湍急，因此其成为水轮动力的理想选择。不仅如此，该地区内发展的许多工业在其各个生产阶段都大量使用水力，黏土烧制行业尤其如此，出乎意料，许多金属加工相关的精加工阶段也是如此。出于这些原因，许多早期生产基地位于河边，该现象司空见惯。从 18 世纪后期开始，蒸汽泵发动机的发展使得当时工厂主要在远离河流的地方建立生产区。

19 世纪中期，铁路网络的出现，成为一种将原材料和成品运进及运出峡谷的新方法。不仅如此，铁路也为该地区带来了大量游客，显著促进了当地经济发展。随着工业发展渐衰，旅游业逐渐成为一项受欢迎的替代品。正是由于这些参观者的兴趣，最终在 1967 年，当地居民有动力建立铁桥峡谷博物馆信托。反过来，这个独立的教育慈善机构极大地推动铁桥被列为世界遗产。

# 冲突考古学

1. 罗马骑兵头盔上的铁制面罩，发现于德国卡尔克里泽（Kalkriese）地区的条顿堡森林战役原址
2. 考古学家在德国塔尔海姆（Talheim）地区的一个乱葬坑中发现了大量头骨，其上显示出钝性创伤的痕迹
3. 在欧洲，集体坟墓在1300—1850年相对较少，因为士兵通常被直接埋葬在身死之处。在维特施托克战役原址，考古学家已经能核定骷髅并确定士兵的一般健康状况和他们如何死亡的细节

有关古代或历史冲突事件的考古内容远远不止冲突的实际场所——无论是民事还是军事。这种情况涉及考古技术在研究事件各个方面的应用，包括受害者和遗留下的所有残骸。历史学家研究军事战术和个人战斗的历史已久，19世纪中叶，爱德华·菲茨杰拉德（Edward FitzGerald，1809—1883年）在英国纳斯比首次进行了关于文物在战场上传播的古文物调查。早在1905年，有关学者就曾在哥特兰岛的维斯比对部分战场进行偶尔考古调查，但考古方法在冲突调查中的系统应用是一个相对较新的发展，可能始于20世纪70年代或80年代初。

尽管历史学家经常提到“战场”，不过该词常会让人误解，因为部分已知战争是所谓的持久战，涉及区域广阔，并涵盖许多单独的事件：例如，维斯比战役（1361年）耗时几天，发生在至少三处不同战场。因此，考古学家面临

## 重要事件

| 公元9年 | 约235年 | 1628年 | 1636年 | 1642年 | 1643年 |
|---|---|---|---|---|---|
| 在条顿堡森林之战中，日耳曼部落摧毁了三个罗马军团。后来考古人员在现场发现了军用设备。 | 日耳曼部落和罗马军队之间爆发哈尔佐恩战役（Battle at the Harzhorn）。考古学家后来发现了约1500件文物。 | 斯特拉尔松围城战（Siege of Stralsund）开始。2010年，考古学家在发掘过程中发现了一条通信沟渠，其中埋有两具伤痕累累的骷髅。 | 一支瑞典盟军在维特施托克击败了一支神圣罗马帝国－萨克森军队。2007年，考古学家在发掘过程中发现了一个内含88具骷髅的乱葬坑。 | 刀锋山之战的骑兵使用小口径子弹进行散射，而步兵则使用更大口径子弹进行更密集散射。 | 英国保皇军被围困在英国格拉夫顿瑞吉斯（Grafton Regis）的一座有防御工事的庄园中。后世一项详细的金属探测调查揭示了这一发现。 |

的挑战之一即为找到冲突的实际场景。为此，有关考古学家尝试了各种技术，但最常见的情况是通过以下各项组合：桌面评估、土方调查、地球物理调查、金属探测器调查和野外勘测。与任何形式的考古调查一样，整个过程中的记录需系统、详细，与此同时，必须对现场记录和发现物监管（包括任何人类遗骸）的档案进行适当管理。

我们对史前时代冲突的了解几乎完全来自考古学。位于德国塔尔海姆地区内的一座万人坑中的新石器时期骷髅（见图 2），便记录下了一些最早的冲突：约公元前 5000 年，一群人被石斧杀死。新石器时代和铜石并用时代的暴力事件的另一些著名例子，包括冰人奥兹和死于燧石箭头下的三具骸骨，骸骨埋葬在英国牛津郡的威阑铁匠铺（Wayland's Smithy）遗址内的狭长古墓中，死于公元前 3610—前 3550 年。青铜时代晚期及铁器时代，大量山丘堡垒建筑表明了当时战乱频繁，社会动荡，偶尔一些骸骨发现更是证实了这一点：考古学家在对英国多塞特郡的霍德山（Hod Hill）遗址进行发掘时，发现了一具骸骨——约公元 45 年，在进攻山丘堡垒时，其被一架罗马投石机射中身亡。在发生于公元 9 年的条顿堡森林战役之中，罗马将军瓦鲁斯（Varus）失去三个军团；各类经典作品常描述这一战役，不过通过金属探测器，考古学家发现战场最初位于德国奥斯纳布吕克（Osnabrück）附近的卡尔克里泽地区。随后的调查显示，罗马人长期遭受森林伏击；考古学家共发现超过 5500 件罗马物品（见图 1）。

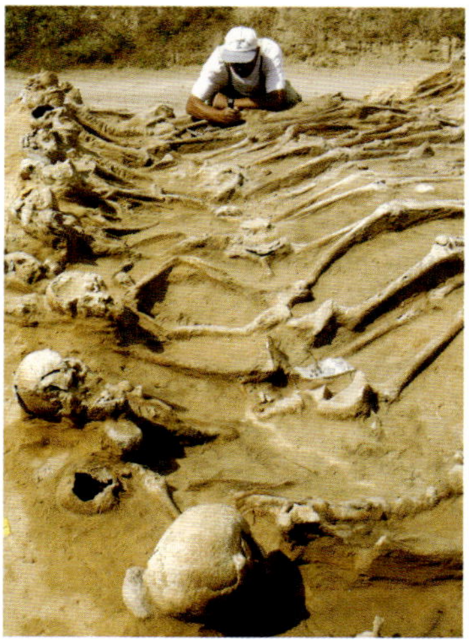

有关战争的历史记录通常是片面的，并不总能详细涉及。考古学可以帮助确定实际发生冲突的地方，并展示普通士兵的生活和武器装备。考古发掘可能会获得曾使用的某些类型武器，例如火炮；而对骨骼遗骸的研究可以揭示哪种武器会造成怎样的伤口和这些武器的使用方式，例如维斯比战役、托顿战役和维特施托克战役。17 世纪，三十年战争期间，欧洲各地发生大规模冲突，仅英国便爆发过三次内战。在考古学角度上，记录最完备的一次冲突为 1636 年的维特施托克战役（Battle of Wittstock）。考古学家在位于德国勃兰登堡（Brandenburg）的冲突原址进行了细致的考察，重现了会集于欧洲的各地士兵使用和建立的战术，并在群葬坑内发现了五个不连续的墓葬层（见图 3）。在其他情况下，战场上射击子弹和大炮的详细绘制图可以帮助确定个别行动发生的位置，了解究竟军中哪支部队在当时行动，例如发生于沃里克郡的英国内战——刀锋山之战（English Civil War battle of Edgehill）。

| 1643—1646 年 | 1644 年 | 1685 年 | 1746 年 | 1876 年 | 1914 年 |
|---|---|---|---|---|---|
| 在英国白金汉郡的波尔斯托（Boarstall），保皇军数次被围困。后来的金属探测调查显示了子弹的扩散情况。 | 英国议员在英国北约克郡的马斯顿荒原（Marston Moor）击败了保皇党人。后来，考古学家标出金属探测发现并取得了不同程度的成功。 | 塞奇高沼战役（Battle of Sedgemoor）爆发。自那时以来，桌面评估和金属探测器调查已经能重现部队部署。 | 高地爆发卡洛登战役（Battle of Culloden）。土方墓葬出现。 | 在蒙大拿州的小比格霍恩战役（Battle of the Little Bighorn）中，美国骑兵面对拉科塔族（Lakota）、夏延族（Cheyenne）和阿拉帕霍族（Arapaho）大军，损失惨重。 | 德国人在比利时伊普尔（Ypres）附近的比克斯乔特（Bixschoote）地区挖了一条战壕，不过第二年就惨遭废弃。附近建有原始的法国狭缝沟渠。 |

# 小巨角战役 1876年

埃德加·塞缪尔·帕克森（Edgar Samuel Paxson，1852—1919 年）绘制的《卡斯特最后一站》（1899 年，又名《小巨角战役》）细节图，画中描绘了卡斯特身着米色制服，头戴红色头巾。1877 年，即战争爆发后一年，帕克森抵达蒙大拿州，花费数年时间为其绘画做研究，包括采访那些参与战斗的印第安人

1876 年 6 月 25 日，在穿蒙大拿州草原而过的小巨角河岸上，乔治·阿姆斯特朗·卡斯特中校（Lieutenant Colonel George Armstrong Custer，1839—1876 年）率骑兵围剿，随后被载入美国史册。根据神话，阿尔弗雷德·特里准将（Brigadier General Alfred Terry，1827—1890 年）命令卡斯特清剿扎寨于小巨角河岸上的大量夏延族、拉科塔族和阿拉帕霍族军队，并将各族族人赶回原住民保留地。卡斯特狂妄自大地接下该任务。乌鸦族侦察兵（Crow scouts）曾告诉卡斯特前方即将有一座大型印第安人营地，不过卡斯特却并没有听信其忠告，依计划继续攻击，希望将印第安人赶回其保留地。不幸的是，这一过程实在艰苦。他率领的 600 名骑兵甚至在战斗开始前便已疲惫不堪，且大多数骑兵训练不足、装备不足。卡斯特决定将其麾下分成三营，由自己、马库斯·里诺少校（Major Marcus Reno，1834—1889 年）和弗雷德里克·本特姆上尉（Captain Frederick Benteen，1834—1898 年）分别率领。卡斯特和里诺曾进行两次攻击，或是直接冲入营地，或是进行扫射，以防止妇女和儿童逃跑。神话中称，卡斯特麾下的 210 名骑兵身亡，剩余士兵围在将军周围，等待印第安人的进一步猛攻。最终卡斯特麾下的士兵惨遭团灭，无一生还，也没人知道当时究竟发生了什么。里诺和本特姆的部队伤亡惨重，当时或离战场太远，或全神贯注地挽救自己营中士兵的生命。

1983 年，一场草火席卷了战场和周边地区，使考古学家能进行地面调查和挖掘。经过多年对文物和人类遗骸的分析，考古学家和法医人类学家对这个故事表示怀疑。

**椎骨与金属箭头**

考古学家共找回 30 余具士兵遗骸。法医人类学家能凭借骸骨重现这些人活着时的模样，并再现其最后时刻。一名士兵被步枪多次射中胸部，后又被手枪射击头部，最终头骨被砸碎。为了确保这名士兵在来生会被认为是死在战场上，有人又残忍地砍断其胸腔，在其中插入弓箭

**图像叠加技术**

考古学家发现了一堆人骨和具有欧洲风格的非常规服装，服装上钉有一个橡胶纽扣，如同雨披上的那些。其脸骨表明他是白人和印第安人混血。而卡斯特麾下唯一被杀的混血士兵即为侦察员米奇·博耶尔（Mitch Boyer，1837—1876 年）。使用图像叠加将其照片与骨头重合，二者完美匹配，表明该具遗体很可能即为米奇·博耶尔

## 考古抨击神话

在战场原址发生火灾后，考古学家对其进行了多年的调查。他们发现了 5000 件文物和许多新数据。通过将犯罪实验方法与空间模式和物品分析相结合，他们证实了骑兵身亡时的位置，并确定了曾经无法得知的印第安战斗区域。

在对战场进行挖掘的过程中，考古学家找回了数百件用过的弹药筒、子弹、军用服装和枪支，甚至是金属箭头。所有枪支都在发射出的子弹上留下独特的标记。有关学者对战场进行仔细的地面调查，后使用金属探测器定位用过的弹药筒，再对弹药筒的独特标记进行法医分析，最终绘制出骑兵和印第安人——或者至少是他们的步枪——在战场上的运动轨迹。

其调查结果的一项，即为卡斯特最著名的最后一战发生的山丘，他们在当地发现了大量废弃弹药筒，但目前尚不清楚卡斯特是不是最后死去的人之一，甚至不清楚这座山丘究竟是否为最后一役的发生点。

虽然作为一支凝聚力强且秩序井然的战斗部队，骑兵团曾袭击印第安人营地，不过此时恐慌迅速蔓延，纪律早已抛之脑后。现在很明显，卡斯特的力量被一块一块地消灭，印第安人时不时打冷枪，将其逼入绝境，因为他们的多发步枪优于骑兵的单发卡宾枪。双方应该并未发生任何肉搏战。有关学者认为，战争的最后部分并不是位于画中及神话中所提的“最后战役之山”，而是在一个山沟中，士兵被追捕至此，后被杀死。

# 原住民考古学

1. 科罗拉多州梅萨维德国家公园的悬崖宫主要使用砂岩、砂浆和木梁建造。它是北美最大的峭壁建筑
2. 澳大利亚金伯利地区有大量的原住民岩画，反映了其文化和艺术发展。到目前为止，这些艺术品仍在研究中，但它们有可能是世界上迄今为止发现的最古老的艺术品

在曾经沦为殖民地的国家和地区，当地原住民反对考古活动。在北美和澳大拉西亚地区的定居社会中，因欧洲殖民，当地原住民流离失所并逐渐边缘化，被殖民国家内出现了被剥夺权利的少数民族。因此，有关遗体对待方式、文化遗产所有权和历史解释的争论比比皆是。

19 世纪末期，考古学成为人类学的一门子学科，即有关当代人的研究。许多早期的考古研究旨在为人类学研究提供时间维度。例如在美国西南部，考古学家找出了科罗拉多州梅萨维德（Mesa Verde，见图 1）遗址与普瓦布洛部落（如霍皮人和祖尼人）之间不间断联系。不幸的是，原住民开始有正当理由怀疑考古学家的动机，在许多情况下，他们认为学者们只是将原住民文化作为类比来解释他们对过去的理解。许多考古学家的态度激化了这种不信任，这些考古学家认为他们的行为方式是了解原住民过去的唯一途径，他们认为部落自己的口述历史不可靠，有些甚至是虚构的。即使在今天，一项共同抱怨即为，考古学家总是试图解释对于部落成员来说并不重要的过去问题。

## 重要事件

| 1788 年 | 1889 年 | 1894 年 | 1906 年 | 1967 年 | 1968—1974 年 |
|---|---|---|---|---|---|
| 第一舰队抵达位于悉尼港南部的植物学湾（Botany Bay），并建立了新南威尔士殖民地。 | 杰西·沃尔特·福克斯（Jesse Walter Fewkes，1850—1930 年）接管美国西南部的海明威西南考古探险队。 | 赛勒斯·托马斯（Cyrus Thomas，1825—1910 年）证实，美国中西部的土墩由现代美洲原住民部落的祖先建造。 | 为解决美洲原住民遗址遭大规模盗窃，美国国会颁布了《联邦文物法案》，保留公用土地。 | 澳大利亚公民投票承认原住民属于宪法公民。 | “蒙哥湖夫人”（Mungo Lady）和“蒙哥湖先生”（Mungo Man）的发现，证明了澳大利亚原住民居于此地的历史至少达到 4 万年。 |

然而，自 20 世纪 60 年代以来，由于原住民开始争取获得政治声音并希冀自行掌控自身命运，他们也越来越多地参与考古实践，尤其是考古学家在发掘过程中应如何对待原住民遗骸问题上，更多情况下，参与那些优先解释历史的科学考古或原住民历史发掘。1990 年，美国国会通过了《美国原住民墓地保护和遣返法案》(*NAGPRA*)，该法案不仅建立了确定联邦或部落土地上人类遗骸和物体种族的机制，也建立了博物馆和大学留存档案机制，同时规定需将材料归还给原属部落。截至目前，加拿大尚未通过等同于《美国原住民墓地保护和遣返法案》一类的国家法律条款。相反，各省份都有自己的一套处理这些问题的程序。

在澳大利亚，19 世纪时，人们在思考所谓文化进化时将重点着眼于当地原住民，认为其是史前社会早期阶段的代表，是一种“活化石”；不过与欧洲人不同，澳大利亚原住民未能进一步发展并与时代一同改变生活方式。充其量，从他们的物质文化和生活方式中，现代人可以一窥欧洲旧石器时代或中石器时代的生活。原住民的特点是“在不变的土地上做不变的人”。过去人们普遍认为，通过考古学调查原住民毫无意义，直到 20 世纪 50 年代放射性碳定年法逐渐发展。这些社会进化的观点形成了关于 19 世纪至 20 世纪时，人们对于原住民权利的更广泛的社会态度，而这些遗留观点也继续使得原住民与澳大利亚考古学家之间的关系呈消极发展。

就在原住民希望获得更多政治承认及土地权利的时候，有证据声称澳大利亚原住民在当地生活了超过几千年，该言论激发了 20 世纪 60—70 年代各地对澳大利亚考古的兴趣。一方面，由于大量重要考古发现，部分学者基于长期密切关系，倾向于原住民获取部分公共领域，例如他们在蒙哥湖(Lake Mungo)发现世界上最古老的火葬场。另一方面，针对历史解释和研究控制问题，原住民群体和考古学家之间关系日益紧张。与此同时，不断增加的发展压力导致保护原住民遗址(见图 2)的立法浪潮重新涌现，这无疑给原住民带来了更大的声音。与北美一样，原住民尸骨的处理方式多是冲突中心，特别是因为肆无忌惮的发掘行为，导致原住民尸骨散落至世界各地博物馆藏品中。

自 20 世纪 80 年代以来，澳大利亚考古学家一直积极制定道德准则，承认原住民拥有掌控自己遗产的权利。原住民和基层考古学家之间的积极伙伴关系为打破壁垒贡献良多，同时带来了新的研究和新的发现。

| 1979 年 | 1985 年 | 1990 年 | 1992 年 | 1996 年 | 2015 年 |
|---|---|---|---|---|---|
| 美国国会颁布《考古资源保护法》，旨在保护公共和印第安土地上的考古遗址和资源。 | 艾尔斯岩(Ayers Rock)被交还给阿南古人(Anangu)，并且恢复了它的传统名称乌卢鲁(Uluru)。 | 美国国会颁布《美国原住民墓地保护和遣返法案》，赋予部落获得祖先墓葬、圣物和其他文化遗产的合法权利。 | 澳大利亚高等法院取消当地无主地并确定了土地所有权。 | 尤马蒂拉(Umatilla)部落和考古学家就一具拥有 9000 年历史的骷髅究竟是否为美洲原住民进行了激烈的法律斗争。 | “蒙哥湖先生”的遗体终于归还穆提穆提人(Muthi Muthi)、央佩人(Ngiyampaa)和帕坎第人(Paakantji/Barkindji)。 |

# 考古与旅游业

1. 乔瓦尼·保罗·帕尼尼（Giovanni Paolo Panini）绘制的《罗马城外圣保罗大殿内景》（约 1750 年），旨在展现罗马日常景象

2. 被维苏威火山（背景）摧毁庞贝城的罗马广场是一处主要旅游胜地，每年吸引 250 万名游客

人们一直对历史上的遗迹，特别是古代文明的古迹着迷。例如，古希腊旅行者曾记载其前往埃及古迹的旅行，而保萨尼亚斯对古希腊遗址的两次访问即为最早的考古旅行之一。18 世纪，壮游活动使得富有的年轻欧洲男性接触到意大利和希腊的古物（见图 1）。

今天，考古学是世界旅游业的重要组成部分，许多国家将其考古历史作为卖点。从复活节岛（巨大的雕像）到柬埔寨（吴哥窟）、从新墨西哥州（查科峡谷）到英格兰（哈德良长城），各种有组织的旅行将游客带至当地。由于一些地区缺乏资金支持，它们甚至允许游客参与考古发掘，从而协助调查。然而，考古学与旅游业之间的此种密切关系有利也有弊。任何让公众更好地了解过去，意识到考古资源重要性的物品都是有积极作用的，游客的这种兴趣促使地方政府更多地关注历史遗址，在某些情况下保护其免遭破坏。不幸的是，考古遗址越出名，面临的威胁就越大。最著名的一个例子即为位于意大利南部的

## 重要事件

| 公元 2 世纪 | 18 世纪 | 19 世纪 40 年代 | 1841 年 | 1900 年 | 1906 年 |
| --- | --- | --- | --- | --- | --- |
| 保萨尼亚斯写下一本十卷本的游记，包括对希腊古代遗址的完整描述和历史与相关神话。 | 壮游活动使得年轻的北欧男性接触到欧洲古典文物和文艺复兴时期的奇迹。 | 托马斯·库克（Thomas Cook，1808—1892 年）开始在英国组织郊游和游览景点，此为旅行团的起源。 | 《中美洲、恰帕斯及尤卡坦游记》向公众介绍了中美洲的考古奇迹。 | 亚瑟·埃文斯（Arthur Evans，1851—1941 年）挖掘并“恢复”克里特岛的克诺索斯，使这座著名的米诺斯宫殿成为一个受欢迎的旅游景点。 | 位于科罗拉多州西南部的梅萨维德国家公园是美国第一个以考古为导向的国家公园。 |

庞贝城遗址。公元 79 年，维苏威火山喷发，这座遗址保存于层层灰烬之中，是意大利最著名的旅游景点之一（见图 2），但日常访问磨损引发了一项持续的问题。同样地，在著名的法国拉斯科洞穴中，大量游客污染迫使其于 1963 年关闭。今天，游客只得参观原样重现的复制洞穴，而其本身也成为一个受欢迎的景点。

随着考古遗址吸引了越来越多的游客，考古学家已将注意力转向遗址究竟展示了具体的过去何物，是否会对公众现在的理解造成任何影响。相比于某些貌不惊人的遗迹，游客喜欢参观诸如埃及金字塔这样的纪念性景点。然而，一些考古学家认为，只强调古代文明中上层阶级建造的遗迹，是在无意中暗示仅精英为重要之人。这可能会影响游客对自身社会的看法。此外，对过去拥有不同看法是一种正常现象，不同看法只是区别于强调什么和不强调什么，留下什么和遗漏什么。直到最近，主要来自欧洲和美洲中产阶级的考古学家倾向于构建一个对他们来说重要且有益的说法。不过，世界各地的原住民，在经过几个世纪的殖民虐待，逐渐重享部分经济和政治权利后，现在能坦荡表达他们应在如何对待考古遗址上享有更大的发言权，遗迹究竟是否应向公众开放，究竟应阐述其怎样的过去。

| 1922 年 | 20 世纪 50 年代 | 20 世纪 60 年代 | 1963 年 | 1975 年 | 1983 年 |
|---|---|---|---|---|---|
| 图坦卡蒙陵寝发现，伦敦《泰晤士报》（*The Times*）获得了对其研究的独家报道。 | 电视将考古遗址带入千家万户，不仅激发公众的兴趣，也刺激其产生现场一窥的愿望。 | 更便宜的航空旅行使公众可以四处走访，参观世界各地遗迹。 | 法国拉斯科洞穴关闭，向全世界警告大规模旅游可能会造成遗迹破坏。 | 联合国教科文组织世界遗产名录创建。其承认具有国际历史、文化或科学重要性的历史遗迹。 | 拉斯科二号洞穴对外开放，它是第一座对冰河时代装饰洞穴的复制品，距离原始洞穴入口仅 656 英尺（约 197 米）。 |

# 考古与政治

1

2

1. 摄于 1937 年，时任纳粹政府部长伯恩哈德·鲁斯特（Bernhard Rust，1883—1945 年）与考古学家一道来到雅典，当时德国对奥林匹亚的发掘工作已恢复

2. 以色列马萨达北部宫殿较低的一处大平台。罗马军队曾围困此处堡垒

尽管部分考古学家曾郑重声明，考古学是有关人类过去的纯粹客观科学，但毫无疑问，自考古学诞生以来，它已经（并将继续）与当代政治趋势建立亲密的联系。这种关系会带来一些有益的结果，但有时，也会给考古学和社会带来麻烦。

在利用考古学来推进民族主义目标的背景下，好坏事例竞相上演。19 世纪，人们普遍认为美洲原住民是野蛮人，需要接受教育才能变得更“符合美国”。当古文物研究者开始研究美洲中西部的土丘和密西西比文化的宏伟平台建筑时，在所谓“专家”证明下，当时大众认为这些建筑绝不是由美洲原住民建造。而它们的真正建造者另有其人，仅举几个例子，如阿兹特克人、腓尼基人，甚至是威尔士人。直到 19 世纪末，相关考古研究最终结束了这种猜测，

## 重要事件

| 1750 年 | 1848 年 | 1894 年 | 1912 年 | 1929 年 | 20 世纪 30 年代 |
| --- | --- | --- | --- | --- | --- |
| 由约翰·格奥尔格·冯·艾克哈特（Johann Georg von Eckhart，1664—1730 年）撰写的《日耳曼人起源》（*De origine Germanorum*）讨论了德国人的起源。 | 《密西西比河谷的古迹》（*Ancient Monuments of the Mississippi*）一书出版。书中并未提及遗址由当地原住民建造。 | 考古技术证明了现代美洲原住民部落的祖先建造了美国中西部的土墩。 | 出于纳粹政治目的，古斯塔夫·科西纳（Gustaf Kossinna，1858—1931 年）撰写的《德国史前史》（*Die deutsche Vorgeschichte*）表明纳粹标志在过去的运用。 | 格特鲁德·卡顿·汤普森的发掘表明，大津巴布韦是由现代修纳部落的祖先建造。 | 纳粹政权拉拢考古学和历史学界，试图证明雅利安人种族的古老和至高无上。 |

并表明这些土墩由现代部落成员的祖先建造——这也是部落内部成员从未怀疑过的事情。

最近，继以色列成为独立国家后，国家意识形态的形成促进了马萨达的神话传播，即公元73年，马萨达遭围城后，悬崖堡垒（见图2）中的犹太守卫或自杀、或相互杀戮，不愿沦为罗马军队的俘虏。这种神话非常鼓舞诸如以色列一类的小国家，四周环敌，勇敢战斗。然而，随着以色列在自卫方面愈加自主稳妥，此类神话遭受质疑。考古学家和历史学家表明，遗址中并没有大规模自杀的证据；此外，犹太历史学家弗拉维奥·约瑟夫斯（约37—100年）描述的另一些围城战场面也并非真实。

考古学被国家当作借口的最糟糕的例子发生在纳粹德国。纳粹政权曾坚持宣称德国人即为雅利安人，是古时欧洲的真正统治者。纳粹考古学家和历史学家被命令扭曲和伪造发现，以证实这种解释。相关伪造证据包括在史前盆地底部刮刻纳粹标记，表明纳粹主义的悠久历史。考古学家被置于一个可怕的位置——他们知道违反指令的后果，不过还是有部分人心甘情愿地顺从了指令。

考古学也会被牵扯进国家内部政治斗争，如女权主义、原住民权利和阶级问题。 女权主义学者严厉批评了传统考古学中的语言。例如，战后考古学教科书仍将“人类的起源”表述为“男人的起源”（The Origins of Man）。有人认为，这种用词方式暗指女性不重要。还有人认为，对诸如射弹点之类的文物的重视表明男性活动优于女性活动。性别化考古学强调了传统的男性统治领域。

考古学与原住民之间的关系经常遇到各类问题。历史上，考古学家似乎毫不在意原住民的声音。仅在过去三十年，这些声音才被鼓励作为考古项目的一项组成部分。在考古调查中，阶级问题也变得越来越重要。

考古学越来越依赖救援考古学。政府实体或公司雇用考古咨询公司，以确保不会破坏重要的考古资源。考古顾问必须在截止日期前给出答复，并将花费保持在预算范围内。尽管大多数考古学家充满良知，忠于他们的研究主题，但人们担心，考古学研究的完整性不应受到外部因素的影响，并且员工的工资和福利与考古学家所需的专业知识相称。此外，考古学家常利用自己的研究项目来阐明过去的社会和经济不平等，及其对当前社会的影响。

**1939年**

多萝西·加洛德（Dorothy Garrod，1892—1968年）被任命为剑桥大学考古学教授，她是第一位担任此职位的女性。

**20世纪60年代**

救援考古学的兴起有助于保护考古遗址免受现代发展的影响。

**1962年**

路易斯·宾福德（Lewis Binford，1931—2011年）开始以新考古学为标题发表部分论文，旨在使考古学成为一门科学。

**1984年**

《考古学和性别研究》（*Archaeology and the Study of Gender*）一书的出版，促进了女权主义和性别考古学的兴起。

**1990年**

美国国会颁布了《美国原住民墓地保护法和遣返法案》，赋予部落继承祖先墓葬和圣物的合法权利。

# 7 | 如何进行考古工作

自 18 世纪第一批古文物被发掘出以来，考古实践发生了巨大的变化；随着新技术促使研究以更高精准度完成，考古学不断发展。从我们如何给古物定年到我们如何挖掘，从使用激光“穿透底层观察”到人类骨骼的 DNA 分析，本章涵盖了考古学的主要发展、突破和理论。

# 理论与实践

1. 1784 年，托马斯·杰斐逊率团队发掘弗吉尼亚州内的美洲原住民坟冢地层。其被称为美国考古学的创始人

2. 约 1875 年，艺术学生在大英博物馆中的作画形象。19 世纪，博物馆中的古文物展示多为古典雕塑

18 世纪，考古学尚不是一门清晰的独立学科，不过正在逐渐演化。放眼整片欧洲，所有古文物研究者对古物的兴趣大多源于自身利益考量而非一种了解过去的信息资源，他们发掘了埋葬土墩和遥远过去的其他可见遗迹。在相同目的下，托马斯·杰斐逊在弗吉尼亚州的蒙蒂塞洛庄园（Monticello）发掘了古老的美洲原住民土墩（见图 1）。

今天，尽管大量高科技工具不断发展可供其使用，考古学家仍然依靠调查或挖掘来寻找文物和遗址，构成其研究基础。考古调查包括地面勘测，搜寻过去的证据。这种行为可以帮助考古学家了解该区域内的古代遗迹，同时耗费资金也比挖掘（发掘遗址的物理方式）更少。考古学家可以选择遗址中的一小块区域，随后深入挖掘，直至找到最早的泥土成分，从而掌握遗址使用的时间跨度。或者，考古学家可以在遗址中挖出一条水平的大型沟渠，从而获得史前活动的信息，例如其曾经食用的食物。在实践中，考古学家通常会将这两种方法相结合。

自第二次世界大战以来，考古学科领域出现遥感技术。磁力计或电阻率测量的方式可以发现地下异常，并提供一幅相当准确的图像；考古学家可以借此在遗址中对古物含量最高的地区进行最大限度的发掘。

19 世纪，博物馆成为考古勘测发现物的主要存放处，不过博物馆负责人最感兴趣的物品还是那些能从视觉上吸引公众的古物（见图 2）。今天，这种态度已被取代；据估计，实地考察一周，考古学家需在实验室内花四周时间去策划分析文物。任何一件发现物都会被相关人员好好收藏，因为即便是如今看起来微不足道的事物，未来的研究人员也有可能会有所发现。

随着考古学实践不断发展，考古学家提出的问题和给出答案方法的基本原则也在不断发展。在第二次世界大战结束之前，考古学的关注重点是试图解释工具的用途、由谁制造、哪里可以找到相似物品和何时制造。不过 20 世纪 40 年代，放射性碳测年法的出现，使得考古学家可以给任何碳基物体（如骨头或木头）提供绝对的历法日期。一种非典型的前驱技术是考古学家在美国西南部地区遗址中使用的树木年轮测年技术。这一突破和大量随后出现的其他精准测年技术，使考古学家有更多的时间和资源来调查人们过去的生活方式和他们究竟为何如此行事。

针对这两个问题，一种回答试图从人与环境的关系角度了解过去居民的行为：以什么为食，是游牧还是定居等。20 世纪 60 年代，一门影响广泛的子学科出现——最初被称为新考古学（如今被称为过程考古学）——其声称考古学是一门科学。认为考古学忠于历史而非自然科学的观点持有者，在世界多地都遭到反驳。出于这种阻力，一种有时被称为后处理考古学的应对措施出现，不过这一专有名词今已被弃用。许多考古学家认识到，人们对过去的理解受到当代因素的影响，例如政治意识形态，或关心原住民群体如何处理其祖先的骨骼遗骸及文物。这导致考古学暴露于当代政治聚光灯下。

# 调查

1. 从空中俯瞰牧场，可以清楚地看到这座中世纪修道院内所有主要建筑的布局。即使如今掩埋于土壤和植被之下，建筑的石墙和柱基残垣边界仍然清晰

2. 考古学家在加拿大萨斯喀彻温省（Saskatchewan）用地面测试仪测量土壤电阻率。调查数据将被绘制于覆盖遗址范围的网格图上

3. 考古学家使用磁力计调查也门马里布遗迹下的表面，据说当地曾由谢巴女王（Queen of Sheba）统治

虽然某些历史建筑和纪念碑今天仍然屹立，不过更多的文物其实或部分或完全隐藏于视野范围之外。因此，考古学家面临的一个主要挑战便是如何最好地定位并找出这些遗址，绘制它们的范围，并记录其遗骸。幸运的是，大量调查技术可以帮助考古学家完成这些任务，而且其中许多技术相对便宜，不具任何破坏性。

通过调查旧时的记录研究与早期的地图、照片和雕刻研究，考古学家可以获得丰富的信息。对古董作品或旧报纸中不寻常特征或发现的查阅，促使考古学家寻找某些特定遗址，例如，从对先前马赛克图案发现的描述中，考古学家重新定位了别墅地点。同样，在一些早期地图的帮助下，有关学者重新发现了被遗忘的中世纪时期定居点。这种系统搜索被称为桌面评估，通常与航空摄影分析相结合。一般而言，采用彩色和黑白摄影，偶尔使用红外胶片和热成像设备进行细致拍摄。航空摄影有利于三种主要类型遗址的调查（见图 1）：标记图案遗址、土壤标记遗址和土方工程遗址。

当深入底土的深层土壤特质饱含水分，使得植物茂盛迅速成长时，航拍技术便可以发现标记图案遗址；越过石墙的作物更易发育不良。土壤标记表现为新鲜耕地中的土壤变色现象，与已经发掘的遗迹外貌相冲突。因此，史前古冢周围的沟渠在照片中可能表现为一座苍白（白垩）山丘周围为一圈圈较暗（充满土壤）的圆环。没有耕种的遗址通常以土方工程的形式保存下来：主要为河岸和沟渠。墙壁或房屋基台通常体现为一些低矮的堤岸或土墩，洼地则表示沟渠。规模大小从几英寸高度到诺曼城堡山丘般大小。考古学家通过详细记录遗址中的高度变化来进行土方调查。大多数现代调查经由 EDM（电子测距仪）或 GPS（卫星全球定位）设备进行，如伯利兹的卡拉科尔城（Caracol）。

更多的遗址埋于耕地之下。在这里，可以通过仔细绘制沿网格场探查期间记录下的文物来获取部分线索。另一种绘制特定类型文物的方法是利用金属检测调查。这两种技术都可能揭露位于地表下方的前定居点或丧葬遗址。

地球物理调查的信息量巨大，常被广泛用于农村地区，如英国的巨石阵。然而，它在识别地质异常的同时发现考古特征，因此其真正的用处实际为解释数据。这种调查通常利用两种主要类型数据进行解释：电阻率（见图2）和磁力计（见图3）。在电阻率测量的帮助下，考古学家能了解通过土壤的电流，并且测量和记录该电流的电阻变化。由于底土内的阻力水平与其含水量密切相关，任何干燥的岩石，如墙基，其电阻读数将会极高；而充满黏土的地窖及沟渠，因为储水能力更强，所以阻力较小。磁力计调查依赖土壤中弱磁化铁氧化物的存在。它们首先用于检测烧制黏土结构，这是因为烧制黏土结构中的磁性颗粒在它们被冷却时（热电偶）与磁场方向一致。在海洋遗迹中，磁力计测量通常与侧扫声呐扫描一起，用于绘制水下异常图。

# 隐藏的遗迹

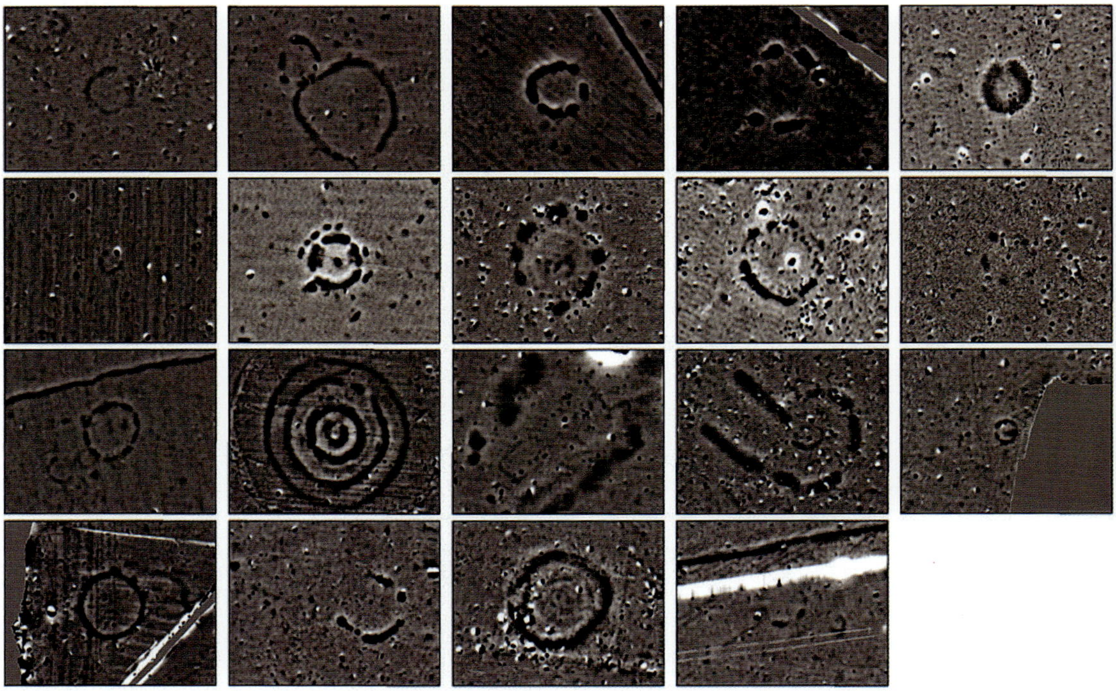

英国威尔特郡巨石阵周围新发现纪念碑的磁性数据展现了一处复杂的仪式景观，包括木材和石头，其他废弃特征。非侵入性地球物理研究和发掘的结合将揭示未来几年这一景观的新维度

几个世纪以来，古文物学家和考古学家始终在研究位于英格兰南部索尔兹伯里平原中的巨石纪念碑。长期以来，调查着重于构成纪念碑最新化身的巨大立石，随着20世纪不断深入，相关调查也越发专业。20世纪50年代的发掘工作，尤其是理查德·阿特金森（Richard Atkinson，1920—1994年）领导的发掘，使得人们能对建造阶段的总体范围进行评估，考古学家发现了木炭，通过放射性碳定年法首次确定了其年份。

然而很明显，巨石阵位于一处复杂的纪念性景观中心。为了解巨石阵，人们有必要了解它的周围环境。自19世纪初以来，大量发掘者，例如威廉·坎宁顿（William Cunnington，1754—1810年），将目光聚集于巨石阵周围的青铜时代墓丘或坟冢；人们先从巨石阵周围平坦的地面上找出古代建筑的痕迹，后从空中进行最终确认。其中一大特征建筑为一道长廊，此项土方工程长2英里（约3千米），由两条平行堤埂组成，为巨石阵与埃文河之间40英尺（约12米）宽的平坦通道的边界线。另一特征建筑是科萨斯环形石碑道（Cursus），因其与罗马赛马场出乎意料的相似而得名。科萨斯石碑道位于巨石阵北侧，由长2英里（约3千米）、宽330—490英尺（约100—147米）的狭长土方构成。其建造年份早于巨石阵几个世纪。

在过去的二十年，几个不同的研究小组在巨石阵进行了一系列考古活动。与稍显传统的技术一道，高精度放射性碳定年、同位素分析，特别是考古勘探的地球物理方法也被用于考古发掘。鉴于每一件与巨石阵相关的事物都会经过细致检查，因此数据收集和分析的标准非常高。最终，有关考古学家获得了关于巨石阵的一系列新发现，他们认为新定居点的位置可能与巨石阵游客有关；与此同时，考古学家在地表下发现了大量隐藏遗迹，其中留有一些由木材建造的仪式纪念碑的痕迹。

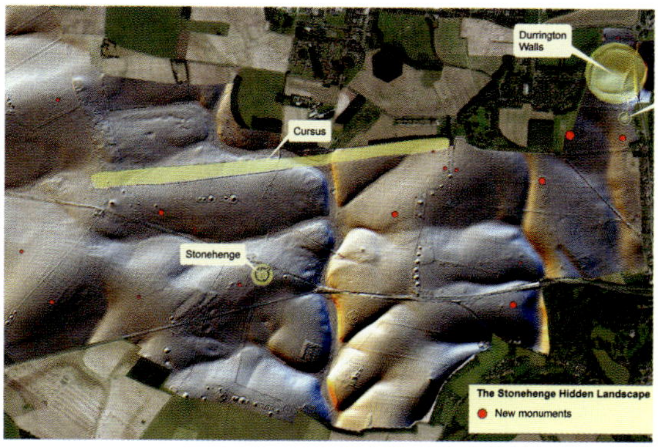


### 巨石阵周围的新纪念碑

“巨石阵隐藏的遗迹”是伯明翰大学和路德维希玻尔兹曼考古勘探与虚拟考古研究所之间的合作项目。它利用现代地球物理勘探技术研究巨石阵周围的景观。自 2011 年以来，部分最重要的发现包括 17 座仪式纪念碑；这些纪念碑主要由木材制成，可追溯到公元前 3000 年，当时的巨石阵已经颇具雏形。另一个重要的发现是一处建于公元前 4000 年初的长墓轮廓。如今，从地表无法看出此座墓葬结构，其建于农业被引入英国不久后

### 地球物理勘探方法

考古学家利用磁力计、高性能计算和全球定位系统，勘探地表下情况。此类技术获得的信号经处理后，可以消除来自小金属体的噪声，并且可以精确地固定物体位置。探地雷达可以探测到其他地下异常。用这两种方法获得的数据可以通过电脑整合，绘制出涵盖底土特征的详细地图

### 科萨斯地窖

考古学家在科萨斯界线堤埂中发现了部分坑洞，这些坑洞可进不可出。据地球物理调查显示，遗址东侧有一处地窖，约 36 英尺（约 11 米）长，深度不明。地窖沿着巨石阵中的“住脚石”（Heel Stone）和夏至时太阳升起的路线挖掘。另一端也有一个类似的地窖，沿夏至时日落的路线挖掘。这些景观元素与巨石阵的主要巨石建筑融为一体

### 游行路线

考古学家在巨石阵周围发现的额外纪念碑和其他特色建筑向人们提出了新的问题：人们怎样在如此地形中穿梭？考古学家文森特·加夫尼（Vince Gaffney，生于 1958 年）提出，大道和科萨斯纪念碑引导人们在一座座纪念碑间穿行。此类游行的目的地终点是巨石阵。其理论尚未得到证实，不过它是新数据究竟如何激发人们对该遗址考古思考的一个例子

## 杜林顿垣墙

杜林顿垣墙靠近埃文河西岸，距离巨石阵东北约 2 英里（约 3 千米）。20 世纪 60 年代，在道路建设期间，当地居民在此处发现了一座建有同心木柱圈的大型环状直立木质纪念碑。这座纪念碑和大道的排列方向也表明了天体的方向。

2004 年，考古学家开始对此地进行发掘，发掘显示该处定居点面积达 42 英亩（约 17 公顷），定居点内房屋长、宽、高皆为 16 英尺（约 5 米），外部堆有垃圾沉积物。杜林顿垣墙定居点内的木屋与位于奥克尼群岛斯卡拉布雷遗址（Skara Brae，见第 116 页）中的石屋尺寸、布局几乎一致。两处地区间的相似原因，是不是存在某种跨越不列颠群岛的直接文化联系？

考古学家在杜林顿垣墙定居点内发现了 80000 件动物骨骼，主要来自猪和牛，二者比例为 9 头猪比 1 头牛。在同期的兽骨样品中，这种比例是十分罕见。大多数猪在 9 个月或 15 个月时被杀死，若假设它们生于该年春天，那么即在隆冬或来年初夏被杀。锶同位素比率表明，有一些牛来自英国其他地区。有学者认为，杜林顿垣墙定居点是一处与宴会有关的短期居住地。

# 激光雷达景观记录：卡拉科尔

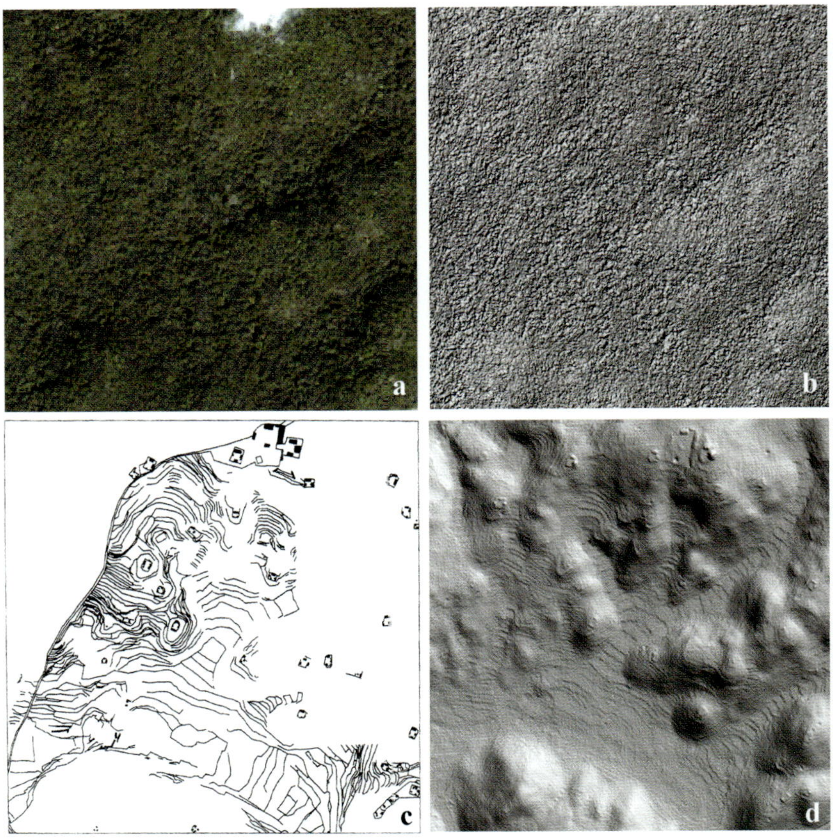


图为激光雷达生成的冠层表面模型（左上和右上），密集的丛林植被掩盖了下方建筑结构。在激光雷达山阴影的裸地图像（右下方）中，植被层被移除，地形一览无余，点缀着建筑物（隐藏在梯田中）的不规则景观一展容颜

20 世纪，针对中美洲玛雅低地的考古调查发生了根本性的变化。随后，野外工作者不得不用砍刀劈开密林，寻找可用于估算遗址大小和人口密度的建筑物和文物样本。基于激光的遥感技术的引入，即通常所称的激光雷达（光探测和测距），为研究人员提供了地面上所有物体的三维视图，不仅包括地形和植被，还包括或大或小的建筑物、洞穴、水库、道路、农耕梯田，甚至储存地窖的开口和盗墓留下的痕迹。

在阿伦·蔡斯（Arlen Chase，1953 年—　）和戴安娜·蔡斯（Diane Chase，1953 年—　）的指导下，2009 年，考古学家在中美洲卡拉科尔第一次大规模使用机载激光雷达。卡拉科尔是一座玛雅城市，位于伯利兹西部玛雅山区，鼎盛时期为公元 550—900 年。在仅仅 9 个小时的激光开启时间内，脉冲光记录了 42.8 亿个点，创建了面积达到 77 平方英里（约 199 平方千米）的点云（三维坐标系下的数据点），相比于 1983—2003 年调查面积有了极大提高；当时采用传统徒步勘测，遗址内调查面积仅为 9 平方英里（约23 平方千米）。实际上，激光雷达数据不仅覆盖了比实地调查更大的领域，而且还确定了以前的工作遗漏的结构。最重要的是，激光雷达显示卡拉科尔是一座低密度城市聚居地，城中人口超过 10 万人，分布在至少 62 平方英里（约 161 平方千米）范围内由道路连接的分散公共建筑节点中。此外，激光雷达图像清晰地显示了分散在大片农耕梯田中的住宅群，这些梯田为城中不断增多的人口提供食物。

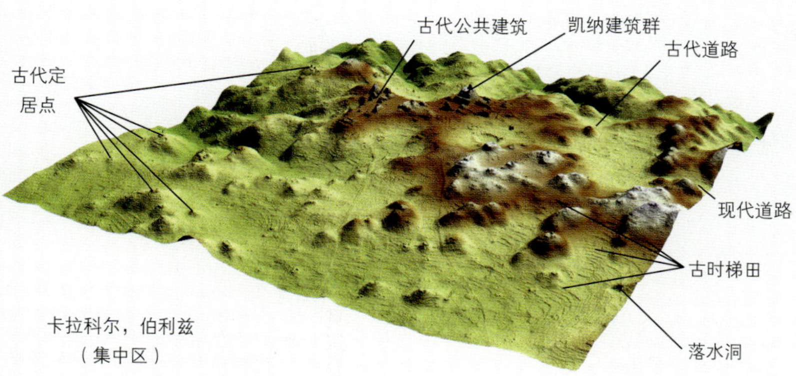


**三维图像**

由于地面物体高度有变化，激光雷达可借此显示其轮廓。图为激光雷达成像，显示了卡拉科尔的中心，在周围起伏与山丘中的数千块梯田中，坐落着高地住宅群。图片揭示了从该中心的巨大凯纳建筑群通往建有公共建筑的广场群的道路，其中二级道路可通往高地住宅区

**凯纳建筑群**

凯纳建筑群（天空之城）位于卡拉科尔城的中心，也成为遗址中心。1985 年，蔡斯家族抵达该地时，它仍然被茂密的丛林覆盖。公元6—7 世纪时，这座寺庙建筑经重修，其基座逐渐垒砌，高度最终达到南面广场地平线以上近 164 英尺（约 50 米）。建筑中仅有两层为主要房屋层，尽管大数房间用于住宿和行政目的，不过顶端的三座金字塔形建筑是寺庙

## 扩大调查范围

2013 年，几项考古项目联合起来将调查范围扩大至卡拉科尔以北 408 平方英里（约 1057 平方千米），事实证明，卡拉科尔激光雷达调查对在密林环境中收集详细的空间信息非常有效。在玛雅南部丛林中工作的考古学家第一次期待调查全面覆盖地表残骸。虽然用激光雷达识别处的地点需要进行地面检查，以确定其按时间顺序排列，但考古学家可以描绘整个地区的地形、农业系统、水库、建筑物和道路。这种大规模的沉降模式观点对于解释古代社会的组织方式至关重要。

过去，对玛雅社会政治组织的理解基于相当有限的空间数据。2013 年，在伯利兹激光雷达调查与长达一个多世纪的发掘工作协助下，考古学家最终证明随着古典时代（公元前 300—200 年）末期的人口数量不断增加，不同社群都在以常规方式建立定居点。公元 550 年后，随着卡拉科尔城急剧发展，距离市中心 3—5 英里（约 5—8 千米）的地区逐渐被不断扩张的城市吞并。考古学家发现，与此同时，新的建筑群正在中心区附近的郊区涌现，可能是为了满足卡拉科尔不断增长的人口的行政及商业需求。伯利兹激光雷达调查显示，玛雅城市与中美洲高原城市密集的人口密度不同，更类似于其他热带地区的模式，如古代柬埔寨首都吴哥窟。

# 发掘作业

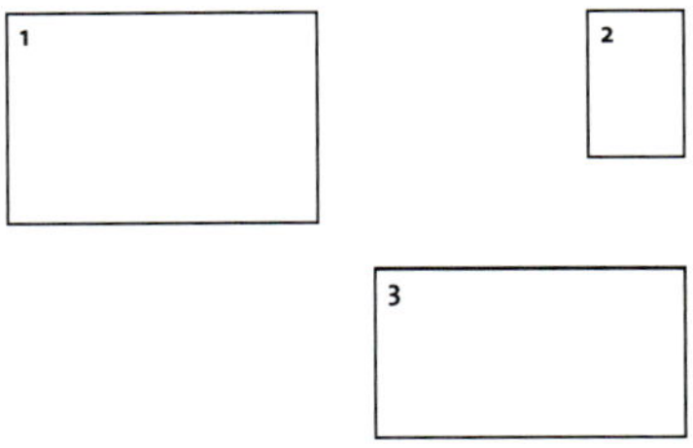


关于调查考古遗址并确定其物理界定，目前有多项技术可以完成，但发掘作业是迄今为止可以获得最大信息量的一种，其可以确定遗址性质、发展和时间范围。虽然考古发掘起源于18—19世纪，但仅在20世纪初期，考古技术开始以系统的方式组织起来，相关标准在整个行业中被广泛采用。

考古发掘是一段昂贵且耗时的过程，需要精心策划。发掘作业不可避免会造成一定破坏，挖掘面积越大，造成的损坏就越大。因此，关于遗址中究竟哪些部分应该被调查，遗址中的多少物件应该采样，如何将其最优发掘出土，是任何考古项目成功的关键；其他需要考虑因素还包括复原文物和环境依据的抽样策略。最佳做法是尽可能保持遗址原貌。

任何一项发掘工作都包括三个主要阶段：准备和计划、现场作业、挖掘后阶段。现场作业——对一处地点或一组地点进行实地调查——对公众而言最熟悉，因为发掘作业通常是肉眼可见的。然而，其他两个成分同样重要，并且通常只有经过挖掘后的阶段，有关学者才能清楚了解遗址的最终年份和性质。

一处遗址通常包括一系列沉积物、特色之处和建筑结构，代表着自然和人工过程的最终产品：记录和分析它们之间的相互关系能帮助我们理解遗址是如何发展。由于许多遗址历经数百年，现在呈现出的地层学序列或许十分复杂

1. 考古学家在俄罗斯西伯利亚的丹尼索瓦洞穴（Denisova Cave）中设立了一块方形挖掘网格，并在中间设下阻挡。网格将洞穴划分为规则的间隔，此块区域代表其中将会有所发现和清除土层的一些路线

2. 考古学家在柏林彼得利拉茨（Petriplatz）遗址中发现了一个巨大的墓地和3700具骸骨

3. 对罗马中央牛市，屠牛广场（Forum Boarium）进行挖掘

（特别是在城镇）。通过一项项有条理的技术进行调查和序列记录，遗址的历史逐渐显露。第一阶段是在遗址区域依照计划画出准确的网格图（见图 1），标出挖掘区域；然后移除现代覆盖层（通常通过机器）直到在底土中发现明显变化，随后将其表面清理干净。对于发掘作业而言，清理至关重要，因为清理后可以清楚地看到上下层土壤间的关系，并且确定哪些特征首先出现与它们的范围和性质又是如何。通过观察精心挑选地区内一系列沉积物的垂直剖面，考古学家可以发现一些内在关系：这决定了沉积物被移除的顺序（从最新的沉积物开始，随后慢慢递增年代）。对于所有特征及遗址部分，考古学家都通过详细的文字、绘图和摄影方式记录，并始终采用相对调查标准。所有发现都按照环境记录，更重要的内容则是三维绘制图。

大量发掘工作仍然依靠手工完成的（见图 2）。数字仪器用于准确地建立测量网格和水平线，而现场计算机则用于记录环境和发现的细节。在一些大型项目中，有关学者会将整流摄影与计算机化测量、记录相结合，最后绘制发掘过程的数字三维图。露天区域的发掘工作需要依靠信心十足且掌握高水平记录方式的从业者，因此最适合专业人士进行。一旦打开一处独立大型区域（见图 3），便不会有任何停留；更确切地说，他们会在最需要自己的地方设立临时部门，随着挖掘的进行，再将临时部门分阶段移除。项目团队不仅包括发掘人员，还包括工作人员、环境专家和保护人员。他们会考虑对遗址内多大区域进行抽样，以哪种地形环境为目标，选出怎样大小的样本，如何最好地收集和处理这些样本。同样，保护人员将就如何挖掘易碎或脆弱的文物提出建议。在某些情况下，可以切除包裹复杂环境的大块土壤并将其完整地带到实验室，在受控条件下对其进行挖掘。

# 测定历史年代

1. 树木年代学或树木年轮测年最适合橡木等硬木，但也可用于软木如花旗松，如图所示

2. 西班牙阿塔普埃尔卡山中的人类存在痕迹已留在不同的地层层面之中

3. 英国牛津放射性碳加速器部门（Oxford Radiocarbon Accelerator Unit）的加速器质谱仪用于确定有机材料样品的日期。只需要非常小的样本量，因此，该技术特别适用于昂贵或稀有的材料

要想了解考古遗址及文物重要性，确定其年份范围至关重要。从广义上来说，共有两大类测年技术：相对测年和绝对测年。相对测年技术，即为通过研究现存的建筑结构及文物发现种类（类型学和关联）或古时记录下的其在各环境中的相互关系（地层学，见图2），继而确定遗址年代。大多数发掘物品的测年方式为此二者的结合。

很少有建筑结构或物体上刻有其精确的建造日期（硬币和墓碑除外），但许多物品具有其鲜明的特征，这意味着其年代历史可以限定在大致的日期范围内。为探究重复出现的图案模样，考古学家将遗址、建筑结构和各类发现物依照等级系统进行分类。一种类别是一组具有相同特征的个体结构或物品；将类别按照设定的发展顺序进行排列后，有关学者可以获得一份模型年表。类型序列可以自行假定，或在特定系列中的渐进改善，或逐步退化。

通过关联性进行测年基于一项原理，即当在同一密闭环境（例如坟墓）中发现两种或两种以上种类的物体时，它们可能同时沉积。由此可以推断，这几种物体的使用年份可能相同，甚至制造年份也相同。

一般来说，物品位于土壤层序列越深，沉积日期越早。不幸的是，一些后来干扰（例如岩石侵蚀）可能会让此变得复杂，因此考古学家需要确定当下环境如何形成，形成后发生了什么。通过将环境依据相对序列排列，然后测定其中任意一种环境的年份，有关学者可以建立相对年表。如果一种环境在已知的日期范围（例如某一确定年份建筑的建造水平）内一成不变，则可以通过已知日期确定其可能的最新年份。相反，如果其处于某一精准年份以后，则可以确定其最早的日期。

相较于相对测年，绝对年表通常测定年份更精确，它也蕴含各种技术。早期文字社会的记录提供了部分形式的年表，例如利用城市建立时间推算事件年份。如果这些记录等同于现代日历年，那么它们提供了确定有关建筑物或遗址年份的框架。其使得遗址某一阶段或序列一部分与特定时代相挂钩。

树木年代学是针对树木年轮生长数据的研究（见图 1）。树木每年生长留下年轮，年轮厚度反映了气候的微小变化。同一物种的树木在相同条件下生长于一片地区，年轮显示的生长模式将非常相似。通过测量年轮的宽度，后将其绘制成表，可以或通过视觉、或通过计算机程序，将这些图案进行交叉匹配。通过将一系列匹配的年轮重叠，并将其与已知日期的树木进行比较，来构建参考年表。在欧洲大部分地区，参考年表已涵盖约公元前 4000 年；在美国和其他地方也已经建立了类似的年表。

20 世纪，放射性碳测年法（见图 3）的建立彻底改变了考古学和其他科学。碳－14 是一种放射性同位素，由宇宙射线轰击高层大气产生；由于所有生物内都含有碳，因此此种同位素会以相同的比例被吸收进一切有机物中。一旦该生物死亡，放射性同位素便开始衰变并恢复成为更稳定的碳形式。碳－14 的半衰期为 5730 年，是一段渐进式过程。通过测量物体中残留的碳－14 量并将其与现在在大气中存在的量进行比较，可以计算生物的死亡年龄。所有的日期呈现为一种当前日期前（BP）的统计范围，例如 1950：4075 ± 38BP。置信水平为 1 西格玛范围（日期落在规定范围内的概率为 68%）或 2 西格玛（概率为 95%）。放射性碳测量通常对 30000BP 或 40000BP 有效，但也有可能可以测量 60000BP 前的样品。

地球磁场的方向和强度存在周期性的已知波动。当任何烧制黏土物体开始冷却时，其黏土中的铁粒子都会与地球磁场的方向对齐，因此，通过测量它们的方向，便有可能算出其最后烧制的日期。这种被称为考古磁测定年的技术最常用于测定窑炉、炉膛和烤箱的年份，但其也可用于测量河流淤泥和可追溯到中石器时代的海洋冲积层年份。

# 相对年表

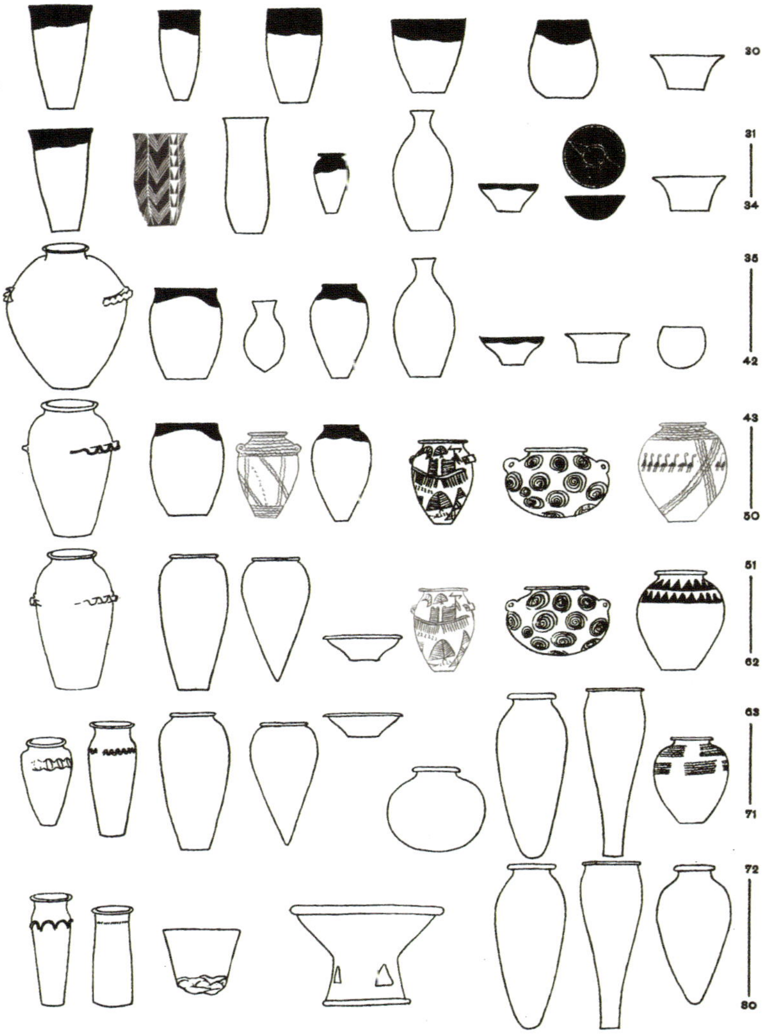


埃及古物学家弗林德斯·皮特里创立了一种基于工艺风格的陶器排列系统，这使他能在混合有不同年代陵墓的统一墓地中，“确定”那些以其他方法无法测年的前王朝时期坟墓年份

20 世纪之交，埃及古物学家开始对数千座前王朝时期——上、下埃及由一位国王一统全境之前——陵墓进行发掘。其间，考古学家遇到一个问题：在没有文字的情况下，怎样确定每座陪葬品略有不同的陵墓年份?

英国考古学家弗林德斯·皮特里（Flinders Petrie，1853—1942 年）采用统计方法，对上埃及奈加代墓地（Nagada cemetery）挖掘出来的陶器进行了分析。通过在单独的纸条上列出 900 座发掘陵墓中的每一件陪葬品，皮特里得出了部分时间顺序：以陶器的种类或分类，界定奈加代陶器。由此，他由奈加代墓地进一步扩张至整个前王朝文化，将其分为三个连续的时间段，每一时间段由体现其类型的遗址命名：奈加代一期文化、奈加代二期文化和奈加代三期文化。不过，皮特里的工作仍有其局限性，其中一点尤为明显，即其完全基于自身对奈加代坟墓中陶器的演变外观的主观观察。其工作忽略了部分其他因素，例如用于制造陶罐的黏土性质和罐中盛装的物品。然而，对随后的考古发现进行了部分修改后，皮特里的分类方式至今仍被埃及古物学家沿用。

### 埃及的计时员

埃及的祭司负责记录太阳、月亮和星星的运动轨迹，以便他们可以在白天和黑夜的正确时间内向众神献祭。他们的观察记录促进了日历的发展，他们将一年分为十二个月，一个月分为三十天，外加五个“一年之外”的日子

### 曼涅托

托勒密二世（在位时期：公元前285—前246年）要求祭祀塞本尼托斯的曼涅托（Manetho of Sebennytos）编纂一部埃及历任国王名单。曼涅托依不同王朝划分组织国王，他们在政治上有所联系，但不一定存在血缘关系。他的国王名单以神灵为始，以第三十王朝的末代国王内克塔内布二世（Nectanebo II）为终。不过，他在名单上扩增了第三十一个王朝（第二个波斯时期），但他自己所处时代，托勒密王朝，则从未被编号

### 失落的语言

自约公元前3100年埃及统一，至公元前30年克利奥帕特拉去世，埃及的王朝时代持续了3000多年。该段历史以使用象形文字的埃及语记录，而在基督教传至埃及后，这种语言便不再使用。1822年，当有关学者破译象形文字后，人们才了解了埃及历史的真实情况

### 纪年法老

埃及人把时间视为一个重复的统治循环。他们并没有使用线性日历，而是参考当前国王确定事件日期：图坦卡蒙一年、图坦卡蒙二年等（上图）。由于每任新王统治都是一个开始，因此每任国王的纪年法都是从一个新一年开始。这会带来一个问题：如果考古学家发现一件刻有“一年所制”的酒罐，那么如何确定究竟是哪位国王的统治一年

## 阿拜多斯国王名单

埃及学家采用了王朝及年代定年系统，因为尽管它并不完美，但它的确是判定埃及内部特定事件时间的最准确方式。所以图坦卡蒙（在位时期：约公元前1336—前1327年）照惯例被称为埃及第十八王朝后期的国王，十八王朝（公元前1550—前1295年）是新王国时期的第一个王朝（约公元前1550—前1069年）。图坦卡蒙统治时期的特定事件可以追溯到特定的年份。这种以埃及为中心的定年方法对于非埃及学家来说似乎令人困惑，因其将埃及与其他古代世界隔离开来。

埃及国王需要了解他们在历史上的地位。因此，他们留下了国王名单，这些名单按照时间顺序排列，包含所有经公认的国王及其统治时长，记录在莎草纸和石头上，后放置于国家及寺庙档案馆中。不幸的是，这些国王名单既不完整也不完全准确，一些别人认为是不可接受的君主被省略，包括图坦卡蒙和女法老哈特谢普苏特。

最著名的一份国王名单刻在埃及第十九王朝国王塞提一世（公元前1294—前1279年）在阿拜多斯建造寺庙的一面墙上。它描绘了塞提一世及其子拉美西斯二世向76位前任统治者献祭，从埃及的传奇统治者美尼斯开始。名单中每位国王的名字都刻在一个长方形方框中，为区分埃及国王和王后的名字，王后姓名则刻在椭圆形圆环内。在邻近的拉美西斯神庙中也刻有类似的国王名单。

# 绝对年表

位于英国牛津郡的威阑铁匠铺长冢入口。威阑铁匠中的23个日期序列表明，在第一个土墩中的沉积可能只持续了一代（长达15年）。第二个土墩最长可能使用了35年

长冢是新石器时期英格兰墓葬建筑的主要类别之一。当20世纪50年代考古学家开始利用放射性碳定年法确定考古遗址年份时，他们将发掘自长冢中的古物样本进行提交测定，以期为这些古迹建立一份广义年表。然而，大多此类早期样本都是旧时发掘出的材料，很少有考古学家考虑它们是否来自残留或分层不良的物体。到了20世纪70年代后期，传统观点认为这些墓葬建筑发源于公元前4000年，但长期以来一直在使用。

到20世纪80年代中期，加速器质谱法（AMS）的应用使得有关学者可以从更少量的材料（例如陶瓷器上的残留物）中获得检测样品。这种方式使得更多的材料可以被运用定年，不过其仍会造成大量不同的年代范围。在接下来的十年中，贝叶斯时间模型（Bayesian chronological modeling）在地层序列中的应用促进了有关学者对全系列年份进行统计分布，从而使得遗址间比较成为可能。基于由树木年代学测年的木材样品，在高精度校准曲线的帮助下可以确定更准确的数值。2004—2007年，有关学者在英格兰南部的五座长冢中进行取样。他们仅考虑了安全分层的情况，并从这些分层序列中抽取了多个样本。这使得约250年的时间跨度大大缩短，有时至几十年内。这不仅进一步缩短了这些长冢的建造年代范围，而且还表明它们的使用年份短暂且密集。

### 如何解释放射性碳测定

放射性碳测定即为按时间顺序排列的一段时间范围，由概率因子限定。一个 1 西格玛下的 1230 ± 70 BP 数值意味着样本的矫正年龄范围有 68% 的概率在公元 680—885 年；在 2 西格玛概率下，它有 95% 的可能性介于 650—980 年。日期表达为今前（BP），从 1950 年开始计算

### 校准日期范围

放射性碳年份与日历年份不同，总是需要校正以进行比较。但是如果放射性碳样品取自古树内精确的年轮中时，人们很快就会发现，随着时间的推移，放射性碳的产量并非恒定，因此日期范围需要通过使用国际商定的校准曲线来校正。这些修正日期表示为矫正年龄范围公元前 3600—前 3550 年（3600 to 3550 cal bce，概率为 83%）

### 加速器质谱测年

尽管在 1939 年，科学家就曾首次使用加速器质谱法，但直到 1977 年它才被用于将放射性离子加速推入能量中，即某种稀有同位素从大量相邻质量中分离出来的地方。自此，有关学者确认了在放射性碳测定中从碳 - 12 中分离碳 - 14 的潜在应用。这种方法只需要一件较小样本，测量速度更快——约 1 小时，而不像传统的衰减计数法需耗时几天

### 海洋放射性碳储层效应

海洋放射性碳储层效应源于海洋中碳 - 14 含量与大气之间的差异：前者可使海洋生物具有约 400 年的明显放射性碳年龄。海洋生物（如图中所示贝壳）的样本看起来比陆生生物更老。食用大量海水鱼类和贝类的人群可能会产生误导性的放射性碳测定值。这在沿海社会的中世纪样本中经常遇到，需要加以考虑

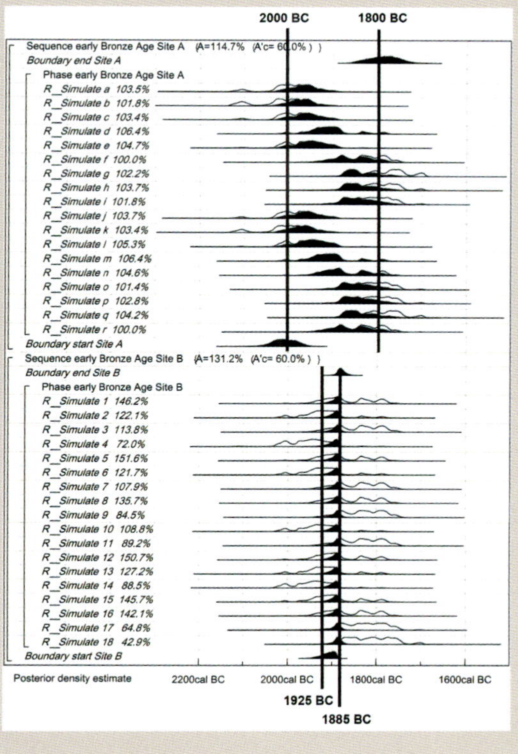


## 放射性碳革命

自 1949 年发现放射性碳测年法后，其对考古学产生了巨大的影响。它带来了不止一个而是三个革命性的进步，并且极大地改变了人们的思考方式——特别是在史前领域。

从 1949 年到 20 世纪 60 年代后期，对各种场地进行抽样的结果清楚地表明，基于文物类型和与古典社会比较的传统年表并不准确。现有的年表通常太短，而人们提出的测年方案无法被放射性碳年代证实。从 20 世纪 60 年代后期开始，有关学者发现根据比较年轮日期与各已知年份树轮中的放射性碳测定结果，人们显然需要校准碳 - 14 年份，并且需要一种经国际认可的校准曲线。1967 年、1973 年、1986 年、1993 年、1998 年、2004 年、2009 年和 2013 年采用了连续曲线；而这一过程仍在继续。这一方法再次将某些年份进一步前移。

最后，价格低廉的加速器质谱测年法，再加上贝叶斯模型的应用，使得纪年更精确。在许多情况下，这迫使人们重新考虑建筑物重要类型的时间。

# 科学的分析方法

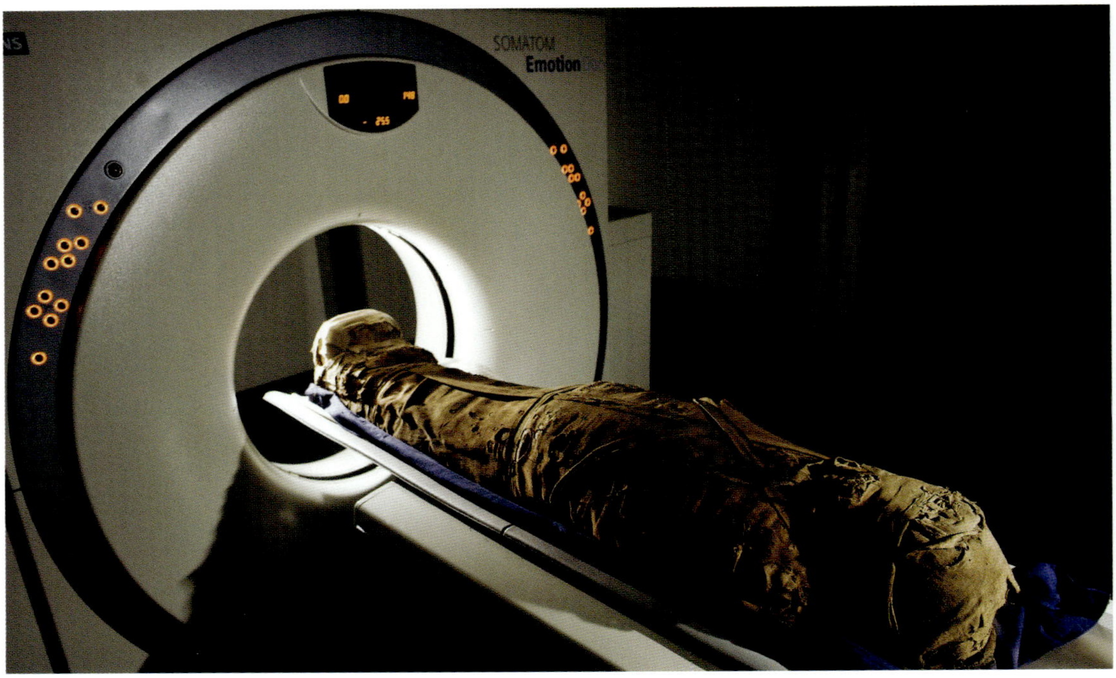


诸如发掘作业等的实地项目常会产生大量记录、发现品和样本，而所有的这些都需要进行处理、量化、识别和研究，以便考古学家了解已发现的内容并确定其重要性。广义上，此项工作可以分为三个相互关联的类别：传统的挖掘后分析，应用科学分析了解研究和对数据进行计算机分析。其中第一项包括研究建筑结构顺序及其阶段、手工艺品、环境残骸，包括人类遗骸（见图 1、图 2）、工业和技术残留物与土壤样本。所有物品都需经过处理，并经过更重要的研究，以确定已发现的物品并将其置于环境中。根据发现物的性质，有关学者可以使用各种技术对样品进行分析。

考古学家利用岩石学分析和薄切片寻找石料来源和陶瓷中使用的沙粒来源，而中子活化和电感耦合等离子体光谱分析的组合可以识别用于制造这些陶瓷的黏土源。有关学者利用扫描电子显微镜检查陶器上的薄涂层，并通过液体分析来鉴定容器使用后残存的脂质。作为其保护评估的一部分，大多数金属物体都需经常进行 X 射线分析，因为此种方法可以揭示文物隐藏在锈蚀之下的细节；许多文物还需接受显微镜检查和专家清洁（见图 3）。X 射线荧光光谱法（XRF）可用于检查釉料和镶嵌物、黑曜石和玻璃，也可用于揭示金属涂层的存在。

有机文物常需仔细清洁，若是从涝渍环境中发现，更需进行相关处理，稳定其成分。如此种种都需在将其移交至细致研究或存于博物馆之前完成。对于部分人类遗骸，有关学者会进行 DNA 分析，不过由于耗资巨大，所以无法普

1. 一具已经 2500 岁、名叫塔赫马（Tahemaa）的埃及女性木乃伊在伦敦城市大学进行扫描的场景。有关学者认为她曾经住于埃及卢克索，专家希望能确定其死因

2. 该样本取自开罗福斯塔特（Al-Fustat）墓地内的一具有 1000 年历史的尸体，法蒂玛王朝（Fatimid dynasty）内成员都被埋在该处墓地内。研究人员使用遗传分析来研究其家族起源和关系

3. 一名考古学家借助显微镜，使用刷子和抽吸装置仔细清理一条金色的凯尔特项链。此件珠宝发现于德国法兰克福附近格拉伯格（Glauberg）地区中的德鲁伊坟墓

及。另一种技术是骨架的同位素分析，相关学者可以借此确定其可能的起源区域。此外，学者们还可以对选定的骨架取样，进行放射性碳测定，确定其可能的年份范围。除了部分较大的需手工挖掘的环境材料，如人类和动物的骸骨，有关学者通常选用土壤样本，以确保复原较小的、具有环境痕迹的代表性样本（例如鱼骨、鸟骨、植物遗骸和昆虫）。他们会将这些样品湿筛，有时样品需接受石蜡浮选，旨在尽可能地回收；随后在显微镜下对它们进行分类和鉴定。

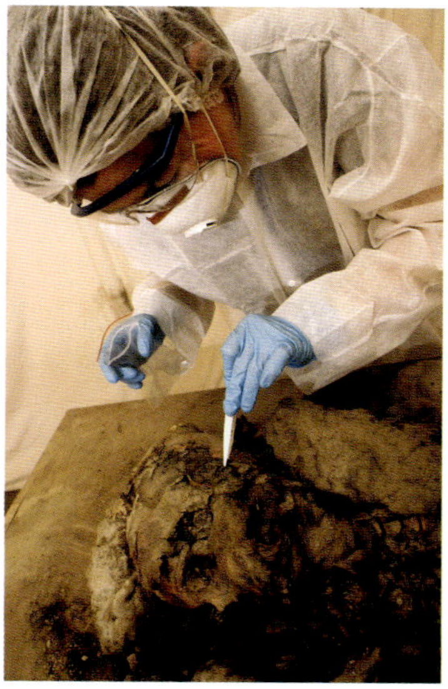

当发现木结构时，它们通常被采集作为树木年代测定的样品，因为其可能暗示了用于制造建筑的木材被砍伐的日期，它也可指出木材来源的一般区域。有关学者通常首先以肉眼将炉渣和其他工业残留物进行分类，将其分为多种可识别的类别，例如确定炉渣和残渣（例如矿石、铁冶炼炉渣、铁渣和有色金属渣）与疑似炉渣和残渣（例如炉膛或炉衬，或烘烤的黏土）。随后，有关学者可以对选定的碎片进行考古冶金分析，以找出炉渣特征，进而寻求其代表的工业技术。

计算机在考古学领域内运用越来越多，现今大多数田野发掘都建有一座数字档案库，在许多情况下，其中包含数个意义巨大的数据库。对于较大型的综合项目，例如国家或地区研究，利用计算机处理大量数据早已司空见惯——举例来说，贝叶斯分析的应用有助于改进按时间顺序排列。此外，统计分析和计算机模型也已用于环境考古学。

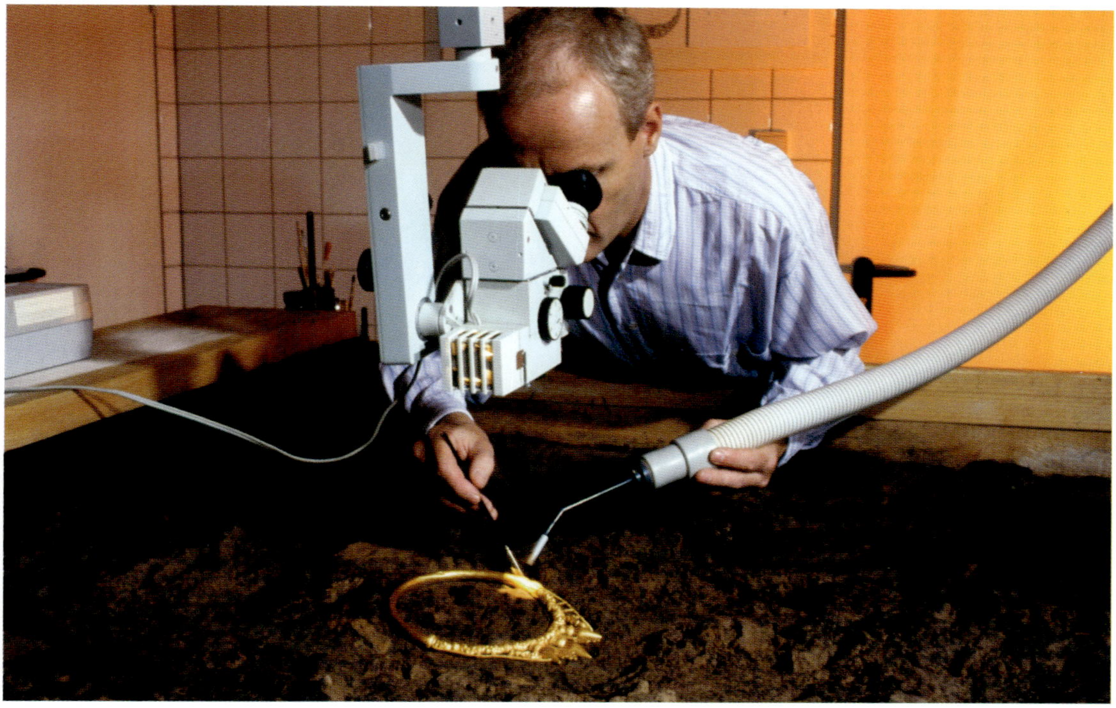

# 遗传密码：辨认国王理查三世的骸骨

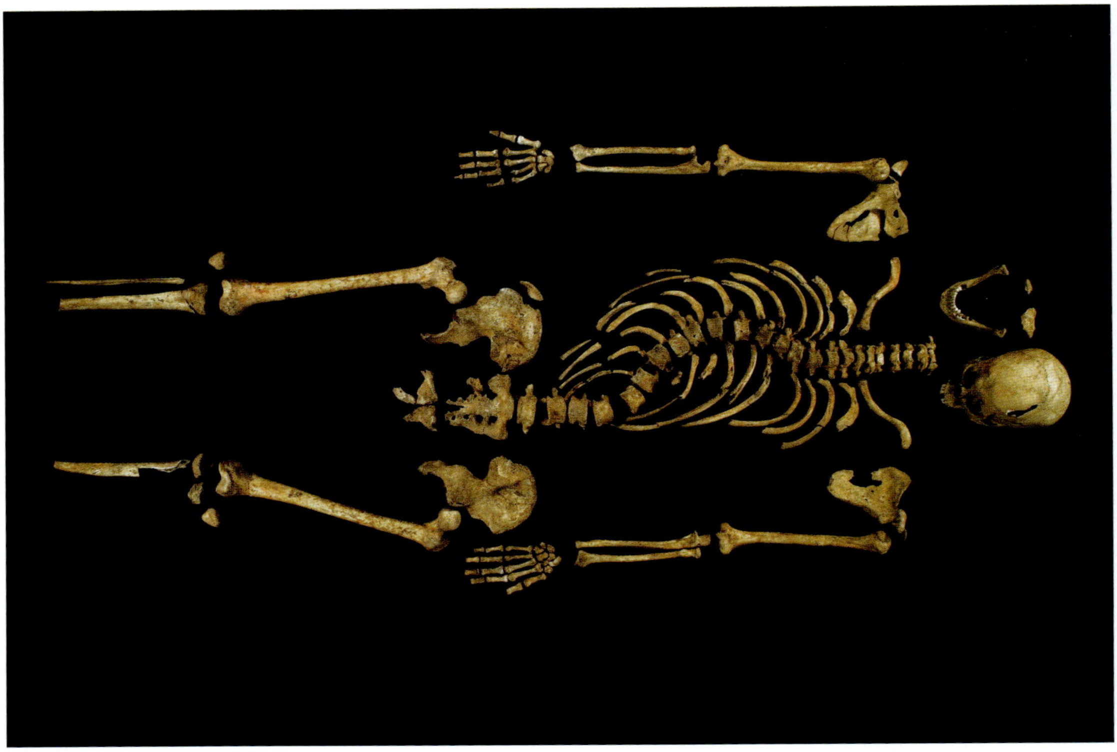

在发掘第一天，考古学家便发现了理查三世的骸骨。骸骨几乎完整，骨架显示了国王脊椎极端的弯曲程度

2012 年 9 月，考古学家对英国莱斯特（Leicester）市内一座停车场进行考古发掘，该停车场位于中世纪葛莱菲教堂（Greyfriars Church）内，考古学家在其中发现了一座坟墓，墓内置有一具骨骼极细的骸骨，其脊椎扭曲，还留有几处伤口。据报道，1485 年，在博斯沃思战役（Battle of Bosworth）中被杀害后，理查三世（1452—1485 年）的尸骨被带至教堂埋葬；但是，修道院教堂内通常建有大量的坟墓，因此考古学家需要确定遗骸究竟属于理查三世还是他人。

首先，他们需要确定是否可以使用 DNA 及其他技术来确认遗骸的可能年份和性别。其次，如果发现了骸骨中的 DNA，他们需要确定获得的 DNA 图谱是否与国王任何一位现代后裔相匹配。自骸骨中取两份样本——一个来自牙齿，另一个来自股骨——随后将其送入两个独立的实验室进行 DNA 分析；如此一来即可排除所有交叉污染的风险。结果显示，DNA 中存在 Y 染色体，证明骸骨原主确为男性。虽然理查三世死后，其并无直系后代幸存，不过他的姐姐——约克的安妮·埃克塞特公爵夫人（Anne of York，1439—1476 年）后代绵延，今仍有后人。项目小组设法找到了安妮公主的两位后代，并采集了 DNA 样本；随后将来自骸骨的线粒体 DNA 重新整合，并将之与安妮后代的 DNA 进行比较。事实证明遗骸的 DNA 与其中一位后人完全匹配，与另一位也仅在一项基础上稍有不同。该结果符合两位后人通过母系一族血脉，匹配发现骸骨的 DNA。在对含有超过 22000 个线粒体 DNA 样本的其他欧洲数据库进行对照检查后，有关学者发现没有额外的匹配者，表明偶然匹配的可能性非常小。最后，DNA 表明该具骸骨原主可能拥有蓝色的眼睛（96%）和（至少在童年时期）金色的头发（77%）。

### DNA 和考古学

这是世界上通过与当今后代基因进行匹配识别的最古老的已发掘骸骨。在考古学中，更典型的 DNA 分析用途是寻找墓地群体内潜在的家庭关系，或绘制种族或部落群体随时间的扩散或迁徙路线。例如，维京人之血项目（2000—2001 年）发现，北部群岛中 60%的男性都拥有北欧血统

### Y 染色体 DNA

尽管通过文献研究追寻父系血统比物质研究更容易，不过 DNA 分析难以证明其存在。首先，样本内含有较少的 Y 染色体 DNA；其次，绵延的后代在很大程度上取决于各祖先对婚姻的忠诚度。通过父系血统，考古学家找出了理查家族五名现代后裔，但没有一名的 DNA 与挖掘出的骸骨 DNA 相匹配

### 线粒体 DNA

所有生物都含有 DNA，DNA 是生命的基石，是下一代的遗传指导。人类 DNA 包含通过父系和母系遗传的两项单独指令。后者被称为线粒体 DNA，孩子通过母亲的卵子获得遗传；也只能由母亲的女儿通过自己的卵子传递至下一代。线粒体 DNA 比来自父系的 DNA 更丰富，并且也更容易从古骨中提取

### 背景线索

骸骨的位置为其身份提供了背景线索。首先，遗骸位于一间男修道院内，据称是国王遗体的埋葬点。其次，其发现于唱经楼——教堂中通常与高地位或重大祭礼有关的部分。陵墓的不规则形状和身体的姿势都表明其被匆忙埋葬，并没有给予其国王尊严，该背景也符合博斯沃思战役后的情况

## 鉴定

鉴别尸体依赖多种因素，一些是环境因素，另一些是科学因素。例如，尸体的死亡年龄估计范围是 25—34 岁，而理查三世去世时将近 32 岁。考古学家发现，尸体脊柱严重侧凸，脊柱左右弯曲，这事实符合部分针对国王的历史描述。此外，考古学家发现，尸体死因为暴力致死：尸身留有 11 处刀刃武器伤痕——主要部位为头骨，还有躯干。更具说服力的一项发现归因于放射性碳定年法，在对其中一根肋骨进行测年后，有关学者将校准日期精确至矫正年龄范围公元 1475—1530 年（cal 1475- 1530 ce，概率为 68.2%）和矫正年龄范围公元 1430—1530 年（cal 1430- 1530 ce，概率为 96%）。这数值证实，该具尸体死于修道院建立后期，时间范围满足 1485 年理查三世的去世时间。对骨架的同位素分析表明，死者生前可能在英格兰东部度过了自己的童年，但后来向西搬迁；理查出生于佛斯林费堡（Fotheringhay，位于北安普敦郡），7 岁时搬至拉德洛（Ludlow，位于威尔士和英格兰之间的边界地区）。通过母系 DNA 分析，结果表明死者与两位国王后裔之间存在牢固的基因联系，将这些结果合并，有关学者认为该具尸骨有 99.99%的概率为理查三世。

# 同位素研究：饮食和迁徙

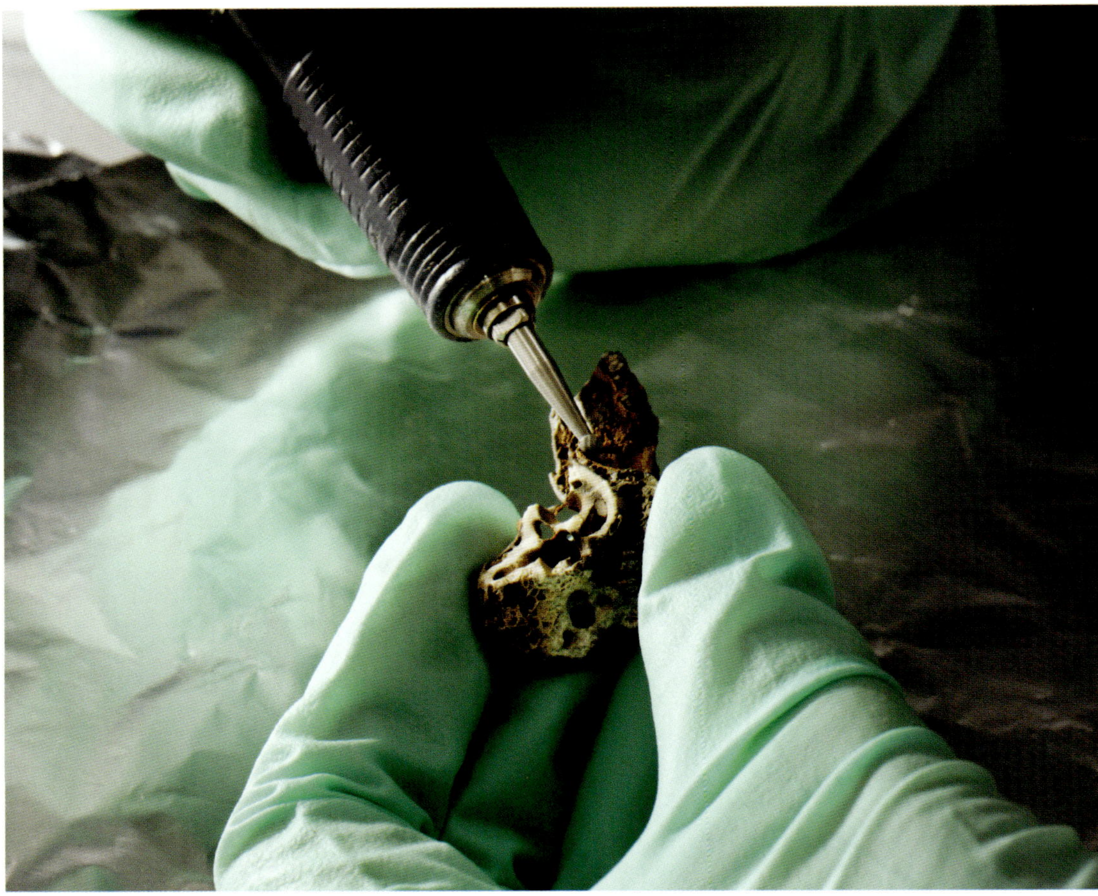

分析化学的应用不断为考古调查开辟新的途径，它能让古老的骸骨“开口讲述”新的故事。在未来几十年，这样的调查工作将会带给我们更多关于古人生活新见解

毋庸置疑，放射性碳定年法首先凸显了同位素对考古学的价值。然而，放射性碳－14并不是一种稳定的同位素，其最终会从进行研究的有机材料中分解消失。20世纪70年代，研究人员发现，稳定的同位素的比例——例如碳－13和碳－12与氮－15和氮－14之间的比例——可以反映个体的饮食种类。碳稳定同位素比率的最早应用之一是跟踪丹麦和英国从狩猎－采集到农业过渡期间基于海洋食物的饮食转向基于农产品的饮食。

最近，碳、氮稳定同位素的使用经过改良，能对史前饮食进行详细评估，特别是在个人生命的最后十年。碳同位素比率可以区分从海洋、陆地和淡水资源中获得的蛋白质与进行不同形式光合作用的各种植物。举例而言，大多数植物具有所谓的C-3光合作用，而某些具有重要经济意义的植物（如玉米和小米）具有C-4光合作用。氮稳定同位素比率可以反映个体在食物链上的位置，因此蛋白质含量丰富的饮食会带来更高的同位素比率。总之，骨骼种群中这些同位素比率的模式可以显示个体饮食变化的范围，相比于其他人，或社群内成员，有些人可能饮食更精良。其他一些具体情况也可以通过这种方法确定，例如儿童断奶的年龄。

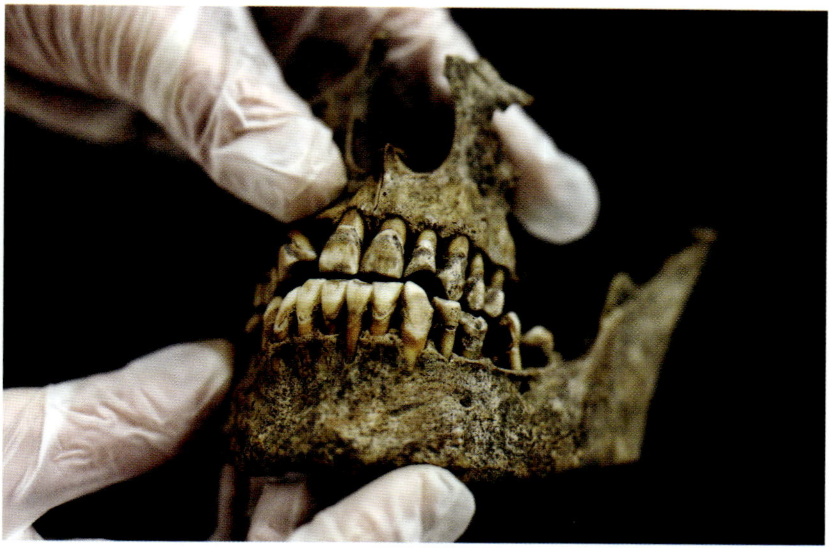

**牙齿**

有关学者利用牙齿中的锶同位素研究人类和动物的活动模式。锶－87通过地壳中铷－87衰变形成，而锶－86较稳定，为天然存在的同位素。不同类型的岩层具有不同的锶－87/锶－86比率。随着时间的推移，骨骼和牙齿也不断发展。因此，不同牙齿之间，或骸骨的骨骼与牙齿之间，或身体结构成分间及当地地质比率间的锶－87/锶－86比率差异，可以反映人们居住地方的变化

**艾特韦女孩**

锶同位素分析可应用于多年前发掘的骸骨。1921年，人们在丹麦土墩下发现一口橡木棺，其中躺有一具死于约公元前1370年的艾特韦女孩尸体。其身着的羊毛裙中的锶表明，女孩可能来自德国西南部。尸体头发、指甲和臼齿中锶也表明，她最初生活在黑森林地区，然后搬迁至丹麦，随后两地奔波往返，最终返回丹麦，抵达丹麦约一个月后去世

## 追踪阿姆斯伯利弓箭手和日耳曼蛮族

阿姆斯伯利的弓箭手是应用锶同位素比率研究位置迁移的一个著名例子。弓箭手似乎是在欧洲中部的某个地方出生长大，后迁移至威尔特郡的巨石阵地区，并在当地去世。

在研究发现于牛津郡伯恩斯菲尔德一处早期盎格鲁－撒克逊墓地中的19具尸体时，有关学者利用此项分析技术解释公元1000年日耳曼蛮人迁徙。大多数人生于本地，以当地本地作物为食，一生仅喝过本地的水。然而，其中四个人似乎长于其他地区。其中一具尸骨中的锶比率更满足德国西南部的情况，而另一具尸骨中的锶比率类似德国或英格兰东北部。另外两具尸骨中锶比率并非本地人所有，但可能来自英国南部的其他地方。这一证据表明，盎格鲁－撒克逊人广泛替代了当地人口，不过也证实来自欧洲大陆的一小群移民与原住民社群融为一体。

# 数字的工具：数据分析

计算机辅助设计软件用于修复位于西班牙西北部阿斯图里亚斯（Asturias）查奥圣马丁（Chao Samartín）考古遗址内的罗马壁画

计算机为考古学家提供了一套全新的有力研究工具。即使是中等规模的发掘作业也会带来数以千计的发现品，包括石块、骸骨、陶瓷、种子、土壤样本和大量的发掘观察。现在，计算机对于存储和管理这些大型数据集至关重要。更重要的是，计算机带来了大量且仍在不断增长的全新分析可能性。地理信息系统（GIS）帮助有关学者在遗址或景观中对空间数据进行复杂的绘图、分析和可视化处理。哈里斯矩阵（Harris Matrix）软件是理解空间和时间关系的另一种工具。该程序通过计算考古遗址中各地层间关系，以确定沉积的顺序，从而确定它们的相对年龄。计算机辅助设计软件（CAD）和计算机图形将可视化处理带入3D领域。因为数据（例如测量）可以构入图像中，所以它们也可以用作研究工具。其他计算机图形技术对于数字增强和照片分析也是极其有用。

部分调查用的航空摄影被高分辨率的卫星图像和遥感所取代。这些新技术适用于搜索难以进入的植被茂密的地区，能寻找隐藏的结构和道路等特征。相同的技术已被用于允许公众参与学术调查项目的互动网站。一般而言，互联网考古学通过在线发布研究结果，帮助研究人员提供教育资源并分享他们的发现。在线档案库、数据库和新技术使得信息极易获取，即使是在偏远地区工作的考古学家也可轻易了解。

### 地理信息系统

地理信息系统依赖通过不同图层表露出的映射信息，可以进行覆盖和比较。图层可以描绘多种特征，包括生活住址、河流、陶器分布和地形等。任何图层组合都可以与其他图层进行比较，分析相关性。虽然此种工具功能强大，但地理信息系统分析的价值取决于用户对其工作原理的理解和输入数据的质量

### 哈里斯矩阵

哈里斯矩阵项目是为了帮助建立发掘矿床的地层层序。该程序会生成一张图表展示序列；若无计算机的帮助，则很难完成计算。此外，其对岩石艺术研究人员也帮助巨大。岩石艺术遗址可能包含多层重叠和叠加的图像，哈里斯矩阵可以帮助创建相对年表并识别风格序列

### 重建

考古学家试图重现过去并理解古代生活的样子，但不可避免地，大多数考古遗迹显示出其在几个世纪或几千年中的衰变迹象；此时，2D 或 3D 计算机生成重建图像即可作为想象力的辅助手段。在博物馆中，这种技术重现了多种古时物品，例如今已褪色的壁画艺术，或如今已毁坏的庞贝遗址房屋建筑内部，这些复原物看起来似与原物相同

### 化石探测

在地球的卫星图像的帮助下，任何人都可以利用家用计算机协助调查各文物和化石。“fossilfinder.org” 网站邀请人们搜索肯尼亚图尔卡纳盆地（下图）的高分辨率卫星照片，这是许多重要的人类化石发现的所在地。人们可以扫描地面特写并报告其发现。这种“众包”模式可以加速相关研究，是考古学中“减少工作量”的等效方式

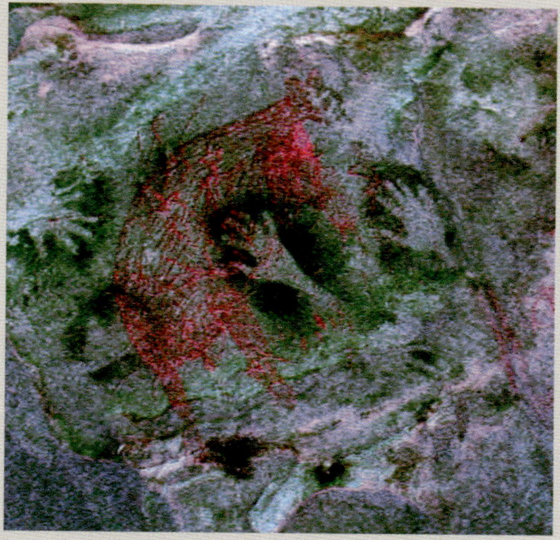

## 德斯特雷奇数码照片增强

德斯特雷奇（DStretch）是一个免费插件程序，用于增强岩画的数字照片；它可以显示肉眼看不见的细节。该插件程序适用于个人计算机（PC）、苹果（Mac）和安卓（Android）设备，通过操纵色彩空间完成算法工作。由于颜色依赖性，此种程序最适合岩画，而非岩刻。上传照片后，研究人员可以循环浏览各种颜色空间。根据不同的颜色范围，不同的颜色空间可用于不同的照片，并且可以选择不同的颜色空间以增强特定的颜色，例如红色或黑色。增强功能会产生错误的颜色，但可以极大地提高绘画元素的可见性。（如果有必要，可以将图像转换回标准RGB色彩空间。）增亮效果，或有时候一些不易察觉的细节曝光可能对主题认知和依赖基础图像学的古代艺术品解释产生巨大影响。

# 冰人奥兹

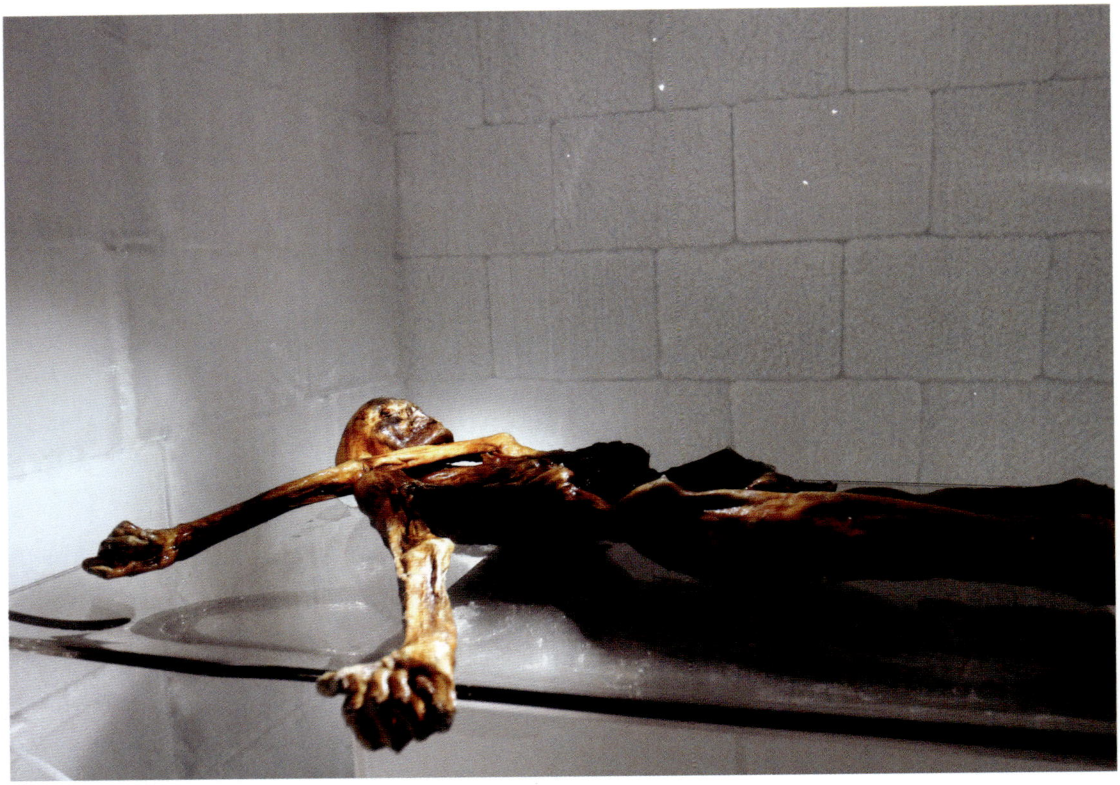

奥兹自1998年以来一直展出于意大利博尔扎诺的南蒂罗尔考古博物馆。木乃伊被保存在一间特别设计的冷藏室中，只能通过一扇小窗观看

1991年9月，两名徒步旅行者在阿尔卑斯山脊上发现的冷冻干尸是考古史上最引人注目的发现之一。在被发现超过25年后，考古学家仍能从奥兹或称冰人（如众人所知）身上发现公元前3300年其落入冰冷沟壑丧生后携带的秘密。现代的多种分析技术，在20世纪90年代时尚未出现，如今已经探知了大量有关他如何作为新石器时代社群成员生活和他是如何死亡的信息，而其死因并不是堕入沟壑，而是石箭而死。

当奥兹被发现时，考古学家的首要任务是确定尸体的基本解剖细节并弄清楚他的年龄。他们很快就意识到，冰人不是最近因意外死亡的受害者，他极有可能是史前人。奥兹身上的物品大多由木头、皮革、草和燧石制成，考古学家对其进行了大量的集中分析。考古学家发现金属斧由纯铜制成而非青铜，这表明尸体已有4000多年的历史。使用相对较新的加速器质谱法（AMS）进行的放射性碳测年，确定了冰人的死亡日期在约公元前3300年，即石器时代的末期。

人类学研究证实，奥兹身高相对较矮，约5英尺3英寸（约1.6米），重约110磅（约50千克）。考古学家在他的背部、膝盖、脚踝和左手腕上发现了文身：先在皮肤上划开小口，后将炭灰粉撒入切口内待其愈合形成。文身大多是一些平行的短线，只有一处为一个十字架。奥兹的牙齿磨损严重，但令人惊讶的是他没有蛀牙。在对其尸体进行初步研究后，考古学家明显发现其生活艰难。他的几块骨头生前曾骨折后又愈合，身上部分关节患有关节炎。他的脚趾已经被冻伤。当有关学者首次检查其内脏时，他们发现他的肺部为黑色，很明显他生前吸入了烟雾，且其动脉被斑块堵塞。

## 焦点

**服装**

奥兹的衣服向人们揭示了一些事实，例如此件由丛草制成的斗篷。考古学家第一次能确定石器时代的居民在寒冷气候中如何度日。经过观察，考古学家获得一项重要发现，即冰人的服装使用了大量不同动物的身体部件。奥兹的帽子和鞋底由熊皮制成，而外套、绑腿和缠腰布则由山羊皮制成。他的鞋面为鹿皮，皮带和小袋则是小牛皮

**工具**

奥兹的纯铜斧嵌于红豆杉中。一段长约 2 英尺（约 60 厘米）的红豆杉树枝形成了手柄，而侧枝则被劈开以嵌入斧头刀片，空隙则被填入桦木，后用皮革条包裹。 另一条红豆杉原本用作制弓，但尚未完成。同样地，由鹿皮制成的箭袋上有几个带有荚轴的箭头，但只有两个附着点。 冰人当时也可能背着一个木框皮包

## 进一步调查

2001 年，一次 CT 扫描显示奥兹的左肩胛骨下方嵌有一枚小型石制箭头，而此前的 X 射线从未发现。一个微小的未愈合的伤口表明箭头的射入位置。虽然箭头很小，但其造成的伤害巨大。研究人员认为箭头刺穿了奥兹的锁骨下动脉，导致其流血而亡。

虽然不知道究竟是谁射杀了奥兹，但有关学者有望通过详细研究其肠道内残留物重构其最后旅程，特别是由空气携带进入食道后落入卷曲消化道内的花粉。在生命的最后两天，他最初位于布满松树和云杉林的山地，随后其下山进入意大利北部的一个山谷。在这个山谷中，一种叫蛇麻角的树郁郁葱葱，这种树仅发现于阿尔卑斯山南部。铁木花粉也证实当时为晚春。在他去世前几个小时，奥兹穿过松树和云杉林，在森林外吃了最后一餐——羱羊肉，具体时间为其去世前一个小时左右。

最近，科学家将关注重心转移至奥兹的基因组，其基因组已被完全重建。现在已知他可能拥有棕色的眼睛，血型是 O 型，并且患有乳糖不耐受症。通过第一次对奥兹进行尸检时观察到的动脉阻塞，有关学者证实其有心血管疾病的遗传倾向。有关学者在他的体内发现了引起莱姆病的病原体 DNA，并且在奥兹的胃中发现了幽门螺杆菌，表明他患有某种慢性炎症。最有趣的是，最接近奥兹基因组的现代人群位于地中海撒丁岛和科西嘉岛上。该发现并不意味着他来自那里，而是代表有关学者需要对人口流动进行更多的调查。

# 民族考古学

1. 研究人员观察了一位哥斯达黎加蛤蜊工人，以帮助其深入了解古代贝壳的构造
2. 非洲狩猎－采集者的民族志，特别是卡拉哈里的萨恩人，长期以来一直是考古学家的重要信息来源
3. 澳大利亚爱丽丝泉以南的阿兰达人岩画，显然描绘了一个用长矛猎捕袋鼠的人物

民族考古学利用对生者或近代人的观察来帮助解释考古记录。将今人与践行传统生活方式的居民进行类比的方式，早在 20 世纪初便已出现。20 世纪 60 年代到 70 年代初，路易斯·宾佛（Lewis Binford，1931—2011 年）发起过程主义考古学；与此同时，专门回答关于物质文化考古问题的人类学或人种学工作也随之出现。宾佛希望揭示文化行为的“法律”，而相关人种观察可能为类比提供更健全的科学依据。宾佛研究了阿拉斯加纽纳米特驯鹿猎人和反映其生存活动的物质遗骸，后将该发现与欧洲旧石器时代的狩猎－采集遗址进行比较。

虽然有研究证实文化行为的规律难以捉摸，但民族考古学可以帮助人们理解考古材料呈现出视觉效果的过程。人类学数据可用于查看遗址和定居点或景观中的空间格局，或食物加工（见图 1）及石制工具制作中出现的特定组合。类推法能帮助阐明使用的工具种类，并提供有关其制造、风格和生产社会背景的信息。

当生活文化与产生未解考古材料文化一致时，民族考古学研究最有效。然而，将当代人作为过去群体的类比对象，存在一种将其视为“活化石”的风险，即将他们古老的生活方式置于其历史和作为完整现代人地位的高度之上。这种方式忽略了历史的变化和手工产品或艺术品在使用上或“意义”上的变化。1973 年，威廉·朗克（William Longacre，1937—2015 年）发起了一项可以解决该问题的项目。该项目关于菲律宾羯陵伽（Kalinga）的民族考古学研究重点在于不同村庄制作的陶器。项目持续了 14 年，深入了解陶瓷生产的风格、变异性和社会学等因素，以及随着时间推移传统的变化。

狩猎 - 采集居民长期以来一直是民族考古学探究和类比的主题。1903 年，法国学者萨洛蒙・莱纳赫（Salomon Reinach，1858—1932 年）将欧洲旧石器时代的岩石艺术与澳大利亚阿兰达人的作品进行了比较，表明岩石艺术是当地人为提高狩猎成功进行的一种交感巫术的一部分。虽然事实证明该论点是基于对阿兰达人艺术的误解，但它有助于改变认为旧石器时代艺术仅仅为一种装饰或为审美愉悦创造的想法（见图 3）。

最著名的狩猎 - 采集者可能为纳米比亚及博茨瓦纳地区的卡拉哈里巨霍安西人（Kalahari Ju'hoansi，见图 2）。自 20 世纪 50 年代以来，有关学者一直在深入研究过去狩猎 - 采集者的生存行为线索。通过观察屠宰活动、垃圾丢弃方式、箭头等文物的风格和露营地的布局，这些发现对考古学家解释发现于世界各地古老的狩猎 - 采集材料意义巨大。过去，有关学者曾将其与 20 世纪卡拉哈里狩猎 - 采集者及其文化下的一种迷幻舞进行类比，他们假定南非史前的岩石艺术与欧洲旧石器时代的图像都描绘了萨满的幻象。不过这种说法引起巨大争议。

来自生者的信息在其他方面也同样有用。考古学家将挖掘出的石器文物按照能帮助作为文化局外人的现代分析家的理解进行分类。1972 年，彼得・怀特（Peter White，1937 年—　）和大卫・托马斯（David Thomas，1945 年—　）要求新几内亚的线人制作石器并按类别对其进行分类。原住民和考古类型之间的差异与不同群体甚至个体制造者的差异，都为人工制品的多变性提供了新的视角。

实验考古学与民族考古学关系密切，包括还原过去的实践活动。它用于探索一系列古老的技术，如石料打磨、金属冶炼和建筑方法，以及研究制造过程留下的垃圾及空间模式。它可以是一种检测假设的有效方法——例如回答关于使用何种古老工具的问题，或者巨大的巨石阵石块是如何被移动等问题。

# 阅读过往

1. 罗塞塔石碑（Rosetta Stone）的历史可以追溯到公元前196年，其中三块碑文中载有关于托勒密五世（约公元前210—前180年）的祭司法令：象形文字（十四行）、世俗体（三十二行）和希腊语（五十四行）

2. 1951年，迈克尔·文特里斯（Michael Ventris）建造了第一个网格，旨在破译迈锡尼线性文字B。图中每列符号共享相同的元音，而每行符号共享相同的辅音

3. 图为一根八角形的黏土棱柱，其上记载亚述国王蒂格拉斯－普勒瑟一世（Tiglath-pileser I，在位时期：公元前1114—前1076年）的历史。图中段落以楔形文字记录，描述了蒂格拉斯－普勒瑟一世的一项军事活动

文字书写始于约公元前3200年的美索不达米亚和埃及，后来，古代中国及中美洲地区也独立创造文字；而许多其他地方出现的书写系统，都曾受到此基础地区或多或少的影响。部分文字像中国文字和字母一样不断发展，使得其当今后代可以回溯阅读其最早形式的文字。然而，大多数文字今已消失，因此能否破译这些文字全然取决于种种线索和辅助工具的可用性。

文字破译需要大量材料语料库，仅靠单一文本或大量短文无法成功。有关学者通常可以确定文章的写作方向。有关分析可以显示相关学者如何对文本进行分割，建立单词边界，并提供基础语言本质的线索。计算文字中出现的符号可以揭露文字类型：字母文字中的符号最少，有20—40种；而音节文字则有40—150种；在纯粹的逻辑语言中，其中每个符号都代表一个完整的单词，因此需要数千种符号；在实践中，即使是具有强大的语标成分的文字通常也会使用一些语音符号，因此使用数百种符号的语素－音节混合文字极为常见，特别是在古代——有证据表明，即便是最早的苏美尔人书写时也会偶尔用符号表明语音。不过，有关学者可能难以确定文字中符号的确切数量，他们必须将不同的符号与表示相同符号的不同方式区分开来；与此同时，文字通常还包括一些无声限定符号，表示单词所属的类别——例如“上帝”“地方”“树”——音调符号、连接符号和其他附加符号。

很明显，破译字母文字最简单，因为需要理解的符号数量很少且结果紧密相连。因此，如果有线索发现了部分字母，那么这些字母则可以被部分读取，从而提供发现其他字母的线索。与此类似，纯粹的音节文字，例如线性文字 B，也可以产生将结果互连，不过该类文字的变量要高得多。有关分析可能会对其理解有所帮助，例如美国古典主义者艾丽斯·科伯（Alice Kober，1906—1950 年）和英国建筑师迈克尔·文特里斯（1922—1956 年）在研究线性文字 B 时使用的网格（见图 2），能帮助他们确定哪些音节符号共享辅音但有不同的元音和哪些音节符号具有相同的元音但拥有不同的辅音。然而，逻辑文字必须逐个破译，单个文字无法为其他文字提供线索，其情况类似于语素－音节文字，词语通常可以用各种替代方式编写，例如，由玛雅创造的文字，给破译者带来了异常艰巨的任务。

了解基础语言至关重要，如果不具备该能力，人们可能音译文本并从其语境中发现某些词语的含义，但无法对其进行进一步发展。例如，线性文字 A 的符号类似于线性文字 B 中的符号，它们可能具有相同的声音值，但由于其语言未知，所以无法理解线性文字 A。许多文字代表的语言今已消失，不过有关学者仍可以从相关语言知识中进行重建。法国历史学家让－弗朗索瓦·商博良（Jean-François Champollion，1790—1832 年）利用罗塞塔石碑（见图 1）破译埃及象形文字的原因基于，此种文字的基础语言与后来的埃及科普特语有关。同样，当文特里斯发现线性文字 B 的基础语言是希腊语的早期形式时，其便成功破译了这种文字。即便苏美尔楔形文字代表的语言今已消失且没有相关发展语言，不过由于楔形文字（见图 3）——也是阿卡德语的书写文字——已经被破译，且古代美索不达米亚人编纂了阿卡德语－苏美尔语词典，因此苏美尔楔形文字能成功破译。

用于破译埃及象形文字、楔形文字和许多其他文字的关键辅助工具是双语文本：一种以两种文字（通常是语言）书写的文本，因此有关学者可以通过一种已知的可读文本，理解另一种未知文字的意义。在利用双语文本进行破译时，有关学者通常首先关注名称；标题和公式表达通常可以展示一些其他线索，如“众王之王”。在没有双语文本的情况下，其他线索可能会提供类似的帮助，例如与地方相关的已知名称。德国学者乔治·弗里德里希·格罗特肯德（Georg Friedrich Grotefend，1775—1853 年）通过在波斯波利斯石碑中查找匹配相关国王宗谱的符号序列，开始对波斯楔形文字进行解密：“薛西斯，大流士之子”和“大流士，希斯塔斯普（Hystaspes）之子”。文特里斯成功地将克里特岛镇名称与其认为可能代表地名的一些线性文字 B 中的符号序列相匹配，为破译这种文字提供了关键。这些技术使许多文字得以破译；若非其帮助，潜在进展将不可避免地受到限制。

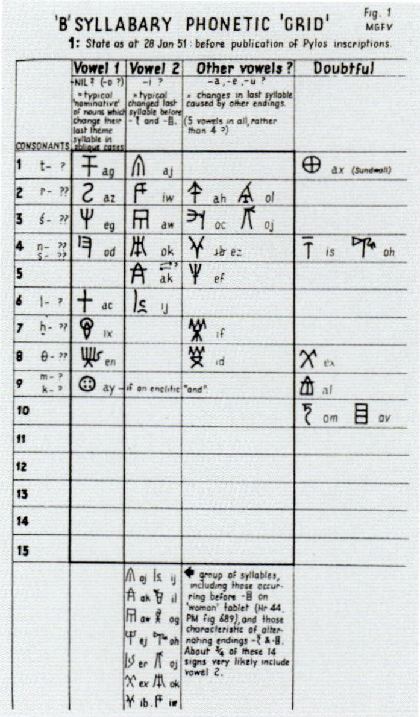

# 已解文字：线性文字B

图中黏土石碑上刻有线性文字B，记录了许多母羊和公羊

爱琴海地区发展出的第一种书写系统为米诺斯象形文字，出现于约公元前1900年，第一座米诺斯宫殿建造之时，不过这种文字似乎仅限于克里特岛中。以米诺斯象形文字记载的文件数量太少，难以成功破解。另一种名为线性文字A的文字几乎同时出现，并且在接下来的200年里，整个克里特岛都采用了这种文字。它包括一些表意文字、数字和数组符号，为音节单词。尽管有关学者如今可以阅读许多单词，但线性文字A仍未被完全破译。有考古证据表明，线性文字A用于管理活动，克里特岛及与克里特岛相连的基克拉迪群岛（例如锡拉岛）都有体现。

另一种文字，称为线性文字B，使用年份为公元前14世纪末到公元前12世纪初。考古学家在希腊大陆和克里特岛上发现了使用线性文字B书写的文件，克里特岛上的文献历史可以追溯到迈锡尼对克诺索斯、干尼亚（Khania）和岛上其他地方进行统治管理的时期。线性文字B是希腊语的早期形式，有超过90种符号，每种符号代表一个音节。大多数音节都是由一个辅音和元音组成。文字中还有表意文字，可以帮助那些无法根据石板文字进行阅读的人理解。碑文从左到右阅读，线条从左侧开始，未完成的空格在右侧。

文字的主要使用形式有两种：画在称为马镫罐的粗制容器上，或刻于黏土片上。黏土石碑没有进行刻意保存，仅烧制成型。石碑有两种形式：或长或细，称为“叶形”；或是长方形，称为“棕榈形”。以线性文字B雕刻的石板记录了宫殿经济相关信息：行政、社会结构、商品、农业、牲畜和宗教，包括祭品和神灵姓名记录。

## 定位

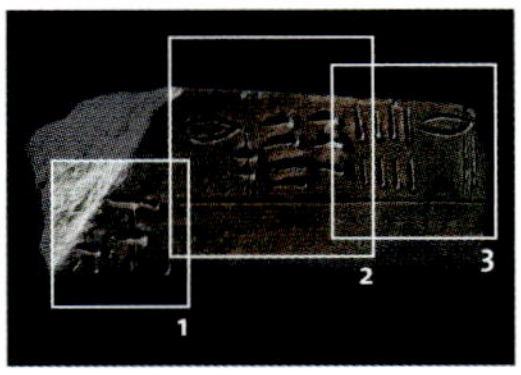

**1. 地名**

图中两个音节“no-to”可能是地名“qa-na-noto”的一部分，也是石碑中提及的动物被保留的地方。尽管“qa-na-noto”极少出现于幸存的线性文字B石碑中，但有关学者发现这一单词常与绵羊一起出现

**2. 牲畜**

当时居民利用形意符号记录不同类型的牲畜，包括山羊、猪和牛，同时区分雌雄。插图为雄性绵羊的形意符号。在整块石碑上，右侧为雌性绵羊的形意符号

**3. 数字**

大多数石碑上刻有数字。单位以短的直线表示，个位数以短的水平线表示，十位数则用圆圈表示，而百位数用带射线的圆圈表示。插图展示了数字78；在整块石碑上，数字指的是绵羊的数量

▲ 考古学家在被称为马镫罐的粗制容器上发现了线性文字B。容器高20—24英寸（约50—60厘米），用于运输橄榄油，大多数制作于克里特岛的干尼亚地区，其中刻制的文字主要为人名或地名。考古学家在克诺索斯、干尼亚和希腊大陆上数个遗址中发现此种容器，特别是底比斯和迈锡尼

## 破译线性文字B

线性文字B的破译主要依靠迈克尔·文特里斯，他是一名建筑师。1936年，年仅14岁的他在伦敦皇家艺术学院举办的米诺斯物品展览会上与考古学家亚瑟·埃文斯（Sir Arthur Evans）相遇。据报道，一条由埃文斯评论——认为线性文字B无法被破译——的论断，是文特里斯开始研究的推力。他最初认为这种语言与伊特鲁里亚有关，1940年，他在一篇论文中发表了这一看法。其他学者，特别是约翰·迈尔斯（John Myres）、艾丽斯·科伯和艾米特·莱·本尼特（Emmett L. Bennett）也一直致力于线性文字B的解读。1939年，皮洛斯迈锡尼宫殿中发现的线性文字B石碑档案，为这些学者提供了巨大帮助。

1952年，文特里斯提出线性文字B是一种古老的希腊语言。1953年，他与约翰·查德威克（John Chadwick）发表了一篇关于其解密成果的文章，三年之后，即文特里斯在车祸中不幸去世后不久，他和查德威克合著的书《迈锡尼希腊文献》（*Documents in Mycenaean Greek*，1956年）出版。

# 未解文字：印度文字

大多数残存的印度教文本都刻在印章上，印章上也刻有一种图像，多为独角兽。与许多古代文化一样，商品的黏土包装块标有印章印记，可能是为了识别所有者或签发机构并防止在运输过程中被篡改。通常只有印章文字印象深刻，因此图像可能起到了不同的作用

当1922年印度文明被发现时，其小而美丽的滑石刻字印章立即引起了人们的注意。然而，没有任何线索可以帮助早期学者破译这种文字，而这一情况至今也未得到很大改善。印度文字多刻写于一小部分物品上，主要是印章，还有模压石碑、铜片、临时工具和多拉维拉地区独特的告示牌上。大多文本非常短，从1到26个字不等，多是5个字左右。如此形成的语料库作用不大，因为文本越长，通过分析检测重要文字模式的机会就越大。算上这些符号，已知的文字有350—450个。计数工作并不简单，因为有关学者难以区分不同的符号和以略微不同的方式书写的单个符号，有些符号可能是两个或更多个单独个体的连字结合。已发现的大量符号数量对字母文字而言太过复杂，对于纯粹的音节文字而言过大，而对于纯粹的表意文字而言又过小。因此，它可能是一种独立的文字，其中一些符号用于描述（表示一个单词），另一些用于表示语音（表示声音）：呈现出的结果文字是一个混合的逻辑音节文字，因此很难破译。

## 定位

截至目前，有关学者已经成功地实现了有关解读的一些小进步：书写的方向已经确定为从右至左；发现了部分可能的数字符号；已经了解了文本布局中的某些模式；已经为部分符号进行了合理的破译。不过，在毫无疑问地认出基础语言之前，完全破译仍是不可能的。到目前为止，尚无声称的破译能给出其成功必要的证明——一套足以独立应用于破译新材料，且能有效表达与原文一致文本含义的符号意义。

1. **书写方向**

有线索证实印度文字为从右至左书写。较短文字的左边是空白部分；稍长的铭文可能刻有挤压变形或较小的左手标志；“带手柄的陶罐”图案通常位于或朝向左手一端，有时被挤至第二行

2. **数字**

少数达成部分意见统一的解释之一是短线集合，而不是上标的文字。有关学者认为这些短线代表数字，或写在一行、或写在一到五行或两行，行行平行。图中文本内的数字为“3”

3. **“鱼”的符号**

阿斯科・帕珀拉（Asko Parpola，1941 年—　），印度文字的领导学者，利用来自图像学和比较宗教的证据，提出当时人类将恒星认作天空中游动的鱼，因此“鱼”的符号可能意味着“神明”，不同形式可能代表不同神灵

4. **分割**

符号频率和关联分析帮助学者将印章铭文分成若干段。其中最常见的是总出现在右手端的符号或短序列：一条或两条短上标线，或一条短线和一条长线，笔直或弯曲

## 印度语

这件美索不达米亚印章制作于公元前 2200 年左右的舒伊里舒时期（Shu-ilishu），是印度教语言的一种解读。解读文字需要了解语码，而通过语言的声音值可获得语音符号。印第安语言的未知身份是破译印度文字面临的主要问题。各种学者提出了大量猜想，少数人认为印第安语为印度－雅利安语（今使用于次大陆的大多语言的前驱印度－欧洲语）的早期形式，而多数学者则认为其可能是原始达罗毗荼语（Proto-Dravidian，达罗毗荼语今使用于南印度，不过最初流通使用范围更广）；或者，悲观地说，印第安语实际是一种未知也不可知的绝迹语言。

▲ 有时，部分印度图像可以为文字提供意义理解。上图刻画了一个呈跪姿的人物（通常是一个简单的“U”形容器的模样）和一棵神树。文字中出现了数字和罐型符号，可能分别代表“献祭者”和“献祭”。这些线索为破译拼图提供了微小的碎片

# 撰稿人团队

**保罗·巴恩 Paul Bahn**

顶尖考古作家、翻译和广播主持。他是美国考古研究所期刊《考古学》特约编辑，撰写了大量有关史前艺术的文章。此外他还撰写和编辑了许多考古类图书，包括《剑桥世界史前史》《考古学：理论、方法和实践》《企鹅考古学指南》。他拥有剑桥大学的博士学位，是剑桥古物研究会会员、美国考古学会会员，还曾担任 BBC《人类的形成》等纪录片的顾问。

**卡洛琳·博德 Caroline Bird**

西澳大利亚大学博士，曾在剑桥大学学习考古学。毕业后从事多种考古相关工作，包括教学、课程研发、咨询、研究等，现在是西澳大利亚珀斯的独立考古学家。

**彼得·博古基 Peter Bogucki**

普林斯顿大学工程与应用科学学院本科事务主任，曾在宾夕法尼亚大学、哈佛大学学习考古学，后在普林斯顿大学继续研究欧洲史前史，近著包括《野蛮人》和《作为人类学的欧洲考古：伯纳德·威尔斯纪念论文集》（与帕姆·克拉布特里合编）。

**菲利普·杜克 Philip Duke**

他是英国文物学会会员，拥有剑桥大学和卡尔加里大学学位。如今退休在家，闲暇时创作一些历史小说。

**戴夫·埃文斯 Dave Evans**

他投身专业考古工作已有 40 多年，担任县考古学家 20 多年。他在乡村和城市考古项目上参与过广泛的工作，也发表了多部著作。

**大卫·吉尔 David Gill**

他曾是罗马英国学校的罗马学者，并在剑桥大学的菲茨威廉博物馆策划过希腊和罗马古物，后移居斯旺西大学担任地中海考古学的准教授。曾在萨福克大学教授考古遗产学，并在东英吉利大学历史学院担任过客座研究员。2012 年，他在文化财产方面的研究获得了美国考古学会的杰出公共服务奖。

**简·麦金托什 Jane McIntosh**

她在剑桥大学攻读考古学，获博士学位后留校担任亚洲与中东研究院高级研究员。她是许多考古学和史前史著作的作者，并参与了许多英国本土和海外的发掘工作。

**乔治娜·穆斯克特 Georgina Muskett**

她是利物浦大学荣誉研究员。她曾在利物浦国家博物馆担任古文物馆馆长。此前曾在利物浦大学教希腊艺术和考古学。

**保罗·佩蒂特 Paul Pettitt**

达勒姆大学旧石器时代考古学教授。他拥有伯明翰大学古代历史和考古学学士、伦敦大学学院考古学硕士和剑桥大学博士学位，专业方向是法国西南部中古石器时代诸方面。毕业后，他担任牛津大学的放射性碳加速器部的高级考古学家、基布尔学院研究员和导师。2003—2013 年在谢菲尔德大学担任讲师、高级讲师，2013 年加盟达勒姆大学担任教授，研究方向是欧洲旧石器时代中晚期艺术与考古学。

**帕特里夏·普朗凯特 Patricia Plunket**

1983 年在杜兰大学获得博士学位。她的研究主要集中于：墨西哥中部高地从乡村生活向城市生活的转变，包括火山灾害在这一过程中所起的作用。

**玛格丽特·普吕奇 Margarete Prüch**

东亚艺术史学家与考古学家。她的研究方向包括中国、朝鲜和日本的封建王朝时期，专门研究中国的战国墓葬和汉墓。

**安妮·所罗门 Anne Solomon**

考古学家，专攻南非岩画和石器时代晚期狩猎－采集者的文化。她的研究兴趣包括 Xam 语族的古代神话和口述证言（19 世纪的“San”语使用者，生活在南非和纳米比亚边界附近）。

**亨利·坦塔莱安 Henry Tantaleán**

出生于秘鲁利马，曾在秘鲁的圣马科斯大学学习考古学，并在西班牙的巴塞罗那自治大学获得了史前考古学的硕士和博士学位。后曾在美国和欧洲的大学教授考古学，并发表了许多科学论文、出版了许多书籍。目前是加州大学洛杉矶分校的科森考古研究所的研究员、利马法国安第斯研究所的副研究员。

**乔伊丝·泰尔德斯利 Joyce Tyldesley**

曼彻斯特大学埃及学高级讲师，开设了一系列埃及学在线课程。她是多部埃及学图书的作者。

# 英文索引

Page references for illustrations are indicated in **bold**

**P**

# 图片归属

本书出版商在此感谢以下博物馆、插画家、档案馆和摄影师，感谢他们允许我们在书中使用他们的作品。我们已经尽一切努力追查所有的版权归属，但如果有任何人在我们无意中被遗漏了，出版商会在第一时间安排处理。
（图片位置说明：上=t；下=b；左=l；右=r；中=c；左上=tl；右上=tr；左中=cl；右中=cr；左下=b；右下=br）

2 INTERFOTO/Alamy Stock Photo 8 Chronicle/Alamy Stock Photo 9 Pierre Perrin/Sygma via Getty Images 10 The Natural History Museum/Alamy Stock Photo 11 JOSEPH EID/AFP/Getty Images 12 Patrick Aventurier/Getty Images 13 Jim Hollander/Epa/REX/Shutterstock 16 Cro Magnon/Alamy Stock Photo 17t JOHN READER/SCIENCE PHOTO LIBRARY 17b Universal Images Group North America LLC/DeAgostini/Alamy Stock Photo 18 Lanmas/Alamy Stock Photo 19t Africa Media Online/Alamy Stock Photo 19b The Natural History Museum/Alamy Stock Photo 20 Lanmas/Alamy Stock Photo 21 The Natural History Museum/Alamy Stock Photo 22a © Xinhua/Photoshot 23tl The Natural History Museum/Alamy Stock Photo 23tr PMU M3887, Palaeonotological collections, Museum of Evolution, Uppsala University, Sweden 23b View Stock/Alamy Stock Photo 24 Rosino/Wikimedia Commons 25t CHRISTELLE ORLUC/LOOK AT SCIENCES/SCIENCE PHOTO LIBRARY 25b MAURICIO ANTON/SCIENCE PHOTO LIBRARY 26 Homo heidelbergensis/Natural History Museum, London, UK/Bridgeman Images 27t The Natural History Museum/Alamy Stock Photo 27b Sabena Jane Blackbird/Alamy Stock Photo 28 age fotostock/Alamy Stock Photo 29t JAVIER TRUEBA/MSF/SCIENCE PHOTO LIBRARY 29b JAVIER TRUEBA/MSF/SCIENCE PHOTO LIBRARY 30 LOIC VENANCE/AFP/Getty Images 31t CESAR MANSO/AFP/Getty Images 31b DEA/A. DAGLI ORTI/De Agostini/Getty Images 32 Joao Zilhao 33l © Stewart Finlayson/ The Gibraltar Museum 33r Paul Bahn 34 Michel Girard 35t © Marian Vanhaeren und Michèle Julien 35b © Marian Vanhaeren, Francesco d'Errico and Michèle Julien 36 ANNA ZIEMINSKI/AFP/Getty Images 37 The Natural History Museum/Alamy Stock Photo 38 PLANETOBSERVER/SCIENCE PHOTO LIBRARY 39 MISSION ARCHEOLOGIQUE DE QAFZEH/LOOK AT SCIENCES/SCIENCE PHOTO LIBRARY 40 Women Butchering Mastodon, 1998 (w/c on paper), Harlin, Greg (b.1957)/Private Collection/Wood Ronsaville Harlin, Inc. USA/Bridgeman Images 41l © Tom Uhlman/Alamy Stock Photo 41r CAROLINA BIOLOGICAL SUPPLY CO/VISUALS UNLIMITED, INC. /SCIENCE PHOTO LIBRARY 42 Barrow Island Archaeology Project, UWA 43t Barrow Island Archaeology Project, UWA 43b Barrow Island Archaeology Project, UWA 44 Photo: Don Hitchcock, donsmaps.com 45t Petr Novák/Wikimedia Commons 45b Paul Bahn 46 © Nature Picture Library/Alamy Stock Photo 47 Paul Bahn 48 PHILIPPE PSAILA/SCIENCE PHOTO LIBRARY 49 PHILIPPE PSAILA/SCIENCE PHOTO LIBRARY 50 © NHPA/Photoshot 51 SSPL/Getty Images 52 Corbis Documentary/Getty Images 53t Paul Mayall/imageBROKER/REX/Shutterstock 53b © Suzanne Long/Alamy Stock Photo 56 Hercules Milas/Alamy Stock Photo 57t Universal Images Group/Getty Images 57b Skeletons of woman and child from Bogebakken/De Agostini Picture Library/Bridgeman Images 58 Petroglyphs, including oxen and a person ploughing/Werner Forman Archive/Bridgeman Images 59t Jean-Loic Le Quellec/LOOK AT SCIENCES/SCIENCE PHOTO LIBRARY 59b Gianni Dagli Orti/REX/Shutterstock 60 Universal History Archive/UIG via Getty Images 61t Handle with animal figure, HaNahal Cave, Mt. Carmel, Natufian Culture (bone)/The Israel Museum, Jerusalem, Israel/Bridgeman Images 61b World History Archive/Alamy Stock Photo 62t World History Archive/Alamy Stock Photo 63b Gideon Hartman/Hebrew University via Getty Images 64 iStock/Getty Images Plus 65 Werner Forman/Universal Images Group/Getty Images 66 United National Photographers/REX/Shutterstock 67t John Short/Getty Images 67b National Geographic Creative/Alamy Stock Photo 68 Pecold/Shutterstock.com 69l Dusan Boric 69r akg-images/Erich Lessing 70 Granger Historical Picture Archive/Alamy Stock Photo 71 Buddy Mays/Alamy Stock Photo 72 Photo by Del Baston, courtesy Center for American Archeology 73t Phil Wahlbrink/WahlbrinkPHOTO/Alamy Stock Photo 73b Steven Patricia 74 Inga Locmele/Shutterstock.com 75l CLAUDIO SANTANA/AFP/Getty Images 75r REUTERS/Alamy Stock Photo 76 Robert Gilhooly/Alamy Stock Photo 77t Robert Gilhooly/Alamy Stock Photo 77b DeAgostini/Getty Images 78 courtesy of Mr.ONBE Shin,Office of Kumakogen –cho, Ehime Pref. 79t courtesy of Mr.ONBE Shin,Office of Kumakogen –cho, Ehime Pref. 79b Image courtesy Takao Sato 80 Universal History Archive/UIG via Getty Images 81 © Jack Golson. http://whc.unesco.org/en/list/887/gallery/ 82 Luca Mozzati/Archivio Luca Mozzati/Mondadori Portfolio/Getty Images 83 Nico Tondini/robertharding/Getty Images 84 Dr Andrew M.T. Moore 85t Human bones found at Abu Hureyra/Natural History Museum, London, UK/Bridgeman Images 85b JAMES KING HOLMES/ SCIENCE PHOTO LIBRARY 86 www.BibleLandPictures.com/Alamy Stock Photo 87b Images & Stories/Alamy Stock Photo 88 Vincent J. Musi© 2017. National Geographic Image Collection / Scala, Florence 89 Nir Alon/Alamy Stock Photo 90 gezmen/Alamy Stock Photo 91bl National Geographic Creative/Alamy Stock Photo 91br Vincent J. Musi/Getty Images 92 Portrait skull with cowrie shell eyes, Jericho, c.7th millennium BC (skull, plaster, shell), Prehistoric/Ashmolean Museum, University of Oxford, UK/Bridgeman Images 93l akg-images/Erich Lessing 93r World History Archive/Alamy Stock Photo 94 Roger Viollet Collection/Getty Images 95 DEA/A. DE GREGORIO/De Agostini/Getty Images 96 fpolat69/Shutterstock.com 97br David Tipling Photo Library/Alamy Stock Photo 98 Roger Viollet Collection/Getty Images 99l PRISMA ARCHIVO/Alamy Stock Photo 99r Bryn Mawr College: Richard S. Ellis Photographs 100 robertharding/Alamy Stock Photo 101l © The Trustees of the British Museum 101r © Illustrated London News Ltd/Mary Evans 102 Samuel Daniell/Wikimedia Commons 103t TONY KARUMBA/AFP/Getty Images 103b Paul Bahn 104 De Agostini Picture Library/Getty Images 105 DEA/G. DAGLI ORTI/Getty Images 106 JTB MEDIA CREATION, Inc./Alamy Stock Photo 107t DEA PICTURE LIBRARY/Getty Images 107b akg-images/Pictures From History 108 DEA PICTURE LIBRARY/Getty Images 109t Lou-Foto/Alamy Stock Photo 109b CTK/Alamy Stock Photo 110 Wellcome Images/Wikimedia Commons 111 INTERFOTO/Alamy Stock Photo 112 Landesamt für Archäologie Sachsen; photographer: Matthias Rummer 113l Einsamer Schütze/Wikimedia Commons 113r Landesamt für Archäologie Sachsen; photographer: Matthias Rummer 114 F1online digitale Bildagentur GmbH/Alamy Stock Photo 115t imageBROKER/Alamy Stock Photo 115b Stefano Ravera/Alamy Stock Photo 116 David Lyons/Alamy Stock Photo 117t johnbraid/Shutterstock.com 117b mark ferguson/Alamy Stock Photo 118 Michal Sikorski/Alamy Stock Photo 119t North Wind Picture Archives/Alamy Stock Photo 119b North Wind Picture Archives/Alamy Stock Photo 120 DEA/L. DE MASI/Getty Images 121t Henry Tantaleán 121b Jorge G. Marcos and Natasha Flores, from Un Sitio Llamado Real Alto, published by the Universidad Internacional del Ecuador UIDE, Quito, Ecuador 2015 122 DEA/G. DAGLI ORTI/De Agostini/Getty Images 123t DEA/A. DE GREGORIO/De Agostini/Getty Images 123b Ian Murray/imageBROKER/REX/Shutterstock 124 Edwin Baker/Alamy Stock Photo 125tr DEA/A. DAGLI ORTI/De Agostini/Getty Images 125b Fine Art Images/Heritage Images/Getty Images 126 Elzbieta Sekowska/Shutterstock.com 127t James Osmond/Getty Images 127b Hemis/Alamy Stock Photo 128 Eireann/Shutterstock.com 129l Stephen Emerson/Alamy Stock Photo 129r Pecold/Shutterstock.com 130 Skyscan Photolibrary/Alamy Stock Photo 131l Stonehenge: first phase comprising a ditch, bank and counterscarp enclosing the Aubrey Holes, 1995 (w/c on paper), Lapper, Ivan (b.1939)/Private Collection/© Historic England/Bridgeman Images 131r DEA PICTURE LIBRARY/ Getty Images 134 © Asian Art & Archaeology, Inc./CORBIS/Corbis via Getty Images 135t Chris Howes/Wild Places Photography/Alamy Stock Photo 135b INTERFOTO/Alamy Stock Photo 136 Wessex Archaeology 137t Wessex Archaeology 137b Wessex Archaeology 138 Xinhua/Alamy Stock Photo 139 DEA PICTURE LIBRARY/ De Agostini /Getty Images 140 © Hierakonpolis Expedition 141l Werner Forman/Universal Images Group/Getty Images 141r © Hierakonpolis Expedition 142 www.BibleLandPictures.com/Alamy Stock Photo 143t Leemage/Corbis via Getty Images 143b nik wheeler/Alamy Stock Photo 144 Photo Scala, Florence 145r epa european pressphoto agency b.v./Alamy Stock Photo 145b age fotostock/Alamy Stock Photo 146 Courtesy of Penn Museum, image #56378 147l www.BibleLandPictures.com/Alamy Stock Photo 147r © 2017. Image copyright The Metropolitan Museum of Art/Art Resource/Scala, Florence 148 Anton_Ivanov/Shutterstock.com 149tr www.BibleLandPictures.com/Alamy Stock Photo 149b Realy Easy Star/Alamy Stock Photo 150 akg-images/De Agostini Picture Lib./G. Dagli Orti 151l DEA/M. SEEMULLER/Getty Images 151r Philippe Maillard/akg-images 152 Bill Curtsinger/National Geographic/Getty Images 153t Bill Curtsinger/National Geographic/Getty Images 153b Images & Stories/Alamy Stock Photo 154 Joyce Tyldesley 155t Joyce Tyldesley 155b Joyce Tyldesley 156 Mike P Shepherd/Alamy Stock Photo 157t Mike P Shepherd/Alamy Stock Photo 157b Mike P Shepherd/Alamy Stock Photo 158 Joyce Tyldesley 159b Les Stocker/Getty Images 160 Joyce Tyldesley 161t DEA PICTURE LIBRARY/De Agostini/Getty Images 161b De Agostini/S. Vannini/REX/Shutterstock 162 Joyce Tyldesley 163t Joyce Tyldesley 163b Joyce Tyldesley 164 Joyce Tyldesley 165t De Agostini Picture Library/De Agostini/Getty Images 165b Scott D. Haddow/Getty Images 166 Jim Henderson/Alamy Stock Photo 167l Joyce Tyldesley 167r Vladimir Wrangel/Shutterstock.com 168 Joyce Tyldesley 169t Joyce Tyldesley 169b iStock/Getty Images Plus 170 Cultura RM Exclusive/Kevin C Moore/Getty Images 171l florentina georgescu photography/Getty Images 171r Joyce Tyldesley 172 Hemis/Alamy Stock Photo 173t Julian Love/Getty Images 173b Joyce Tyldesley 174 Dan Breckwoldt/Alamy Stock Photo 175t Jar decorated with lion masks and cobra goddesses on lotus flowers, from Tomb 1090, Faras, Sudan, 1st-2nd century AD (painted pottery), Egyptian/Ashmolean Museum, University of Oxford, UK/Bridgeman Images 175b Andrew McConnell/Alamy Stock Photo 176 hecke61/Shutterstock.com 177t Spouted black-topped red polished jar, Classic Kerma, c.1700-1550 BC (ceramic), Nubian/Museum of Fine Arts, Boston, Massachusetts, USA/Bridgeman Images 177b Statue of Lady Sennuwy, probably for Tomb of Djefaihapu, Asyut, Egypt, found in Royal Tumulus K III, Kerma, Nubia, Sudan, Middle Kingdom, reign of Senwosret I, 1971-26 BC (grandiorite), Egyptian 12th Dynasty (1991-1786 BC)/Museum of Fine Arts, Boston, Massachusetts, USA/

Harvard University - Museum of Fine Arts Expedition/Bridgeman Images 178 Jupiterimages/Getty Images 179t DeAgostini/Getty Images 179b DeAgostini/Getty Images 180 Universal Images Group North America LLC/DeAgostini/Alamy Stock Photo 181c Globuss Images/Alamy Stock Photo 181b DEA/G. NIMATALLAH/De Agostini/Getty Images 182 Travel India/Alamy Stock Photo 183t Travel India/Alamy Stock Photo 183b image courtesy: www.abhijna-emuseum.com 184 China Photos/Getty Images 185t BabelStone/Wikimedia Commons, CC-BY-SA-3.0 185b © 2017. Image copyright The Metropolitan Museum of Art/Art Resource/Scala, Florence 186 Imaginechina/REX/Shutterstock 187l Robinlun/Wikimedia Commons, CC-BY-SA-3.0 187r Granger Historical Picture Archive/Alamy Stock Photo 188 LIU JIN/AFP/Getty Images 189t DeAgostini/Getty Images 189b DEA PICTURE LIBRARY/Getty Images 190 Erin Babnik/Alamy Stock Photo 191 Kevin Wheal/Alamy Stock Photo 192 DeAgostini/Getty Images 193tl DEA/G. DAGLI ORTI/De Agostini/Getty Images 193tr Bildagentur-online/UIG via Getty Images 193b World History Archive/Alamy Stock Photo 194 The Art Archive/Alamy Stock Photo 195l Greg Balfour Evans/Alamy Stock Photo 195l Leah Pirone 196 age fotostock/Alamy Stock Photo 197c DEA/G. DAGLI ORTI/Contributor 198 Manuel Cohen/Alamy Stock Photo 199b Jan Wlodarczyk/Alamy Stock Photo 200 Odyssey-Images/Alamy Stock Photo 201t Gina Muskett 201b PRISMA ARCHIVO/Alamy Stock Photo 202 Images & Stories/Alamy Stock Photo 203t Westend61 GmbH/Alamy Stock Photo 203b Images & Stories/Alamy Stock Photo 204 Chepe Nicoli 205t DEA/G. DAGLI ORTI 205b Kenneth Garrett 206 Damian Dovarganes/AP/REX/Shutterstock 207b YURI CORTEZ/AFP/Getty Images 208 Macduff Everton 209b Courtesy of Archivo Miguel Covarrubias. Sala de Archivos y Colecciones Especiales, Dirección de Bibliotecas, Universidad de las Américas Puebla, Mexico 210 Gianni Dagli Orti/REX/Shutterstock 211t Heritage Image Partnership Ltd/Alamy Stock Photo 211b Lanmas/Alamy Stock Photo 212 PASQUALE SORRENTINO/SCIENCE PHOTO LIBRARY 213l PASQUALE SORRENTINO/SCIENCE PHOTO LIBRARY 213r PASQUALE SORRENTINO/SCIENCE PHOTO LIBRARY 214 DEA/G. DAGLI ORTI/De Agostini/Getty Images 215l age fotostock/Alamy Stock Photo 215r Jess Kraft/Shutterstock.com 218 Leemage/UIG via Getty Images 219t DeAgostini/Getty Images 219b Gianni Dagli Orti/REX/Shutterstock 220 DeAgostini/Getty Images 221t Fine Art Images/Heritage Images/Getty Images 221b Werner Forman/Universal Images Group/Getty Images 223t Bill Lyons/Alamy Stock Photo 223b Peter Horree/Alamy Stock Photo 224 Universal History Archive/UIG via Getty Images 225l Imagestate Media Partners Limited - Impact Photos/Alamy Stock Photo 225r © The Trustees of the British Museum 226 B.O'Kane/Alamy Stock Photo 227tr Reconstruction of Etemenanki, ziggurat of Marduk at Babylon, model, Iraq/De Agostini Picture Library/Archivio J. Lange/Bridgeman Images 227b Prisma/UIG via Getty Images 229 Syria: Aramaean bas-relief of a dromedary camel with rider, Tell Halaf, c. 10th century BCE/Pictures from History/Bridgeman Images 230 Werner Forman/Universal Images Group/Getty Images 231c DEA/A. DAGLI ORTI/Getty Images 231b Blom UK via Getty Images 233l Robert Hoetink/Alamy Stock Photo 233r City of David, Area 'G' with the supporting wall of a 10th Century BC structure (photo)/Jerusalem, Israel/Photo © Zev Radovan/Bridgeman Images 234 © The Trustees of the British Museum 235b akg-images/Bible Land Pictures/Jerusalem Photo by: Z.Radovan 236 ERIC LAFFORGUE/Alamy Stock Photo 237c De Agostini/C. Dani & I. Jeske/Getty Images 237b Philippe Maillard/akg-images 238 Spartan warrior (bronze), Greek, (6th century BC)/Private Collection/Photo © Boltin Picture Library/Bridgeman Images 239t akg-images/jh-Lightbox_Ltd./John Hios 239b Heritage Image Partnership Ltd/Alamy Stock Photo 240 Robert Wallwork/Alamy Stock Photo 241l Sklifas Steven/Alamy Stock Photo 241r Erin Babnik/Alamy Stock Photo 242 Sergey Novikov/Shutterstock.com 242tr Ken Welsh/Alamy Stock Photo 242b Lefteris Papaulakis/Shutterstock.com 244 John Baran/Alamy Stock Photo 245b Erin Babnik/Alamy Stock Photo 246 funkyfood London - Paul Williams/Alamy Stock Photo 247 DEA/A. DAGLI ORTI/De Agostini/Getty Images 248 Lev Levin/Shutterstock.com 249l DeAgostini/Getty Images 249r Gunter Kirsch/Getty Images 250 Realy Easy Star/Giuseppe Masci/Alamy Stock Photo 251t Erin Babnik/Alamy Stock Photo 251b charistoone-images/Alamy Stock Photo 252 Werner Forman/Universal Images Group/Getty Images 253t Frank Bach/Alamy Stock Photo 253b Steve Speller/Alamy Stock Photo 254 Daniel Koch/Alamy Stock Photo 255t DEA/E. LESSING/De Agostini/Getty Images 255b Gold dagger with scabbard, from tomb 689 at Hallstatt, Austria. Hallstatt culture, 13th-6th Century BC./De Agostini Picture Library/E. Lessing/Bridgeman Images 256 imageBROKER/Alamy Stock Photo 257t akg-images/Erich Lessing 257b ABACA/ABACA/PA Images 258 STAN HONDA/AFP/Getty Images 259t DeAgostini/Getty Images 259b Peter Horree/Alamy Stock Photo 261t gezmen/Alamy Stock Photo 261b DeAgostini/Getty Images 262 Janzig/MiddleEast/Alamy Stock Photo 263c Imagestate Media Partners Limited - Impact Photos/Alamy Stock Photo 263b INTERFOTO/Alamy Stock Photo 264 REUTERS/Alamy Stock Photo 265t Raimund Franken/ullstein bild via Getty Images 265b Peter Horree/Alamy Stock Photo 266 Panos Pictures/Georg Gerster 267tr dbimages/Alamy Stock Photo 267bl De Agostini/Archivio J. Lange/Getty Images 267br DeAgostini/Getty Images 269t China: Fragment of silk showing a fanged beast from Xinjiang/Pictures from History/Bridgeman Images 269b Sancai glazed tomb figure of a camel and foreign rider with an exaggeratedly large nose/Werner Forman Archive/Bridgeman Images 270 dbimages/Alamy Stock Photo 271bl Michael Runkel Turkmenistan/Alamy Stock Photo 271br dbimages/Alamy Stock Photo 272 Thierry Ollivier/Mus?e Guimet/Getty Images 273 Gianni Dagli Orti/REX/Shutterstock 273r akg-images/Erich Lessing 274 akg-images/Suzanne Held 275t Zhang Peng/LightRocket via Getty Images 275b Zhang Peng/LightRocket via Getty Images 276 Universal History Archive/UIG via Getty Images 277t DeAgostini/Getty Images 277b Erin Babnik/Alamy Stock Photo 278 Charles O. Cecil/Alamy Stock Photo 279l PSI/Alamy Stock Photo 279r REUTERS/Alamy Stock Photo 280 Panegyrics of Granovetter (Sarah Murray)/Wikimedia Commons, CC BY-SA 2.0 281t World History Archive/Alamy Stock Photo 281b Sean Burke/Alamy Stock Photo 282 De Agostini/G. Barone/Getty Images 283 DEA/G. NIMATALLAH/De Agostini/Getty Images 284 De Agostini/G. Dagli Orti/Getty Images 285t Marcella Miriello/Shutterstock.com 285b age fotostock/Alamy Stock Photo 286 DeAgostini/Getty Images 287l Peter Macdiarmid/Getty Images 287r David Lees/Corbis/VCG via Getty Images 288 Leemage/Corbis via Getty Images 289 Leemage/Getty Images 290 imageBROKER/Alamy Stock Photo 291t adam eastland/Alamy Stock Photo 291b Leemage/Corbis via Getty Images 292 Hans Georg Roth/Getty Images 293t Stefano Montesi/Corbis via Getty Images 293b World History Archive/Alamy Stock Photo 294 Iain Masterton/Alamy Stock Photo 295tr Adam Eastland Art + Architecture/Alamy Stock Photo 295b Vito Arcomano Photography/Alamy Stock Photo 296 Norman Barrett/Alamy Stock Photo 297t Streeter Photography/Alamy Stock Photo 297b mgallar/Shutterstock.com 298 imageBROKER/Alamy Stock Photo 299c robertharding/Alamy Stock Photo 299b DeAgostini/Getty Images 300 Rupert Hansen/Alamy Stock Photo 301t Platinum GPics/Alamy Stock Photo 301b © 2017. Cinecitta Luce /Scala, Florence 302 Lukiyanova Natalia frenta/Shutterstock.com 303l DeAgostini/Getty Images 303r WolfgangRieger/Wikimedia Commons 304 maurizio/Shutterstock.com 305tr Valeria Cantone/Shutterstock.com 305b DEA/G. DAGLI ORTI/De Agostini/Getty Images 306 Hanan Isachar/Alamy Stock Photo 307 www.BibleLandPictures.com/Alamy Stock Photo 308 akg-images/Erich Lessing 309t www.BibleLandPictures.com/Alamy Stock Photo 309b www.BibleLandPictures.com/Alamy Stock Photo 310 moris kushelevitch/Alamy Stock Photo 311l Duby Tal/Albatross/Alamy Stock Photo 311r Duby Tal/Albatross/Alamy Stock Photo 312 Hemis/Alamy Stock Photo 313t DEA PICTURE LIBRARY/De Agostini/Getty Images 313b Chris Hill/Getty Images 314 Tim Graham/Getty Images 315t Universal History Archive/UIG via Getty Images 315b Rik Hamilton/Alamy Stock Photo 316 Knud Winckelmann and Nationalmuseet- commons. wikimedia.org - CC-BY-SA-3.0 317l Lennart Larsen, Nationalmuseet/Wikimedia Commons, CC-BY-SA-3.0 317r Bullenwächter/Wikimedia Commons, CC-BY-SA-3.0 318 Hemis/Alamy Stock Photo 319l Hemis/Alamy Stock Photo 319r The Art Archive/Alamy Stock Photo 320 stocksolutions/Shutterstock.com 321t © The Trustees of the British Museum 321b dpa picture alliance/Alamy Stock Photo 322 Alberto Paredes/Alamy Stock Photo 323t Alberto Paredes/Alamy Stock Photo 323b Alberto Paredes/Alamy Stock Photo 324 Jaime Pharr/Shutterstock.com 325t CM Dixon/Print Collector/Getty Images 325b English Heritage/Heritage Images/Getty Images 326 Jose Elias/StockPhotosArt - Ruins/Alamy Stock Photo 327t Skyscan Photolibrary/Alamy Stock Photo 327b milosk50/Shutterstock.com 328 Horizon Images/Motion/Alamy Stock Photo 329tr PhotoKratky - Wildlife/Nature/Alamy Stock Photo 329b David Cantrille/Alamy Stock Photo 330 Colchester Archaeological Trust 331l Rodger Tamblyn/Alamy Stock Photo 331r DEA PICTURE LIBRARY/De Agostini/Getty Images 332 Images & Stories/Alamy Stock Photo 333t Karolina Vyskocilova/Alamy Stock Photo 333b Novarc Images/Alamy Stock Photo 334 David Lyon/Alamy Stock Photo 335l dbimages/Alamy Stock Photo 335r Stuart Yates/Alamy Stock Photo 336 Yann Arthus-Bertrand/Getty Images 337t De Agostini/Archivio J. Lange/Getty Images 337b Paul Doyle/Alamy Stock Photo 338 dbimages/Alamy Stock Photo 339l Prisma by Dukas Presseagentur GmbH/Alamy Stock Photo 339r WitR/Shutterstock.com 340 LOOK Die Bildagentur der Fotografen GmbH/Alamy Stock Photo 341t Hemis/Alamy Stock Photo 341b Wolfgang Kaehler/LightRocket via Getty Images 342 Duby Tal/Albatross/Alamy Stock Photo 343 DEA/C. SAPPA/De Agostini/Getty Images 344 LOOK Die Bildagentur der Fotografen GmbH/Alamy Stock Photo 345l Wolfgang Kaehler/LightRocket via Getty Images 345r Arco Images GmbH/Alamy Stock Photo 346 Martchan/Shutterstock.com 347t Heritage Image Partnership Ltd/Alamy Stock Photo 347b akg-images/Africa Media Online/Iziko Museum 348 Art Directors & TRIP/Alamy Stock Photo 349l Ancient Art and Architecture/Alamy Stock Photo 349r Peter Horree/Alamy Stock Photo 350 Ivan Vdovin/Alamy Stock Photo 351l Andrew Holt/Alamy Stock Photo 351r DeAgostini/Getty Images 352 ephotocorp/Alamy Stock Photo 353t Michele Burgess/Alamy Stock Photo 353b MCLA Collection/Alamy Stock Photo 354 Nadeem Khawar/Getty Images 355t MARKA/Alamy Stock Photo 355b Nadeem Khawar/Getty Images 356 Ruins of the Palace of Pataliputra (photo), Indian School/Patna, Bihar, India/Bridgeman Images 357t Archaeological Survey of India 1926-1927/Wikimedia Commons 357b Granger Historical Picture Archive/Alamy Stock Photo 358 Dinodia Photos/Alamy Stock Photo 359tr Dinodia Photos/Alamy Stock Photo 359b The Great Departure", East Gate at Sanchi (photo), Indian School/Madhya Pradesh, India/Dinodia/Bridgeman Images 360 猫猫的日记本/Wikimedia Commons, CC-BY-SA-3.0 361t Peter Horree/Alamy Stock Photo 361b Sovfoto/UIG via Getty Images 362 Zhao jian kang/Shutterstock.com 363l Michael DeFreitas/robertharding/Getty Images 363r ADAM HART-DAVIS/SCIENCE PHOTO LIBRARY 365l Comezora/Getty Images 365r Keith Levit/Getty Images 366 T.Kai/Shutterstock.com 367t DeAgostini/Getty Images 367b Peter Horree/Alamy Stock Photo 368 JTB MEDIA CREATION, Inc./Alamy Stock Photo 369tr CM Dixon/Print Collector/Getty Images 369b Daderot/Wikimedia Commons 370 Werner Forman/Universal Images Group/Getty Images 371t Topic Images Inc./Getty Images 371b 국립중앙박물관/Wikimedia Commons 372 akg-images/Pictures From History 373 Terminal depicting a deer, from the Pazyryk Burial Mounds, 5th century BC (leather and wood), Altaic School, (5th Century BC)/State Hermitage Museum, St. Petersburg, Russia/Bridgeman Images 374 SPUTNIK/Alamy Stock Photo 375t Janzig/CentralAsia/Alamy Stock Photo 375b SIBERIA: PAZYRYK TOMBS Cross-section of barrow 5 of the Pazyryk tombs, dating from 6th-3rd centuries B.C., on the Ukok plateau in Siberia. Diagram, mid or late 20th century./Photo © Granger/Bridgeman Images 376 Stephen Alvarez/Getty Images 377t Douglas Peebles Photography/Alamy Stock Photo 377b Andoni

Canela/Getty Images **378** Michele Burgess/Alamy Stock Photo **379tr** Paul Bahn **379b** John Elk/Getty Images **380** David Wall/Alamy Stock Photo **381t** paul kennedy/Alamy Stock Photo **381b** © 2017. Christie's Images, London/Scala, Florence **384** Tim Whitby/Alamy Stock Photo **385** Adrian Wojcik/Alamy Stock Photo **386** Jesse Kraft/Alamy Stock Photo **387t** Paul Thompson Images/Alamy Stock Photo **387b** Sergi Reboredo/Alamy Stock Photo **388** wening/Alamy Stock Photo **389r** Gianni Dagli Orti/REX/Shutterstock **390** Danita Delimont/Alamy Stock Photo **391t** Ryszard Stelmachowicz/Alamy Stock Photo **391b** Gianni Dagli Orti/REX/Shutterstock **392** Eye Ubiquitous/UIG via Getty Images **393** trappy76/Shutterstock.com **394** David South/Alamy Stock Photo **395l** Vladimir Korostyshevskiy/Shutterstock.com **395r** Gino's Premium Images/Alamy Stock Photo **396** Kenneth Garrett/National Geographic/Getty Images **397r** John Mitchell/Alamy Stock Photo **398** Archivo del proyecto "La pintura mural prehispánica en México", Instituto de Investigaciones Estéticas, UNAM. Foto: Ricardo Alvarado Tapia, 2008. **399b** age fotostock/Alamy Stock Photo **400** Vessel with a Procession of Warriors, Late Classic Period, c.750-850 (polychromed ceramic), Mayan/Kimbell Art Museum, Fort Worth, Texas, USA/Bridgeman Images **401t** Presentation of Captives to a Maya Ruler, Late Classic Period, c.785 (limestone with traces of paint), Mayan, (8th century AD)/Kimbell Art Museum, Fort Worth, Texas, USA/Bridgeman Images **401b** Arterra Picture Library/Alamy Stock Photo **402** Peabody Museum Expedition: Teobert Maler, 1899-1900. © President and Fellows of Harvard College, Peabody Museum of Archaeology and Ethnology, PM# 00-36-20/C2740 **403t** Photograph © Justin Kerr **403b** Universal History Archive/Contributor **404** ton koene/Alamy Stock Photo **405** Richard A. Cooke/Getty Images **406** National Geographic Creative/Alamy Stock Photo **407l** National Geographic Creative/Alamy Stock Photo **407r** Carver Mostardi/Alamy Stock Photo **408** Buddy Mays/Alamy Stock Photo **409l** George H.H. Huey/Alamy Stock Photo **409r** George H.H. Huey/Alamy Stock Photo **410** Naumenko Aleksandr/Shutterstock.com **411t** PavleMarjanovic/Shutterstock.com **411b** Serg Zastavkin/Shutterstock.com **412** dinosmichail/Alamy Stock Photo **13l** Ayhan Altun/Alamy Stock Photo **413r** Lestertair/Shutterstock.com **414** Artur Bogacki/Shutterstock.com **415t** Mehmet Cetin/Shutterstock.com **415b** david pearson/Alamy Stock Photo **416** Joana Kruse/Alamy Stock Photo **417t** akg-images/Erich Lessing **417b** CM Dixon/Print Collector/Getty Images **418** REUTERS/Alamy Stock Photo **419bl** World History Archive/Alamy Stock Photo **419br** World History Archive/Alamy Stock Photo **420** Associated Newspapers /REX/Shutterstock **421l** REX/Shutterstock **421r** World History Archive/Alamy Stock Photo **422** DeAgostini/Getty Images **423** Dish, Abbasid period (750-1258) (earthenware), Mesopotamian (9th century)/Ashmolean Museum, University of Oxford, UK/Gift of Sir Alan Barlow/Bridgeman Images **424** Steve Heap/Shutterstock.com **425t** Deviatov Aleksei/Shutterstock.com **425b** Gianni Dagli Orti/REX/Shutterstock **427t** Vittoriano Rastelli/Getty Images **427b** REUTERS/Alamy Stock Photo **428** Werner Forman/Universal Images Group/Getty Images **429t** Werner Forman/Universal Images Group/Getty Images **429b** Rolf_52/Alamy Stock Photo **430** John Sherbourne/Associated Newspapers/REX/Shutterstock **431t** C M Dixon/AAA Collection/Alamy Stock Photo **431b** York Archaeological Trust. **432** imageBROKER/Alamy Stock Photo **433t** Torbenbrinker/Wikimedia Commons, CC-BY-SA-3.0 **433b** Robert Clark **434** Ivy Close Images/Alamy Stock Photo **435t** Phil Degginger/Alamy Stock Photo **435b** Photo: Werner Karrasch/Copyright: The Viking Ship Museum, Denmark **436** Angelika Warmuth/DPA/PA Images **437t** MOLA/Getty Images **437b** © Historical Picture Archive/CORBIS/Corbis via Getty Images **438** Peter Thompson/Heritage Images/Getty Images **439t** Andrew Melbourne/Alamy Stock Photo **439b** Loop Images Ltd/Alamy Stock Photo **440** akg-images/Sputnik **441t** SPUTNIK/SCIENCE PHOTO LIBRARY **441b** Dzmitry Huletski/Shutterstock.com **442** Peter Horree/Alamy Stock Photo **443t** Ann Ronan Pictures/Print Collector/Getty Images **443b** The Photolibrary Wales/Alamy Stock Photo **444** Wolfgang Kaehler/LightRocket via Getty Images **445t** Heritage Image Partnership Ltd/Alamy Stock Photo **445b** The Print Collector/Getty Images **446** Izzet Keribar/Getty Images **447t** ATTILA KISBENEDEK/AFP/Getty Images **447b** Tarik Kaan Muslu/Alamy Stock Photo **448** Santi Rodriguez/Alamy Stock Photo **449bl** LeoPatrizi/Getty Images **449br** Peter Eastland/Alamy Stock Photo **450** Jorg Hackemann/Shutterstock.com **451t** Dmitry Rukhlenko - Photos of India/Alamy Stock Photo **451b** IndiaPictures/UIG via Getty Images **452** INTERFOTO/Alamy Stock Photo **453tr** Maria Heyens/Alamy Stock Photo **453br** Maria Heyens/Alamy Stock Photo **454** robertharding/Alamy Stock Photo **455t** Anton_Ivanov/Shutterstock.com **455b** Eastland Photo/Alamy Stock Photo **456** JTB Photo/UIG via Getty Images **457t** National Museum of Korea, Seoul/Wikimedia Commons **457b** Yuriko Nakao/Getty Images **458** Jeremy Horner/LightRocket via Getty Images **459t** Werner Forman/Universal Images Group/Getty Images **459b** akg-images **460** IMAGEMORE Co, Ltd./Getty Images **461l** Ivan Vdovin/Alamy Stock Photo **461r** Stock Connection/REX/Shutterstock **462** Savvapanf Photo/Shutterstock.com **463** Richardfabi/Wikimedia Commons, CC-BY-SA-3.0 **464** riNux/Wikimedia Commons, CC-BY-SA-2.0 **465tr** Yooniq Images/Alamy Stock Photo **465br** DeAgostini/Getty Images **466** JTB MEDIA CREATION, Inc./Alamy Stock Photo **467t** Tamamushi shrine from the Horyu Ji Temple, depicting the story of Buddha in a previous incarnation, c.650, Japanese school, (7th century)/Nara, Japan/Bridgeman Images **467b** akg-images/Pictures From History **468** KPG Payless2/Shutterstock.com **469t** Footstool, with ivory inlay, Nara, Japanese School/Shoso-in Treasure House, Japan/Bridgeman Images **469b** Kyodo News via Getty Images **470** David Cumming/Eye Ubiquitous/UIG via Getty Images **471t** RSMultimedia/Alamy Stock Photo **471b** DeAgostini/Getty Images **472** Alexey Stiop/Shutterstock.com **473t** Westend61/Getty Images **473b** N M/EyeEm/Getty Images **474** Peter Dennis/Getty Images **475t** Sabena Jane Blackbird/Alamy Stock Photo **475b** Roger de la Harpe/Getty Images **476** Lynn Y/Shutterstock.com **477t** Colin Hoskins/Alamy Stock Photo **477b** Carved soapstone bird, Zimbabwean, 13th-15th century (steatite), Zimbabwean/Private Collection/Photo © Heini Schneebeli/Bridgeman Images **478** John Warburton-Lee Photography/Alamy Stock Photo **479t** Ulrich Doering/Alamy Stock Photo **479b** Christine Osborne Pictures/Alamy Stock Photo **480** Gabrielle Therin-Weise/Getty Images **481t** Paul Strawson/Alamy Stock Photo **481b** Paul Strawson/Alamy Stock Photo **482** Wolfgang Kaehler/LightRocket via Getty Images **483t** Ellen Mack/Getty Images **483b** John Elk III/Alamy Stock Photo **484** © The Trustees of the British Museum **485t** AA World Travel Library/Alamy Stock Photo **485b** © The Trustees of the British Museum **486** Kylie Ellway/Alamy Stock Photo **487t** DC Premiumstock/Alamy Stock Photo **487b** Matyas Rehak/Shutterstock.com **488** High angle view of the old ruins of a temple, Templo Mayor, Mexico City, Mexico/De Agostini Picture Library/G. Dagli Orti/Bridgeman Images **489l** DEA PICTURE LIBRARY/Getty Images **489r** Universal Images Group North America LLC/Alamy Stock Photo **490** Stefano Ravera/Alamy Stock Photo **491t** INTERFOTO/Alamy Stock Photo **491b** Stephen Bay/Alamy Stock Photo **492** Tim Whitby/Alamy Stock Photo **493t** Alex Bramwell/Alamy Stock Photo **493b** Yadid Levy/robertharding/Getty Images **494** Jarno Gonzalez Zarraonandia/Shutterstock.com **495t** Armando Frazao/Shutterstock.com **495b** Ralf Broskvar/Shutterstock.com **498** Stephen Foote/Alamy Stock Photo **499t** B.O'Kane/Alamy Stock Photo **499b** Alexander Tolstykh/Shutterstock.com **500** Sipa Press/REX/Shutterstock **501t** Sandra van der Steen/Alamy Stock Photo **501b** An assorted lot of 'Nanking Cargo' porcelain, mid 18th century (porcelain), Chinese School, (18th century)/Private Collection/Photo © Christie's Images/Bridgeman Images **502** SSPL/Getty Images **503** DEA/G. NIMATALLAH/De Agostini/Getty Images **504** 19th era/Alamy Stock Photo **505t** LEON NEAL/AFP/Getty Images **505b** G.11631.B.L. Catalogue page from 'Mr. William Shakespeare's Comedies, Histories and Tragedies', edited by J. Heminge and H. Condell, 1623 (print), English School, (17th century)/British Library, London, UK/© British Library Board. All Rights Reserved/Bridgeman Images **506** Danita Delimont/Alamy Stock Photo **507t** Geography Photos/UIG via Getty Images **507b** Arco Images GmbH/Alamy Stock Photo **508** Rolf Richardson/Alamy Stock Photo **509t** P A Thompson/Getty Images **509b** Rolf Richardson/Alamy Stock Photo **510** imageBROKER/Alamy Stock Photo **511t** Markus Matzel/ullstein bild via Getty Images **511b** MICHAEL URBAN/AFP/Getty Images **512** GraphicaArtis/Getty Images **513l** Granger Historical Picture Archive/Alamy Stock Photo **513r** Wikimedia Commons **514** Nagel Photography/Shutterstock.com **515** Bill Bachman/Alamy Stock Photo **516** Heritage Image Partnership Ltd/Alamy Stock Photo **517** Stuart Black/Alamy Stock Photo **518** akg-images/ullstein bild **519** DeAgostini/Getty Images **520** PASQUALE SORRENTINO/SCIENCE PHOTO LIBRARY **522** Science History Images/Alamy Stock Photo **523** SSPL/Getty Images **524** fotolincs/Alamy Stock Photo **525t** Radharc Images/Alamy Stock Photo **525b** Pool DEVILLE/AFSM/Gamma-Rapho via Getty Images **526** © LBI ArchPro, Wolfgang Neubauer **527t** © LBI ArchPro, Geert Verhoeven **527b** National Geographic Creative/Alamy Stock Photo **528** "Arlen F. Chase, Diane Z. Chase, John F. Weishampel, Jason B. Drake, Ramesh L. Shrestha, K. Clint Slatton, Jaime J. Awe, and William E. Carter. "Airborne LiDAR, Archaeology, and the Ancient Maya Landscape at Caracol, Belize. Journal of Archaeological Science 38: 87-398." **529t** "Arlen F. Chase, Diane Z. Chase, Jaime J. Awe, John F. Weishampel, Gyles Iannone, Holley Moyes, Jason Yaeger, M. Kathryn Brown, Ramesh L. Shrestha, William E. Carter, and Juan Fernandez Diaz. ""Ancient Maya Regional Settlement and Inter-Site Analysis: The 2013 West-Central Belize LiDAR Survey. Remote Sensing 6(9): 8671-8695." **529b** Yann Arthus-Bertrand/Getty Images **530** SPUTNIK/SCIENCE PHOTO LIBRARY **531t** Agencja Fotograficzna Caro/Alamy Stock Photo **531b** Vito Arcomano/Alamy Stock Photo **532** JS Photo/Alamy Stock Photo **533t** Lanmas/Alamy Stock Photo **533b** JAMES KING-HOLMES/SCIENCE PHOTO LIBRARY **534** Flinders Petrie, Diospolis Parva (1901) **535t** Joyce Tyldesley **535b** Mike P Shepherd/Alamy Stock Photo **536** David Lyons/Alamy Stock Photo **537t** JAMES KING-HOLMES/SCIENCE PHOTO LIBRARY **537b** The Times of Their Lives project **538** Leon Neal/AFP/Getty Images **539t** PASCAL GOETGHELUCK/SCIENCE PHOTO LIBRARY **539b** VOLKER STEGER/SCIENCE PHOTO LIBRARY **540** University of Leicester/REX/Shutterstock **541t** University of Leicester/REX/Shutterstock **541b** DEA PICTURE LIBRARY/Getty Images **542** JAMES KING-HOLMES/SCIENCE PHOTO LIBRARY **543t** Carl Court/Getty Images **543b** DEA PICTURE LIBRARY/De Agostini/Getty Images **545** Carlos Mora/Alamy Stock Photo **545tr** Paul Bahn **545cr** Paul Bahn **545bl** Marion Kaplan/Alamy Stock Photo **546** Andrea Solero/AFP/Getty Images **547t** Fragments from a loose sleeveless cloak found with the Oetzi Iceman (woven grass), Copper Age, (4th millennium BC)/South Tyrol Museum of Archaeology, Bolzano, Italy/Wolfgang Neeb/Bridgeman Images **547b** Objects found with the Oetzi Iceman, Copper Age, (4th millennium BC)/South Tyrol Museum of Archaeology, Bolzano, Italy/Wolfgang Neeb/Bridgeman Images **548** Barbara Voorhies **549t** Neil Harris/Alamy Stock Photo **549b** imageBROKER/Alamy Stock Photo **550** © The Trustees of the British Museum **551t** Granger Historical Picture Archive/Alamy Stock Photo **551b** PHAS/UIG via Getty Images **552** Garstang Museum, The University of Liverpool **553t** DEA/G. DAGLI ORTI/Contributor **553b** Express/Stringer **554** Copyright Harappa Archaeological Research Project/Harappa.com, courtesy Dept. of Archaeology and Museums, Govt. of Pakistan. **555bl** Kharbine-Tapabor/REX/Shutterstock **555br** Larry Burrows/The LIFE Picture Collection/Getty Images